DIE HITLER-JUGEND

und ihr Selbstverständnis im Spiegel ihrer Aufgabengebiete

herausgegeben von
Dr. Jutta Rüdiger

Studienausgabe

Dr. Jutta Rüdiger
Die Hitler-Jugend und ihr Selbstverständnis im Spiegel ihrer Aufgabengebiete

ISBN alt: 3-921730-11-2

Gesamtherstellung: druck+text GmbH, Koblenz
ISBN: 3-926584-38-6

Inhaltsverzeichnis

Vorwort der Herausgeberin

Die Hitler-Jugend, ihre Ideale und ihre Arbeit sind ohne Kenntnis und Bewertung der zeitgeschichtlichen Hintergründe und des Zeitgeistes nicht zu erfassen und noch weniger zu beurteilen.
Die folgenden Kapitel stellen die von ihr selbst gewählten Aufgabengebiete dar, geben das Selbstverständnis der Hitler-Jugend und des Bundes Deutscher Mädel wieder und berichten über das Gewollte und Erreichte.
Die in den letzten Jahren über die Hitler-Jugend erschienenen Bücher sind meist recht summarisch in der Schilderung der Jugendarbeit. Die in verschiedenen Lebensberichten dargestellte Zeit der Verfasser in der Hitler-Jugend (BDM) ist subjektiv (meist aus Außenseiterposition) geschildert; die Schlußfolgerungen gehen von Erkenntnissen aus, die erst nach 1945 zuteil werden konnten. Um der Wahrheit willen und um eine künftige objektive Beurteilung zu ermöglichen, erscheint es daher notwendig, die Hitler-Jugend und ihre Arbeit von denen darstellen zu lassen, die sie an verantwortlicher Stelle mitgetragen haben.
Die Kapitel stützen sich auf eine Ausarbeitung der Herausgeberin, die sie sofort bei Kriegsende aufschrieb, und auf ihre Kenntnis der Sachverhalte, die sie durch ihre ehemalige Stellung besitzt. Einige Mitarbeiter und Mitarbeiterinnen der ehemaligen Reichsjugendführung haben mitgewirkt. Der nicht ganz einheitliche Stil der Kapitel erklärt sich durch die verschiedenen Verfasser. Auch ist der Umfang der Schilderung der einzelnen Arbeitsgebiete durch mehr oder weniger vorhandene Quellen unterschiedlich. Entscheidend schien, daß die Fakten in großen Zügen festgehalten werden.
Viele Dokumente und Veröffentlichungen sind durch Kriegseinwirkungen verloren gegangen. Umso dringlicher erschien es den noch lebenden BDM-Führerinnen und HJ-Führern, eine sachliche Darstellung ihrer ehemaligen Arbeit zu geben, die naturgemäß nicht ganz frei sein kann von zeitbedingten Auffassungen und Erlebensweisen.
Zunächst lagen die Ausarbeitungen für den Bund Deutscher Mädel vor, »weil er als Bund bis in die Spitze, in der alle nationalsozialistischen Jugendorganisationen zusammenliefen, selbständig war« (Schirach: »Hitler-Jugend, Idee und Gestalt«).
Durch die überdurchschnittlich großen Verluste, die das HJ-Führerkorps im Kriege erlitten hat, fehlte es an HJ-Führern, die diese Arbeit für ihre Gliederung übernehmen konnten, so daß die Arbeit der Herausgeberin auch auf die HJ ausgedehnt wurde, zumal auf der höchsten Führungsebene eine enge Zusammenarbeit bestanden hatte und die Arbeitsgebiete ohnehin miteinander verflochten waren.
Schwerpunktmäßig wird vom Stand des Jahres 1938 ausgegangen. Die Entwicklung der einzelnen Aufgabenbereiche von den Jahren der Kampfzeit bis zum Ausbruch des Krieges 1939 konnte nur angedeutet werden. Die Aufgaben und Pflichten, die Hitler-Jugend und Bund Deutscher Mädel in den Kriegsjahren 1939–1945 aufgegriffen haben, werden ergänzend beschrieben.
Eine kurze Zusammenfassung der Entstehung der Hitler-Jugend (BDM), ihrer Entwicklung und dessen, was sie unter nationalsozialistischer Weltanschauung verstand, wird zum besseren Verständnis vorausgestellt.

Die Entstehung der Hitler-Jugend (BDM)

Das wilhelminische Deutschland hatte in einer gewissen Selbstüberschätzung und Konvention nicht vermocht, die Arbeiterschaft vollwertig in die Gesellschaft einzugliedern. Auch der natürliche Lebensraum der Jugend war durch falsche Autoritätsvorstellungen eingeengt. Der Protest der Jugend bestand in der Gründung des Wandervogels, in der Ablehnung der vorherrschenden materialistischen Lebensform der Erwachsenen und der Hinwendung zu Natur und Gemeinschaft. Höhepunkt dieser Jugendbewegung war das Treffen der »Freideutschen Jugend« 1913 auf dem Hohen Meißner mit der entschiedenen Absage an Militarismus und Krieg und dem Bekenntnis zu Eigenverantwortlichkeit der Jugend und zu neuen Formen menschlichen Zusammenlebens.

Ähnliche Wege ging die Arbeiterjugend, die in politischen und Selbstschutzverbänden ihre oft sehr schwierige soziale Lage zu verbessern suchte.

Der I. Weltkrieg forderte von der deutschen Jugend große Opfer. Im Feld-Wandervogel lebten die jugendbewegten Ideale fort. Vorbild für viele wurde der von Walter Flex geschilderte Wandervogelführer Ernst Wurche, den er die Worte sagen ließ: »Leutnant sein heißt, seinen Leuten vorleben, das Vorsterben wird dann einmal ein Teil davon sein.«* –

Der Zusammenbruch 1918 führte zum Suchen nach neuen Ordnungen und Lebensformen und brachte Auseinandersetzungen mit sich, die sich in der Zersplitterung der Parteien, der Vielzahl der Gruppierungen und der Jugendverbände widerspiegelte. Nationalistische und sozialistische Auffassungen schienen unvereinbar. Adolf Hitler, ein unbekannter, wegen Tapferkeit ausgezeichneter Soldat des I. Weltkrieges, machte sich zum Sprecher der Frontsoldaten und deren Kameradschaftserlebnis: daß in Kampf und Arbeit keine Rang- und Gesellschaftsunterschiede, keine materiellen Besitztümer entscheidend seien, sondern nur Charakter und Leistung, Selbstdisziplin, Verantwortungsbewußtsein und Opferbereitschaft. »Gemeinnutz geht vor Eigennutz«. Wahrer Nationalismus bedeute Einsatz für den letzten Volksgenossen und nur der Sozialismus wird dem einzelnen gerecht, welcher der Eigenart des Volkes angepaßt sei.

Diese nationalsoziale Anschauung der Welt, durch Adolf Hitler verkündet, und die Anerkennung der begründeten sozialen Forderungen der Arbeiterschaft in Verbindung mit einer gesunden Heimatliebe, kamen nach Zerstrittenheit und Bruderkämpfen der Sehnsucht des ganzen Volkes und auch der Jugend entgegen. Ein neues Gemeinschaftsgefühl ergriff das verelendete deutsche Volk, das nach dem Vertrag von Versailles 1918 mit Gebietsverlusten, hohen Reparationszahlungen und ehrloser Behandlung durch die Siegermächte und auch in den darauffolgenden Jahren größter wirtschaftlicher Schwierigkeiten mit bis zu 6 Millionen Arbeitslosen und blutigen Auseinandersetzungen in Verzweiflung und Hunger (hohe Selbstmordraten!) dahinvegetiert hatte.

1932, in der Zeit des größten Massenelends des ganzen Volkes und bei leeren Kassen auch der Jugendorganisation, rief Baldur von Schirach zum *Reichsjugendtag* in Potsdam auf. Nicht nur zum Erstaunen der Gegner, sondern auch der eigenen Führung kamen an die hunderttausend Jungen und Mädel nach Potsdam, um sich zum Nationalsozialismus zu bekennen.

Wieviel persönlicher Mut, wieviel Opferbereitschaft damals dazu gehörte, Mitglied der Hitler-Jugend zu sein, beweist die große Zahl der jungen Opfer, die für ihre

---

* Hierzu sei verwiesen auf die »Dokumentation der deutschen Jugendbewegung« (3 Bände) im Eugen Diederichs Verlag, Düsseldorf.

Ideale ihr Leben lassen mußten. Ein Name steht für alle, die im Kampf mit dem Kommunismus starben: Herbert Norkus.
Als der größte Teil des deutschen Volkes sich in den Wahlen zur Politik Adolf Hitlers bekannt hatte, und nachdem Hitler 1933 Reichskanzler geworden war, strömten in der allgemeinen Begeisterung und Aufbruchsstimmung auch die Jugendlichen aller Richtungen und Bekenntnisse zur nationalsozialistischen Jugendbewegung. Denn nach Prof. Theodor Wilhelm, einem aus der Bündischen Jugend hervorgegangenen Wissenschaftler, waren auch die Bünde *»mit der großen Thematik von Nationalismus und Sozialismus leidenschaftlich befaßt. Aber freilich in der Art des Leuchtturms, dessen Strahlen in die Ferne greifen, als auf die Weise sorgfältiger Beobachtung der gesellschaftlichen Umwelt.«*
Natürlich fiel es manchen Jugendverbänden schwer, auf ihr bisheriges Eigenleben zu verzichten. Als aber ein sehr großer Teil ihrer Mitglieder zur Hitler-Jugend überwechselte, die jetzt die größere Anziehungskraft besaß, lösten sich viele Bünde (deren Zahl sehr groß, deren Mitgliederbestand aber sehr gering war) von selbst auf. Andere Bünde wurden von Schirach, der 1933 zum Jugendführer des Deutschen Reichs ernannt worden war, um die Einheit der deutschen Jugend zu erreichen, aufgelöst.
Viele Führer und Führerinnen der Bünde und der Arbeiterjugend, die guten Willens waren, wurden ohne Bedenken in Führungsstellen der Hitler-Jugend bzw. des Bundes Deutscher Mädel übernommen, selbst dann, wenn sie über 18 Jahre alt und damit aus dem HJ-Alter heraus waren.
Von entscheidender Bedeutung aber war, daß schon in den ersten Jahren nach 1933 sich die Zehnjährigen zu nahezu 90% *freiwillig* zur Aufnahme in die Hitler-Jugend bzw. den Bund Deutscher Mädel meldeten. So rückte Jahrgang für Jahrgang nach und die Hitler-Jugend erfaßte die deutsche Jugend fast vollständig.
Für die Deutschen hatte das Leben wieder einen Sinn erhalten. Hitler versprach Arbeit und Brot für alle und ein ehrenvolles Leben in einem Reich, in dem es keine Standesunterschiede und keinen Klassenkampf mehr geben sollte. Er forderte aber, um dieses Ziel zu erreichen, von jedem einzelnen Mitarbeit und Opferbereitschaft.
Der gemeinsame Kampf war zu führen gegen die Kräfte, die ihre Privilegien und die alten Standesunterschiede bewahren wollten, gegen die »Reaktion« und gegen den Kommunismus, der durch Umsturz aller gewachsenen Ordnungen die Herrschaft des international gebundenen Proletariats aufrichten wollte.
Allein diese zeitbedingten Verhältnisse und die proklamierten Werte der nationalsozialistischen Weltanschauung vermögen zu erklären, daß die Hitler-Jugend – trotz des später erlassenen Gesetzes über die Hitler-Jugend (Ausführungsbestimmungen dazu ergingen erst 1939 und wurden kriegsbedingt sogar erst 1940 angewandt) – zur größten *freiwilligen* Jugendorganisation wurde, denn Jugend will gefordert werden und will für Ideale kämpfen. –
Die Hitler-Jugend war offiziell am 3. April 1926 auf einem Parteitag in Weimar gegründet worden, nachdem sich bereits vorher verschiedene Jugendgruppen örtlich der Nationalsozialistischen Arbeiterpartei angeschlossen hatten, insbesondere unter Kurt Gruber im Vogtland und unter Rudolf Gugel in Franken. Kurt Gruber gelang es unter größtem persönlichen Einsatz, in einigen Gebieten Gruppen zu gründen oder sie zum Anschluß zu bewegen. Bund deutscher Arbeiterjugend nannten sich diese ersten Gruppen. 1928 entstand der NS-Schülerbund und 1929 die Schwesternschaft der Hitler-Jugend, die 1930 endgültig die Bezeichnung Bund Deutscher Mädel in der HJ erhielt. – Das Deutsche Jungvolk, seit 1925 im deutschen Sprachraum existent und weit verzweigt, jedoch mit noch geringem Mitgliederbestand schloß sich 1931 der Hitler-Jugend an. (Jungmädel entsprechend). –
Am 30. Oktober 1931 wurde Baldur von Schirach, bisher Reichsführer des nationalsozialistischen Studentenbundes, zum Reichsjugendführer der NSDAP ernannt.

Zunächst behielt er noch die Führung des NS-Studentenbundes; von Renteln führte unter seiner Leitung den NS-Schülerbund und die Hitler-Jugend. Ab Juni 1932 übernahm Schirach endgültig und ausschließlich die Führung der Hitler-Jugend, in die im März 1933 auch der NS-Schülerbund überführt wurde. Damit unterstand die Hitler-Jugend unmittelbar dem Führer Adolf Hitler, nachdem sie anfänglich der SA unterstellt gewesen war.

Die Hitler-Jugend kämpfte schon vor 1933 um jeden einzelnen Jungarbeiter, Schüler und Lehrling. Sie ging auch in die Betriebe, gründete 1932 Jugendbetriebszellen und erfaßte – erstmalig in der Geschichte der Jugendbewegung – auch die Landjugend. Neben ihrem jugendgemäßen Gemeinschaftsleben auf Fahrt, Lager und Heimabenden unterstützte die Jugend auf ihre Weise den Kampf der Partei um Mitglieder und Wähler; die Jungen verteilten Flugblätter über die Ziele der Bewegung und dienten als Kuriere für die SA und die Partei.

Auch die Mädel wollten in dieser Zeit des nationalen Aufbruchs aus Unterdrükkung und Elend nicht beiseite stehen. Sie leisteten praktischen Einsatz: sie kochten für die vielen arbeitslosen SA-Männer und Hitler-Jungen, nähten Fahnen und Uniformen für diese und machten sich auf viele Weise nützlich. –

Auch in Österreich war die Hitler-Jugend, die – wie im Sudetenland – als nationalsozialistische Arbeiterjugend seit 1922 bestand, stark angewachsen, obwohl sie von der Regierung unterdrückt und verfolgt wurde. So wurden damals 1500 Schüler wegen ihrer Zugehörigkeit zur Hitler-Jugend von der Schule verwiesen, Hunderte von Jungen und Mädeln wurden in Gefängnissen eingesperrt. Die österreichische Hitler-Jugend mußte deshalb mit ihren 25000 Mitgliedern in die Illegalität gehen. Bei der Juli-Erhebung 1934 hatte die Hitler-Jugend fünf Todesopfer zu beklagen. Viele HJ-Mitglieder mußten ins Reich flüchten. Beim Zusammenschluß Österreichs mit dem Deutschen Reich 1938 hatte die Hitler-Jugend Österreichs 35000 Mitglieder, während die von dem letzten Bundeskanzler Schuschnigg aufgebaute Staatsjugend nur 12000 Mitglieder hatte.

Auch die Jugend im Saarland, im Memelland, die volksdeutsche Jugend Polens, besonders aber die sudetendeutsche Jugend u.a. erbrachten große Opfer für ihr Bekenntnis zum Deutschtum.*

Das Einmalige der Hitler-Jugend – zum Unterschied von den Bünden und der Arbeiterjugend – war, daß sich jetzt die Jugend aller sozialen Schichten zu gemeinsamem Jugendleben zusammenfand, und daß sich dies nicht auf eine kleine erwählte Gruppe beschränkte, sondern allen gleichermaßen offenstand. »Vor der Fahne der Jugend sind alle gleich« schrieb Baldur von Schirach. In seinen in der Kampfzeit entstandenen Gedichten »Die Fahne der Verfolgten« gab er dem Erleben und den Gefühlen der Kampfzeit Ausdruck.

In seinen Büchern »Hitler-Jugend – Idee und Gestalt« und »Revolution der Erziehung« (Sammlung seiner Ansprachen zu verschiedenen Anlässen) wies er der Führerschaft Wege und Ziele der Jugendarbeit.

Die Hitler-Jugend sah – wie der weitaus größte Teil des deutschen Volkes – damals in Adolf Hitler den Retter Deutschlands aus Demütigung und Not, der das Vaterland von den Fesseln des Versailler Vertrages befreite und einen ungeahnten wirtschaftlichen und sozialen Aufstieg herbeiführte.

Unter Sozialismus verstand die Hitler-Jugend, nicht für sich zu fordern, sondern dem anderen beizustehen, nicht durch Almosen, sondern durch Entwicklung seiner Persönlichkeit und Entfaltung aller seiner Fähigkeiten zum Wohle der Gemeinschaft.

* Näheres siehe: G. Kaufmann: »Das kommende Deutschland« 1943

Adolf Hitler erkannte der Jugend zu »Die Jugend hat ihren Staat für sich« und »Jugend muß durch Jugend geführt werden« (der damaligen Pädagogik und Psychologie vorauseilende Erkenntnisse).
Daraufhin begann die Hitler-Jugend das Aufbauwerk der Leibeserziehung, der kulturpolitischen Bildung und des sozialen Einsatzes.
Zum erstenmal konnte die Jugend eines Volkes *ihre* Ideale weitgehend in die Tat umsetzen und jugendgemäße Lebensformen unter Achtung des Einzelnen in der Gemeinschaft entwickeln.
Die Hitler-Jugend hatte damit den Weg beschritten, alles das in die Jugendbewegung einzubringen, was die Bündische Jugend ihr nicht gegeben hatte. Was das war, hat der bereits genannte ehemals bündische Professor Dr. Dr. Theodor Wilhelm in einem Aufsatz in der vom Gemeinschaftswerk »Dokumentation der Jugendbewegung« herausgegebenen Schrift »Was war das – die Jugendbewegung?« deutlich herausgearbeitet. Er schrieb dazu u. a.:

> *»Als man gewahr wurde, daß die Beschränktheit solch einspuriger zeitkritischer Orientierung die Sache der Jugendbewegung selbst in Gefahr bringe, war es für eine nachdenkliche Auseinandersetzung mit der Zeitliteratur zu spät. Das Politische war unterdessen so vordergründig geworden, daß alle anderen Möglichkeiten, mit den Traditionen Tritt zu fassen, im Sog der Politik untergingen.*
> *Das intensive Bemühen der Bünde, politisch aktiv zu werden, und schließlich die verzweifelte Kapitulation einzelner ihrer Mitglieder vor den Parteien müssen als der letzte Versuch gewertet werden, der Jugendbewegung den Anschluß an die Geschichte zu verschaffen . . .*
> *Die Jugendbewegung hat weithin die rationale Signatur der Zeit verkannt. Mit Begeisterung und Gemüt allein gegen die Traditionen anzulaufen, war ein auf die Dauer vergebliches Unterfangen. Man glaubte, sich die kritische Auseinandersetzung mit der Gegenwart ersparen und in einem mutigen Sprung sofort zur Prognose übergehen zu können. Das ist das weltgeschichtliche Versäumnis der deutschen Jugendbewegung. Die Vernachlässigung der rationalen Verarbeitung der Zeit ist ihr eigentliches Schicksalsthema . . . Es bleibt eine historische Merkwürdigkeit, daß die wache Aufmerksamkeit der Jugendbewegten für Volk und Nation den eigentlichen gesellschaftlichen Umwandlungsprozeß, der sich unter ihren Augen vollzog, kaum erreichte. Das gewaltige geschichtliche Geschehen der Vergesellschaftung der Welt, die zunehmende Technisierung und Bürokratisierung, der Einbruch der Apparaturen und des kollektiven Zwangs in das öffentliche und private Leben – Prozesse, die in den zwanziger Jahren bereits in vollem Gange waren – haben für die Angehörigen der Bünde nur am Rande existiert.«*

Dieses von Prof. Wilhelm beschriebene geistig-politische Vakuum der Jugendbewegung zu füllen, blieb der Hitler-Jugend vorbehalten. Das erklärt ihr Anderssein und ihren Zulauf. Die Zeit war reif geworden für eine neue Form der Jugendbewegung, die in den folgenden Kapiteln dargestellt werden soll, einer Jugendbewegung, welche der Problematik des industriellen Massenstaates nicht länger ausweichen wollte. Das ist der historische und gesellschaftliche Aspekt der ehemaligen Hitler-Jugend.
Daß dieser Weg in Neuland nicht ohne Irrungen und auch nicht ohne Widerstände blieb, liegt in der Natur jeder Ideen-Verwirklichung. Es unterstreicht nur die Einmaligkeit des Phänomens »Hitler-Jugend« als Jugendbewegung, daß sie über alle Irrungen und Widerstände hinweg von der überwältigenden Mehrheit der damals jungen Menschen selbst unter Opfern vorangetragen wurde.

Erster Teil

Selbstführung und Organisation der Jugend und ihre Leitbilder als Voraussetzung für Erziehung und sozialen Einsatz

11. Die Erziehungsstufen der Hitler-Jugend und des Bundes Deutscher Mädel

11.1 Entstehung

Nachdem seit 1933 Millionen von *Jungen* und *Mädeln* erfaßt wurden, gewann die Erziehungsarbeit der Hitler-Jugend und des Bundes Deutscher Mädel, die in diesem Ausmaß – insbesondere was die *weibliche* Jugend betraf – noch keine organisatorischen Vorbilder besaßen, in den folgenden Jahren langsam Gestalt. Nach der Schaffung der Basis für die Formung der Jugend durch *Leibeserziehung, Schulungs-* und *Kulturarbeit,* mußte die Erziehung in erhöhtem Maß auch der körperlichen, geistigen und seelischen Entwicklung des Jugendlichen angepaßt werden.
So wurden die Jugendlichen nicht nur organisatorisch nach Altersstufen gegliedert, sondern es kristallisierten sich im Laufe der Zeit für die *männliche Jugend* zwei und für die *weibliche Jugend* drei Erziehungs-Abschnitte heraus:

Jungvolk	10–14 Jahre
HJ	14–18 Jahre
Jungmädelbund	10–14 Jahre
Mädelbund	14–17 Jahre
BDM-Werk »Glaube und Schönheit«	17–21 Jahre

11.2 Aufgaben

11.21 Der Jungmädelbund

Mit der Aufnahme der 10-jährigen Mädel in den *Jungmädelbund* begann für diese ein neuer Lebensabschnitt. Das Nur-Kindsein wurde abgelegt; bei allem fröhlichen Tun sollten die Jungmädel erkennen, daß sie jetzt für den – ihrem Alter angemessenen – Aufgabenbereich Verantwortung tragen sollten, mochte dieser noch so klein sein. Hier begann die Erziehung zur größeren Gemeinschaft: das Einstehen des einzelnen Jungmädels für seine Einheit, für die *Jungmädelschaft* bis zum gesamten *Jungmädelbund.* Es lernte frühzeitig auf egoistische Wünsche im Interesse des Ganzen zu verzichten und Kameradschaft zu üben.
Das Ziel des ersten Halbjahres war die Ablegung der *Jungmädelprobe.* (Siehe Kapitel 23: Leibeserziehung, und Anhang Abb. 34)
Erst nach bestandener *Jungmädel-Probe* erhielt das Jungmädel Halstuch und Knoten zur Dienstkleidung von ihrer Führerin verliehen und wurde damit als Jungmädel im Kreis der Kameradinnen bestätigt. Die Entziehung von Halstuch und Knoten als Symbol der Zugehörigkeit zur Jugendgemeinschaft wurde von allen – auch von den älteren Mädeln – als entehrend empfunden. –
Anschließend an die Jungmädel-Probe begann an den *Heim-* und *Sport-* Nachmittagen die Vorbereitung für das *JM-Leistungsabzeichen.* Dieses galt für Angehörige des *Jungmädelbundes* vom 13.–14. Lebensjahr und wurde vom *Reichsjugendführer* von *Schirach* nach Bestehen der Leistungsprüfung verliehen.
Es wurde Können und Wissen dafür in drei Gebieten verlangt: in denen des *Heimabends,* des *Sports* und der *Fahrt.* Zwar wurde nicht in erster Linie Können und

Wissen des einzelnen *Jungmädels* gemessen, sondern die Gemeinschaftsleistung der *Jungmädelschaft* war entscheidend. –
Der Gesundheitszustand wurde laufend von BDM-Ärztinnen überwacht und durch *Sport, Spiel, Sommerlager* und *Erholungsverschickung* gefördert. Für die Wander-Leistungen waren Höchst-Grenzen vorgeschrieben, die von der *Jungmädelführerin* beachtet werden mußten und nicht überschritten werden durften. (Siehe Kapitel 41: Gesundheitsdienst).
Erlebnisse, die *Jungmädel* im Alter von 10–14 Jahren durch Heimabend, Sport, Spiel, Lager und Fahrt haben, wirken oft noch unbewußt nach in Haltung und Handlung der erwachsenen Frau. Der junge Mensch ist in diesem Alter nicht endgültig festgelegt und noch bildungsfähig. Deshalb können in diesem Alter schlechte Anlagen zurückgedrängt und gute gefördert werden. Dieses Alter ist oft entscheidend für die spätere Persönlichkeitsentwicklung und die sittliche Haltung. So stand der *Jungmädelbund* unter der Forderung der Charakter-Bildung des jungen Menschen. Die *Jungmädel* waren nicht durch Ermahnungen oder Vorträge zu erziehen. Beim Sport lernten sie, sich einzuordnen, auch einmal Unbilden zu ertragen, Selbstdisziplin zu üben und sich für die Gemeinschaft einzusetzen.
Diese Bereitschaft zum Einsatz für andere konnte u.a. beim Sammeln für das *Winterhilfswerk* und beim Basteln von Spielzeug für Kinder armer Familien schon in jungen Jahren in die soziale Tat umgesetzt werden.
Laien- und *Kasperl-Spiel* regten die schöpferischen Kräfte an; bei der *Werkarbeit* wurden Hand und Auge geschult, um zu erkennen, was werkgerecht, einfach, klar und echt ist.
Auf *Fahrt* und im *Lager* wurden die Jungmädel mit der Natur und ihrer Heimat vertraut gemacht; sie lernten Pflanzen und Tiere, die Lebensgemeinschaften von Feld und Wald kennen, diesen mit Ehrfurcht zu begegnen und die Natur zu schützen.
Durch Erzählen von Märchen, Sagen und vom Leben großer Persönlichkeiten unserer Geschichte wurden ihnen im Heimabend immer wieder die Tugenden der Treue, Tapferkeit und Ehre vor Augen geführt, so, daß es ihr Wunsch wurde, auch einmal so klar und anständig in ihrem Charakter zu werden wie diese Vorbilder.
Die *Leitworte* der *Jungmädel* lauteten:

»Jungmädel, sei Kameradin,
sei tapfer, treu, gehorsam
und verschwiegen.
Jungmädel, wahre Deine Ehre!«

11.22 Der Mädelbund

Mit der Überweisung der 14-jährigen Jungmädel in den Mädelbund begann ein neuer Abschnitt im Leben der Mädel. Sie gelobten, sich allezeit für die Einigkeit und Kameradschaft der deutschen Jugend einzusetzen und ihrer Fahne würdig zu sein. Wie über dem Jungmädelbund die Forderung zur Bildung des Charakters stand, so wurde über den Mädelbund die Forderung gestellt, das Mädel zur Leistung hinzuführen. Während die *Jungmädel* »spielend« lernten sich einzuordnen, wurden die *Mädel* durch *Einsatz* und *Wettkampf* auf allen Gebieten auf die Leistung für ihren Lebenserfolg, der zugleich dem Wohl der Gemeinschaft dienen sollte, vorbereitet. –
Die *Mädel,* die mit 14/15 Jahren durch die biologische Umstellung des Körpers zugleich auch eine besondere seelische Entwicklung durchmachen, kamen im allgemeinen in diesem Alter auch in das Berufsleben und standen – beeinflußt durch

diese Erlebnisse – mit einer gewissen Kritik und einer oft noch unklaren, schwankenden Einstellung dem Leben gegenüber. Deshalb bedurften sie auch der Geborgenheit in ihrer *Mädelschaft* und einer festen Führung, die ihnen Halt gab. Nicht durch theoretische Erörterungen waren sie zu gewinnen, sondern durch das Vorbild und eigenen praktischen Einsatz für eine Aufgabe. –
Die körperlich überschüssigen Kräfte wurden aufgefangen, indem man den Mädeln Aufgaben stellte, bei denen sie sich mit anderen messen konnten. Sie lernten dabei, auch als »Sieger« nicht übermütig zu werden, sondern weiterzuarbeiten, den Sieg eines anderen anzuerkennen, eine Niederlage hinzunehmen, ohne selbst dabei aufzugeben.
Der Wettkampfgedanke im *Sport,* sei es beim Erwerb des BDM-*Leistungsabzeichens* in Bronze oder Silber, im *Reichssportwettkampf,* in der *Kulturarbeit,* in praktischen *Einsätzen* – ihrem Alter entsprechend –, führte sie zur Leistung und zum Leistungswillen.
Es war ein erstrebenswertes Ziel, *Jugendmeisterin* zu werden – möglichst Gau- oder Reichsjugendmeisterin z. B. im Eislauf, im Geigenspiel oder Siegerin im Reichsberufswettkampf.
Für den *Jungmädelbund* und den *Mädelbund* gab es außerdem einen *Reichsleistungswettkampf* der *Gruppen,* der im Herbst begann und ein Kontrollmesser der im Winter geleisteten Arbeit war, und der im Frühjahr mit der Auszeichnung der *reichsbesten* Jungmädel- und Mädel-Gruppe abschloß.
Dieser gruppenweise durchgeführte Leistungswettkampf gab dem Mädel gleichzeitig die Erkenntnis, daß eine Arbeit, in Kameradschaft geleistet, durch Rücksichtnahme auf den einen und Förderung des anderen, jedem Einzelnen in der *Gruppe* Schutz gab, und daß gegenseitige Hilfe die Gemeinschaft weiterbrachte als Einzel-Leistungen. –
Im letzten Jahr der Zugehörigkeit zum *Mädelbund* war es das Ziel, alle 16-jährigen *Mädel* im *Gesundheitsdienst* auszubilden, um ihnen eine Grundlage zu geben für die *»Erste Hilfe«* und *Gesundheitspflege* in der Jugendgemeinschaft und später in der Familie. Die Mädel sollten lernen, in Notsituationen schnell, sicher und geschickt zu handeln und darüber hinaus zu erfahren, was ihrer eigenen Gesundheit und der des Volkes dient.
Kritisch und bewußt setzten sich die *Mädel* – ihrem Lebensalter entsprechend – mit allen Fragen auseinander, die im *Heimabend,* bei *Sport* und *Spiel,* auf *Fahrt,* im *Lager* und in der *Kulturarbeit* auf sie zukamen und die ihre körperliche und seelische Fortentwicklung betrafen. Sie lernten, sich ein Urteil zu bilden und Stellung zu nehmen zu den politischen, kulturellen und sozialen Fragen des Zeitgeschehens; zu erkennen, daß ihre eigene Existenz abhängig ist vom Wohlergehen des ganzen Volkes und daß ein Volk nur lebensfähig ist, wenn jeder Einzelne dafür einsteht. –
Der *Jungmädelbund* und der *Mädelbund* waren die *Grundschule* des *Bundes Deutscher Mädel,* in der die Grundsteine zur Persönlichkeitsbildung gelegt wurden: Einordnung in die Gemeinschaft und Leistungsbereitschaft für die Volksgemeinschaft.
Die Forderung: »Deutsches Mädel, Deine Ehre ist die Treue zum Blut Deines Volkes« sollte durch Gesunderhaltung des Körpers und die spätere Wahl des Lebenskameraden aus dem eigenen Volk die persönliche Verpflichtung gegenüber dem deutschen Volk zum Ausdruck bringen. –

11.23 Das BDM-Werk »Glaube und Schönheit«

Das BDM-Werk »Glaube und Schönheit« führte die *Mädel* zum Endziel der gesamten Erziehungsarbeit des *Bundes Deutscher Mädel.* Während im *Jungmädelbund*

und im *Mädelbund* die charakterliche Formung im Vordergrund stand, wurde hier die speziell weibliche Erziehung aufgegriffen, die das *Mädel* auf seine Aufgabe als Frau in Beruf und Familie *vorbereiten* sollte. –
Nach 1933 wurde seitens der NS-Frauenschaft die Frage aufgeworfen, ob die *Mädel* im Alter von 18–21 Jahren nicht zur NS-Frauenschaft gehören müßten, da sie in diesem Alter eigentlich schon »Frauen« wären. Untersuchungen haben jedoch ergeben, daß die meisten *Mädel* in diesem Alter in ihren Interessengebieten noch unentschieden oder sich deren nicht bewußt waren. Einmal interessierten sie sich für Sport, ein anderes Mal für Musik, dann plötzlich wieder für einen praktischen Einsatz.
Der junge Mensch in diesem Alter überprüft unbewußt seine Anlagen um festzustellen, auf *welchem* Gebiet er die stärksten Interessen und Fähigkeiten besitzt, um sich nach Erkenntnis derselben erst dann auf ein Gebiet »festzulegen«. Damit ist der Durchbruch zur »Persönlichkeit« gegeben. Dieses Ringen im Alter von 17–21 Jahren um das Werden der Persönlichkeit bewies deutlich, daß die *Mädel* sich in einem letzten Entwicklungsabschnitt des Jugendalters befanden. Allerdings waren sie in diesem Alter nicht mehr mit den 14–15 Jährigen zu vergleichen: sie waren aber noch keine »Frauen«. –
Um diesem Entwicklungsstadium der *Mädel* gerecht zu werden, wurde im Januar 1938 das BDM-*Werk »Glaube und Schönheit«* gegründet. Die Teilnahme daran war »freiwillig«. Den Mädeln über 17 Jahren sollte die Entscheidung über ihre Weiterbildung *oder* über einen praktischen Einsatz selbst überlassen werden. Der Art der Mädel entsprechend, wurde deshalb eine andere Form des Dienstes gewählt. Es wurden *Arbeitsgemeinschaften* von ca. 10–20 Mädeln gebildet, die einmal in der Woche zusammenkamen. Einmal monatlich fand ein Gemeinschaftsabend statt, der alle Mädel eines Ortes oder eines größeren Bezirkes erfaßte. Die Mädel konnten sich die Art der *Arbeitsgemeinschaften* selbst wählen. Nachdem sie im *Jungmädelbund* und im *Mädelbund* bewiesen hatten, daß sie sich in die Gemeinschaft einfügen konnten, sollte das BDM-Werk ihnen die Freiheit geben, ihre persönlichen Anlagen zu entfalten und ihren Neigungen nachzugehen. Gerade in der Erziehung der heranwachsenden Frau sollte die Gefahr einer Kollektiv-Erziehung vermieden, das Mädel nicht zu einem genormten Typ, sondern zu einer individuellen Persönlichkeit gebildet werden, die sich zugleich der Gemeinschaft verpflichtet fühlte.
Sinn und Ziel des BDM-Werk's war die Erziehung zur *»gemeinschaftsgebundenen Persönlichkeit«*.

Im BDM-Werk wurden vier wesentliche Arbeitsgebiete unterschieden:

1. Leibeserziehung
2. Gesunde Lebensführung
3. Persönliche Lebensgestaltung
4. Politische und geistige Bildung.

Die Bereiche »Gesunde Lebensführung« und »Persönliche Lebensgestaltung« waren auch unter der Bezeichnung Häusliche Erziehung bekannt.

Die Arbeitsgemeinschaften beinhalteten:

Leibeserziehung:
Gymnastik, Mädeltanz, Leichtathletik, Turnen, Tennis, Reiten, Rudern, Schwimmen, Eislauf, Skilauf, Rollschuhlauf, Handball, Hockey, Florettfechten u.a.m.

Gesunde Lebensführung:
Kochen, Vorratshaltung einschl. Einkauf etc.; *aufbauend:* gesunde Ernährung.
Gesundheitsdienst (»Erste Hilfe«) Krankenpflege, Säuglingspflege; *aufbauend:* Körper- und Schönheitspflege.

Persönliche Lebensgestaltung:
Nähen; *aufbauend:* geschmackvolles Kleiden,
Werken: Zeichnen, Malen, Modellieren, Schnitzen, Stricken, Sticken, Spinnen, Weben, Färben, u.a.m.; *aufbauend:* Schönheit des Wohnens,
Kultur in Heim und Familie: Geselligkeit, Pflege der Musik, des Liedgutes, des Brauchtums, Laien- und Puppenspiel; *aufbauend:* Fest- und Feiergestaltung.

Politische und geistige Bildung:
Fragen des völkischen Lebens, Volkstumsarbeit, Auslandskunde,
Geopolitik, Kunstgeschichte, Literatur.

Grundsätzlich konnten so viele Arbeitsgemeinschaften gebildet werden, wie Interessen-Gebiete vorhanden waren. So fand jedes Mädel, je nach Veranlagung und Begabung, seine Heimat im Bund Deutscher Mädel. –
Die Arbeitsgemeinschaften wurden von einer BDM-Führerin (Dienstleiterin) organisatorisch zusammengefaßt und betreut.* Eine *Fachkraft* (Fachleiter/Fachleiterin) übernahm den Unterricht (z. B.: Professor der Kunstgeschichte, Leiterin eines Modesalons, Bäuerin, etc.)
Die hauswirtschaftlichen Arbeitsgemeinschaften sowie Säuglingspflege wurden von Fachkräften der NS-Frauenschaft durchgeführt.
Den Mädeln, die sich zunächst nicht für eine bestimmte Arbeitsgemeinschaft entscheiden konnten oder kein besonderes Interesse zeigten, wurde nahegelegt, sich an den Arbeitsgemeinschaften Kochen und Nähen – als Grundlage für die darauf aufbauenden Arbeitsgemeinschaften – zu beteiligen. Aber auch den anderen Mädeln wurde empfohlen, neben der *Wahl-Arbeitsgemeinschaft* auch eine der mehr praktisch orientierten Arbeitsgemeinschaften zu besuchen.
Die Leibeserziehung war für die an sich *freiwilligen* Mitglieder des BDM-Werk's Pflicht.
Alle Mädel mußten im Sommer (April bis Ausgust) an einer Arbeitsgemeinschaft der Leibeserziehung teilnehmen, die sie selbst wählen konnten. Besonderer Wert wurde dabei auf die gymnastische Ausbildung gelegt.
Im Winter wurden die übrigen Arbeitsgemeinschaften durchgeführt.Die Mädel konnten 3 Jahre lang in einer Arbeitsgemeinschaft bleiben und sich so auf einem Gebiet *weiterbilden* oder in jedem Winter in eine andere Arbeitsgemeinschaft überwechseln.
Die Arbeitsgemeinschaften bestanden – im allgemeinen – jeweils aus 10 Doppelstunden und dauerten von Oktober bis Dezember und von Januar bis März. –
Die Begriffe der *Gesunden Lebensführung* und *Persönlichen Lebensgestaltung* waren bewußt gewählt worden, um damit zu erreichen, daß sich die Mädel – bei aller notwendigen Grundausbildung im Nähen und Kochen – darüber hinaus mit Fragen der *Gesundheits-* und *Körperpflege* sowie mit Fragen des *geschmackvollen Kleidens,* der *Wohnkultur,* der Pflege von *Geselligkeit* und *Kultur* in Heim und Familie befaßten. –
Für die Mädel auf dem Land wurden unter Berücksichtigung der bäuerlichen Lebensgewohnheiten zwei *Arbeitsgemeinschaften* besonders herausgestellt:

Bäuerliche Berufsertüchtigung
Bäuerliche Lebensgestaltung

Das Bauernmädel sollte lernen, daß nicht die städtische Kleidung und Wohnungs-Einrichtung in das Dorf gehörten (Siehe Kapitel: Bauerntum und Landdienst, 44),

* Siehe: Kapitel Organisation 12.52

sondern daß hier der passende Stil für Kleidung und Wohnung – dem Landleben entsprechend – gefunden werden mußte.
So hat sich der *Bund Deutscher Mädel* auch der Trachten-Frage angenommen. Es wurde für die Landmädel eine Arbeitskleidung entworfen, die modern, hygienisch und praktisch war, in die aber auch – an die Tradition anknüpfend – Motive und Stickereien der alten landschaftsgebundenen Tracht eingebracht wurden. –
Die Mädel des BDM-Werk's auf dem *Land* legten auch *Bauerngärten* an, die – den neuesten Erkenntnissen in der Landwirtschaft und dem Gartenbau entsprechend – Musterbeispiele für das gesamte Dorf waren und so der Landbevölkerung Anregungen zum Anbau von Obst und Gemüse gaben.
In den Mädeln wurde bewußt der Stolz auf bäuerliche Art und Herkunft geweckt, um so auch der Landflucht Einhalt zu gebieten. –
Für die *Fachkräfte* der verschiedenen Arbeitsgemeinschaften wurden von der Reichsjugendführung entsprechende *Rahmen-Pläne* herausgegeben. Ausführliche Unterrichts-Anleitungen (Leitfaden) für die Arbeitsgemeinschaften »Kochen«, »Nähen«, »Der Garten«, »Die Tracht« und »Gesunde Ernährung« waren bereits erschienen.
In Vorbereitung waren die Broschüren (Leitfaden)
»Persönliche Lebensgestaltung«, »Benehmen«, »Körper- und Schönheitspflege«, »Geschmackvolles Kleiden«, die aber kriegsbedingt nicht mehr ausgedruckt werden konnten. –
Für die im Krieg errichteten *Nähstuben* des BDM (Siehe Kapitel 65: Kriegseinsatz des BDM) wurde als Anregung für die Arbeit seitens der Reichsjugendführung mit Unterstützung der Textil-Wirtschaft ein *Modeblatt* mit dem kriegsbedingten Titel: »Aus *Alt* mach *Neu«* herausgegeben. –
In den *Kochstuben* des BDM wurde gelehrt, möglichst »markenfreie« Gerichte zusammenzustellen, also Gerichte ohne Lebensmittelmarken.
Während des Krieges wurden zusätzlich die Arbeitsgemeinschaften *Luftschutz* und *Nachrichtenwesen* (Fernsprechen, Funken, Morsen) errichtet, deren Teilnehmerinnen später zum Teil Ausbilderinnen für die jüngeren Mädel wurden. –
Einmal monatlich wurden die Mädel aller Arbeitsgemeinschaften (ca. 10 Arbeitsgemeinschaften in einer Gruppe) zu einem *Gemeinschaftsabend* zusammengefaßt. Hier wurden vorwiegend Themen, die alle Mädel dieses Alters interessierten, von Fachkräften behandelt, oder das von einzelnen Arbeitsgemeinschaften Erarbeitete dargeboten (Gymnastik, Modevorführungen, Laienspiel) sowie kulturelle Veranstaltungen durchgeführt (Konzerte, Theater, Filme, Besuch kunsthistorischer Stätten u.a.m.). –
Einmal jährlich wurde eine *Reichsveranstaltung des BDM-Werkes* »Glaube und Schönheit« durchgeführt – neben den in den *Gebieten* stattfindenden Ausstellungen –, um der Öffentlichkeit einen Eindruck von der Arbeit der 17–21jährigen Mädel zu vermitteln.*
Meist wurde *Tanz* und *Gymnastik* vorgeführt, *Sing*-Gruppen zeigten ihr Können, oder *Laienspiele* kamen zur Aufführung. –
Auf Veranlassung der BDM-*Reichsreferentin* Dr. Jutta Rüdiger wurde ein *Sing*- und *Tanz-Spiel* »Die sieben Schönsten« von F. W. Hymmen geschrieben und von Georg Blumensaat komponiert (Schriftsteller und Komponist waren bekannte HJ-Führer), in dem erstmalig *Singen, Tanzen* und *Laienspiel* kombiniert waren.
Dieses Spiel wurde 1944 im Wallenstein-Palais in Prag vor verwundeten Soldaten uraufgeführt. –

* Siehe dazu: Bildband BDM-Werk »Glaube und Schönheit« von Obergauführerin Clementine zu Castell-Rüdenhausen. (Zentral-Verlag der NSDAP, vorm. Franz Eher, München)

Das BDM-Werk war in Form eines Clubs aufgezogen; es unterschied sich von diesem wie von früheren Jugendbewegungen dadurch, daß es nicht gleichgültig war, *wie* man sich kleidete, *wie* man wohnte oder gar lebte, sondern daß auch das einfachste Mädel, sei es als kommende Frau und Mutter, sei es als berufstätige Frau, in seiner persönlichen Lebensgestaltung Repräsentantin der Kultur und Sittlichkeit seines Volkes sein sollte.
Gläubig sollte das Mädel sein und schön, und es sollte erkennen, daß der Sinn des Lebens sich erfüllt im Dienst gegenüber dem Volk, in das man gottgewollt hineingeboren ist.
Die Forderung, nach Schönheit zu streben, verlangte keine »verlogene, geschminkte Schönheit«, sondern eine Schönheit im sittlichen Sinn, die durch eine harmonische Bildung von Körper, Geist und Seele von jedem Mädel zu erreichen war. –
Der *Reichsjugendführer* Baldur von Schirach faßte seinen Aufruf an die *weibliche Jugend* in die Worte:

»Werdet schön an Körper und Geist,
und achtet Euch selbst so hoch,
daß nur die Besten es wagen dürfen,
Euch gut zu sein!«

11.24 Das Jungvolk

Viele der 9jährigen *Jungen* konnten es kaum erwarten, mit 10 Jahren in das Jungvolk aufgenommen zu werden, konnten sie dort doch als Pimpfe in Uniform marschieren und demonstrieren, daß sie *»wer«* sind, und mit Fahnen, Trommeln und Fanfaren von den Erwachsenen mit Beifall begrüßt und beachtet werden.
Aber so einfach war es nicht, Anerkennung zu finden, stand doch vor der endgültigen Aufnahme nicht nur die ärztliche Untersuchung, sondern das *Gelöbnis,* in der Hitler-Jugend allzeit seine Pflicht zu tun, und schließlich das Bestehen der »Pimpfen-Probe«. Diese bestand unter anderem aus einfachen sportlichen Leistungen.
Erstmals begann nun für den *Jungen* die Arbeit an sich selbst aus eigener Verantwortung, um vor seinen Kameraden bestehen zu können.
Die endgültige Aufnahme und das Recht zum Tragen des HJ-Fahrtenmessers war vom Bestehen der »Pimpfenprobe« abhängig gemacht und wurde am 2. Oktober, dem Jahrestag des großen *Jugendaufmarsches* von Potsdam (1932), ausgesprochen. (Siehe Kapitel 21: Leibeserziehung, und Anhang, Abb. 20) – Anschließend begann die Vorbereitung zum Jungvolk-Leistungsabzeichen, das zwischen dem 13. und 14. Lebensjahr abgelegt werden konnte.
Das war ein weiter Weg: nicht nur 3 Jahre *Sport*-Nachmittage, an denen sie ihre Kräfte üben und steigern konnten, sondern auch 3 Jahre *Heim*-Nachmittage.
Hier wurde den Pimpfen durch Erzählen und Vorlesen von Geschichten aus der historischen Vergangenheit oder durch aufgezeigte Beispiele der Gegenwart, von zu erlernenden Liedern stimmungsmäßig umrahmt, die Tugenden, die in den Schwertworten des *Deutschen Jungvolks* enthalten waren, lebendig und verpflichtend vor Augen geführt:

»Jungvolkjungen sind hart,
schweigsam und treu,
Jungvolkjungen sind Kameraden.
Des Jungvolkjungen Höchstes ist die Ehre!« –

Bei *Sport* und auf *Fahrt* wollten sie beweisen, daß sie keine »Muttersöhnchen« waren, die verweichlicht sind und denen alles nachgetragen wird; sie packten vielmehr selbst zu. –

Nach und nach lernten sie, Zelte aufzubauen und Kochstellen zu errichten; nicht zu klagen, wenn es nicht gleich klappte, und anderen zu helfen, denen es schwer fiel, diese oder jene Aufgabe auszuführen.
Sie erlebten, daß man in der *Jungenschaft* geborgen war, und daß ein Ziel mit vereinten Kräften besser erreicht werden konnte als im Alleingang. Sie begriffen, was *»Kameradschaft«* heißt: das Einstehen für den anderen, und dies' zu tun für ihr Volk, für Deutschland. Schon die Jüngsten unter ihnen konnten dieses mit der Tat beweisen, z. B. durch ihren Einsatz bei *Altmaterial-Sammlungen* oder beim *Ernte-Einsatz.*
Die größte Freude aber machte ihnen das Geländespiel, bei dem sie die Natur beobachten und sich ihr anpassen mußten, um Schutz zu finden, aber auch, um überraschend einen Angriff zu starten, oder die jährlich einmal stattfindende Fehde zwischen zwei Fähnlein, bei denen sie im jungenhaften Spiel ihre Geschicklichkeit unter Beweis stellen und ihre Kräfte messen konnten.
Trotz Ordnungs-Übungen und Erziehung zur Disziplin, die als Grundlage für eine Gemeinschaft notwendig sind, sollten sie keine kleinen Soldaten werden, sondern fröhliche und unbeschwerte *Jungen* sein, eben Pimpfe bleiben, die spielend lernten, die ihrem Alter gemäßen Pflichten zu erfüllen.
Wer mehr leisten wollte, konnte sich schon mit 12 Jahren – seiner Begabung entsprechend – *weiterbilden.*
Wer Führungseigenschaften besaß, d. h. seinen Jungen Kameradschaft, Selbstdisziplin und Treue nicht lehrte, sondern *vorlebte,* konnte in den Führer-Anwärter-Jungzug aufgenommen werden, wo er eine einjährige Ausbildung erhielt. –
Musikinteressierte Pimpfe konnten in Chören oder Spielfähnlein mitwirken oder Nachwuchs für die Fanfaren- und Spielmannszüge werden; die Bastler oder die »künftigen« Flieger konnten sich am Flugmodellbau beteiligen.
Sportbegeisterte Pimpfe besuchten den *freiwilligen* Sport-Dienst in besonderen Sportdienstgruppen.
Diese zusätzlichen Dienste wurden *freiwillig* zum Pflicht-Dienst geleistet.
Allerdings wurde von jung an vermieden, Stars zu züchten oder ein elitäres Bewußtsein zu entwickeln. –
Die zum »Führer« ernannten Pimpfe oder solche wegen einer Leistung Ausgezeichneten empfanden dieses als erhöhte Verpflichtung gegenüber der Gemeinschaft.
Der Pimpf, der gelernt hatte, sich einzuordnen und gleichzeitig im Interesse seiner Kameradschaft selbständig zu denken und zu handeln, war reif, mit 14 Jahren in die HJ überwiesen zu werden und dort als Hitler-Junge »seinen Mann« zu stehen.

11.25 Die Hitler-Jugend (HJ)

Der Hitler-Junge, der meist mit 14 Jahren in das Berufsleben eintrat, kam nun mit der Welt der Arbeit und der Realität des Lebens in Verbindung und lernte, sich mit dieser kritisch auseinanderzusetzen. –
Der eigentliche Dienst der HJ vollzog sich ähnlich dem des Jungvolks im *Heim-* und *Sport*-Abend, auf *Fahrt* und im *Lager.* Nur wurden jetzt Erfahrungen diskutiert und politisch durchdacht. Die aus dem Fronterlebnis gewonnene nationalsozialistische Weltanschauung, daß zum Wohl des Ganzen nicht Herkunft oder Besitz des Einzelnen entscheidend seien, sondern sein Einsatz, seine Leistung für die Gemeinschaft, nahm er nun bewußt an.
Während der Pimpf sich im Spiel ertüchtigte, stand im Vordergrund der Erziehung des Hitler-Jungen die Ausbildung.
Der *Pimpf* hatte erlebt, was Kameradschaft heißt; als *Hitler-Junge* konnte er diese

Erfahrung nun in verstärktem Maß in sozialen und beruflichen, wie auch in allen anderen Bereichen mit erhöhter Leistungsbereitschaft anwenden. Das Üben und Messen der Kräfte entspricht den Antrieben des Alters der 14–18-Jährigen, die sich unbewußt auf das Erwachsenen-Leben vorbereiten wollen; dazu wurde ihnen in der HJ genügend Gelegenheit geboten.
Unter vielen sozialen Anforderungen kam dem Ernte-Einsatz besondere Bedeutung zu. Er förderte gleichzeitig gegenseitiges Kennenlernen und Verständnis von Stadt- und Land-Jugend und wurde für manchen der Ausgangspunkt für einen – über den Landdienst der HJ gehenden – Beruf auf dem Lande.
Auf der beruflichen Ebene forderte der Reichsberufswettkampf den Einsatz von Wissen und Können.
Die Jugend-Sportwettkämpfe waren Ansporn zu körperlicher Ertüchtigung und damit zur Ablegung des dreistufigen Leistungsabzeichens.
Die Anforderungen des Leistungsabzeichens in Eisen waren so einfach gehalten, daß sie fast jeder Junge ohne Schwierigkeiten erfüllen konnte; meist hatte er dann selbst den Wunsch, ein Jahr später das Abzeichen in Bronze zu schaffen. Sportlich Befähigte konnten durch Geschicklichkeit und Steigerung der Kräfte das silberne Leistungsabzeichen erwerben.
Fahrt und Lager dienten der gesundheitlichen Abhärtung und charakterlichen Weiterbildung, sie vertieften das Empfinden echter Kameradschaft und vermittelten zugleich über die engere Heimat hinaus das Erlebnis Deutschlands und Europas. Fahrten in das Ausland und gemeinsame Lager mit der Jugend anderer Völker förderten die Verständigung und die Bereitschaft zur gegenseitigen Achtung und Anerkennung.
Im Heimabend wurden Zeitungsberichte aus allen Bereichen – vom Sport bis zu Wirtschaft und Außenpolitik – und das Zeitgeschehen besprochen und die Rechte sowie die Pflichten des Jungarbeiters und des Jungbauern aufgezeigt. Die Jungen erkannten ihre Verpflichtung, sich überall als Repräsentant der deutschen Jugend und des deutschen Volkes zu bewähren. –
Die Wehrertüchtigung sollte keine vormilitärische Ausbildung kleiner Rekruten sein (die Formulierung »vormilitärisch« wurde deshalb auch bald abgeschafft).
Die Geländespiele – ohne Waffen in jungenhafter Art durchgeführt – sollten der Erforschung der Natur und der Ausnutzung des Geländes sowie der Beherrschung jeglicher Situation dienen (siehe 22.34). Die Schießausbildung entsprach den Bedingungen zur Ausbildung vom Jungschützen in jedem europäischen Schützenverein, denn Kleinkaliber-Schießen gehörte als Sportart zu den olympischen Disziplinen. Nicht das Beherrschen von Waffen war für den Jungen entscheidend, sondern das Beherrschen seiner selbst sowie die Fähigkeit, sich im Notfall wehren zu können.
Die Jungen, die mehr leisten wollten, konnten ihren spezifischen Begabungen und Interessen nachgehen, ob sie z. B. zur See fahren, fliegen, Motorrad fahren, Nachrichten übermitteln oder reiten wollten. Dafür bekamen sie eine besondere Ausbildung, die ihnen bei Leistungssteigerung stufenweise durch Abzeichen und Urkunden Anerkennung brachte. –
Höchste Bedeutung aber maß die HJ der Kultur-Arbeit zu, an der nicht nur bevorzugt die Mädel, oder – wie bisher – die Söhne wohlhabender Eltern, sondern *jeder* Junge – ob Schüler, Jungarbeiter oder Jungbauer – teilhaben konnte. Die kulturelle Bildung sollte mit den Werken alter Meister und neuer aus der Jugend entstandener Kunst vertraut machen und zu eigenem Schaffen anregen.
Musisch begabte und interessierte Jungen betätigten sich zusätzlich zum allgemeinen HJ-Dienst in den Spielscharen auf den verschiedensten Gebieten der Musik, des Laienspiels oder durch Mitarbeit in Presse, Rundfunk, Film und Theater, die werkbegabten im HJ-Ausbildungswerk für Architektur und Technik. Besonders Be-

fähigten wurde Gelegenheit gegeben zu individueller schöpferischer – jedoch der Gemeinschaft verpflichteter – Betätigung. –
Langeweile, Lebensangst und »Aussteiger aus der Gesellschaft« – wie man heute sagen würde – gab es selten, und deshalb gab es auch keine Selbstbetäubung, weniger Aggression gegenüber Erwachsenen und keinen übersteigerten Extremismus. So wurde jeder einseitige Konformismus vermieden, und es entwickelte sich in der Einheit der HJ eine Vielfalt jugendlicher Lebensäußerungen.
Ziel der HJ war es, beim Ausscheiden ihrer Jungen mit 18 Jahren einen jungen Mann »herangebildet« zu haben, der geprägt war durch den
Adel der Leistung,
soldatische Tugenden wie: Mut, Selbstdisziplin, Kameradschaft, Treue, Ritterlichkeit, verbunden mit der durch musische Bildung vertieften
Pflege des Gemüts.

Zusammenfassung

Der altersmäßige Aufbau der verschiedenartigen Erziehungsstufen der Hitler-Jugend und des Bundes Deutscher Mädel und die Differenzierung ihrer Leitbilder fand in den letzten Friedensjahren in Form und Inhalt ihren Abschluß,
in der Form durch die Möglichkeiten der Wahl ihrer Interessengebiete,
im Inhalt in Wandel und Entwicklung
der *männlichen* Jugend vom »militant-politischen Typ« der Kampfzeit zum verantwortlichen Mitträger des Kulturlebens durch »eine starke Betonung des Musischen, das den Menschen als Ganzes erfaßt und seine körperlich-geistig-seelische Harmonie bewirkt«, –*
der *weiblichen* Jugend vom anfänglich marschierenden und demonstrierenden zum gymnastisch-musisch geprägten Mädel.
Daran änderte auch der Krieg nichts – trotz aller unter härtesten Bedingungen geleisteten Einsätze; so wurde z.B. noch im Frühjahr 1944 ein »musischer Wettbewerb« für alle Jugendlichen ausgeschrieben.
Das Erziehungsziel für jeden Jungen und jedes Mädel war nicht eine Erziehung zum Kollektiv, sondern die Bildung einer der Gemeinschaft verpflichteten *Persönlichkeit.*

* Siehe auch Kulturarbeit 26.1

12. Die Organisation

12.1 Aufgabenbereiche

Erst durch eine festgefügte Organisationsform kann eine Erziehungs-Idee zur Wirkung kommen. Im Anhang Abb. 2 sind Dienstränge, Dienstkleidung u. Abzeichen beschrieben. Auf diese Darstellungen wird hier verwiesen.
Das Organisationsamt der Reichsjugendführung hatte alle *organisatorischen* und *technischen* Maßnahmen vorzubereiten, um die reibungslose Durchführung des Dienstes zu ermöglichen. Es mußte die Aufstellung und Aufteilung der Einheiten vornehmen und für die Einkleidung und Ausrüstung der Jugendlichen Sorge tragen. –
Der Dienst wurde regelmäßig inspiziert, und den jungen Einheitenführern und Einheitenführerinnen für ihre Arbeit Rat und Hilfe gegeben. –
Meldungen über Mitgliederzahlen, Anzahl und Art der Veranstaltungen wurden statistisch ausgewertet, um den Erfolg der Arbeit zu überprüfen, Erfahrungen zu sammeln und diese gegebenenfalls für das gesamte Reichsgebiet anwenden zu können. –
Reichsveranstaltungen wie die Jugendkundgebung auf dem Reichsparteitag, die Sommer- und Winterlager, Sportfeste in Breslau und Garmisch-Partenkirchen, die Kulturtage in Weimar, mußten bis zur kleinsten Einheit bei der An- und Abreise, Unterbringung und Verpflegung der Jugendlichen minutiös vorbereitet werden, wenn die Veranstaltungen zu einem Erlebnis werden sollten. –
Auch den Gebieten/Obergauen wurde vom Organisationsamt jede Hilfestellung gegeben, z. B. bei Großveranstaltungen, Kundgebungen, Katastrophen-Einsätzen etc.; Großfahrten, Sommer- und Winterlager größeren Stils mußten vor ihrer Durchführung »genehmigt« werden, damit Überschneidungen vermieden u. Risikofaktoren ausgeschaltet werden konnten, und um gegenüber dem Elternhaus Verantwortung übernehmen zu können. –
Im Krieg wurden vom Organisationsamt sämtliche Sammlungen (Kleidung, Altmaterial, Heilkräuter usw.) organisiert und Dienstanweisungen für den Kriegs-Einsatz herausgegeben z. B. für die Versorgung von Flüchtlingstransporten oder die Hilfeleistungen für die Bevölkerung nach Fliegerangriffen. –
Um die Erziehung, die Ausrichtung und den Einsatz der Jungen und Mädel – Ende 1932 waren es mehr als Hunderttausend und 1940 über 8 Millionen Mitglieder, – davon über 4 Millionen Mädel – »in den Griff« zu bekommen, bedurfte es einer straffen Organisation. Erst diese garantierte, daß Anordnungen der *Reichsjugendführung* die kleinste Einheit erreichten und dort ausgeführt wurden, aber auch, daß Meldungen, Beobachtungen und Verbesserungsvorschläge von »unten« nach »oben« durchgegeben und in der *Reichsjugendführung* entsprechend ausgewertet werden konnten. –
In den Gebieten und Obergauen gab es Organisations-Abteilungen und in den Bannen und Untergauen Organisations-Stellen (letztere waren ehrenamtlich besetzt), die in ihrem Bereich für die Durchführung entsprechender organisatorischer Maßnahmen verantwortlich waren. –
Erst die detaillierte Kleinarbeit der Organisation machte den Erziehungsauftrag der Hitler-Jugend und des Bundes Deutscher Mädel erfüllbar und verhalf der Jugend zum sichtbaren Ausdruck ihrer Weltanschauung. –

12.2 Organisatorischer Aufbau

12.21 Die Untergliederungen

Die Hitler-Jugend erfaßte folgende Altersgruppen:
Jungen vom 10. bis zum 18. Lebensjahr oder bis zum vorzeitigen Einrücken in den Reichsarbeitsdienst und die Wehrmacht,
Mädel vom 10. bis zum 21. Lebensjahr (dem damaligen Mündigkeitsalter) im Bund Deutscher Mädel.
Diese Altersgruppen wurden in 5 Untergliederungen unterteilt und zwar die Jungen in:

Deutsches Jungvolk (DJ)	Pimpfe von 10–14 Jahren
Hitler-Jugend (HJ)	Jungen von 14–18 Jahren und der
Bund Deutscher Mädel (BDM) in:	
Jungmädelbund (JM)	Jungmädel von 10–14 Jahren
Mädelbund (MB)	Mädel von 14–17 Jahren
BDM-Werk »Glaube und Schönheit«	Mädel von 17–21 Jahren.

12.22 Aufbau der Einheiten

Die Einheiten der Untergliederungen der Hitler-Jugend waren wie folgt aufgebaut:

Deutsches Jungvolk (DJ)

Die Jungenschaft	(etwa 10 Pimpfe)
Der Jungzug	(bis zu 4 Jungenschaften)
Das Fähnlein	(bis zu 4 Jungzügen)
Der Jungstamm	(3–5 Fähnlein)
Der Jungbann	(4–6 Jungstämme)

etwa 30 Jungbanne waren dem Gebiet unterstellt.

Hitler-Jugend (HJ)

Die Kameradschaft	(etwa 10 Jungen)
Die Schar	(bis zu 4 Kameradschaften)
Die Gefolgschaft	(bis zu 4 Scharen)
Der Stamm	(3–5 Gefolgschaften)
Der Bann	(4–6 Stämme)
Das Gebiet	(etwa 30 Banne)
Das Obergebiet	(nur namentliche Zusammenfassung von 6–8 Gebieten einer Region)

Bund Deutscher Mädel (BDM)

Jungmädelbund (JM)

Die Jungmädelschaft	(etwa 10 Jungmädel)
Die Jungmädelschar	(bis zu 4 Jungmädelschaften)
Die Jungmädelgruppe	(bis zu 4 Jungmädelscharen)
Der Jungmädelring	(3–5 Jungmädelgruppen)
Der Jungmädeluntergau	(4–6 Jungmädelringe)

(etwa 30 Jungmädeluntergaue waren dem Obergau unterstellt).

Mädelbund (MB)	
Die Mädelschaft	(etwa 10 Mädel)
Die Mädelschar	(bis zu 4 Mädelschaften)
Die Mädelgruppe	(bis zu 4 Mädelscharen)
Der Mädelring	(3–5 Mädelgruppen)
Der Untergau	(4–6 Mädelringe)
Der Obergau	(etwa 30 Untergaue)
Der Gauverband	(nur namentliche Zusammenfassung von 6–8 Obergauen einer Region)

BDM-Werk »Glaube und Schönheit«	
Die Arbeitsgemeinschaft	(10–30 Mädel)
Die BDM-Werk-Gruppe	(bis zu 10 Arbeitsgemeinschaften)
Der BDM-Werk Ring	(3–5 BDM-Werk-Gruppen)

Die Gruppen bzw. Ringe (4–6) wurden wie die Einheiten des Mädelbundes im Untergau zusammengefaßt.
(Siehe Anhang Abb. 3)

Der Reichsjugendführung waren als der höchsten Dienststelle der Hitler-Jugend (BDM) sämtliche Gebiete und Obergaue unterstellt.
Hinzu kamen 1939 die *»Befehlsstellen«* der Reichsjungendführung, die – nach Übernahme des Protektorats *Böhmen* und *Mähren* und des *Generalgouvernements* durch das Reich – mit Sitz in Prag und Krakau errichtet wurden.
Deren HJ-Führer und BDM-Führerinnen hatten die Aufgabe, die dort ansässigen deutschen Jugendlichen – ähnlich denen der Gebiete und Obergaue des Reichs – in den entsprechenden Untergliederungen und Einheiten zu führen und zu betreuen sowie ihre Arbeit den örtlichen Verhältnissen des jeweiligen Landes anzupassen. –
Ebenfalls unterstanden der Reichsjugendführung unmittelbar:
Die Reichsbanne: »Seefahrt« (S)
»Binnenschiffahrt« (BS)
»Blinde« (B)
»Gehörgeschädigte« (G)

12.3 Der Weg der Jugend durch die Hitler-Jugend

Mit Vollendung des 10. Lebensjahres wurden die Jugendlichen am 19. April (dem Vorabend von Hitler's Geburtstag) in das Deutsche Jungvolk und den Jungmädelbund aufgenommen.
Symbolhaft für das ganze Reich fand diese Aufnahme in einer Feierstunde in der Marienburg/Westpreußen durch den *Reichsjugendführer* ihren Ausdruck. Sie wurde über alle Reichssender übertragen. In dieser Feierstunde sollte den Jüngsten bewußt werden, daß sie nunmehr mitverantwortlich für ihre Erziehung waren, dem Lebensgesetz jeder echten Jugendbewegung entsprechend.
Noch stärker wurde *Jungen* und *Mädeln* am Tag der *»Verpflichtung der Jugend«* ihre Eigenverantwortlichkeit zum Bewußtsein gebracht, wenn sie als Vierzehnjährige in die HJ und in den Mädelbund überwiesen wurden. –
Die Jugendlichen wurden jahrgangsweise in einer Schar zusammengefaßt – den Erziehungs- und Ausbildungsplänen entsprechend – und rückten in jedem Jahr in die nächste Schar weiter. –
Mit 17 Jahren wurden die Mädel ohne größeres Zeremoniell in das BDM-Werk »Glaube und Schönheit« übernommen.

Mit 18 Jahren konnten die HJ- und BDM-Angehörigen in die NSDAP aufgenommen werden; mit 21 Jahren die Mädel in die NS-Frauenschaft; nach Ableistung des Reichsarbeits- und Wehrdienstes die Jungen in die Gliederungen der Partei, z.B. SA, SS, NSFK o.ä. –
(Siehe Anhang Abb. 4)

12.4 Der Dienstplan

Die Jungmädel hatten wöchentlich – je zwei Stunden – einen Heim-Nachmittag *und* einen Sport-Nachmittag;
die Mädel entsprechend einen Heim-Abend und einen Sport-Abend. (Siehe Anhang Abb. 5) Monatlich wurde einmal eine Fahrt unternommen *und* ein Gruppen-Appell (Durchgabe von Dienstanweisungen) durchgeführt.
Für Jungvolk und HJ galt der Dienstplan entsprechend, nur wurde außer der Fahrt auch Gelände- und Schieß-Dienst angesetzt. –
Die Arbeitsgemeinschaften des BDM-Werkes »Glaube und Schönheit« wurden *wöchentlich* an einem Abend durchgeführt. Zusätzlich fand einmal monatlich für alle Mädel der verschiedenen Arbeitsgemeinschaften – in einem großen Rahmen – ein Gemeinschaftsabend statt.
Bei den *Sondereinheiten* wurde zusätzlich zum allgemeinen HJ-Dienst monatlich an zwei Abenden ein *technischer* Unterricht *und* an einem Sonntag im Monat ein *praktischer* Dienst (entsprechend der Sonder-Ausbildung, z.B. Flugdienst, Bootsdienst u.a.m.) durchgeführt.

In jedem Jahr wurden Art und Themen des Dienstes durch die Jahresparolen, die der Reichsjugendführer in seiner Neujahrs-Ansprache an die Jugend herausgab, bestimmt.
So stand z.B. in einem Jahr die Schulung (1934);
im nächsten Jahr die Leibeserziehung (1935) im Mittelpunkt des Dienstes.

Die Jahresparolen lauteten:

1933 Jahr der »Organisation«
1934 Jahr der »Schulung«
1935 Jahr der »Körperlichen Ertüchtigung«
1936 Jahr des »Jungvolks«
1937 Jahr der »Heimbeschaffung«
1938 Jahr der »Verständigung«
1939 Jahr der »Gesundheit«
1940 Jahr der »Bewährung«
1941 »Unser Leben ein Weg zum Führer«
1942 »Osteinsatz und Landdienst«
1943 »Kriegseinsatz der deutschen Jugend«
1944 Jahr der »Kriegsfreiwilligen«

Aus diesen Jahresparolen sind die *zeitgeschichtliche* Entwicklung der Erziehung und die Aufgabenstellungen – bis zu einem gewissen Grad – ersichtlich.

12.5 Die Aufgaben der Einheiten
(Aus: »Aufbau und Abzeichen der Hitler-Jugend I. 1942«)

12.51 Die Hitler-Jugend

Die Kameradschaft (DJ = Jungenschaft)
Die HJ im Deutschen Reich ist, wie alle anderen Gliederungen der Bewegung auch, in viele hunderttausend Einheiten aufgeteilt. Die kleinste dieser Einheiten ist die *Kameradschaft*. In ihr sind etwa 10 nach Möglichkeit gleichaltrige Jungen zusammengefaßt. Sie hat ihrem Namen entsprechend die Aufgabe, die Jungen zu einer unverbrüchlichen Einheit zusammenzuschmieden, deren höchste Tugend und größte Pflicht Disziplin und der Gehorsam und deren schönstes Erlebnis die Kameradschaft ist. Sie ziehen gemeinsam auf Fahrt, sie sind im Zeltlager immer zusammen und aufeinander angewiesen, sie erleben heitere und ernste, gute und schlechte Stunden gemeinsam und überwinden sie dadurch, daß sie alle von dem gleichen Willen beseelt sind und alle dem gleichen Ziel zustreben. Ihr Führer ist der Kameradschaftsführer, der die volle Verantwortung für den Geist und die Ausbildung in seiner Einheit trägt. Führer und Kameradschaft muß ein Zusammengehörigkeitsgefühl beherrschen, wie es größer und reiner nicht gedacht werden kann.

Die Schar (DJ = Jungzug)
Die nächsthöhere Einheit ist die *Schar*, in der vier Kameradschaften zusammengefaßt werden und die eine Stärke von etwa 40 bis 50 Jungen hat. In Städten mit großen HJ-Einheiten wird der Dienst scharweise durchgeführt, so daß in diesem Falle die Schar die Hauptträgerin der Arbeit ist. Der Scharführer hat die Aufgabe, seine vier Kameradschaften in einer einheitlichen Linie zu führen und muß stets darauf bedacht sein, seiner Schar das Zusammengehörigkeitsgefühl einer größeren Einheit zu geben. Jeder Junge soll und muß stolz sein auf seine Kameradschaft, ihn soll aber der gleiche Stolz beherrschen, wenn er in den Reihen seiner Schar marschiert.

Die Gefolgschaft (DJ = Fähnlein)
Vier Scharen bilden eine Gefolgschaft mit der ungefähren Stärke von 120 bis 160 Jungen. In einer Stadt werden die vier Scharen nach Jahrgängen unterteilt, so daß jede Schar einen Jahrgang umfaßt. Die Gefolgschaft ist die unterste Verwaltungsdienststelle der HJ.
Um die Arbeit des Gefolgschaftsführers zu unterstützen, wird in jeder Gefolgschaft ein Hauptscharführer und ein Geldverwalter, letztere bis Herbst 1940, da ab diesem Zeitpunkt keine Mitgliedsbeiträge mehr erhoben wurden, eingesetzt. Der Hauptscharführer ist nur für allgemeine dienstliche Fragen zuständig, während der Geldverwalter die verwaltungstechnischen Angelegenheiten regelt. Hierdurch wird eine arbeitsmäßige Entlastung des Gefolgschaftsführers erreicht, der so mit ganzer Kraft zur schulungs- und ausbildungsmäßigen Ausrichtung seiner Einheit zur Verfügung steht.
Als Zeichen ihrer Zusammengehörigkeit führt die Gefolgschaft bei geschlossenen Ausmärschen oder bei Kundgebungen die Gefolgschaftsfahne mit. *Die Fahne bedeutet für die Einheit ein symbolisches Ehrenzeichen*, jeder Junge wird mit dem Sinn einer Fahne vertraut gemacht und lernt frühzeitig, daß er das Feldzeichen, auf das er sich verpflichtet hat, niemals verlassen darf.
Um eine einheitliche Ausbildung seiner vier Scharen sicherzustellen, ruft der Gefolgschaftsführer seine Schar- und Kameradschaftsführer zu regelmäßigen Führerbesprechungen zusammen, auf denen er die Anordnungen seiner vorgesetzten Dienststelle bekanntgibt, eigene Befehle erteilt und Arbeitsrichtlinien festlegt.

Der Stamm (DJ = Jungstamm)
Drei bis höchstens fünf Gefolgschaften bilden den Stamm, der eine ungefähre Stärke von 400 bis 600 Jungen besitzt. Die Stämme werden laufend im Bann durchnumeriert, und zwar umfaßt der Stamm I die Gefolgschaften 1 bis 5, der Stamm II die Gefolgschaften 6 bis 10 usw.
Dadurch ist auf der einen Seite erreicht worden, daß jeder, der mit der Organisationsform der HJ vertraut ist, an der Nummer einer Gefolgschaft sofort ihre Zugehörigkeit zu einem bestimmten Stamm feststellen kann. Andererseits weiß man dadurch, welche Gefolgschaften in dem betreffenden Stamm liegen.
Der Führer des Stammes gilt für seinen Bereich als der Beauftragte des Bannführers und hat daher große Pflichten und weitgehende Rechte. Er ist vom Verwaltungsdienstwege völlig unberührt, so daß er sich restlos seiner Einheit widmen kann. Gleichfalls geht der größte Teil des allgemeinen Schriftverkehrs unmittelbar an die Gefolgschaften, so daß auch in dieser Hinsicht der Stammführer weitgehend entlastet ist und völlige Handlungsfreiheit besitzt. Er hat demnach die alleinige Aufgabe, den Dienst seiner unteren Einheiten zu prüfen und zu überwachen und dem Bannführer Berichte über seine Beobachtungen zu geben. Er sorgt für die Durchführung der gegebenen Befehle und Anordnungen. Von Zeit zu Zeit zieht er seine Unterführer zusammen, um ihnen einheitliche Arbeitsrichtlinien zu vermitteln.

Der Bann (DJ bis 1941 = Jungbann)
Vier bis acht Stämme bilden den Bann, der eine ungefähre Stärke von 2000 bis 5000 Jungen besitzt. Am 1. 10. 39 gab es 624 Banne im Reich. 1944 = 1000 Banne. Die Mitglieder des Bannes tragen als Erkennungszeichen die rotgestickte Bannummer auf jeder Schulterklappe. Der Bannführer ist der Beauftragte des Gebietsführers für seinen Bannbereich und als solcher mit besonderen Vollmachten ausgestattet. Er vertritt die Hilter-Jugend bei den Dienststellen der Partei, des Staates und der Wehrmacht. Zu seiner Entlastung und Beratung werden für wichtige örtliche Dienststellen Unterführer eingesetzt, die die unmittelbare Verbindung aufrechtzuerhalten haben.
Der Bann ist der Träger der allgemeinen HJ-Arbeit. Es ist die Pflicht und die Aufgabe des Bannes, sämtliche Jungen einheitlich auszurichten. Für diese große, schwere und verantwortungsbewußte Arbeit steht dem Bannführer sein Bannstab zur Seite. Für jedes einzelne Sachgebiet ist ein besonderer Stellenleiter verantwortlich, der auf Grund seiner Fähigkeiten in den Bannstab berufen wird. Der Bannstab wurde in den letzten Kriegsjahren durch einen Hauptststammführer geleitet, der auch Vertreter des Bannführers war.
Da dem Bannführer neben den aufgezeigten Aufgaben auch noch die schwierige Ausbildung und Ausrichtung der Führerschaft zufällt, ist es eine Selbstverständlichkeit, daß zur Führung eines Bannes nur die wertvollsten, fähigsten u. bestausgebildeten HJ-Führer berufen werden können. –

Das Gebiet
Zehn bis dreißig Banne bilden zusammen mit den entsprechenden Jungannen das *Gebiet.* Es läuft also beim Gebiet die Erziehung der zehn- bis vierzehnjährigen Jungen, die sich im Jungvolk befinden, und der Vierzehn- bis Achtzehnjährigen, die der Hitler-Jugend angehören, zusammen.
Das Gebiet trägt einen Namen, der dem Ausdehnungsbereich entspricht und die Landschaft bezeichnet, in der das Gebiet liegt. Daneben trägt das Gebiet eine Nummer, die aus einer fortlaufenden Numerierung sämtlicher Gebiete entstanden ist. Es gibt im Reich die folgenden Gebiete (Stand 1942):

Gebiet Ostland	(1)	Gebiet Bayer. Ostmark . . .	(22)
Gebiet Mark Brandenburg .	(2)	Gebiet Mittelelbe	(23)
Gebiet Berlin	(3)	Gebiet Mecklenburg	(24)
Gebiet Schlesien	(4)	Gebiet Saarpfalz	(25)
Gebiet Pommern	(5)	Gebiet Hamburg	(26)
Gebiet Nordmark	(6)	Gebiet Wien	(27)
Gebiet Nordsee	(7)	Gebiet Niederdonau	(28)
Gebiet Niedersachsen	(8)	Gebiet Oberdonau	(29)
Gebiet Westfalen	(9)	Gebiet Steiermark	(30)
Gebiet Ruhr-Niederrhein . .	(10)	Gebiet Kärnten	(31)
Gebiet Köln-Aachen	(11)	Gebiet Salzburg	(32)
Gebiet Westmark	(12)	Gebiet Tirol-Vorarlberg . . .	(33)
Gebiet Hessen-Nassau . . .	(13)	Gebiet Düsseldorf	(34)
Gebiet Kurhessen	(14)	Gebiet Sudetenland	(35)
Gebiet Mittelland	(15)	Gebiet Schwaben	(36)
Gebiet Sachsen	(16)	Gebiet Danzig-Westpr. . . .	(37)
Gebiet Thüringen	(17)	Gebiet Wartheland	(38)
Gebiet Franken	(18)	Gebiet Mainfranken	(39)
Gebiet Hochland	(19)	Gebiet Oberschlesien	(40)
Gebiet Württemberg	(20)	Gebiet Ost-Hannover	(41)
Gebiet Baden	(21)	Gebiet Westfalen-Süd	(42)

(Siehe Anhang Abb. 6 und 7)

Die Gebiete sind den Bannen unmittelbar vorgesetzt und der Reichsjugendführung direkt unterstellt. Die auf diese Weise erreichte Ausschaltung sämtlicher Zwischeninstanzen gewährleistet einen reibungslosen Schriftverkehr und die denkbar schnellste und kürzeste Befehlsdurchgabe.
Die Führer der Gebiete sind für die einheitliche Ausrichtung sowohl ihrer Führerschaft als auch des gesamten Gebietes verantwortlich und überwachen die Durchführung der von der Reichsjugendführung gegebenen Befehle.
Durchschnittlich findet monatlich einmal eine Führertagung der Bann- und Jungbannführer statt, auf der einheitliche Richtlinien und Befehle erteilt werden. Die Gebietsführer lassen sich von der Arbeit ihrer Unterführer berichten und geben ihnen so Gelegenheit, ihre Sorgen und Wünsche persönlich vorzubringen.
Die Führer der Gebiete halten weiter die Verbindungen zu den Dienststellen der Partei, des Staates und der Wehrmacht aufrecht. Sie halten den Gauleitern Vortrag über die Fragen der Jugend, sie verhandeln mit den Reichstatthaltern und den Oberpräsidenten, sie tauschen Erfahrungen aus mit den Gruppenführern der SA und SS und klären Fragen der Sondereinheiten mit dem NSKK und dem NSFK.
Der Gebietsführer hat zu seiner persönlichen Unterstützung seinen Adjutanten, der ihn ständig begleitet. Die Zentralabteilungen erledigen seinen persönlichen Schriftverkehr und bearbeiten die Termine. Außerdem ist für die Bearbeitung von allen Sachgebieten ein Stab von Abteilungsleitern, Hauptstellenleitern, Stellenleitern und Mitarbeitern eingesetzt. Für die einheitliche Arbeitsrichtung und die Leitung des Gebietsstabes ist der Stabsleiter verantwortlich. Für die Bearbeitung aller Fragen des Jungvolks ist der DJ-Beauftragte zuständig.

Das Obergebiet
Die Obergebiete bestehen seit 1935 nicht mehr als Dienststellen, sondern werden nur als namentliche Zusammenfassung angesehen. (Anm. d. Herg: Das Ärmeldreieck wies das Obergebiet z. B. »Ost« und darunter das Gebiet »Berlin« aus). Ein Obergebiet umfaßt mehrere Gebiete.

12.52 Der Bund Deutscher Mädel

Die Stellung des Bundes Deutscher Mädel in der Hitler-Jugend

Die Selbständigkeit des Bundes Deutscher Mädel in seiner Erziehungsarbeit beruhte auf der Erkenntnis, daß Jungen und Mädel eine Zeit der Entwicklung brauchen, in der sie getrennte Wege gehen sollten, um sich selbst zu finden. Deshalb arbeiteten Jungen- und Mädeleinheiten bis zum Stamm/Jungstamm/Mädel- und Jungmädelring grundsätzlich unabhängig voneinander. Jede Mädelführerin führte also ihre Einheit durchaus selbständig, nur ihrer vorgesetzten Führerin verantwortlich.
Lediglich bei größeren Veranstaltungen (Feierstunden, Sportfeste) traten die Mädel- und Jungmädeleinheiten gemeinsam mit den Formationen der Jungen auf, um dadurch der Öffentlichkeit ein Bild der Geschlossenheit der Deutschen Jugend zu bieten.
Um diese Geschlossenheit auch in den Einheiten Bann/Untergau und Gebiet/Obergau zu gewährleisten, waren die Führer der Banne und der Gebiete in ihrem Bereich für *politische* Entscheidungen nach Absprache und in Zusammenarbeit mit der zuständigen Mädelführerin für die *gesamte* Jugendarbeit verantwortlich, z. B. für Verhandlungen mit Parteidienststellen, für gemeinsame Jugendkundgebungen und im Krieg für gemeinsame Einsätze (Sammelaktionen, Ernte-Einsatz usw.). Aufrufe, die sich an die gesamte Jugend richteten, wurden gemeinsam unterzeichnet.
In Angelegenheiten, die nur die *weibliche* Jugend betrafen, konnten auch die Mädelführerinnen der Banne- bzw. Gebiete – nach Absprache mit dem zuständigen HJ-Führer – mit Partei-Dienststellen und Behörden verhandeln.
Von der Ausnahme politischer Entscheidungen für die gesamte Jugend abgesehen, blieb nach wie vor die selbständige Stellung der Führerinnen der Unter- und Obergaue und ihre ausschließliche Verantwortung für die Mädelarbeit gegenüber ihren vorgesetzten Führerinnen bestehen. Das galt auch für die kriegsbedingten organisatorischen Zusammenlegungen von HJ- und BDM-Dienststellen (s. kriegsbedingte Änderungen der Organisation). – Zu gelegentlich auftretenden Schwierigkeiten in der Zusammenarbeit in den Gebieten und Obergauen, Bannen und Untergauen, – wenn z. B. der betreffende HJ-Führer in die Mädelarbeit »hineinredete« oder die zuständige Mädelführerin sich jeder gemeinsamen Arbeit widersetzte, – sagte der Reichsjugendführer Baldur von Schirach einmal, *diese Zusammenarbeit sei ähnlich wie in einer Ehe. Man könne die besten Gesetze schaffen, eine gut funktionierende Ehe würde sich im letzten immer allein aus dem guten Willen zu einer echten Kameradschaft ergeben. So sei es auch in der Hitler-Jugend. Die besten Anordnungen würden nichts nützen, wenn der Wille zur Kameradschaft nicht vorhanden sei.* – Später entstand daraus das Bonmot von der »politischen Ehe«.

Aufgaben der Mädel-Einheiten

Die Mädelschaft
Die unterste Einheit, von der es mehrere Hunderttausende gab, war die Mädelschaft, in der 10–15 Mädel zusammengefaßt waren. In dieser Einheit wurde jeder Dienst gemeinsam durchgeführt, jede Aufgabe gemeinsam angepackt und erlebt. Schöne und schwere Stunden verbanden die Mädel zu einer echten Gemeinschaft. Hier wurde die nationalsozialistische Weltanschauung in die Tat umgesetzt; es gab keine Klassenunterschiede, sondern nur eine große Kameradschaft. Ein Mädel stand für das andere ein. Die Führerin dieser Mädelschaft hatte die Mädel organisatorisch zusammenzuhalten, für Ordnung und Disziplin zu sorgen, ohne die es in einer Gemeinschaft nicht geht.

Die Mädelschar
In der Mädelschar waren 4 Mädelschaften zusammengefaßt (40–50 Mädel). Der Dienst (Sport, Heimabend, Fahrt) wurde im allgemeinen – namentlich in der Stadt – von der Führerin der Mädelschar durchgeführt. Sie trug die Verantwortung für die körperliche Ertüchtigung, weltanschauliche und kulturelle Ausrichtung der Mädel.

Die Mädelgruppe
Vier Mädelscharen bildeten eine Mädelgruppe (eine Mädelgruppe deckte sich meist mit einem Wohnbezirk) mit der ungefähren Stärke von 120–160 Mädel. In den Städten wurden die 4 Gruppen nach Jahrgängen unterteilt, so daß jede Schar einen Jahrgang umfaßte. Die Mädelgruppe kann als unterste Verwaltungsdienststelle des BDM bezeichnet werden. Die Führerin der Mädelgruppe konnte sich für ihre umfassende Arbeit eine Scharführerin und eine Geldverwalterin heranziehen. (Letztere bis Herbst 1940, da ab diesem Zeitpunkt keine Mitgliedsbeiträge mehr erhoben wurden.) – Die Aufgabe der Gruppenführerin war es, in jeder Hinsicht für die ihr anvertrauten Mädel zu sorgen, ihren Gesundheitszustand, ihre schulische und berufliche Entwicklung zu überwachen, Kontakt zum Elternhaus zu halten und Räume, Sportplätze etc. für die Veranstaltungen zu besorgen. Bei besonderen Anlässen führte die Gruppenführerin Heimabende oder eine Feierstunde, einen Elternabend oder dergleichen selbst durch. Als Zeichen ihrer Zusammengehörigkeit wurde von der Mädelgruppe bei Feierstunden, auf Fahrt und im Lager der Gruppenwimpel mitgeführt.

Der Mädelring
wurde von 3 bis höchstens 5 Mädelgruppen gebildet. Die Führerin des Mädelringes galt in ihrem Bereich als Beauftragte der Führerin des Untergaues. Sie war vom Verwaltungsdienst entlastet, so daß sie sich ganz ihrer Einheit widmen konnte. Der größte Teil des Schriftverkehrs ging vom Untergau direkt an die Gruppen.
Aufgabe der Mädelringführerin war es, ihre Einheiten zu inspizieren, für die Ausführung der Anordnungen der vorgesetzten Dienststellen zu sorgen, in Zusammenarbeit mit dem Untergau die untere Führerinnenschaft zu schulen und der Führerin des Untergaues Bericht zu erstatten und ihr gegebenenfalls etwaige Sorgen und Nöte der unteren Einheiten vorzutragen.

Der Untergau
umfaßte 4–8 Mädelringe und hatte eine Stärke von 2000–5000 Mädel. Am 1. 10. 1939 gab es im Reich 624 Untergaue. 1944 = 1000 entsprechende Einheiten.
Während in den unteren Einheiten die Untergliederungen Jungmädelbund, Mädelbund und BDM-Werk in der Führung selbständig waren, liefen im Untergau als einer wesentlichen Führungseinheit die Fäden in der Hand der Führerin des Untergaues zusammen. Ihr stand für Fach-Aufgaben ein Stab von *Stellenleiterinnen* zur Verfügung; in den letzten Kriegsjahren zur Entlastung in ihren Führungsaufgaben eine *Hauptringführerin*. –
Der größte Teil der Fachkräfte war ehrenamtlich tätig. –
Für die verantwortungsvolle Führungsaufgabe der Untergauführerin wurden die besten Führerinnen, die sich aus den unteren Einheiten herauskristallisierten, *ausgelesen* und qualifiziert *ausgebildet.*

Der Obergau
wurde von 10–30 Untergauen und ebensoviel Jungmädeluntergauen gebildet. Für die Bearbeitung und Durchführung ihrer vielfältigen Aufgaben stand der Führerin des Obergaues ein Stab von *Abteilungsleiterinnen* zur Verfügung, denen eine *Stabsleiterin* (Vertreterin der Führerin des Obergaues) vorstand.

Die Führerin des *Obergaues* trug die Verantwortung für die Führung, Erziehung und Betreuung von ca. 100000–150000 Mädel.
Nur die fähigsten Führerinnen konnten in dieses Amt aufsteigen. Für die Aufgaben des *Jungmädelbundes* bzw. des *BDM-Werkes »Glaube und Schönheit«* waren eine *JM-Beauftragte* bzw. eine BDM-Werk-Beauftragte im Obergau eingesetzt, die der Führerin des *Obergaues* disziplinär unterstanden. –

Der Gauverband
umfaßte 6–8 Obergaue. Seit 1935 bestanden die Gauverbände nicht mehr als Dienststelle, sondern wurden lediglich als namentliche Zusammenfassung angesehen (das Ärmeldreieck wies z.B. Gauverband »Ost« und darunter den Obergau »Berlin« aus).

Der Jungmädelbund (JM)
Die Aufgaben der Jungmädeleinheiten waren ähnlich denen des Mädelbundes, nur dem jüngeren Alter der Jungmädel angepaßt. Bis zum Jungmädel-Untergau einschließlich waren die Jungmädel-Einheiten selbständig. Die Jungmädel-Beauftragte im Obergau war für alle Fragen, welche die Erziehung und Ausbildung der *Jungmädel* betrafen, zuständig. –

Das BDM-Werk »Glaube und Schönheit«
Die kleinste Gemeinschaft des BDM-Werkes war die Arbeitsgemeinschaft, deren Stärke je nach Art verschieden war, im allgemeinen jedoch 10–30 Mädel höchstens umfaßte.
Für die fachliche Leitung war die Leiterin/der Leiter der Arbeitsgemeinschaft (Fachkraft) verantwortlich; sie wurde jeweils für deren Dauer durch die BDM-Werk-Beauftragte des Untergaues eingesetzt.
Mit der organisatorischen und verwaltungsmäßigen Durchführung des Dienstes beauftragte die BDM-Werk-Gruppenführerin eine Dienstleiterin.

Die BDM-Werk-Gruppe
Mehrere Arbeitsgemeinschaften wurden jeweils nach Größe und örtlichen Gegebenheiten zu einer Gruppe zusammengefaßt, die nicht mehr als 10 Arbeitsgemeinschaften mit 150–300 Mädel umfassen sollte.
Die Gesamtarbeit wurde verantwortlich von der BDM-Werk-Gruppenführerin geleitet.

Der BDM-Werk-Ring
wurde nur in größeren Untergauen eingeführt, um eine bessere Übersicht über die vielen Gruppen bzw. Arbeitsgemeinschaften zu haben.

Das BDM-Werk im Untergau
Die Gruppen des BDM-Werkes wurden organisatorisch und führungsmäßig im Untergau zusammengefaßt, in dem eine Beauftragte für das BDM-Werk eingesetzt war, die die ihr übertragenen Aufgaben in engster Zusammenarbeit mit den Stellenleiterinnen des Untergaues und nach den jeweiligen Gegebenheiten mit den Ringführerinnen durchführte. Sie war der Führerin des Untergaues für ihre Arbeit verantwortlich, ihre fachliche Ausrichtung (Arbeitsrichtlinien) erhielt sie von der BDM-Werk-Beauftragten des Obergaues.

Das BDM-Werk im Obergau
Die Arbeit des BDM-Werkes wurde im Obergau durch die BDM-Werk-Beauftragte geleitet, die in engster Zusammenarbeit mit den Abteilungsleiterinnen stand und

der Obergauführerin verantwortlich war; ihre fachliche Ausrichtung erhielt sie durch die BDM-Werk-Beauftragte der *Reichsjugendführung,* die wiederum der BDM-*Reichsreferentin* verantwortlich war.

12.53 Die Reichsjugendführung

Die Reichsjugendführung war die höchste Dienststelle der Hitler-Jugend. In ihr liefen die Fäden aus allen Gebieten und Obergauen auf direktem Weg zusammen. Von der Reichsjugendführung wurden die Richtlinien für Erziehung, Einsatz und soziale Betreuung der Jungen und Mädel in allen fünf Untergliederungen der Hitler-Jugend und deren Führer und Führerinnen im gesamten Reichsgebiet erlassen sowie für die Beschaffung von Heimen usw. gesorgt. –
Der *Reichsjugendführer der NSDAP* war für die gesamte Jugendarbeit allein dem Führer verantwortlich. In dieser Eigenschaft war er gleichzeitig *»Der Jugendführer des Deutschen Reichs«* – eine oberste Reichsbehörde. –
Der *Stabsführer* war der Führer des Stabes der Reichsjugendführung und Stellvertreter des Reichsjugendführers.
Die BDM-*Reichsreferentin,* welche die Direktiven für die *Mädelarbeit* gab, war dem Reichsjugendführer für die *Erziehung* und *Ausrichtung* der *weiblichen* Jugend sowie für die Koordinierung der *Mädelarbeit* mit der gesamten Jugend-Arbeit im Reich verantwortlich; ihr wiederum die Führerinnen des Bundes Deutscher Mädel, die ihr führungsmäßig und disziplinär unterstanden. –
Befehle, Anordnungen, Weisungen, welche die gesamte Jugend betrafen, wurden vom *Reichsjugendführer* erlassen. Arbeitsanweisungen, die sich nur auf die Mädel-Arbeit bezogen, wurden von der BDM-*Reichsreferentin* an die Mädelführerinnen der Obergaue weitergegeben. –

Die Ämter

Die Ämter (z. B. Leibesübungen, Kultur) waren für die *fachliche* Ausrichtung und Durchführung entsprechender Aufgaben in den Einheiten zuständig. (Siehe Anhang Abb. 8 und 9)
Während die Führung der Mädel in den Obergauen bis in die untersten Einheiten selbständig war und in den Obergauen und Untergauen ihre eigenen Stäbe zur Bearbeitung der Sachgebiete (Abteilungen bzw. Stellen) hatte, wurden die Aufgabengebiete – um der Einheitlichkeit der gesamten Jugend-Arbeit willen – in den Ämtern der Reichsjugendführung für HJ und BDM zusammengefaßt.
Jedes Amt wurde von einem *Amtschef* geleitet. Für die fachliche Ausrichtung der Mädel-Arbeit war die BDM-*Amtsreferentin* zuständig, der wiederum BDM-Führerinnen als Abteilungsleiterinnen zur Verfügung standen.
Führungsmäßig unterstanden die BDM-*Amtsreferentinnen* der BDM-*Reichsreferentin,* der sie für die *Art* der Mädel-Arbeit verantwortlich waren. *Fachliche* Belange wurden bei wesentlichen Vorhaben – zwischen dem *Amtschef* und der BDM-*Amtsreferentin* – abgestimmt.
War der Amtschef mit den Anweisungen, welche die BDM-Reichsreferentin an die BDM-Amtsreferentinnen gab oder diese mit einer Entscheidung des Amtschefs nicht einverstanden (was aber sehr selten vorkam), so wurde die Entscheidung des Reichsjugendführers herbeigeführt.
Diese Zusammenarbeit auf der höheren Führungsebene in allen *Jugend*-Fragen war für beide Teile außerordentlich fruchtbar. Das gegenseitige Kennenlernen und Respektieren der Art des anderen Teils der Jugend, das Anhören seiner Meinung,

führten zur Korrektur eigener Unebenheiten und ließ die gemeinsame Zielsetzung, den »Dienst für das Volk» als höhere, gemeinsame Zielsetzung – jedem seiner Art gemäß – erkennen.

12.54 Die Sondereinheiten

Jugendliche, die Neigung und Fähigkeiten zu einer *Sonder-Ausbildung* (z. B. *technischer* und *kultureller* Art) hatten, konnten den *Sondereinheiten* angehören. Deren Dienst umfaßte neben dem allgemeinen HJ-Dienst den zusätzlichen Sonderdienst. Für die Jungen gab es vor allem die Sondereinheiten Marine-HJ, Motor-HJ, Flieger-HJ, Nachrichten-HJ und Reiter-HJ. Diese waren dem Bann unmittelbar unterstellt; je nach den örtlichen Verhältnissen wurden Sonderscharen, Sondergefolgschaften oder Sonderstämme gebildet. Für die Durchführung und Überwachung dieses Dienstes, dessen Richtlinien von den zuständigen Ämtern der *Reichsjugendführung* festgelegt wurden, waren in den Gebieten Sachbearbeiter mit der Bezeichnung »Gebietsinspekteur« verantwortlich.
Der *Bund Deutscher Mädel* fand dagegen sein Betätigungsfeld vorwiegend in den *Spieleinheiten*, in den *Gesundheitsdienstscharen* und – im Krieg in begrenztem Ausmaß – in den BDM-Nachrichten-Einheiten, in denen die Mädel in Fernsprechen, Fernschreiben, Morsen und Funken ausgebildet wurden.
Der Marine-HJ konnten Jungen, die später zur Handels- oder Kriegsmarine gehen wollten, beitreten und die notwendigen fachtechnischen Vorkenntnisse wie Winken, Morsen, Segeln, usw. erwerben.
In der *Motor-HJ* (ab 16 Jahre) wurde der kraftfahrtechnische Nachwuchs herangebildet. Das NS-Kraftfahrkorps (NSKK) stellte Ausbilder, Fahrzeuge und Ausbildungsstätten zur Verfügung.
Der *Flieger-HJ* traten Jungen bei, deren Berufsziel die Zivilfliegerei oder der Dienst bei der Luftwaffe war. Die Ausbildung erfolgte in Zusammenarbeit mit dem NS-Fliegerkorps (NSFK), das die notwendigen Ausbilder, Machinen und Werkstätten bereitstellte. Sie umfaßte Modellbau und Segelfliegen. Bereits im Deutschen Jungvolk gab es Modellbau-Arbeitsgemeinschaften.
In der *Nachrichten-HJ* wurde im Funken, Morsen und im Fernsprechdienst ausgebildet und die dazugehörenden Fachkenntnisse vermittelt. Die Nachrichten-Scharen hatten u. a. die Aufgabe, in den großen Zeltlagern die Fernsprechverbindungen, die Lautsprecher- und Lichtanlagen aufzubauen und zu bedienen.
Auch eine *Reit-Ausbildung* wurde interessierten Jungen – vor allem in ländlichen Gegenden – durch ein Abkommen mit dem NS-Reiterkorps (NSRK) ermöglicht. (Siehe: Wehrertüchtigung).
Die *Spieleinheiten* waren Sondereinheiten, denen ein wesentlicher Teil der kulturellen Arbeit oblag. Sie hatten – Hitler-Jugend und Bund Deutscher Mädel gemeinsam – für die Ausgestaltung von Feierstunden, Heimabenden, Rundfunksendungen, Filmfeierstunden und Dichterabenden Sorge zu tragen. Ihre Aufgabe in erster Linie war jedoch die kulturelle Arbeit im Bann/Untergau auf- und auszubauen. Jeder Bann und jeder Untergau besaß eine Spieleinheit, in der Laienspielschar, Chor und Streichorchester (beim Bann zusätzlich Musik-, Spielmanns- und Fanfarenzüge) zusammengefaßt waren.
An den deutschen Reichssendern gab es außerdem Rundfunkspielscharen, die direkt der *Reichsjugendführung* unterstanden. – (Siehe Kulturarbeit)
Im *Gesundheitsdienst* wurden Feldschere und Gesundheitsdienst-Mädel (GD-Mädel) ausgebildet. Jeder Schar bzw. Mädelschar waren 1–2 Feldschere bezw. GD-Mädel = (DRK-Helferinnen) zugeteilt.
In größeren Städten wurden Sondereinheiten, Feldschereinheiten der HJ und Ge-

sundheitsdienst-Mädel des BDM, aufgestellt, die bei Veranstaltungen und Lagern – während des Krieges auch für entsprechende Hilfsmaßnahmen in der Heimat – eingesetzt wurden. (Siehe: Gesundheitsdienst). –
In den *Einsatzscharen* des BDM – *1944 kriegsbedingt* aufgestellt – waren höchstens 100 Mädel je Untergau zusammengefaßt, die besonders ausgebildet waren, sei es im *Gesundheitsdienst* (Erste Hilfe, Kranken- und Säuglingspflege), sei es im *Nachrichtendienst* (Fernsprechen, Fernschreiben, Funken), oder im *Haushaltsdienst* (Nähen, Kochen, Wirtschaftsführung). Diese Einsatzscharen wurden nur im Notfall eingesetzt; ihre Mädel wurden für die Dauer des Einsatzes vom Beruf beurlaubt. – (Siehe Kap. 95: BDM-Kriegseinsatz).
Als *Sonder-Einheit* von besonders geschulten Führern gebildet, war der *HJ-Streifendienst* auch für den *Bund Deutscher Mädel* zuständig, weil er mit »schwierigen Elementen« besser fertig wurde. Der *Streifendienst* überwachte besonders das Auftreten der gesamten in der Hitler-Jugend erfaßten deutschen Jugend in Bezug auf allgemeines Verhalten in der Öffentlichkeit und während des Dienstes, übernahm Ordner- und Wachdienst in Heimen, Jugendherbergen, bei Großveranstaltungen u. ä., und wurde zum Schutz der Jugend eingesetzt. Seine Anweisungen waren von den Jugendlichen zu befolgen; exekutive Befugnisse hatte der Streifendienst jedoch nicht.
Jeder Streifendienst-Angehörige trug am linken Unterarm einen schwarzen Streifen mit der gelben Aufschrift: »HJ-Streifendienst« und war im Besitz eines Streifendienst-Ausweises. –

12.6 Kriegsbedingte Änderungen der Organisation

Der Standort

Die Dienststellung des *Standortführers* und der *Mädelführerin des Standortes* wurde *kriegsbedingt* ca. 1940 eingeführt.
(Damit erfolgte aber keine grundsätzliche Neu-Gliederung der Hitler-Jugend).
Dafür gab es zwei Gründe: um

1. in Städten, die mehrere gleichrangige Dienststellen umfaßten (in Großstädten *Banne,* in Kleinstädten *Stämme* bzw. *Mädelringe*), bei Veranstaltungen oder Einsätzen eine Konzentration aller Kräfte zu erreichen und ein Nebeneinander oder eine Doppelarbeit – dadurch bedingt eine Desorganisation – zu vermeiden, oder die Zuteilung der – durch Bombenangriffe nur noch wenig vorhandenen – Heime und Sporthallen gerecht vorzunehmen und außerdem alle Einheiten bei Parteidienststellen und Behörden zu vertreten.
2. durch einen *Standortführer* (meistens kriegsversehrte, bewährte HJ-Führer) durch Zusammenfassung mehrerer Banne den Personalmangel bzw. den ständigen Wechsel der an die Front einrückenden HJ-Führer auszugleichen. –

Wenn Belange der *gesamten Jugend* berührt wurden, erfolgten die zu treffenden Maßnahmen nach Absprache oder gemeinsam mit der *Mädelführerin* des *Standortes* durch den *Standortführer.*
Führung und Einsatz der Mädel des gesamten Standortes, auch Verhandlungen in Angelegenheiten der weiblichen Jugend waren die Aufgaben der *Mädelführerin* des *Standortes.*
Dem Führer bzw. der Mädelführerin des Standortes standen keine eigenen *Stäbe* zur Verfügung, weil ihre Aufgaben vorwiegend organisatorischer Art waren; sie bedienten sich der Bann-Stäbe. –
Weil es im Reichsgebiet nur wenige *Standorte* gab, die mehrere »gleichrangige«

Einheiten umfaßten, hat der *Standortführer* bzw. die *Mädelführerin des Standortes* – abgesehen von ihrer örtlichen Bedeutung – im organisatorischen Aufbau der Hitler-Jugend bzw. im Rahmen ihrer gesamten Arbeit keine besondere Ausprägung erfahren.
Innerhalb der großen Banne wurden bei Bedarf mehrere Stämme in einem Unterbann, und mehrere Mädelringe in einem Ringverband zeitweilig zusammengefaßt, ohne die Organisationsformen zu ändern.

Zusammenlegung und Auflösung von Dienststellen

Weiterhin traten wegen des durch Fronteinsatz der meisten HJ-Führer und DJ-Führer bedingten Personalmangels folgende Organisationsänderungen in Kraft:
1941 wurden mehrere Ämter zu Hauptämtern zusammengefaßt unter Leitung eines Hauptamtschefs. – (Siehe Anhang Abb. 10)
Ab 1. 1. 1942 kamen die Bezeichnungen Jungbann, Jungmädeluntergau, Untergau und Obergau in Wegfall. (Siehe Anhang Abb. 3)
Die Jungbanne und Jungmädel-Untergaue wurden aufgehoben; die Dienststellungen der DJ-Beauftragten im Gebiet und der JM-Beauftragten im Obergau entfielen. Ihre Arbeit wurde von den Führern und Mädelführerinnen in entsprechenden HJ- bzw. BDM-Dienststellen zusätzlich übernommen.
Die bisherigen Dienststellen der Untergaue und Obergaue des BDM wurden mit denen der Banne und Gebiete der HJ zusammengelegt; dadurch konnten die Stellen in den Bannen und die Abteilungen in den Gebieten, für die Erziehung und Ausbildung der Jungen zuständig, zum Teil von BDM-Führerinnen mitbearbeitet werden.
Die Stellen und Abteilungen der bisherigen Unter- und Obergaue wurden als Mädel-Stellen der Banne und Mädelabteilungen der Gebiete unter der Mädel-Stabsleiterin (bisher Stabsleiterin des Obergaues) weitergeführt.
Die Dienststellungs-Bezeichnungen: Führerin des Untergaues bzw. Obergaues wurden umgeändert in: Mädelführerin des Bannes bzw. des Gebietes – die entsprechenden BDM-Dienstränge in Bannmädelführerin, Hauptmädelführerin (früher Gauführerin), Gebietsmädelführerin.
Die Selbständigkeit der *Mädelführung* blieb durch diese kriegsbedingte Regelung wie bisher uneingeschränkt. Sie wurde vom Reichsleiter für *Jugenderziehung* von *Schirach* auch für die Nachkriegszeit der BDM-*Reichsreferentin* zugesichert. –

Dem Reichsjugendführer waren bis Kriegsbeginn unmittelbar unterstellt:
Das *Zentralamt*
– eine Kombination von Kanzlei und Adjutantur –
Die *Behördenabteilung*
– Bearbeitung aller staatsrechtlichen Aufgaben im Auftrag des Jugendführers des Deutschen Reichs (Siehe auch Kap. 43)
Der *Reichsverband* für deutsche Jugendherbergen (Siehe auch: Kap. 27, 1–2)
Die *HJ-Gerichtsbarkeit*
Die *Akademie für Jugendführung*/Die *Reichsführerschulen*
Die *Adolf-Hitler-Schulen*
Die *Schul- und Hochschulfragen* (Siehe auch: 14.4)
Die *Reichsjugendbücherei* (Siehe auch: 26.73)
Der *Langemarckausschuß*
– Verwaltung der 1934 von der deutschen Studentenschaft übernommenen Langemarck-Spende zur Errichtung von Ehrenfriedhöfen durch die Hitler-Jugend und Durchführung von Feierstunden zum Gedenken der Gefallenen des I. Weltkrieges. –

Das *Reichsinstitut* für nationalsozialistische *Jugendarbeit*
- in der Planung begriffene Forschungsarbeiten zur Gewinnung neuester wissenschaftlicher Erkenntnisse der Jugendforschung auf den Gebieten der Medizin, Pädagogik, Psychologie, Jura u. a. zum Nutzen der Jugend und zur Unterstützung der Führer- und Führerinnenschaft. -

Vorbezeichnete Arbeitsgebiete - ausgenommen *Zentralamt* und *Behördenabteilung* - wurden kriegsbedingt in die Hauptämter eingegliedert. (Siehe Anhang Abb. 10)

Die Aufzeichnung der organisatorischen Form dient dem Verständnis der nachfolgenden Aufgabengebiete, denn nach v. Schirach war *Organisation die Gestalt der Weltanschauung!*

13. Die Personalarbeit

13.1 Die Führungsfrage

Junge Menschen suchen und brauchen Leitbilder, nach denen sie sich ausrichten können.
In der Psychologie ist bekannt, daß die junge Persönlichkeit nicht nur durch die Eltern, sondern auch sehr stark durch die Geschwister wie durch die Gruppe Gleichaltriger, in der sie aufwächst, geprägt wird.
Das Vorbild eines 1–2 Jahre Älteren reizt den Jüngeren, ihm nachzueifern, um es ihm gleichzutun und regt damit seine eigene Entwicklung und Reifung an. –
Der *Reichsjugendführer* Baldur von Schirach unterschied zwei Arten von Jugendführung: die bereitgestellte Führung und die eigenständige Jugendführung. Erstere war diejenige, die in vielen Jugendorganisationen der Welt gehandhabt wurde: einer Jugend Erwachsene (Lehrer, Offiziere) mit vorgegebenem Programm vorzusetzen. Die Erfahrungen, die diese Führer gesammelt hatten, lagen in einer anderen Zeit, in der Vergangenheit, das war ihre Schwäche. Diese Art der Jugendführung konnte allenfalls eine Jugendorganisation ergeben, die gut funktionierte, aber niemals eine Jugend*bewegung*.
Der andere Weg war der schwierigere, aber lohnendere: nämlich der der Selbstführung der Jugend. –
Für diesen hatte sich die Hitler-Jugend entschieden. –
Wer in der Kampfzeit – vor der Regierungsübernahme durch die Nationalsozialisten – Jugendführer war, brauchte weniger Überlegenheit auf geistigem Gebiet zu beweisen als persönlichen Mut und Bekenntnistreue, war er doch ständig von dem Verlust seiner Schul- oder Berufsausbildung, wenn nicht sogar durch den Verlust seines Lebens bedroht.
Beinahe jeder Jugendliche, der sich damals für die Hitler-Jugend entschied, war ein Einzelkämpfer und oft der Anlage nach eine Führungspersönlichkeit. –
Von 125000 Ehrenzeichenträgern, die seit dem Tag von Potsdam (1./2. Oktober 1932) – einschließlich der Ostmark – der Hitler-Jugend angehörten, waren nach 7 Jahren – 1939 – noch 45000 Jugendführer bzw. -führerinnen. Sie waren in diesen Stellungen nicht, weil sie anderen gegenüber bevorzugt wurden, denn nach 1933 stand die Hitler-Jugend allen offen und jeder, der sich in ihr bewährte, konnte Führer oder Führerin werden, gleich ob er von der linken oder rechten Parteien-Landschaft kam.
Die Kampfzeit hatte durch harte Bedingungen eine Auslese geschaffen, die ihre Forderungen durchzusetzen verstand, und die ihrer Gefolgschaft in Not und Tod vorausgegangen war. Es waren rauhe Gesellen darunter, die stark sozial-revolutionär geprägt waren.
Als nach 1933 die Mitgliederzahl in kürzester Zeit steil anstieg, von den 125000 im Jahre 1932 in die Millionenzahl – Anfang 1939 waren es 8169048 – war die Führungsfrage eines der größten Probleme, für die männliche Jugend verschärft, als 1935 die allgemeine Wehrpflicht und die Arbeitsdienstpflicht eingeführt wurde. –
Auch die Führer und Führerinnen, die 1932 aus dem eingegliederten NS-Schülerbund und aus der NS-Studentenschaft sowie aus anderen Jugendverbänden kamen und bald in Führungspositionen übernommen wurden, reichten nicht aus.
Aber innerhalb der großen Organisation, die entstand, bildeten sich kleine Gruppen, nach und nach altersmäßig gestaffelt, die durch gemeinsames Erlebnis zur Ge-

meinschaft wurden und ihre Führer aus ihrer eigenen Mitte hervorbrachten. Diese Gemeinschaften suchten ihren Ausdruck in ihren jungen Führern, die von den vorgesetzten Dienststellen dann geschult und gefördert wurden.
Damit entstand die eigentliche Personalarbeit, Auslese und Ausbildung, angefangen vom Personalamt der Reichsjugendführung über die Personal-Abteilungen der Gebiete und Obergaue bis hin zu den Personal-Stellen der Banne und Untergaue – letztere waren *ehrenamtlich* besetzt – mit dem Ziel, ein Führerkorps – einem Orden gleich – heranzubilden.

13.2 Selbstführung

Die Hitler-Jugend entschied sich, die Besten aus ihren Reihen *auszulesen* und *weiterzubilden.* Die Besten waren diejenigen, die in der Forderung nach Selbstdisziplin und Einsatz für die Volksgemeinschaft – das hieß damals Kameradschaft und heute Solidarität – den anderen Vorbild waren. Die jungen Führer und Führerinnen lernten erkennen, daß die Begabung, gleich welcher Art, und die vielen ihnen gegebenen Möglichkeiten zur freien Entfaltung ihrer Persönlichkeit eine Verpflichtung gegenüber der Gemeinschaft, in der sie lebten, enthielten.
Mit der Forderung *»Jugend muß von Jugend geführt werden«* fiel den jungen Führungspersönlichkeiten ein Aufgabengebiet zu, das ihrem Alter und ihrer jeweiligen Dienststellung entsprechend eine große Verantwortung bedeutete. Zweifellos war das Vorbild des nur um wenige Jahre älteren Kameraden bzw. der Kameradin für die Gefolgschaft bzw. Mädelgruppe sehr viel eindrucksvoller und mitreißender als das eines älteren Erziehers.
Die Haltung und Leistung einer jungen Persönlichkeit war für die von ihr Geführten zweifellos lebensnäher und wichtiger als es das Vorbild eines viel Älteren sein konnte. Selbstverständlich konnte auch ein älterer Erzieher Vorbild sein, aber die junge Führungspersönlichkeit gewinnt einen Vorsprung, weil sie Aufgabe und Ziel ihren Kameraden bzw. Kameradinnen besser und leichter vermitteln kann, als es ein Älterer vermag.
Das Gemeinschaftserlebnis der Jugendlichen ist durch nichts Gleichwertiges zu ersetzen. Bei Sport und Spiel, beim Singen und Musizieren, bei Werkarbeit, am Heimabend, auf Fahrt, im Lager, bei Festen und Feiern konnte die junge Führerin oder der junge Führer den Kameradinnen oder Kameraden eindrucksvoll Erlebnisse ihrer Art und ihrem Alter gemäß vermitteln und sie damit zu Einsatz und Verantwortung führen; war doch jede junge Führungspersönlichkeit die erste unter ihresgleichen, hatte aber auch immer den *Rückhalt, selbst geführt zu werden.*
An keiner Stelle tritt die Selbsterziehung der Jugend so in Erscheinung, wie bei der unteren jungen Führerschaft; sie wächst am Vorbild, am Erlebnis, an der Verantwortung, die sie mit einem gesund ausgeprägten Ehrgefühl und mit den Werten der Anständigkeit und Treue verbindet.
So formt sich in und aus der Arbeit heraus der Typ des in die jungen Gemüter seiner Gefolgschaft einfühlsamen, begeisterten und begeisternden Jungvolk-Führers und entsprechend der Jungmädel-Führerin, des lebensnahen und zu jeder Zeit einsatzbereiten HJ-Führers und der Mädelführerin als einer jungen Persönlichkeit, lebensbejahend und verantwortungsbewußt.
Verantwortung, die man ihnen gab und Vertrauen, das man ihnen entgegenbrachte, ließen sie über ihr Alter und ihre Gefolgschaft hinauswachsen. Sie verharrten nicht in negativer Kritik, sondern erkannten die Aufgabe ihrer Zeit und packten sie an, um sie zu meistern. –
War der Weg der Selbstführung, in diesem Ausmaß von einer ganzen Jugend be-

schritten, schon einmalig, so war er für die *weibliche* Jugend geradezu *revolutionär*. Noch nie zuvor hatte die Führungsschicht einer Mädelgemeinschaft die Möglichkeit, so souverän über weite Bezirke ihrer Interessengebiete selbst zu verfügen und einen eigenen Lebensstil ihrer Art gemäß zu entwickeln.

13.3 Aufgabengebiete

Das Personalamt der Reichsjugendführung hatte die Aufgabe, das Programm der *Selbstführung* der Hitler-Jugend und des Bundes Deutscher Mädel zu verwirklichen.
Im Personalamt wurde außer den vordringlichen Aufgaben der *Auslese* und *Ausbildung* von Führern und Führerinnen auf Vorschlag der jeweils vorgesetzten Dienststelle bearbeitet:
Beauftragungen mit, *Ernennungen* zu und *Entlastungen* von Dienststellungen, *Verleihung* von Diensträngen, von Auszeichnungen, die Überprüfung der *Ahnennachweise,* sowie der Sektor *Schul-* und *Hochschulfragen.*

13.31 Beauftragungen, Ernennungen und Entlastungen

Diese betrafen ausschließlich die Dienststellungen. Während z. B. der Führer eines Bannes, die Abteilungsleiterin im Obergaustab von dem Führer des Gebietes bzw. von der Führerin des Obergaues mit einer Dienststellung beauftragt wurden, erfolgte die Ernennung und Entlastung vom Personalamt der Reichsjugendführung. Dienststellungen für Stellenleiter und Stellenleiterinnen wurden von den Personalabteilungen der Gebiete bzw. Obergaue und für Führungskräfte unterhalb der Bann-Ebene von den Personalstellen der Banne bzw. Untergaue bearbeitet. Die *Ernennung* wurde nach Bewährung – ca. ein halbes Jahr nach der *Beauftragung* – ausgesprochen.

13.32 Verleihung von Diensträngen

Die Verleihung eines Dienstranges und die Beförderung zu einem höheren Dienstrang war eine Auszeichnung für die in ihren Dienststellungen bewährten Führer und Führerinnen.
Beförderungen konnten ausgesprochen werden durch den Führer eines Bannes bzw. die Führerin eines Untergaues nach Bearbeitung durch die zuständigen Personalstellen für *Gemeinschaftsränge* und Dienstränge der *Führerschaft* bzw. *Führerinnenschaft;* durch den Führer eines Gebietes bzw. die Führerin eines Obergaues nach Bearbeitung durch die zuständigen Personalabteilungen für Dienstränge der *Höheren Führerschaft* bzw. der *Höheren Führerinnenschaft.*
Beförderungen des *Führerkorps* wurden vom Reichsjugendführer ausgesprochen. Hier ist anzumerken, daß der Begriff des Führerkorps ursprünglich ab Dienststellung *Bannführer/Abteilungsleiter* bestand, daß er erst während des Krieges dann eine Ausweitung nach unten in die Bereiche der höheren Führerschaft hinein erfuhr, um schließlich gegen Kriegsende alle Ränge ab Gefolgschaftsführer aufwärts zu umfassen (siehe Disziplinarordnung, Kap. 14.3). Das höhere Führerkorps begann stets ab Dienstrang Oberbannführer aufwärts. Die Dienstrangverleihung an das *höhere Führerkorps* erfolgte auf Vorschlag des Reichsjugendführers durch den Führer, wodurch dieses von versuchter Einflußnahme durch die Dienststellen der Partei und deren Gliederungen unabhängig blieb.

Die Beförderungen des *Führerinnenringes* wurden von der BDM-Reichsreferentin, die des *Höheren Führerinnenringes* vom Reichsjugendführer auf Vorschlag der BDM-Reichsreferentin vorgenommen.
Für diese Dienstränge lag die Bearbeitung in der Zuständigkeit des Personalamtes der Reichsjugendführung.

13.33 Verleihung von Auszeichnungen

Jugendliche, die in der Kampfzeit der Hitler-Jugend angehörten und in Not und Gefahr zu ihr gestanden hatten, erhielten das *Ehrenzeichen* der *Hitler-Jugend.*
Der *Reichsjugendführer Baldur von Schirach* selbst verlieh ein *Goldenes Ehrenzeichen* der *Hitler-Jugend* – einem Orden gleichkommend – an besonders bewährte Führer der Hitler-Jugend und Führerinnen des Bundes Deutscher Mädel sowie an Persönlichkeiten, die mit der Jugend eng verbunden waren.
Dieses Goldene Ehrenzeichen der Hitler-Jugend erhielten z. B. der *Admiral von Trotha,* die Frauen- und Mädelführerin der spanischen Falange Pilar *Primo de Rivera,* Flugkapitän Hanna *Reitsch,* und die Dichterin Agnes *Miegel,* die oft an Feiern und Lagern der Hitler-Jugend, insbesondere des *Bundes Deutscher Mädel,* teilgenommen, und aus ihren Werken gelesen hatte.

13.34 Ahnennachweis

Hauptamtlicher Führer bzw. hauptamtliche Führerin konnte nur werden, wer einen lückenlosen Ahnennachweis bis 1800 als Nachweis der arischen Abstammung erbracht hatte. Doch konnten Führer/Führerinnen, die nicht rein arischer Abstammung waren, die sich aber besonders bewährt hatten, durch eine beim Führer Adolf Hitler erwirkte Verfügung in ihrer Dienststellung bleiben.

13.4 Schul- und Hochschulfragen

Die selbständige Hauptabteilung »Schul- und Hochschulfragen« war dem Reichsjugendführer Baldur von Schirach unmittelbar unterstellt und wurde erst nach Kriegsausbruch in das Personalamt eingegliedert. Schirach erstrebte die »Einheit der Erziehung« (siehe: »Revolution der Erziehung«, München 1938), indem er auch in der Schulerziehung für die Selbstverantwortung der Jugend eintrat. Eine Reform der Erziehung auf schulischem Sektor konnte jedoch durch Verhandlungen mit dem Reichsminister für Unterricht Rust nicht erreicht werden, was ihn zur Gründung der Adolf-Hitler-Schulen veranlaßte als Beispiel einer neuen Methodik. (Siehe auch Teil 3)
Nach anfänglichen Spannungen zwischen Hitler-Jugend und Schule folgte eine gute Zusammenarbeit mit den einzelnen Schul- und Hochschulbehörden. Viele Lehrer und Lehrerinnen, 1938 waren es an die Zehntausend, wurden als Vertrauenslehrer der HJ und Vertrauenslehrerinnen des BDM an den Schulen oder als Jugendbeiräte an Oberschulen eingesetzt. Sie hielten Kontakt mit Schulrat, Schulleiter, Lehrern und Lehrerinnen zur Erhaltung und Steigerung der schulischen Leistungen der Jugendlichen, insbesondere der jüngeren Führerschaft unter Berücksichtigung des Jugenddienstes. – Viele von ihnen wurden vom Kultusministerium vom Schuldienst beurlaubt, um für einige Jahre hauptamtlich in der Hitler-Jugend tätig zu sein.

Eine enge Zusammenarbeit fand auch statt auf dem Gebiet der Lehrer-Ausbildung. Die besten Schüler und Schülerinnen, welche die Volksschullehrer-Laufbahn ergreifen wollten und in der Jugendarbeit Führungstalente gezeigt hatten, wurden nach Abschluß der Volksschule gemeinsam von Schule und Hitler-Jugend *ausgelesen.* Ab 14 Jahren besuchten sie die Lehrerbildungsanstalten und konnten dort mit 18 Jahren ihren »Abschluß« machen, der einem sehr praxisbezogenen Abitur gleichkam und sie bereits zum Einsatz als Volksschullehrer/-in und meist auch als ehrenamtliche Jugendführer bzw. Jugendführerin befähigte. Schulunterricht und Hitler-Jugend-Dienst wurden den Erfahrungen der Adolf-Hitler-Schulen entsprechend aufeinander abgestimmt – auch in anderen Internaten.
Inzwischen hatten sich *Schule* und *Hitler-Jugend* zu gegenseitiger Anregung und Hilfestellung zusammengefunden.
Führerinnen, die sich während des Krieges im *Osteinsatz* des BDM als *Schulhelferinnen* bewährt hatten, erhielten durch ein Abkommen der *Reichsjugendführung* mit dem *Kultusministerium* die Möglichkeit, nach einer verkürzten Ausbildung als ständige Lehrkraft und BDM-Führerin in den Ostgebieten eingesetzt zu werden. (Siehe: Kapitel 62) Die Zusammenarbeit zwischen der im Krieg in der Heimat verbliebenen älteren Lehrerschaft und den sehr jungen Führern der Hitler-Jugend fand nach einheitlichen Erziehungsgrundsätzen, in denen die Selbstverantwortung der Jugendlichen angesprochen wurde, ihre Bewährung. (S. Kap. 64)

13.5 Auslese und Ausbildung der Führer- und Führerinnenschaft

Weil der Erziehungserfolg der *Jugendarbeit* mit der Persönlichkeit des Führers bzw. der Führerin steht und fällt, richtete das Personalamt der Reichsjugendführung sein Hauptaugenmerk auf *Auslese* und *Ausbildung.*

13.51 Auslese

Charakter und *Leistung,* kein totes Wissen, sondern *Bildung* und eine vorbildliche Haltung sollten die Führungspersönlichkeit auszeichnen. Die *Hitler-Jugend* entschied sich deshalb dafür, die Jugendlichen, die sich bereits in den unteren Einheiten bewährt hatten oder durch Unternehmungsgeist, Durchsetzungsvermögen und vor allem durch eine vorbildliche Haltung aufgefallen waren, *auszulesen,* um sie weiterzubilden und zu fördern.

13.52 Führer- und Führerinnen-Bestandsaufnahme

Um die Erziehungsarbeit auch nachhaltig garantieren zu können, obwohl die Führer und Führerinnen aufgrund der Forderung »Jugend muß von Jugend geführt werden« ab einem bestimmten Alter aus der hauptamtlichen Arbeit ausschieden, wurden außer der Auslese, die sich in den Führer-Schulen und -Lagern ergab, jährlich *Führer-* und *Führerinnen-Bestandsaufnahmen* in den Bannen und Gebieten sowie in den Untergauen und Obergauen durchgeführt. Hierbei wurden die besten ehrenamtlichen Führer und Führerinnen erfaßt und für eine künftige hauptamtliche Arbeit in der Führung von Einheiten oder für Fach-Aufgaben (Sport, Musik, Werkarbeit, Schulung und Kulturarbeit, Hauswirtschaft oder für die Sonderformationen) in einer Kartei vorgemerkt und zur weiteren Ausbildung und Beförderung vorgeschlagen. –

13.53 Ausbildung

(Siehe Anhang, Abb. 11, 12, u. 13)

Das Prinzip der Selbstführung, die ständig anwachsende Zahl der Mitglieder und der ständige Abgang an Arbeits- und Wehrdienst setzten eine stetige Führer- und Führerinnen-Schulung voraus. Führungsbegabte Jungen und Mädel (bei den 13jährigen beginnend) wurden für ein Jahr als Führer-Anwärter und Führerinnen-Anwärterinnen in *Ausbildungseinheiten* auf ihre Aufgabe vorbereitet. Die Führer von Kameradschaften und Scharen und die Führerinnen von Mädelschaften und Mädelscharen (Jungvolk, Jungmädelbund und BDM-Werk entsprechend) wurden im Winter in 4–6 *Wochenend-Schulungen* im Bann bzw. Untergau zusammengefaßt. In diesen Wochenend-Schulungen wurden sie für den künftigen Dienst, den sie durchführen sollten, ausgebildet. Hier wurden ein vorbildlicher Sport- und Heimabend sowie eine Feierstunde abgehalten und Fragen der Dienstdurchführung besprochen.
Die Führer der Gefolgschaften und Stämme, die Führerinnen der Gruppen und Ringe erhielten durchschnittlich alle zwei Jahre eine Ausbildung in den *Führerschulen* der Gebiete bzw. in den *Führerinnenschulen* der Obergaue in 3wöchigen Lehrgängen (entsprechend: Jungvolkführer, Jungmädel- und BDM-Werk-Führerinnen). 1933 = 7000 Führer und Führerinnen, 1938 = 13 398 Führer, 1938 = 27 441 Führerinnen (laut Kaufmann »Das kommende Deutschland« 1943).
Die Führer der Banne bzw. die Führerinnen der Untergaue besuchten durchschnittlich alle zwei Jahre für 3 Wochen die *Reichsführerschule* bzw. *Reichsführerinnenschule* in Potsdam; außerdem gab es weitere *Reichsschulen:* für *Jungmädelführerinnen* in Boyden/Ostpreußen, für BDM-*Werk-Beauftragte* in Hartenstein/Sachsen und für HJ-Führer die Ostland-Führerschule in Marienburg. –
Die Schulung bestand in: *Leibeserziehung* (bei den Mädelführerinnen vorwiegend Gymnastik, bei den Führern u.a. Wehrsport), *weltanschaulicher Schulung, Kulturarbeit* (Singen, Werken, Laienspiel, Brauchtumsarbeit), ferner in dem Besuch von *Theater, Konzerten, Ausstellungen, Dichterlesungen.* Ergänzend wurden Vorträge gehalten und Arbeitsgemeinschaften über die verschiedenen Arbeitsgebiete gebildet, z.B. über die Gesundheitsführung, besonders über Fragen der körperlichen und seelischen Entwicklung des *Jugendlichen* und der sich daraus für die Führung ergebenden Konsequenzen; über die Zusammenarbeit mit den Eltern, der Schule, den Berufsständen; für die Mädelführung zusätzlich über *Wohnkultur* und über *geschmackvolles Kleiden* – einschließlich *Modevorführungen.* –
Die höchsten Führer, die Führer der Gebiete, wurden 3–4 mal jährlich vom *Reichsjugendführer,* die Führerinnen der Obergaue von der BDM-*Reichsreferentin,* oder gemeinsam mit den Führern der Gebiete – dann vom Reichsjugendführer – zu ein- bis zweitägigen *Arbeitstagungen* einberufen.
Auf den Arbeitstagungen wurden außer organisatorischen Fragen der Führung alle anfallenden Aufgabengebiete der Jugendarbeit besprochen bzw. unter der Thematik der »Jahresparolen« entsprechende Schulung vorgenommen. –
Einmal im Jahr wurden – ab 1936 – sämtliche Bannführer des Reichs im *Reichsführer*-Lager bzw. sämtliche Untergauführerinnen im *Reichsführerinnen-Lager* versammelt. Die der Hitler-Jugend fanden abwechselnd in Braunschweig und Weimar, die für den Bund Deutscher Mädel in der Reichssport-Akademie zu Berlin statt; im Mai 1939 war das erste *gemeinsame Reichsführer-Lager* in Braunschweig.
In diesen Reichsführer-Lagern sprachen führende Männer und Frauen aus Partei, Staat und Wirtschaft, um der jungen Führerschaft das Wirken der einzelnen politischen und wirtschaftlichen Kräfte und ihre Zusammenhänge im Großen im In- und

Ausland zu vermitteln. Vor allem sollte der persönliche Gesichtskreis der Führer und Führerinnen erweitert, diese zur eigenen Weiterbildung angeregt und auf ihre Verantwortung verpflichtet werden. Persönlich bescheiden, einsatzbereit und verantwortungsbewußt sollte die Führerin sein, der Führer mutig, entschieden, kameradschaftlich und ritterlich zugleich. –
Neben den Führer- und Führerinnenschulen bestanden außerdem *Fachschulen:* Die *Reichsfachschule* für Weltanschauliche Schulung, 5 *Reichssport-Schulen* (2 für HJ und 3 für BDM, davon 1 Gymnastikschule), 2 *Reichsschieß-* und *Geländesport*-Schulen, 4 *Reichs-Seesport*-Schulen, 48 Führerschulen der Gebiete und 42 Führerinnenschulen der Obergaue, sowie 1 Reichsverwaltungsschule (Stand: 1939; Kaufmann G.: »Das kommende Deutschland« 1940).
Weiterhin gab es:
Reichslehrgänge für *Musik, Werken, Laienspiel,*
Reichslehrgänge für *Feldschere* und *Gesundheitsdienstmädel,*
Reichslehrgänge für *Sonderformationen* z. B. Motor-HJ, Flieger-HJ, u. a.,
in denen Fachkräfte für die Stabs-Arbeit in den Gebieten und Obergauen ausgebildet wurden.

13.54 Berufliche Ausbildung zum Jugendführer/zur Jugendführerin an der Akademie für Jugendführung

Aus der Vielzahl der Jugendführer und Jugendführerinnen, die aus den verschiedenen Richtungen kamen, ergab sich durch die Kampfzeit, aber auch durch die hohen Anforderungen, die in den ersten Jahren des Aufbaues mit der Erfassung und Erziehung der gesamten deutschen Jugend an sie gestellt wurden, eine natürliche *Auslese.*
Es entstand ein neuer Typ des Jugendführers. Nicht mehr der Führer elitärer Bünde oder des marxistischen der Jungarbeiter, sondern ein Führer, der die *gesamte Jugend* zu einem kulturpolitisch geprägten Sozialismus führen sollte.
Diese aus der jungen Gemeinschaft erwachsene Führerschicht wurde durch die Einheitlichkeit ihrer Anschauung und ihres Auftretens zum Leitbild des neu entstehenden Führerkorps (siehe Anhang Abb. 2) und der für den künftigen Führernachwuchs von der Reichsjugendführung gegründeten *Akademie für Jugendführung.* Ihre Aufgabe war es, durch eine planmäßige Ausbildung und hohe Anforderungen erstmalig den Beruf des *Jugendführers* zu schaffen und die junge nachwachsende Führungsgeneration, die nicht mehr durch die Kampfzeit geprägt war, auszubilden.
Nach der Aussage Baldur von Schirach's sollte der *Jugendführer* der Idealtyp des außerhalb der Schule wirkenden Gestalters der jungen Generation sein und zu einem Begriff werden – ähnlich dem des Offiziers – durch eine einheitliche innere Auffassung und äußere Haltung gekennzeichnet. Die besten und fähigsten Führer, die aus den Sonderlehrgängen der Gebiets-*Schulen* hervorgingen und sich in der praktischen Arbeit bewährt hatten, wurden in einwöchigen *Auslese*-Lehrgängen vom *Personalamt* der Reichsjugendführung erfaßt und mußten hier ihre Eignung unter Beweis stellen für die Berufung an die *Akademie für Jugendführung.*
Eine planmäßige berufliche Ausbildung der Jugendführer und Jugendführerinnen wurde mit der Errichtung der Akademie für Jugendführung verwirklicht.
Voraussetzung für die Berufung an die *Akademie* waren außerdem:

Bewährung als aktiver Führer in der Hitler-Jugend
Abgeschlossene Berufsausbildung oder Abitur
Abstammungsnachweis (vor 1800)
Parteimitgliedschaft

Einwandfreier gesundheitlicher und erbgesundheitlicher Untersuchungsbefund (im Krieg verwundete Bewerber wurden angenommen)
Abgeleistete Arbeitsdienst- und Wehrpflicht.

Die vielseitige Ausbildung sollte ein Jahr dauern mit anschließendem Auslandsaufenthalt, verbunden mit einer Tätigkeit in einem Wirtschaftsunternehmen für die Dauer eines halben Jahres.

Mit der bestandenen Abschlußprüfung wurde das Jugendführer-Patent verliehen. Die erfolgreichen Absolventen der Akademie für Jugendführung sollten sich auf 12 Jahre als *Jugendführer* verpflichten. – (Siehe Anhang, Abb. 14 u. 15.)

Die ersten Führer-Anwärter, die im Frühjahr 1939 an die Akademie berufen wurden, rückten September 1939 – bei Kriegsausbruch – als Soldaten ein. Die Akademie für Jugendführung wurde daraufhin für die Ausbildung von Führerinnen-Anwärterinnen für den Führerinnen-Ring dem Bund Deutscher Mädel zur Verfügung gestellt.

Erst im Laufe des Krieges wurden ab 1. 12. 1942 fünfmonatige Kriegs-Lehrgänge für versehrte HJ-Führer – im ganzen noch fünf – durchgeführt.

Die Grundlage für die Ausbildung an der Akademie für Jugendführung zur Heranbildung des künftigen *Führerkorps* war die Erkenntnis, daß Wissen und kritischer Geist notwendig sein, daß aber die Grundelemente der Jugenderziehung bestehen in den »Tugenden, die zugleich das deutsche Wesen bestimmen: Ehrfurcht, Treue und Opferbereitschaft«. (von Schirach »Revolution der Erziehung«) Eine Gemeinschaft von Persönlichkeiten sollte herangebildet werden, die in der Jugend, für die sie Verantwortung trugen, durch ihr Vorbild wirkten. – (Siehe: Kapitel 32)

Auch für die Führerinnen des Bundes Deutscher Mädel formte sich aus der Arbeit ein Leitbild, das für den *Führerinnenring* (entsprechend dem *Führerkorps* der HJ) und für die Ausbildung der Führerinnen-Anwärterinnen an der *Akademie für Jugendführung* zur Verpflichtung wurde: Vorbild zu sein in der harmonischen Bildung von Körper, Seele und Geist und als gemeinschaftsgebundene Persönlichkeit im Einsatz für das Volk. –

Für die Führerinnen galten gleichfalls die vorerwähnten Voraussetzungen zur Berufung an die Akademie (ursprünglicher Name: *Hochschule des Bundes Deutscher Mädel*) – mit Ausnahme der Wehrpflicht. – Für die Vor-Auslese waren entscheidend: Charakterliche Haltung (Selbstdisziplin), Führungseigenschaften, Einsatzfreude, Verantwortungsbewußtsein, ohne Rücksicht auf Herkunft oder Zeit der Zugehörigkeit zum *Bund Deutscher Mädel.*

Die in den Auslese-Lehrgängen des *Personalamtes* ermittelten Führerinnen aus dem gesamten Reichsgebiet wurden zu einem Jahres-Lehrgang (kriegsbedingt Halbjahres-Lehrgang) an die *Akademie für Jugendführung* berufen, in der sie für Aufgaben auf höherer Führungsebene qualifiziert werden sollten (siehe Kapitel 33 sowie Anhang Abb. 16).

Die *Hochschule des Bundes Deutscher Mädel* in Wolfenbüttel – bereits im Bau begonnen – wurde durch Kriegsausbruch nicht mehr fertiggestellt. –

Im Rahmen des Führerinnen-Austausches mit anderen Ländern, durchgeführt vom Auslandsamt der Reichsjugendführung, wurden auch Mädelführerinnen aus *Norwegen, Dänemark, Holland, Flandern* und *Wallonien* in Auslese-Lagern erfaßt und bei Eignung an der Akademie gemeinsam mit deutschen Mädelführerinnen ausgebildet. Jedem Mädel, das sich auf der Akademie bewährte, war die Möglichkeit gegeben, bis in führende Stellen der Reichsjugendführung aufzusteigen und damit die Erziehungsarbeit der *weiblichen* Jugend im Bund Deutscher Mädel mitzuformen. –

13.6 Zahlenmäßiger Vergleich der Erziehungskräfte: Hitler-Jugend/Schule

Die 1939 rund 8 Millionen Mitglieder wurden von 765 000 Führern und Führerinnen – 1932 waren es ca. 12 000 – geführt, von denen 745 819 als Formations-Führer/Führerinnen (von der Kameradschaft/Mädelschaft bis zum Gebiet) und 19 765 in den Stäben (vom Bann bis zur Reichsjugendführung) tätig waren.
»Die Zahl von 765 000 Führern und Führerinnen könnte leicht zu falschen Schlüssen verleiten. Wenn heute unsere Organisation festgefügt ist, so verdanken wir das ohne Zweifel dem Einsatz dieser Kräfte. Sie sind jedoch zum größten Teil ehrenamtlich tätig. Das Prinzip der jungen Führung und der Selbstführung der Jugend bringt überdies Jahr um Jahr ein Ausscheiden in Arbeitsdienst und Wehrmacht aller der Kameraden mit sich, die gerade ihre Führereigenschaften in der HJ erprobt und erwiesen haben. Hauptamtlich sind in der HJ 8017 Führer und Führerinnen tätig, von denen die HJ-Führer alle ihren Wehrdienst abgeleistet haben. –
In der Schule, die ebenfalls acht Jahrgänge betreut, finden wir jedoch 234 345 hauptamtliche Lehrer. Auf einen hauptamtlichen HJ-Führer bzw. BDM-Führerin kommen 1450 Jugendliche, während auf einen hauptamtlichen Lehrer nur 37 Schüler kommen. Die Schule kann die Jugend etwa dreimal solange zeitlich in Anspruch nehmen im Laufe einer Woche als die HJ. Während bei der HJ für etwa 3000 Jungen zwei hauptamtliche Kräfte zur Verfügung stehen, kann die Schule für die gleiche Zahl Schüler 81 Lehrer einsetzen. Selbst wenn man hier auch noch die dreifache Stundenzahl berücksichtigt, bleiben 27 hauptamtliche Kräfte der Schule auf 3000 Jugendliche. Ähnlich ist es bei den Gesamtetatmitteln. Das Werk der nationalsozialistischen Jugendführung ruht also angesichts der kleinen Zahl hauptamtlicher Kräfte auf der selbstlosen Einsatzfreudigkeit der vielen ehrenamtlich tätigen Kameraden«. (G. Kaufmann: »Das kommende Deutschland« 1940)
Aber auch die hauptamtlichen Führer und Führerinnen brauchten viel Idealismus, indem sie oft einen materiell lohnenderen Beruf aufgaben, um – zumindest in den ersten 6 Jahren (von 1933–1939) – gegen ein geringes Entgelt zu arbeiten. Bekam doch nachweislich 1934 ein *Jungbannführer* monatlich RM 70,– und noch 1937 eine *Abteilungsleiterin* des Obergaues RM 75,–. (Das bedeutete, daß sie trotz hauptamtlicher Tätigkeit finanziell sehr beengt waren).
»Der Vergleich mit der Schule wurde hier nur angeführt, um einen Maßstab für die Leistungen zu finden, die von der Hitler-Jugend unter den genannten Voraussetzungen erbracht wurden.« – (G. Kaufmann: »Das kommende Deutschland« 1940)

13.7 Berufliche Zusammensetzung und Alter der Führerschaft

Ende 1937 *»bot die berufliche Zusammensetzung der gesamten HJ-Führerschaft folgendes Bild: 16,4 v. H. Schüler, 25,5 v. H. kaufm. Berufe, 8,7 v. H. techn. Berufe, 3,4 v. H. landwirtsch. Berufe, 20,9 v. H. Jungarbeiter, 5,9 v. H. Studenten, 5,4 v. H. Lehrer, 11,3 v. H. sonstige Berufe, 2,5 v. H. ohne Berufe. . . .*
Nach dem Wort des Reichsjugendführers von Schirach ist Jugend eine Frage der Haltung. Der Grundsatz ›Jugend muß von Jugend geführt werden!‹ bedeutet also nicht, daß die Führung der HJ bis in ihre Spitze hinein gleichaltrig mit den Geführten sein muß.«
»Es ist richtig, daß die Führer der unteren Einheiten der nationalsozialistischen Jugendbewegung in überwiegendem Maße nur um wenige Jahre älter sind als die von ihnen Geführten.

In den höheren Dienststellen der Jugendführung aber sind durchweg ausgereifte, erwachsene Menschen als Jugendführer tätig, die nicht nur ihren Wehrdienst abgeleistet, sondern in den meisten Fällen auch eine abgeschlossene Berufsausbildung aufzuweisen haben.
›So war am 1. April 1938 das Durchschnittsalter der Führer höherer Dienststellen

bei den Obergebietsführern	*30 Jahre 6 Monate,*
bei den Gebietsführern	*31 Jahre 4 Monate,*
bei den Abteilungsleitern der Gebiete	*25 Jahre 4 Monate,*
bei den Bannführern	*25 Jahre 1 Monat,*
bei den Jungbannführern	*24 Jahre 8 Monate.‹ «*

(G. Kaufmann: »Das kommende Deutschland« 1940)

Das Durchschnittsalter der Obergauführerinnen betrug etwa 27 Jahre, das der Untergauführerinnen etwa 23 Jahre. –
Die hauptamtliche Führer- und Führerinnenschaft stand in Friedenszeiten durchschnittlich fünf (BDM) bis zehn (HJ) Jahre in der Arbeit und schied bei Erreichung eines gewissen Alters (ca. 28–30 Jahre) aus der hauptamtlichen Arbeit aus. Während ein großer Teil der Führer in Führungsstellen der Partei und ihrer Gliederungen, aber auch in Staat und Wirtschaft überwechselte, schied der größte Teil der Führerinnen (ca. 80%) wegen Heirat aus, um sich der Familie widmen zu können; die übrigen ergriffen einen Beruf.
Im allgemeinen war die BDM-Führerin unverheiratet; einmal, weil die verheiratete Frau durch ihren Pflichtenkreis sehr absorbiert war, zum anderen, weil die BDM-Führerin ihre Mädelgruppe nicht mütterlich »betreuen«, sondern selbst *Mädel* unter *Mädeln* sein sollte.
Weil der Wechsel der HJ-Führerschaft im Krieg durch Fronteinsatz und aufgrund einer sehr hohen Anzahl Gefallener sehr stark war, übernahmen BDM-Führerinnen zum größten Teil die Leitung von Fachgebieten für die männliche Jugend in den Stäben der Gebiete und Banne, vorübergehend auch Führungsaufgaben z. B. die Führung eines Bannes. Um die durch diese Arbeitsübernahme ausfallenden und durch Heirat ausscheidenden BDM-Führerinnen zu ersetzen, wurde während des Krieges – ausnahmsweise – der Einsatz von verheirateten Führerinnen zugelassen.
Das *Personalamt* der *Reichsjugendführung* war den Führerinnen beim Übergang in das Berufsleben durch Abmachungen mit berufsbildenden Stellen behilflich. Welche Berufslaufbahn sie einschlagen wollte, konnte jede Führerin selbst bestimmen. –
Ab 1942 gewährte der *Reichsschatzmeister* der NSDAP der nach einer 5jährigen hauptamtlichen Tätigkeit ausscheidenden BDM-Führerin eine *Heirats-* oder *Übergangs-Beihilfe* für Berufs-Aus- oder Weiterbildung in Höhe von RM 5000,–.
Die hauptamtlichen HJ-Führer gehörten der Pensionsversicherung der NSDAP an.

13.8 Die Führungsfrage im Krieg

Am 1. Januar 1941 standen 95% der HJ-Führer (Das junge Deutschland, Heft 1/41) an der Front und fast alle hauptamtlichen Kräfte waren ausgefallen. November 1942 waren bereits 15519 von diesen gefallen – unter ihnen 2 Obergebietsführer, 4 Gebietsführer, 8 Hauptbannführer, 28 Oberbannführer und 153 Bannführer (RB./RJF 58 K [2.9.40]). (Ca. 90% der in 6 Jahren immer wieder nachwachsenden hauptamtlichen HJ-Führer sind gefallen.)
Aus der Erkenntnis, daß der Krieg länger dauern würde und somit diese Zahlen deutlich machten, daß anfängliches Improvisieren nicht mehr ausreichte, wurde die Ausbildung von Nachwuchs-Kräften langfristig geplant. 15–17jährige Jungen wur-

den verstärkt in Führer-Ausbildungseinheiten erfaßt, um an verschiedensten Stellen im Kriegseinsatz der HJ »führend« tätig zu werden.
Viele bereits ausgeschiedene Führer kehrten als Versehrte in die *Jugend*-Arbeit zurück, aber auch andere vom Fronteinsatz gezeichnete junge Männer stellten sich der HJ zur Verfügung. Abiturienten, Studenten und viele Männer aus Berufen, die mit der Jugend-Arbeit in Verbindung standen, wie *Lehrer, Jugendpfleger, Berufsberater* übernahmen zeitweilig die K-Führung von Bannen. – (Im Krieg gab es bei der Besetzung einer Dienststelle für einen an die Front eingerückten HJ-Führer die kommissarische Beauftragung = Kriegs-Führer, z.B. K-Führer des Bannes. Eine Entlastung erfolgte beim Ausscheiden aus der Dienststellung.) –
Ab 1944 wurde für Leiter fachlicher Bereiche die Bezeichnung »Fach-Führer« eingeführt (beim BDM-Werk »Glaube und Schönheit« seit 1938 existierend). Die Fach-Arbeit in den Stäben wurde fast ausschließlich von BDM-Führerinnen übernommen, die auf dem betreffenden Sektor Erfahrung hatten. (Siehe auch Kapitel 66,52)

13.9 Führerprinzip und Auswirkung der Selbstführung

Das Führerprinzip in der *Hitler-Jugend* und im *Bund Deutscher Mädel* fand durch die im allgemeinen vorhandene Instinktsicherheit und kritische Beobachtungsgabe der jungen Gefolgschaft seine demokratische Bindung. Niemals konnte sich ein Führer oder eine Führerin vor der Front behaupten, wenn sie von der von ihr geführten Gemeinschaft nicht anerkannt worden wäre.
Die darüber stehende Führung hatte dieses zu respektieren: So wurden im allgemeinen auch für eine zu besetzende Führungsstelle die Führer bzw. Führerinnen von den unteren Einheiten vorgeschlagen, die dann von der vorgesetzten Führung beauftragt, ernannt und nach Bewährung befördert wurden. Diese entdeckte aber auch junge Führungstalente, die von den Gleichaltrigen noch nicht erkannt werden konnten. Fehler, die auf beiden Seiten möglich waren und vorgekommen sind, wurden auf diese Weise schnell korrigiert.
Durch die Selbstführung der Jugend war es gelungen, eine Elite der Führerschaft, auch für Fachgebiete (z.B. Schulung, Kultur, Sport etc.) heranzubilden: ohne Ansehen der sozialen Herkunft, ohne Privilegien; ausgezeichnet allein durch das Vorbild ihrer Haltung und den Adel der Leistung. –
Das junge Deutschland schrieb 1943: *»Es war Neuland, bis dahin gab es keine einheitliche Jugendbewegung, die sich selbst führte, schon gar nicht in diesen Ausmaßen. Was auf solche Weise an Führungseigenschaften geweckt, an Selbständigkeit und Selbstverantwortung in junge Menschen hineingelegt wurde, ist weder zu überblicken, noch darzustellen. Man kann auch hier nur auf die Wirkungen sehen. Ohne die Tradition der jungen Führung, aber auch ohne die niemals abreißende Führerschulung stünde die deutsche Jugend der Größe und Härte der Gegenwart hilflos gegenüber.«* und nur durch sie wurde – trotz im Krieg oft wechselnder Führung – der beispiellose *Kriegseinsatz* der *Hitler-Jugend* durchgestanden.
Das Prinzip der Selbstführung der Jugend – und die ständige Führer- und Führerinnen-Schulung der aus den untersten Reihen nachwachsenden Führungspersönlichkeiten bewirkten, daß die Hitler-Jugend nicht zu einer festen Form erstarrte, sondern eine Jugend*bewegung* blieb.
Die ständige Revolution von unten wurde von der obersten Führung der Hitler-Jugend in eine gesunde Evolution übergeleitet. –

> *»Immer aber, dies ist unser altes Grundprinzip, soll die Führung der Jugend aus der Jugend selbst heraus wachsen.«*

Baldur von Schirach

14. Die HJ – Gerichtsbarkeit

14.1 Entstehung der Disziplinarordnung

Die Grundlage des Disziplinarrechts der Hitler-Jugend/Bund Deutscher Mädel war bestimmt von den Lebensgesetzen der nationalsozialistischen Jugendbewegung, vom Prinzip der Selbstführung der Jugend und von den Grundgedanken der Erziehung und des Schutzes der Jugend.
Nach der Machtübernahme war die Hitler-Jugend nicht mehr eine Jugendorganisation unter vielen, sondern sie wurde allmählich zur einzigen, die gesamte deutsche Jugend umfassenden Jugendbewegung. Die Ernennung des Reichsjugendführers zum Jugendführer des Deutschen Reichs, die Hitler am 17. 6. 1933 vollzog, ebnete rechtlich diesen Weg. Das Gesetz zur Sicherung der Einheit von Partei und Staat war für das Disziplinarrecht der Hitler-Jugend von besonderer Bedeutung; es enthielt die erste gesetzliche Grundlage für die später aufgebaute HJ-*Gerichtsbarkeit.* In § 3 heißt es: *»Den Mitgliedern der NSDAP einschließlich der ihr unterstellten Gliederungen obliegen erhöhte Pflichten gegenüber Führer, Volk und Staat. Sie unterstehen wegen Verletzung dieser Pflichten einer besonderen Gerichtsbarkeit.«*
Die Disziplinarfälle der Hitler-Jugend wurden in den ersten Jahren im *Personalamt* der Reichsjugendführung bearbeitet. 1935 wurde dort ein Referat HJ-*Gerichtsbarkeit* eingerichtet. Die Schaffung einer eigenen HJ-Gerichtsbarkeit war notwendig geworden, weil die »Entfernung aus der Hitler-Jugend« nach der Machtübernahme von 1933 schwere Folgen hatte, auch für den beruflichen Weg der Jugendlichen. Deswegen war in den ersten Jahren die Entscheidung über den »Ausschluß« aus der Hitler-Jugend der *Reichsjugendführung* vorbehalten. Diese Bestimmung und einige weitere Bestimmungen über das Ausschluß-Verfahren, die *Beurlaubung,* die *Degradierung,* den *Beschwerdeweg* usw. hatte der Chef des *Personalamtes* der Reichsjugendführung in einer Dienstanordnung vom 7. 7. 1934 bekanntgegeben.
Eine umfassende Regelung des Disziplinarwesens und der Gerichtsbarkeit der Hitler-Jugend bildete die Disziplinarordnung vom 8. 10. 1936. Sie wurde in Abstimmung mit dem Obersten Parteigericht und dem Reichsjustizministerium ausgearbeitet. Vorbilder, nach denen sich die Reichsjugendführung bei der Schaffung der Disziplinarordnung hätte richten können, gab es nicht.
Die Hitler-Jugend ist die erste und einzige Jugendbewegung der Welt, die sich eine Gerichtsbarkeit geschaffen hat, die von der Jugend selbst getragen wurde; ein sichtbares Zeichen des Sauberkeits- und Gerechtigkeitsbedürfnisses der deutschen Jugend. 1937 wurde die HJ-*Gerichtsbarkeit* ein Amt der Reichsjugendführung, geleitet in Personalunion vom Chef des Personalamtes.
Der *Disziplinarordnung* der Hitler-Jugend unterstanden alle Angehörigen der Hitler-Jugend und des Bundes Deutscher Mädel, die 10- bis 14jährigen Pimpfe und Jungmädel, die 15- bis 18jährigen Hitlerjungen und die 15- bis 21jährigen Mädel sowie die hauptamtlichen Führer und Führerinnen. Auch die Angehörigen der Hitler-Jugend (BDM) im Ausland unterstanden der Disziplinarordnung. Diese galt ebenso in Lagern und Heimen der *Kinderlandverschickung,* der *Adolf-Hitler-Schulen,* des *Landdienstes* und in *Jugendwohnheimen* und *Wehrertüchtigungslagern.*
Nach der Disziplinarordnung war jedes Verhalten zu ahnden, das gegen Zucht und Ordnung in der Hitler-Jugend verstieß oder die Ehre der Gemeinschaft, ihr Ansehen oder die Kameradschaft der Hitler-Jugend verletzte oder gefährdete. –

14.2 Disziplinarmittel

Disziplinarmittel, die schriftlich ausgesprochen werden mußten, waren:

Gruppe I: Die kleine *Disziplinargewalt*
1. Verwarnung
2. Verweis

Gruppe II: Die mittlere *Disziplinargewalt*
3. Beförderungssperre bis zu 3 Jahren
4. Aberkennung der Dienststellung
5. Herabsetzung des Dienstranges

Gruppe III: Die große *Disziplinargewalt*
6. Aberkennung der Fähigkeit, Jugendführer/in zu sein
7. Jugenddienstarrest bis zu 10 Tagen
8. Ausscheiden bis zu 3 Jahren
9. Ausscheiden auf Dauer
10. Ausschluß

Weitere zulässige Erziehungsmittel, die jedoch keine Disziplinarmittel darstellten, waren:
Zurechtweisung unter vier Augen,
Zurechtweisung vor der Einheit,
Verbot der Teilnahme an besonderen Veranstaltungen,
Sonderdienstleistungen bei nachlässiger Dienstverrichtung,
Verbot, Fahrtenmesser und Schulterriemen – beim BDM: Halstuch und Knoten – zu tragen.

Verboten waren:
Anordnung von gesundheitsschädlichen schweren Arbeiten,
körperliche Züchtigung,
Herabwürdigung in den Augen anderer,
Verletzung des Ehrgefühls,
Strafexerzieren,
Nahrungsmittelentzug,
Geldbußen.

Die *Verwarnung* (Gruppe I) war das leichteste Disziplinarmittel, die Mißbilligung eines bestimmten Verhaltens. Die Verwarnung sollte das pflichtwidrige Tun vorhalten und an Verantwortungs- und Ehrgefühl appellieren.
Der *Verweis* (Gruppe I) kam bei schweren Disziplinwidrigkeiten oder im Wiederholungsfall in Betracht. Der Verweis war nach der Verwarnung das häufigste Disziplinarmittel.
Die Disziplinarmittel wurden nur bei einem die Gemeinschaft schädigendem Verhalten angewandt, wobei z. B.
straf*verschärfend* wirkten:
die Ausnutzung einer Vertrauensstellung,
Rückfall,
Leugnen eines Tatbestandes;
straf*mildernd:*
Fahrlässigkeit, Unbesonnenheit, Unerfahrenheit,
der Wille zur Wiedergutmachung aus eigenem Antrieb.

14.3 Disziplinarbefugnisse

Nach dem Stand vom 1. Febr. 1944 gab es folgende Disziplinarbefugnisse:

a) Dem Führer einer *Gefolgschaft* bzw. eines *Fähnleins* standen die Entscheidungen über *Gruppe I* für die Gemeinschaftsränge seiner Gefolgschaft bzw. seines Fähnleins zu.
Dem Führer eines *Stammes* bzw. eines *Jungstammes* standen die Entscheidungen über *Gruppe I* für die Gemeinschaftsränge seines Stammes bzw. seines Jungstammes zu.

b) Dem Führer eines *Bannes* standen die Entscheidungen über *Gruppe I und II* für die Gemeinschaftsränge und Führerschaft und über *Gruppe I* für das Führerkorps seines Bannes bis einschließlich Hauptgefolgschaftsführer/Hauptfähnleinführer zu.

c) Dem Führer eines *Gebietes* standen die Entscheidungen über *Gruppe I, II und III* für die Gemeinschaftsränge, die Führerschaft und das Führerkorps bis einschließlich Hauptgefolgschaftsführer/Hauptfähnleinführer und über Gruppe I für das übrige Führerkorps seines Gebietes zu.

d) Dem *Reichsjugendführer* standen die Entscheidungen über alle Gruppen für sämtliche Angehörige der Hitler-Jugend und des Bundes Deutscher Mädel zu.
Dem vom Reichsjugendführer ernannten *HJ-Richter* in der *Reichsjugendführung* standen die Entscheidungen über *Gruppe I, II und III* für die Gemeinschaftsränge, die Führerschaft und das Führerkorps des Reiches sowie für Einsprüche gegen Entscheidungen der Führer der Gebiete zu.
(Siehe auch Übersicht im Anhang Abb. 17)

Die Vorschriften der Disziplinarordnung galten für den *Bund Deutscher Mädel* (Jungmädelbund, Mädelbund, BDM-Werk »Glaube und Schönheit«) entsprechend. Die BDM-*Reichsreferentin* hatte die Entscheidungen über *Gruppe I, II und III* für die *Führerinnenschaft* und den *Führerinnenring* und über *Gruppe I* für den *höheren Führerinnenring.*

Disziplinarmaßnahmen der *Gruppe II und III* über Angehörige des höheren Führerinnenringes waren Entscheidungen des HJ-*Obergerichtes.* Sie ergingen im Einvernehmen mit der BDM-*Reichsreferentin* und bedurften der Bestätigung durch den *Reichsjugendführer.* Das HJ-Obergericht hatte in letzter Instanz Verfahren auf Einspruch und Verfahren gegen Angehörige des Höheren Führerkorps bzw. des Höheren Führerinnenringes in erster Instanz zu entscheiden.

14.4 Das Disziplinarverfahren

14.41 Aufgaben des Disziplinarverfahrens

Die Aufgaben des Disziplinarverfahrens waren nicht nur Wahrheits- und Rechtsfindung, sondern, nach genauester Prüfung und Würdigung aller zu berücksichtigenden Umstände die richtige Entscheidung zu treffen, um die Reihen der Jugend sauber zu halten. –

Der Grundsatz der *Unabhängigkeit* der Rechtsprechung war, wie in jeder Rechtsprechung, *unabdingbar.* Dieses richterliche Element gehörte nicht nur zum Wesen der untersuchungführenden Stellen (Abteilung »HJ-Gericht« bei den Gebieten, Stelle »Disziplinarwesen« bei den Bannen), sondern auch zum Wesen der Disziplinargewalt aller disziplinarbefugten Einheitenführer/-führerinnen. Nur was dem

HJ-Richter erwiesen erschien, konnte zur Grundlage der Entscheidung gemacht werden: es gab keine Verdachtsstrafe.

14.42 Untersuchung

Disziplinarentscheidungen der *Gruppen II und III* ging eine förmliche *Untersuchung* des Falles voraus. Deren Einleitung und Durchführung war die Aufgabe des Untersuchungsführers. – Die Untersuchung wurde geführt von dem Untersuchungsführer des Bannes bzw. des Gebietes, der durch den jeweils zuständigen Disziplinarvorgesetzten beauftragt wurde bzw. von dem HJ-Richter der Reichsjugendführung. (Für den Bund Deutscher Mädel entsprechend.)
Der Untersuchungsführer des Bannes war für alle Dienststrafverfahren des Bann-Bereiches zuständig.
In Fällen, die über den Bereich eines Bannes hinausgingen, bei Angehörigen der Gebietsführung und in anderen Fällen von besonderer Bedeutung wurde die Untersuchung von dem Untersuchungsführer bzw. der Untersuchungsführerin des Gebietes geführt.
In Fällen, die über den Bereich eines Gebietes hinausgingen, bei Angehörigen der Reichsjugendführung und in anderen Fällen von zentraler Bedeutung wurde die Untersuchung von dem HJ-Richter der Reichsjugendführung geführt.

14.43 Entscheidung

Nur eine umfassende Untersuchung des Sachverhaltes, der Beweggründe, der Persönlichkeit des Jugendlichen oder des Führers bzw. der Führerin, der sozialen Verhältnisse und der Leistungen in und außerhalb der Hitler-Jugend gewährleistete eine gerechte Beurteilung des Beschuldigten. Deshalb wurden an den Untersuchungsführer bzw. an die Untersuchungsführerin hohe Anforderungen gestellt. Nur eine Persönlichkeit mit Lebenserfahrung, selbständigem Denkvermögen und Vertrautheit mit den *Lebensgesetzen* der *Hitler-Jugend* bzw. des *Bundes Deutscher Mädel* konnte diese verantwortungsvolle Aufgabe erfüllen. Nach Abschluß der Ermittlungen legte der Untersuchungsführer den Fall mit seinem Entscheidungsvorschlag dem zuständigen Disziplinarvorgesetzten vor, der in seinen Entscheidungen unabhängig von seiner vorgesetzten Dienststelle war.
Über jede Entscheidung stand dem/der Beschuldigten ein einmaliger *Einspruch* bei der übergeordneten Disziplinarstelle zu.
Über *»Einsprüche«* gegen Entscheidungen des *Gebietes* entschied der *HJ-Richter der Reichsjugendführung,* bei *»Gnadengesuchen«* der *Chef des Amtes Gerichtsbarkeit* im Namen des *Reichsjugendführers.*

14.5 Änderungen der Disziplinarordnung

14.51 Aufgrund der Jugenddienstpflicht

Die Einführung der *Jugenddienstpflicht,* die im Gesetz vom 1. Dezember 1936 ihr Grundgesetz und in den beiden Durchführungsverordnungen vom 25. März 1939 ihre näheren Bestimmungen erhielt, brachte auch für das Diszplinarrecht der Hitler-Jugend Änderungen mit sich. So gab es in der *bisherigen Disziplinarordnung* die

Streichung aus der Hitler-Jugend (BDM entsprechend) wegen Interesselosigkeit, die aber mit dem Wesen der Jugenddienstpflicht unvereinbar war und deshalb in Fortfall kam.
Weil die Hitler-Jugend aber auch keine Staatsjugend im üblichen Sinn geworden war (siehe Kapitel 53 »Das Gesetz«) und das Prinzip der Selbstführung weiterhin galt, bestimmte letztere auch die HJ-*Gerichtsbarkeit*. So gab es keine vom Staat abkommandierten Richter, sondern diese waren ehemalige Einheitenführer. Die Hitler-Jugend gewährleistete ihre innere Ordnung und Disziplin selbst.

14.52 Für die Dauer des Krieges

Für die Dauer des Krieges wurde am 2. April 1940 eine Dienststrafordnung der Hitler-Jugend erlassen, die kleinen Änderungen unterlag, bedingt durch das Einrücken der HJ-Richter zur Wehrmacht, aber auch unter Verwertung der in der Kriegszeit bereits gemachten Erfahrungen.
Am 17. September 1940 wurde das neue Disziplinarmittel *Jugenddienstarrest* für grobe Disziplinarverstöße eingeführt, der eine jugendgemäße kurzfristige Einsperrung als Schockmittel darstellte, ohne – was für alle Disziplinarmittel galt – Kriminalstrafe zu sein, d.h. ohne in das Strafregister oder in die polizeilichen Führungslisten eingetragen zu werden. Dieser Jugenddienstarrest galt nur für 14–18jährige Jungen. –
Im ersten Jahr nach seiner Einführung wurde der Jugenddienstarrest für 850 Jugendliche verhängt, das sind 0,02% der in der Hitler-Jugend erfaßten männlichen Jugend. (Siehe: Kapitel 43 »Die Rechtsarbeit«)
In den letzten Kriegsjahren wurde auch die Anwendung des Jugenddienstarrestes für die älteren Mädel diskutiert. Es kam aber kriegsbedingt nicht mehr zu einer Entscheidung.

14.53 In der Zusammenarbeit mit staatlichen Dienststellen

Am 1. Februar 1942 wurde der Vollzug des Jugenddienstarrestes von der Polizei auf die Justiz übertragen. Die bisher gültige Disziplinarordnung war nicht aufgehoben; sie galt im allgemeinen für die Hitler-Jugend und den Bund Deutscher Mädel weiter, sofern besonders schwere Fälle nicht der Kriegs-Dienststrafordnung widersprachen. In einer Allgemeinverfügung des *Reichsjustizministers* vom 20. 1. 1942 wurde ausdrücklich verfügt, daß die Staatsanwaltschaft prüfen müsse, ob bei einer disziplinären Erledigung durch die Hitler-Jugend von einer Ahndung der Tat im Jugendstrafverfahren abgesehen werden kann.
(Kaufmann: »Das kommende Deutschland« 1943, S. 269/277. Siehe auch Kapitel 43 »Die Rechtsarbeit«.)
Die Begriffe »Disziplinarordnung«, »Disziplinarmittel« wurden gewählt, weil in den Wortteilen »Disziplin« die die HJ-Gerichtsbarkeit beherrschenden Erziehungsgedanken stärker zum Ausdruck kamen als in dem Wort »Strafe«. –

14.6 Sinn der Disziplinarordnung

Im Vordergrund der Erziehung und des Disziplinarrechtes der Hitler-Jugend und des Bundes Deutscher Mädel stand die Wahrung der Ehre. Jeder Jugendliche konnte ein *Ehrenschutzverfahren* gegen sich selbst einleiten, um sich von ehrverletzenden Vorwürfen zu befreien. – Eine Geldstrafe wurde abgelehnt, einmal, weil Geld keine Pflichtverletzung abgelten, man sich zum anderen nicht mit Geld über die Ordnung der Gemeinschaft hinwegsetzen konnte, und schließlich, weil sie materialistischem Denken entsprach.

14.7 Planung für die Änderung der Disziplinarbefugnisse nach dem Krieg

Für die Zukunft war geplant, die Disziplinargewalt, die dem Gefolgschaftsführer und dem Stammführer (Bund Deutscher Mädel entsprechend) zustand und von diesen nur sehr selten angewandt wurde, auf den Führer bzw. die Mädelführerin des Bannes zu übertragen und deren Befugnisse nach dem Krieg zu erweitern, wenn alle künftigen Führer und Führerinnen an der *Akademie* für *Jugendführung* ausgebildet worden waren.
Die Abteilungen »HJ-Gericht« der Gebiete sollten nach dem Krieg zu regelrechten HJ-*Gerichten* erhoben werden.
Der künftige HJ-Richter mußte sich als Einheiten-Führer bewährt haben, Abitur besitzen, die Befähigung zum hauptamtlichen HJ-Führer erworben, der Arbeits-Wehrdienst-Pflicht genügt haben und eine juristische Ausbildung nachweisen können. Nach Baldur v. Schirach sollte ein guter Jugendführer immer mit einem Mindestmaß an Strafzuteilung auskommen können.
Vgl. Landgerichtsrat Walter Tetzlaff: »Das Disziplinarrecht der Hitler-Jugend«, 1944 Berlin, Wien.

15. Überwachung – Streifendienst

Die Hitler-Jugend hatte sich selbst durch Gesetz den Auftrag gegegen, den jungen Menschen körperlich, geistig und sittlich zu erziehen. Sie fühlte sich somit auch für das sittliche Verhalten ihrer Jugendlichen verantwortlich.
Weil es in einer Jugend immer pubertäre Erscheinungen und Auswüchse und in einer Millionen-Organisation auch kriminelle Elemente geben wird, wurde auf Anordnung des *Reichsjugendführers* am 21. 7. 1934 das Hauptreferat *»Überwachung«* gebildet – später als Hauptabteilung in das Personalamt eingegliedert mit nachgeordneten Dienststellen in den Gebieten und Bannen –, um eine Gefährdung der Jugend durch verwahrloste oder kriminelle Elemente zu verhindern.
Um einen Überblick über die der Jugend drohenden Gefahren zu bekommen und im erzieherischen und sozialen Sektor vorbeugende Maßnahmen treffen zu können, stand sie in Verbindung vor allem mit dem Deutschen Institut für Jugendhilfe, mit dem Reichsjustizministerium, der Reichskriminalpolizei und dem Hauptamt für Sicherheitsdienst. –
Innerhalb der Hitler-Jugend diente ihr als Instrument für innerdisziplinäre Maßnahmen der HJ-*Streifendienst,* der gebildet wurde von besonders ausgesuchten und bewährten HJ-Führern. Die Streifendienstführer waren gekennzeichnet durch einen am linken Unterarm angebrachten schwarzen Streifen mit der gelben Aufschrift »HJ-Streifendienst« und waren mit einem entsprechenden Ausweis ausgestattet. Ihre Aufgabe war es, das Verhalten von Jungen und Mädeln, soweit diese Uniform bzw. Dienstkleidung trugen, in der Öffentlichkeit und in Lokalen zu überwachen und diesen, so erforderlich, entsprechende Verhaltensregeln zu geben, die von jedem Jungen und Mädel zu befolgen waren. –
Der Streifendienst war auch für den *Bund Deutscher Mädel* zuständig – der BDM hatte keine entsprechende Organisation – weil die männlichen Angehörigen des Streifendienstes besser mit »schwierigen Elementen« fertig wurden. –
Eine Anordnung der BDM-*Reichsreferentin* – einen Tag vor Kriegsausbruch! – zur Bildung eines *Einsatzdienstes* des BDM – entsprechend dem HJ-*Streifendienst* – kam nicht zur Ausführung. –
Exekutive Befugnisse hatte der Streifendienst nicht. Er hatte jedoch weitere Aufgaben, so war er zuständig für die Kontrolle der HJ-Heime auf Sauberkeit und Ordnung, Überwachung des Jugendwanderns und der Jugendherbergen, stellte Ordner und Wachdienst bei Großveranstaltungen und Zeltlagern, Transportbegleitung, wurde mit eingesetzt bei der Fahndung nach Vermißten, Untersuchung und Ermittlungen bei Dienstvergehen und strafbaren Handlungen. Zu seinem Aufgabengebiet gehörte auch Beratung und Hilfe für die wandernde Jugend, Bahnhofsdienst, Schutz der Jugend vor verbrecherischen Elementen, Bekämpfung der Jugend-Kriminalität, Schutz des Volksvermögens vor Schädigung durch Fahrtengruppen, usw. (Aus: »Aufbau und Abzeichen der Hitler-Jugend«, herausgegeben von der Reichsjugendführung der NSDAP) –
Im Krieg gewann der HJ-*Streifendienst* an Bedeutung, weil durch die Abwesenheit der an der Front stehenden Väter und der am Arbeitsplatz befindlichen Mütter und aufgrund der Verdunkelung eine erhöhte Gefährdung der Jugend gegeben war.
Stets wurden die Angehörigen des HJ-*Streifendienstes* auf ihre Verantwortung den Jungen und Mädeln gegenüber hingewiesen, nicht »Polizei zu spielen«, sondern »Helfer« der Jugend zu sein. Denn im Grundsatz muß gelten, daß eine Jugend, die sich selbst führen will, auch die Verantwortung für ihr Verhalten der Gemeinschaft gegenüber übernehmen muß.

16. Die Verwaltung

Die *Verwaltung* der Organisation war nach reichseinheitlichen Richtlinien straff aufgebaut.
Die einzelnen Verwaltungs-Dienststellen unterstanden der jeweils nächsthöheren.
Der Verwaltungs-Aufbau gliederte sich in

HJ-Gefolgschafts- und BDM-Gruppen – Geldverwaltungen
HJ-Bann- und BDM-Untergau – Geldverwaltungen
HJ-Gebiets- und BDM-Obergau – Geldverwaltungen
und in die
Reichskassenverwaltung der Reichsjugendführung.

Die Verwaltungs-Dienststellen der *Obergaue* wurden am 1. 2. 1936 mit denen der *Gebiete* zusammengelegt, die der *Untergaue* mit denen der *Banne* erst am 1. 2. 1939, aus verwaltungstechn. Gründen.
Die *Finanzierung* der Aufgabenbereiche der einzelnen Gliederungen geschah zuerst hauptsächlich durch *Mitgliedsbeiträge* und kleinere Spenden, die etwa bis Kriegsbeginn bezahlt wurden.
Die Mitgliedsbeiträge wurden nach einem festen Verteilerschlüssel den einzelnen Dienststellen zugewiesen. Auf dafür vorgeschriebenen Formularen mußten die Gefolgschaften/Gruppen – reichseinheitlich – ihre Beitragseinnahmen ausweisen und einen Teil davon an die Banne/Untergaue abführen. Diese Dienststellen erfaßten die Meldungen der Gefolgschaften/Gruppen in einer Monats-Bilanz, die sie wiederum monatlich dem Gebiet/Oberau mit dem Beitrags-Anteil zustellten. Hier wurden dann die Bilanzen mit der Monats-Bilanz der Gebiete/Obergaue erstellt und dem Reichskassenverwalter mit dem restlichen Beitrags-Anteil überwiesen. Durch dieses Verfahren war der *Reichskassenverwalter der Reichsjugendführung* über die Finanzlage aller Einheiten informiert.
Erwähnt muß noch werden, daß in den Beiträgen global die Prämienzahlung für den bei der Agrippina-*Versicherung* abgeschlossenen Versicherungsschutz (Haftpflicht und Unfall) enthalten war. Für Krankheiten, die in Lehrgängen, auf Fahrt, in Zeltlagern usw. auftraten, wurde vorher jeweils eine befristete Versicherung abgeschlossen.
Zur Verwaltungs-Vereinfachung entfielen ab Herbst 1940 die Mitgliedsbeiträge. Danach erfolgte eine Etat-Zuweisung durch den Reichsschatzmeister der NSDAP über den Reichskassenverwalter der Reichsjugendführung.
Die *Jugend* selbst wurde aufgefordert, die »freigewordenen« *Beiträge* für Lager, Fahrt oder eine berufliche Fortbildung zu sparen. Der Gedanke des *Jugend-Sparens* wurde ab diesem Zeitpunkt in die Erziehungsarbeit der Hitler-Jugend (BDM) aufgenommen, nachdem es bis dahin nur Einzelsparaktionen zum Ansparen der Lager u. Fahrten regional gegeben hatte. (Siehe Anhang Abb. 18)
Bei Kriegsbeginn erfolgte dann die Etatisierung der Einheiten nach genau erstellten Plänen durch die NSDAP und die *Reichsjugendführung*.
Zur Abwicklung der Verwaltungs-Aufgaben bestanden drei Dienstvorschriften und zwar je eine für

Gefolgschaften / Gruppen
Banne / Untergaue
Gebiete / Obergaue,

die Geschäftsordnung und Vollmachten beinhalteten, nach denen seitens der *Geldverwaltungen* gearbeitet werden mußte.

Die *Finanzhoheit* über die Hitler-Jugend und den Bund Deutscher Mädel unterstand allein dem *Reichsschatzmeister* der NSDAP und war von der politischen Führung vollkommen getrennt. –
In der Finanzverwaltung der Hitler-Jugend und des Bundes Deutscher Mädel arbeiteten ab Mitte 1935 hauptamtlich Gebiets-Geldverwalter bzw. *Obergau-Geldverwalterinnen, Gebietsrevisoren und Schul-Geldverwalter/Geldverwalterinnen, sowie Bann- und Untergau-Geldverwalter/Geldverwalterinnen.*
Nach Auflösung der Geldverwalter-Dienststellen in den Obergauen wurden die bis dahin tätigen Obergau-Geldverwalterinnen als *»Sonderbeauftragte«* des Bundes Deutscher Mädel eingesetzt. Die *Verwaltungs-Dienststellen* hatten – je nach Größe der Gebiete bzw. Banne – weitere Mitarbeiter, die zunächst eine kleine Vergütung, später aber auch ein Gehalt bekamen.
Die dem *Bann* und *Untergau* unterstehenden Einheiten hatten ehrenamtliche Mitarbeiter/Mitarbeiterinnen. –
Ab Mitte 1935 erfolgte die Gehaltsfestsetzung für die hauptamtlichen Führer und Führerinnen und Mitarbeiter und Mitarbeiterinnen nach *reichseinheitlichen Besoldungsrichtlinien* für die Hitler-Jugend, in denen Alter, Ausbildung und anrechenbare Dienstjahre berücksichtigt wurden, während in den Jahren zuvor nur von Fall zu Fall eine kleine Vergütung gezahlt wurde. Diese Besoldungs-Ordnung wurde kurz vor Kriegsbeginn erweitert und überdauerte die Kriegszeit. –
Einstellungen von *hauptamtlichen* Führern/Führerinnen und Mitarbeitern/Mitarbeiterinnen der verschiedenen Arbeitsbereiche wurden durch die politische Führung vorgenommen, soweit Planstellen vorhanden waren.
Der Leiter der *Verwaltung* konnte von der aktiven Führung in Vorschlag gebracht werden, jedoch erfolgte seine Bestätigung nur durch den Reichskassenverwalter. Auch sämtliche Einstellungs-Verträge mußten von der *Reichskassenverwaltung* unterzeichnet werden.
Sämtliche in der *Verwaltung* angestellte Mitarbeiter/innen waren fachlich vorgebildet oder dafür ausreichend geschulte Kräfte. Sie wurden nur auf Grund ihrer fachlichen Eignung, nicht auf Grund ihrer Zugehörigkeit zur Partei, zur Hitler-Jugend/BDM oder wegen politischer Verdienste angestellt. Die Mitgliedschaft in einer dieser Gliederungen wurde erst ab 1936/37 verlangt.
Die Ausbildung zur Verwaltungs-*Fachkraft* erfolgte in zwei *Verwalttungsschulen,* für die Hitler-Jugend in der *Verwaltungsschule* Niedernhausen/Ts und für den Bund Deutscher Mädel in Traunstein/Obb. Die Lehrgänge dauerten 6 Wochen und endeten mit einer Abschluß-Prüfung.
Die Mitarbeiter der *Verwaltung* hatten keine politischen Führungs-Aufgaben wahrzunehmen. Nach den Vorschriften des *Reichsschatzmeisters* war es grundsätzlich verboten, sich politisch zu betätigen, damit die Unabhängigkeit gewahrt blieb. –
Die in der *Finanzverwaltung* der Hitler-Jugend und des Bundes Deutscher Mädel Tätigen waren Fach-Bearbeiter/innen, die nach vorgeschriebenen Richtlinien arbeiteten. Sie hatten auch keine Entscheidungsbefugnisse; diese mußten vielmehr beim *Reichskassenverwalter* jeweils eingeholt werden. In der Verwendung und Verausgabung der zugewiesenen Geldmittel waren sie an feste, vorgeschriebene – mit der politischen Führung abgesprochene – Etats gebunden.
Die Lösung eines Dienstverhältnisses konnte nur unter Beachtung der gesetzlich vorgeschriebenen Kündigungsfrist erfolgen.
Mitarbeiter/innen der *Verwaltung* erhielten einen politischen Führer/Führerinnen-Rang, der aber nach Aufgabe der Tätigkeit wieder zurückgegeben wurde.
Grundsatz der Finanzverwaltung war Korrektheit in der Arbeit und Erzielung größter Sparsamkeit. Verfehlungen wurden unnachsichtig dem Reichskassenverwalter zur weiteren Verfolgung bzw. Bestrafung gemeldet.
Die unteren Verwaltungs-Dienststellen wurden laufend durch Gebiets-Revisoren

überprüft, die Gebiets-Geldverwaltungen durch den Revisor der Reichsjugendführung, durch Revisoren der Gauleitungen bzw. Reichsrevisoren der NSDAP.
Im Krieg wurden die Führer- und Führerinnen-Schulen sowie die Lager durch die *Wirtschaftsämter* bezüglich der Lebensmittel-Zuteilungen (Lebensmittelkarten) und deren Verwendung für die Lehrgangsteilnehmer kontrolliert.
Die *Verwaltung* eines *Gebietes* gliederte sich in folgende Abteilungen:
Finanzbuchhaltung und Kasse
Prüfungs-Abteilung
Gehalts- und Lohnbuchhaltung
Mitglieder-Kartei (entfiel nach Etatisierung durch den Reichsschatzmeister)
Versicherungs-, Vertrags- und Kraftfahrzeugwesen, Einkauf – Materialwirtschaft, im Krieg: *Bezugscheinwesen.*
In der *Reichsjugendführung* gliederte sich das Hauptamt »Verwaltung« in die Ämter:
Finanzverwaltung
Rechtsverwaltung
Allgemeine Verwaltung
Wirtschaftsamt.
Miet- und *Pacht-Verträge* wurden nur vom *Reichskassenverwalter* abgeschlossen, wie auch alle anderen Verträge. Bauvorhaben, die notwendige Reparaturen überschritten, mußten ebenfalls von ihm genehmigt werden; desgleichen wurde die Beschaffung von Kraftfahrzeugen nur vom Reichskassenverwalter der Reichsjugendführung vorgenommen.
Der *monatliche Etat* für die Einheiten wurde – im Einvernehmen mit der politischen Führung – auf Formblättern – getrennt für die jeweils anfallenden Aufgaben – angefordert und zwar für
Gebiet / Obergau
Bann / Untergau
Führer- und Führerinnen-Schulen
Werkschulen
Sportschulen
BDM-Haushaltungsschulen
Wehrertüchtigungslager.
Landdienst / Landdienst-Lehrhöfe
Sportfeste
Kinderlandverschickungs-Lager
Kinderkrankenhäuser
u.a.m.
Dieser Etat wurde monatlich abgerechnet.
Trotz des Personalmangels fielen der Verwaltung im Krieg durch Übernahme der Landesverbände des deutschen *Jugendherbergswerkes* mit dessen gesamten Einrichtungen und durch Schaffung von *Jugendwohnheimen* in fliegergeschädigten Städten neue Aufgaben zu.
Erwähnt sei noch, daß die *Buchhaltung* der Gebiete/Obergaue mit einer Maschinen-Buchhaltung eingerichtet und nach den damals neuesten Erkenntnissen mit Kontenplan aufgebaut war, während für die Banne und Untergaue, Schulen usw. die Durchschreibe-Buchführung vorgeschrieben war.
Betont werden muß, daß die Geldverwalter vollkommen unabhängig waren von Anweisungen und Befehlen der politischen Führung. Dadurch wurde verhindert, daß die junge Führer- und Führerinnenschaft selbständig über Gelder verfügen und diese – eventuell verschwenderisch oder leichtsinnig – ausgeben konnte.
Die politischen Führer und Führerinnen konnten und durften irgendwelche politischen Entscheidungen, die finanzielle Folgen hatten, nur dann wirksam treffen,

wenn die – ihnen nicht unterstellte – Geldverwaltung im Einzelfall die Genehmigung für die finanziellen Mittel erteilte. Ein Gebietstreffen konnte z. B. nur organisiert und durchgeführt werden, wenn vorher der finanzielle Bedarf errechnet worden war, und wenn der für die Geldverwaltung zuständige Verwaltungsleiter die Mittel dafür zur Verfügung stellen konnte und aufgrund der für ihn geltenden Richtlinien zur Verfügung stellte.
Diese strenge Grenzziehung zwischen politischer Arbeit und Verwaltungs-Arbeit sollte die junge Führer- und Führerinnenschaft von der Verantwortung befreien, aufgrund ihrer politischen Entscheidung finanziell haften zu müssen. –
Sparsamkeit und Unbestechlichkeit waren oberstes Gebot für die Geldverwalter der Hitler-Jugend. –

Zweiter Teil

Der Erziehungs-Auftrag

21. Die Leibeserziehung

Im Rahmen ihres Erziehungsanspruches gegenüber der deutschen Jugend außerhalb von Elternhaus und Schule hat die Leibeserziehung von Anfang an – und fast bis zum bitteren Ende – eine maßgebliche Rolle in der Arbeit der Hitler-Jugend gespielt. Wie bei keinem anderen Arbeitsgebiet boten sich der Jugendführung Möglichkeiten

- eines problemlosen Erreichens und weitgehend Begeisterns der gesamten weiblichen und männlichen Jugend, angefangen beim Jugendlichen Spieltrieb über das natürliche Messen der Kräfte mit der Einübung körperlicher Fähigkeiten und Tüchtigkeit bis zur Erreichung der persönlichen Höchstleistung;
- einer breiten Einflußnahme auf die charakterliche Entwicklung und die Haltung des Einzelnen und der Gruppe sowie des Einzelnen in der Gruppe. –

Der Grundsatz »*Jugend* muß von *Jugend* geführt werden«, war im Bereich der »Grundschule« der Leibesübungen überall zu verwirklichen, und ohne diesen wäre die Bewegung von Millionen Jugendlicher gar nicht möglich gewesen.
Die junge Führer- und Führerinnenschaft wurde durch sportliche Fachkräfte so ausgebildet und immer wieder geschult, daß sie mit einfachsten Mitteln auf teilweise begrenztem Raum – ohne große Geldmittel – mit ihren Jungen bzw. Mädeln die *Grundschule* der *Leibesübungen* durchführen konnten. –
Während sich der Sport der Jugend bis 1933/34 neben der Schule in begrenztem Maße in den Sportvereinen vollzog, wurde der größte Teil der Jugend erst durch die Hitler-Jugend an die Leibesübungen herangeführt und zur regelmäßigen sportlichen Betätigung veranlaßt. Gesundheit, Körperbeherrschung, Selbstdisziplin und Leistungsbereitschaft für alle, sowie *Kraft* für die Jungen und *Schönheit* für die Mädel waren die Zielsetzung der Leibeserziehung der Hitler-Jugend bzw. des Bundes Deutscher Mädel.
Nachstehend zwei kurz nach Kriegsende erstellte Ausarbeitungen über die *Leibeserziehung* und Wehrertüchtigung der Hitler-Jugend des letzten verantwortlichen Chefs des zuständigen Hauptamtes der Reichsjugendführung, *Dr. Ernst Schlünder* (†). Die Überschriften wurden in den Kapiteln 21 und 22 der Übersicht halber von der Herausgeberin nachträglich in den Original-Text eingesetzt.

Inhalt, Aufgabe und Entwicklung der Leibeserziehung der ehem. Hitler-Jugend

21.1 Begriff u. Grundlage der Leibeserziehung

21.11 Begriffsbestimmung

Unter Leibeserziehung verstand die Hitler-Jugend jedwede ausgeübte und gelenkte körperliche Betätigung aus spielerischem Antrieb. Damit war eine scharfe Trennungslinie gegenüber der körperlichen Betätigung aus Berufs-Interessen gezogen.

21.12 Der Spieltrieb

Der Spieltrieb ist tief im menschlichen Wesen verankert, ähnlich wie der Selbsterhaltungstrieb, nur diesem völlig entgegengesetzt. Der Selbsterhaltungstrieb ist vorrangig und zweckgerichtet; er dient der Erhaltung des Lebens, während der Spieltrieb nicht unmittelbar einem Zweck dient; der Sinn des Spiels *Jugendlicher* ist, durch aktives Tun die körperlichen Fähigkeiten zu üben und zur Entwicklung zu bringen. –

Der Spieltrieb ist die Ursache und der Motor für alle körperliche Betätigung nicht berufsmäßiger Art.

a) Der Spieltrieb äußert sich am stärksten in der Jugend; er beherrscht besonders Veranlagte noch bis ins mittlere Mannesalter, hält aber auch noch einen großen Teil bis in die älteren Jahre durch das Erleben des Zuschauens (z. B. beim Fußball) in seinem Bann.

b) Beim *Kleinkind* äußert sich der Spieltrieb im Drang zum Sandkasten und ähnlichem, in den darauffolgenden Jahren in einfachen Spielformen mit und ohne Gerät, die dann in den ersten Schuljahren in dem Spielturnen ihre von der Schule gelenkte Fortsetzung finden;

c) ungefähr ab 10 Jahren machen sich schon die verschiedensten Begabungen und Interessen bei den Jugendlichen in ihrem Spiel bemerkbar. Etwa von diesem Lebensjahr ab äußert sich auch der Spieltrieb in den mannigfachsten Formen und wandelt sich zum *Sport,* d. h., er drängt den Ausübenden zur Leistung und zum Vergleich dieser *Leistung* mit der anderer Altersgenossen und damit zum *Wettkampf.* Dieser Drang zur Leistung und zum Wettkampf ist charakteristisch für die Masse der Jugendlichen im Alter von 10–14 Jahren; er beherrscht auch noch die Mehrzahl der 14–18jährigen, jedoch macht sich in diesem Alter schon die stärkere *Aufspaltung* der Interessen, Begabungen und Veranlagungen der Jugendlichen in sportliche, musische oder geistige Schwerpunkte u. auch die abdämmende Einflußnahme der Berufsausbildung bemerkbar.

d) Von diesen Einschränkungen abgesehen, ergreift der Spiel- und Sportbetrieb jetzt alle Interessengebiete der Jugendlichen. Je nach Veranlagung und Neigung treibt es die Jugendlichen auf die Sportplätze und in die Turnhallen, läßt sie sich in und auf dem Wasser tummeln und führt sie in's Gelände, um dort ihre Geländespiele durchzuführen;

e) auch alle Erfindungen der *Technik,* soweit sie der Allgemeinheit zur Überwindung von Zeit und Raum zugänglich und von ihr benutzbar sind wie das Fahrrad, Motorrad, Motorboot, Segelflugzeug, der Fernsprecher, das Radio usw., erregen in diesem Alter das brennende Interesse der Jugendlichen und das Verlangen, diese Geräte oder Maschinen zu benutzen, zu besitzen und ihre Anwendung zu beherrschen,

f) so entwickelt sich neben dem *Spiel* und *Wettkampf* in den bekanntesten Sportarten der Leichtathletik, des Turnens, Schwimmens, Hand- u. Fußballs, des Hokkeys, Fechtens, Tennis', Ruderns, Segelns usw., für die *Jungen* auch der Rad-, Motor-, Motorboot-, Segelflug-, Schießsport, das Basteln von Flug- u. Schiffsmodellen aller Art mit und ohne Antrieb, der Bau von Fernsprechleitungen und Radioapparaten u.a.m.

Jeder Jugendliche zwischen 10 und 18 Jahren übt, sofern seine Interessen nicht besonders musisch-künstlerischer Art oder geistiger Art sind, irgendeine der vorerwähnten Sportarten aus, wenn ihm hierzu die Möglichkeit geboten wird.

21.2 Aufgabe, Inhalt und Organisation

21.21 Aufgabe und Inhalt

(Anm. des Hrsg.: Hierzu wird ergänzend hingewiesen auf Anhang Abb. 19 »Chronologie der Entwicklung mit Zahlenangaben«.)
Aufgabe und Inhalt der Leibeserziehung der Hitler-Jugend war es:
a) allen Jugendlichen die Möglichkeit zur Ausübung jedweder Sportart weit mehr als bisher zu geben und jeden sportlichen Betätigungsdrang innerhalb der Hitler-Jugend zu befriedigen;
b) die deutsche Jugend sportlich in ihrer Gesamtheit zu erfassen und sie im Rahmen ihrer sportlichen Interessen zu Gesundheit, Kraft und körperlicher Leistungsfähigkeit, bzw. die Mädel zu Gesundheit, Anmut und Schönheit zu erziehen (gelenkte Leibesübungen = Leibeserziehung);
c) dieses Programm einer totalen Leibeserziehung der Jugend entsprach zwar der nationalsozialistischen Forderung nach der Erfassung und Erziehung der Jugend auf allen Lebensgebieten, stand aber 1933 weder in seiner Zielsetzung noch in seinem Inhalt von vornherein fest, sondern entwickelte sich in der Auseinandersetzung der Hitler-Jugend um die Führung und Erziehung der *Jugend* mit anderen Organisationen wie *Schule, Reichsbund für Leibesübungen, Sportamt* »Kraft durch Freude«, Gliederungen der NSDAP und der *Wehrmacht* und wurde nach Erlaß des Gesetzes über die Hitler-Jugend vom 1. Dezember 1936 – im Sport erst 1937 und in den technischen Sportarten erst im Kriege – in Angriff genommen.
d) Für dieses umfassende Programm einer *Leibeserziehung* der Jugend, das jedem ihrer Angehörigen die Ausübung jeder Sportart nach seiner Wahl ermöglichen sollte, waren folgende Voraussetzungen bzw. Maßnahmen erforderlich:

1. Die Führung und Erziehung der Hitler-Jugend auf allen Sportgebieten.
2. Trennung des Jugend-Sports vom Erwachsenen-Sport.
3. Kostenlose Beschaffung und Benutzung von Sportgeräten für die wirtschaftlich schwache Jugend.
4. Kostenlose Benutzung der Sportstätten und Errichtung neuer.
5. Errichtung von Sportschulen und Ausbildungsstätten für alle Sportarten und ihr kostenloser Besuch durch die Jugendlichen.
6. Beschaffung und kostenlose Benutzung von *Maschinen* (Motorräder, Segelflugzeuge usw.) von *Werkstätten* und *Übungsplätzen* für die technischen Sport-Arten.
7. Schaffung eines Anreizes zur Leistung und zum Wettkampf nicht nur für die Begabten und Veranlagten, sondern auch für die Masse der Jugendlichen durch entsprechende Organisation und Zielsetzung des Wettkampfsportes.
8. Sicherstellung des Nachwuchses für den Erwachsenen-Sport durch frühzeitige Auslese der sportlich Veranlagten und deren kostenlose Weiterbildung.
9. Zielsetzung für das Leistungsstreben der sportlich Begabten und sportlich Veranlagten:
   a) durch Schaffung der deutschen *Jugendmeisterschaften* (z. B. deutscher *Jugendmeister* im 100 m-Lauf 1938)
   b) durch Schaffung von *Sport-* u. *Leistungsabzeichen* für alle Jugendlichen (*Jungen* und *Mädel*), jedem Alter angepaßt und in allen Sport-Arten.
   (Siehe Anlage Abb. 20)

Alle diese Maßnahmen erforderten ein gewaltiges Maß von fachkundigen Führern und auch Geld.
Sie konnten nur Zug um Zug, je nachdem wie beides zur Verfügung stand, in Angriff genommen bzw. verwirklicht werden.
Viele dieser Aufgaben und Maßnahmen standen ursprünglich nicht im Machtbe-

reich der Hitler-Jugend, sondern mußten in jahrelangen Auseinandersetzungen mit Behörden und Organisationen erkämpft werden.
Dieser Prozeß war auch bis Kriegsende noch nicht abgeschlossen; sein vollständig erfolgreicher Abschluß wäre erst nach einem siegreichen Kriegsende in Erscheinung getreten.
War die lückenlose *Leibeserziehung* der *Jugend* das Ziel der Hitler-Jugend, so war ihre Verwirklichung eine Frage der *Zeit* und der *Entwicklung*.
Ohne Krieg wäre der Erfolg – gemessen an den Leistungen im Krieg – mit all seinen Be- und Einschränkungen – ein unvergleichlicher geworden. –

21.22 Die Organisation der Leibeserziehung der Hitler-Jugend

Voll verantwortlich für alle Maßnahmen und Anordnungen auf allen Gebieten der *Leibeserziehung* war dem *Reichsjugendführer* gegenüber der *Chef* des *Hauptamtes II (Leibeserziehung)*.
Dieses Hauptamt wurde am 1. Januar 1941 gegründet und umfaßte die *Ämter für Leibesübungen* und für *Wehrertüchtigung*.
Beide Ämter waren im Februar 1937 gegründet worden und wurden bei Ausbruch des Krieges in einer Hand zusammengefaßt.
Ein großer Teil der Aufgaben dieser beiden Ämter lag vorher in dem im November 1933 gegründeten *»Amt für körperliche Ertüchtigung«*, das von Mai 1935 bis Februar 1937 die Bezeichnung *»Amt für körperliche Schulung«* führte.
In den Gebieten – den nachgeordneten Dienststellen der Reichsjugendführung – stand dem Hauptamt II die *Hauptabteilung* II *(Leibeserziehung)* zur Durchführung seiner Anordnungen und Maßnahmen zur Verfügung.
Die Hauptabteilung II der Gebiete bediente sich in den Bannen, den nächsten nachgeordneten Dienststellen, der *Hauptstelle* II (Leibeserziehung) für die Durchführung ihrer Aufgaben. Von hier gingen die Anordnungen und Anweisungen der Reichsjugendführung Hauptamt II an die Führer und Führerinnen der Einheiten (Gefolgschaften der HJ, Fähnlein des Jungvolks, Jungmädel- und Mädel-Gruppen des BDM)
– Siehe: Kapitel 23 »Leibeserziehung des *Bundes Deutscher Mädel*«. –

Das Amt für Leibesübungen
umfaßte:
a) die Grundschule der Leibesübungen (Pflichtsport)
b) den freiwilligen Leistungs- und Wettkampfsport (20 Sport-Arten) (Siehe Anhang Abb. 21)
c) Sportaufsicht, Sportstatistik,
d) Sportwissenschaft und Sportschrifttum. (Siehe Anhang Abb. 22)

Das Amt für Wehrertüchtigung
umfaßte:
a) den Schieß- und Geländesport (Grundausbildung)
b) die Motor HJ
c) die Flieger HJ
d) die Marine HJ
e) die Nachrichten HJ
f) die Reiter HJ

Diese Zweiteilung der Leibeserziehung in 2 verschiedene Ämter entsprach dem verschiedenen Charakter der zahlreichen Sport-Arten, auf den später noch im einzelnen eingegangen wird.

21.3 Überblick über die Entwicklung der Sport-Arten der Hitler-Jugend von 1933 bis 1945

21.31 Aufnahme des Jugendsports in das Erziehungs-Programm der HJ

Von 1933–1937 Auseinandersetzung und Abgrenzung der Aufgabengebiete im Jugend-Sport zwischen Hitler-Jugend und dem Reichsbund für Leibesübungen, der Schule u. dem Sportamt »Kraft durch Freude«.

1934: 1. Vertrag
mit dem Reichsbund für Leibesübungen:
Jugend-Abteilungen der Turn- und Sportvereine bleiben erhalten;
die Hitler-Jugend führt den Pflicht-Sport durch (1 × in der Woche eine Doppelstunde in allen Arten von Leibesübungen, die nicht wettkampfmäßig durchgeführt werden), während der Reichsbund für Leibesübungen den freiwilligen Wettkampfsport durchführt.
(Siehe Anhang Abb. 23)

1936/1937: 2. Vertrag:
Hitler-Jugend übernimmt auch den gesamten freiwilligen Leistungssport,
Eingliederung sämtlicher Führungs-Organe des *Reichsbundes für Leibesübungen,* soweit sie den *Jugendsport* leiteten, in die Hitler-Jugend; (siehe Anhang Abb. 24)
Auflösung der Jugend-Abteilungen der 10–14jährigen der Turn- und Sportvereine und Übernahme in die Hitler-Jugend, jedoch Erhaltung der Jugend-Abteilungen der 14–18jährigen – deren Leiter wurde aus der HJ berufen – zwecks Sicherstellung des Nachwuchses für die Vereine.
Die Turn- und Sportvereine übernahmen damit die praktische Ausbildungs-Arbeit der 14–18jährigen für die Hitler-Jugend, während alle Wettkämpfe von der Hitler-Jugend ausgeschrieben und durchgeführt wurden. (Siehe Anhang Abb. 25)

Diese Regelung, die den Turn- und Sportvereinen und dem *Reichsbund für Leibesübungen* den notwendigen Einfluß und dem deutschen Erwachsenensport den Nachwuchs, der Hitler-Jugend aber die Führung und Erziehung sicherstellte, hat sich bis zum Kriegsende bestens bewährt.

21.32 Auswirkungen der Verträge mit dem Reichsbund für Leibesübungen

a) Gründung des *Amtes für Leibesübungen,* da nunmehr die Hitler-Jugend für die gesamte Sport-Arbeit der Jugendlichen im Alter von 10–18 Jahren verantwortlich war. (Februar 1937)
b) Loslösung des Jugendsports vom Erwachsenensport (weitgehende erzieherische Auswirkungen.)
c) Schaffung eigener *»Jugendmeisterschaften«* in allen 20 Sport-Arten.
d) Schaffung eigener Sportschulen für die *Jugend.*
e) Schaffung von Sport- und Leistungsabzeichen für Führer und Führerinnen.
f) kostenlose Teilnahme der Jugendlichen an den Bann-Wettkämpfen (Bannmeister), Gebiets-Wettkämpfen (Gebietsmeister) und den Jugend-Wettkämpfen auf Reichsebene (Jugendmeister); dadurch *Auslese* der sportlich Besten ohne Rücksicht auf den Geldbeutel der Eltern oder der Turn- und Sportvereine.
g) Förderung dieser sportlich Besten in allen 20 Sport-Arten durch kostenlose Lehrgänge Gebiete/Obergaue und auf der Reichsebene;

h) die Auslese der Besten war nur möglich auf der Basis der sportlichen Mobilisierung der Massen der Jugendlichen durch den *Reichssportwettkampf.*
Einmal im Jahr, Ende Mai/Anfang Juni, trat die gesamte Hitler-Jugend (Jungvolk, HJ und der Bund Deutscher Mädel mit Jungmädelbund u. Mädelbund) zu einfachen leichtathletischen Wettkämpfen an. (Siehe Anhang Abb. 26)
Träger des Wettkampfes waren die organisch gewachsenen kleinsten Einheiten. Dieser *Mannschaftskampf* wurde über Banne, Gebiete, bis zum Reichs-Sieger durchgeführt.
Gleichzeitig war dieser Kampf aber auch ein *Einzelkampf,* in dem jeder, der eine bestimmte Punktzahl erreichte, die *Sieger-Nadel* erhielt.
Durch diese Verbindung von Mannschafts- und Einzelkampf und durch die gerechte Bewertung der Leistungen eines 10jährigen wie eines 18jährigen – durch eine entsprechende Punktwertung – wurde die *sportliche Mobilisierung* der Masse der Jugend – wie sie bisher einzigartig war, ermöglicht.
So kämpften z. B. im Jahre 1941 auf allen Sportplätzen des Reichs 5,6 Millionen Jugendliche!
Diese Zahl wird erhärtet durch die bei der Reichsjugendführung eingereichten Wettkampflisten.
i) Besondere Förderung und Entwicklung des Mädel-Sports;
neue Formen des Mädel-Turnens, Abkehr von dem Männer-Geräte-Turnen für Frauen, Entwicklung der *Gymnastik* für Mädel bis zum *Tanz* durch ideale Verbindung von Musik und Bewegung, Loslösung der Mädel-Gymnastik aus ihrer Einseitigkeit und Absonderung und ihre organische Verbindung mit dem *Mädel-Sport.* (Siehe Kapitel 23 »Die *Leibeserziehung* des *Bundes Deutscher Mädel*«)
j) große erzieherische Auswirkung durch den Grundsatz der gemeinsamen Sportveranstaltungen von Jungen *und* Mädel;
k) Neugestaltung der Wettkämpfe durch den Grundsatz der Verbindung der Wettkämpfe mit Vorführungen von Jungen und Mädeln;
l) starke Zunahme der leistungssporttreibenden *Jugendlichen.* Ein Beispiel aus einer etwas abseitsstehenden Sportart, dem Kanusport:
Die Zahl der Jugendlichen, die den Kanusport wettkampfmäßig betrieben, betrug bei der Übernahme durch die Hitler-Jugend
1937 = 600 *Jugendliche,*
1941 dagegen = 6000 *Jugendliche.*
m) Starke Steigerung der Leistungen der sportlich besten Jugendlichen, so z. B. Leistungen der Leichtathletik von 17–18jährigen:
100 m in 10,8 400 m in 48,6 usw.,
die in früheren Jahren für die deutsche Meisterschaft der *Männer* ausgereicht hätten.

21.33 Sport vor Wehrertüchtigung im Interesse und Erlebnis der Jugendlichen

Und nun das Entscheidende:
Dieser Aufschwung des *Jugendsports* von 1937–1939 wurde im Krieg noch gesteigert.
Während vor dem Kriege reichsmäßig nur ca. 200 000,– Reichsmark für den gesamten Leistungs- und Wettkampfsport zur Verfügung gestellt werden konnten, betrugen die Aufwendungen der Reichsjugendführung im Kriege für den Sport jährlich ca. 4 000 000,– Reichsmark.

Während des Krieges wurden sportliche Wettkämpfe mit den Jugendlichen in *Italien, Holland, Norwegen, Finnland, Slowakei* usw. aufgenommen. –
Sportliche Vorführungsgruppen reisten in verschiedene Länder Europa's; die wichtigste von diesen unternahm 1942 eine Vorführungsreise nach *Spanien.* –
Der Aufschwung des *Jugend-Sports* steigerte sich bis 1943, um dann 1944 durch die Kriegsereignisse zerschlagen zu werden.
Abschließend kann festgestellt werden:
Auch während des Krieges stand der Sport *vor* der Wehrertüchtigung im Vordergrund des Interesses und des Erlebens der Jugendlichen, unter planmäßiger Förderung durch die Reichsjugendführung. –

»Leibesübungen sind für uns nicht nur Mittel zur körperlichen Schulung, nicht nur ein Weg zur körperlichen Kraft, sondern sie helfen uns, Körper, Seele und Geist zu formen.« Baldur von Schirach

22. Die Wehrertüchtigung

Überblick über die Wehrertüchtigung der Hitler-Jugend von 1933–1945

Aus dem Nachlaß von Dr. Ernst Schlünder

Auf die »Chronologie der Entwicklung der Wehrertüchtigung« im Anhang Abb. 27 wird hingewiesen.

22.1 Wehrertüchtigung statt vormilitärischer Ausbildung

Die Hitler-Jugend unterschied zwischen der *allgemeinen* Wehrertüchtigung, d.h. dem Schieß- und Geländesport, und der *besonderen* Wehrertüchtigung, d.h. dem Motor-, Flug-, Marine-, Nachrichten- und Reitsport. (Siehe hierzu Anhang Abb. 27a bis 27h. Anm. der Herausgeberin: Auch die Ausbildung im zivilen Luftschutz wurde vom Amt für Wehrertüchtigung bearbeitet – Abb. 27c). Die Hitler-Jugend lehnte den überkommenen Begriff der *vormilitärischen* Ausbildung ab – auch wenn er zeitweise in ihrem Schrifttum noch Anwendung fand – und ersetzte ihn durch *Wehrertüchtigung*.

Warum? *Vormilitärische Ausbildung* bedeutet: Blick und Beurteilung der sportlichen Betätigung der Jugendlichen vom militärischen Standpunkt aus; *Wehrertüchtigung* bedeutet: Förderung der sportlichen Betätigung der Jugend vom Standpunkt ihrer Interessen.

Der Unterschied, der für den Laien auf den ersten Blick nicht zu erkennen sein mag, ist ein gewaltiger.

Die vormilitärische Ausbildung führt zwangsläufig zur schablonenmäßigen Übertragung der Rekrutenausbildung mit der Waffe auf die 16–18jährigen Jungen und führt zur Soldatenspielerei bzw. Miniatur-Rekrutenausbildung.

Die Wehrertüchtigung dagegen führt zur *jugendgemäßen* und *waffenlosen* Ausbildung im Gelände.

Um diese grundsätzliche Frage ging das Ringen zwischen Heer und Hitler-Jugend [von 1939 bis 1945], in dem die Hitler-Jugend auf der ganzen Linie Sieger blieb.

Was bedeutet jugendgemäße und waffenlose Ausbildung, was war die Zielsetzung der Sonderformationen Motor-, Flieger-, Marine- und Nachrichten-HJ?

Vielfach herrscht die Auffassung vor, daß die Hitler-Jugend mit ihrer Wehrertüchtigung die Jugend zu einem Angriffs-Krieg vorbereitet habe, ja man spricht sogar von einer kriegsähnlichen Tätigkeit der Hitler-Jugend im Frieden und behauptet in diesem Zusammenhang, daß die Sonderformationen allein zum Zwecke der vormilitärischen Ertüchtigung gegründet worden seien. Nichts ist falscher als diese Einstellung zur Wehrertüchtigung der Hitler-Jugend bzw. zu den Sonderformationen.

22.2 Die Sonderformationen

22.21 Die Entstehung der Sonderformationen

Die Sonderformationen sind nicht – wie angenommen – zum Zwecke der vormilitärischen Ertüchtigung gegründet worden, sondern waren, wenn auch in bescheidenem Umfang, schon vor der Machtergreifung vorhanden oder wurden bei der Auflösung der übrigen Jugendverbände in die Hitler-Jugend übernommen. So gab es z. B. im Luftsportverband und im Deutschen-Amateur-Sende-Dienst Jugendgruppen, die sich dem *Segelflug* bzw. dem *Senden* und *Empfangen* von Funknachrichten widmeten, wie es auch Gruppen innerhalb und außerhalb der Hitler-Jugend gab, die Motor- und Marine-Sport betrieben. Diese Jugendlichen haben keineswegs daran gedacht, ihre in diesen Sportarten erworbenen Kenntnisse und Fähigkeiten später in einem – damals noch gar nicht vorhandenen – Volksheer zu verwenden, sondern betrieben diese Sportarten, weil sie Segelfliegen, Motorradfahren, Seesport, Funken, Basteln usw. betreiben wollten.
Dieser *Drang* der Jugend zur *Überwindung von Zeit und Raum mit sportlichen Mitteln der Technik* war die Ursache für die Entstehung der Sonderformationen der Hitler-Jugend.
Ihre planmäßige Vermehrung nach 1933 erfolgte durch die Reichsjugendführung, um
a) allen Jugendlichen in Stadt und Land, die sich diese Sportarten ausgewählt hatten, hierzu die Möglichkeit zu schaffen,
b) den Gliederungen der NSDAP (SA, SS, NSFK, NSKK), die die technischen Geräte, Maschinen und Werkstätten besaßen und die im allgemeinen auch die Ausbildung betrieben, den von ihnen gewünschten Nachwuchs zu sichern.

Vereinbarungen über den Ausbau, die Ausbildung und Zielsetzung der Sonderformationen wurden in Friedenszeiten mit der Wehrmacht nicht getroffen. Diese zeigte – wie schon mehrfach erwähnt – zu dieser Zeit überhaupt kein Interesse an der Erziehungsarbeit der Hitler-Jugend. Eine Ausnahmestellung nahm lediglich die Kriegsmarine ein, der aber in Anlehnung an die Arbeit des Flottenvereins im wilhelminischen Zeitalter vornehmlich an der Förderung des Seefahrtgedankens in der deutschen Jugend unter dem Motto »Seefahrt tut not« gelegen war, und die sich hierzu der Hitler-Jugend wie auch der Schule bediente.

22.22 Ausbildung mit Hilfe der entsprechenden Gliederungen der Partei, nicht aber der Wehrmacht

Beweis dafür, daß die Hitler-Jugend in Friedenszeiten wegen der Sonderformationen nicht mit der Wehrmacht in Verbindung stand, sind die Vereinbarungen mit den Gliederungen der NSDAP. Da die Hitler-Jugend weder über eigene fachkundige Führer noch über Geld, Werkstätten und Maschinen verfügte, schloß sie für die Ausbildung der Sonderformationen entsprechende Verträge ab. So für die

Motor-HJ	mit dem NSKK,
Flieger-HJ	mit dem NSFK,
Nachrichten-HJ	mit der Reichspost,
Reiter-HJ	mit der SA.

Ein weiterer, aber bezeichnender Beweis für die fehlende Verbindung mit der Wehrmacht ist die Angelegenheit der Reichsmotorsport-Schule der Hitler-Jugend in Gandersheim. Diese wurde vom NSKK für die HJ gebaut, wurde aber nach ihrer Fertigstellung nicht – wie vereinbart – für die Ausbildung der Führer der Motor-Hitler-Jugend, sondern für ältere Jahrgänge (außerhalb der HJ – d. Hrsg.), die altersmäßig zwischen Arbeitsdienst und Wehrmacht lagen, verwandt. Der Grund hierfür war, – wie mitgeteilt wurde, – ein diesbezügliches Verlangen der Wehrmacht. Man ging also von dieser Seite mit einem Federstrich über die erzieherischen und sportlichen Interessen der Hitler-Jugend hinweg.
Dieses Desinteresse der Wehrmacht an der Arbeit der Hitler-Jugend in der Vorkriegszeit wird noch erhärtet durch die Haltung verschiedener Waffengattungen während des Krieges. So teilte die Nachrichteninspektion des Heeres noch im Juli 1940 der Reichsjugendführung schriftlich mit, daß sie an der Nachrichten-HJ kein Interesse habe. Auch die Wehrersatzdienststellen legten bis in das letzte Kriegsjahr hinein keinen großen Wert darauf, daß die Angehörigen der Sonderformationen zu den entsprechenden Waffengattungen einberufen wurden.

22.23 Technisch-sportliche Ertüchtigung, keine Kriegsvorbereitung

Aus der Tatsache, daß jeder Kraftfahrer, jeder Lokomotivführer, jeder Autoschlosser, jeder Postbeamte, jeder Lastwagen, jeder Raupenschlepper, jede Eisenbahn usw. in den Berechnungen des Generalstabes, der für die Verteidigung des Reiches verantwortlich ist, ein Kriegspotential bedeuten mag, kann man nicht folgern, daß in Friedenszeiten diese Berufe nur deswegen ausgeübt und die Werkstätten, Maschinen und Eisenbahnanlagen usw. nur deswegen errichtet wurden, um der Vorbereitung eines Angriffskrieges zu dienen!
Ebenso abwegig ist es aber auch, aus der Tatsache, daß Hitler-Jungen Segelflug-, Motor-, Seesport treiben, Fernsprechleitungen legen, funken, basteln usw. und daß sie später dann bei der Flieger- oder Panzertruppe oder bei der Kriegsmarine usw. dienen wollen, weil ihr Interesse oder ihre Begabung sie dazu drängen, folgern zu wollen, daß die Formationen, die ihnen die Ausbildung dieser Sportarten überhaupt ermöglichen, von der Reichsjugendführung im Frieden nur deswegen geschaffen wurden, um die Jugend für einen Angriffskrieg vorzubereiten.
Würde man heute, wo jeder Deutsche und jeder deutsche Junge sich nach einem wirklichen Frieden sehnt, der Jugend wieder die Möglichkeit zu einer solchen sportlichen Betätigung geben, würde man erstaunt sein, mit welcher Begeisterung die Jugend hiervon wieder Gebrauch machen würde, und dennoch könnte man ihr keinerlei Kriegsvorbereitungen unterstellen.
Und wenn selbst im Kriege die Wehrersatzdienststellen von der Möglichkeit der Lenkung des Ersatzes zu den betreffenden Waffengattungen kaum Gebrauch gemacht haben, dann dürfte für jeden objektiven Beurteiler der Verhältnisse der Schluß nahe liegen, daß die Auffassung über eine kriegsähnliche Tätigkeit der Sonderformationen der Hitler-Jugend nicht mehr haltbar ist. So bleibt nur noch zu untersuchen, inwieweit diese mit der allgemeinen Ertüchtigung im Schieß- und Geländedienst begründet werden könnte. (Siehe Anhang Abb. 28 u. 29 »Leistungsabzeichen der Sonderformationen«)

22.3 Der Schieß- und Geländedienst

22.31 Schieß- und Geländedienst nur ein Teilgebiet der gesamten Jugenderziehung

Vielfach trifft man bei denen, die – vorwiegend der älteren Generation angehörend* – sich wenig mit der Erziehung der Hitler-Jugend und ihren Zielen beschäftigt haben, auf die Ansicht, daß die Hitler-Jugend das Schwergewicht ihrer Arbeit auf die allgemeine vormilitärische Ertüchtigung gelegt habe, wobei sie über das, was sie vormilitärisch nennen, nur eine vage Vorstellung haben und im Zweifelsfall die Dinge mehr von der militärischen Seite als von der Vorsilbe »vor« betrachten. Diese Leute neigen auch dazu – da ohne Sachkenntnis – anzunehmen, daß die HJ aus ihrem Drang zur militärischen Erziehung der Jugend ihr Ertüchtigungssystem zu diesem Zweck erst geschaffen habe. Beide Annahmen sind objektiv falsch.
a) Die allgemeine Ertüchtigung, d. h. der Schieß- und Geländesport war nur eine Seite des totalen Erziehungsprogramms der Hitler-Jugend, das den ganzen Menschen erfassen wollte. Das große sportliche Programm, von dem auch der Sport der Sonderformationen getragen wurde, ist bereits vorstehend dargestellt. – . . . *»So ergibt sich aus der Fülle der Aufgabengebiete die eine Tatsache, daß der Schieß- und Geländedienst nur eine der vielen Aufgaben der HJ sein konnte.«* (Einfügung der Herausgeberin zu ausgelassenem Text-Teil.)
b) Die Bezeichnung »vormilitärische Ausbildung« für den Schieß- und Geländesport ist – wie vorher schon erwähnt – irreführend und deshalb von der Hitler-Jugend durch »Wehrertüchtigung« ersetzt worden.
c) Dieser Schieß- und Geländesport ist nicht von der Hitler-Jugend geschaffen, sondern uralt. Der Schieß-Sport wird durch die Schützenvereine seit Jahrhunderten in Stadt und Land betrieben. Der Geländesport ist nur in seinen Formen erst nach dem 1. Weltkrieg entstanden, sonst lebt er in den Indianer- und Pfadfinder-Spielen seit Jahrzehnten fast in allen Jugenden der Welt. Auch hier ist der Spieltrieb des jungen Menschen, – worauf bereits mehrfach hingewiesen wurde, – die Ursache und der Antrieb für das Spielen der Jugendlichen im Gelände.
Es ist hier nicht möglich, einen Abriß über die geschichtliche Entwicklung des Schieß-Sports im In- und Ausland oder eine Abhandlung über die Auswirkung der Bücher von Karl May in den »Indianerspielen« der Jugend zu geben, es soll hier nur festgehalten werden, daß der Schieß-Sport nicht nur in Deutschland, sondern z. B. auch in Österreich, Schweiz, England und Amerika sehr stark gepflegt wurde und wird. (So wurde z. B. in England 1946 das 77. Königs-Preisschießen von Männern und Frauen, von jung und alt durchgeführt, das also eine Tradition von 8 Jahrzehnten hat!) –
Was in anderen Ländern Volksbrauch und mit Volksfesten verbunden ist, kann den Deutschen, insbesondere der Hitler-Jugend nicht als kriegsähnliche Tätigkeit angerechnet werden, als Erziehung zum militärischen Geist und sogar als Vorbereitung auf einen Angriffskrieg. Und das gleiche gilt ebenso für die Indianer- und Pfadfinderspiele der englischen Boy-Scout-Bewegung wie für die Geländespiele der Hitler-Jugend. –

* (Anm. d. Hrsg.: Die Fassung stammt von 1947. Was damals für die ältere Generation galt, gilt 1982 auch für die jüngere)

22.32 Der Schieß-Sport

Im Schieß-Sport wurde das mit Flitzbogen und Schießgewehr »Wild-in-der-Gegend-herum-schießen« der Pimpfe organisiert und eingefangen in ein in Regeln gebrachtes und von jungen Führern beaufsichtigtes Scheibenschießen. Durch die Vorschriften über die Sicherheitsbestimmungen, wie Auffangvorrichtung für Bleikugeln usw., wurde eine starke Verminderung der Unglücksfälle erreicht und vor allem die Belästigung und die Gefahr für die Öffentlichkeit beseitigt. Durch Ausschreibungen von Wettkämpfen und Schaffung von Schießabzeichen wurde das Interesse der Pimpfe für diesen Schieß-Sport außerordentlich geweckt.
Nach ihrer Überführung mit 14 Jahren in die HJ gingen sie von dem Luftgewehr-Schießen zum Kleinkaliber-Schießen über. Wie stark dieser Sport im deutschen Volk verankert war, zeigt die Tatsache, daß der Reichskriegerbund Kyffhäuser, der deutsche Kleinkaliber-Schützenverband und die Schützenvereine jeweils im Besitz von zehntausenden von Schießständen waren. Die Hitler-Jugend besaß aber keinen einzigen als eigenen. Sie war überall zu Gast und mußte bitten, wenn sie mit ihren Jungen »schießen« wollte.
Dennoch führte sie aus erzieherischen Gründen die Trennung des Jugend-Schießsports von dem der Erwachsenen durch und erweckte auch hier bei den älteren Jungen durch Mannschafts- und Einzelkämpfe und durch die verschiedenen Schieß-Wettkämpfe und -Abzeichen starkes Interesse und erreichte eine große Ausdehnung des Kleinkaliber-Schießsports.
Die Freude am Schießen, die Freude an der Leistung und an dem Wettkampf mit den Altersgenossen und die Erringung der Schießabzeichen, das waren die Triebfedern für den Schieß-Sport der Hitler-Jugend.
Aber da man das Schießen auch zum Kriegführen gebrauchen kann, wie den Reiter für die Kavallerie, so wird doch immer wieder die Vermutung laut, ob hinter dieser durch die Freude der Jugend am Schieß-Sport getarnten Schießtätigkeit der Hitler-Jugend nicht doch die Wehrmacht steckte?
Und nun die für alle Mißtrauischen und Ungläubigen erstaunliche Tatsache, daß die Wehrmacht oder besser das *Heer* an dem Schieß-Sport der Jugend wieder *nicht* interessiert war, ja es bestritt noch viele Jahre bis in den Krieg hinein, daß das Kleinkaliber-Schießen irgendeinen Wert für die Schieß-Ausbildung der Infanterie habe (Stellungnahme des Waffenamtes).
Als Beweis hierfür dient weiterhin die Feststellung, daß in der Rekrutenausbildung bis zum letzten Kriegsjahr bei »Adam und Eva« angefangen wurde, gleichgültig ob einer schießen konnte oder nicht. Gibt es einen offenkundigeren Beweis als diesen, daß die Hitler-Jugend das Schießen als Sport pflegte und nicht irgendwelche Aufträge der Wehrmacht durchführte? (Anm. d. Hrsg.: Schießen gehört zu den olympischen Sport-Disziplinen)

22.33 Die Gelände-Ausbildung

Wie stand es nun mit der Geländeausbildung, der letzten Sparte der Wehrertüchtigung, die solchen Vorwurf stützen könnte?
Ihre Entstehung aus den Indianerspielen und anderen Kriegsspielen der Vorkriegsjugend (vor dem 1. Weltkrieg) ist schon erwähnt. Als besonderes Beispiel seien aus dieser Zeit noch die Kriegsspiele mit Bambusspeeren der »Christlichen Vereinigung höherer Schüler« hervorgehoben, bei denen zwei Parteien sich große Gefechte lieferten, und die eine begeisterte Aufnahme bei den Jugendlichen fanden.
Es ist wohl damals niemand auf den Gedanken gekommen, diese Christliche Verei-

nigung höherer Schüler wegen ihrer Kriegsspiele einer kriegsähnlichen Tätigkeit zu beschuldigen, obwohl Angriff und Verteidigung, Erkundung, Spähtrupptätigkeit, Kartenlesen, Geländeausnutzung usw. ebenso militärische Begriffe waren wie die Einteilung in Gruppen, Züge, Kompanien der des Militärs angeglichen war. Aber die Führung war jugendlich – mit Ausnahme der obersten, die die Pfarrer innehatten –, und ein Kontakt mit dem Heer bestand in keiner Weise. Es war ein in Regeln gebrachtes und mit dem Bambusspeer ausgetragenes Indianerspielen.

Die Hitler-Jugend hat versucht, diese Art der Geländespiele in den Jahren 1934 bis 1937 wieder einzuführen, scheiterte aber an der Tatsache, daß Devisen für die Bambusspeer-Korken usw. nicht zur Verfügung standen. –

Nach dem 1. Weltkrieg wurden die Geländespiele von fast allen Jugendverbänden und -bünden aufgegriffen und unter dem Eindruck des vergangenen Krieges und unter dem Einfluß ehemaliger Offiziere und Unteroffiziere als Abklatsch militärischer Felddienstübungen unter Annahme und Andeutung von Waffen und Waffenwirkungen durchgeführt. Trotz aller Begeisterung der Jugend befriedigte sie diese Art der Geländespiele, die höchstwichtig mit allerlei militärischem Brimborium verkleidet waren, in keiner Weise, und wenn dann die Entscheidung über Sieg und Niederlage durch eine für die Jungen höchst langweilige Kritik gefällt wurde, dann war das der Höhepunkt der Uninteressiertheit. Und vom Militärischen aus gesehen, war es nichts als »Soldatenspielerei«.

Etwa ab 1924 machte sich hiergegen eine andere Richtung bemerkbar, die zweierlei erreichen wollte:

1. das Freimachen der Geländespiele von allen »militärischen Vorstellungen«, insbesondere von der Annahme von Waffen und ihren Wirkungen, und
2. die Durchführung von Geländespielen erst dann vorzunehmen, wenn die Jungen durch Anpassen an das Gelände und andere Fertigkeiten wie Kartenlesen, Entfernungsschätzen, Beobachten, Melden usw. die Voraussetzung für das richtige Verhalten und auch für das Gelingen des Spiels mitbringen.

Dies waren die Anfänge einer jugendgemäßen und waffenlosen Geländeausbildung.

Im Laufe der Zeit wurde diese Richtung, die ihren ersten Niederschlag in dem Büchlein »Spähen und Streifen« fand, immer mehr ausgebaut und wurde dann 1932 durch das Reichskuratorium für Jugendertüchtigung die offizielle Richtung. Jugendverbände, die diese Art des Geländesports betrieben, wurden vom Reichskuratorium entsprechend unterstützt.

22.34 Jugendgemäße Ausbildung

Und nun das Entscheidende:

Im Herbst 1932 ist eine Abordnung des Reichskuratoriums für Jugendertüchtigung nach Genf gefahren und hat sich diese Art des Geländesports vom Völkerbund genehmigen lassen.

Das war zur Zeit der Weimarer Republik!

Die Hitler-Jugend hat nichts anderes getan, als diese der Jugend der Weimarer Republik genehmigte Geländeausbildung zu übernehmen und sie noch jugendgemäßer zu gestalten.

Zum besseren Verständnis dafür, was das Wesen der jugendgemäßen und waffenlosen Geländeausbildung ist, sei noch folgendes näher ausgeführt.

Ausgangspunkt für jede Betätigung der Jugend im Gelände ist das Spiel: Kriegsspiel, Indianerspiel, Räuberhauptmann und Gendarm oder welche Bezeichnung diese Geländespiele der Jugend auch führen mögen. Von diesem Gesichtspunkt aus ließ sich auch die Hitler-Jugend bei der Durchführung ihrer Geländeausbildung leiten.

Nun kann man mit Jugendlichen keine Geländespiele erfolgreich durchführen, wenn diese nicht in echter Naturverbundenheit und Geländegängigkeit die Voraussetzungen für das Gelingen eines Spieles besitzen. Zu diesem Zweck müssen sie Kartenlesen, Entfernungsschätzen, Beobachten, Melden, Tarnen, Anschleichen usw. können. Diese Fertigkeiten bringen die Jungen von Haus aus nicht mit, sondern müssen sie erlernen. Deshalb spricht man von Ausbildung und zwar von Einzelausbildung im Gelände. Dieser Teil der Betätigung im Gelände, der nur die Vorbereitung für das Geländespiel ist, nimmt aber den größten Teil der zur Verfügung stehenden Zeit ein und deshalb entsteht für den Außenstehenden, der ja selten beim Geländespiel der Jungen dabei ist, der Eindruck, daß diese Einzelausbildung der Sinn und Zweck der Betätigung der Jungen im Gelände ist. Das trifft vor allen Dingen für die theoretischen Betrachter der Ausbildungsvorschriften zu, weil in diesen der Ausbildungsstoff für die Einzelausbildung den größten Teil einnimmt. Der Junge nimmt diese Vorbereitung auch nur im Hinblick auf das bevorstehende Geländespiel, das sein »Ein und Alles« ist, mit in Kauf. Ohne das Geländespiel würde diese ganze Vorbereitung für ihn ihren Sinn verlieren.

Hier liegt ein entscheidender Unterschied zwischen einer jugendgemäßen und einer vormilitärischen Geländeausbildung. Für die jugendgemäße Ausbildung wird immer das Geländespiel, so wie es den Vorstellungen der Jungen entspricht, der Mittelpunkt sein, für die vormilitärische Geländeausbildung steht dagegen ausschließlich die Geländebeherrschung, soweit sie auch der Soldat benötigt, im Vordergrund ihres Interesses; für sie ist das Geländespiel der Jungen eine Kinderei.

Aus dieser gegensätzlichen Betrachtungsweise ergibt sich notwendigerweise der zweite und nun ganz entscheidende Unterschied: die jugendgemäße Geländeausbildung ist waffenlos, d.h. es werden keine Waffen an- oder mitgenommen und keine Waffenwirkungen wie Gewehr-, Maschinengewehr-, Artilleriefeuer, Panzer, Flugzeuge angenommen. Das unterscheidet die *jugendgemäße und »waffenlose« Ausbildung* von einer *»vormilitärischen«*.

Bei einem Geländespiel der Jugend kann man natürlich auch nicht von militärischen Begriffen wie Angriff und Verteidigung, Spähtrupp, Posten, Melden usw. absehen, weil es dafür keinen Ersatz gibt, aber sie werden in einem jugendlichen Spiel angewandt, das durch eine jugendliche Rauferei und nicht durch eine pseudomilitärische Kritik über das richtige oder unrichtige Verhalten der beiden Parteien beendet wird. Der Spielgedanke ist also kein militärischer, d.h. die Vernichtung des Feindes durch überlegene Anwendung von Waffen, sondern ein jungenhafter, so z.B.

Ausfindigmachen und Überfallen eines versteckten Lagers,
Eroberung einer Burg,
Bringen von mehreren »Medizinbällen« oder anderen Gegenständen mit List oder Gewalt über eine bestimmte Linie,
Durchbrechen der Verteidigungslinie des Gegners und Erreichen eines hinter dieser Linie liegenden Dorfes bis zu einem bestimmten Zeitpunkt mit einer bestimmten Anzahl von Angreifern,
Ausfindigmachen und Erobern eines Kuchenpaketes, einer Fahne, von Medizinbällen,
Ausfindigmachen und Überfallen eines Kauffahrteizuges und anderes mehr.

Das Vorspiel, die Erkundung des Geländes und die Aufklärung über den Gegner, seine Stärke, seine vermutlichen Absichten usw. durch möglichst zahlreiche Spähtrupps nimmt in der Regel den größten Teil der Zeit in Anspruch und gestattet der Führung einen Überblick über das Können der Jungen und die Anwendung des in der Einzelausbildung Gelernten. Für den Jungen aber dreht sich alles um die Entscheidung, und diese wird zum Schluß des Spiels durch eine jugendliche Rauferei um den Lebensfaden, der um Mütze oder Oberarm gebunden ist, um das Koppel, oder um einen ca. 20 cm langen Stab usw. erzielt. Man muß schon das Ende eines solchen Spiels erlebt haben, um die Begeisterung und den Elan der Jungen zu kennen, die durch ein in dieser Weise durchgeführtes Geländespiel geweckt werden. Dann wird man auch den Gegensatz begreifen, der zwischen dieser Art Geländeausbildung der Jugend und der vom Standpunkt einer »vormilitärischen« gesehenen und gewünschten Ausbildung, die sich von der militärischen Rekrutenausbildung nicht lösen kann, besteht. – Wenn vorstehend darauf hingewiesen wurde, daß die Hitler-Jugend das Programm der waffenlosen Ausbildung der Jugend, die vom Völkerbund sanktioniert war, vom Reichskuratorium übernommen und weiter jugendgemäß ausgebaut habe, so sei als Beweis diese Art des Geländesports angeführt. Darüber hinaus hat die Reichsjugendführung sich bemüht, durch den Findigkeitsmarsch und die Geländekampfbahn den sportlichen Wettkampfgedanken in die Ausbildung hineinzutragen, um soweit wie möglich dem Wesen und Wollen der Jugend zu entsprechen.

22.4 Hitler-Jugend und Wehrmacht

22.41 Bis 1939 kein Interesse der Wehrmacht an der Ausbildung der Hitler-Jugend

Wie stand nun die Wehrmacht bzw. in diesem Fall das Heer zu dieser Art Wehrertüchtigung?
Es ist schon vorstehend mehrfach darauf hingewiesen worden, daß die Wehrmacht in den Jahren 1933–1939 an der Jugenderziehung kein Interesse zeigte. Das trifft auch auf die allgemeine Geländeausbildung zu. Eine Verbindung zwischen Hitler-Jugend und Wehrmacht war in den ersten Jahren nach der Machtergreifung überhaupt nicht vorhanden und in der späteren Zeit nur sehr lose. Zweifellos gab es hüben und drüben diese oder jene Bestrebungen, aber zu einer Einflußnahme der Wehrmacht oder des Heeres auf die HJ kam es nicht. Dazu lag aber anscheinend keine Veranlassung vor, denn erstens hatte die Wehrmacht mit ihrem Neuaufbau selber genug zu tun und zweitens standen zwischen ihr und der Hitler-Jugend noch der Reichsarbeitsdienst und die Gliederungen der NSDAP.
Auf dem Gebiet der Geländesportausbildung war das Reichskuratorium für Jugendertüchtigung von dem Chef des Ausbildungswesens der SA abgelöst worden; nach seiner Auflösung im Jahre 1935 wurde die Hitler-Jugend nicht mit seiner Nachfolge betraut. Diese Tatsache muß festgehalten werden, weil damit der Beweis vorliegt, daß weder von Adolf Hitler, noch vom Generalstab, noch vom Kriegsministerium der Hitler-Jugend irgendeine Rolle und sei es auch die bescheidenste im Rahmen der Wiederwehrhaftmachung des deutschen Volkes zugedacht war. Da sich hieran bis 1939 nichts geändert hat, ergibt sich die zwingende Schlußfolgerung, daß, wenn schon ein Angriffskrieg von Adolf Hitler geplant wurde, die HJ in seine Planungen nicht einbezogen worden ist. Erhärtet wird diese Tatsache noch durch die Feststellung, daß der Hitler-Jugend trotz des Gesetzes vom 1. Dezember 1936 die erforderlichen Mittel für die neuen Aufgaben, die sich aus dem Gesetz ergaben, nicht zur Verfügung gestellt wurden.
So konnte die Hitler-Jugend auch ihr Programm der lückenlosen Leibeserziehung nur schrittweise und in dem Maße durchführen, als ihr dafür die nötigen Gelder

zur Verfügung standen. Und so blieb gerade *vor dem Kriege* die *allgemeine Wehrertüchtigung* in der Geländeausbildung trotz aller Maßnahmen der Reichsjugendführung unter allen Sportarten am weitesten zurück, weil die Hitler-Jugend auf *diesem* Sektor der Leibeserziehung auf sich allein angewiesen war und weder genügend erfahrene und fachkundige Ausbilder noch die Schulungsstätten zur Verfügung standen, die diese hätten heranbilden können.
So bestand z.B. bei Ausbruch des Krieges für ca. 2 Millionen Hitler-Jungen im Alter von 15 bis 18 Jahren nur je eine Schule für die Ausbildung von Schieß- und Gelände-Sportwarten, ein Tropfen auf den heißen Stein, wenn auch nur ein Teil dieser Jungen ausbildungsmäßig erfaßt werden sollte. –

22.42 Ab 1939 Versuch der Wehrmacht, die Ausbildung der 16–18jährigen Jungen zu übernehmen

Der chronische Mangel an Geld und fachkundigen Führern ist der Hauptgrund dafür, daß die Hitler-Jugend kurz vor Ausbruch des Krieges auf das Angebot der Wehrmacht einging, 35000 HJ-Führer geländesportlich auszubilden. (Abkommen vom 11. August 1939). Hierbei ist aber der damalige Reichsjugendführer Baldur *von Schirach* einer Täuschung verfallen. Niemals war die Wehrmacht in der Lage noch willens, diese Hitler-Jugend-Führer in einer *jugendgemäßen* und *waffenlosen* Wehrertüchtigung auszubilden.
Erstens verfügte das Heer nicht über genügend fachkundige Offiziere und Unteroffiziere, und zweitens war diese Art der Jugendausbildung gar keine Aufgabe für das Heer, es hätte diese Ausbildung vielmehr in altem Kasernenhofstil vorgenommen. Und das gerade wollte der Reichsjugendführer *von Schirach nicht*. Das Abkommen ist nie – *auch im Krieg nicht* – durchgeführt worden. Wäre aber der Krieg nicht ausgebrochen und das Heer zur Erfüllung des Abkommens geschritten, dann wäre als Ergebnis eine militärische Rekrutenausbildung der betreffenden HJ-Führer dabei herausgekommen, und bei dieser Sachlage wäre dann das Abkommen vom Reichsjugendführer sicher annulliert worden.
Wenn man diese inneren Zusammenhänge kennt, kann man nicht mehr mit gutem Gewissen dieses Abkommen vom 11. August 1939 als Beweis für die kriegsähnliche Tätigkeit der Hitler-Jugend vor dem Krieg heranziehen, denn erstens ist dieses Abkommen gar nicht zur Durchführung gekommen, und zweitens waren die Ziele, die die beiderseitigen Partner damit verfolgten, so verschieden, daß allein der Versuch der Durchführung das Platzen der Vereinbarung herbeigeführt hätte.
Ein weiterer Beweis für diese Feststellung ist die Haltung des Heeres gegenüber der Hitler-Jugend kurz vor Beginn und während des Krieges, sowohl in der allgemeinen Tendenz als auch speziell auf dem Gebiet der allgemeinen Wehrertüchtigung. In dem Augenblick, als bei der Wehrmacht und in diesem besonderen Fall beim Heer das Interesse für die Hitler-Jugend erwachte – und das war erst im Jahr 1939 – versuchte es weniger auf die Ausbildung Einfluß zu nehmen, als der HJ die Jugendlichen im Alter von 16 bis 18 Jahren überhaupt zu entziehen. So forderte im Sommer 1939 in einer Rede in Kassel der Verbindungsoffizier des OKW und OKH zum Jugendführer des Deutschen Reichs – soweit bekannt, der erste dieser Art – die Überführung der gesamten Leibeserziehung der Jugend im Alter von 16 bis 18 Jahren, also der Leibesübungen, des Wettkampfsports und der Wehrertüchtigung in die Hände des Heeres. Diese militärisch forsche, aber politisch unkluge Forderung führte zwar zur Entlassung dieses Offiziers aus seiner Stellung als Verbindungsführer, war aber nur der Auftakt eines hartnäckigen und dauernden Kampfes seitens des Heeres um die Führung und Ausbildung der 16 bis 18jährigen, der bis zum Kriegsende andauerte.

Dieser Kampf ging
1. um die Macht der Führung und Erziehung dieser entscheidenden Jahrgänge der Jugend und
2. um ihre Eingliederung in die militärische Miniatur-Rekrutenausbildung mit ihren für junge, aufnahmebereite Seelen so verhängnisvollen Behandlungsmethoden aus der Tradition Friedrich Wilhelm I.

Und dieser Machtkampf spielte sich unter der Decke der freundschaftlichen und vertrauensvollen Zusammenarbeit zwischen Heer und Hitler-Jugend ab, so daß er für Außenstehende kaum sichtbar war.
Aber man wird nun begreifen, warum der Vertrag vom 11. 8. 1939 für die Hitler-Jugend unmöglich war, niemals Bestand haben konnte und nur durch Täuschung des Reichsjugendführers Baldur *von Schirach* über die wahren Ziele der Gegenseite abgeschlossen werden konnte.
Welcher Art die waren, zeigt das Verhalten des Heeres während des Krieges. Die allgemeine Wehrertüchtigung konnte in den Einheiten wegen des Mangels an Führern und Ausbildern, an Bekleidung usw. in den ersten Jahren des Krieges kaum noch durchgeführt werden. Als die Reichsjugendführung, Hauptamt II, 1940 an die Schaffung von Ausbildungsstätten ging, um Geländewarte für die Einheiten auszubilden, versagte das Ersatzheer jede Unterstützung in Form von Beurlaubung von kranken oder verwundeten HJ-Führern usw. Im Frühjahr 1942 verlangte der Chef des Erziehungs- und Bildungswesens des Heeres und zugleich Verbindungsoffizier des OKW und OKH zum Jugendführer des Deutschen Reichs dessen Einverständnis zur Heranziehung des letzten zum Wehrdienst heranstehenden Jahrgangs zu kurzfristigen Kasernenlehrgängen mit der Begründung, daß die HJ dazu doch nicht in der Lage wäre. Mit diesen Kasernenlehrgängen hätte das Ersatzheer die Hand auf die HJ gelegt und die Erziehung in eigene Regie übernommen. Dann wäre die Übertragung der »Rekrutenausbildung« auf die jungen, in der Entwicklung stehenden Jahrgänge Wirklichkeit geworden. Von welchem Geist diese Erziehung und Ausbildung getragen gewesen wäre, zeigt der Ausspruch des Chefs des Erziehungs- und Bildungswesens des Heeres, desselben Mannes, der die Kasernen-Lehrgänge einrichten sollte. *»Die Hitler-Jugend hat mit ihrer Erziehung im Krieg Schiffbruch erlitten, ich werde mit den Unteroffiziers-Vorschulen eine neue Jugenderziehung vorexerzieren.«* –

22.5 1942 Errichtung der Wehrertüchtigungs-Lager der Hitler-Jugend

(siehe Anhang Abb. 30)

22.51 Aufgabe und Zweck der Wehrertüchtigungs-Lager

Die beabsichtigte Einrichtung der Kasernen-Lehrgänge durch das Heer führte zur Schaffung der *Wehrertüchtigungslager* der Hitler-Jugend. Adolf Hitler verfügte die Erfassung und Ausbildung des letzten zum Wehrdienst heranstehenden Jahrgangs durch kurzfristige Lehrgänge in Lagern der *Jugend.* Die Wehrmacht hatte zur Unterstützung der Hitler-Jugend HJ-Führer, die im Ersatzheer standen und nicht mehr kriegsverwendungsfähig waren, für diesen Zweck zur Verfügung zu stellen. Das Gros der Lager stellte der Reichsarbeitsdienst, dessen Lager zum Teil leer standen.

Was war nun Aufgabe und Zweck dieser Wehrertüchtigungs-Lager?
1. Stärkung des Gemeinschafts- und Zusammengehörigkeitsgefühls der Hitler-Jugend,

2. Erziehung zu Anständigkeit, Ehrlichkeit, Unterordnung und Disziplin,
3. Führung der Jugend durch Erziehen und Vorleben, durch Freundschaft und Kameradschaft,
4. Vorbereitung für den Existenzkampf des Volkes,
5. Jugendgemäße und waffenlose allgemeine Wehrertüchtigung mit sportlicher Ergänzung, (Abschluß: K-Schein, s. Anhang Abb. 31)
6. Auslese von Unterführern für die Wehrertüchtigung,
7. Ausbildung in den Sportarten der Sonderformationen.

22.52 Die Führung der Wehrertüchtigungs-Lager

Führer der Wehrertüchtigungs-Lager waren frontbewährte Offiziere, die Hitler-Jugend-Führer waren und vom Personalamt des Heeres zur Reichsjugendführung »kommandiert« wurden. Hier leisteten sie als HJ-Führer Dienst und unterstanden der Reichsjugendführung. Ihre Tätigkeit bei der Hitler-Jugend wurde ihnen als militärische Dienstzeit angerechnet, sie erhielten auch weiterhin ihren Wehrsold. Ihre Abberufung stand im Ermessen der Wehrmacht, sie erfolgte im allgemeinen, wenn sie wieder »kriegsverwendungsfähig« wurden.
In diesem Zusammenhang muß nun folgendes festgestellt werden:
a) Diese Offiziere hatten keine Möglichkeiten, sich für diesen Dienst in den WE-Lagern zu melden oder ihn abzulehnen, sie wurden hierzu vom zuständigen Personalamt der Wehrmacht »befohlen«, ob sie wollten oder nicht.
b) Die Zeit ihrer Abkommandierung zu den WE-Lagern wurde ihnen als militärische Dienstleistung angerechnet.
c) Als WE-Lagerführer waren sie HJ-Führer und der Reichsjugendführung, Hauptamt II, unterstellt. Ihren Dienst versahen sie in HJ-Führer-Uniform.
d) Ihre Ausbildungstätigkeit war eine *Jugendgemäße* und *waffenlose,* in keinem Fall eine *militärische.*
e) Die WE-Lagerführer waren ausführende Organe, hatten Anordnungen und Befehle der Reichsjugendführung, Hauptamt II, auszuführen; Lehr- und Dienstplan mit genauer Stundeneinteilung wurden von der Reichsjugendführung, Hauptamt II, befohlen; eigenmächtige Abweichungen waren nicht gestattet.

Die Ausbilder waren Feldwebel und Unteroffiziere der Wehrmacht, am Anfang oft ehemalige HJ-Führer. Mit längerer Dauer des Krieges, durch den laufenden Wechsel und die schweren Verluste an der Front, war aber der Grundsatz, daß auch die Ausbilder nach Möglichkeit HJ-Führer sein sollten, nicht mehr aufrecht zu erhalten. Die Ausbilder wurden von den für die betreffenden WE-Lager räumlich zuständigen stellvertretenden Gen. Kdos. gestellt. Sie wurden ebenso wie die Offiziere zu dieser Dienstleistung »befohlen«, sie konnten sich zu dieser weder melden noch sie ablehnen. Auch den Ausbildern wurde diese Zeit im WE-Lager als militärische Dienstzeit angerechnet, und sie taten in Wehrmachtsuniform ihren Dienst. Ihre Ausbilder-Tätigkeit war wie die der Lagerführer eine *nicht*-militärische; sie waren ausführende Organe des Lagerführers. Fachlich unterstanden sie dem HJ-Führer (Lagerleiter), disziplinär dem betreffenden Generalkommando. Sobald sie wieder »kv« waren, wurden sie vom Generalkommando abberufen und durch andere ersetzt.
Offiziere und Ausbilder wurden vor Antritt ihrer Tätigkeit durch besondere Lehrgänge der Reichsjugendführung, Hauptamt II, auf ihre Arbeit in den WE-Lagern vorbereitet, d.h. sie wurden von ihrer militärischen Ausbildertätigkeit und Auffassung auf die nichtmilitärische, d.h. jugendgemäße und waffenlose Ausbildung umgeschult. –

Diese Umstellung war eine zweifache: nicht nur ausbildungsmäßig, sondern auch eine geistige und seelische. Ausbilder und Offiziere sollten nicht nur Vorgesetzte, sondern Führer, Erzieher, Freund und Kamerad der ihnen anvertrauten Jugend sein. In dieser Forderung kam der ideologische Gegensatz zwischen Hitler-Jugend und Wehrmacht über die Führung von Menschen zum Ausdruck. Die Hitler-Jugend sah in dem Leutnant Ernst Wurche von Walter Flex ihr Ideal als Führer und Erzieher, das auf eine Formel gebracht etwa lautet: »Offizier sein, heißt vor*leben;* vor*sterben* ist nur ein Teil davon!« Die Hitler-Jugend betrachtete sich in diesem Sinne als eine wirkliche Wahrerin des Fronterbes von 1914: Das »Du« der Kameradschaft aus dem Schützengraben mit der Führung und Erziehung zu einer Einheit zu verschmelzen.
Die Wehrmacht hat bei ihrem rasenden Aufbau sich weder dieser Erbschaft bewußt gefühlt, noch versucht, sie in die Tat umzusetzen, obwohl ihr ureigenstes Ideal der Typ des Offiziers war, den sie in der Vergangenheit – wie im letzten Weltkrieg – in vielen markanten Offizierserscheinungen aufzuweisen hatte, den es aber leider nicht in genügender Anzahl gab, um das Gesicht der Wehrmacht nach ihm zu prägen.
Die Durchsetzung ihres Führungs- und Erziehungsideals in den WE-Lagern war der Reichsjugendführung dadurch sehr erschwert, daß viele HJ-Führer durch jahrelangen Wehrdienst als »Nur-Vorgesetzte« ihrem alten Ziel als HJ-Führer entfremdet waren, und daß die Ausbilder die ideale Auffassung des Führens in der Mehrzahl überhaupt nicht kannten. Hier, in den WE-Lagern der Hitler-Jugend, wurde offenbar, wie schwer wir an der unseligen Tradition des Unteroffiziers »Himmelstoß« zu tragen hatten, dessen vornehmstes Bestreben es war, das Ehr- und Selbstgefühl der Rekruten zu brechen.
Im ganzen kann man nachträglich feststellen, daß der Hitler-Jugend diese Aufgabe, die sie sich selbst gestellt hatte, unter den schwierigsten Umständen – wobei der dauernde Wechsel von Lagerführern und Ausbildern der schwerste war –, gelungen ist. Sie hat aber auch bedauerliche Einzelfälle nicht verhindern können. Wo sie bekannt wurden, wurde auf der Grundlage der Befehle des Reichsjugendführers Artur *Axmann* auf das schärfste gegen HJ-Führer vorgegangen; Ausbilder wurden sofort abgelöst.
Zu dem übrigen Programm der WE-Lager ist zu sagen, daß es durch die waffenlose Wehrertüchtigung, wie sie vorstehend geschildert wurde, durch die Anpassung an Natur und Gelände, dazu beitragen sollte, junges Blut auf dem Schlachtfeld zu sparen; auf der anderen Seite aber sollte es durch den Appell an die Einsatzbereitschaft für Führer, Volk und Vaterland die Jugend zusammenschweißen und durch die daraus gewonnene Kraft den Untergang des eigenen Volkes verhindern.
Ein leuchtendes Beispiel für diesen Willen der deutschen Jugend war die »Panzerdivision Hitler-Jugend«, deren Angehörige alle aus den WE-Lagern hervorgegangen waren.
Mit der Entscheidung Adolf Hitlers, die lagermäßige Erfassung und Ausbildung des letzten zum Wehrdienst heranstehenden Jahrgangs der Hitler-Jugend verantwortlich zu übertragen, fand sich die Wehrmacht bzw. das Heer innerlich nie ab. Immer wurde auf allen möglichen Wegen versucht, der Jugend die Verantwortung zu nehmen oder zu schmälern. Die Tatsache, daß die Wehrmacht die Führer der Lager durch Abkommandierung von Offizieren zu stellen hatte, diese aber dann der Reichsjugendführung unterstanden, hat sie nie zur Ruhe kommen lassen. Immer wieder wurde verlangt, daß die Lagerführer ihren Dienst im WE-Lager in Offiziersuniform versehen sollten in der klaren Erkenntnis, daß es dann nicht mehr Lager der »Jugend«, sondern Lager der »Wehrmacht« geworden wären. Erreichte sie hier nichts, dann wurde versucht, die Stellung des Lagerführers durch Einflußnahme auf die Ausbilder mittels Einschaltung der Stellv. General-Kommandos zu erschüt-

tern; dann wieder stellte man Forderungen, die Ausbildung betreffend, usw. Charakteristisch hierfür ist der Ausspruch eines Verbindungsoffiziers des OKW und OKH zum Jugendführer des Deutschen Reichs aus dem Frühjahr 1944, der zugleich auch »Chef des Erziehungs- und Bildungswesens des Heeres« war: *»Das, was im WE-Lager gemacht wird, befehle ich!«* Typisch für die anmaßende und arrogante Haltung eines Generals, der glaubte, auch dort befehlen zu können, wo sein Arm nicht hinlangte. Er ist daran ebenso gescheitert wie die übrigen Verbindungsoffiziere zur Hitler-Jugend, die diesen Weg von sich aus beschritten, oder den Befehl dazu hatten.
Unter den 7 Verbindungsoffizieren des OKW und OKH zur Reichsjugendführung, die während des Krieges diesen Dienst versahen, waren nur zwei, die der Hitler-Jugend loyal gegenüberstanden und die Zusammenarbeit in wirklich vertrauensvoller Weise förderten.
Trotz aller Versuche, die WE-Lager in ihre Gewalt zu bekommen – auf dem Gebiete der Ausbildung wurden bald Forderungen vom Generalstab, bald vom General der Infanterie oder vom Chef des Ausbildungswesens, vom Chef des Erziehungs- und Bildungswesens oder von dem Verbindungsoffizier zum Jugendführer des Deutschen Reichs gestellt, die sich häufig so widersprachen, daß gegen Kriegsende alle Anforderungen nur noch über eine Stelle an die Reichsjugendführung gelangen sollten – sind alle Bemühungen des Heeres restlos gescheitert.

22.53 Der Volkssturm – III. Aufgebot

Während der Wehrmacht bzw. dem Heer nicht die geringste Strukturveränderung der WE-Lager gelungen ist, kam gegen Kriegsende ein Wandel von einer Seite, die nicht vorauszusehen war: die Gründung des »Volkssturms«.
Ursprünglich bestand reichsseitig der Plan, die Jugend mit den Erwachsenen aufzurufen und in's Feld zu schicken. Den energischen Bemühungen der Reichsjugendführung ist es aber gelungen, diesen katastrophalen Plan zu verhindern. Dafür wurden dann die WE-Lager *als Volkssturm III. Aufgebot* erklärt, aber mit der Maßgabe, daß sie nicht eingesetzt werden durften, sondern der Wehrmacht als letzte Rekruten-Reserve zur Verfügung ständen. Um diese zu erhalten, hatten die WE-Lager die Anweisung, bei Feindannäherung die Lager zu räumen und die Jungen in feindfreie (!) Gegenden zu führen. Durch diesen Befehl wurden – im großen gesehen – die WE-Lager vor dem Einsatz an der Front bewahrt und damit viel junges Blut gespart. Der Befehl Adolf Hitlers, aus den WE-Lagern im März/April 1945 noch 10 Divisionen Hitler-Jugend aufzustellen, wurde durch das nahezu kampflose Vordringen der Westmächte und durch die Ereignisse an der Ostfront zunichte gemacht.
Aufgrund der Tatsache, daß große Teile des Heeres nicht mehr kämpften und durch die Einengung des feindfreien Reichsgebietes eine normale Rekrutenausbildung nicht mehr möglich war, wurde von der Führung des »Volkssturms« die Forderung gestellt, einen Teil der Waffenausbildung, insbesondere die Panzernahbekämpfung in die WE-Lager zu verlegen. Nachdem es der Reichsjugendführung gelungen war, die Jugend vor dem unmittelbaren Zugriff des »Volkssturms« zu schützen und ihren Einsatz an der Front zu verhindern, konnte dieses Verlangen, wenn nicht der andere Erfolg gefährdet werden sollte, nicht mehr abgelehnt werden. Neben der waffenlosen und jugendgemäßen Ausbildung wurde nun auch die am Sturmgewehr, Maschinengewehr und Panzerfaust aufgenommen, wobei diese Ausbildungsprogramme scharf voneinander getrennt wurden. Damit hatte im *Dezember 1944* die ausschließlich jugendgemäße und waffenlose Ausbildung in den

WE-Lagern ihren Abschluß gefunden. Zur gleichen Zeit waren aber die WE-Lager nicht mehr jugendliche Ertüchtigungslager, sondern ein Volkssturm-Aufgebot, das der Wehrmacht völkerrechtlich gleichgestellt war. Nur auf dieser Grundlage war die Aufnahme einer – wenn auch beschränkten – Waffenausbildung möglich.
Es muß deshalb festgehalten werden:
Solange die WE-Lager ausschließlich der Führung und Erziehung der Hitler-Jugend unterstanden, wurde in ihnen *nur* und *ausschließlich* die *jugendgemäße* und *waffenlose* Ausbildung durchgeführt.

22.54 Die Panzernahkampf-Einheiten

Etwas ganz anderes und in keinem Zusammenhang mit den WE-Lagern stehend, waren die Panzernahkampf-Einheiten der Hitler-Jugend. Das waren Einheiten des »Volkssturms«, die sich aus »Freiwilligen« der HJ und der WE-Lager zusammensetzten, militärisch in der Panzernahbekämpfung ausgebildet waren und hinter der jeweiligen Front aufgebaut wurden, um durchgebrochene Panzer zu bekämpfen. Durch das Zusammenbrechen der Fronten wurden diese Einheiten oft zur Hauptkampflinie und ihr heldenhafter Kampf nur mit Sturmgewehr, Maschinengewehr und Panzerfaust gegen eine Übermacht an Zahl und schweren Waffen wie Panzer, Pak und Granatwerfer beweist, daß, wenn alle Soldaten so gekämpft hätten, der Feind wenigstens von Osten her nicht so tief in's deutsche Land hätte eindringen können.

22.6 War der Einsatz einiger Panzernahkampf-Einheiten gerechtfertigt?

Es wird heute mit Recht gefragt, ob der Einsatz dieses jungen deutschen Blutes in dieser Kampfesphase noch zu rechtfertigen war. Zweifellos wird das heute verneint werden müssen. Damals aber war die Situation eine andere.
Immer wieder wurde den Soldaten der Ostfront versichert, daß der große militärische Umschwung durch den Einsatz ganz neuartiger, gewaltiger Waffen kurz bevorstünde, und daß es vor allem darauf ankomme, Zeit für diesen Einsatz zu gewinnen. Ende April wurde noch in einem Befehl der 9. Armee und des 50. Korps diese Frist mit genau drei Tagen beziffert. Unter diesen Umständen war die Führung der Jugend, soweit es sich z. B. um den Kampf um Berlin handelte, wo die »Nahkampfeinheiten der HJ« keinen Fußbreit Boden preisgaben, überzeugt, daß für dieses Ziel auch der Einsatz der jungen Generation gerechtfertigt sei.
Ob sie von der obersten Führung bewußt getäuscht worden ist, oder ob die neuen Waffen aus Zeitmangel, Zerstörung durch den Feind oder durch Sabotage nicht mehr eingesetzt werden konnten, ist eine Frage, auf die wir heute noch keine Antwort haben. So schwer die Verantwortung ist, die die damalige Führung der Jugend gegenüber den Eltern gefallener Hitler-Jungen zu tragen hat, sie hat damals im Glauben an die Führung nach bester Überzeugung und mit gutem Gewissen gehandelt.
So endete das große Erziehungswerk der Hitler-Jugend, ihr ideales Wollen und Arbeiten für einen neuen jungen deutschen Menschen und insbesonders ihr großes Programm der Leibeserziehung in dem heldenhaften Kampf der »Panzervernichtungs-Einheiten« der jungen Generation von 1945.

23. Die Leibeserziehung innerhalb des Bundes Deutscher Mädel

23.1 Die geschichtliche Entwicklung der Leibeserziehung der Deutschen Jugend

Die körperliche Ertüchtigung hat innerhalb des Lebens der männlichen Jugend seit Hunderten von Generationen ihren festen Platz. Hervorgegangen aus den Grundformen der Auseinandersetzungen mit der Umwelt durch *Laufen, Springen, Werfen* war sie darauf ausgerichtet, als Einzelner zu bestehen, sich durchzusetzen und zu überleben.
In fast allen uns bekannten Kulturformen hatte der Wettkampf der jungen männlichen Generation schon sehr früh seine Bedeutung, da er sich aus der Verantwortung und dem Einsatz für die Gemeinschaft, in die der Mann gestellt war, ergab. Die Kulturgeschichte, vor allem des Abendlandes, zeigt uns aber immer wieder auf, daß nur dann die Leistung des Einzelnen eine Rolle gespielt hat, wenn sie in der Verantwortung für dessen Lebenskreis verankert war. Dieses ist historisch nachzuvollziehen an der Geschichte der »Olympischen Spiele« der Griechen, in dem Gedanken ihrer Gründung, ihrer Entwicklung zum Höhepunkt und im Niedergang, als der Einzelne den Wettkampf bzw. den Preis für diesen Wettkampf höher stellte als seinen Einsatz für die Gemeinschaft.
Dieser Einsatz der eigenen Leistung für eine Gemeinschaft hat vor allem durch die vergangenen Jahrhunderte der deutschen Geschichte die Erziehung der *Jungen* bestimmt.
Parallel zur soziologischen Entwicklung laufend, war sie im wesentlichen ständisch gebunden: im Rittertum des frühen und späten Mittelalters ebenso wie in den Berufsheeren der nachfolgenden Jahrhunderte.
Eine der wesentlichsten Folgen des Zusammenbruchs des preußischen Königreiches im Jahr 1806 war das Erwachen der Idee, daß nur eine allgemeine Ertüchtigung der deutschen Jugend es ermöglicht, sich zu behaupten.
Friedrich Ludwig Jahn, als Berliner Gymnasiallehrer mit den Aufgaben der Jugenderziehung befaßt und dem geschichtlichen Geschehen persönlich nahestehend, schuf die Idee des deutschen nationalen Turnens. Auf dem Weg über die *Leibesübungen,* worunter er *Geräteturnen, Bodenturnen* und vor allem die bekannten *Freiübungen* verstand, sollte es dem Volk in der ganzen Breite die Möglichkeit geben, sich zu ertüchtigen. Der Gedanke Jahn's, Gestalt geworden im *Deutschen Turnerbund,* hatte im Verlauf des 19. Jahrhunderts auf deutschem Boden zur Gründung der ersten Turnvereine geführt, die sich im wesentlichen mit der Aus- und Weiterbildung der männlichen Jugend befaßten.
Nach dem Willen Jahn's sollte die in den Vereinen ausgebildete männliche Jugend jährlich einmal der Öffentlichkeit von dem Erreichten Zeugnis ablegen, und zwar in erster und wesentlicher Linie durch Vorführungen aus dem Bereich der geleisteten Arbeit. Es war selbstverständlich, daß sich hier der Wettkampfgedanke sehr bald wieder einnistete, der vor allem mit der Neubegründung der Idee der »Olympischen Spiele« gegen Ende des Jahrhunderts seine entscheidende Zielsetzung bekam.
Die Idee Jahn's, die Leistung des Einzelnen nur im Rahmen von Mannschaftswettkämpfen herauszustellen, bestimmte bis in die neueste Zeit hinein die deutschen Turn- und Sportfeste. –

Leibesübungen für die *Frau* hat es auf breiter Ebene bis 1933 nicht gegeben. Es war natürlich, daß bereits Ende des vorigen Jahrhunderts – entsprechend der Entwicklung auf dem Gebiet des Männer-Turnens und -Sportes – auch Frauen sich den *Leibesübungen* zuwandten.
In der Zeit bis 1909, dem Jahr der internationalen Wettbewerbe, war das Turnen und die sportliche Betätigung der Frau im Rahmen der deutschen Turn- und Sportvereine ein völliger »Abklatsch« der männlichen Tätigkeit. Es gab weder eine Vorstellung von dem, was die Leibeserziehung der Frau von der der Männer unterscheiden sollte, noch Übungsleiter oder Lehrpersonal mit der notwendigen Fähigkeit, diese Ausbildung zu übernehmen.
Trotzdem gab es bereits vor dem 1. Weltkrieg fortschrittliche Mädchenschulen – meist höhere Mädchenschulen auf privater Basis –, die den Mädchen in Form von *Spiel* und *Gymnastik* in etwa eine Bildung der körperlichen Fähigkeiten boten.
Maßgeblich an der Entwicklung des Frauen-Sportes haben sich zwei historische Bewegungen beteiligt, einmal die Frauenrechtsbewegung mit dem Gedanken der Gleichberechtigung, zum anderen die aus dem Schwedischen kommende Haltungsgymnastik, Haltungsschulung, die *Mensendiek* international bekannt machten. Diese bauten weitgehend auf den Erkenntnissen und Erfahrungen auf, daß die Industrialisierung im letzten Drittel des vorigen Jahrhunderts mit der Einbeziehung der Frau auf breiter Grundlage in die Tätigkeit des Arbeiters es notwendig machte, einen Ausgleich für die durch die tägliche Arbeit hervorgerufenen Haltungs- und körperlichen Schäden zu schaffen.
Mit der Gründung der 1. deutschen Republik 1918 hat die schulische Erziehung der deutschen *Jugend* auf breiter Basis angelegte Ausbildungsrichtlinien erhalten.
Was 1933 auf dem Gebiet des *Mädel-Sportes* vorhanden war, war im wesentlichen das, was die Schulen zwischen 1919 und 1933 innerhalb ihrer von den jeweiligen Länder-Ministerien herausgegebenen Ausbildungsrichtlinien geboten haben und zu bieten hatten. In den Zwanziger Jahren war ein großer Fortschritt auf dem Gebiet der *Mädel-Leibeserziehung* gegenüber der Zeit vor dem 1. Weltkrieg erreicht worden. Nicht nur, daß die freiwillige leistungssportliche Betätigung – innerhalb der Turn- und Sportvereine gerichtet auf die Teilnahme am jährlichen Turn- und Sportfest einerseits, mit dem Ziel der persönlichen Höchstleistung innerhalb des Leistungssports andererseits – eine große Steigerung erfahren hatte, sondern in diesem Jahrzehnt hat sich auch die Durchführung des weiblichen Sportbetriebs wesentlich geändert.
Die Freiübungen von *Jahn* gingen über in die in Schweden entwickelte Haltungsgymnastik, wurden beeinflußt von der Tätigkeit der damals entstehenden Gymnastikschulen der verschiedensten Richtungen mit eigenen und sehr ausgeprägten Stilarten, die sowohl zum Ballett, d. h. zum Tänzerischen, hin zielten, als auch darauf, die Haltungsschulung aufzulockern und einen Weg zur Bewegungs-Schulung zu finden. Trotzdem haben die von allen Seiten geförderten verschiedenen Formen der Leibeserziehung der *Weiblichen Jugend* niemals die »breite Masse« der *Weiblichen Jugend* erreicht: es waren hauptsächlich die höheren Schulen, die der heranwachsenden weiblichen Jugend Turn- und Sportunterricht geboten haben und in den Großstädten zu einem geringen Maße auch die Volks- oder Grundschulen. Das weite Land wurde jedoch von den Bestrebungen und Richtlinien nicht erreicht. Zu den Turnvereinen aber kamen nur Jugendliche, die in irgendeiner Form zum Turnen oder Sport eine persönliche Beziehung hatten.

23.2 Die Entwicklung der Leibesübungen innerhalb des Bundes Deutscher Mädel

Der Bund Deutscher Mädel hatte für seine Breiten-Aufgaben innerhalb der Leibeserziehung 1933 weder gute noch schlechte Vorbilder. Es galt, auf Vorhandenem aufzubauen, in Gang gekommene Entwicklungen aufzunehmen und eine dem Ziel der allgemeinen Ausrichtung des Bundes Deutscher Mädel entsprechende Ausbildungsrichtlinie für die Gesamtheit der Jugendlichen zu erarbeiten.
Eine systematische Leibeserziehung der deutschen Mädelschaft sollte nicht allein der Gesunderhaltung dienen, sondern vor allem auch der Bildung und Entwicklung des Charakters.
Sie sollte durch eine gründliche Durchbildung des ganzen Körpers sowohl zur Selbstzucht, zur Einordnung in die Gemeinschaft, zu Leistungswillen und Mut, als auch zu Anmut und einem natürlichen Selbstbewußtsein führen.
In den wenigen Friedensjahren von 1933 bis zum Kriegsausbruch war die Entwicklung der Sportarbeit im Bund Deutscher Mädel in der Hitlerjugend so vorangetrieben worden, daß sie bis zum Kriegsende ein großes Gemeinschaftswerk gezeitigt hat.
Die Entwicklung der Arbeit ist in 4 Abschnitte einzuteilen:

23.21 Die Grundschule der Leibesübungen (von 1933 – Juli 1936)

Mit der Machtübernahme 1933 strömten Tausende von Mädeln in die Gemeinschaft des Bundes Deutscher Mädel. Sie kamen zum Teil aus anderen Jugendorganisationen, zum großen Teil aber hatten sie noch nie in einer Jugendgemeinschaft gestanden.
Der Bund Deutscher Mädel war als politische Mädelorganisation ein Novum in der Geschichte der Jugendbewegung. Diese organisierten Mädel waren von großer Begeisterung erfüllt und getragen von dem Willen, alles einzusetzen, um sich in der Gemeinschaft zu bewähren. Deshalb konnte es in der kurzen Frist von 1–1 ½ Jahren gelingen, die »Masse« der Mädel zu einen.
So bestimmte der *Dienstplan* von 1934, daß jedes Mädel (und jeder Junge), das dem Bund Deutscher Mädel (bzw. der Hitlerjugend) angehörte, wöchentlich nicht nur an einem Heimabend, sondern auch an einem *Sport-Abend* (-Nachmittag) teilzunehmen hatte.
Zur Gestaltung dieses Sportes (der Sport war Pflicht für alle, die der *Hitlerjugend* (BDM) angehörten) erstellten die Sportwartinnen des BDM, die in die *Reichsjugendführung* berufen worden waren, allgemein bindende Richtlinien und einen *Ausbildungsplan* für die *Grundschule* der *Leibesübungen* der *Mädel.*
Grundsätzlich war dabei zu beachten, daß der BDM es mit einer »Masse« sportlich ungeübter Mädel zu tun hatte. Außerdem waren die technischen Voraussetzungen, wie sie im großen und ganzen überall vorlagen, den Anforderungen einer solchen Riesenaufgabe kaum gewachsen. Es fehlte nicht nur an notwendigen Geräten, sondern oft scheiterte die Durchführung des Sports schon an der Raum- oder Platzfrage.
Die *Grundschule* der Leibesübungen der Mädel wurde deshalb so aufgebaut, daß ihre Aufgaben von einer Vielzahl von Mädeln gleichzeitig bei primitivsten technischen Voraussetzungen unter der Leitung einer Nicht-Fachkraft erfüllt werden konnten. Es wurde bewußt alles ausgeschaltet, was die *Einheit* hätte aufspalten und zu einer Vereinzelung der erst so kurz in der Gemeinschaft stehenden Mädel hätte führen können (ausführlich im Anhang Abb. 32).
Daraus erklärte sich zunächst auch die strikte Ablehnung jeder leistungssportlichen Betätigung und vor allem aller Einzelwettkämpfe, andererseits aber die Aufnahme der Gymnastik in die Grundschule.

Der *Mannschaftswettkampf* als Erziehungsmittel für die Gemeinschaft und die *Körperschule* mit ihren Anforderungen an Disziplin, Ordnung und die Einsatzbereitschaft der Mädel wurden zum Mittelpunkt der Sport-Arbeit der ersten beiden Jahre nach Aufstellung der Ausbildungsrichtlinien. Den ersten Niederschlag fand diese Ausrichtung der Sportarbeit der Mädel in der 1. Auflage des Dienstbuches: *»Mädel im Dienst – BDM-Sport«.*
Ab 1934 wurden gau- und untergauweise jährlich im ganzen Reich Sportfeste durchgeführt, die der Bevölkerung ein Bild der Sport-Arbeit des BDM geben sollten. Der Einlauf der Teilnehmerinnen geschah nach Musik volksliedartiger Weisen. Ein gemeinsames Lied, ein wegweisender Spruch und das Hissen der Fahne bildeten den Auftakt des Festes. Es folgten *Körperschule* nach speziell für die jährliche reichseinheitliche Übungsfolge komponierter Musik, *einfaches Bodenturnen, Jungmädel-Hindernisstaffeln, Spielwiese* und ein *einfacher Mannschaftswettkampf* der Untergaue in Form eines *Staffellaufes.* Den Abschluß bildete ein *Mädel-Tanz,* für den eigens ein Tanzkleid entworfen worden war. Der Aufmarsch der Teilnehmerinnen, die Siegerinnen-Verkündigung und das Einholen der Fahne beendeten das Fest. Die Sportfeste sollten nicht nur Zeugnis ablegen über das Geleistete der Einheiten, sie bildeten zugleich auch den Auftakt für die Arbeit des kommenden Jahres und wiesen die Richtung dafür.
Die bis dahin unter dem Namen *»Deutsches Jugendsportfest«* bekannte Leistungsprüfung wurde von der *Hitlerjugend* (BDM) übernommen und als *Reichssportwettkampf der Hitlerjugend* (1935) zur größten Mannschaftsprüfung der *Leichtathletik* der deutschen Jugend. Außerdem stiftete der Reichsjugendführer Baldur von Schirach noch im Herbst 1934 das BDM-Leistungsabzeichen in Bronze, dessen Bedingungen von jedem durchschnittlich veranlagten Mädel erfüllt werden konnten. (Siehe Anhang Abb. 32, 33 und 34).

23.22 Die Ausbildung der BDM-Sportwartinnen

Die Erkenntnis, daß die Einheit, die von einer Führerin verantwortlich betreut wurde, zahlen- und raummäßig nicht zu groß sein durfte und daß persönliche Leistung und große Begeisterung für die Arbeit allein nicht ausreichten, um den gestellten Aufgaben gerecht zu werden, führte 1935 zur Besetzung der einzelnen *Obergaue* mit hauptamtlichen Sportwartinnen, denen schon gegen Ende des Jahres 451 hauptamtliche Sportwartinnen der *Untergaue* folgten. –
Die BDM-*Amtsreferentin* des *Amtes* für *Leibesübungen* der RJF versuchte 1935, für bewährte Sportwartinnen eine Ausbildung zur *Turn-* und *Sportlehrerin* an einem Hochschulinstitut für Leibesübungen einzurichten. Das Erziehungsministerium gab dem Antrag statt.
Ab Herbst 1935 bildete das *Hochschulinstitut für Leibesübungen* in *Marburg* jährlich – (in 2 Semestern) – 40–50 Mädel, die aus allen Gebieten des Reiches kamen, theoretisch und praktisch aus. Nach dem Staatsexamen wurden sie als Turn- und Sportlehrerinnen in die hauptamtliche Arbeit des BDM als Sportwartinnen der *Untergaue* übernommen. Weil diese Ausbildung jedoch zahlenmäßig den Bedarf an Fachkräften nicht deckte, wurden ähnliche Lehrgänge auch an anderen Universitäten (Leipzig, Greifswald und München) eingerichtet, so daß jährlich 180–200 Mädel als Fachkräfte in die Sport-Arbeit des BDM kamen. (Siehe auch die Broschüre: »Das BDM-*Mädel* in der *Sportausbildung*«.)
Als man bereits 1936 erkannte, daß der Bedarf an Fachkräften über die »freie« Ausbildung an den deutschen Universitäten nicht zu decken war, beschloß die Reichsjugendführung, eine eigene *Reichs-Sport-Akademie* in Berchtesgaden zu

gründen, die im Rohbau bereits errichtet war, auf Grund der Kriegsereignisse aber nicht mehr fertiggestellt werden konnte.
Zur Überprüfung des Ausbildungsstandes der hauptamtlichen Sportwartinnen fanden jährlich Lehrgänge an den *Reichssportschulen* des BDM statt, z.B. in Traunstein, in Gladbeck und in Stuttgart-Degerloch.
Um die Forderungen des »*Deutschen Reichsbundes* für die *Turn-, Sport-* und *Gymnastiklehrerin*« zu erfüllen, nach denen sich alle ausgebildeten Fachkräfte Kontroll-Lehrgängen über den Stand ihres Könnens in regelmäßigen Abständen unterziehen mußten, wurden die Untergau-Sportwartinnen und Sport-Abteilungsleiterinnen der Obergaue in jährlichen Lehrgängen zusammengefaßt; erstmals 1936 im Rahmen des Zeltlagers in Buch bei Berlin anläßlich der Olympischen Spiele, 1939 im Reichssportfeld und in den übrigen Jahren in Stuttgart-Degerloch.
In diesen Lehrgängen setzte man sich auch mit allen auftauchenden Problemen auseinander, versuchte gemeinsam Lösungen für die Praxis zu finden und wurde angespornt zu weiterer engagierter Tätigkeit.
Eine der ersten anstehenden *fachlichen* Fragen war die Stellungnahme zum *Geräte-Turnen.*
In dem Ausbildungsplan der *»Grundschule der Leibesübungen«* war diese vor allem deswegen in den Hintergrund geschoben worden, weil die technischen Voraussetzungen weitgehend fehlten.
Für die Aufnahme in die leistungssportliche Arbeit war das übliche »Frauen-Geräteturnen« unannehmbar. Das »Turnen am Gerät« wurde aber in den unteren Einheiten betrieben und nahm bei der Ausbildung der *Sportwartinnen* einen großen Raum ein.
Geplant war auch, für diese Aufgabenstellung eine Abgrenzung zur *Grundschule* zu finden, als der Krieg ausbrach, der vollkommen veränderte Arbeitsbedingungen brachte.

23.23 Der Leistungssport (Juli 1936 – Februar 1938)

Das »Gesetz über die *Hitlerjugend*«, kurz nach den »Olympischen Spielen« 1936 verkündet, gab der Organisation der deutschen Jugend – auch auf dem Gebiet der Leibeserziehung – eine neue Ausrichtung.
Da der *Jugendführer des deutschen Reiches* die Stellung einer obersten Reichsbehörde hatte, übernahm die Hitler-Jugend nicht nur die Verantwortung u.a. für die körperliche Erziehung der deutschen Jugend, sondern es war auch erstmalig die Möglichkeit gegeben, auf die Länder und Gemeinden wegen der Errichtung von Sportplätzen, Turnhallen und Schwimmhallen neben dem Heimbau einzuwirken.
Durch die fast zu gleicher Zeit erfolgte Vereinbarung zwischen *Hitler-Jugend* und dem *Reichsbund für Leibesübungen* wurde vor allem für die Jugend-Abteilungen und Jugend-Gruppen der deutschen Sportvereine und der Fach-Abteilungen dieser Vereine eine Neuordnung geschaffen. Dadurch wurden nicht nur die eigenen Jugendgruppen der Vereine aufgelöst bzw. in die Hitler-Jugend überführt, sondern die Hitler-Jugend – und in ihr das Hauptamt II »Leibeserziehung« der Reichsjugendführung – übernahm nun die Durchführung des Leistungssportes für die gesamte deutsche Jugend.
Neben der organisatorischen Erfassung der Sport-Jugend durch die Hitler-Jugend (BDM) mit dem Ziel einer einheitlichen Gesamterziehung erscheint rückblickend eines der wesentlichen Momente dieser vertraglichen Regelung gewesen zu sein, daß sie die Teilnahme von Kindern und Jugendlichen, d.h. von 10–18 jährigen Jungen und Mädeln, an Wettbewerben der Erwachsenen verbot. (Einzelheiten zu die-

sem Vorgang im Jahr 1936/37, der einen wesentlichen Einschnitt innerhalb der gesamten Leibesübungen der Hitler-Jugend bedeutete, sind der Schrift »*Hitler-Jugend und NS-Reichsbund für Leibesübungen*« – herausgegeben vom Hauptamt für Leibeserziehung der Reichsjugendführung anläßlich des ersten Reichslehrganges in Berlin vom 28.3.–23.4.1939 für *Stellenleiter* und *Stellenleiterinnen* für Leibeserziehung – zu entnehmen.) –
Die bisherige *»Sport-Jugend«* mußte nicht nur organisatorisch, sondern vor allem innerlich gebunden und gewonnen werden. Man durfte ihr dabei nicht das nehmen, was für ihre Entwicklung wesentlich gewesen war: den Kampf um die Leistung.
Die *Hitler-Jugend* (BDM) mußte den Leistungssport der Jugend vollwertig übernehmen. Die Aufgabenstellung des *Leistungssports* mußte in ein gesundes Verhältnis zur Gesamt-Dienstgestaltung der Einheiten gebracht werden. Allein die Tatsache, daß bereits im Jahr 1938 die Durchführung der Sportfeste 3500 der mittleren Einheiten, den Ringen und teilweise den Gruppen übertragen wurde, beweist, wieweit der Körpererziehungsgedanke im BDM Allgemeingut *aller* Mädel geworden war. In dieser Entwicklung kam der *Leistungssport* keineswegs zu kurz. Überall konnten die zusätzlichen Sportdienstgruppen der Jungmädel für natürliches *Turnen* und *Spiele, Leichtathletik, Schwimmen, Hockey, Eis-* und *Rollschuhsport* aufgestellt werden, welche die über Durchschnitt begabten *Jungmädel* unter Leitung von BDM-Sportwartinnen oder Übungsleiterinnen des *Reichsbundes* zusammenfaßte. Zahlreiche besonders fähige BDM-Mädel wurden zur Weiterbildung in die betreffenden Vereine des *Reichsbundes für Leibesübungen* überwiesen; im BDM-Werk wurde gleichfalls eine Arbeitsgemeinschaft *»Leistungssport«* eingerichtet.
Der Reichssportführer von *Tschammer* und *Osten* wurde als verantwortlicher *Beauftragter für die Leibeserziehung der Jugend* in den Stab der Reichsjugendführung berufen, um zu gewährleisten, daß sich die Neuordnung des jugendlichen »Leistungssports« im Sinne einer organischen Umordnung vollzog.
Für die *Jungen* fanden bereits 1936 in Nesselwang/Allgäu *Skiwettkämpfe* unter der Führung und Verantwortung der *Hitler-Jugend* statt, denen 1937 die ersten deutschen *Jugendmeisterschaften* im Skilauf und Eislauf – unter Beteiligung von Mädeln – in Bad Reichenhall folgten.
Die *Deutschen Jugendmeisterschaften* sollten aber nicht nur Leistungs-Schauen sein, sondern Zeugnis davon ablegen, daß jeder Jugendliche sich als Abgeordneter einer Gemeinschaft verantwortlich dafür fühlte, seine persönliche Leistung in diese Gemeinschaft einzuordnen.
Die *Jugendmeisterschaften* 1942–43 waren auch mit denen der ersten Jahre kaum mehr zu vergleichen und bewiesen, daß eine große Erziehungsaufgabe geleistet worden war.
1938 wurden die *Winterkampfspiele* nach Garmisch-Partenkirchen verlegt, wo sie bis 1943 alljährlich stattfanden.
Die *Sommerkampfspiele* wurden 1941 erstmalig als *internationale Jugendwettkämpfe* in Breslau ausgetragen.
Im Jahr 1937 schrieb die Reichsjugendführung die *Führerinnenwettkämpfe* (Fünf- und Dreikampf) aus, die jährlich durchgeführt wurden.

23.24 Die Gymnastik (Februar 1938 – Ende 1941)

(Siehe Anhang Abb. 32, Ziff. 2 und Abb. 35)

Mit der Gründung des BDM-*Werkes »Glaube* und *Schönheit«* wurde an die Leibeserziehung innerhalb des BDM eine neue Aufgabe herangetragen.
Es mußte Stellung bezogen werden zur *Gymnastik,* die Ausbildung also schon in

der *Grundschule* auf die neue Aufgabe eingestellt werden. Hinrich *Medau,* der in Berlin eine eigene Gymnastikschule unterhielt, wurde in die *Reichsjugendführung* berufen. Er bestimmte weitgehend die Ausbildung der 17–21jährigen Mädel.
Seine gymnastische Arbeitsweise, die vor allem das Natürliche, Weite und Straffe betonte, kam der bisherigen Entwicklung der *Mädel-Gymnastik* entgegen. *Medau* gründete seine Arbeit auf die Ansicht:

> *»Es gibt eine Schönheit, die sich jedes Mädel und jede Frau erarbeiten kann und erarbeiten sollte: die Schönheit der Bewegung. Nicht die gewollte äußere affektierte Pose ist gemeint. Darum wollen wir jene schöne Bewegung, die natürliche, anmutige nennen. Die natürliche Anmut ist eine Veranlagung, die jedes Mädel besitzt, die Anlage will aber geweckt, geübt und entfaltet werden«.*

Die *Gymnastik* wurde als eines der Haupt-Aufgabengebiete der *Leibeserziehung* der *Mädel* damit zwangsläufig zum Inbegriff des Mädelsportes.
Zur Bearbeitung der *Mädel-Gymnastik* wurde in der RJF die selbständige Abteilung »Gymnastik« im *Hauptamt* für *Leibeserziehung* eingerichtet.
Die Versuche, aus dem weiten Bereich der Gymnastik das für die Mädel-Arbeit Brauchbare zu übernehmen, führte zur Aufnahme des Begriffes *»Mädel-Gymnastik«* innerhalb der Mädel-Sport-Arbeit. Ihren Niederschlag fand sie in der 1940 erschienenen 2. Auflage des Buches *»Mädel im Dienst – BDM-Sport«.* –
1939 wurde bereits die *Reichsschule* in Traunstein/Obb. für die gymnastische Weiterbildung der *Untergausportwartinnen* dem Amt für Leibesübungen übergeben.
In das erste Jahr der Auseinandersetzung um die richtige Form der Mädel-Gymnastik fiel mit dem »Tag der Gemeinschaft« anläßlich des letzten Reichsparteitages 1938 der Höhepunkt der bis dahin geleisteten Grundschul-Arbeit: der Tanz der 5400 Mädel auf der Zeppelinwiese in Nürnberg.
Das »*Reichssportfest* des BDM« in Bamberg, das zu gleicher Zeit stattfand, gab neben der Leistungsschau vor allem die Ausrichtung für die kommende Arbeit; in Friedenszeiten sollten die Reichs-Entscheidungen des *Reichssport-Wettkampfes* und des *Führerinnen-Fünfkampfes* den Höhepunkt der Jahres-Arbeit bringen. (Siehe Anhang Abb. 34, IV)

23.25 1942 bis Kriegsende

Trotz der Beschränkung des *Sport-Dienstes* auf das Notwendigste, oft unter der Einwirkung feindlicher Luft-Angriffe und trotz Belegung der Turnhallen oder Verwendung der Sportplätze für militärische Zwecke bewiesen die Ergebnisse der *Reichssport-Wettkämpfe* im Krieg ein erstaunliches Ansteigen der Dienstfreudigkeit, vor allem bei den *Jungmädeln.*
Im Hinblick auf die Wichtigkeit der Leibesübungen für die Jugendlichen wurde der Sport-Betrieb weitgehend bis 1943/44 aufrechterhalten, sollte doch die Gesundheit der Jugend erhalten und gerade den Mädeln der körperliche und zugleich seelische Ausgleich zur schweren Land- und Fabrik-Arbeit gegeben werden.
Die *»Grundschule der Leibesübungen«* wurde wieder Mittelpunkt der gesamten Arbeit.
Der Sport wurde vor allem auf das *Spiel* und leicht durchführbare Übungen ohne technische Voraussetzungen abgestellt. – Während in den letzten Jahren vor dem Krieg die Grundschul-Ausbildung zum Teil vom Leistungs-Sport überdeckt worden war, ergab sich gerade im Krieg die Aufgabe, den für die Mädel-Arbeit anfangs vorgezeichneten Weg nicht aufzugeben und alles dafür einzusetzen, daß alle Mädel erst die Grund-Ausbildung durchliefen, bevor sie sich spezialisierten oder sich dem

Leistungssport zuwenden konnten. Außerdem waren für jede Sportstunde 20 Minuten *Mädel-Gymnastik* vorgeschrieben.
Um die Jahreswende 1942/43 wurden die hauptamtlichen *Sportwartinnen* vor die Aufgabe gestellt, die Arbeit der im Feld stehenden HJ-Führer und Sportwarte (für *Hitlerjugend* und *Jungvolk*) auf dem Gebiet der *Leibesübungen* innerhalb der *Gebiets-* und *Bann-Dienststellen* zu übernehmen.
Beide Aufgaben setzten eine zusätzliche *Schulung* und klare Ausrichtung voraus. *Kurzschulungen* innerhalb der Banne und die neu ausgeschriebenen *Kriegs-Sportwartinnen-Lehrgänge* hatten die sinnvolle und erfolgreiche Gestaltung des Pflicht-Sportes auch für die Jungen zu gewährleisten. –
Träger der *Mädel-Sport-Arbeit* in der *»Grundschule«* wurden mehr und mehr die ehrenamtlichen *Gruppen-* und *Ring-Sportwartinnen,* die gleichzeitig Führerinnen von Einheiten waren.
Sie erhielten ihre Ausbildung nach vorgeschriebenem Ausbildungsplan in den *K-Sportwartinnen-Lehrgängen* an den *Reichssportschulen* oder innerhalb der *Gebiete.*
Die Ablegung bestimmter Prüfungen war die Voraussetzung zur Bestätigung als *Gruppen-Sportwartin.*
Die Auswahl sportlich und führungsmäßig geeigneter Mädel für eine Ausbildung zur *Turn-, Sport-* oder *Gymnastik-Lehrerin* war eine wesentliche Aufgabe der *Stellenleiterinnen* für *Leibesübungen* in den *Untergauen.*
Nach bestandenen Auslese-Lehrgängen konnten diese Mädel innerhalb der *Reichslehrgänge* studieren oder der *Medau-Schule* zur Ausbildung zugewiesen werden, die seit 1942 als eine der Reichsjugendführung angegliederte Ausbildungsstätte für die Heranziehung von *Gymnastiklehrerinnen* verantwortlich war.
Die *Sport-Arbeit* des BDM i.d. HJ fand in den Kriegsjahren ihren Höhepunkt in der Zusammenarbeit mit ausländischen Jugendorganisationen:
Neben dem Einsatz reichsdeutscher *Sportwartinnen* im *Ausland* waren es vor allem gemeinsame Lehrgänge und die internationalen *Jugendwettkämpfe* im Garmisch und in Breslau 1941/42.
Im Rahmen der Zusammenarbeit mit ausländischen Jugendverbänden, sei es auf staatlicher, politischer oder privater Ebene im europäischen Raum, fand ein Austausch von Sportwartinnen und Lehrerinnen z.B. mit Italien, Norwegen und der Slowakei statt. Deutsche BDM-Sportwartinnen oder Fachwartinnen haben in diesen Ländern Ausbildungslehrgänge für Gruppen-Sportwartinnen durchgeführt und beim Aufbau der *»Grundschule«* dort maßgeblich mitgewirkt.
1944 lief in Den Haag ein der deutschen Sportausbildung für BDM-Sportwartinnen entsprechender Lehrgang für Mitglieder des *weiblichen Jeugdstorm.* Die Ausbildung richtete sich völlig nach den Bestimmungen und Forderungen der deutschen Universitäten. Sie war allerdings auf 4 Semester angelegt, mußte aber, durch die Kriegsereignisse bedingt, bereits 1944 nach dem 1. Semester abgebrochen werden. –
Außerdem haben *Gymnastik-Gruppen* des BDM-*Werks* in den Kriegsjahren 1941–43 eine Reihe von Reisen in das Ausland und eine Unzahl von Vorführungen im Rahmen der Verwundeten-Betreuung, z.B. am Berliner Funkturm, durchgeführt und gezeigt. Besonders ausgewählte und geschulte Gruppen besuchten im Rahmen der Wehrmachts-Betreuung z.B. Spanien, Norwegen, Holland, Italien und andere Länder.
Abschließend soll noch einmal betont werden, daß die *Leibeserziehung* des BDM von 1933–1938 der altersmäßigen Entwicklung der Mädel angepaßt wurde. Schon die *Jungmädel* lernten, sich spielend in die Gemeinschaft einzufügen, die Mädel des *Mädelbundes* durch Körperschule Selbstdisziplin und durch Wettkampfsport Leistungswillen für die Gemeinschaft zu üben.
Es sollten keine Spitzensportlerinnen herangebildet werden, sondern eine sportliche Breiten-Arbeit, wie sie noch nie in diesem Ausmaß erreicht worden war, sollte zu Gemeinschaftsgeist, Selbstzucht und Freude an der Leistung erziehen.

Nicht die Höhe oder Weite eines Sprunges waren entscheidend, sondern die harmonische Durchbildung des ganzen Körpers.
So fand die Leibeserziehung der weiblichen Jugend in der *Mädel-Gymnastik,* die hauptsächlich für die Mädel des BDM-*Werks »Glaube und Schönheit«* (17–21) gedacht war, ihre Vollendung.
Das Ziel war die freie und aufrechte Bewegung und damit die freie und aufrechte Gesinnung, Mut und Anmut, das dem Gesamt-Erziehungsprogramm zur gemeinschaftsgebundenen Persönlichkeit entsprach. –

> *»Wie der Junge nach Kraft strebt, so strebe das Mädel nach Schönheit.*
> *Aber der BDM verschreibt sich nicht dem verlogenen Ideal einer geschminkten und äußerlichen Schönheit, sondern ringt um jene ehrliche Schönheit, die in der harmonischen Durchbildung des Körpers und im edlen Dreiklang von Körper, Seele und Geist beschlossen ist.«*
>
> *Baldur von Schirach*

24. Ausbildung des Bundes Deutscher Mädel in zivilem Luftschutz, Nachrichtenwesen, Hochfrequenztechnik

24.1 Luftschutz

Die Wehrertüchtigung der Hitler-Jugend war ein Arbeitsgebiet, das den Bund Deutscher Mädel im Grunde nicht berührte. Ein militärischer Einsatz für Mädel wurde abgelehnt aus der Erkenntnis, daß Frauen und Mädel biologisch und psychologisch für einen offensiven Kampf nicht geeignet sind. –
Für Hilfeleistungen bei Feindangriffen auf die Heimatfront sollten die Mädel jedoch bereit sein.
Ab 1934 wurde den Mädeln des Bundes Deutscher Mädel nahegelegt, an Lehrgängen des »Zivilen Luftschutzes« teilzunehmen. Im Reichsluftschutzbund wurden Mädel wie Jungen – besonders die Jahrgänge der 13–14jährigen – in allen Fragen des Luftschutzes unterrichtet. –
Am 1. Mittwoch eines jeden Jahres fand der »Jugend-Luftschutztag« statt, an dem die Jugend ihre Einsatzbereitschaft für den Luftschutz zeigen konnte. –
Erst ab 1938 wurde eine BDM-Referentin für Luftschutz im Amt Wehrertüchtigung der Reichsjugendführung eingesetzt. Bei Kriegsbeginn wurde die Luftschutz-Ausbildung der Mädel in Kursen des Reichsluftschutzbundes als »Laienhelferin«, »Hausfeuerwehr«, »Melder« und »Luftschutzwart« intensiviert und offiziell als BDM-Dienst angesetzt.
Nicht nur die Mädel in der Stadt, sondern auch die Bauern- und Siedler-Mädel sollten für den Luftschutz geschult werden.
Die älteren Mädel des BDM-Werkes, die an Fragen des Luftschutzes besonders interessiert waren, erhielten eine Sonder-Ausbildung, um als Lehrkräfte für die 13–14jährigen zur Verfügung zu stehen.
So waren z. B. allein im Gebiet *Steiermark* im Jahr 1940 240 BDM-Führerinnen als Luftschutz-Lehrerinnen und 700 Mädel als Helferinnen ausgebildet. (Müller »Das junge Deutschland« 1943. Siehe auch Anhang 27c)

24.2 Nachrichtenwesen

In den letzten Kriegsjahren wurden Mädel – auf freiwilliger Basis – im Nachrichtenwesen (Morsen, Fernsprechen, Fernschreiben, Funken) ausgebildet. Damit wurde ab 1942 die erste BDM-Amtsreferentin, die nur für den *Luftschutz* und für die *Nachrichten*-Ausbildung zuständig war, im Amt Wehrertüchtigung eingesetzt. –

24.3 Ausbildung in Hochfrequenz-Technik

Im Laufe des Jahres 1944 wurde eine Gruppe technisch begabter Oberprimanerinnen in einem Lehrgang zusammengefaßt und neben dem Schul-Unterricht und dem BDM-Dienst in Hochfrequenztechnik ausgebildet.

Diese Mädel sollten später für einen Einsatz als Marine- oder Luftwaffenhelferinnen zur *Marine* bzw. *Luftwaffe* überstellt werden. –
Der gesamte übrige Kriegseinsatz der Mädel vollzog sich – ihrer weiblichen Art entsprechend – auf den Gebieten der sozialen, pflegerischen und hauswirtschaftlichen Hilfe sowie der kulturellen Betreuung der Heimatfront. –
(Siehe Kapitel 65)

25. Die weltanschauliche Schulung

25.1 Einführung und Begründung

Die weltanschauliche Schulung sollte Charakter- und Willensbildung sowie Erziehung zu sozialer Verantwortung bewirken und Dienst nach dem Vorbild der Frontkameradschaft und der Heimatfront des ersten Weltkrieges sein und nicht vorwiegend Wissensvermittlung, die als wesentliche Aufgabe der Schule vorbehalten blieb. Ihr Ziel war die Einübung und Einfügung des jungen Menschen in die Volksgemeinschaft.

> *»Volksgemeinschaft bedeutete Pflege der gemeinsamen Werke des deutschen Volkes gegenüber dem Trennenden, das unvermeidlich mit der Gliederung in Stämme, Berufsstände und Bekenntnisse gegeben war: also Bewußtsein des gemeinsamen Deutschtums über die geschichtlichen Erinnerungen des Gegensatzes (protestantisches Preußen, katholisches Rheinland, Süddeutschland, Österreich), Überwindung der sozialen Spannungen durch das Bewußtsein des Aufeinanderangewiesenseins, Überwindung des Klassenkampfes und des Klassendünkels durch Wiederherstellung der deutschen Volksgemeinschaft« (Prof. Dr. Heinrich Herrfahrdt, Marburg: »Das Wesen des Nationalsozialismus«, Gespräch aus der Ferne 1953, S. 4).*

Die Schulung sollte mitwirken an der Heranziehung einer Gemeinschaft von geistigem und moralischen Niveau. Das Ziel war der an Leib und Seele gesunde junge Mensch, klar, aufgeschlossen, eingebunden in die Volksgemeinschaft. Die Jugend sollte dem Wahren, Guten und Schönen verpflichtet sein, informiert über die Welt und nicht zuletzt vertraut mit der Geschichte und Weltanschauung der NSDAP.

Entsprach diese Formulierung der begeisterten Aufbruchstimmung nach 1933, als mehr und mehr Jugendliche freiwillig zur Hitler-Jugend strömten, so wird vergleichsweise nüchtern im Kriegsjahr 1940 von der damaligen BDM-Amtsreferentin des Amtes für weltanschauliche Schulung formuliert:

1. *Die Einheit nationalsozialistischen Denkens muß immer klar in all' unserer Schulungsarbeit herausgestellt werden. Gedanken von Rasse und Volk, Blut und Boden sind die Kerngedanken, die als letzte Erkenntnisse und Bekenntnisse unseres Glaubens unser ganzes Volk durchdringen. Diese Totalität unserer Weltanschauung müssen wir sehen. Für unsere Schulungsarbeit bedeutet das: Nicht die Fülle sämtlicher Lebensbereiche müssen wir behandeln, um junge Nationalsozialisten zu formen, sondern wenige Gebiete genügen, weil sich überall die Grundgedanken nationalsozialistischer Weltanschauung aufzeigen lassen.*
2. *Die Kraft der Erziehung ist durch die Erkenntnisse der Vererbungswissenschaft nicht geschwächt worden; wie groß die Möglichkeiten der Erziehung sind, zeigt uns ein Vergleich unseres Volkes der Jahre 1917/18 und des Jahres 1940. Alle Arbeit der Hitler-Jugend ist Erziehungsarbeit, stets müssen wir auch hier die Einheit sehen.*
3. *Die Schulungsarbeit der Hitler-Jugend ist nicht Wissensvermittlung, sondern politische Willensbildung. Es sollen junge Nationalsozialisten geformt werden, die durch die Tat ihre Gesinnung beweisen. Die Schulungsarbeit der Hitler-Jugend ist daher in erster Linie Charakterschulung. Der Jugenderzieher soll nicht lehren, sondern durch Erlebnisse den jungen Menschen prägen. Der Jugenderzieher muß daher stets Vorbild sein und vorleben.*

   (Niederschrift nach einem Vortrag im »Reichslager der Bauerntumsbeauftragten der Obergaue und der Jugendwartinnen der Landesbauernschaften« im Jahre 1940 in Lorch).

Voraussetzungen für diese Arbeit gab es kaum. Die Hitler-Jugend vereinte Land- und Stadtjugend, höhere Schüler und Schülerinnen, Jungbauern und Jungbäuerinnen, Jungarbeiter und Jungarbeiterinnen, deren Gemeinsamkeit im Erleben der Kampfzeit und in dem Willen zur neuen deutschen Volksgemeinschaft bestand.
Es mußten demnach Schulungsmethoden und Schulungsmittel entwickelt werden, die alle ansprachen, allen verständlich waren und doch diejenigen mit besseren schulischen Voraussetzungen nicht langweilten, sondern sie anregten, die gegebenen Themen zu erweitern und zu vertiefen. Die Schulung der Hitler-Jugend hatte die Schule nicht nachzuahmen und nicht zu ersetzen, erfolgte aber in weitgehender Abstimmung mit der Schule, erleichtert dadurch, daß viele junge Lehrer und Lehrerinnen Jugendführer und Jugendführerinnen waren.

25.2 Organisation

Nachdem 1933 ein großer Teil der Jugend gewonnen und durchorganisiert war, wurde das Jahr 1934 vom Reichsjugendführer zum *Jahr der Schulung* erklärt.
Verantwortlich für die Schulungsarbeit war das Amt für weltanschauliche Schulung der Reichsjugendführung. Der Amtschef, die BDM-Amtsreferentin, die Mitarbeiter und Mitarbeiterinnen waren zumeist pädagogisch vorgebildet, sehr viele waren Akademiker. Sie bestimmten nach den Weisungen des Reichsjugendführers und der Reichsreferentin für den BDM die Richtlinien der Arbeit, legten das Schulungsmaterial inhaltlich und methodisch fest und begründeten in Referaten und Lehrgängen Ziele und einzuschlagende Wege.
In den Gebieten und Obergauen waren es entsprechend Abteilungsleiter und Abteilungsleiterinnen, in den Bannen und Untergauen Stellenleiter und Stellenleiterinnen, die regelmäßig zu Arbeitsbesprechungen und weiterbildenden Lehrgängen zusammen gerufen wurden. Diese unterwiesen die ihnen nachgeordnete und ständig nachwachsende Führer- und Führerinnenschaft in der Durchführung der Heimabende und der sinnvollen Verwendung des von der Reichsjugendführung zur Verfügung gestellten Schulungsmaterials.

25.3 Beispiele wesentlicher Schulungsthemen

Unsere Heimat
Geschichte und Kultur, Sitte und Brauch der engeren Heimat.

Deutsche Einheit
Überwindung der Gegensätze von Stämmen, Klassen, Bekenntnissen.

Kameradschaft
Vorbilder: Frontkameradschaft; Füreinandereinstehen auch unter persönlichen Opfern.

Volk und Persönlichkeit
Armin der Cherusker, König Heinrich I, Friedrich der Große, Maria Theresia, Prinz Eugen, Königin Luise, Reichsfreiherr vom Stein, Gebrüder Grimm u.a.m.

Das Volk und sein Blutserbe
Herkunft und Art des deutschen Volkes, Bevölkerungspolitik, Gesetz zur Förderung kinderreicher Familien und begabter Jugendlicher, Maßnahmen zum Schutz des deutschen Blutes.

Du bist zwischen Enkel und Ahnherr gestellt
Sippenkunde und Anleitungen zu sippenkundlicher Arbeit

Du hast die Pflicht gesund zu sein
Anleitungen zu gesunder Lebensführung

Lebendige Welt
Einführung in Lebens- und Ordnungsformen der Natur, Anleitungen zur Naturbeobachtung.

Soziale Arbeit
Berufsberatung, Reichsberufswettkampf, Begabtenförderung, Jugendschutzgesetz, Nachbarschaftshilfe, Winterhilfswerk.

Einer ist Herr der Scholle
Würdigung des Bauernstandes, Gedanken zum Erntedanktag und Anleitungen zu dessen festlicher Gestaltung

Das eigentliche Schulungsjahr lief von Oktober bis Mai. Die Themen waren dem Alter und Aufnahmevermögen der Jugendlichen nach Jahrgängen und auch dem Jahreslauf angepaßt. Im Sommer standen Fahrt und Lager im Vordergrund; hier wurden Heimatkunde und Naturbeobachtung besonders gepflegt.

Beispiel eines solchen Jahresplanes:

Januar	Deutsche Einheit. Überwindung der Gegensätze von Stämmen, Klassen, Bekenntnissen
Februar	Brauchtum und Geselligkeit im Jahreslauf, u. a. Fastnacht
März	Du hast die Pflicht gesund zu sein. Gesunde Lebensführung, Erbgesundheit u.a.m.
April	Osterbrauchtum Leben und Werk Adolf Hitlers. Geschichte der NSDAP
Mai	Tag der Arbeit. Erziehung zu sozialem Verständnis und zu Mitverantwortung
Juni	Familie und Dorfgemeinschaft
Juli	Naturbetrachtung. Anleitungen zur Naturbeobachtung; Kennenlernen von Pflanzen, Heilkräutern etc.
August	Heimat und Stammeskunde
September	Die Arbeitswelt. Berufsberatung, Reichsberufswettkampf, Jugendschutz
Oktober	Erntedank und Erntebrauch, Anleitungen zu Erntedankfeiern etc.
November	Das Winterhilfswerk, Was können wir dazu beitragen? Totengedenken
Dezember	Weihnachten und Jahreswende

Eine Dienstvorschrift der Hitler-Jugend *»Die weltanschauliche Schulung im Winterhalbjahr 1938/39«* enthält folgenden Jahrgangs-Schulungsplan für die Jungmädel und den Bund Deutscher Mädel (Mädelbund):

Jungmädel

1. Jahr:	Unser Führer Adolf Hitler Deutsche Menschen in Sage und Märchen Grimm's Märchensammlung Germanische Götter- und Heldensagen

Die Nibelungensage
Die Gudrunsage

2. Jahr: Große Gestalten deutscher Vergangenheit
Hermann der Cherusker
Heinrich der Löwe
Walter von der Vogelweide
Heinrich von Plauen
Liselotte von der Pfalz
Friedrich der Große
Schill
Königin Luise
Andreas Hofer
Karl Peters

3. Jahr: Männer und Frauen im Kampf um Deutschland
Langemarck
Schwester im Weltkrieg
Heldentum in der Heimat
Schlageter
Kampf in Oberschlesien
Erste Sturmabteilung
HJ in der Kampfzeit
Die Frau im Grenzkampf

4. Jahr: Adolf Hitler und seine Mitkämpfer
Horst Wessel
Herbert Norkus
Rudolf Heß
Hermann Göring
Unser Reichsjugendführer
Adolf Hitler
  Braunau bis Wien
  Wien und München
  Der Weltkrieg (I.)
  Der Führer und Kanzler

Das Jungmädel vor der Berufswahl

Bund Deutscher Mädel (Mädelbund):
1. Jahr: Der Kampf um das Reich
Germanen über Europa
Das Reich ist des Kaisers (Kaiser u. Papst)
Ulrich von Hutten (Bauernkriege)
Der große Schwabenzug
Der Dreißigjährige Krieg
Der große Kurfürst
Freiherr vom Stein
Bismarck
Der Weltkrieg

2. Jahr: Die nationalsozialistische Bewegung im Kampf um Volk und Reich
Die Aufstellung des Parteiprogramms
Die NSDAP 1919–1923, 1924–1933
Das Aufbauwerk des Führers

Der geeinte Staat (Zerschlagung der Parteien)
Beseitigung der Arbeitslosigkeit
Wehrfreiheit
Wirtschaftliche Freiheit (Nahrungsfreiheit-Rohstofffreiheit)
Gegen den Weltbolschewismus
Groß-Deutschland (Volk vor den Grenzen)

3. Jahr: Das Volk und sein Blutserbe
Maßnahmen des Dritten Reiches zur Rassenpolitik
Ahnenblatt
Sippschaftstafel
Gesetz zur Erhaltung u. Förderung kinderreicher Familien
Maßnahmen zur Siedlung
Nürnberger Gesetze
Gesetz zur Verhütung erbkranken Nachwuchses und Ehegesundheitsgesetz
Gegner des Rassegedankens
Künder deutschen Sippenstolzes

Volk und Persönlichkeit
Liselotte von der Pfalz
Friedrich Schiller
Maria Theresia
Jakob und Wilhelm Grimm
Peter Rosegger
Gorch Fock

Weihnachten

Für *Jungvolk* und *HJ* liegt die entsprechende Dienstvorschrift nicht mehr vor. Es wurden nach Aussagen jedoch die gleichen Grundthemen behandelt. Im 3. Jahr (DJ) allerdings anstatt »Schwester im Weltkrieg«: »Schlacht von Tannenberg, Kreuzer-Fahrten, U-Boot-Krieg, Kampfflieger.« Im 4. Jahr (HJ) »Behandlung zeitpolitischer Fragen.«

25.4 Formen der weltanschaulichen Schulung

Der Heimabend
Der Heimabend wurde meistens scharweise (DJ = Jungzugweise) durchgeführt. Einmal wöchentlich vereinte der Abend im Heim (das sich die Jugendgruppen zu beschaffen wußten, ehe es später auch eigene Heimbauten der HJ gab) die Jungen bzw. Mädel. Es wurde gesungen, vorgelesen und das in den Heimabendmappen – 1939 Gesamt-Auflage: 620000 Stck (Kaufmann »Das kommende Deutschland« 1943) – festgelegte Thema miteinander besprochen und oft auch die aktuellen Tagesereignisse an Hand eines Zeitungsberichtes erörtert.

»Die Stunde der jungen Nation«, eine in den ersten Jahren jeden Mittwochabend stattfindende Rundfunksendung, erleichterte der anfangs noch wenig geschulten Führer- und Führerinnenschaft die Heimabendgestaltung. (Siehe Kap. 26.21)

Der Gemeinschaftsabend des BDM-Werkes »Glaube und Schönheit« brachte für die Mädel der verschiedenen Arbeitsgemeinschaften einmal monatlich einen alle vereinenden, die älteren Mädel besonders interessierenden Vortrag mit Diskussion, von Lied und Musik umrahmt, je nach Thema, oder Vorführungen und Veranstaltungen der einzelnen Arbeitsgemeinschaften, z. B. Laienspiel, Musik, Modevorführungen u.a.m.

Schulungstreffen fanden für Gefolgschaften (DJ = Fähnlein) und Gruppen, Stämme und Ringe, Banne und Untergaue statt. Sie standen jeweils unter einem im Jahrgangsschulungsplan vorgeschriebenen oder aber auch unter einem aktuellen Thema und wurden durch Lied, Musik und Spiel ergänzt und belebt.

Wanderlehrer und Wanderlehrerinnen
Geeignete Führer und Führerinnen, mit Schulungsmappen, Bildgeräten und anderem Schulungsmaterial ausgerüstet, blieben jeweils längere Zeit an einem Standort und halfen den Führern und Führerinnen der unteren Einheiten, besonders auf dem Lande und in Kleinstädten, bei der Heimabend- und Feiergestaltung.
Dienten die bisher aufgeführten Formen der Schulung von Jungen und Mädeln, waren die folgenden Schulungsmöglichkeiten für die Weiterbildung der Führer- und Führerinnenschaft vorgesehen.

Wochenendschulungen galten der Vorbereitung der Führer und Führerinnen der unteren Einheiten auf die in den Heimabenden zu behandelnden Themen. Durch die Heranziehung sachkundiger Referenten und auch durch kulturelle Erlebnisse dienten sie der Allgemeinbildung der Führer- und Führerinnenschaft.

Die Schulen der Gebiete und Obergaue erfaßten in bis zu dreiwöchigen Lehrgängen die untere und mittlere Führer- und Führerinnenschaft der Gebiete und Obergaue. (Siehe Kapitel 13.35)

Die Reichsführer- und Reichsführerinnen-Schulen
Hier erfolgte die Auslese und Weiterbildung des Führerkorps und des Führerinnenringes (Führer von Bannen und Führerinnen v. Untergauen, Abteilungsleiter und Abteilungsleiterinnen in den Stäben der Gebiete und Obergaue).

Die Akademie für Jugendführung
Nachwuchsführer und Nachwuchsführerinnen für die hauptamtliche Tätigkeit als Führer v. Bannen/Abteilungsleiter bzw. Führerinnen v. Untergauen/Abteilungsleiterinnen wurden hier ausgebildet (siehe Kap. 32 u. 33: Akademie für Jugendführung).

Reichsführer- und -führerinnenlager vereinten jährlich das Führerkorps und den Führerinnenring zu wegweisenden Vorträgen maßgeblicher Führungskräfte aus Politik, Wirtschaft und Kultur des Reiches, verbunden mit Darbietungen kultureller Spitzenleistungen (Musik, Theater, Dichterlesungen). Sie galten neben dem gemeinsamen Erleben dem Gedankenaustausch, der Besinnung, erweiterten den Gesichtskreis und vermittelten neue Kräfte und Erkenntnisse für die Arbeit an und mit der Jugend.
In den Gebieten und Obergauen fanden ähnliche Lager statt.

Das Führerschulungswerk wurde 1937 gegründet. In freiwilligen Arbeitsgemeinschaften fanden sich interessierte Führer und Führerinnen zur Fortbildung zusammen (meist in größeren Standorten). Themen u.a. Vorgeschichte und Geschichte, Deutschland baut auf, Rassen- und Bevölkerungspolitik, die Arbeit des HJ-Führers und der BDM-Führerin, Politische Auslandskunde. Auch hier wurden sachkundige Referenten herangezogen. (Siehe: »Die weltanschauliche Schulung im Winterhalbjahr 1938/39, S. 26–33). Bis 1940 wurden in 112 Städten des Reiches mit insgesamt 1000 Arbeitsgemeinschaften ca. 25000 Teilnehmer geschult. (G. Kaufmann: »Das kommende Deutschland«).
An der Hochschule für Politik in Berlin fanden Seminare für HJ-Führer und BDM-Führerinnen statt.

Das sozial- und wirtschaftspolitische Schulungswerk bildete in Arbeitsgemeinschaften, auf Lehrgängen und wirtschaftskundlichen Studienfahrten, auch in das Ausland, Nachwuchs für leitende Positionen in der Wirtschaft und Sozialarbeit heran.

25.5 Schulungsmaterial

Das Schulungsmaterial wurde in Zusammenarbeit mit den verschiedenen Ämtern der Reichsjugendführung (z. B. Kulturamt, Gesundheitsamt, Amt für Fahrten und Wandern, Auslandsamt) vom Amt für weltanschauliche Schulung herausgegeben.

Die Heimabendmappen waren grundlegend. Sie enthielten genaue Anleitungen zur Durchführung des Heimabends, Vorschläge an Liedern, Vorlesestoff, Anregungen zur Erweiterung des Themas mit Literaturangaben etc. Die Heimabendmappen erschienen 14täglich:

Für die Hitler-Jugend	»Die Kameradschaft«
Für das Jungvolk	»Die Jungenschaft«
Für den Mädelbund	»Die Mädelschaft«
Für den Jungmädelbund	»Die Jungmädelschaft«.

Für Fahrt und Lager, Feste und Feiern wurden, dem Jahreslauf und Jahresbrauch entsprechend, gesonderte Schulungsmappen mit erweiterten Vorschlägen und Arbeitsmaterial (Beispiel: »Lebendige Welt« mit Anleitungen zur Naturbeobachtung, Tier- und Pflanzenkunde etc.) an die Führer- und Führerinnenschaft geliefert.

Führer- und Führerinnenbriefe mit Informationen zu aktuellen Themen und zur allgemeinen Weiterbildung erschienen nach Bedarf in unregelmäßigen Abständen.

Die Wochenend-Schulungsmappen dienten der sorgfältigen Vorbereitung der Wochenend-Schulungen (siehe »Die Wochenendschulung 1938/39, Sonderausgabe von »Die Mädelschaft«).

Dienstvorschriften der Hitler-Jugend
(Siehe »Die weltanschauliche Schulung im Winterhalbjahr 1938/39«)

Schriftenreihe für die Schulung in der Hitler-Jugend (BDM)
Beispiel: »Du bist zwischen Enkel und Ahnherr gestellt«
(Anleitungen zu sippenkundlicher Arbeit), Heft 1, 1941, Volk und Reich Verlag, Berlin.

Bücherdienst des Amtes für weltanschauliche Schulung
Das Amt wählte jeden Monat ein Buch aus, das an die Gebiete und Obergaue, die Banne und Untergaue geliefert wurde. Diesem Bücherdienst konnte sich auch jede andere Einheit, jeder Führer und jede Führerin anschließen. Es erschienen u. a.:

Schirach	Idee und Gestalt; Revolution der Erziehung.
Chamberlain	Goethe
Bismarck	Gedanken und Erinnerungen
Jambrowski	Deutschland in der Weltwirtschaft
Wagner-Debel	Handatlas für die Hitler-Jugend
Hölderlin	Gebot und Erfüllung
Strobel	Bauernbrauch im Jahreslauf
Günther	Kleine Rassenkunde

(Siehe Dienstvorschrift »Die weltanschauliche Schulung im Winterhalbjahr 1938/39«, S. 41–42).

Bildgerät- und Bildbanddienst
Zur Erweiterung der Schulungsmöglichkeiten wurden den Einheiten Bildgeräte zur Verfügung gestellt. Ein Bildbanddienst ergänzte die im Schulungsplan vorgesehenen Themen mit entsprechenden Bildbändern:
Gesunde Familie – gesundes Volk
Erbkranker Nachwuchs
Versailles und seine Überwindung
Ordnung der nationalen Arbeit
So lebten unsere Vorfahren
Deutsche jenseits der Grenzen
Gesundes Leben
Sudetendeutschtum im Kampf
Ostpreußen, Brücke und Bollwerk
Adolf Hitler
u.a.m. (Siehe Dienstvorschrift der Hitler-Jugend »Die weltanschauliche Schulung im Winterhalbjahr 1938/39«, S. 43–45).

Zeitschriften
»Wille und Macht«, (Zeitschrift für das Führerkorps und den Führerinnenring. Für Geist und Willen dieser Zeitschrift sind kennzeichnend die Hefte: »Goethe an uns«; »Von Frauen, Liebe und Sitte«; »Frankreich und wir« (Versöhnung mit Frankreich); außerdem die Zeitschrift für Sozialpolitik »Das junge Deutschland«

25.6 Spezielle Themen

25.61 Adolf Hitler »Mein Kampf« und Alfred Rosenberg »Der Mythos des 20. Jahrhunderts«

Nur an den Reichsschulen und an der Akademie für Jugendführung wurde die höhere Führer- und Führerinnenschaft mit den Gedanken dieser Werke vertraut gemacht. Das gemeinsame Erarbeiten der einzelnen Kapitel, in Kurzreferaten und Niederschriften festgehalten, wurde ergänzt durch die Vorträge und Seminare namhafter Wissenschaftler, die aus ihren Arbeitsgebieten vortrugen. Beispiele: Geschichte, Kultur und Wirkungen Griechenlands und Roms, die großen Weltreligionen, Geschichte, Kultur, Kunst der Germanen, die großen Reiche und Kulturen der Welt, die großen Gestalten der abendländischen Geschichte und Kultur. Die Vertreter der Wissenschaft stellten sich wie die politischen und wirtschaftlichen Führungskräfte für diese Schulungsarbeit zur Verfügung.

25.62 Bevölkerungs- und Rassenpolitik

Die Schulung erfolgte in enger Zusammenarbeit mit dem Rassenpolitischen Amt der NSDAP. Nur Führer und Führerinnen, die an zusammen mit dem Rassenpolitischen Amt veranstalteten Lehrgängen teilgenommen, ihre Befähigung erwiesen und darüber einen Ausweis erhalten hatten, durften vor den unteren Führern und Führerinnen über dieses Gebiet sprechen.
Grundlage dieser Schulungsarbeit waren noch heute gültige Forschungsergebnisse. Die Grundeinstellung entsprach folgenden Äußerungen Eduard Sprangers (»Die Erziehung«, Jahrgang XIII):

»Das Volk besteht nicht nur aus lebenden ›Interessenten‹, sondern es ist eine Kette der Generationen, die aus unbekannter Zeit herkommt und deren Zukunft gesichert werden muß. Die Wiederbelebung des Volkes in Wirklichkeit und Denken erfolgt jetzt unter dem Zeichen der jungen Wissenschaft vom Leben ... Darin liegt ein neues Ethos, nämlich das der Gesamtverantwortung aller und jedes einzelnen für Leben, Gesundheit und rassische Höherbildung des Volkes«.

Dr. Walter Groß wandte sich in der »Stunde der jungen Nation« mit einer Ansprache an die Jugend:

... »Die Rassenkunde lehrt uns, daß alle wesentlichen Unterschiede zwischen Völkern und Rassen erblicher Natur sind, damit der direkten Einwirkung unserer Erziehungs- und Bildungssysteme entzogen und deshalb für Menschenkraft unüberwindlich. Die Rassen sind verschieden, weil ihr Blut verschieden ist, wie man im Volksmund sagt, nicht weil die Zivilisation an einer Stelle schon weiter fortgeschritten ist, als an einer anderen. Damit müssen wir als Menschen uns abfinden, wie wir uns mit jedem Naturgesetz auf Erden abzufinden haben. Da die Völker rassisch verschieden sind, muß jedes schauen, seine eigene Art ungestört in sich reifen und wirken zu lassen und rein zu halten von körperlicher oder geistiger Zerstörung«. (Reichs-Jugend-Pressedienst, Berlin, 26. 10. 1934, Siehe ferner die Ansprache von Dr. Walter Groß, Leiter des Rassenpolitischen Amtes der NSDAP, »Rasse und Revolution«, gehalten im Reichsführerlager in Weimar 1937.)

Die Schulung basierte auf der Achtung vor eigenem und fremden Volkstum. Der Begriff der »Herrenrasse« wurde von der Hitler-Jugend abgelehnt und der Jugend nicht vermittelt. Die Verantwortung jedes Einzelnen für das Weiterleben eines gesunden, schöpferischen Volkes sollte geweckt und bestärkt werden.

Die Judenfrage wurde gesehen und behandelt im Sinne der Vermeidung der »Biologischen Unterwanderung durch fremdes Erbgut« (Eibl-Eibesfeldt), des »Zurückdämmens des jüdischen Einflusses (Kultur, Medizin, Recht), als äußerste Konsequenz auf Rassentrennung gerichtet« (Lydia Ganzer). Die Möglichkeit einer leiblichen Vernichtung des jüdischen Volkes war unvorstellbar. Äußerungen von Haß gegenüber Juden oder Anstiftung dazu wird man im Schulungsmaterial der Hitler-Jugend und des Bundes Deutscher Mädel nicht finden. Der Reichsjugendführer verbot bereits 1933 der Jugend das Lesen der von Julius Streicher herausgegebenen antisemitischen Zeitschrift »Der Stürmer«. 1938 wurden drei Angehörige der Hitler-Jugend, die an einer Demonstration gegen Juden teilgenommen hatten, aus der Hitler-Jugend ausgeschlossen.

25.63 Religion und Kirchen

Einige statistische Angaben sollen vorangestellt werden: Der Zeitschrift »Das junge Deutschland« (1943) ist aus einem Aufsatz »Hitler-Jugend 1933–1943« zu entnehmen, daß kurz vor 1933 im Reichs-Ausschuß der deutschen Jugendverbände zusammengefaßt waren:

97 Verbände mit 4 Millionen Jugendlichen (14–21 Jahre). Von dieser organisierten Jugend entfielen auf katholische Gruppen 21,76%, auf evangelische Gruppen 11,58%, auf marxistische Gruppen 8,5% und auf bündische Gruppen knapp 1%.

Diese Zahlen gilt es zu bedenken, um das Einigungswerk der Hitler-Jugend auch im besonderen Hinblick auf die konfessionell gebundene Jugend voll würdigen zu können.

Die verhängnisvolle Spaltung in zwei Religionsgemeinschaften, die Jahrhunderte hindurch bestehenden Auseinandersetzungen zwischen Machtansprüchen der Politik und der Kirchen, ist von den besten Kräften unseres Volkes immer als eine schwere Belastung empfunden worden. Der Richtungsstreit innerhalb der evangelischen Kirche, Mängel der Verkündigung, Versagen völkischen und sozialen Fragen gegenüber, sowie unverhohlene politische Gegnerschaft führender Kirchenmänner beider Konfessionen mußten zu Widerspruch auch der Jugend führen. Die Entwicklung der Hitler-Jugend zur Einheitsorganisation der deutschen Jugend brachte die Aufgabe mit sich, ihre Ziele, Rechte und Methoden gegenüber den kirchlichen Forderungen abzugrenzen. Spannungen zwischen Hitler-Jugend und Religionsgemeinschaften konnten daher nicht ganz ausbleiben.

Die Eingliederung der Evangelischen Jugend erfolgte durch Abkommen vom 19. 12. 1933. Die katholischen Jugendverbände sind nie offiziell eingegliedert worden; ihre Tätigkeit wurde durch das im Jahr 1933 mit dem Vatikan abgeschlossene Konkordat geregelt und auf religiöse Aufgaben beschränkt. Dadurch wurde ihr Einfluß auf die katholische Jugend begrenzt. Der größte Teil auch der katholischen Jugend trat zur Hitler-Jugend über. Durch Verfügung des Reichsjugendführers vom 18. 6. 1937 wurde bestimmt, daß eine gleichzeitige Mitgliedschaft in der HJ und in Organisationen der katholischen Jugendverbände grundsätzlich verboten sei. Unabhängig davon wahrte die Hitler-Jugend weiterhin ihre gewohnte Zurückhaltung gegenüber der Kirche und ihren Ansprüchen, indem sie der Jugend neben ihrem »Dienst« genügend Zeit zur Verfügung stellte, sich von religiöser Seite betreuen zu lassen. Sie tat ein übriges und erklärte sich »in Anerkennung der seelsorgerischen Aufgaben der Kirchen oder anderer religiöser Vereinigungen« grundsätzlich bereit, in außergewöhnlichen Fällen für besondere Veranstaltungen von Kirchen oder anderen Glaubensgemeinschaften Urlaub zu gewähren. Im gleichen Erlaß wurde jedoch auch betont, daß die Erziehung der Jugendlichen (durch Sport, Schulung, Kulturarbeit, sozialen Einsatz) ausschließlich Sache der Hitler-Jugend, der geeinten Jugend des deutschen Volkes, sei.

Die Jugend beider Konfessionen vereinte sich mit der aus marxistischen Jugendverbänden zuströmenden Jugend, die durch Propaganda der marxistischen Parteien (Freidenkerbund) und eigene soziale Not vor 1933 sich von den Religionsgemeinschaften wegen deren Unvermögen, die sozialen Probleme der arbeitenden Massen zu lösen, losgesagt hatten. Sie alle kameradschaftlich zu einen und sie in eine Gemeinschaft einzugliedern, die sich nicht nur ihrem Volk, sondern auch Gott verpflichtet wußte, war wichtigste Aufgabe. Der Reichsjugendführer Baldur von Schirach sagte zu diesem Auftrag:

> *»Ich habe bereits in den vergangenen Jahren viele Millionen der deutschen Jugend, die einst in marxistischen Organisationen, in Freidenkerverbänden und in der Gottlosenbewegung organisiert waren, innerlich und äußerlich für die Hitler-Jugend gewonnen. Diese Jugendlichen haben bei uns nicht nur das Wunder einer klassenlosen Kameradschaft erlebt, sie haben auch in dieser Gemeinschaft gelernt, an große und heilige Begriffe, die lange Jahre hindurch in den Dreck gezogen wurden, zu glauben, aus tiefstem Herzen und aus seelischer Überzeugung. Hier bei uns gewann diese Jugend wieder ihren Glauben an einen gütigen und großen Gott ... Ich habe in der Hitler-Jugend niemals einen Gottlosen geduldet.«* –

Die Hitler-Jugend, vertreten durch das Führerkorps und den Führerinnenring des Bundes Deutscher Mädel, hat sich, so entschieden sie die Trennung von Kirche und Staat bejahte, doch stets zur religiösen Duldsamkeit bekannt. Baldur von Schirach hat bei vielen Gelegenheiten von einer auf Ehrfurcht gründenden religiösen Freiheit gesprochen:

> *»Ich denke weder in den Wäldern Germaniens heidnische Opferstätten zu errichten und die Jugend zu irgendeinem Wodanskult zu bringen, noch das junge Deutschland sonstwie den Zauberkünsten irgendwelcher bärtiger Krautapostel auszuliefern – im Gegenteil; jeder möge der religiösen Überzeugung dienen, die er vor seinem Gewissen verantworten kann.«* –

Unter lebhafter Zustimmung der versammelten Gebietsführer und Gebietsmädelführerinnen sagte Baldur von Schirach auf einer Tagung 1942 in München:

»Ich erwarte, daß jeder Hitler-Junge und jedes BDM-Mädel einem Mütterchen, das an einem Wegkreuz Trost sucht, Reverenz erweist. Niemand in Deutschland, er mag persönlich glauben, was er will, darf dem Christentum unehrerbietig entgegentreten.« –

Trotz dieser Grundhaltung kam es von Seiten namentlich jüngerer Führer und Führerinnen zu gelegentlichen schroffen Äußerungen über das Christentum und seine Institutionen. Es kann auch nicht bestritten werden, daß dem Reifeprozeß Jugendlicher entsprechende Über-Reaktionen gegen die Kirchen und ihre Vertreter vorkamen, die aber weder von der Reichsjugendführung angeordnet, noch geduldet wurden.

Auch der Deutschen Glaubensbewegung und verwandten Gruppen gegenüber hat sich die Hitler-Jugend abgegrenzt. Unbeschadet ihrer persönlichen Einstellung war es Führern und Führerinnen der Hitler-Jugend untersagt, in der Deutschen Glaubensbewegung ein Amt zu übernehmen und in der Hitler-Jugend für sie zu werben, so daß diese Bewegung nicht zuletzt auch durch die Zurückhaltung der Hitler-Jugend nicht sonderlich zur Entfaltung kam.

Um nicht zu einer weiteren konfessionellen Spaltung des deutschen Volkes beizutragen, hielt sich die Hitler-Jugend auch von der Bewegung der »Deutschen Christen« zurück.

Wenn ein größerer Teil der höheren Führer- und Führerinnenschaft der Hitler-Jugend und des Bundes Deutscher Mädel freiwillig aus der Kirche ausgetreten war, um sich aus den widerstrebenden politisierenden Richtungen aller Konfessionen und Glaubensgruppierungen heraus zu halten, so taten sie dies nicht unter Zwang, sondern aus Überzeugung. Wie auch immer im einzelnen die Gründe dafür gewesen sein mochten, gemeinsam war das Gefühl, in den bisherigen Religionsgemeinschaften keine geistige Heimat zu haben. Diese Einstellung durch den offiziellen Kirchenaustritt zu unterstreichen, entsprang ihrer inneren Wahrhaftigkeit. Es ist aber nie auf die unterstellte Führer- und Führerinnenschaft oder gar auf die Jugendlichen allgemein ein Zwang zum Austritt aus einer Religionsgemeinschaft ausgeübt worden. Eine Art Gottlosenpropaganda (wie in der Weimarer Republik) hat es nicht gegeben.

Wenn an den Kirchen und ihrer Verkündigung Enttäuschte sich von diesen abwandten und für sich und ihren Glauben den Begriff »gottgläubig« wählten, so ist darunter nicht, wie an anderer Stelle (Griesmayer/Würschinger) geäußert, zu verstehen »Ein Volk zu sein, ist die Religion unserer Zeit« (E. M. Arndt), sondern vielmehr das uneingeschränkte Bekenntnis zu Gott. Wenn Jugendführer das Bekenntnis zu ihrem Volk über das Bekenntnis zu einer konfessionellen Vereinigung stellten, so war das nicht im Sinne einer Vergottung des nationalsozialistischen Volksbegriffes gedacht. Der Ausspruch Baldur von Schirach's »Der Dienst am Volk ist auch ein Gottesdienst«! (1939 in Magdeburg) ist nur in diesem Zusammenhang zu verstehen.

In ihrer Feiergestaltung (siehe Kapitel Kulturarbeit) versuchte die Hitler-Jugend, auch ihrer religiösen Gesinnung Ausdruck zu geben, deren Spannweite gekennzeichnet sein mag durch Kant: »Zwei Dinge erfüllen mich mit immer neuer Ehrfurcht: das moralische Gesetz in mir und der gestirnte Himmel über mir« und durch Goethe: »Nicht das macht frei, daß wir nichts über uns anerkennen wollen, sondern eben, daß wir etwas verehren, das über uns ist. Denn indem wir es verehren, heben wir uns zu ihm hinauf und legen durch unsere Anerkennung an den Tag, daß wir selber das Höhere in uns tragen und wert sind, seinesgleichen zu sein« oder »Das schönste Glück des denkenden Menschen ist, das Erforschliche erforscht zu haben und das Unerforschliche ruhig zu verehren« sowie Schiller:

»Leben wir ergeben und entschlossen,
ohne unzufriedenes Suchen, das hienieden nie
Sicherheiten finden kann;
freudig aufwärts sehend, als ein Mensch,
der den Himmel vielleicht verlor,
darüber aber die Erde weder vergißt
noch verachtet,
weil er weiß:
unverlierbar ist des Himmels Spiegelbild in ihm.
Das Leben hat Recht!« –

Aus solcher Einstellung kann weder auf Ungläubigkeit noch Gottlosigkeit oder Ersatzreligion geschlossen werden. Für die Hitler-Jugend galt auch in der Frage der religiösen Überzeugung: Kein Zwang, sondern Erziehung zur Ehrfurcht, zur Achtung und Duldsamkeit der Überzeugung anderer und Hinführung zu den Erkenntnissen und Bekenntnissen der großen Denker und Dichter unseres Volkes.

25.7 Zusammenfassung

Die für die weltanschauliche Schulungsarbeit – wie für die Arbeit der Hitler-Jugend insgesamt – zugemessene Zeit war nur kurz. Doch bleibt festzuhalten, daß die geeinte deutsche Jugend mit einem hohen Maß an gutem Willen und in gläubiger Hoffnung versuchte, sich ohne parteipolitisch engstirnige Begrenzungen deutsche Geschichte und Kultur und die für richtig angesehene Anschauung der Welt zu eigen zu machen und ihr Leben danach einzurichten.
Weltanschauliche Schulung bedeutete danach nicht Vermittlung von Wissen, sondern die Erziehung zu Charakterwerten.

26. Die Kulturarbeit

26.1 Einführung

Die Kulturarbeit der Hitler-Jugend, die aus der nationalsozialistischen Weltanschauung heraus einen eigenen Stil zu entwickeln versuchte, und die neben ihrer sozialen Komponente, nämlich Begabtenauslese und Begabtenförderung, vor allem durch ihre Breitenarbeit in Gestalt der musischen Bildung aller Jugendlichen bedeutsam wurde, ist auch durch die von der Jugendbewegung ausgegangene Besinnung auf deutsches Volkstum und deutsche Kultur beeinflußt worden. Mit dem 1908 von Hans Breuer herausgegebenen »Zupfgeigenhansl« begann eine neue Pflege des deutschen Volksliedes, die von der Singbewegung, für die Namen wie Walter Hensel, Fritz Jöde, Georg Götsch u.a. stehen, weitergetragen wurde. Hinzu kam die Wiederbelebung der Sage, des Märchens, von Volksbrauch und -sitte. Es sei an die verdienstvolle Arbeit von Eugen Diederichs, Jena, mit der Herausgabe der Nordischen Sagen, der Sammlung Volkheit, der Märchen der Welt, an seinen Sera-Kreis; an Professor Hans Hahne, Halle, mit seinem Hahne-Kreis und die von seinem Museum für Landes- und -vorgeschichte ausgehenden Impulse erinnert. Gottfried Haas-Berkow, Martin Luserke, Rudolf Mirbt u.a. waren führend in der Laienspielbewegung. Das Puppenspiel wurde von Max Jakob und Harro Siegel neu belebt.

Stand die Hitler-Jugend in der Kampfzeit in Opposition und sang mit Begeisterung Kampflieder, so begann nach der Machtübernahme der Weg »von wilder uferloser Begeisterung zur Zucht, von der Opposition zum verantwortlichen Mitträger des Kulturlebens« (Baldur von Schirach).

Was sollte mit der Kulturarbeit erreicht werden?

Es galt, in und mit der Jugend die unvergänglichen deutschen Kulturwerte neu zu entdecken, zu pflegen und zu bewahren. Die Erziehung des Jungen zum Wehrgeist sollte durch die musische Bildung ergänzt werden: Der musische Mensch in soldatischer Haltung wurde zur neuen Wertordnung. Das Mädel sollte nicht nur zu körperlicher Harmonie geführt werden, sondern auch geistig und seelisch gebildet sein. In den Arbeitsgemeinschaften der Älteren, im BDM-Werk »Glaube und Schönheit«, wurde die Prägung eines persönlichen Lebensstils weitergeführt. Das gemeinsame frohe Erleben in Dienst, Fahrt, Lager, Geselligkeit und kulturellen Veranstaltungen, die ernste Auseinandersetzung mit allen Gebieten der musikalischen, bildenden, darstellenden Kunst und dem Schrifttum sollten die individuellen schöpferischen Kräfte anregen, entwickeln und fördern. Kulturarbeit bedeutete Freude am gemeinsamen Tun, Erleben deutscher Kunst und vor allem aber Bildung der Persönlichkeit.

Baldur von Schirach gab in seiner Rede »Vom musischen Menschen« (Schirach »Revolution der Erziehung«) 1938 folgende Richtpunkte für die Kulturarbeit der Jugend:

»1. *Stärker als bisher soll das gesamte deutsche Geisteserbe in die sich entwikkelnde Jugendarbeit hinein genommen werden.*

2. *Die Erziehung der deutschen Jugend soll mehr und mehr aus ihrer anfänglichen verengenden Festlegung auf einen militantpolitischen Typ heraustreten. Sie soll in Zukunft ihr besonderes Gepräge durch eine starke Betonung des »Musischen« erhalten.*

3. *Dieses »Musische« soll verstanden werden als eine bestimmende, bis in die un-*

wägbaren Einzelheiten des Daseins reichende Haltung und als ein festgegründeter Lebensstil, der sich nicht nur als gelegentliche repräsentative Äußerung kundgibt, sondern den Menschen als Ganzes erfaßt und seine körperlich-geistig-seelische Harmonie bewirkt.«

(Siehe Anhang Abb. 36)

Der Niederschrift eines Vortrages der BDM-Amtsreferentin Leni Nölle in der Broschüre »Reichslager 1940 der Jugendwartinnen der Landesbauernschaften und Bauerntums-Beauftragten der Obergaue in Lorch/Württemberg« ist zu entnehmen:

»Es ist wichtig zu bedenken, daß die Kulturarbeit nur ein Faktor unserer gesamten Mädel- und Erziehungsarbeit ist, allerdings ein wesentlicher: Denn welche Arbeit entspräche wohl mehr ihrem Wesen als die kulturelle Arbeit. Beim Singen oder Musizieren wie in der Werkarbeit, in der Beschäftigung mit den Fragen der Gestaltung von Festen, Feiern und Freizeit sowohl in der Gemeinschaft wie in der Familie (um nur einige der wichtigsten Teilgebiete zu nennen) wenden wir uns ja aufs stärkste an die ursprünglichsten Kräfte, die in einem Mädel lebendig und wirksam sind: an das Gemüt und Gefühl und an die Freude und die Bereitschaft zum praktischen Tun . . .«

Leni Nölle sieht die Aufgabe, sich Kunst und Kultur zu eigen zu machen, als einen Quell der Freude, der Kraft und eines nie vergehenden Glücks. Die Aufgabe der Frau sei es, das Leben reicher, farbiger, gesünder, schöner und gläubiger zu gestalten.

26.2 Entwicklung der Kulturarbeit über die Rundfunkarbeit

26.21 Aufgaben des Jugendfunks

Der Rundfunk bot nach der Machtübernahme im Jahre 1933 die erste größere Wirkungsmöglichkeit für die kulturelle Arbeit der Hitler-Jugend. Es sei daran erinnert, daß durch die Produktion des preisgünstigen Volksempfängers fast jede Familie durch ihn erreichbar war; das Fernsehen spielte noch keine Rolle.

1934 wurde das Rundfunkamt der Reichsjugendführung gegründet mit Obergebietsführer Carl Cerff als Leiter des Amtes. Das Rundfunkamt wurde im Krieg aufgelöst. Seine Aufgaben übernahm das Presse- und Propagandaamt.

Die ersten in den Sendeprogrammen auftauchenden Hitler-Jugend-Sendungen dienten neben der Mitgliederwerbung der Schulung der Einheiten-Führer und -Führerinnen in Form von Singstunden, Vorträgen, Zwiegesprächen, Berichten, Anleitungen.

An den Sendern wurden Jugendfunkleiter der Hitler-Jugend und BDM-Referentinnen eingesetzt, die gleichzeitig den Stäben der Gebiete und Obergaue angehörten. Von ihnen wurden die bald einen festen Platz in den Programmen einnehmenden Jugendsendungen wie die »Stunde der jungen Nation«, der Schulfunk und der Kinderfunk gestaltet. Von der anfänglichen Meinung, alles selbst machen zu müssen, kam man bald ab und verpflichtete geeignete Kräfte (Sprecher, Schauspieler, Orchester) zur Mitarbeit.

Die Reichsjugendführung veranstaltete Wettbewerbe für künftige Rundfunksprecher und Rundfunkberichterstatter, sowie Ausbildungslehrgänge für Funktechniker an der Reichsrundfunkschule der Hitler-Jugend in Göttingen. Es wurden so nicht nur Fachkräfte für den Jugendfunk, sondern auch für die allgemeine Rundfunkarbeit herangebildet.

Der Kinderfunk wurde zu einer besonderen Domäne des Bundes Deutscher Mädel. Schon 1936 wurden über alle Reichssender etwa 800 Kinderfunksendungen ausgestrahlt. Einige Zahlen: 1936 wurden vom Bund Deutscher Mädel 1350 Rundfunksendungen erarbeitet, darunter 70 Sportstunden, 51 Werkstunden, 47 Bücherstunden, 158 Musikstunden, 247 Schulungsstunden, 26 Morgenfeiern, 65 Hörspiele, 18 Grenzlandsendungen, 125 Kinderfunkspiele, 68 Kinderbastelstunden, 392 andere Kinderfunksendungen (entnommen dem Jahrbuch des BDM »Wir schaffen«, 1937).

26.22 Die Rundfunkspielscharen

Die Sendungen der Hitler-Jugend gewannen bald an Format und interessierten mehr und mehr auch die übrigen Hörer. Besonders beliebt wurden die Morgenfeiern und die Jugendmusiksendungen, vor allem die Singestunden. Sehr bald stellte sich die Aufstellung von besonderen Rundfunkspielscharen als notwendig heraus, deren Niveau über das Reich hinaus anerkannt worden ist. Ihre Arbeit diente auch der Völkerverständigung. So reiste die Rundfunkspielschar Berlin unter Obergebietsführer Carl Cerff am 22. 3. 1935 nach Polen, um über alle polnischen Sender, den Deutschlandsender und andere Reichssender eine Jugendaustausch-Sendung durchzuführen. In einem zeitgenössischen Bericht heißt es:

> ... *»Neben einem begeistert aufgenommenem Gemeinschaftssingen mit der polnischen Jugend sei ganz besonders die feierliche Kranzniederlegung am Grab des unbekannten Soldaten in der polnischen Hauptstadt erwähnt. Eine Minute stillen Gedenkens, in der die deutsche Gruppe die Toten einer fremden Nation ehrte, die Toten eines Krieges, von denen das deutsche Volk selbst zwei Millionen nennen kann, sagte hier mehr als noch so viele geklügelte Worte über den Frieden. Es ist überhaupt bemerkenswert an Auslandsfahrten und Austauschsendungen, daß hier vom Frieden gesprochen wird ... Vom Frieden zu künden und zu sprechen, mag nützlich sein, nützlicher und überzeugender aber ist es, dies stark, wahrhaft und schlicht zu leben und für ihn zu arbeiten.«*

26.23 Die erste Weltring-Sendung

Die erste Weltring-Sendung der Jugend »Jugend singt über die Grenzen« erfolgte am 27. 11. 1935. 32 Nationen mit etwa 1300 Sendern waren eingeschaltet.

> *»Die deutsche Jugend wollte mit dieser Sendung beweisen, daß sie den lebendigen Wunsch hat, mit der Jugend anderer Nationen Beziehungen aufzunehmen, um an der Verständigung der Völker mitzuarbeiten.«*

Die Sendung fand großen Widerhall und wurde auf Vorschlag der Hitler-Jugend fortgesetzt. Am 8. 12. 1936 weilte eine polnische Jugendgruppe mit etwa 30 Teilnehmern als Gast der Reichsjugendführung in Berlin, um den polnischen Anteil zu der für März vorgesehenen deutsch-polnischen Jugendaustausch-Sendung zu erarbeiten (Musik in Jugend und Volk 1936, S. 82). Am 24. 6. 1936 fuhr die Rundfunkspielschar Berlin nach Finnland, wo in Helsinki eine deutsch-finnische Jugendaustausch-Sendung erfolgte, die in der Jugend und in der Bevölkerung Finnlands ein begeistertes Echo fand. – Auch mit England, Frankreich und am 29. 1. 1938 mit Japan erfolgten gleiche Sendungen.

Pressestimmen zu der Weltring-Sendung 1935:

> *»Den Gedanken solcher Art von Sendungen beurteilen wir als sehr glücklich. Indem wir im Namen der polnischen Jugend noch einmal für die wertvolle Sendung danken, bitten wir, uns die Beurteilung der Lieder unserer Jugend mitzuteilen . . .« (Die Liga, ein polnischer Studentenbund),*
> *»Jugend singt über die Grenzen«, die kühnste internationale Rundfunkveranstaltung, die jemals versucht worden ist, hatte einen großen Erfolg« (Times, Großbritannien).*
> *»Die Veranstaltung war eine wundervolle Demonstration der Organisation und Zusammenarbeit« (The Star, Großbritannien).*
> *»Unter dem anziehenden Namen »Jugend singt über die Grenzen« konnten wir am vergangenen Sonntag von 17–19 h eine erstaunliche Sendung von Volksliedern hören, an der insgesamt 31 Länder teilnahmen. Gleichsam, als ob sie von ein und demselben Punkt des Erdballs ausgingen, gelangten diese Länder nacheinander und pünktlich von ihren verschiedenen Ursprungsorten an unser Ohr. Dank dem Rundfunk haben wir einen herrlichen Nachmittag verleben können, an dem sich das Dichterwort verwirklicht zu haben schien: »Dann könnte man die Welt umfahren, wenn alle Menschen sich die Hände reichten«. (Radio Magazine, Frankreich).*

26.24 Sendungen der Spitzenchöre

Neben den bereits genannten Sendungen (»Stunde der jungen Nation«, »Kinderfunk« etc.) seien noch erwähnt:
»Deutsche Jugend singt und spielt«, eine jede Woche stattfindende Sendung des Deutschlandfunks.
»Die schönsten Lieder des Jahres«, gesungen von der Rundfunkspielschar Berlin unter Leitung von Willi Träder, übertrug der deutsche Kurzwellensender Berlin im Kriegsjahr 1940.
»Nun fanget an ein guts Liedlein zu singen«, eine Ringsendung mit Spitzenchören der Hitler-Jugend unter Gesamtleitung von Willi Träder, wurde während der Kulturtagung in Weimar am 14. 6. 1941 gesendet. Beteiligt waren die Rundfunkspielscharen Berlin, Wien, Stuttgart, des Deutschlandsenders, die Regensburger Domspatzen, der Mozart-Chor der Berliner Hitler-Jugend, der Heinrich Albert-Chor der Königsberger Hitler-Jugend und der Thomaner-Chor Leipzig.
Am 15. 6. 1941 folgte eine Sendung festlicher Chormusik »O Musica, du edle Kunst«. –
Was Kurt Lamerdin in »Die Spielschar« 1941 über die Rundfunkspielschar München schreibt, gilt in ähnlicher Form für alle damals bestehenden Spielscharen:

> *»Sie ist seit 1935 zu einem wertvollen Instrument entwickelt worden. In intensiver Arbeit auf allen Gebieten, auf denen eine Rundfunkspielschar zu Hause sein muß: Chorsingen, Instrumentalmusik, Laienspiel, Sprechausbildung und Volkstanz setzte sie sich in den Jahren vor dem Krieg an die Spitze und konnte zu großen repräsentativen Aufgaben im Rundfunk und in der Hitler-Jugend eingesetzt werden«. –*

Der Chor sang bei großen Veranstaltungen der Reichsjugendführung, den olympischen Winterkampfspielen, den Kultur- und Musiktagen der Hitler-Jugend sowie auf dem Reichsparteitag. Spielscharfahrten in das Österreich der Kampfzeit und nach Kriegsausbruch Singen vor den Soldaten des Westwalls (1939) und später Veranstaltungen in Lazaretten und den Frontgebieten folgten.

26.3 Die Organisation und die Arbeitsgebiete der Kulturarbeit

1935 gründete der Reichsjugendführer Baldur von Schirach das Kulturamt der Reichsjugendführung, nachdem über den Rundfunk und in den Einheiten durch Singen, Spielen und Musizieren sowie durch die seit 1934 bestehende Arbeitsgemeinschaft »Junge Künstler« (Wort und Musik), der schon 1934 unter anderen die HJ-Führer Rainer Schlösser, E. W. Möller, Hans Baumann, Georg Blumensaat, Gerhard Maaß, Heinrich Spitta, Wolfram Brockmeier, Heribert Menzel, Karl Richard Ganzer angehörten, die kulturelle Breitenarbeit in voller Entwicklung war. Die Leitung des Kulturamtes übernahm der Reichsjugendführer zunächst selbst, damit die Wichtigkeit der Kulturarbeit betonend; sie ging später an Obergebietsführer Carl Cerff über, der in Personalunion auch das Rundfunkamt leitete.
Das Kulturamt war gegliedert in die Hauptabteilungen Musik, Bildende Kunst, Darstellende Kunst, Feier- und Freizeitgestaltung, Schrifttum.
In den Gebiets- und Obergauführungen bestanden Kulturabteilungen, die hauptamtlich mit einem Kultur-Abteilungsleiter bzw. einer Kultur-Abteilungsleiterin besetzt waren. Zu den Kulturabteilungen gehörten hauptamtlich Musikreferenten und Musikreferentinnen, meist auch Werkreferenten und Werkreferentinnen.
In den Bannen und Untergauen wurde die Kulturarbeit ehrenamtlich von Kulturstellenleitern und Kulturstellenleiterinnen betreut.
Die Kulturarbeit wurde weitgehend mitgetragen von ehrenamtlich tätigen Fachkräften, z. B. Musiklehrern und Musiklehrerinnen, Orchestermitgliedern etc. Die Breitenarbeit der Hauptabteilung Musik im Kulturamt und die besondere Bedeutung und Pflege der Musikerziehung ermöglichten es im Laufe der Zeit, daß mehr und mehr hauptamtliche Musikreferenten und Musikreferentinnen auch in den Bannen und Untergauen, an den Führerschulen und Führerinnenschulen eingesetzt werden konnten.
Die Arbeitsgebiete der Kulturarbeit werden nachfolgend abgehandelt.

26.4 Die Musikarbeit

26.41 Entstehung neuen Liedgutes

Ausgangspunkt war nach dem Lied der Kampfzeit (s. o.) das neu entstandene politische Lied der Gegenwart. Junge Dichter und Komponisten wie Werner Altendorf, Hans Baumann, Georg Blumensaat, Cäsar Bresgen, Reinhold Heyden, Gerhard Maaß, Gerhard Nowottny, Herbert Napiersky, Hermann Roth, Willi Träder, Wilhelm Twittenhoff, Heinrich Spitta, Gottfried Wolters und andere schenkten der Jugend eine Fülle neuer Lieder.

> *»Seit 1933 entsteht vornehmlich aus den Reihen der HJ ein neues Liedgut. Neue aufrüttelnde Weisen hallen, von marschierenden Formationen gesungen, durch die Straßen. Die Worte sind Aufruf, Bekenntnis. Wir greifen einige Beispiele heraus: »Nur der Freiheit gehört unser Leben« (Hans Baumann), »Ein junges Volk steht auf« (Werner Altendorf), »Lasset im Winde die Fahnen wehn«, »Heilig Vaterland« (Rud. Alex. Schröder 1914, vertont von Heinrich Spitta).« (Kelbetz: Zeitschrift für Musik, Heft 10, S. 1089).*

26.42 Gemeinsames Singen als Grundlage der Musikpflege

»Die Musikarbeit hat sich zur besonderen Aufgabe gestellt, eine breite musikalische Volkskultur zu schaffen, die die einzig tragfeste Grundlage für jede aktive Musikpflege, für jedes Kunstverständnis überhaupt abgeben kann«. (Wolfgang Stumme: Musik in Jugend und Volk, 1935/36).

»Eine verantwortungsvolle Musikpolitik wird sich vor allen zeitbedingten Modeerscheinungen hüten. Sie wird auf die höchsten Werte zielen und das im Alltag Entstehende und Vergehende nicht höher werten, als notwendig ist«. (Wolfgang Stumme: »Musikpolitik als Führungsaufgabe«.)

Seit Anfang 1934 begann der Leiter der Hauptabteilung Musik im Kulturamt der Reichsjugendführung Wolfgang Stumme mit der Herausgabe der »Liederblätter der Hitler-Jugend« (Verlag Kallmeyer, Wolfenbüttel), als deren Sonderfolge auch 12 Hefte »Liederblätter für Jungmädel« erschienen. Dies geschah in Anlehnung an die Liederblattkultur der voraufgegangenen Jugendmusikbewegung, die alte und neue Volksweisen, Heimat- und Kriegslieder gesammelt hatte. Das in anderen Verlagen bereits zerstreut vorliegende Schaffen junger Komponisten aus den eigenen Reihen wurde zentralisiert (Altendorf, Baumann und Blumensaat bei Ludwig Voggenreiter, Potsdam) und die jugendmusikalische Arbeit anderer Verlage nutzbar gemacht (Bärenreiter, Kassel, Sauerland Verlag Iserlohn, Bote und Bock, Berlin u. a.). (Siehe: Führmann: Zeitschrift für Musik, und siehe Anhang Abb. 37)
Die Grundlage aller Musikarbeit war das gemeinsame Singen, ohne das es keine Veranstaltung der Jugend gab, sei es Sport, Wandern, Heimabend, Fest oder Feier. Die monatlich erscheinenden Liederblätter enthielten auch ein sogenanntes Pflichtlied, das von allen Einheiten gelernt und gesungen werden sollte. So verfügte die Jugend zwischen 10 und 18 bzw. 21 Jahren bald über ein umfangreiches gemeinsames Liedgut, das in den Liederbüchern »Unser Liederbuch« (1934 für die Jungen) und »Wir Mädel singen« (1936) festgehalten wurde. (Siehe Anhang Abb. 38)

26.43 Ausbildungswege für musikalisch begabte Jugendliche (S. Anh. Abb. 39)

Die Schulung von Singwarten und Singwartinnen der unteren Einheiten bewirkte das Beachten musikalischer Grundregeln. Vom einstimmig gesungenen Marsch-, Wander- und Bekenntnis-Lied kam man bald zur Mehrstimmigkeit und Begleitung durch Instrumente. Liedsätze und selbständige Spielmusiken vor allem junger Komponisten (s. o.) wurden in den »Musikblättern der Hitler-Jugend« (Kallmeyer, Wolfenbüttel) von Wolfgang Stumme herausgegeben. 1938 erschien im gleichen Verlag »Wir Mädel musizieren«.
Eine musikalische Grundausbildung, Sprecherziehung und Förderung des Instrumentenspiels ging aus von den mehr als 150 *Jugendmusikschulen,* die seit 1936 in Zusammenarbeit mit den Gemeinden eingerichtet wurden und die von allen interessierten Jugendlichen besucht werden konnten. Die Jugendmusikschulen wirkten durch Singabende und andere musikalische Veranstaltungen bis in die Dorfgemeinschaften hinein.
Daneben entstanden die *Musikschulungslager,* in denen ein- bis zweimal jährlich interessierte und für musikalische Aufgaben besonders geeignete Jungen und Mädel an durchschnittlich sieben gemeinsamen Arbeitstagen eine gründlichere musikalische Ausbildung erfuhren. Organisation und Gestaltung dieser Musikschulungslager oblagen den Musikreferenten und Musikreferentinnen der Gebiete bzw. Ober-

gaue. 1935 wurden 26 solcher Lager im Reich durchgeführt, für das Jahr 1936 waren 40 Lager vorgesehen.
Die *Reichsmusikschulungslager* führten einmal im Jahr die Musikreferenten und Musikreferentinnen der Gebiete und Obergaue zusammen. Der Bund Deutscher Mädel führte später in Straßburg und Litzmannstadt (Lodz) auch eigene Reichsmusikschulungslager durch.
Für die Musikerzieher der Hitler-Jugend wurden ab Ostern 1936 *Lehrgänge für Volks- und Jugendmusikleiter* (später Seminare) vom Kulturamt der Reichsjugendführung eingerichtet und zwar an der Hochschule für Musikerziehung in Berlin-Charlottenburg Ostern 1936, an der Hochschule für Musik in Weimar ab Ostern 1937, später (1939) in Graz und an der Reichsmusikschule Hirschberg/Schlesien.
In zunächst zweijähriger, später dreijähriger Ausbildung wurde das Berufsbild des Jugend- und Volksmusikleiters geschaffen. Die berufliche Verwendung erfolgte als Musikreferent bzw. Musikreferentin in den Gebieten und Obergauen, in den Gebiets- und Obergauschulen, als Mitarbeiter im Jugendfunk der Reichssender, als Lehrkräfte in den Musikschulen für Jugend und Volk, sofern die Mindestanforderungen an einen Instrumentenfachlehrer bzw. -lehrerin erfüllt waren. Im Jahre 1942 konnten z. B. 170 Musikerzieher bzw. Musikerzieherinnen ihre Arbeit in der Hitler-Jugend und im Bund Deutscher Mädel aufnehmen, 120 befanden sich noch in der Ausbildung.
Zusätzlich wurden seit 1937 in 8-Wochen-Lehrgängen Lehrer, Lehrerinnen und Leiter bzw. Leiterinnen an Jugendmusikschulen in Berlin weitergebildet.

»Die wesentlichste Aufgabe der Musikschulen für Jugend und Volk ist die allumfassende und organische Erziehung und Führung zur Musik und all ihren Erscheinungen . . . Sie begründen ihre Führung und Erziehung zur Musik auf dem deutschen Volkstum, insbesondere auf dem Volkslied« (Wolfgang Stumme) –
»Nicht die Spezialausbildung ist das Ziel des Unterrichts, sondern die stetige Entwicklung aller musikalischen Anlagen unserer Jungen und Mädel sowohl in stimmlicher als auch instrumentaler Art. Keine mit Gewalt hochgezüchteten Wunderkinder, sondern eine frische Jugend, die die Freude am Musizieren in die Familien hineinträgt und durch echte Begeisterung an der Musik zum besten Hüter unseres deutschen Kulturgutes wird, das soll am Ende der Erziehungsarbeit der Jugendmusikschulen stehen!« (Wolfgang Stumme: Einweihung der ersten Jugendmusikschule auf dem Land). Entnommen dem ungedruckten Schriftverkehr: HJ-Gebiet 7 Nordsee 1940/42.

Eine Werbeaktion *»Lernt Instrumente spielen«* wurde von der Reichsjugendführung vom 15.–21. 11. 1937 veranlaßt. Viele Sendungen des Jugendfunks unterstützten diese Werbung. Namhafte Künstler förderten die Werbeaktion durch Aufrufe. So unter anderen Hermann Abendroth, Paul Graener, Wilhelm Furtwängler, Eugen Jochum, Edwin Fischer, Elly Ney, Wilhelm Kempff, Peter Raabe, Karl Schuricht.
Ausleselehrgänge für Nachwuchssolisten der Hitler-Jugend fanden unter Mitwirkung von Musikpädagogen und Künstlern statt (siehe: Musik in Jugend und Volk, 1943, S. 86).

26.44 Die Spielscharen

In folgerichtiger Entwicklung der intensiven Jugendmusikarbeit entstanden bald besondere Einheiten aus musik- und spielbegeisterten Jugendlichen, die freiwillig zum allgemeinen Dienst zusammenkamen, später (1940) aber durch die Spielschar-Ordnung den Status einer Sonderformation erhielten.
Die Spielscharen bestanden zuerst meist aus Chor und Orchester. Spielgruppen

(Laien-, Puppen- und Schattenspiel), Gruppen von Sprechern und Erzählern, auch Tanzgruppen, kamen hinzu. Die Mitglieder der Spielscharen erfuhren eine sorgfältige Schulung. Es gab Rundfunk-Spielscharen (siehe unter Rundfunk), Spielscharen der Musikschulen für Jugend und Volk, Gebiets-, Obergau-, Bann- und Untergau-Spielscharen sowie Sonder-Spielscharen.

Obwohl die Spielschar-Angehörigen durch die Spielschar-Ordnung von 1940 vom allgemeinen Dienst befreit wurden, fanden Heimabende und Sport auch in diesen Sonderformationen statt. Es wurde Wert darauf gelegt, daß die Spielschar-Angehörigen nach einer gewissen Zeit in ihre alten Einheiten zurückkehrten, um dort das Gelernte anzuwenden.

Neben den Spielscharen oder in sie einbezogen bestanden Fanfaren- und Spielmannszüge des Jungvolks und Musikzüge der Hitler-Jugend, von denen besonders die Musikzüge Delitzsch, Essen, Hannover und Kölleda durch hervorragende Leistungen überzeugten.

»Die Spielscharen sind für die Durchsetzung des Kulturwillens der Jugend unersetzlich. Sie sind die jungen Regimenter, die sich in der Entscheidungsschlacht zwischen Kunst und Kitsch, zwischen Wahrheit und Lüge siegreich zu schlagen haben. Die Arbeit unserer Spielscharen ist somit zum mindesten ebenso wichtig wie die allgemeine politische Schulung unserer Jugend. Wenn die Legende vom amusischen Nationalsozialismus überwunden wurde, so hat die Jugend Adolf Hitlers dies vollbracht«. (Baldur von Schirach: »Die Spielschar«, amtl. Organ des Kulturamtes der Reichsjugendführung, 1936, Heft 1).

»Die HJ als die verantwortliche Organisation für die Jugendmusikerziehung außerhalb der Schule fördert nachdrücklich Lied- und Chorgesang in der allgemeinen Hitler-Jugend, ihren Spieleinheiten und Jugendmusikschulen. Er gehört zum Dienst. Der Instrumentalunterricht in Spieleinheiten und Jugendmusikschulen wird unter besonderer Aufsicht und Beobachtung der Spielscharführer und Leiter der Jugendmusikschulen als zusätzlicher Hitler-Jugenddienst gewertet, und für eine gleichmäßige Entwicklung der Leistung des einzelnen zugunsten der Leistung der Musikeinheit wird Sorge getragen«. (Wolfgang Stumme: Musik in Jugend und Volk, 1942, S. 222).

1942 gab es rund 550 von der Reichsjugendführung anerkannte und unterstützte Spieleinheiten, in denen etwa 130000 Jungen und Mädel zusammengefaßt waren. Es gab 60 Musikzüge, 200 Spielmannszüge und über 1000 Fanfarenzüge.

»Aus den vielen hundert Spielscharen der Hitler-Jugend haben sich mit der Zeit als Leistungsspitzen einige besonders hochwertige Chöre und Orchester entwickelt, die in der Lage sind, einige künstlerisch wertvolle Konzerte und Konzertreisen zu veranstalten. Ihre künstlerische Leistungsfähigkeit baut auf einer breiten Gemeinschaftsarbeit, auf dem Gemeinschafts-Singen und -musizieren in der Hitler-Jugend auf. Sie sind nicht das Produkt einer gesonderten Entwicklung, sondern sind in ihren musikalischen Leistungen dem Leben der deutschen Jugend im Zeitalter Hitlers verwurzelt . . .« (Kurt Lamerdin: Die Spielschar, November 1941).

»Mit der ständigen planmäßigen Kultivierung der Jugendchöre sind auch die meisterhafte Chorliteratur des 16.–18. Jahrhunderts, die prächtigen Madrigale und alten Liedsätze, wieder in unserer Jugend lebendig geworden. Gerade in den letzten zwei Jahren sind aus den Formationen Chöre entstanden, die bis zu den schwierigsten Aufgaben der Chorliteratur vorgedrungen sind und die den Vergleich mit berühmten deutschen Chören nicht zu scheuen brauchen«. (Günter Kaufmann: »Das kommende Deutschland« 1943).

Das zeitgenössische Schaffen, besonders der jungen Komponisten aus den eigenen Reihen, wurde natürlich in der Chorarbeit berücksichtigt.

Von Januar bis Mai 1942 führte die Hitler-Jugend in über 60 Städten öffentliche Chorkonzerte durch.

Deutschlands beste Jugendchöre stellten sich im November 1941 in Berlin vor. Es gehörten dazu:
die Rundfunk-Spielschar München (1934 aus einer kleinen Gruppe von Jungen und Mädeln am Jugendfunk des Reichssenders München entstanden),
die Rundfunk-Spielschar Wien, gegründet 1938,
die Rundfunk-Spielschar Berlin, 1938 aufgestellt,
der Heinrich-Albert-Chor der Königsberger Hitler-Jugend,
die Spielschar »Musisches Gymnasium« Frankfurt-Main, 1939 gebildet.
Die in die Spielscharen einbezogenen traditionsreichen Chöre der »Wiener Sängerknaben«, der »Regensburger Domspatzen«, der »Kreuzchor Dresden, der »Thomanerchor Leipzig« wirkten bei dieser Veranstaltung mit. Ein großer Teil der neu entstandenen Chöre der Hitler-Jugend stand ihnen in nichts nach.

26.45 Höhepunkte der Musikarbeit

Die Musiktage der Hitler-Jugend stellten eine Bestandsaufnahme des bisher Erreichten, Schulung der für die Musikarbeit Verantwortlichen, zugleich aber vor allem auch Erlebnis künstlerischer Spitzenleistungen dar. Sie fanden statt 1935 in Erfurt, 1936 in Braunschweig, 1937 in Stuttgart, 1938 in Düsseldorf und 1939 in Leipzig, siehe Anhang Abb. 40 und 41.

Das Beethovenfest der Hitler-Jugend, Mai 1938 in Wildbad.
Planung und Leitung Artur Haelssig. Mitwirkende: Prof. Hoelscher, Prof. Elly Ney, Prof. Strube.
Carl Cerff:

> *»Die Jugend soll ihr Urteil über die Musik nicht aus Voraussetzungen und Vorurteilen, sondern aus dem Erlebnis schöpfen. Sie soll aber auch die Größe des Meisters erkennen und in seinem Leben und Wirken ein Vorbild finden für das eigene Schaffen. So sehr die deutsche Jugend allem wahrhaft Neuen zu folgen vermag, so sehr wird sie sich doch gegen alles stemmen, was nur von Gehirnen ausgedacht und um jeden Preis modern sein will. Sich zu Beethoven zu bekennen, heißt darum nicht, sich rückwärts wenden, sondern in ihm einen ewigen Lehrmeister wahren deutschen Kunstschaffens zu sehen«.*

Die Meisterkonzerte für die Hitler-Jugend

> *»Die Meisterkonzerte sollen als außerordentliche musikalische Ereignisse einen Einbruch in die Gleichgültigkeit und Interesselosigkeit gegenüber der musikalischen Darbietung bewirken; sie sollen mit einer vollendeten Interpretation großer Musik den jungen Menschen, der wenig oder vielleicht noch nie ein Konzert besuchte, vor eine unantastbare künstlerische Leistung stellen und damit bisher brachliegende Erlebniskräfte in ihm ansprechen. – Dabei muß der Grundsatz der Freiwilligkeit gewahrt bleiben, Konzertbesuch darf nicht formationsweise befohlen werden«.*
> *(Kurt Lamerdin: Musik in Jugend und Volk, 1938, S. 524–535).*

In den Meisterkonzerten wirkten berühmte Künstler sowie Künstler und künstlerischer Nachwuchs aus den Reihen der Hitler-Jugend mit. Im Winterhalbjahr 1938/39 fanden 310 Meisterkonzerte statt, davon 255 als geschlossene Veranstaltungen im Rahmen des Veranstaltungsringes der Hitler-Jugend.
Es wirkten mit:
die Dirigenten Hermann Abendroth, Franz Adam, Otto Frickhöffer, Paul Sixt, Herbert von Karajan, Hans Pfitzner, Rudolf Schulze-Dornburg;
als Orchester bzw. Trio/Quartett: das Dahlke-Trio, Hermann Diener mit seinem Collegicum musicum, das Dresdner Streichquartett, die Berliner, Münchener und

Schlesische Philharmonie, das Gewandhaus-Orchester Leipzig, das Orchester des Nationaltheaters Weimar;
die Solisten: Edwin Fischer, Luise Gmeiner, Gerhard Hüsch, Emmi Leisner, Walter Ludwig, Elly Ney, Max von Pauer, Max Strub und Friedrich Wührer.

Konzerte der Jugend
Zwei Beispiele besonderer Konzerte der Hitler-Jugend:
Die Bann-Spielschar Ravensburg unter Brunhilde Straub gab am 30. 1. 1944 mit der Spielgemeinschaft der Hitler-Jugend unter Gerhard Maaß vor der deutschen Volksgruppe in Kronstadt/Siebenbürgen ein Konzert mit folgendem Programm:

Festliches Vorspiel	G. F. Händel
3. Brandenburg. Konzert G-Dur	J. S. Bach
Variationen über das Lied »Trockene Blumen«	F. Schubert
Serenata notturna	W. A. Mozart
Deutsche Tänze	L. v. Beethoven
Kleine Spielmusik	G. Maaß
Steirer Tänze	Volksmusik

Der Mozartchor der Berliner Hitler-Jugend und die Rundfunkspielschar des Deutschlandsenders unter Erich Steffen spielten und sangen aus dem Berliner Liederkreis am 25. 1. 1942:

»Das Tagwerk ist abgetan«	K. F. Zelter
»Wanderers Nachtlied«	J. F. Reichardt
»Die Ideale«	J. F. Reichardt
»Wachauf, meines Herzens Schöne«	J. F. Reichardt, Satz W. Rein
»Der Mond ist aufgegangen«	J.P.A. Schulz, Satz K. Gofferje
Konzert c-moll für Cembalo und Streich-Orchester (Cembalo: Wladimir Romanow)	F. X. Richter
Chöre des 16. Jahrhunderts	
Chöre aus unserer Zeit	
Frühlingsfeier für Solo, Chor, Orchester	Ch. W. Gluck.

Eine Dokumentation über die Jahre 1933–1945 zum Thema »Musik und Musikerziehung in der Jugend des Dritten Reiches« wurde von Wolfgang Stumme erstellt und befindet sich im Archiv der Jugendmusikbewegung (e.V.) Hamburg.

26.5 Bildende Kunst

26.51 Die Werkarbeit

Die Werkarbeit bildete die Grundlage für die Hinführung der Jugend zur bildenden Kunst. Die Werkarbeit war fester Bestandteil der kulturellen Schulung der Einheiten und der Lehrpläne der Führer- und Führerinnenschulen. Sie sollte das Arbeiten mit der Hand wieder beleben, das Verständnis für Zweckmäßigkeit und schmükkende Gestaltung der Handarbeit wecken und schulen, das Bilden eigenen Geschmacks und den Sinn für das Schöne fördern. Sie sollte die Jugend im wahrsten Sinne des Wortes mit dem Handwerk vertraut machen.

»Die Werkarbeit bewirkte auch eine Besinnung auf die Volkskunst, deren Wiederbelebung und Weiterentwicklung, denn sie hat als Erbgut des Gemeinschaftswillens, dem Volksbrauch und Volksglauben Ausdruck verliehen, aus deren Reichtum Erkenntnisse vom Wesen unseres Volkstums zu schöpfen sind«. (Konrad Hahn).

Während in den ein- bis zweimal monatlich stattfindenden Werk-Heimabenden Grundkenntnisse der Bearbeitung verschiedener Materialien vermittelt wurden, einfache Gebrauchsgegenstände und Spielzeug gebastelt wurden, sowie das Herrichten und Schmücken für die Feste des Jahreslaufes, der Elternabende usw. geübt wurden, wandten sich Jungen und Mädel der älteren Jahrgänge mehr dem Schnitzen, Weben, Töpfern, Scherenschnitten, Lederarbeiten, Zeichnen und Malen, dem Entwerfen von Stickmustern, Kleidung, Trachten und Schmuck zu. Motive und Symbole der Volkskunst wurden benutzt, aber vor allem auch der eigene freie Entwurf und sein Gestalten geübt. Wie auch in allen anderen Schulungssparten waren die jeweiligen Vorhaben der Werkarbeit den jahreszeitlichen Bräuchen und Festen angepaßt.

Im BDM-Werk »Glaube und Schönheit« bestanden die Arbeitsgemeinschaften »Persönliche Lebensgestaltung« bzw. »Bäuerliche Lebensgestaltung«, die das in der allgemeinen Werkarbeit Begonnene erweiterten und fortführten (Geschmacksschulung in Bezug auf Kleidung, Wohnung, Schmuck etc., dem Lebenskreis Stadt/ Land entsprechend).

Das Interesse der älteren Jungen galt naturgemäß mehr technischen Funktionen und Arbeiten, etwa Tischler- und Schmiedearbeiten, Herstellen technischen Spielzeugs usw.

Vor Weihnachten arbeiteten alle Jungen und Mädel Spielzeug für das Winterhilfswerk zur Verteilung an die Kinder bedürftiger Familien.

Im Kulturamt der Reichsjugendführung bestand innerhalb der Hauptabteilung »Bildende Kunst« die Abteilung »Werkarbeit«. In den Kultur-Abteilungen der Gebiete und Obergaue waren Werkreferenten und Werkreferentinnen hauptamtlich tätig.

In Lehrgängen der Reichsjugendführung, der Gebiete und Obergaue wurden Werkreferenten und Werkreferentinnen ausgebildet, nachdem zunächst Fachkräfte herangezogen worden waren (Kindergärtnerinnen, technische Lehrerinnen, Handwerker und Handwerkerinnen wie Schneider, Tischler, Schmiede, Weber etc.), die sich für diese Arbeit bereitwillig zur Verfügung gestellt hatten.

Einige Gebiete und Obergaue besaßen bald eigene *Werkschulen,* darunter auch reine *Webschulen* des BDM. Während des Krieges wurde in Bad Schandau/Sachsen die *Reichswerkschule* der Hitler-Jugend eingerichtet, in der in einem 1½-Jahres Lehrgang – für nach dem Kriege waren 2-Jahres Lehrgänge geplant – Werkreferentinnen, die kriegsbedingt auch die Arbeit der Werkreferenten übernahmen, ausgebildet wurden.

Der Lehrplan umfaßte praktisch und theoretisch u.a. Textil-, Holz-, Papparbeiten, Arbeiten aus Naturmaterial, Zeichnen, Werkzeichnen, einschließlich graphischen Techniken und Scherenschnitten, Zeichnen mit Kindern, Herstellen von Spielzeug, Volkskunst, Kunstgeschichte, Kunstbetrachtung, Psychologie, Pädagogik. (Siehe Anhang Abb. 42 – insbes. Ziffer BK22)

Das Kulturamt der Reichsjugendführung gab für die Einheiten *Werkblätter* heraus, die genaue Arbeitsbeispiele, Werkzeichnungen und Werkbeschreibungen in der Reihenfolge des Arbeitsganges, Schnittmuster, Materialbeschreibungen u.a.m. enthielten. Als Leitfaden für die Werkarbeit des Bundes Deutscher Mädel galt das (noch heute gültige) »Werkbuch für Mädchen« von Ruth Zechlin.

Jungen und Mädel, die sich als besonders befähigt erwiesen hatten, wurde die Möglichkeit gegeben, sich einer Arbeitsgemeinschaft Werkarbeit anzuschließen, die neben dem allgemeinen Dienst die weitere Ausbildung und Förderung im Zeichnen, Malen, plastischen Gestalten, in Architektur, Landschaftsgestaltung, Werkarbeit, Kunsthandwerk, Photographie, Schmalfilmen etc. gewährte.

26.52 Bildende Kunst in Verbindung mit dem Heimbau

Die Hauptabteilung Bildende Kunst im Kulturamt der Reichsjugendführung, die Jugendliche, die sich in der Werkarbeit ausgezeichnet hatten, und junge Künstler betreute und förderte, erfuhr 1937 nach der Gründung des Arbeitsausschusses für HJ-Heimbeschaffung eine bedeutende Ausweitung ihres Aufgabenbereichs.
Während es Aufgabe des Bauamtes der Reichsjugendführung war, Baupläne und Bauvorhaben zu prüfen und Anregungen zu geben (siehe Kapitel 34 Heimbau), erfaßte die Hauptabteilung Bildende Kunst alle jungen Menschen, die sich mit Architektur, Innenarchitektur und Landschaftsgestaltung beschäftigten: junge Architekten, Techniker, Handwerker, Graphiker, Maler, Bildhauer. Sie wurden eingeladen, am Gemeinschaftsleben der Hitler-Jugend teilzunehmen, sich mit den Idealen und Wünschen der Jugend vertraut zu machen, um sie in ihrem künstlerischen Gestalten zu berücksichtigen und sichtbar zu machen. In den Bauten der Hitler-Jugend und deren Innengestaltung sollte das um Klarheit, Gradlinigkeit, Echtheit und Schönheit bemühte Lebensgefühl der Jugend zum Ausdruck kommen. *»Es sollten keine künstlichen und erdachten Gebilde entstehen, sondern Formen, die der Natur des Materials entsprechen«* (Heinrich Hartmann, Hauptabteilungsleiter für Bildende Kunst der RJF)
Nach der Gründung des Heimbau-Ausschusses 1937 bis zum Kriegsausbruch 1939 wurden »in mehr als 50 drei- bis zehntägigen Lehrgängen etwa 4000 Architekten mit den politischen und künstlerischen Gesetzen im Heimbau der Jugend vertraut gemacht« (Kaufmann: »Das kommende Deutschland« 1943).
Wurden die jungen Künstler aufgerufen, sich in Wollen und Vorstellungen der Hitler-Jugend einzufühlen und einzuleben, erging an die Jungen und Mädel – nicht nur an die Führer und Führerinnen der Einheiten – der Ruf, bei der Entstehung ihrer künftigen Heime von Anfang an mitzuwirken, nicht nur durch Vorschläge, sondern auch durch praktische Mitarbeit: das Jungvolk durch leichte Holz- und Metallarbeiten, die HJ durch Hilfestellung bei den Handwerkern, die Mädel durch Herstellen von bedruckten und handgewebten Vorhangstoffen, Tischdecken, Wandteppichen, Krügen, Vasen, Schalen. So entstand eine neue Form der »Bauhütte«. Der Bau wurde zum eigenen Heim und gab manchem Jugendlichen aus dürftigen Verhältnissen vielleicht zum erstenmal Geborgenheit. Das eigene Mitarbeiten beim Entstehen des Heims sorgte auch dafür, daß Jungen und Mädel ihr Heim pflegten und in Ordnung hielten. Die Heimbauten der Hitler-Jugend wirkten so durch ihre zweckmäßige, formschöne Gestaltung und das eigene Mitschaffen der Jugendlichen an ihrem Heim zugleich auch erzieherisch. (Siehe Kapitel 34, Heimbau).
Die von der Hauptabteilung Bildende Kunst im Kulturamt der Reichsjugendführung herausgegebenen *Werkhefte für den Heimbau der Hitler-Jugend* enthielten neue Ideen sowie Erfahrungen und Anregungen aus der praktischen Arbeit.
Die Führerzeitschrift »Wille und Macht« stand im November 1943 unter dem Thema *»Kriegsjugend und Handwerk«*. Der Hauptabteilungsleiter Bildende Kunst, Oberbannführer Heinrich Hartmann, berichtete über die Werkarbeit, in der die Jugend die Grundlagen handwerklichen und gestalterischen Schaffens erfährt und Werkstoffe und Werkzeuge, ihre Eigenschaften und Wirkungen, durch eigenes Tun kennenlernt. Durch vorbildliche Heime mit formschönem Hausrat werden Beispiele und Vorbilder für den eigenen Lebensbezirk gegeben. Besonders bemerkenswert sind in diesem Heft ferner ein Artikel von Hugo Kükelhaus »Die schauende Vernunft – Der Weg eines neuen Handwerks«, in dem er die Notwendigkeit einer inneren Sinnerneuerung des Handwerks und die Möglichkeiten der Nachwuchsgewinnung und Nachwuchsbildung darstellt, sowie kleinere Beiträge von Hermann Gretsch »Das Handwerk als Formgeber der Industrie« und von Adolf Reichwein »Schrifttum zum Handwerk«.

Während der Kulturtage in Weimar wurden von der Arbeitsgemeinschaft »Junges Schaffen« Werkarbeiten, Heimbaumodelle, Beispiele der Innenraumgestaltung (Hausrat, Bilder, Plastiken) ausgestellt und dadurch ein Überblick über Geleistetes gegeben und zugleich Anregungen für künftige Vorhaben vermittelt.

26.53 Hitler-Jugend-Ausbildungswerk für Architektur und Technik

Es wurde 1939 vom Reichsjugendführer Baldur von Schirach gegründet. Zusammen mit Dr. Todt, dem Generalinspekteur für das deutsche Straßenwesen, und Prof. Albert Speer, dem Generalbauinspektor für die Reichshauptstadt und Beauftragten für das Bauwesen der NSDAP, übernahm Baldur von Schirach die Schirmherrschaft. In dem gemeinsam dazu erlassenen Aufruf heißt es:

»Das neu geschaffene HJ-Ausbildungswerk für Architektur und Technik hat die Aufgabe, die im Jahr 1937 mit den Architektentagungen der Hitler-Jugend begonnene Auslese- und Erziehungsarbeit im weiteren Rahmen fortzusetzen und vor allem in einer allgemeinen Werkarbeit des deutschen Jungvolks die grundlegende Vorbereitung zur Erfüllung dieser Aufgaben zu leisten.

Mit seinen Einrichtungen und Veranstaltungen wird dieses Werk zu einer harmonischen Allgemeinerziehung der deutschen Jugend beitragen, indem es neben der körperlichen und geistigen Schulung die gestalterischen Fähigkeiten der Hand entwikkelt und damit auch zu einer organischen Lösung der Nachwuchsfragen auf den Gebieten der Architektur, der bildenden Künste, des Handwerks und der Technik beiträgt. Wir rufen die deutsche Jugend auf, auch in diesem Werk schon in frühesten Jahren der Zukunft ihres Volkes zu dienen«.

26.54 Der erzieherische Auftrag der Werkarbeit

Abschließend Auszug aus einem Referat über die Werkarbeit von dem verantwortlichen Hauptabteilungsleiter der Reichsjugendführung, Oberbannführer Heinrich Hartmann, gehalten in Salzburg 1943:

»... Das Kind, das draußen im Sand ganz von selbst zu spielen und zu formen anfängt, folgt einem Drang, der ihm ganz natürlich gegeben ist, und übt die Fähigkeiten seiner Hand. Es steht seiner Umgebung und seinen Aufgaben nicht reflektierend gegenüber, sondern es erobert sich seine Welt, indem es denkt und tut. In jedem gesunden Jungen und in jedem gesunden Mädel steckt die natürliche Freude am Werken und Bauen ...

Obwohl wir in unserer Erziehung die Dreiheit Körper, Seele und Geist immer wieder betonen, überwiegen in unseren Schulen die Stunden der verstandesmäßigen Wissensvermittlung noch bei weitem gegenüber den Stunden, die dem Musikunterricht oder dem Zeichen- und Werkunterricht dienen, die sich also mit ihrem Gehalt an das Gefühl wenden und seelischen Halt und Gemütswerte vermitteln.

So handelt es sich also bei der Werkarbeit der Hitler-Jugend nicht um eine Betätigung, die künstlich hervorgerufen oder befehlsgemäß begründet werden müßte, sondern nur um eine bewußte und klare Weiterführung, die planmäßige Förderung einer natürlichen Veranlagung, die schon im Leben des Kindes in Erscheinung tritt. Die Werkarbeit der Hitler-Jugend hat nichts mit jenem oberflächlichen Basteln einer früheren Zeit, mit jenem sinnlosen Anfertigen allerlei unbrauchbaren Zeugs aus minderwertigen Stoffen zu tun, sondern unterscheidet sich davon in dreifacher Hinsicht:

1. Die Werkarbeit der Hitler-Jugend ist zielgerichtet, d.h. in den Werkstunden werden bestimmte Aufgaben gestellt, und es werden nur solche Arbeiten ausgeführt, die gebraucht werden oder sinnvoll sind.

2. Das Ziel, einen brauchbaren Gegenstand anzufertigen, wird nicht nur aufgestellt, sondern es muß auf jeden Fall von jedem Jungen erreicht werden. Das bedeutet aber eine charakterliche Erziehung von unschätzbarem Wert für das ganze Leben und die berufliche Arbeit, wenn der Junge immer wieder angehalten wird, sich an keiner Stelle der Arbeit gehen zu lassen oder es einmal nicht genau zu nehmen, bis er schließlich genau so wenig daran denkt, an eine liederliche Arbeit auch nur eine kurze Zeit zu vergeuden, wie er sich im Sport mit einem mäßigen Wurf oder einem schlappen Lauf begnügen würde. Und dort wie hier wird er alle seine Kräfte anspannen, um eine Bestleistung zu erzielen.

3. Das höchste Ziel aber aller Werkarbeit muß sein, nicht allein brauchbare und gut gearbeitete, sondern vollendet gestaltete Ergebnisse zu erzielen. Das bedeutet aber, jeder Junge muß so weit gebracht werden, daß er durch das eigene Bearbeiten des Werkstoffs etwas von seinen Gesetzen spürt und ihnen so lange nachgeht, bis er seine Ausdrucksmöglichkeit und die ihm zukommende ehrliche und saubere Form gefunden hat. Wie ein Stoff spaltet oder bricht, wie er sich dem Werkzeug entgegenstellt oder fügt, dies alles verrät viel von seinem Wesen. Deshalb soll das Auge nicht nur seine Farbe, sondern auch seine Struktur prüfen, soll die Hand seine Oberfläche fühlen und das Ohr seinen Klang aufnehmen. Wer sich so mit eigener Hand lange und wiederholt um einen Stoff bemüht hat, dem offenbart er seine letzten Gesetze, und wer diese kennt, kann auch die inneren Kräfte eines Materials dem daraus gefertigten Gegenstand und seiner Konstruktion dienstbar machen.

Alle diese Notwendigkeiten und Abhängigkeiten zu einem vollendeten Werkstück zu verbinden, verlangt schon den ganzen Menschen, erzieht den ganzen Menschen und regt vor allem seine schöpferische Kraft an, die nach einem in ihm ruhenden inneren Gesetz aus der bloßen Vereinigung aller Bedingungen eine Gestalt prägt. –

Im Gegensatz zur Werkarbeit der Jungen ist die Werkarbeit der Mädel schon immer im großen Umfang gepflegt und aufgebaut worden. Während nur ein kleiner Teil der Jungen im Beruf einmal die ausgebildete Hand braucht, ist alle frauliche Arbeit mit dem Schaffen und Gestalten der Hand eng verbunden. Hausarbeit und Pflege, Nähen, Weben und Flicken – all diese Tätigkeiten verlangen die geschickte und emsige und zu einem guten Teil auch die schöpferisch gestaltende Hand. So blieb unserer Mädelgeneration ein weit größeres Erbe handwerklicher Kenntnisse und Fähigkeiten erhalten als unseren Jungen. Und dieses Erbe erstreckt sich auf eine so breite Schicht, daß sich die Werkarbeit fast bei jedem einzelnen Mädel an diese Kenntnisse anschließen kann . . .

Die Werkarbeit des BDM wird über diese ersten harmonischen Bindungen an die Umgebung hinaus sich nach Möglichkeit immer auf den ganzen Raum beziehen. Sie schafft ja auch im Weben, Drechseln und Töpfern schon Gegenstände, die für jeden Raum von bleibendem Wert sind. Auch Papier- und Papparbeiten, Flechten und Lederarbeiten, freies Sticken, Fest- und Kleidgestaltung gehören zu ihrem Bereich.

Eine große und entscheidende Bedeutung aber erhält die Werkarbeit im BDM-Werk »Glaube und Schönheit«. In diesen Arbeitsgemeinschaften soll der Frau eine ihrer größten Aufgaben zurückgegeben werden: die Gestaltung des persönlichen Wohnraumes. Nachdem an den Beispielen des ersten Baujahres der Hitler-Jugend allen unseren Führern und Führerinnen die erzieherische Macht des Raumes bewußt geworden ist, sollen sie nun überall die Verbindung schaffen zwischen der Haltung ihres Lebens, dem Charakter ihrer Arbeit und ihrer Weltanschauung und der sichtbaren Darstellung und Formung dieser Werte in den Räumen ihrer Heime und Wohnungen.

Die Architekten der Arbeitsgemeinschaft »Junges Schaffen« haben die Anweisung erhalten, bei ihren Bauten solche Arbeitsgemeinschaften der Mädel heranzuziehen. Sie werden dann gemeinsam Stoffe aussuchen und Vorhänge bestimmen, die Töne der Hölzer gegeneinander abwägen, um die richtige Art der Oberflächenbehandlung

zu erkennen. Sie werden die Möbel in der Werkstatt des Tischlers entstehen sehen, sich um die Frage der Beleuchtungskörper, der Farbe im Raum und des guten Bildes für den persönlichen Wohnraum bemühen . . .
All die feinen Dinge, die weder vom Möbelgeschäft noch vom Dekorateur geschaffen werden können, sind der sorgenden Liebe der Frau vorbehalten. Die Blumen und Vasen, der gedeckte Tisch, das Kleid und der Garten, all diese Dinge verlangen ein Herz, das ihre Kräfte und ihre Schönheit dem Leben zugänglich zu machen versteht.
Die hier geforderte Ergänzung der Allgemeinerziehung ist aber auch aus größeren politischen Zusammenhängen heraus eine dringende Notwendigkeit. Der oben dargelegten Änderung im natürlichen Erziehungsgang unserer Kinder liegt eine tiefgreifende Wandlung unserer Arbeitswelt zugrunde, aus der sich die zwingende Forderung ergibt, den Feierabend aller schaffenden Menschen mit einem Tun auszufüllen, das die Kräfte nicht verbraucht, sondern stärkt und spannt. Das heißt aber, die Arbeitswelt unseres Volkes wird in Zukunft noch mehr als bisher eine technische, eine Welt der Maschinen sein. Umso notwendiger ist es, in dem Menschen, der die Maschine beherrschen, ihren Einsatz führen soll, alle die lebendigen Kräfte zu entwickeln, zu pflegen und zu nähren, die ihn zu einer organischen Lösung dieser Aufgabe überhaupt erst befähigen.
Wir wissen heute um den Wert des rechten Feierabend und haben es gelernt, all das Basteln und Bauen, das Grübeln und Erzählen, Singen und Spielen, all das Feierabendschaffen und Feierabendglück des erwachsenen Menschen nicht mehr gering zu schätzen, weil es zum Vollenden und zum Ausleben einer lebendigen Persönlichkeit notwendig ist. Jeder Betriebsführer hat erfahren, daß der Arbeiter, der in seiner Freizeit oftmals ganz unbewußt durch eine von seiner ganzen Liebe und Begeisterung getragene Beschäftigung die Kräfte seines Inneren weckt und formt, wertvoller ist und eine bessere Arbeit leistet als der, der sich nach Arbeitsschluß einem negativen kräfteverzehrenden Vergnügungsbetrieb hingibt.
So ist es auch aus größeren politischen Zusammenhängen heraus richtig, die ganze junge Generation die Welt der Formen erobern zu lassen, ihre Härte und Ausdauer zu schulen im Kampf mit dem Material und ihr schließlich das Erlebnis des eigenen Schöpfens zu schenken, auf daß sie einmal als Erwachsene nicht allein ihren Beruf vollends erfüllen, sondern erreichen, was Goethe als das höchste Glück der Erdenkinder pries: die Persönlichkeit.«

26.6 Darstellende Kunst

26.61 Laien- und Puppenspiel

Laienspiel
»Laienspiel ist nichts anderes als Gemeinschaftsspiel: Spiel aus der Gemeinschaft, in der Gemeinschaft und für die Gemeinschaft« (Rudolf Mirbt).
Die Hitler-Jugend konnte an die Laienspielbewegung der Jugendbewegung anknüpfen. In der Hitler-Jugend waren auf diesem Arbeitsgebiet maßgebend und führend:
Erich Colberg, Wolfgang Förster, Hedwig von Olfers, Friedel Raeck und andere.
Die Jungen und Mädel wurden über die einfachen Spielformen, wie sie schon im kindlichen Kreis- und Reigenspiel vorhanden sind, über das Stegreifspiel und die Scharaden (im 19. Jahrhundert sehr beliebt und verbreitet) zum zu erlernenden, gestalteten Spiel geführt und nahmen diese Tätigkeit mit Freuden auf. Sie unterschied

sich in ihrer unbekümmerten und fröhlichen Natürlichkeit vom herkömmlichen Theaterspiel der Vereine. Durch die sorgfältige Schulung in den Spielscharen (auch Sprecherziehung) kam es zu ausgezeichneten Leistungen einzelner Spielgruppen. Von vielen sei erwähnt die Königsberger Laienspielgruppe unter Ilse Arnold, die unter anderem auf einer Reichsveranstaltung des BDM-Werkes »Glaube und Schönheit« 1940 in Berlin das Märchenspiel »Die zertanzten Schuhe« vor verwundeten Soldaten aufführte. Hedwig von Olfers, auch aus dem Obergau Ostland, schrieb viele Laienspiele, die im ganzen Reich aufgeführt wurden. (Siehe: Hedwig von Olfers: »Von der Wahrheit im Märchen und ihrer Erfassung als Grundlage für die Spielgestaltung«. »Die Spielschar«, Sept. 1940)
In den Führerinnenlehrgängen der Akademie für Jugendführung wurden in jedem Lehrgang selbstgeschriebene Stücke inszeniert, die auch außerhalb der Akademie in Lazaretten, auf Dorfgemeinschaftsabenden, Kindernachmittagen etc.) aufgeführt wurden und immer begeisterte Aufnahme fanden. –
Berliner Spielgruppen wirkten bei der Uraufführung des Schauspiels »Alexander« von Hans Baumann im Jahre 1941 zur größten Zufriedenheit von Gustaf Gründgens mit. Gründgens schrieb danach an den Chef des Kulturamtes der Reichsjugendführung Obergebietsführer Dr. Rainer Schlösser:

> *». . . Lassen Sie mich zum Schluß noch einmal betonen, wie ganz ausgezeichnet und zuverlässig ich die mir freundlichst zur Verfügung gestellten Spieleinheiten der Berliner Hitler-Jugend fand, ihre Aufmerksamkeit und Disziplin mir meine Arbeit erleichterten und wie sehr eine Vorschulung und Beschäftigung mit dem dichterischen Wort spürbar wurden. Nach diesen Proben kann der Theaterfachmann nur sagen, daß die Arbeit in den Spielscharen der Hitler-Jugend auf dem richtigen Weg ist«. –*

Sprechchöre.
Sie wurden in der Hitler-Jugend nicht gepflegt. Der Reichsjugendführer Baldur von Schirach verbot sie 1935, nachdem sie in der lautstarken Auseinandersetzung der Kampfzeit eine gewisse Rolle gespielt hatten.
Die Sprechchöre behielten jedoch ihren Platz im Thingspiel, in dem das dramatische Geschehen durch Sing- und Sprechchöre betont wurde. Während der Olympischen Spiele in Berlin 1936 wurde »Das Frankenburger Würfelspiel« von Oberbannführer W. E. Möller und 1939 vor dem Reichsführerlager in Braunschweig das Spiel »Die Schlacht der weißen Schiffe« aufgeführt.

Das Puppenspiel
Das Puppenspiel als Möglichkeit ohne Aufwand, mit bescheidensten Mitteln zu spielen, ist uralt und allen Völkern bekannt. Es hatte seine Blütezeiten im 16., 18. und 19. Jahrhundert. Die Jugendbewegung, allen voran der Hohnsteiner Kaspar mit Max Jacob und Harro Siegel, hatten es wieder belebt. Die Hitler-Jugend griff diese Spielform auf, war sie doch für Kindernachmittage, Dorfgemeinschaftsabende und Lager besonders geeignet.
Am Puppenspiel interessierte Jungen und Mädel wurden in Lehrgängen des Kulturamtes der Reichsjugendführung geschult. 1939 wurde das *Reichsinstitut für Puppenspiel* in Stuttgart (Leitung Friedel Raeck) eingerichtet und zwar mit Unterstützung durch die Reichstheaterkammer, den deutschen Gemeindetag und die Gemeinschaft »Kraft durch Freude«. Neben dreiwöchigen Lehrgängen für Laienkräfte und berufliche Puppenspieler wurden Nachwuchskräfte für die Puppenspielbühnen, einschließlich Bühnenbildner, Kostümschneider etc. ausgebildet.

*

Bezüglich der besonderen Rolle des Spiels in der Gemeinschaftsbildung, der Persönlichkeitsprägung und in seiner heilsamen Wirkung kann auf die einschlägige Literatur verwiesen werden. Alle vorgenannten Arbeitsgebiete dienten jedoch nicht nur der Persönlichkeitsbildung, sondern auch ihrer Verwurzelung in der Volkskunst mit der Anregung, auf dieser Grundlage aufbauend, Neues zu schaffen. (Siehe auch die volkskundlichen Darstellungen von Karl Haiding).

26.62 Die Theatertage der Hitler-Jugend

Die Theaterarbeit wurde nach dem Heidelberger Lager des Kulturamtes 1936 in Angriff genommen. Innerhalb des Veranstaltungsringes der Hitler-Jugend entstand auch eine Theaterorganisation, die einen erfreulichen Aufschwung nahm. Sie begnügte sich nicht damit, die Formationen wahllos in die programmäßigen Aufführungen zu schicken, sondern versuchte auf die Spielplangestaltung Einfluß zu nehmen unter besonderer Förderung der Stücke der jungen Dramatiker.

> *»Der Reichsjugendführer wünscht eine theaterfreudige Jugend, die sich für die großen Gestalten der Dichtung begeistert und nicht sich allein in der Verehrung der oft genialen Gestaltungskraft unserer Spitzen-Schauspieler erschöpft«*
> (Kaufmann: »Das kommende Deutschland«, 1943).

In enger Zusammenarbeit mit der Reichstheaterkammer wurde die Nachwuchsbetreuung in den Bühnenberufen vom Kulturamt übernommen. Es fanden regelmäßige Ausspracheabende statt, die den jungen Theaterleuten die Möglichkeit boten, ihre Gedanken, Besorgnisse, Forderungen und praktischen Besserungsvorschläge zu äußern. –

Die Theatertage der Hitler-Jugend, 1937 in Bochum, 1938 in Hamburg, sollten auch junge Künstler aus den Reihen der Hitler-Jugend anregen, neue Stücke zu schreiben und sie dann auf den Theatertagen zur Uraufführung zu bringen.
Dem Heft »Dramatiker der HJ«, Sonderheft zur Theaterwoche der Hitler-Jugend, verbunden mit einer Reichstheatertagung, vom 11.–18. 4. 1937 in Bochum, sind folgende Zitate entnommen:

> *»Diese Veranstaltung soll für das deutsche Volk ein Beweis dafür sein, daß die deutsche Jugend sich ihrer verantwortlichen Aufgabe gegenüber der Zukunft auch auf dem Gebiet des Theaters voll bewußt ist und daß sie nicht in bilderstürmerischer Weise etwas zerschlagen will, was durch die unsterblichen Werke deutscher Meister Ewigkeitswert besitzt. Neben dem Neuen, das die Jugend aus einem zukunftbejahenden Geist und Willen schaffen wird, ist die Pflege und Erhaltung der großen Werke, die uns aus der Vergangenheit überliefert sind, Selbstverständlichkeit«*
> (Carl Cerff).
> *»Die Reichstheaterwoche will und darf nicht ein willkürlicher Vorstoß der HJ auf ein fremdes Gebiet sein. Sie ist vielmehr der Beweis dafür, daß die Jugend sich ihrer Verpflichtung bewußt ist, tätig und bereit mitzuarbeiten«* (Carl Cerff).
> *»Denn nur dem gehört die Zukunft, der dankbar die Vergangenheit begreift«*
> (Baldur von Schirach).

Während der Theatertage in Bochum wurde dargeboten:
Schauspiele:

Schiller	Die Räuber	mit Horst Caspar u. a.
Grabbe, Ch. D.	Napoleon oder die 100 Tage	mit Gisela Uhlen u. a.
Möller, E. W.	Rothschild siegt bei Waterloo	
Möller, E. W.	Das Frankenburger Würfelspiel	
Hymnen, F. W.	Der Vasall	
Johst, H.	Thomas Paine	
Schwitzke, H.	Scarrons Schatten	

Vorträge:

Die Oper im neuen Deutschland	Staatskapellmeister Six, Weimar
Über den Kunsttanz	Rolf Cunz, Propaganda-Min. Bln.
Theaterführung und Theaterverwaltung, wirtschaftliche Fragen des Theaters	Ministerialrat Scheffels, Staatstheater Berlin
Das Bühnenbild	Benno von Arent, Reichsbühnenbildner
Über die Aufgaben der Theaterwissenschaft	Prof. Niessen, Köln
Die Nachwuchsbetreuung in den Bühnenberufen	Rudolf Blaeß, Wiesbaden
Die Theaterarbeit in der Kulturabteilung (Theaterakademie, Nachwuchsbetreuung, Arbeitsgem. junger Theaterleute)	Staatsrat Dr. H. S. Ziegler, Weimar
Nationalsozialistische Dramaturgie	Obergebietsführer Dr. Rainer Schlösser, Reichsdramaturg

Eine festliche Morgenstunde *»Tänze der Nationen«* mit Ursula Deinert (1. Solotänzerin des Deutschen Opernhauses Berlin) und Horst Matthiessen, machte mit der Tanzkunst der Nationen bekannt.
Den festlichen Abschluß der Theatertage in Bochum bildete eine Morgenfeier auf der Zeche Constantin VI/VII mit Bergleuten und Tagungsteilnehmern und einer Ansprache von Obergebietsführer Carl Cerff über »Arbeiter und junge Kultur« (Programmschrift).

*

Im Oktober 1938 fanden die zweiten Theatertage der Hitler-Jugend in Hamburg statt; eine Programmschrift ist nicht erhalten.

26.7 Schrifttum

26.71 Buchbesprechungen – Buchausstellungen

Baldur von Schirach zur Schrifttumsarbeit:

> *»Wie wenige kennen den weiten Raum der Gedanken, die unser Volk erdacht hat, der Lieder, die es dichtete; wahrlich, wer seine Heimat wahrhaft liebt, der wird nicht nur die wechselnden Bilder ihrer Landschaft andächtig betrachten, nicht nur die Städte, Dome, Burgen, Wälder, Seen und Berge kennen, er wird die Wanderschuhe von Zeit zu Zeit ablegen, um im großdeutschen Reich des Geistes auf Fahrt zu gehen. Denn wer Deutschland kennenlernen will, darf nicht nur in die Weite wandern, er muß auch in die Tiefe steigen«.*

In der Feier- und Freizeitgestaltung, in den Lehrplänen der Akademie für Jugendführung, der Reichs-Führer- und -Führerinnenschulen, der Gebiets- und Obergau-Führer- und -Führerinnenschulen, und in allen durchgeführten Lehrgängen und Schulungen wurde versucht, die Jugend mit den Reichtümern des deutschen Geisteslebens vertraut zu machen. Buchbesprechungen, Buchausstellungen, Dichterlesungen, die Einrichtung von eigenen Jugendbüchereien, die Herausgabe eines jährlich erscheinenden Verzeichnisses »Das Buch der Jugend« durch die Reichsjugendführung, ein Jugend-Buchring, der wertvolle Literatur zu günstigen Preisen lieferte, und die Aktion »Jugend und Buch«, die jeden Winter, verbunden mit einer Buchausstellung und Dichterlesungen, erfolgte, galten diesem Zweck. Unterstützt wurde diese Arbeit durch eine enge Zusammenarbeit mit den öffentlichen Bibliotheken.

26.72 Dichterlesungen

Besonders die Dichterlesungen vermittelten der Jugend das Verständnis für das Werk und den Lebensweg der Geistesschaffenden. Börries von Münchhausen, Agnes Miegel, Hans Carossa, Georg Grabenhorst, Moritz Jahn, Hermann Claudius, Alma Rogge, Wilhelm Pleyer, Heinrich Zillich, Eberhard Wittek, die Arbeiterdichter Heinrich Lersch und Franz Wohlgemuth und andere, sowie die Vertreter der jungen Generation Wolfram Brockmeier, Herbert Böhme, Hans Baumann, Eberhard Wolfgang Möller, Heribert Menzel, Rudolf Kinau, Karl Springenschmidt lasen oft und gern vor der Hitler-Jugend. Nicht nur im ostmärkischen Raum war Josef Weinheber vielmals bei der Jugend zu Gast.
Die ostpreußische Dichterin Agnes Miegel war dem Bund Deutscher Mädel so verbunden, daß ihr der Reichsjugendführer Baldur von Schirach im Reichsführerlager Braunschweig das Goldene Ehrenzeichen der Hitler-Jugend verlieh.

26.73 Reichsjugendbücherei

Bereits 1933 richtete die Reichsjugendführung ein Lektorat ein, für das etwa 100 freiwillige Mitarbeiter und Mitarbeiterinnen für die Jugend wichtig und interessant erscheinendes Schrifttum lasen und besprachen. Es kam dazu, daß viele Verlage von Jugendbüchern ihre Manuskripte vor der Drucklegung in diesem Lektorat beurteilen ließen.
Auf der Reichstagung »Jugend und Buch« 1941 in Wien gipfelte die von der Reichsschrifttumsstelle der Hitler-Jugend geleistete Arbeit in der Forderung:

> *»Die deutsche Jugendschrift soll wieder gleichwertiger Teil der deutschen Literatur werden«.* (Kaufmann: »Das kommende Deutschland«, 1943)

Der Reichsjugendführer Baldur von Schirach ernannte Karl Hobrecker, den verdienstvollen Sammler von *Kinder- und Jugendliteratur,* die lange Zeit wissenschaftlich vernachlässigt worden war, 1933 zum Mitarbeiter (Kurator und Bannführer) der Hitler-Jugend.
Karl Hobrecker hatte zusammen mit seiner Frau Margarete in einer Ausstellung 1896 in der Hamburger Kunsthalle auf das Kinder- und Jugendbuch aufmerksam gemacht: »um wenigstens Typen des Hervorragenden zu retten«. Diese wissenschaftlich und international anerkannte Kinder- und Jugendbuchsammlung, von 1507–1850 reichend, stellte der Reichsjugendführer unter seinen persönlichen Schutz.
Ergänzend zu dieser Sammlung gründete er die *»Neue Bücherei für das Schrifttum der Gegenwart«.* »Kameradschaftliche Beziehungen zu den schöpferischen dichterischen Persönlichkeiten der Gegenwart anzuknüpfen«, war das Ziel.
1938 wurden diese Büchereien zur *Reichsjugendbücherei* unter der Leitung von Fritz Helke zusammengelegt. Sie sollte den Charakter eines historischen Jugendbucharchivs erhalten und sich als ein Kulturinstitut verstehen. Es waren ca. 27 000 Bände vorhanden. Dieses Jugendbucharchiv wurde in die Akademie für Jugendführung überführt.
Außerdem wurde in der Akademie für Jugendführung eine *Bibliothek* eingerichtet, die nicht nur die deutsche und die Welt-Literatur, sondern auch Schrifttum der verschiedenen, auch gegensätzlichen Weltanschauungen enthielt, um den Führer- und Führerinnennachwuchs durch weltoffenes, kritisches und abwägendes Arbeiten zu bilden.
Das Jugendbucharchiv und die umfangreiche Bibliothek gingen durch Kriegseinwirkungen unter; es wurde zu großen Teilen vernichtet.

Daß auch in bezug auf neu entstandenes und entstehendes Schrifttum Qualitätsmaßstäbe gesetzt wurden, geht aus einer Rede von Schirach's hervor, in der er *»ein hartes Wort zur Reinigung unserer Reihen von Versefabrikanten«* gesprochen hat. –

Die Reichsjugendbücherei war bis 1939 dem Reichsjugendführer direkt unterstellt, anschließend als Reichsschrifttumsstelle in das Hauptamt III eingegliedert. Sie ist hier unter Kulturarbeit aufgeführt. –

26.8 Die Feier- und Freizeitgestaltung

26.81 Feste und Feiern

Die Rede Baldur von Schirach's »Vom musischen Menschen« war auch für die Gestaltung der Feste und der Freizeit der Jugend maßgebend. Im Zusammenwirken der einzelnen kulturellen Arbeitsgebiete: Musikerziehung, Sprach-, Spiel- und Tanzschulung, Werkarbeit, entwickelte sich ein Stil, der dem Empfinden und dem Erleben der Jugend Ausdruck gab.
Die Feste des Jahreslaufes (Ostern, 1. Mai, Pfingsten, Sonnenwende, Erntedank, Totengedenken, Weihnachten und Jahreswende), die Feiern aus dem persönlichen Lebenskreis (Geburt und Namensgebung, Hochzeit, Tod und Begräbnis), die Höhepunkte des Dienstes in der Hitler-Jugend (Aufnahme in das Jungvolk und den Jungmädelbund, Übernahme in die Hitler-Jugend und den Bund Deutscher Mädel, die Weihe der Bannfahnen der Hitler-Jugend in Potsdam und die Wimpelweihe für den Bund Deutscher Mädel in Bamberg durch den Reichsjugendführer) wurden festlich begangen und durch sorgsam zusammengestellte Programme feierlich gestaltet. Die Morgenfeiern der Hitler-Jugend hatten nicht nur im Rundfunk an Ansehen und Zuhörern gewonnen; die Parteiorganisationen zogen zur Durchführung ihrer Feiern vielfach die Spielscharen der Hitler-Jugend heran.
In den Zeitschriften »Die Spielschar«, »Musik in Jugend und Volk« und anderen sind Beispiele für vorbildliche Fest- und Feiergestaltung enthalten. Die Reichsjugendführung gab eine Reihe »Spiele der deutschen Jugend« heraus, die bis in die unteren Einheiten Anregungen und Beispiele für das Erarbeiten von Spielen gab. Das Programm einer an der Akademie für Jugendführung gehaltenen Morgenfeier und die Ansprache der Dichterin Agnes Miegel anläßlich einer anderen Morgenfeier unter dem Herder-Wort »Lasset uns mit mutigem und fröhlichem Herzen auch mitten unter der Wolke arbeiten« mögen als Beispiele dienen.

26.82 Formen der Feier- und Freizeitgestaltung

Das offene Singen
Unsere schönen Volkslieder, aber auch die Lieder aus den Reihen der jungen Künstler der Hitler-Jugend, wurden unter einem Singeleiter bzw. einer Singeleiterin mit einem Ansingechor und oft auch einer Instrumentengruppe in Stadt und Land mit der Bevölkerung gesungen.

Der Elternabend
Elternabende fanden regelmäßig statt. Singen, Musizieren, Spielen (gemeinsames Raten von Scharaden etc.) vereinten Jugend und Eltern zu einer frohen Gemeinschaft. Die Eltern wurden über das Leben der Gruppe, ihre geplanten Fahrten und Lager unterrichtet.

Der Dorfgemeinschaftsabend galt der Wiederbelebung dörflicher bzw. bäuerlicher Kultur und sollte mit Singen, Musizieren, Puppen- oder Laienspiel u. ä. die Dorfgemeinschaft fördern und erfreuen.

Der Kindernachmittag sollte nicht nur den Kindern eines Stadtteils oder eines Dorfes einige frohe Stunden bereiten, sondern ihnen mit dem Lernen alter und neuer Spiele und Lieder usw. Anregungen geben.

Die Morgenfeier war fester Bestandteil des Lebens der Hitler-Jugend. Die morgendliche Besinnung mit Lied und geeigneter Lesung war Bedürfnis und eröffnete die Begegnungen kleiner Einheiten wie die große Veranstaltung. Gemeinsames Singen, Chor- und Instrumentalmusik, Dichtung und Ansprache gehörten dazu.
Die Hitler-Jugend, das muß auch hier betont werden, bediente sich in ihren Feiern nicht der Erzeugnisse der »Vielschreiber und Versefabrikanten«. Nur selten standen die Feiern unter einem tagespolitischen Thema. Die unvergänglichen Schöpfungen der großen Deutschen standen im Mittelpunkt. Besinnung und Zuspruch gaben die Dichtungen von Goethe und Schiller, J. G. Herder, Hölderlin, E. M. Arndt u. a., der zeitgenössischen Dichter Agnes Miegel und Josef Weinheber und der jungen Kameraden aus den eigenen Reihen.

26.83 Tanz und Geselligkeit

Aus dem Zusammenarbeiten und Zusammenleben der Jugend ergab sich zwangsläufig auch der Wunsch nach gemeinsamer Geselligkeit, die der nach Natürlichkeit und Stil strebenden Jugend die Möglichkeit gab, froh zusammen zu sein und sich in Anstand und Sitte zu begegnen. Der Tanz als Ausdruck der Lebensfreude gehört zur Geselligkeit. Die Hitler-Jugend wollte aber keine krampfhafte Belebung des Volkstanzes, wie er in den Volkstanzkreisen gepflegt wurde und in gewissem Umfang auch durchaus seine Berechtigung hat, aber doch auch dem allgemeinen Zeitempfinden nicht mehr entsprach.
Einem Aufsatz »Worte zur Tanzfrage« (Die Spielschar, 1938, S. 111) wurden folgende Ausführungen entnommen:

> *»Ausgesprochen bäuerliches und landschaftlich gebundenes Tanzgut sollte nicht mit Gewalt in die Stadt gebracht werden, sondern in bestimmten Spielgruppen und in den Dörfern, wo sie ›zu Hause‹ waren, gepflegt werden. Aber sie wollte auch keine exzentrischen Tanzformen der Zeit übernehmen, die nicht dem Wesen ihrer Jugend entsprachen«.*
>
> *»Wenn wir nun heute bemüht sind, durch Aufstellung bestimmter Grundforderungen der Entwicklung des deutschen Tanzes eine Richtung zu geben, so wollen wir damit nicht zahlreichen erfolglosen Experimenten noch ein weiteres hinzufügen. Mit der inneren Gesundung des Volkes wird sich ja letzten Endes auch das Beste und Gesundeste auf diesem Gebiet durchsetzen, ohne daß Befehle oder Verbote erfolgen. Das Kulturamt der Reichsjugendführung bereitet zur Zeit, wie wir erfahren, einige ganz einfache Richtlinien vor, die zur Grundlage einer Vereinbarung mit allen am deutschen Tanz interessierten Stellen gemacht werden sollen. In diesen Richtlinien werden grundsätzlich drei Arten von Tänzen unterschieden: Nämlich allgemein deutsche Tänze, also Walzer, langsamer Walzer, Marschwalzer, Rheinländer, Kuhländer Dreher, Tampet und Sonderburger. Diese Tänze werden der besonderen Pflege im ganzen Reich empfohlen. Als zweites werden, ebenso wie das mundartliche Liedgut, die strenger landschaftlich gebundenen Tänze zusammengefaßt. Endlich kommen für internationale Veranstaltungen, z. B. Gemeinschaftslager mit ausländischen Jugendgruppen, auch ein Teil der international bekannten Tänze in Frage.*

Eine Ordnung in Fragen des kulturellen Lebens darf niemals zum Schema erstarren, und das zeichnet gerade diese Aufstellung im besonderen Maße aus: daß sie nämlich nicht einfach karteimäßig registriert, sondern Richtung gibt und dem Gesunden und Schönen den Weg frei macht zu unseren festlichen Veranstaltungen. Die Tatsache, daß ein reinigender Wind in die drückende Atmosphäre der Tanzdielen fährt und endgültig aufräumt mit den musealen Bestrebungen, dem Menschen der Gegenwart zeitfremde Altertümlichkeiten aufzudrängen, muß dankbar stimmen.«

Der Erziehung der Jungen zu Ritterlichkeit und der Mädel zu Anmut und Würde dienten gemeinsame Tanzkurse für die älteren Jahrgänge. In den Lehrgängen der Führer- und Führerinnenschulen waren gesellige Abende mit Singen, Spiel, Tanz und gemeinsamen Mahlzeiten Höhepunkte. Sie dienten dazu, gesittet, frei und fröhlich miteinander umgehen zu lernen und sich jener Höflichkeit des Herzens zu befleißigen, die die Grundlage jeder wahren Gemeinschaft und Kultur bildet. Die Mädel des BDM-Werkes »Glaube und Schönheit« luden im Kriege auch Soldaten, die sich im Heimaturlaub befanden, zu geselligen Abenden ein. – In der Akademie für Jugendführung wurden auch Unterrichtsstunden im guten, zwanglosen Benehmen gegeben.

26.9 Sonderaspekte der Kulturarbeit

26.91 Der Veranstaltungsring der Hitler-Jugend

Der Veranstaltungsring wurde gegründet, um allen Jugendlichen die Teilnahme am kulturellen Leben zu ermöglichen, besonders denen, die durch das Elternhaus dazu nicht angeregt wurden oder finanziell nicht dazu in der Lage waren. Die Zugehörigkeit war freiwillig.

»Eine ganz wesentliche Aufgabe der musischen Erziehung ist die Weckung und Steigerung der Erlebnisfähigkeit. Wir wollen alles verhindern, was dazu beitragen könnte, unsere Jungen und Mädel abgestumpft und uninteressiert zu machen. Wir wollen, daß sie körperlich frisch und auch seelisch gestärkt an ihre Arbeit und an ihren Dienst gehen. Sie sollen nicht nur auf den Sportplätzen zu Hause sein, sondern sollen sich ebenso in ihren schönen Heimen einer besinnlichen Arbeit widmen. Sie sollen ebenso zu Hause sein in den deutschen Theatern und Konzertsälen, sie sollen die deutschen Dichter, Musiker, Forscher und Erfinder zu ihren wohlvertrauten Bekannten und Freunden zählen. Diese Erfüllung der Freizeit der deutschen Jugend mit wertvollsten Schätzen deutscher Kunst und Kultur bringt der Veranstaltungsring der Hitler-Jugend. Mit dem Theater hat diese Arbeit angefangen. Es muß an dieser Stelle festgestellt werden, daß die Theaterleiter heute den Wünschen der Jugendführung Verständnis entgegenbringen und sie in ihren kulturellen Erziehungsaufgaben tatkräftig unterstützen. Ein erfreuliches Beispiel in dieser Hinsicht haben soeben bei den Vorbereitungsarbeiten für einen Veranstaltungsring der Hitler-Jugend in der Reichshauptstadt die großen Berliner Theater gegeben: Die preußischen Staatstheater, das Deutsche Opernhaus, das Schiller-Theater, das Deutsche Theater, das Theater am Nollendorfplatz, die Volksbühne und das Theater des Volkes haben sich bereit erklärt, eine stattliche Zahl geschlossener Abendvorstellungen zu stark ermäßigten Preisen für die Hitler-Jugend zu geben. Dasselbe Verständnis und den gleichen Willen zur gemeinsamen Arbeit fanden wir auch bei den Konzertagenturen, den Dirigenten, den Orchestern, den Solisten. Es ist nicht selten, daß ein bedeutender Musiker oder Sänger sich bereit erklärt, für den Veranstaltungsring der Hitler-Jugend umsonst aufzutreten.

Mit unseren Dichtern und Schriftstellern ist es nicht viel anders. Durch die Zusammenarbeit mit dem Werbe- und Beratungsamt für das deutsche Schrifttum im Propagandaministerium und dem deutschen Volksbildungswerk ist es möglich, sich mit dem Veranstaltungsring an Vortragsreisen von Dichtern, Schriftstellern und Erzählern, Sprechern und sonstigen Vortragenden anzuschließen und mit verhältnismäßig geringen Kosten geschlossene Vortragsabende durchzuführen. Dasselbe bezieht sich auf den Einsatz von Puppenbühnen und Jugendfilmstunden.«
(Zander: Die Spielschar, August 1939).
Siehe auch: Meisterkonzerte der Hitler-Jugend.

26.92 Die Arbeitsgemeinschaft »Junges Schaffen«

Die eingangs erwähnte Arbeitsgemeinschaft »Junge Künstler« (Musik und Wort) ging 1937 in der Arbeitsgemeinschaft »Junges Schaffen« auf, unter Erweiterung auf bildende und darstellende Kunst. Neben den jungen Musikern und Schriftstellern wurden nun auch die jungen Architekten, Landschaftsgestalter, Maler, Bildhauer, Werklehrer, Kunsterzieher und der wissenschaftliche Nachwuchs in Forschung und Lehre auf freiwilliger Basis erfaßt. Reichseinheitliche Anordnungen, wie komponiert, gebaut, gemalt oder gedichtet werden sollte, gab es nicht. Eine Leitstelle in der Reichsjugendführung vereinte die jungen Kunstschaffenden, veranstaltete fachgerichtete Tagungen und brachte die Künstler in Lagern o. ä. mit der Jugend zusammen, um sie anzuregen, in ihrem Schaffen dem Empfinden der jungen Generation Ausdruck zu geben.
»Kulturpolitische Arbeitsblätter«, gleichzeitig Mitteilungsdienst der Arbeitsgemeinschaft »Junges Schaffen«, vom Kulturamt der Reichsjugendführung herausgegeben, informierten alle an dieser Arbeit Interessierten über Vorhaben, Erfahrungen, Schrifttum usw. (Siehe Anhang Abb. 42).

26.93 Höhepunkte der kulturellen Arbeit

Kulturpolitische Arbeitslager

Besondere Impulse empfing die breit angelegte kulturelle Arbeit durch die *Kulturpolitischen Arbeitslager* der Reichsjugendführung, die 1934 in Landeck, 1935 in Warnicken (Samland/Ostpreußen) und 1936 in Heidelberg stattfanden.
Teilnehmer an diesen Lagern waren neben den Mitarbeitern des Kultur- und Rundfunkamtes die Abteilungsleiter für Kultur und weltanschauliche Schulung in den Gebieten und Obergauen, sowie eine Auslese aus der aktiven Führer- und Führerinnenschaft in den Gebieten, Obergauen, Bannen und Untergauen. Vor allem aber wurden die jungen kulturschöpferischen Kräfte versammelt (Musiker, Schriftsteller, Maler, Wissenschaftler etc.). Als Gäste nahmen Vertreter der Reichskammern für Kultur, Theater und Schrifttum, sowie aus Kunst und Wissenschaft teil. »Kameradschaft im Geistigen« wurde hier begründet und wirkte fort in vielen Verzweigungen.
So stand z. B. im Kulturpolitische Arbeitslager unter dem Motto »Kameradschaft, Leistung und Kritik«.
Den Grundgedanken dieser Arbeit führte Obergebietsführer Carl Cerff im nachträglich erschienenen »Heldelberger Heft« wie folgt aus:
»Es war nie unsere Auffassung, dass in einem solchen Lager etwa kollektive neue Kulturwerte geschaffen werden sollen . . . So sehr wir erkennen müssen, dass jeder Leistung ein Können zugrunde liegen muss, so hat uns doch gerade unsere Zeit ge-

lehrt, dass der innere Impuls und die willensmäßige Bestimmung eine entscheidende Rolle spielt. Es mangelte in Deutschland nie am Können, sondern immer am gemeinsamen Wollen. Das Fehlen des Gemeinschaftsgedankens war im deutschen Geistesleben immer stark spürbar. Die Vereinsamung unseres Künstlers hatte nichts zu tun mit jener notwendigen inneren Ruhe, die jeder Künstler für sein Schaffen braucht . . .
Unsere Aufgabe kann es daher nur sein, den heranwachsenden jungen Künstler in das Erlebnis der Gemeinschaft hineinzustellen, damit sein zukünftiges Schaffen der Erfüllung der Sehnsucht unseres Volkes diene und nicht einem kleinen Kreis von Menschen zur Befriedigung des ästhetischen Gefühls. Kunst ist nicht Luxus, sondern Lebensnotwendigkeit.« –

Die Reichskulturtagung in Weimar

Die Reichskulturtagung und die Festspiele der deutschen Jugend in Weimar fanden als Fortsetzung der kulturpolitischen Arbeitslager ab 1937 jährlich im Juni statt. Der Tagungsort Weimar war mit Bedacht gewählt.
»Ich habe die Eröffnung dieser Festspiele zum Anlaß genommen, um die enge Bindung der goethischen Gedankenwelt zu unserer Erziehungsgemeinschaft im einzelnen zu begründen« (Baldur von Schirach: »Goethe an uns«).
Die Jugend sollte an hervorragenden Beispielen deutscher Kultur, insbesondere der Kultur der Goethe-Zeit, erleben, *»was sich nicht erlernen läßt: die Ehrfurcht« (Baldur von Schirach).*
Theateraufführungen (u.a. Egmont, Faust, Iphigenie auf Tauris, Prinz von Homburg, Wallenstein), *Dichterlesungen* (u.a. Hans Carossa), *Meisterkonzerte* (Elly Ney, Hermann Diener und sein Collegicum musicum u.v.a.), *Leistungsschauen* junger Kulturarbeit (Heimbau, Bildende Kunst, Werkarbeit, Prosa, Lyrik und Dramatik, das gute Jugendbuch, Feier- und Freizeit, Erzählgut, Spiel und Tanz, Lied und Musik, volksdeutsche Dichtung der Gegenwart, Bücher und Schriften zur Kulturarbeit) galten diesem Ziel.
Das Neue an diesen Tagen war, daß nicht, wie bei den seit 1909 stattfindenden »Schiller-Festspielen für die deutsche Jugend«, nur höhere Schüler und Schülerinnen teilnahmen, sondern jetzt, dem sozialen Empfinden der Hitler-Jugend entsprechend, neben den besten Schülern und Schülerinnen die tüchtigsten Jungarbeiter und Jungarbeiterinnen, Jungbauern und Jungbäuerinnen, die als Sieger aus dem Reichsberufswettkampf hervorgegangen waren, eingeladen wurden.
Für die in der Reichsjugendführung und in den Gebieten und Obergauen für die Kulturarbeit Verantwortlichen waren die Tage in Weimar zugleich Arbeitstagung. Von maßgeblichen Referenten aus Kunst, Wissenschaft und Politik wurden künstlerische und kulturpolitische Fragen erörtert. Die Themen wurden in Arbeitsgemeinschaften diskutiert. Ein Dorfgemeinschaftsnachmittag in Oßmannstedt (Wieland-Gedenkstätte) wurde gemeinsam vorbereitet und erarbeitet.
Die besten Spielscharen, Musikzüge, Orchester und jungen Solisten (12–18 Jahre) wurden vorgestellt und ausgezeichnet.
In der Thüringer Tageszeitung vom 14. 6. 1941 heißt es:
»Ein schönes Zeugnis für die Fortentwicklung der musischen Erziehung der deutschen Jugend und für den hohen Stand, den das Jugendmusizieren heute bereits erreicht hat, war der im Rahmen der Reichskulturtagung im schönen, geschichtsreichen Festsaale des Weimarer Schlosses veranstaltete Musiknachmittag »Junger Nachwuchs stellt sich vor«. Vor den HJ-Führern und BDM-Führerinnen, vor den Gästen aus der italienischen, japanischen, norwegischen, dänischen, finnischen, niederländischen, flämischen, slowakischen und spanischen Jugend, vor Vertretern des kulturellen Lebens zeigten hier junge, mit zwei Ausnahmen sämtlich unter 18 Jahre alte Solisten ein oft verblüffendes musiziertechnisches Können«.

Während der Reichskulturtagung in Weimar 1941 war eine der beeindruckendsten Leistungen die Aufführung der IX. Symphonie von L. van Beethoven durch Orchester und Chor (Weimarer Staatskapelle, Rundfunkspielschar Stuttgart unter Gerhard Maaß u. a.), die durch den nachstehenden Bericht der Weimarer Presse aus dem Jahre 1941 belegt ist:

»Als festlicher Abschluß der Reichskulturtagung der Hitler-Jugend fand gestern Abend in der bis auf den letzten Platz besetzten Weimarhalle ein »Konzert der Jugend« statt, das Mozarts A-Dur Violinkonzert (KV 219) und Beethovens IX. Symphonie brachte. Mit höchster Spannung sah man der Darbietung der Beethovenschen Symphonie entgegen, da die Chöre des Schlußsatzes von der Rundfunkspielschar Stuttgart, Bann- und Untergauspielschar Stuttgart und Bannspielschar Esslingen gesungen wurden. Der Chor war von bestechender Klangwirkung. Die Frische und Begeisterung mit der gesungen wurde, gab dem Schlußhymnus eine mitreißende Wirkung. Die Chorstellen waren vorbildlich einstudiert, die Aussprache war musterhaft, der Rhythmus präzis, Crescendos und Decrescendos ebensogut ausgearbeitet wie die Vokalisierung und das Nachklingen der Endsilben. Dieses Zusammenwirken von guten Kräften brachte der Aufführung einen wahren Triumph ein«.

Auch die Erneuerung der bäuerlichen Kultur war ein Thema der Weimarer Kulturtagung.

»Als besondere Arbeitsaufgabe ist durch Befehl des Reichsjugendführers Baldur von Schirach auf der Weimarer Kulturtagung 1937 dieser Jugendarbeit der positive Kampf gegen die Landflucht gesetzt worden. Durch Vermittlung des künstlerischen Erlebnisses auf dem Dorf soll bäuerliches Selbstbewußtsein und in den Grenzlanden das Volkstumsbewußtsein gestärkt werden. Die HJ hat dabei den Standpunkt aufgegeben, daß man auf das Dorf kommen muß, um Kultur zu bringen. Es bedarf zur Behebung der Landflucht der Erweckung des kulturellen Selbstbewußtseins unseres Bauerntums.

Der Reichsjugendführer hat deshalb auf der Weimarer Kulturtagung 1939 neben der Erweckung des kulturellen Selbstbewußtseins auf dem Dorf einen weiteren Weg zur Überwindung der Landflucht aufgezeigt: Er hat den Trägern der Kulturarbeit der jungen Nation zur Aufgabe gemacht, die ganze Jugend Deutschlands zur Natur im weitesten Sinne des Begriffs zu führen. Er möchte darunter die planmäßige Erziehung der Jugend zur Tierliebe, ferner die Aufklärung der Jugend über das Leben der Pflanzen, Bäume und Gewächse und schließlich die Ausrichtung der Jugend auf die ewigen Kräfte unseres Volkes und unserer Kultur verstanden wissen«.

(G. Kaufmann: »Das kommende Deutschland«, 1940).

Die Europäische Kulturtagung in Weimar und Florenz 1942

Die Europäische Kulturtagung wurde von der deutschen und der italienischen Jugend als Gastgeber ausgerichtet. Sie begann in Weimar und wurde nach 10 Tagen in Florenz fortgesetzt. Jugendgruppen aus 14 Nationen nahmen daran teil.

»Den Kern des Kulturtreffens der europäischen Jugend bildeten die Arbeitsgemeinschaften für Musik, Jugend und Buch, Presse der Jugend, Jugend und Theater, Rundfunk und in Florenz auch Jugend und Film. Diese Arbeitsgemeinschaften führten die Fachvertreter der europäischen Jugendorganisationen erstmalig zu persönlichem Gedankenaustausch zusammen und gaben ihnen Gelegenheit, über den Stand der Kulturarbeit in ihren Ländern zu berichten, Erfahrungen zu besprechen und Möglichkeiten einer gemeinsamen Arbeit und eines Austausches zu erwägen«

(Wolfgang Stumme: »Kulturarbeit in Europa«).

In der Arbeitsgemeinschaft Musik wurden u. a. folgende Vorschläge gemacht: Schaffung einer Zentralstelle zur Sammlung und zum Austausch der Volksmusik in Europa (Kinder- und Volkslieder, Tanz-, Instrumental- und Chormusik, Austausch von Musikstudierenden, Austausch von Spieleinheiten).

Die Arbeitsgemeinschaft Jugend und Buch regte einen Überblick über den gegenwärtigen Stand des europäischen Jugendschrifttums und seines geschichtlichen Wachstums an.

»Aus den alljährlichen Weimar-Festspielen und der Reichskulturtagung der Hitler-Jugend ist mit dem Jahre 1942 die Kultur-Kundgebung der europäischen Jugend geworden, und zwar in einer solchen imponierenden Größe, daß dieses Gebäude nunmehr auf zwei Pfeilern ruhen wird. Den zweiten starken Pfeiler hat es mit Florenz erhalten. Es wird allerdings nur seinen Zweck erfüllen können dann, wenn es aus den Leistungen deutscher Jungen und Mädel, italienischer Jugend und der anderer europäischen Völker herauswächst. Diese Kulturkundgebung 1942 ist zunächst als ein Appell an den kulturellen Leistungswillen der Jugend Europas aufgefaßt worden, um in kommenden Jahren mehr und mehr zu einem kulturellen Leistungsbericht zu werden«.

(Zander: »Kulturarbeit der deutschen Jugend« in »Spielschar« 1942)

Kulturtag der europäischen Jugend 1942

»Alljährlich fanden in Weimar die Kulturtage der europäischen Jugend statt. In diesem Jahr schmückten Fahnen aus vierzehn Nationen die festlichen Plätze. Man sah italienische, finnische, ungarische, spanische, norwegische, rumänische, bulgarische, slowakische, kroatische, dänische, niederländische, flämische und wallonische Uniformen sowie Jungen- und Mädelgruppen in farbenfrohen, wunderschönen Nationaltrachten.

Einen Überblick über die Arbeit ermöglichten die drei Ausstellungen: »Das deutsche und das europäische Jugendbuch«, »Die europäische Jugendpresse« und »Die Musikerziehung der Hitler-Jugend«. In der Presseausstellung zeichnete sich besonders deutlich die Kampfansage der europäischen Jugendzeitungen und -zeitschriften gegen den gemeinsamen Feind im Osten und der Wille zur Stärkung der europäischen Solidarität ab. Die Buchausstellung bewies vornehmlich, daß bereits alle in Weimar vertretenen Nationen um den Einfluß des guten Kinder- und Jugendbuches und damit des Jugendschrifttums als beachtlichen Erziehungsfaktor wußten. Die Musikausstellung bekundete eindringlich, daß jede musische Erziehung nur aus den Kräften des Volkstums und eines arteigenen Empfindens und Stilwillens erfolgen kann.

Eine weitere, in den schönen, lichten Räumen des Goethe-National-Museums untergebrachte Ausstellung »Junges Schaffen« vereinte Arbeiten deutscher Plastiker, Maler und Graphiker, die in ihrer inneren Linie der Hitler-Jugend besonders nahe standen. Eine Modellschau über die Bauten der Hitler-Jugend und die zweckvollen Inneneinrichtungen aller Räumlichkeiten verriet, daß die Jugend Adolf Hitlers auch in der Architektur kulturschöpferisch am Werke war.

Die gemeinsame kulturpolitische Linie wurde besonders deutlich durch die Verleihung des Jugendbuch- und des Jugendmusikpreises von Weimar. Der von Reichsleiter Baldur von Schirach gestiftete Jugendbuchpreis wurde in drei Gruppen verliehen. Den ersten Preis in der Gruppe Bilder- und Kinderbuch (eine Nachbildung der Schiller-Büste und eine Gesamtausgabe von Schillers Werken) erhielt eine Ausgabe der Grimmschen Märchen in der Bearbeitung von Karl Hobrecker mit Illustrationen von Ruth Koser-Michaelis. In der Gruppe Jungen- und Mädelbücher (eine Nachbildung der Goethe-Büste von Chr. Rauch) wurde das Buch »Paddeltje de Scheepsjongen von Michiel de Ruyter« von Joh. H. Beens ausgezeichnet, das den Heldenkampf des holländischen Admirals gegen die englische Übermacht zur See im 17. Jahrhundert packend schildert. Der Preisträger der dritten Gruppe, Erlebnisbücher und Bücher über das Zeitgeschehen, Eduardo Bedeschi, erhielt für sein Werk »La Giovinezza del Duce«, das die Jugendzeit Benito Mussolinis schildert, eine Führerbüste von Professor Klimsch.

Ferner wurden die Ehrenpreise verliehen. Das bulgarische Buch »Legendi« von Fani

Popawa-Mustafowa, das den Selbstbehauptungskampf der Bulgaren gegenüber jahrhundertelanger fremdvölkischer Unterdrückung darstellt, erhielt den Ehrenpreis des italienischen Unterrichtsministers Bottai. Ein vom faschistischen Parteisekretär Minister Vidussoni gestifteter Ehrenpreis wurde der jungen Deutschen Erika Müller-Henning für die Erzählung »Die Wolgakinder« verliehen, während den Ehrenpreis des Reichsleiters von Schirach das italienische Werk »La Novella di Giotto« von Fanciulli errang.
In den Gruppen Streichinstrumente und Gesang wurde der erste Preis je zweimal an Italien und Deutschland vergeben. In der Gruppe Tasten- und Zupfinstrumente siegte eine italienische Harfenistin, während unter den Bläsern ein Deutscher auf der Klarinette den ersten Preis errang. Unter den zweiten und dritten Preisträgern befanden sich ein deutscher Pianist, ein fünfzehnjähriger rumänischer Geiger, eine rumänische Sängerin, ein italienischer Oboist, eine Spanierin, zwei Ungarn, ein Slowake und ein Kroate.
Beglückend und erschütternd zugleich war es, mit welcher seelischen Reife und Hingabe die Nürnberger Spielschar den »Wach auf«-Chor aus den Meistersingern und Chöre des Gebietes Sachsen den Schlußsatz »An die Freude« aus Beethovens IX. Sinfonie zu Gehör brachten. Diese Einfühlung kann vielleicht nur von einer Jugend erreicht werden, die ganz echt und unverbildet empfindet und so unbewußt zu allen echten und adligen Werten Zugang findet«.
(Bericht von Dr. Ruth Gaensicke).

26.94 Förderung des künstlerischen Nachwuchses

Die Auslese und Förderung begabter Jugendlicher wurde auch in der kulturellen Arbeit – wie auf allen anderen Arbeitsgebieten – von der Reichsjugendführung als eine besondere Aufgabe und Verpflichtung angesehen.
»Die Jugendmeister« von HJ und BDM im Geigen- oder Klavierspiel wurden in jedem Jahr im *musischen Wettkampf* der Hitler-Jugend über die Banne und Untergaue bzw. Gebiete und Obergaue auf der Reichskulturtagung in Weimar ermittelt und gefördert.
Für alle Bereiche (Musik, Bildende Kunst, Darstellende Kunst und Schrifttum) wurden Reichs-Ausleselager durchgeführt. Ein Beispiel für alle:

Reichs-Ausleselager für »Bildende Kunst«.

Anfang des Jahres 1943 fand bereits das dritte Reichs-Ausleselager für Bildende Kunst, einberufen und geleitet von den Mitarbeitern der Hauptabteilung für Bildende Kunst in der Reichsjugendführung im Auftrage des Begabtenförderungswerkes des Deutschen Volkes statt. 52 Teilnehmer und Teilnehmerinnen, die sich über die Banne und Untergaue um eine Förderung beworben oder auch über andere Formationen dem Begabtenförderungswerk vorgeschlagen worden waren, wurden nicht nur ärztlich auf ihren Gesundheitszustand untersucht, auf ihren Leistungsstand in allgemeinem Wissen und Leibeserziehung geprüft, sondern vor allem fern jeder Prüfungsangst in froher Gemeinschaft von hervorragenden Vertretern der einzelnen künstlerischen Disziplinen über ihre künstlerischen Möglichkeiten und weiteren Wege beraten. Bei Eignung wurden sie künftig entsprechend gefördert.
(Siehe Anhang Abb. 42, insbes. Ziffer BK 20)

26.95 Die Kulturarbeit im Krieg

»Gerade durch den Krieg bedingt, erfolgte eine ungeahnte Steigerung des Einsatzes der Spieleinheiten. Über 60 Spieleinheiten gelangten bis 1943 zum Einsatz für die Truppenbetreuung in den besetzten Gebieten. Annähernd 100 waren im vorigen Jahr für die Volkstumsarbeit in den neuen Gebieten eingesetzt. 150 Spieleinheiten werden im Laufe dieses Sommerhalbjahres allein in den deutschen Osten gehen«.
(Zander: »Weimar – Bekenntnis und Tat«, 1942 »Die Spielschar«.)
»In den an das Reich angeschlossenen Gebieten wurden von der dortigen Jugend selbst Spielscharen, Chöre, Orchester, Spielmannszüge aufgestellt. So bestanden z. B. im Elsaß an vielen größeren Orten Jugendmusikschulen; für Straßburg lagen 1941 über 3000 Anmeldungen vor. Jeder Bann/Untergau im Elsaß besaß Büchereien, Bildgeräte und Bildbänder. Im Gebiet Danzig-Westpreußen bestanden 35 Fanfarenzüge, 9 Bannorchester, ein Gebietsmusikzug, sechs Spielmannszüge, eine Rundfunkspielschar, zwei Gebiets-Spielscharen. – In der Spielzeit führte das Gebiet 170 Jugendfilmstunden mit 63 178 Besuchern durch.«
(»Das junge Deutschland« 1943).
In der Heimat wurde der Einsatz der Spielscharen ebenfalls intensiviert, um den schwer arbeitenden Menschen der Heimatfront und den Verwundeten in den Heimatlazaretten Freude und Entspannung zu bringen.
Aber auch die übrigen Einheiten verstärkten ihre Bemühungen, die Bevölkerung zu erfreuen durch »Offene Singen«, Kindernachmittage, Dorfgemeinschaftsabende, Elternabende usw.

WHW-Wettrüsten

Die Jugend wurde aufgerufen zum *»Wettrüsten der Hitler-Jugend für das Winterhilfswerk«.* An den Heimnachmittagen oder Heimabenden, in den Führer- und Führerinnenschulen, in den Kinderlandverschickungs- und in den Sommerlagern wurde das ganze Jahr über für Soldatenkinder und andere Bedürftige gewerkt, genäht und gestrickt. – Diese Arbeit wurde bekannt als *Spielzeugwerk* der HJ.
Zur Unterstützung dieses »Wettrüstens« wurde 1942 vom Kulturamt der Reichsjugendführung die *Arbeitsrichtlinie* »Die Werkarbeit im Kriegseinsatz der Hitler-Jugend« herausgegeben. Sie enthielt Materialvorschläge, ausführliche Beschreibungen der Arbeitsgänge und Werkzeichnungen und -fotos.
Der reichseinheitlich durchgeführten Aktion des Wettrüstens für das Winterhilfswerk war ein großer Erfolg beschieden.
(Siehe Anhang Abb. 42, insbes. Ziffern BK 23 und BK 24)

Weihnachtsmärkte der Hitler-Jugend

Allein Weihnachten 1942 stellte die Jugend 8 500 000 Spielzeuge her, von denen 20% der NSV für die Kinder von Bedürftigen übergeben, die übrigen auf den Weihnachtsmärkten zugunsten der NSV verkauft wurden. Die im Krieg stillgelegte Spielzeugindustrie wurde damit ersetzt.
Von den über 6000 Weihnachtsmärkten der Jugend sind besonders hervorzuheben die Weihnachtsmärkte auf dem Schloßplatz zu Berlin und auf dem Markt der alten Bergwerksstadt Freiberg in Sachsen. In Berlin sagte der Reichsjugendführer Artur Axmann zur Eröffnung u. a.:
»Mit Freude haben wir erlebt, daß auch in der Werkarbeit der Jugend dieselbe gemeinschaftsbildende Kraft lebt wie in unseren herrlichen Liedern. Es war wunderbar zu sehen, welch ein großer Reichtum an handwerklicher Begabung in unserer Jugend liegt. Man muß diesen Reichtum nur finden und hegen und pflegen. So wurde

durch die Werkarbeit ein entscheidender Beitrag für die kulturelle Erziehung der deutschen Jugend geleistet. Darin liegt der ideelle Wert unseres Wettrüstens.«
(Kulturpolitische Arbeitsblätter 1943/7 / Anhang Abb. 42, Ziffer BK 19)
Die Weihnachtsmärkte der Jugend fanden bei der Bevölkerung überaus großen Anklang.

Europäische Kulturtagung

Wie sehr die Jugend von der Kulturarbeit angesprochen worden ist, zeigt, daß es möglich war, mitten im Krieg die Reichskulturtagung in Weimar zu einer Europäischen Kulturtagung zu erweitern.

Musischer Wettbewerb

Noch im letzten Kriegsjahr 1944, als Deutschland bereits schwer unter den Bombenangriffen feindlicher Flieger zu leiden hatte, rief der Reichsjugendführer Artur Axmann zum »Musischen Wettbewerb« auf, der sich in Einzel- und Gruppenwettbewerbe gliederte und in Gebiets- und Reichsentscheidungen durchgeführt wurde.
Die Einzelwettbewerbe galten den Sparten Musik (Gesang, Instrumentenspiel, Komposition), Sprechkunst, Dichtung, darstellende Kunst, bildende Kunst (Werkarbeit und Kunsthandwerk, Zeichnen, Malen, Plastik, Bauten und Landschaft, Lichtbild und Schmalfilm).
Die Gruppenwettbewerbe erfaßten die Musik-, Fanfaren- und Spielmannszüge, Chöre und Singscharen, Orchester, Instrumental- und Volksmusikgruppen, auch Volkstanzgruppen und das Schreiben und Gestalten von Kriegstagebüchern.
Die Teilnahme an den Einzelwettbewerben stand Jungen und Mädeln mit vollendetem vierzehnten, bei besonderer Befähigung auch schon ab zwölftem Lebensjahr offen; sie war freiwillig.

Technischer Wettbewerb

Im gleichen Jahr rief der Reichsjugendführer auch zum »Technischen Wettbewerb« auf (siehe Kap. 26.51).

»Daß diese Arbeit mitten im Krieg, der fast alle führenden kulturellen Sachbearbeiter der HJ an der Front sieht, möglich ist, verdankt sie der Tatsache, daß gerade Kulturarbeit weitgehend von den Mädeln getragen werden kann, die auch immer wieder an die Stelle ihrer männlichen Kameraden getreten sind.«
(Aus »Bekenntnis und Tat« von Otto Zander, »Die Spielschar« 1942)

Dennoch wurde über den praktischen Einsatz – auch im Krieg – die allgemeine Zielsetzung nicht vernachlässigt, die Jugend über die Freude am selbständigen Schaffen, über das technische Können zur Stilsicherheit und zur Kunst hinzuführen.

26.96 Zur Frage einer eigenen Jugendkultur

»Alle Ideen, Arbeiten und Leistungen, die von der Jugend ausgehen, müssen einmal dem gesamten Volk zugute kommen.« (Carl Cerff)
Nach offiziellen Verlautbarungen vollzog sich die Kulturarbeit der Hitler-Jugend zwar im Einvernehmen mit den Ministerien für Wissenschaft, Erziehung und Volksbildung und Volksaufklärung und Propaganda sowie der Reichsmusikkammer, der Reichstheaterkammer, der Reichskammer für bildende Kunst, der Reichsschrifttumskammer, dem Hauptkulturamt der NSDAP, dem Reichsnährstand, der NS-Organisation »Kraft durch Freude« und anderen in der Kulturarbeit tätigen Organisationen, wie Heinz Fuhrmann in der Zeitschrift für Musik, 1938, S. 1108 formuliert:

»Erst die nationalsozialistische Machtergreifung konnte die gesunden Bestrebungen eines häufig isolierten Einzelgängertums auf eine gemeinschaftliche Plattform erheben, die das zusammenfaßte, was bisher Zerstreuung war.«

Jedoch entwickelte sich in der Hitler-Jugend ein kultureller Stil, der sich deutlich von den z.B. in den Richtlinien des Propagandaministeriums für die Parteiorganisationen gegebenen Anweisungen unterschied, ohne die allgemeine große durch die nationalsozialistische Weltanschauung gegebene Linie zu verlassen.

»Die Kulturarbeit der Jugend wird nicht geleistet als Ausdruck einer eigenen und abgesonderten Kulturauffassung der Jugend, sondern ergibt sich aus den Gegebenheiten und Notwendigkeiten der gesamten deutschen Kultur und der kulturpolitischen Führung überhaupt. Auch soll das Ergebnis ihrer Arbeit nicht eine Jugendkultur neben der Kultur der Erwachsenen oder des Volkes sein, sondern sie bezweckt eine ständige Durchdringung und Erneuerung aus den kulturschöpferischen und kulturtragenden Kräften der Jugend«.

(Zander: »Kulturarbeit der deutschen Jugend«, 1943).

(Siehe ergänzend Anhang, Abb. 43)

26.97 Was wurde erreicht mit der Kulturarbeit?

Revolutionär an der Kulturarbeit der Hitler-Jugend und des Bundes Deutscher Mädel war, daß sie nicht einer bevorzugten Gruppe oder Schicht der Jugend galt, sondern daß alle jungen Menschen durch die vielfältigen Formen des kulturellen Lebens der Jugend (wie eingangs erwähnt) zu den Schätzen der Kunst und Kultur hingeführt wurden, daß vielen von ihnen eine Welt erschlossen wurde, die ihnen sonst vielleicht fremd geblieben wäre. Diese Möglichkeiten wurden *allen* gegeben. Jugendliche mit besonderen Neigungen und Begabungen wurden darüber hinaus ausgelesen und gefördert. Es wurde nicht eine eigene Jugendkultur angestrebt, so sehr sie jugendgemäßen Charakters war, sondern die Kulturarbeit der Jugend wurde einbezogen in die allgemeine Kulturarbeit. Die in der Gemeinschaft der Jugend erlebte Freude am gemeinsamen Erleben und Schaffen nahmen die Heranwachsenden mit in die eigene Familie. So werden das gute Buch, das künstlerische Bild, der Museums-, Theater- und Konzertbesuch in vielen Familien üblich geworden sein, in denen man früher an so etwas nicht dachte.

Nach jahrelanger Vernachlässigung und Überfremdung der eigenen Herkunft, des deutschen Volkstums und kulturellen Erbes begann nun eine neue Zuwendung zu diesen Schätzen unserer Kultur. Als ganz wesentlich muß hierbei wieder hervorgehoben werden, daß in der Hitler-Jugend nicht nur ein kleiner ausgewählter Kreis angesprochen wurde, sondern daß auch und besonders durch die kulturelle Arbeit alle jungen Menschen die Möglichkeit gewannen, daran teilzuhaben.

Es gelang der Hitler-Jugend sehr bald, durch ihre vielfältige kulturelle Arbeit nicht nur bei ihren Eltern Verständnis für ihr Jugendleben und Wollen zu wecken, sondern die Teilnahme und Zustimmung der Bevölkerung zu gewinnen. Die Veranstaltungen der Hitler-Jugend vereinten alt und jung in fröhlichem und besinnlichem Zusammensein bei anspruchsvollem Niveau, so Volksgemeinschaft vom Grunde her verwirklichend.

Wenn es in »Die Frau im Männerstaat« von Margret Lück (Frankfurt/M., 1979) heißt:

»Das, was für die Frauen als Kultur für wichtig erachtet wurde, war fest umrissen und einheitlich für das gesamte Reichsgebiet geregelt« . . . »individuellen Interessen wurde auf den einzelnen Gebieten wie Volkstanz, Volksmärchen oder Liedern, kaum ein Forum geboten« . . . »Die im Elternhaus und Schule begonnene Ausrichtung auf

den standardisierten nationalsozialistischen Einheitsmenschen, in diesem Falle des Mädchens auf das Muttersein hin, wurde im BDM fortgesetzt« . . . –
so ist das durch die noch erhaltenen schriftlichen Zeugnisse insbesondere auf dem Gebiet der Kulturarbeit widerlegt.
Selbstverständlich wurden richtungweisende Anregungen gegeben, aber doch dem Eigenständigen, Schöpferischen volle Entfaltungsmöglichkeit geboten. Uniformität und einengende Regelungen hätten nie eine solche Fülle von Neuschöpfungen – so im Bereich des Liedgutes, des Laienspiels u.a.m. – wachsen lassen oder eine solche Vielgestaltigkeit der musischen Formen hervorgebracht, wie sie für das Gemeinschaftsleben der Hitler-Jugend charakteristisch waren.
Die junge Generation war auf dem Weg, in Musik und Dichtung, Werkarbeit und bildender Kunst ihrer Weltanschauung Ausdruck zu verleihen mit dem Ziel – nach Schirach – *»zu errichten einen Sozialstaat höchster Kultur«*. Denn, so Schirach weiter:

»Jede im tieferen Sinn deutsche Erziehung
muss eine musische Erziehung sein.«

27. Fahrten, Wandern und Lager

Immer schon wanderten deutsche Scholaren, Jugendliche und Handwerker von Ort zu Ort, um zu lernen, aber auch um ihrer Wandersehnsucht zu folgen; meistens nächtigten sie bei Bauern in deren Scheunen. –

27.1 Entstehung des Jugendherbergswesens

Mit dem Aufkommen des »Wandergedankens« in Jugendgruppen, etwa um die Mitte der achtziger Jahre des vorigen Jahrhunderts, ergab sich auch die Notwendigkeit, für die Wanderer Übernachtungsgelegenheiten zu schaffen. So entstanden noch vor der Jahrhundertwende die ersten Studenten- und Schüler-Herbergen in Schlesien und Böhmen. Durch private Initiative einzelner Bünde in der mehr und mehr aufkommenden Jugendbewegung wurden da und dort Landheime mit Übernachtungsgelegenheiten eingerichtet, die aber nicht der gesamten Jugend zugänglich waren, sondern nur den Angehörigen der jeweiligen Bünde. In den Jahren kurz vor dem Kriegsausbruch 1914 wurde jedoch bereits die Jugendherberge als gemeinnützige Einrichtung gefordert und in einigen Gauen des Reiches auch erreicht. Freilich, zu einer reichseinheitlichen Zusammenfassung reichte das gute Wollen noch nicht, aber die geschaffenen Heime waren die Grundlage für ein deutsches Jugendherbergsnetz, das erst 1919 mit der Gründung des *»Reichsverbandes für deutsche Jugendherbergen«* durch den Lehrer Schirrmann auf Burg Altena in Angriff genommen wurde. Immerhin gab es im Jahre 1914 bereits rund 200 Herbergen mit 17000 Übernachtungen. Der 1. Weltkrieg legte die Jugendherbergsarbeit lahm; die geeigneten Jugendherbergen wurden dem *Roten Kreuz* zur Verfügung gestellt und der Wanderbetrieb fast eingestellt. –

> *»In den Nachkriegsjahren, nach Gründung des Reichsverbandes 1919, wurde der Jugendherbergsgedanke als segensreich von der deutschen Jugend immer mehr erkannt, und der Jugendherbergsverband konnte seine Arbeit, unbeschadet der allgemeinen Zersplitterung der deutschen Jugend, erfolgreich in Angriff nehmen. Als der Verband 1933 von der Hitler-Jugend übernommen wurde, konnte er bereits 4 Millionen jährliche Übernachtungen verzeichnen.«* (Archivaufzeichnungen Würschinger)

Der Verband hat mit seinen damaligen Möglichkeiten vor 1933 Hervorragendes geleistet. Er war, wie seine Ortsgruppen und Gaue, ein eingetragener Verein; es handelte sich also um Vereine mit verschiedensten Satzungen, in denen in vielen Ausschüssen viele mitzureden hatten, was sich für die Gesamtentwicklung hinderlich auswirkte.

27.2 Das Jugendherbergswerk ab 1933

Aus der Erkenntnis, daß das Jugendherbergswerk ein Teil der gesamten Jugendarbeit sei, wurde es 1933 von der Hitler-Jugend übernommen. Der Amtschef des Amtes *Fahrten und Wandern* wurde gleichzeitig Leiter des *Reichsverbandes für Deutsche Jugendherbergen.* Dieser Reichsverband blieb juristisch eine selbständige Einrichtung, jedoch auf die Verwaltung des Vermögens beschränkt. Als Leiter des Amtes Fahrten und Wandern und damit des Reichsverbandes wurde ein bewährter HJ-Führer, der als ausgebildeter Kaufmann die notwendigen Voraussetzungen mit-

brachte, beauftragt. Der Verband wurde von ihm rationell durchorganisiert: In den Landesverbands-Geschäftsstellen (ehemals Gaue) wurden *Landesleiter* eingesetzt und diese gleichzeitig zum Abteilungsleiter für *Fahrten und Wandern* in den Gebieten ernannt.
Mit der Übernahme des Reichsverbandes für deutsche Jugendherbergen übernahm die Hitler-Jugend zugleich eine Schuldenlast von 5,5 Millionen Mark; einzelne Gaue des Verbandes standen vor dem Konkurs; ungefähr fünfhundert völlig unzulängliche Jugendherbergen mußten 1933 geschlossen werden, so daß sich anfänglich die Zahl der Jugendherbergen – trotz zahlreicher Neubauten – nicht sehr erhöhte. Vor allen neuen Unternehmungen war daher zunächst die Sanierung des Reichsverbandes erforderlich.
Durch Straffung und Kontrolle der Organisation wurden trotz Senkung des Übernachtungspreises von 30 Pfg. auf 20 Pfg. und Festsetzung günstiger Verpflegungspreise alle Jugendherbergen rentabel gestaltet – auch die Jugendherbergen in den großen Städten wie München, Frankfurt, usw.. Bei Verpflegungssätzen von nur DM 1,40 bis RM 2,50 bei 3–4 Mahlzeiten pro Tag ergab sich durch scharfe Kalkulation und Überwachung jährlich ein »Küchenüberschuß« von RM 900000,–. Jugendhöfe – besonders im Osten – lieferten Lebensmittel, mit denen die großen Jugendherbergen z. B. im Riesengebirge oder auf den Inseln der Nordsee versorgt wurden. Die Wirtschaftsführung der Herbergseltern wurde streng überwacht und laufend geprüft.
Durch Einführung eines monatlich von jedem Schüler abzugebenden *Schulpfennigs* – nach Verhandlung mit den zuständigen Behörden –, durch Werbung von neuen fördernden und korporativen Mitgliedern und durch eine einmal jährlich erfolgende Sammelaktion zugunsten des DJH konnten *neue* Jugendherbergen – bis Kriegsausbruch in 6 Jahren ca. 600 – gebaut werden und zusätzlich einige große Ausbauten erfolgen. Während im Mai 1933 450 Tausend RM gesammelt wurden, waren es 1938 bereits 15 Millionen RM. 10% der Summe wurde in Form von Wandergutscheinen (je 20 Pfennig = eine Übernachtung) an bedürftige Jugendliche ausgegeben. –
Durch die verbilligte Übernachtungsgebühr konnten in Deutschland eben auch die Kinder der Ärmsten sich die Welt erwandern. –
So wurde nicht nur die Sanierung der deutschen Jugendherbergen, sondern auch die Erweiterung des gesamten Jugendherbergsnetzes erreicht. Der Reichsverband für deutsche Jugendherbergen war der größte Gastgeber der Welt und spielte für die Volksgesundheit eine wichtige Rolle. –
Die Zahl der Übernachtungen in den deutschen Jugendherbergen stieg von (1933) 4630683 auf 8720731 (Ende 1938). Sie war 1938 achtmal größer als die Übernachtungszahlen aller übrigen Jugendverbände in anderen Ländern der Welt. (Sie betrug in den übrigen Staaten zusammengerechnet nur etwa 1 Million Übernachtungen.)
»Vor Beginn des Krieges 1939 hat die Zahl der Übernachtungen gegenüber 1914 das 500fache erreicht, d. h. die acht-Millionen-Grenze überschritten. Die zehnfache Zahl der Jugendherbergen verteilte sich über das ganze Reich, und die Tatsache, daß 1938 in deutschen Jugendherbergen 12mal mehr junge Ausländer als junge Deutsche 1914 übernachteten, besagt, wie stark die Hitler-Jugend bereits Anziehungspunkt für das *junge Europa* geworden war.«
(Archivaufzeichnungen Würschinger)
Die internationale Zusammenarbeit fand zwischen den Jugendherbergsverbänden der Welt in einer internationalen Arbeitsgemeinschaft statt, in der Deutschland in führender Stellung vertreten war. (Kaufmann: »Das kommende Deutschland« 1940)

»Das Bauen im Jugendherbergsverband vor 1933 läßt die Großzügigkeit, die in den Projekten der Hitler-Jugend als typisch sichtbar wird, vermissen. Wenn wirklich ein-

mal größere Geldbeträge damals flüssig gemacht werden konnten, dann wurden Bauten errichtet, die gerade nicht dem Schönheitsideal der deutschen Jugend entsprachen. Für die Hitler-Jugend galt es erst einmal, die bestehenden Herbergen zu überprüfen, zu verbessern und nach Gesichtspunkten moderner Hygiene einzurichten. Aber daneben wurde das Netz der Jugendherbergen im Reich durch eine Reihe eindrucksvoller und der heimatkundlichen Erziehung dienende Neubauten erweitert. In diesem Bauschaffen kam der Kulturwille der Hitler-Jugend zum Ausdruck.« (Archivaufzeichnungen Würschinger)

Der Reichsjugendführer von Schirach führte bei der Einweihungsrede für 58 *Neubauten* im Jahre 1937 aus:

»Diese gewaltige Summe, die bei weitem alles übertrifft, was jemals für solch ähnliche Zwecke auf der Welt ausgegeben wurde, ist weder durch Steuern erhoben worden, noch ist sie das Ergebnis der Wohltätigkeit einiger Multimillionäre. Das deutsche Volk selbst hat in wenigen Jahren aus Groschen und Pfennigen diese Riesensumme freiwillig zusammengetragen und uns zu treuen Händen überantwortet. Diese Pfennige aus Sammelbüchsen, die HJ-Jungen und BDM-Mädel am Reichswerbe- und -opfertag des Jugendherbergsverbandes treppauf, treppab durch Dörfer und Städte trugen, sind die Finanzmacht, die hinter dieser im wahrsten Sinne des Wortes gemeinnützigen Einrichtung stand und steht. Wie froh macht es uns, daß wir heute nicht gehalten sind, der Jugendherberge in der wir stehen, den Namen irgendeines Gernegroß zu verleihen, weil wir eben diese Bauten nicht der Wohltätigkeit Einzelner, sondern der sozialistischen Gesinnung eines ganzen Volkes verdanken . . . Hier baut das deutsche Volk, das mächtiger ist als alle Kapitalisten. Es will, daß die Jugend Deutschlands niemand anderem zu Dank verpflichtet ist, als der Nation.« (Schirach: »Revolution der Erziehung«)

Einer Bausumme von 3,7 Millionen Mark im Jahre 1936 stand 1937 bereits eine Bausumme von 10,5 Millionen Mark gegenüber.

Der *Reichsverband für deutsche Jugendherbergen*, in Personalunion geführt mit dem Amt *Fahrten und Wandern der Reichsjugendführung*, hatte – außer der Finanzierung des Jugendherbergswesens – folgende Aufgaben übernommen: Überprüfung und Genehmigung von Bauvorhaben (Jugendherbergen) unter Berücksichtigung von Zweckmäßigkeit, Baugesinnung und Hygiene; Prüfung der Küchen-Pläne, um eine gesunde, jugendgemäße Ernährung überall sicherzustellen. Auslese, Ausbildung und Ausrichtung der Herbergs-Eltern – seit 1933 »Herbergswarte« genannt – waren eine wesentliche Voraussetzung, um den Jugendlichen in der Herberge das Gefühl der Geborgenheit zu geben.

Sie sollten dort nicht nur gut »versorgt« werden, sondern auch anschaulichen Unterricht bekommen über das Land, in dem die Jugendherberge lag, über seine Menschen und deren Sitten und Gebräuche.

Ab 1934 wurden die Jugendherbergen, die bisher vorwiegend Übernachtungs-Stätten waren, zu Mittelpunkten des Kulturlebens der jungen Generation.

Aufgabe des Amtes *Fahrten und Wandern* war es, Anregungen und Anleitungen zu Fahrten in alle deutschen Lande zu geben u. a. durch die vom Reichsverband für Deutsche Jugendherbergen herausgegebene – monatlich erscheinende – Zeitschrift »Jugend und Heimat« und durch das »Ränzlein« von Ilse Mau. –

In den dünn besiedelten Landschaften des Reichs, in denen es nur wenige Jugendherbergen gab, weil sie außerhalb der Ferienzeit wenig genutzt waren, wurden sogenannte »Siedler-Jugendherbergen« gebaut (z. B. in Ost- und Westpreußen); hier sollte der Herbergsvater durch Grund und Boden, der ihm zur Bewirtschaftung zur Verfügung gestellt wurde, eine auskömmliche Lebensgrundlage haben. –

Zu Herbergen umgestaltete Ritterburgen wirkten besonders anziehend auf die Jugend; 1939 waren es deren 47 von insgesamt 1960 Jugendherbergen, z. B. die Reichsjugendherberge auf der Burg in Nürnberg oder Burg Stahleck am Rhein, die

den Bedürfnissen der Jugend und ihrem Lebensstil mit modernsten Mitteln angepaßt wurden. Auf »Hein Godenwind«, der »schwimmenden« Jugendherberge im Hamburger Hafen mit 900 Betten fanden allein im Jahr 1938 etwa 80000 Übernachtungen statt. Für alle Jungen, die zur See fahren wollten, wurde sie ein beinah schon magisch wirkender Anziehungspunkt. Viele »Ausreißer« aus dem Elternhaus meldeten sich beim Herbergsvater, der gleichzeitig Führer der Marine-Hitler-Jugend war (er trug zudem eine kapitänsähnliche Uniform). Nach einer verständnisvollen Unterredung übergab er diese Jugendlichen am nächsten Morgen ihren Eltern. -
September 1938 setzte die große Flucht der *Sudetendeutschen* ein. In wenigen Tagen brachte der »Jugendherbergsverband« 60000 Flüchtlinge in Jugendherbergen unter und übernahm deren Verpflegung. -
Auch im 2. Weltkrieg bewährten sich die Jugendherbergen als Lazarette und Soldaten-Quartiere, sowie als Wohnstätten für volksdeutsche Rückwanderer. -
Im Jahr 1940 ergaben sich ganz neue Aufgaben. Der Beauftragte des Führers für die »Erweiterte Kinderlandverschickung« Reichsleiter Baldur *von Schirach* forderte innerhalb einer Stunde einen Bericht an: wieviele Betten in Jugendherbergen zur Verfügung stünden? Das war mittags 14 Uhr; um 15 Uhr wurden bereits 200000 »freie« Betten gemeldet und bereits abends um 18 Uhr rollten die ersten Sonderzüge aus Berlin an.
Die »Kinderlandverschickung« aus den bedrohten Großstädten hatte begonnen. Millionen von Kindern wurden aus den gefährdeten Städten abtransportiert und über weite Strecken in Jugendherbergen, Hotels, Schulen u.a.m. untergebracht (siehe auch Kap. 64). Besonders erwähnt werden muß die außerordentliche Hingabe der Herbergsmütter und der wenigen noch vorhandenen Herbergsväter, die noch nicht zur Front eingerückt waren. -
Nach dem Krieg fiel die Jugendherberge *Danzig* mit 1000 Betten und 4000 Verpflegungsplätzen in polnische Hände.
Die Jugendherbergen von Annaberg bis zur Jugendburg Storkow einschließlich der pommerschen, brandenburgischen und ostpreußischen gingen mit der Abtretung der ostdeutschen Gebiete dem Deutschen Jugendherbergswerk verloren.
Im ganzen entstand dem Jugendherbergsverband - außer dem Verlust an ideellen Werten - ein Schaden von 75 Millionen RM. -
(Die Zahlen-Angaben, soweit nicht durch Fußnoten belegt, stammen von dem damaligen Leiter des Reichsverbandes für deutsche Jugendherbergen, Johannes Roddatz.)

27.3 Fahrten und Wandern

Erst mit dem Jugendherbergswesen wurden die Voraussetzungen für die kleinen und großen Fahrten der Hitler-Jugend geschaffen. Die jüngeren Jungen und Mädel lernten auf kleinen Fahrten - Landfahrten - zunächst ihre heimatliche Umgebung kennen; Groß-Fahrten und Lager führten die älteren Jugendlichen in alle deutschen Landschaften.
Die Führer und Führerinnen waren verantwortlich dafür, daß die ihnen anvertrauten Jugendlichen nicht überfordert wurden. (Siehe Kapitel 41: »Gesundheitsdienst«)
Viele Jugendliche erlebten zum ersten Mal das Gebirge, das Meer, die Wälder der bayrischen Ostmark, Schlesiens und Thüringens, sahen die Marienburg in Westpreußen und die Deutschordens-Schlösser in Ostpreußen. Sie erlebten die Kameradschaft auf Fahrt und in den Jugendherbergen; dort trafen sie auch Gruppen anderer Herkunft und Mundart.

Jungen und Mädel sollten zuerst einmal ihre deutsche Heimat kennenlernen, bevor sie in's Ausland auf Fahrt gingen. –
Bewährte Jungenführer und Mädelführerinnen machten Auslands-Fahrten, besuchten die deutschen Volksgruppen und lernten andere Völker kennen und deren Sitten achten; sie bekamen so eine erweiterte Sicht des Weltgeschehens. (Siehe Kapitel 52 »Auslandsarbeit«)
In immer stärkerem Maß wurden *Großfahrten* zu den eindrucksvollen Erlebnissen des Sommers. Als Beispiel einer beachtlichen Leistung kann das Jahr 1938 dienen. Nach den Zahlen des Amtes Fahrten und Wandern waren in diesem Sommer insgesamt 1240000 Mitglieder der Hitler-Jugend und des Bundes Deutscher Mädel auf Groß- und Land-Fahrt (letztere beschränkt auf Gebiets-Bereich) *und* insgesamt beinahe 400000 in den Zeltlagern der Hitler-Jugend.
Im gleichen Jahr nahmen allein 250000 Mädel an Groß-Fahrten teil; 1000 Mädel aus Schlesien waren in Ostpreußen, 2040 Mädel der Kurmark an der Ost- und Nordsee, in Thüringen und im Rheinland; 900 Mädel von der Nordsee in Württemberg, 1400 Berlinerinnen in Westfalen und Niedersachsen; 2000 Mädel aus Pommern am Rhein. (Jahrbuch des BDM »Wir schaffen« 1939)
Hierin sind nicht einbezogen die Klein- und Groß-Fahrten im eigenen Obergau. Auch muß berücksichtigt werden, daß die beiden untersten Jahrgänge des Jungvolks und der Jungmädel noch nicht an Lagern und Großfahrten teilnehmen durften.
(Detaillierte Zahlen über Fahrten der HJ liegen nicht mehr vor.) –
Schon im Herbst 1937 wurde in allen Gebieten/Obergauen mit der weitläufigen Organisation des Fahrten-Sommers 1938 begonnen. Für die Großfahrten waren nur der älteste Jungvolk- bzw. JM.-Jahrgang zugelassen und die älteren Jahrgänge der HJ (BDM). Die Fahrten-Ziele wurden den Gebieten und Obergauen vom Amt Fahrten und Wandern zugewiesen, wobei ein anregender Austausch angestrebt wurde. So sollten z.B. Industrie-Gebiete/Obergaue die bäuerliche Landschaft und die See besuchen; Jungen und Mädel aus den Ost-Provinzen die Mitte und den Westen des Reichs kennenlernen. Minderbemittelten wurde die Teilnahme durch Zuschüsse ermöglicht; auf die Teilnahme der Ärmsten und der in der Fabrikarbeit stehenden Jugendlichen wurde besonderer Wert gelegt, um ihnen eine unbeschwerte und erholsame Freizeit zu bieten.
Jeder Fahrten-Plan wurde bis in's Kleinste ausgearbeitet. Die Fahrten-Ziele wurden vorher von Organisationsstäben aufgesucht, die täglichen Wander-Strecken abgemessen, die Unterbringungsmöglichkeiten in Herbergen oder Privat-Quartieren vorbereitet.
Führer und Führerinnen der Fahrten wurden vor Beginn der Fahrt über Geschichte, Kultur, Sitte und Brauch des Landes, den Verlauf der Fahrt und auch über ihre Verantwortung gegenüber den Jugendlichen unterrichtet.
In Sonderzügen von 1000 Jungen oder Mädel fuhren die Gruppen – zu 1 Pfg. pro km – z.B. von der Nordmark nach Bayern und die Bayern zur Nordmark, oft mit 1000 Fahrrädern.
Von einem gemeinsamen Ausgangspunkt gingen die Fahrten-Gruppen dann von 15–20 Mädel *oder* Jungen getrennt auf Fahrt, so daß das Erlebnis der kleinen Gruppe gewahrt wurde.
Von einem festen Standort aus betreute der verantwortliche Führer bzw. Führerin gemeinsam mit einem HJ-Arzt bzw. einer BDM-Ärztin die das Land »durchwandernden« Gruppen, die sich zum Abschluß der Fahrten alle gemeinsam an einem Treffpunkt zu einer Abschluß-Feier einfanden. –
Die täglichen Wander- bzw. Fahrtstrecken sollten nicht mehr als 10–15 km (bzw. 20–30 Fahrrad-km) betragen, um von vornherein eine Anstrengung zu vermeiden. In den vorbereiteten Quartieren konnten die Jugendlichen ihre »Post« in Empfang nehmen und mit den örtlichen Einheiten dort Kontakt aufnehmen.

1938 erreichte die Reichsjugendführung eine Schreckens-Nachricht: 1000 Jungen waren verschwunden!
Eine eingeleitete Suche ergab schließlich, daß alle Gruppen eines Sonderzuges ihre Fahrt-Ziele geändert hatten. Sie wurden auf dem »Obersalzberg« wiedergefunden, wo sie den Führer Adolf Hitler besuchen wollten. –

27.4 Zelt- und Sommerlager

Die Zeltlager sollten Jugendlichen Erholung bieten. Durch die Freizeit-Aktion der Hitler-Jugend und später – aufgrund des Jugendschutzgesetzes – wurde die Urlaubszeit für die Jugend verlängert. Die Zeltlager wurden für viele Jugendliche der erste Urlaub ihres Lebens und zum ersten großen Erlebnis in der Natur überhaupt. –
Das bedeutendste und bekannteste der Zeltlager war das »feststehende« *Hochland*-Lager in der Nähe von Bad Tölz. –
Küchen und Sanitär-Anlagen in allen Zeltlagern wurden unter Aufsicht von Ärzten ortsfest erstellt. –
Aus gesundheitlichen Gründen wurde ab 1937 den Mädeln das »Zelten« verboten; ihnen dienten Jugendherbergen als Erholungs- und Schulungslager.
Nur in *Ausnahme*-Fällen wurden im Sommer *Groß*-Lager, dann aber mit strengsten hygienischen Auflagen, genehmigt. –
Im Zeltlager, das in der Regel 3 Wochen dauerte, fanden Erholung
1934 in 450 Zeltlagern rund 100000 Jungen
1935 in 1789 Zeltlagern rund 497930,
1936 in 1977 Zeltlagern rund 561764,
1938 waren in Zelt- u. Sommerlagern 620000 Jugendlichen.
62,5% der Lagerteilnehmer waren berufstätige Jugendliche, die übrigen Schüler.
(Nach Kaufmann »Das kommende Deutschland« 1943)
Der Krieg unterbrach ab 1939 die Durchführung von Großfahrten und Zeltlagern. –
Das vorstehende Kapitel ist in Manuskript-Form ausgewertet worden für das gleichnamige Kapitel im Buch »Idee und Gestalt der Hitler-Jugend« von Griesmayr/Würschinger.

27.5 Der Adolf-Hitler-Marsch

An dieser Stelle sei noch die größte Fahrt, »Der Adolf-Hitler-Marsch«, erwähnt.
Er war ein Sternmarsch der Bann-Fahnen aus allen Gebieten zum Reichsparteitag nach Nürnberg. Bewährte 16–17jährige Hitler-Jungen – 1938 waren es 2000 an der Zahl – durften diese tragen. Die weiteste Marsch-Strecke mußte die Marsch-Einheit des Gebietes »Schlesien« mit 849 km zurücklegen. Die längste Marsch-Zeit einschließlich der Fahrt mit dem »Seedienst Ostpreußen« legte die Marsch-Einheit des Gebietes »Ostland« in 47 Tagen zurück.
Das Aufmarsch-Amt der Reichsjugendführung sorgte mit Quartiermachern, Verpflegungs-Kolonnen und Ärzten für einen reibungslosen Ablauf.
Überall, wo die Jungen mit ihren Fahnen durchzogen, wurden sie von der Bevölkerung freudig begrüßt und aufgenommen. Mit dem Vorbeimarsch der Bann-Fahnen vor Adolf Hitler wurde der Reichsparteitag eröffnet.
Nach einem Weitermarsch der Bann-Fahnen zur Festung Landsberg, in der Hitler 1923 ein Jahr lang in Haft gewesen war, wurde der Marsch beendet.

27.6 Zusammenfassung

Fahrt und *Lager* sollten der Erholung und der Gesundheit der Jugend dienen; oft kamen Arbeiterkinder, die meistens selbst Jungarbeiter oder Jungarbeiterinnen waren, erstmalig aus den Großstädten heraus; die Jungbauern- und -bäuerinnen, die bisher kaum Freizeit kannten, hatten die Möglichkeit, Winter-Lager zu besuchen.
Fahrt und Lager waren aber nicht nur ein Bestandteil des Sozialwerkes der Hitler-Jugend, sondern sie entwickelten sich zu einem bedeutenden Teil der Erziehung.
Nicht nur Leibeserziehung wurde im Lager durchgeführt (Erlangung des Leistungsabzeichens), sondern Lesung u. Erzählung, Musik und besonders das Liedgut wurden gepflegt, und die Jugendlichen zur Beobachtung der Natur angeregt. Im Wachsen und Werden von Pflanzen und Tieren sollten sie die Gesetze der Natur erkennen und lernen, diesen mit Ehrfurcht zu begegnen.
(Vergl. Schulungsmappe »Lebendige Welt«.)
Gemeinsame Dorf- und Heim-Nachmittage der auf Fahrt und im Lager befindlichen Gruppen mit den örtlichen Gruppen und Gemeinschaften, sollten ihnen die Bevölkerung und deren Kultur nahebringen, ihre Lebenshaltung und Lebensbedingungen, sowie die Geschichte und Wirtschaft des Landes verständlich machen.
Weltfremde Romantik, die nur sich selbst lebt, oder vergnügungsüchtiges Dahinleben wurden abgelehnt. Gesucht wurde vielmehr das Erlebnis der deutschen Heimat mit ihrem Reichtum, um mit Kraft u. Mut zu den Aufgaben des Alltags zurückzukehren.
Zudem bildeten Fahrt und Lager in besonderem Maß den Charakter. Die Kameradschaft mußte sich mehr noch als bei Heimabend oder Sport beweisen. Hier lernte man, persönliche Wünsche zurückzustellen, sich einzufügen, Rücksicht auf andere zu nehmen, dem Schwächeren gegenüber hilfsbereit zu sein und auch mit unvorhergesehenen Situationen fertig zu werden. Gerade die junge Führungspersönlichkeit wurde durch Fahrt und Lager besonders gefordert; hier mußte sie sich durch erhöhte Entscheidungs- und Verantwortungsbereitschaft beweisen.

> *»Losgelöst von jedem Zwang der gewohnten Umgebung standen sie auf Fahrt unter eigenem Gesetz und eigener Zucht. Sie war die Probe für den Willen zur Kameradschaft, denn sie forderte neben der körperlichen Leistung ein stetes Wachsein und eine unermüdliche Bereitschaft für die anderen. Wer hier versagte, trennte sich selbst von der Gemeinschaft. Wer hier bestand, begriff den letzten Sinn der Fahrt.«* – (Jahrbuch des BDM »Wir schaffen« 1936)

Die Zusammenfassung zu dem Komplex »Fahrten, Lager und Wandern« bezeichnete Baldur von Schirach mit den folgenden Gedanken:

> *»Erhalten wir uns bei aller Freude an der Welt des Scheins die Sehnsucht nach der ewigen Klarheit und Wahrheit!*
> *Wir selbst sind Geschöpfe der Natur und nur so viel wert, als wir mit ihr verbunden sind.*
> *Wer einmal durch den falschen Reiz der Sinne dahin gelangt, daß ihm der Anblick der Natur nicht mehr zu hohem, heiligen Erlebnis wird, den hat zweifellos der Teufel geholt.*
> *Wen Baum und Blüten nicht mehr ansprechen, wer sich im Leben des Waldes langweilt, hat sich selbst verloren und zählt nur seinem Reisepaß nach zu unserem Volk!«* –

28. Die hauswirtschaftliche Ertüchtigung des BDM

Die hauswirtschaftliche Ertüchtigung des *Bundes Deutscher Mädel* diente durch eine zweckmäßige Ausbildung nicht nur einer gesunden Volkswirtschaft, sondern sie war vor allem eine der Grundlagen, die zur Bildung harmonischer Familien beitrug.
Schon die Bezeichnung »Hauswirtschaft« besagt – durch wissenschaftliche Untersuchungen bestätigt – daß diese ein wesentlicher Teil der gesamten Volkswirtschaft ist. Die Tätigkeit der Hausfrau kann sich zum Nutzen oder Schaden des Volksganzen auswirken, weshalb eine gründliche theoretische und praktische Ausbildung mindestens ebenso wichtig ist, wie die für jeden anderen Beruf.
Nicht nur das Beherrschen der Kochkunst, des Nähens, des Führens eines gepflegten Haushalts, sondern auch die richtige Planung, Vorratshaltung und der günstige Einkauf sind wesentliche Voraussetzungen.
Die ursprünglichen Gründe des Bundes Deutscher Mädel, sich für eine hauswirtschaftliche Ausbildung der Mädel einzusetzen, waren einmal die 1933 bestehende Arbeitslosigkeit, zum anderen der Mangel an hauswirtschaftlichen Arbeitskräften. Durch die Industriealisierung und aufgrund des besseren Verdienstes in anderen Berufen gab es nur noch wenig weibliche Jugendliche, die »Hausgehilfin« werden wollten, zumal diese Tätigkeit auch weitgehend als minderwertig galt. So erfolgte schon 1934 gemeinsam mit der »Reichsanstalt für Arbeitsvermittlung und Arbeitslosenversicherung« und dem deutschen Frauenwerk die Einrichtung des »hauswirtschaftlichen Jahres« in Familienhaushalten.
Im Jahr 1934 konnten rund 3000 Mädel, 1935 = 5000, 1936 = 10000 und 1937 = 25000 Mädel vermittelt werden. – Der Bund Deutscher Mädel hatte erkannt, wie wertvoll für alle Mädel, ob diese beruflich tätig waren oder Hausfrau werden wollten, eine hauswirtschaftliche Ausbildung ist. Auf Anregung der BDM-Führung erklärte daher Januar 1938 der Reichsjugendführer von Schirach für alle weiblichen Jugendlichen die Pflicht zur hauswirtschaftlichen Ertüchtigung, wonach alle Mädel ein Jahr in einem Haushalt tätig werden sollten.
Durch Zusammenarbeit aller Behörden, der NS-Frauenschaft, des Reichsnährstandes, der Arbeitsfront und der Reichsjugendführung wurden neue Möglichkeiten zur hauswirtschaftlichen Ausbildung erschlossen. –
Da die meisten Mädel bisher keine Hauswirtschafts-Ausbildung besaßen und oft ohne diese Kenntnisse eine Familie gründeten, wurde den Mädeln im Alter von 17–21 Jahren empfohlen – neben den anderen Arbeitsgemeinschaften im BDM-Werk – zumindest Grund- und Aufbau-Kurse in Kochen, Nähen, Haushaltplanung etc. zu besuchen. –
Erst im März 1938 führte der Staat das »hauswirtschaftliche Pflichtjahr« ein (siehe auch Kap. 44.22) für die gesamte weibliche Jugend, das der hauswirtschaftlichen Ertüchtigungspflicht des BDM entsprach.
Vor Ergreifen eines Berufes sollte in kinderreichen Familien in Stadt und Land ein Jahr des Helfens und Lernens abgeleistet werden.
Damit wurde gleichzeitig erreicht, daß die Jugendlichen nicht direkt von der Schulbank, sondern erst mit 15 Jahren in den Beruf – für viele war es die Fabrik – kamen, was sich gesundheitlich und sittlich positiv auswirkte.
Um den hauswirtschaftlichen Beruf wieder ansehnlich zu machen, wurde ein Be-

rufsbild mit Aufstiegsmöglichkeiten entworfen. Anstelle der bisher nur *angelernten* Tätigkeit als Hausgehilfin wurde die 2jährige *hauswirtschaftliche Lehre* eingeführt, auf die das Pflichtjahr und der Landdienst voll, Arbeitsdienst und Landjahr mit einem halben Jahr, angerechnet wurden. –
Manches Mädel entschloß sich, nach Ableistung des Pflichtjahres darauf die »hauswirtschaftliche Lehre« aufzubauen. – Die sozialen Bedingungen für die Hausgehilfin wurden nicht nur durch Regelung der Arbeitszeit verbessert, sondern auch dadurch, daß nicht jeder Haushalt ein Pflichtjahr-Mädel bekam und nicht jede Hausfrau berechtigt war, »hauswirtschaftliche Lehrlinge« auszubilden.
Begabte Mädel mit Volksschul-Abschluß konnten auf diesem Weg über Aufbau-Lehrgänge in die Berufe der *Hauswirtschaftsleiterin,* der *Krankenschwester* und der *Gewerbelehrerin* kommen; Berufe, die ihnen früher verschlossen waren. – Um die Wichtigkeit der hauswirtschaftlichen Ausbildung zu unterstreichen, gründete der Bund Deutscher Mädel im Frühjahr 1936 erstmals *Haushaltungs-* und *Landfrauen-*Schulen. Diese Schulen sollten die herkömmlichen Pensionate ersetzen und neben der Gemeinschaftserziehung und Allgemeinbildung hauswirtschaftliche Kenntnisse und Fertigkeiten vermitteln.
Die Schulen waren staatlich anerkannt; die Prüfungen wurden von der jeweils zuständigen Regierung abgenommen, ebenso wie bei den – ebenfalls staatlich anerkannten – *Landfrauenschulen* des BDM.
Sie vermittelten die Grundlagen für pflegerische und erzieherische Berufe wie *Kindergärtnerin, Hortnerin, Haushaltspflegerin, Säuglingsschwester, Diätschwester, Krankenschwester, Gemeindepflegerin* u.a.m. –
Der Lehrplan der Haushaltungsschulen beinhaltete die Fächer: Hausarbeit, Kochen, Nahrungsmittel- und Koch-Lehre, Gartenarbeit, Kulturarbeit, Nadelarbeit, Haushaltpflege, Familienpflege, Deutschkunde, Rechnen sowie Volks- und Wirtschaftskunde. Ergänzt wurden diese Fächer durch Sport, Wandern, Lied, Musik und Mädeltanz. –
1943 existierten im Reich 41 BDM-Haushaltungsschulen und 3 BDM-Landfrauenschulen.
Für die wegen Heirat ausscheidenden BDM-Führerinnen gab es eine BDM-*Bräuteschule* zur Vorbereitung auf die Ehe (Kranken- u. Säuglingspflege, Erziehungsfragen, Kulturpflege, Hauswirtschaft u.a.m.) – Besonders befähigte Schülerinnen der Haushaltungs- und Landfrauenschulen wurden in *Sonderklassen* zusammengefaßt und in 4 Semestern an zwei staatlichen Handels- und Gewerbeschulen zur *Hauswirtschaftsleiterin* ausgebildet, was sich besonders bewährt hat. –
In Zusammenarbeit mit dem Berufspädagogischen Institut in Berlin wurden in Hannover und Breslau je eine Ausbildungsmöglichkeit geschaffen, in der ausgelesene BDM-Führerinnen in weiteren 4 Semestern das Berufsziel Gewerbelehrerin erreichen konnten; diese Ausbildung war eine staatliche. Die Dozenten wurden vom Berufspädagogischen Institut gestellt, die Finanzierung übernahm die Deutsche Arbeitsfront.
Die Ausleselager des BDM vor Aufnahme in diese Lehrgänge wurden mit der Aufnahmeprüfung des Berufspädagogischen Instituts gekoppelt. –
Sinn dieser Ausbildung war die Überführung älterer, insbesondere hauptamtlicher BDM-Führerinnen, in einen geeigneten Beruf, sowie die Ausbildung tüchtiger Fachkräfte für die BDM-Haushaltsschulen bzw. Landfrauenschulen. –
Mit der hauswirtschaftlichen Ertüchtigung hatte sich der Bund Deutscher Mädel im Rahmen der gesamten Jugendarbeit eine ureigene Domäne geschaffen.
Dennoch wurde der Sektor Hauswirtschaft in der allgemeinen Erziehungsarbeit keineswegs überbewertet. So erforderte die entsprechende Ausbildung innerhalb des eigentlichen BDM-Dienstes während einer elfjährigen Mitgliedschaft nur 30 Doppelstunden durch freiwillige Teilnahme an den Arbeitsgemeinschaften des

BDM-Werkes »Glaube und Schönheit« in »Kochen«, »Nähen« und »Haushaltführung«.
Die Hauswirtschaft war eine notwendige Ergänzung im Erziehungsprogramm der weiblichen Jugend zur geforderten soliden Berufsausbildung, zu sportlicher, geistiger und musischer Bildung eines jeden Mädels.
Erreicht sollte eine neue Einstellung und Wertung der hauswirtschaftlichen Tätigkeit werden.
Die Hauswirtschaft war wiederum nur ein Teilgebiet der im BDM aufgegriffenen *häuslichen Erziehung* (vergl. Kap. 11.23), zu der auch die Gesundheitspflege, häusliche Krankenpflege, Säuglingspflege, Körper- u. Schönheitspflege gehörten, ebenso wie geschmackvolles Kleiden, Schönheit des Wohnens, Kultur und Geselligkeit in Heim und Familie.
Das Mädel sollte nicht nur die hauswirtschaftlichen Fertigkeiten beherrschen, sondern um ihre künftige Aufgabe wissen, für Stil und Atmosphäre ihres Heimes verantwortlich und gleichzeitig Trägerin und Bewahrerin des Kulturerbes unseres Volkes zu sein.

Dritter Teil

Eine neue Methodik der Erziehung und Bildung

31. Die Adolf Hitler-Schulen

31.1 Entstehung

Die *Adolf Hitler-Schulen* wurden im Jahre 1937 von den beiden Reichsleitern der NSDAP, Dr. Robert *Ley* und *Reichsjugendführer* Baldur *von Schirach,* gegründet. Dr. Ley hatte bereits mit den Ordensburgen die Erwachsenen-Ausbildungsstätten für den Führernachwuchs der Partei geschaffen; diesen fehlte aber der Unterbau. – Der Reichsjugendführer von Schirach hatte bis 1936 mit dem Reichserziehungsminister *Rust* und seinen Mitarbeitern über eine *Reform* der Erziehung verhandelt, die an der Einstellung und dem Unvermögen der Lehrerschaft zum Wandel scheiterte. *Schirach* berichtete darüber ausführlich auf einer Tagung der Gebietsführer und Obergauführerinnen im Oktober 1936 und rief zum Schluß unter dem Beifall der Führerschaft aus: »Jetzt bleibt uns nur noch eine Revolution der Erziehung!« – Daraufhin nahm er Kontakt auf mit Dr. Ley, der nicht nur interessiert war, sondern auch über die erforderlichen Gelder zur Durchführung eines neuen Schultyps verfügte. –

Nachdem *Adolf Hitler* durch Verfügung vom 15.1.1937 genehmigt hatte, daß die neuen Schulen seinen Namen tragen durften, wurde am 17.1.1937 die Gründung der *Adolf-Hitler-Schulen* mit folgendem Erlaß verkündet:

> *»Der Führer hat aufgrund eines von uns ausgearbeiteten Planes die vorstehende Verfügung über die Adolf-Hitler-Schulen der NSDAP erlassen. NSDAP und Hitler-Jugend haben damit einen neuen gewaltigen Auftrag erhalten, der weit über diese Zeit hinaus in die ferne Zukunft reicht.«* –

Im folgenden die von Dr. Ley und von Schirach verkündeten 6 Grundsätze:

1. Die Adolf-Hitler-Schulen sind Einheiten der Hitler-Jugend und werden von dieser verantwortlich geführt. Lehrstoff, Lehrplan und Lehrkörper werden von den unterzeichneten Reichsleitern reichseinheitlich bestimmt.
2. Die Adolf-Hitler-Schule umfaßt 6 Klassen. Die Aufnahme erfolgt im allgemeinen mit dem vollendeten 12. Lebensjahr.
3. Aufnahme in eine Adolf-Hitler-Schule finden nur die Jungen, die sich im Deutschen Jungvolk hervorragend bewährt haben und von den zuständigen Hoheitsträgern in Vorschlag gebracht werden.
4. Die Schulausbildung in den Adolf-Hitler-Schulen ist unentgeltlich.
5. Die Schulaufsicht gehört zu den Hoheitsrechten des Gauleiters der NSDAP. Er übt sie entweder selbst aus, oder er übergibt die Ausübung dem Gauschulungsamt.
6. Nach erfolgter Reifeprüfung steht dem Adolf-Hitler-Schüler jede Laufbahn der Partei und des Staates offen.

(Aus *»Die Adolf-Hitler-Schule«* – parteiinterne Denkschrift von 1937.)

Ziel der Schulen sollte es sein, den nationalsozialistischen Führernachwuchs im weitesten Sinne für alle Berufe, – nicht nur für die Parteiorganisation der NSDAP – sicherzustellen. Die Schulen waren als 6-stufige Internats-Schulen konzipiert und schlossen mit einem Abschlußzeugnis, das dem Reifezeugnis der staatlichen allgemeinbildenden Schulen gleichgestellt war und den Absolventen die gleichen Berufe wie den Abiturienten eröffnete.

Die Schulen waren Einheiten der Hitler-Jugend und unterstanden nicht der staatlichen Schulaufsicht, sondern der Reichsjugendführung. Einflüsse von Partei-Dienststellen waren minimal. Den Gauleitern der NSDAP waren zwar nicht unerhebliche

Rechte zugebilligt worden, jedoch die Tatsache der anfänglichen Unterbringung der Schulen außerhalb der Gaue verhinderte die Ausübung dieser Rechte weitgehend.
Mit der Übernahme der Finanzierung der Adolf-Hitler-Schulen durch den Reichsschatzmeister der NSDAP 1941 nahm auch der Einfluß von Dr. Ley auf diese ab. Zwischen den ersten Veröffentlichungen und Verordnungen und der Praxis der Adolf-Hitler-Schulen ergab sich eine große Diskrepanz. Man kann sagen, daß die *Reichsjugendführung* ausschließlich dominierte und die Entwicklung der Adolf-Hitler-Schulen bestimmte, die einen von der Hitler-Jugend geprägten Charakter annahmen, der ihre Schüler weitgehend nach dem Prinzip der Jugendlichkeit ihr jungenhaftes Leben leben ließ und sie in dem Erziehungsprozeß nicht als kleine Erwachsene behandelte, wie es beispielsweise auf der NS-Oberschule Feldafing der Fall war.
Es war vor allem *von Schirach's* Verdienst, die Schulen weitgehend gegen äußere Einflüsse abgeschirmt und ihnen ein großes Ausmaß von Eigenleben ermöglicht zu haben. Schüler und Lehrer waren Angehörige der HJ bzw. des DJ, trugen deren Uniform und hatten entsprechende Dienstränge. Der Schulbesuch war kostenlos. Unterbringung, Verpflegung, Kleidung, Taschengeld, Lernmittel und Heimfahrten in den Ferien wurden gestellt.
Der Schulbetrieb wurde im April 1937 zunächst mit je einer Klasse (7. Schuljahr) in 10 Schulen auf der Ordensburg Krössinsee eröffnet. Vorgesehen war für jeden Gau der NSDAP eine Schule. Zunächst aber wurden nur die Schulen: Tilsit, Potsdam, Waldbröl, Koblenz, Plauen, Weimar, Hesselberg, Chiemsee, Heiligendamm und Landstuhl gegründet. Im Krieg kamen noch zwei hinzu: Wartha und Iglau. Der Plan – für jeden Gau eine Schule – kam (bis auf zwei im Krieg eröffnete Schulen) durch die Kriegsereignisse nicht mehr zur Ausführung. Ab September 1937 erfolgte die Unterbringung aller Schulen auf der Ordensburg Sonthofen, als Übergangslösung bis zur geplanten Fertigstellung eigener Schulgebäude.

31.2 Unterbringung

Die vorläufige Unterbringung auf der Ordensburg erfolgte aufgrund der Vorstellungen Adolf Hitlers über den Einfluß der Architektur auf die Erziehung. So sollte die künftige nationalsozialistische Elite nicht in Gebäuden leben, die den Charakter einer zu überwindenden Epoche widerspiegelten, sondern in Anlagen, die aus dem Geist des Nationalsozialismus entstanden waren. Da abzusehen war, wann die Ordensburg Sonthofen die wachsenden Adolf-Hitler-Schulen nicht mehr würde unterbringen können, andererseits die Ordensburgen von Dr. Ley für ihre eigentlichen Aufgaben benötigt wurden, erfolgte parallel mit dem organisatorischen Aufbau der Adolf-Hitler-Schulen und unter Berücksichtigung der gemachten Erfahrungen der Entwurf neuer Schulanlagen. 1938 wurden bereits die Grundsteine für 10 Schulen gelegt, wobei die *Hitler-Jugend* den Parteibauten gegenüber einen eigenen Stil entwickelte (siehe Kapitel 34 »Heimbau«); der Kriegsausbruch verhinderte die Fertigstellung der Bauten, so daß 1941 einige Schulen in alte Gebäude ausquartiert werden mußten.

31.3 Erzieher-Akademie

Die Schwierigkeiten, geeignete Lehrkräfte zu finden – sie mußten Jugendführer, qualifizierte wissenschaftliche Lehrkräfte und pädagogisch überragende Erzieher in

einer Person sein –, führte schon im Jahre 1937 zur Gründung einer eigenen *Erzieher-Akademie*. Die Initiative dazu ging von der *Hitler-Jugend* aus, wie auch die Ausbildungs-Pläne von dieser geschaffen worden waren.
Bewährte HJ- und DJ-Führer mit Abitur studierten hier in einem 2-teiligen Ausbildungsgang 4 Semester an der Erzieher-Akademie und 4 bis 6 Semester an einer Universität. Abschlußziel war eine Lehrbefähigungsprüfung vor einer aus Hochschullehrern, Akademiedozenten und Vertretern des Hauptschulungsamtes der Partei bestehenden Prüfungskommission und der Promotion an einer Universität. Ein wesentliches Kennzeichen dieser Ausbildung war die Verbindung von wissenschaftlichem Studium und pädagogischer Praxis vom 1. Semester an.
Die Dozentenschaft der Erzieher-Akademie wurde planmäßig aufgebaut. Man gewann eine Reihe junger Wissenschaftler, die sich bereits habilitiert hatten oder kurz vor der Habilitation standen. Erwünscht war natürlich neben der wissenschaftlichen Qualifikation eine mannschaftsmäßige Erziehung, möglichst in der Hitler-Jugend.
Zu den eigenen Dozenten kam eine Reihe von Universitätsprofessoren, vor allem aus München, die entweder regelmäßige wöchentliche Vorlesungen hielten oder zu Vorlesungszyklen nach Sonthofen kamen. Dabei muß festgestellt werden, daß für die Erteilung eines Lehrauftrages ausschließlich die wissenschaftliche Qualifikation und nicht die Parteizugehörigkeit entscheidend war.
Und schließlich wurde wissenschaftlich besonders befähigten Erziehern der Adolf-Hitler-Schulen die Möglichkeit gegeben, Lehraufträge an der Erzieher-Akademie zu übernehmen. Ein nicht unübliches Verfahren, wenn man bedenkt, wieviele deutsche Professoren aus dem Lehramt an höheren Schulen hervorgegangen sind. –
Was wurde erreicht? Die ersten 4 Semester ergaben nach Urteil der prüfenden Professoren einen Kenntnisstand, der weit über dem vergleichbarer Studenten lag. Dazu trugen bei: die Auslese der Anwärter, der Wille, die erforderlichen überdurchschnittlichen Leistungen zu erbringen, was durch die internatsmäßige Lebensform erleichtert wurde, die Befreiung der Lehrinhalte vom Ballast und eine neue Form der Vermittlung des Lehrstoffes. Die geringe Teilnehmerzahl zwang die Dozenten, die übliche Unterscheidung von Vorlesungen und Seminaren aufzugeben. Praktisch wurde jede Veranstaltung zu einer Art Seminar und das Unterrichtsgespräch zur effizienten Lehrform. Das enge Zusammenleben mit den Dozenten, auch mit den Gastprofessoren – besonders wenn sie für mehrere Wochen anwesend waren –, schuf viele Möglichkeiten zu vertiefenden Kontakten und Gesprächen außerhalb der Unterrichtsveranstaltungen, was wesentlich zur Erfolgssteigerung beitrug und ein neues Verhältnis Dozent/Student schuf. Dadurch entstanden Voraussetzungen für einen freien, selbstbewußten Studenten, für den der Professor keine unnahbare Erscheinung war, sondern ein Gesprächspartner, mit dem ein freier Meinungsaustausch möglich war.
Diese Ausbildung für die Erzieher der Adolf-Hitler-Schulen unterschied sich damit maßgeblich von der herkömmlichen staatlichen Philologen-Ausbildung.

31.4 Ziel, Art und Form der Erziehung der Adolf-Hitler-Schüler

Die Adolf-Hitler-Schüler selbst wurden in einem mehrstufigen Auswahl-System in Zusammenarbeit von Hitler-Jugend und Partei ausgewählt. Überdurchschnittliche geistige und körperliche Leistungsfähigkeit und charakterliche Bewährung im DJ sowie beste schulische Leistungen waren Voraussetzung; die soziale Herkunft spielte keine Rolle.

Mit der Forderung, die besten Jungen eines Jahrgangs zu erfassen, war eine Beschränkung der Auswahl auf bestimmte soziale Schichten nicht zu vereinbaren. Erzogen werden sollte eine Gemeinschaft von Menschen, die durchaus als Persönlichkeiten gebildet waren, die aber nicht als Individualisten leben und wirken sollten, sondern als Angehörige eines Typs, der in Lebensführung und Einstellung zu den entscheidenden Fragen der Zeit eine gleiche Haltung einnahm. Erzogen wurde zu einem hochentwickelten Ehrgefühl, nicht als arrogante Überheblichkeit, sondern als besondere Verpflichtung zum Dienst an der Gemeinschaft.
Die kulturbildenden und staatstragenden Kräfte des Abendlandes und u. a. die geistig weit gespannte Persönlichkeit Goethes waren Ausgangspunkte für die Erziehung der Adolf-Hitler-Schüler. *Schirach* hatte schon frühzeitig die Hitler-Jugend auf den »Geist von Potsdam *und* Weimar« verpflichtet. »Soldatisch« und »musisch« sollte ihre Grundhaltung sein.
1938 gebrauchte Schirach bei der Gründung des BDM-Werkes »Glaube und Schönheit« erstmals die Formulierung der Erziehung zur »gemeinschaftsgebundenen Persönlichkeit«, die allgemein für die Hitler-Jugend Gültigkeit gewann.
Das Selbstführungsprinzip der Hitler-Jugend fand weitgehende Anwendung auf den Adolf-Hitler-Schulen. In regelmäßigem Wechsel lag die Führung der Jungzüge oder Scharen – wie die Klassen je nach Alter der Jungen hießen – weitgehend bei den Jungen, längerfristig als Jungzug-, Schar- und Gefolgschaftsführer, oder kurzfristig (bei wöchentlichem Wechsel) als Hitler-Junge oder Pimpf vom Dienst, die verantwortlich für den täglichen organisatorischen Ablauf des Schul- und Dienstbetriebes waren. So waren die Jungen in ein Gefolgschaftsverhältnis gestellt, das Befehlen und Gehorchen einschloß. Dieses Gefolgschaftsverhältnis veränderte auch die Beziehung zu den Lehrern, hier Erzieher genannt. Sie waren Führer und keine »Pauker«, denen eine Gefolgschaft und keine »Pennäler« gegenüberstanden.
Das Sich-ständig-bewähren-müssen in einer Gemeinschaft mit hochgezüchtetem Ehr- und Treuegefühl, und die hohen Erwartungen, die man an das Verhalten jedes einzelnen stellte und die erfüllt werden mußten, waren charakterliche Erziehungsmomente von nicht zu unterschätzender Bedeutung. Dabei war gar nicht einmal die Notwendigkeit, sich vor den Erziehern bewähren zu müssen, das Entscheidende. Anders als in einer Schulklasse verlangte auf den *Adolf-Hitler-Schulen* die Gemeinschaft der Jungen selbst von jedem einzelnen ein Verhalten, das jederzeit den hohen Anforderungen genügen mußte und keine Verstöße gegen geschriebene und ungeschriebene Gesetze der Schulen duldete. In der Ahndung auftretender Schwächen war die Jungengemeinschaft häufig härter als die Erzieher.
Der Typ des arroganten Angebers konnte vor den kritischen Augen der Kameraden genau so wenig bestehen wie Jungen, die sich in den Vordergrund zu spielen versuchten. »Mehr sein als scheinen« war der Maßstab, mit dem auch die Kameraden urteilten.
Die Einheit von Geist, Seele und Körper herzustellen, sollte in der nationalsozialistischen Erziehung verwirklicht werden. Ihrer gleichmäßigen Entwicklung wurde in der Ausbildung Rechnung getragen.
Von besonderer Bedeutung für die Gesamterziehung war daher der große Anteil der *musischen Bildung* als gleichberechtigter 3. Säule neben der *intellektuellen Ausbildung* und der *körperlichen Erziehung*. In der Kunsterziehung, im Musikunterricht und in der Werkerziehung wurden die kreativen Kräfte der Jungen geweckt und die Entwicklung zu einem einseitig soldatischen Typ verhindert.
In der *Musik-Erziehung* wurde angestrebt, daß jeder Junge ein Instrument zu spielen erlernte.
Im *Handwerklichen* wollte man die Entwicklung manueller Fertigkeiten durch die Bearbeitung von Holz, Metall und Ton fördern. Den erzieherischen Wert der selbständigen Schöpfung eines Werk-Stückes galt es in die Gesamt-Erziehung einzube-

ziehen. Es war nicht das Ziel, eine mit der Gesellenprüfung abschließende Ausbildung zu verwirklichen.
Es galt das Wort *Goethes*, das *Schirach* im Buch *»Goethe an uns«* mit dem Satz von »Wilhelm Meister« gebracht hatte: »Allem Leben, allem Tun, aller Kunst muß das Handwerk vorausgehen, welches nur in der Beschränkung erworben wird. Eines recht wissen und ausüben, gibt höhere Bildung als Halbheit im Hundertfältigen!«
In der *Leibeserziehung*, deren Umfang im allgemeinen überschätzt wird, wurde eine wöchentliche Zahl von 10 Unterrichtsstunden nicht überschritten. Dabei kann nicht geleugnet werden, daß die Leibeserziehung in erster Linie Teil der Willensbildung und der Erziehung zu Mut und Härte war. Deshalb wurde größtes Gewicht auf Mannschafts- und Kampfsport-Arten gelegt, während der Leistungssport, der Individualsport ist, etwas zurücktrat.
Eine (vor-)militärische Ausbildung an Waffen wie in anderen Staaten – z. B. an englischen Public Schools mit Ausrüstungs- und Waffenkammer des Officers' Training Corps – wurde abgelehnt.
Die *Wehrertüchtigung* fand in Geländesport und Kleinkaliberschießen (siehe Kapitel 22 »Wehrertüchtigung«) ihren Ausdruck. Sie hatte im Rahmen der Leibeserziehung nur einen verhältnismäßig geringen Anteil. Im Vergleich mit anderen Erziehungs-Einrichtungen war sie mehr ein jungenhaftes Indianer-Spielen.
Das Ziel einer harmonischen Bildung verlangte einen hochwertigen schulischen Unterricht. Von »Anti-Intellektualismus« konnte keine Rede sein. Wenn man sich gegen den Intellektuellen als *Typ* wandte, so bedeutete das keine Geringschätzung der Intelligenz. Von Anfang an erkannte man, daß eine künftige Elite, sollte sie auf allen Lebensgebieten führen, auch über eine überdurchschnittliche Entwicklung der Intelligenz und des Wissens verfügen mußte. Eine Vernachlässigung der geistigen Erziehung hätte auch den Widerstand der Begabten hervorgerufen.
Der Fächerkanon unterschied sich nicht sehr von dem eines staatlichen Gymnasiums, wenn auch die Bewertung der einzelnen Fächer unterschiedlich war. Der Unterricht in *allen* Fächern war bestimmt von dem Ziel, kritische, selbständig denkende und urteilende und damit im besten Sinne *politische* Menschen heranzubilden. Dieses Ziel schloß nach der Überzeugung der Schulführung und der Erzieherschaft jegliche Indoktrination aus. In besonderem Maße war es das Fach Volkskunde, das diesen Bildungsinhalt vermittelte.
Die *Volkskunde* (Deutsch, Geschichte, Erdkunde, »Blick in die Welt«, Wirtschafts- und Soziallehre, Politik, Rassenlehre, Religionskunde) nahm eine bevorzugte Stellung ein. Sie sollte als didaktisches und methodisches Unterrichtsprinzip die traditionelle Fächerung der Lehrstoffe überwinden.
Drei *Sprachen* wurden gelehrt: Latein und Englisch als Pflicht-Sprachen und Russisch oder Französisch als Wahl-Sprachen. Daneben wurde Alt-Griechisch angeboten, und Italienisch war in Vorbereitung. Der Unterricht in den »neueren« Sprachen bediente sich moderner Methoden. Angehörige englisch sprechender Völker wurden für Konversationsstunden im Unterricht eingesetzt. Zusammen mit dem Fach »Blick in die Welt« sollte der Sprachunterricht die Kenntnis und Achtung anderer Völker vermitteln, was durch Auslandsaufenthalte eine Ergänzung fand, deren Bedeutung in der Erziehung zur Weltoffenheit lag.
In den *Naturwissenschaften* spielte die Biologie naturgemäß eine größere Rolle als auf den staatlichen Gymnasien, ohne daß Mathematik, Chemie und Physik vernachlässigt wurden. Die Rassenlehre wurde dabei selbstverständlich auch behandelt, wenn auch ihr Umfang im Unterricht allgemein überschätzt wird. Sie schloß natürlich auch den Antisemitismus ein. Aber auch hier gab es Grenzen. Die Lektüre von Streichers Zeitschrift »Der Stürmer« war vom Reichsjugendführer von Schirach für die gesamte Hitler-Jugend verboten. Aktionen wie die »Reichskristallnacht« wurden schärfstens verurteilt. Wie gesund und frei die Reaktion der Adolf-

Hitler-Schüler war, beweist die Tatsache, daß, als Dr. Ley in einem Vortrag vor diesen die »Herrenrasse« erwähnte, ein allgemeines Gelächter ausbrach. –
Das neue *Lehrer-Schüler-Verhältnis* des gefolgschaftlichen Miteinander ermöglichte auch neue Unterrichtsmethoden. Es war ein Miteinander für dasselbe, vor allem von den Schülern als verbindlich anerkannte Ziel, ein Höchstmaß an Leistungen zu vollbringen, um dem Anspruch, einer künftigen Elite anzugehören, gerecht zu werden. Durch die große Arbeits- und Lernbereitschaft konnte die »Arbeitsschule« verwirklicht werden mit dem Unterrichtsgespräch als bevorzugter Lehr- und Lernform. Das Selbstführungsprinzip wurde weitgehend verwirklicht in einem Unterricht, der als geistiger Wettkampf aufgefaßt wurde mit »Teamarbeit« und vielen Arbeitsgemeinschaften, mit selbständigem Erarbeiten des Arbeitsmaterials und der Leitung der Wiederholungsstunden durch die Schüler. In Streitgesprächen wurden die Teilnehmer gezwungen, sich intensiv die gegnerische Argumentation zu erarbeiten und sie zu vertreten.
Viele Gedanken der Reformpädagogik der 20er Jahre fanden auf den Adolf-Hitler-Schulen ihre Verwirklichung. Dazu gehörte nicht nur das veränderte Bild der Klassenräume mit in Hufeisenform angeordneten Tischen und Stühlen. Deutlicher Ausdruck der Veränderungen war auch die Tatsache, daß Klassen- und Prüfungsarbeiten *ohne* Lehreraufsicht geschrieben wurden. Der jeweils diensthabende Schüler war verantwortlich für den ordnungsgemäßen Ablauf. Es war Ehrensache, daß nicht »gemogelt« wurde. Zu den Reformen gehörte auch die Schaffung neuer Lehrbücher. Ein vielversprechender Anfang war mit einem Gedichtband und den Büchern über Sparta und Karl den Großen gemacht worden.
Die *Berufswahl* für die Absolventen war grundsätzlich *frei*. Allerdings erwartete man von ihnen, daß sie innerhalb ihrer Berufe berufspolitisch im Sinne der NS-Führung tätig wurden – als Angehörige einer politischen Elite. –
Eine Indoktrination – ein beliebter Vorwurf, der den Elite-Schulen des Dritten Reiches gemacht wird – gab es nicht. Auf den Adolf-Hitler-Schulen herrschte – von einigen geistig engen Erziehern, wie sie *anfangs* durch die Auslese geschlüpft waren, abgesehen – ein großes Maß an geistiger Freiheit. Die umfangreiche Bücherei der Ordensburg, und vor allem der Erzieher-Akademie, in der eine große Anzahl gegnerischer, vor allem jüdischer und marxistischer Literatur vorhanden war, stand den Schülern zur freien Verfügung, wie auch das Schrifttum der christlichen Konfessionen. Gewiß, es gab keinen konfessionell gebundenen Religionsunterricht, aber die Teilnahme am Gottesdienst war frei, und die im Fach Religionskunde vermittelte Kenntnis der Weltreligionen sollte u. a. zur Achtung und Duldung aller Bekenntnisse erziehen.
In der jungen Gemeinschaft der *Adolf-Hitler-Schule* erwarteten die Schüler hohe Anforderungen, ein stetes »Sich-bewähren« im Wettstreit einer Auslese mit viel Selbstverantwortung. Die hohen, immer wieder zu erbringenden Leistungen, das Leben unter extremen Ehrauffassungen, verhinderten das Entstehen von Überheblichkeiten, wie es häufig mit Elitebildung verbunden ist.
Das Leben auf der Schule war einfach, das Taschengeld knapp, Pakete von zuhause wurden geteilt, Geldzuwendungen der Eltern höchst unerwünscht, wenn auch sonst der Kontakt zur Familie durch die Schule – durch regelmäßige *Eltern-Briefe,* durch Besuche bei den Eltern und durch Besuche der Eltern auf den Burgen – aufrechterhalten wurde.
Der Dienst in der Hitler-Jugend, der ebenso wie die schulische Bildung zur Erziehung gehörte, erfolgte in den Einheiten außerhalb der Burg. Dieser und der Einsatz in Fabriken, Bergwerken und in der Landwirtschaft sollten neben der Schaffung von Verständnis für die Arbeitswelt auch die Isolierung im Internat verhindern.
Es bedurfte aber auch der schöpferischen Einsamkeit, um zu einer – zwar der Ge-

meinschaft verpflichteten – Persönlichkeit heranzureifen. Dem sollte z. B. im letzten Schuljahr durch Unterbringung in Einzelzimmern Rechnung getragen werden.
Um dem Leben souverän begegnen zu können, lernten die Adolf-Hitler-Schüler sich in allen Situationen richtig zu verhalten (u.a. auch gesellschaftliche Umgangsformen) und auch Ungewöhnliches zu meistern, zu bestimmen und sich auch wiederum einzuordnen; – dieses alles im Dienst für die Gemeinschaft und zum Nutzen ihres Volkes.
Die *Adolf-Hitler-Schulen* wären der gelungene Versuch gewesen, die Führer-Nachwuchsprobleme auf *allen* Gebieten des nationalsozialistischen Staates zu lösen im Sinne einer Evolution der jüngeren Generation zu nicht nur einsatzbereiten, sondern auch kritisch-denkenden Nationalsozialisten. –
(Siehe Anhang Abb. 44)
Ausführlich wurde dieses Thema behandelt von Dr. Max Klüver in
»Die Adolf-Hitler-Schulen – Eine Richtigstellung«
Askania-Verlags GmbH Lindhorst, 1979

Auch für den Bund Deutscher Mädel waren »Adolf Hitler-Schulen« geplant, um auf dem *weiblichen* Sektor eine entsprechende Elite heranzubilden.
Diese Schulen sollten möglichst auf demselben Gelände der AHS für Jungen errichtet werden, um – bei im allgemeinen geschlechtsspezifisch getrennter Erziehung – auf dem Gebiet der Kultur-Arbeit (musischer Bildung) und der Fest- und Feiergestaltung ein Zusammenwirken und eine gesunde Ergänzung zu erreichen. – Zunächst sollten aber Erfahrungen mit der AHS für Jungen abgewartet werden. –
Pläne, die bereits erarbeitet waren, kamen durch Kriegsausbruch nicht mehr zur Ausführung. –
Das reformpädagogische Konzept, das v. Schirach in den Adolf-Hitler-Schulen verwirklichen wollte, gründete – anders als das anderer Reformpädagogen – nicht allein auf der Ganzheit des Individuums, sondern auf der erweiterten Ganzheit des Menschen als Gemeinschaftswesen. So wirkten Leib und Seele, Geist und Gemeinschaftsbindung auf eine Persönlichkeitsbildung hin, in der der Intellekt durch die Kräfte der Seele entwickelt und auf das Gemeinwohl gerichtet sein wollte, ein Gemeinwohl, das als Schicksal dem Menschsein anthropologisch vorgegeben ist.
Schirachs Auffassung wird aus seiner Rede anläßlich der Grundsteinlegung zu neun Adolf-Hitler-Schulen, 1938, deutlich:

> *»Die Entscheidung, die wir in diesem Wendepunkt zu erfüllen haben, ist die Entscheidung zwischen der Seele und dem kalten Intellekt . . . Dem intellektuellen Dünkel galt der Geist mehr als Volk, Fahne und Vaterland . . . wird jene Macht offenbar, die der Intellektuelle leugnet, weil er sie ebensowenig zu denken vermag wie den Gott, der sie uns gab: Die Macht des Gemütes . . . Die Waffen des Intellekts werden dieser Generation gegeben, und zwar die schärfsten und härtesten, aber sie sollen nicht um ihrer selbst willen . . . gebraucht werden, sondern einer höheren Idee dienen.«*

32. Die Akademie für Jugendführung
– *Hitler-Jugend* –

Die *Akademie für Jugendführung* sollte Führer von Bannen und Nachwuchsführer für das höhere Führerkorps der Hitler-Jugend heranbilden und diesen erstmalig mit der Verleihung des *Jugendführer-Patentes* die Anerkennung eines *neuartigen* Berufes geben. In welchem geistigen Klima die Akademie entstand, ist ersichtlich aus Anhang Abb. 45 »Der geistige Großraum«.
Mit der Gründung der *Akademie für Jugendführung* wurde eine Ausbildungsstätte geschaffen, die eine Verbindung darstellte von Hochschule in bezug auf Geisteswissenschaften und Führerschule, die praktische Kenntnisse und Fertigkeiten auf dem Gebiet der Jugendarbeit und auch gesellschaftliche Umgangsformen vermittelte. Denn selbstsicher und souverän sollte der Jugendführer sein, seine Aufgaben meistern, sei es im sportlichen Wettkampf oder bei einem Auslands-Empfang. –
(Siehe Kap. 13.54)

Der Lehrplan der *Akademie für Jugendführung* umfaßte folgende Aufgabengebiete:
1. Politik und Weltanschauung.
   Politik mit sogenannter Führungslehre, Kultur- und Gesellschaftskunde sowie jugendkundlich pädagogischer und juristischer Teilbereich;
   Weltanschauung mit Volkstums-, Völker-, Menschen-, Rassenkunde (einschließlich Biologie unter besonderer Betonung der Vererbungslehre und Rassenhygiene) Philosophie und Religionskunde;
   Geschichte mit Schwergewichten in Vor- und Weltgeschichte;
   Wirtschaftslehre und -geographie.
2. Sport
3. Sprachen
4. Musische Fächer mit Kunst- und Musikerziehung.
5. Arbeitsgemeinschaften. –

Die ständigen Dozenten kamen aus den Gebieten der
Germanistik, Geschichte und Pädagogik
Biologie und Eugenik
Auslandskunde, Fremdsprachen
Kulturarbeit, Kunst- und Werkerziehung, Musikerziehung
Leibeserziehung u.a. Leichtathletik, Geräteturnen, Schwimmen, Mannschafts-Spiele,
Jugendpflege.

Als Gast-Dozenten referierten
Prof. Banse als *Geograph* von der Techn. Hochschule Braunschweig
Prof. Berve als *Althistoriker* von den Universitäten Leipzig und München
Prof. Petersen als *Erziehungswissenschaftler* von der Universität Jena
Prof. Schäder als *Orientalist, Religions-* und *Kulturhistoriker* von der Universität Berlin
Prof. Thiel als *Historiker* von der Universität Bonn
Prof. Zwirner als *Sprachwissenschaftler* von der Universität Berlin
Prof. Fischer als *Psychologe* von der Universität Berlin
Prof. Baumgarten als *Philosoph* von der Universität Königsberg.

Lehrplan und Gast-Dozenten wurden hauptsächlich der detaillierten Arbeit von

Jürgen Schultz: »Die Akademie für Jugendführung in Braunschweig« Waisenhaus-Verlag, Braunschweig 1978, entnommen.
Eine umfangreiche Bibliothek von 27000 Bänden, in der auch Schriften von Gegnern des Nationalsozialismus eingesehen werden konnten, standen den Akademie-Schülern zur Verfügung. –
Anschließend soll der letzte Leiter der *Akademie für Jugendführung,* Hein *Stünke,* in einem Artikel aus Westermann's Monatsschrift, Juli 1944, aus Anlaß des 5jährigen Bestehens der Akademie *selbst* über die Arbeit an der *Akademie für Jugendführung* zu Wort kommen:

Die Akademie für Jugendführung

»Ein Franzose hat einmal Deutschland das Land der Schulen und Kasernen genannt und daraus gefolgert, daß die deutsche Nation vor allem von diesen Einrichtungen her zu verstehen sei. Der scharfsinnige Beobachter verriet damit wohl einen Blick für sehr wesentliche Erscheinungen, wenn er auch fehlging in dem Glauben, mit den beiden Begriffen deutsche Art und deutschen Charakter erschöpfend charakterisiert zu haben. Für das Werden unseres Reiches und Volkes in der neueren Geschichte sind preußische Schule und preußische Kaserne jedoch von nicht zu unterschätzender Bedeutung gewesen, sie haben Menschen geformt und ihren Geist und Willen auf die Erhaltung des Staates gerichtet. In einem bestimmten Sinne hat das Wort von den Schulen noch heute Geltung, und ist es kennzeichnend für die nationalsozialistische Bewegung. Ihre zahlreichen Schulen und Ausbildungsstätten sagen Wesentliches über ihr Wollen aus. In der Gründung von Schulen spricht der Wille zur Zukunft. Die Zukunft des Volkes aber ist die Zukunft seiner führenden Schicht. Sorge um die Zukunft ist jetzt und immer die Sorge um die Nachfolge, nicht nur für einen Mann, sondern für ein ganzes Korps. Politische Erziehung ist darum zuerst Führererziehung. So sehr sich auch der politische Führer den Aufgaben des Tages zu verschreiben hat, rechte Bedeutung und Adel erhält sein Wirken nur, wenn er um das nachwachsende Führertum besorgt bleibt und Führererziehung und -ausbildung, wie die Auslese von führungsbegabten Menschen zu seiner vornehmsten Aufgabe macht. Die Bildung einer Führertradition und einer sich stets verjüngenden Führerschicht wird zu einer schicksalhaften Aufgabe, sie zu meistern, sind die Schulen der Partei mitberufen.
Im Rahmen der Führererziehung der Partei fällt der Akademie für Jugendführung eine besondere Aufgabe zu. Sie erzieht und bildet das Führerkorps der Hitler-Jugend, das zugleich ein Teil des Führerkorps der Partei ist. Die Sorge um die Zukunft war es, die Baldur von Schirach veranlaßte, den Plan zu einer Akademie für Jugendführung zu entwerfen. Vor nun fünf Jahren konnte er bereits den ersten Lehrgang eröffnen. In seiner Eröffnungsrede erläuterte er eingehend die Richtlinien für die Ausbildung der Akademie. Seinem Plan folgend, sollte der Akademieschüler ein Jahr die Akademie besuchen und nach einem unmittelbar darauffolgenden längeren Auslandsaufenthalt die verschiedenen Führungsstellen, wie Bann-, Gebiets- und Reichsjugendführung, kennenlernen, um dann die Führung eines Bannes zu übernehmen. Der beginnende Krieg erlaubte nicht die Durchführung des ersten Lehrganges. Die Führerschaft der Hitler-Jugend rückte fast geschlossen ins Feld. So mußte der erste Lehrgang vorzeitig abgebrochen werden. Die Ausführung alter Pläne wurde damit zunächst aufgehoben, bis endlich im November 1942 der Lehrbetrieb wieder aufgenommen werden konnte. Die Akademieschüler sind fortan kriegsversehrte Hitler-Jugend-Führer, die nach ihrer Entlassung aus dem Lazarett an einem fünfmonatigen Lehrgang teilnehmen.

Die Akademie erzieht zu den Aufgaben des Bannführers. Sie kann nicht Führerqualitäten lehren – und man ist hier auch der Ansicht, daß man sie nicht lernend erwerben kann. Die Akademie kann den jungen Führer nicht in echte Führungssituationen stellen; denn diese sind nur da, wo echte Führungsverhältnisse sind und wo der Führer die Einsamkeit des Führeramtes und das ganze Glück der verantwortlichen Tätigkeit für andere erfährt, wo die Gemeinschaft sich ihm zugewandt hat und ihm nachstrebt. Darum bleibt die Aufgabe der Akademie, dem künftigen Führer Methoden und Mittel an die Hand zu geben, die ihm das Führen erleichtern und die ihm eine Überlegenheit gegenüber den zu Führenden allzeit sichert. Freilich ist die Überlegenheit nicht eine Sache formalen Könnens. Überlegenheit sichert auch nicht das Rangabzeichen, sondern allein das angeborene Führertum. Hinzukommen muß eine lebendige und weite Anschauung und ein tiefes, folgerichtiges Denken. Die Kräfte der Persönlichkeit will die Akademie durch die gestellten Aufgaben zur Entfaltung und Entwicklung bringen. Der Jugendführer, der Sicherheit im Führen und Urteilen erworben hat, wird sich von der Fülle der praktischen Tagesaufgaben nicht erdrücken lassen, sondern der wachsenden und vielfältiger werdenden Jugendarbeit sein Gesetz aufzwingen.

Die Sachgebiete der Ausbildung in der Akademie orientieren sich an den Aufgaben, die dem künftigen Bannführer zufallen, wobei diese nicht nur besondere, seine Führerarbeit betreffende, sondern allgemeine sind – solche nämlich, die die weltanschaulich-politische Erziehung angehen. Nur eine vielseitige Tüchtigkeit macht den Jugendführer auch zum Erzieher und sein junges Führertum zu einem wahrhaft politischen. So wird verständlich, daß die Reihe der Sachgebiete mit der Führungslehre beginnt und sich sinnvoll anschließen die Fragen um Weltanschauung und Politik. Die Geschichte als echte politische Wissenschaft nimmt im Lehrplan eine zentrale Stelle ein. Wobei es nicht Sinn des geschichtlichen Vortrages ist, Regeln für das gegenwärtige und zukünftige Handeln aufzustellen, oder die Geschichte zugunsten einer Doktrin ihres Wahrheitsgehaltes zu entledigen. Sie soll vielmehr das politische Urteil stärken und dem Akademieschüler jene Bildung und Formung zuteil werden lassen, die die Geschichte bisher denen nicht versagt hat, die sich verantwortlich um sie mühten. Zu den Ausbildungsgebieten gehören ferner noch die Rassenkunde und Vererbungslehre, die Geographie und die Religionskunde und die für die Praxis des Jugendführers wichtigen Arbeitsgebiete, wie Leibeserziehung, Jugendkunde, Sprach- und Musikerziehung. Für den umfangreichen Ausbildungsplan galt es Arbeitsformen zu finden, die dem Zweck der Schule, den Sachgebieten der Ausbildung und dem in der Führerschaft der Hitler-Jugend gepflegten Lebensstil angemessen sind. Die Erfahrungen aus der Führerschulung der Hitler-Jugend und die in den hohen Schulen bereits bewährten Arbeitsformen galt es zu einer neuen Form des Vortrags, Unterrichts und der Arbeitsgemeinschaft zu verbinden.

Der Erfolg der Ausbildung wird nicht zuletzt bestimmt durch die der Aufnahme in die Akademie vorausgehende Auslese in den Ausleselagern der Reichsjugendführung. In diesen Lagern werden die jungen Führer erfaßt, die nach den bisher gezeigten Führerqualitäten für den Besuch der Akademie geeignet erscheinen. Erst wo die Führereignung erwiesen ist, kann nach spezielleren Anlagen und Fähigkeiten gefragt werden. Körperliche und geistige Fertigkeiten stehen dabei nicht in einem Rangstreit, es wird vielmehr nach einer allseitig veranlagten Führerpersönlichkeit gesucht. Das Prinzip der Leistung verhindert die bevorzugte Wahl eines Standes. Es fordert die Besten zur Bewährung auf, ohne Rücksicht auf die soziale Herkunft. Die Auslesenden wissen sich aber auch zu hüten vor einer zuweilen in Gebrauch gekommenen »Arme-Leute-Förderung«. Nationalsozialistische Auslese heißt ja nicht, unbesehen die in Verantwortung bringen, die bisher eine solche nicht zu tragen vermochten. Sie ist sozialistisch, weil sie den Mann aus einfachsten Verhältnissen in ein Führeramt stellt, wenn er das Talent dazu hat. Der als Führer-Bewerber durch das Ausleselager aufgenommene Jugendfüh-

rer hat zunächst seine Arbeitsdienst- und Militärdienstzeit zu erfüllen, um dann nach einjähriger Ausbildung an der Akademie und nach seinem Aufenthalt im Ausland das Jugendführerpatent zu erhalten.
So wie jede Erziehungsform sich einen Raum schafft, so ist auch jeder Raum ein nicht zu unterschätzendes Mittel zur Erziehung des Menschen. Dieser Erkenntnis hat die Hitler-Jugend mit dem Bau der Akademie einen sinnfälligen Ausdruck verliehen.
Im alten Park Richmond der Stadt Braunschweig erhielt die Reichsjugendführung ein einzigartiges Gelände, um eine Akademie für Jugendführung errichten zu können. Mit der Grundsteinlegung im Jahre 1936 war zugleich aus einem engeren Wettbewerb der Entwurf des Hamburger Architekten Erich zu Putlitz angenommen worden. Von der sehr großzügig geplanten Anlage gelangten zunächst das Hauptgebäude, die Mannschaftshäuser, das Kommandeurhaus und der Sportplatz zur Ausführung. Die räumliche Aufgliederung des Hauptgebäudes geschah in der Weise, daß im Nordflügel die heute 27000 Bände zählende Bibliothek, der große und kleine Hörsaal und vier Scharräume untergebracht wurden. Eine große Ehrenhalle trennt diese Räume vom Fest- und Speisesaal, dem Teeraum, Kasino und kleinen Hallenbad. Die hohe Ehrenhalle, die dem Äußeren des Baues ein charakteristisches Gepräge gibt, ist dem Andenken der gefallenen Hitlerjungen aus der Kampfzeit der Bewegung gewidmet.
Von der Straße aus erlaubt die Anordnung der Pfeiler einen Blick bis hin zur Oker und den dahinterliegenden Seen. Die niedrigen, rechtwinklig angeordneten Flügelbauten stehen in einem schönen Verhältnis zum Mittelbau. Das ganze Gebäude aber ordnet sich dem prächtigen alten Baumbestand des Richmond-Parkes ein. Durch eine weite, baumbestandene Rasenfläche vom Hauptgebäude getrennt, stehen die fünf kleineren Mannschaftshäuser so angeordnet, daß sie mit dem Südflügel des großen Hauses eine Art luftigen Innenhofes bilden, der als Appell- und Fahnenplatz dient. Abweichend von der in den Gebietsführerschulen üblichen Unterbringungsweise haben die Akademieschüler ihr Einzelzimmer; denn die Anforderungen der Akademie verlangen, daß der Einzelne sich stiller, eigener Arbeit hingeben kann. Die geschmackvollen, luftigen Einzelzimmer, die sich in Wohn- oder Schlafzimmer verwandeln lassen, mit den eingebauten Wasch- und Brausekabinen werden dieser Notwendigkeit in hohem Maße gerecht. Dies gilt in gleicher Weise von den Gemeinschaftsräumen, unter denen besonders die Bücherei und der Teeraum auffallen. Ist es einerseits die Geschlossenheit, das bei aller räumlichen Größe Verinnerlichte eines Raumes, so ist es im anderen Falle die helle Weite, das Freundliche und Gesellige, das dem Raum seine Prägung gibt. Mahnt die Bücherei in ihren gedämpften Farben zur Ruhe und Sammlung, so wirkt der Teeraum mit seinen bequemen Sitzgelegenheiten und den in reichem Maße angebrachten Beleuchtungskörpern als Erholung und Entspannung. Alle Vorstellungen von schulisch bedingten äußeren Formen weichen bei diesem Anblick und lassen eher den Eindruck des Privaten, d.h. des im letzten Grunde Persönlichen und Menschlichen aufkommen.
Der äußerlich klare und sachliche Bau verrät in allem die gleiche Baugesinnung. Vornehmheit und Klarheit zeichnet die Raumgestaltung aus, ohne irgendwo prunkhaft zu werden. Auch die Einrichtungsgegenstände verraten den gleichen Willen und zeugen von einer vorbildlichen handwerklichen Arbeit. Als besonders originelle Leistung ist das Deckenfresko des Stuttgarter Professors H. W. Berger zu nennen. Es stellt die Sternbilder in figürlicher Deutung dar. Der plastische Schmuck stammt von Professor Hipp, Kiefersfelden. Der Krieg erlaubte nicht die Fertigstellung der übrigen Bauten. So warten auf ihre Vollendung die Tennisplätze, die große Turnhalle mit einem Hallenbad, das Freischwimmbad, der Schießstand und die Reithalle.
Unter den Bauten der Hitler-Jugend steht die Akademie für Jugendführung nicht nur

hinsichtlich ihrer räumlichen Größe an erster Stelle. Sie ist die höchste Schule der Hitler-Jugend und repräsentiert den Form- und Erziehungswillen des jungen politischen Führerkorps.

›Der Jugendführer in unserer Zeit ist nicht nur der Erzieher zu einem politischen Ideal, sondern auch der Träger eines kulturpolitischen Programms.
Nicht, daß wir die größte Jugendbewegung der Welt geworden sind, sondern, daß wir ein Führerkorps schaffen konnten von jugendlichen Persönlichkeiten ist die größte Leistung unserer Gemeinschaft.‹

Baldur von Schirach«

33. Die Akademie für Jugendführung
– *Bund Deutscher Mädel* –

33.1 Entstehung und Entwicklung

Das Gesetz über die Hitler-Jugend vom 1. 12. 1936, nach dem die Hitler-Jugend – neben Elternhaus und Schule – für die körperliche, geistige und sittliche Erziehung der gesamten deutschen Jugend verantwortlich war, machte eine allseitig ausgebildete Führer- und Führerinnenschaft notwendig.
Zwar gab es seitens der Reichsjugendführung eine Führer-Schulung bereits seit 1933/34 (siehe Kap. 13 »Personalarbeit«). Es bestand aber noch keine Ausbildungsstätte für Jugendführer bzw. Jugendführerinnen, in der diese für eine künftige hauptamtliche und damit sehr verantwortungsvolle Tätigkeit vorbereitet werden konnten.
Pläne für solche Einrichtungen lagen bereits vor dem Krieg vor und trugen für die HJ in Planung und Ausführung den Namen »Akademie für Jugendführung«.
Für die weibliche Jugend war die Bezeichnung »Hochschule des BDM« vorgesehen.
Die Akademie wurde in Braunschweig errichtet, während die Hochschule des BDM in Wolfenbüttel – im niedersächsischen Fachwerkstil geplant – durch den Ausbruch des Krieges aber nicht mehr zur Ausführung kam. – In die Akademie für Jugendführung – heute noch an der Wolfenbütteler-Straße in Braunschweig – zogen unmittelbar vor Kriegsbeginn die ersten Akademie-Schüler ein, die allerdings kurz danach – bei Ausbruch des Krieges – als Soldaten einrückten. –
Aufgaben und wachsende Pflichten – gerade im Krieg – veranlaßten die Führung des *Bundes deutscher Mädel,* Lehrgänge – wie geplant – für die künftige hauptamtliche Führerinnenschaft einzurichten und in die damals leerstehende Akademie zu legen.
Die Bezeichnung »Hochschule des BDM« kam demzufolge gar nicht mehr zur Anwendung, weil nun auch die Mädelführerinnen an die Akademie für Jugendführung berufen wurden.
Was über Qualitäten einer Führungspersönlichkeit und die Anforderungen, die man an sie stellte sowie über Auslese und Ausbildung vom Leiter der Lehrgänge für HJ-Führer an der Akademie im vorhergehenden Kapitel ausgesagt wurde, galt ebenso für die Mädelführerinnen, nur, daß die Eigenschaften – wie z. B. Vorbild zu sein und Verantwortungsbewußtsein zu haben – der *weiblichen* Psyche angepaßt waren. –
80 junge Führerinnen im Alter von 19–21 Jahren – aus allen Gebieten des Reiches – nahmen von Januar bis April 1941 am 1. Lehrgang teil.
Die Erfahrung zeigte jedoch, daß drei Monate für die Ausbildung viel zu kurz waren, obwohl das Programm äußerst gestrafft war, so daß 54 Wochen-Stunden mit Vorlesungen und Unterricht – ohne die eigene Arbeits- und Vorbereitungs-Zeit – zur Regel gehörten.
Deshalb wurde vom Sommer 1941 bis zum 15. 12. 1941 ein Halbjahres-Lehrgang, der 96 Führerinnen umfaßte, durchgeführt. Die Gebäude-Aufteilung, Wohn-, Schulungs- und Aufenthaltsräume wurden bereits geschildert. –
Da im Frühjahr 1942 die HJ-Führerschaft die Ausbildung an der Akademie in Braunschweig für Kriegs-Versehrte wieder aufnahm, mußte für den *Bund Deutscher Mädel* eine andere Schulungs-Stätte gesucht werden.

Die in Braunschweig begonnene Arbeit wurde mit einem Halbjahres-Lehrgang (von Mai bis November 1942) in der Führerinnenschule Ottendorf/Sachsen fortgesetzt. An diesem Lehrgang nahmen 70 reichs- und ausländische Führerinnen teil.
Der vierte Akademie-Lehrgang wurde von April bis Oktober 1943 – wiederum als Halbjahres-Lehrgang – in der Führerinnenschule Schloß Heiligenberg (Gebiet Hessen-Nassau) mit 70 Führerinnen durchgeführt. –
Die Halbjahres-Lehrgänge zeigten, daß auch diese Ausbildungszeit für die vielfältigen Aufgaben einer hauptamtlichen Mädelführerin nicht ausreichte.
Obgleich an den Plänen für die Zukunft gearbeitet wurde, legte der Krieg starke Beschränkungen auf.
1944 war es möglich, zwei Halbjahres-Lehrgänge durchzuführen; der erste fand – zwar nur zur Hälfte – in Luxemburg in einer Schule des Gebietes Moselland und zur anderen Hälfte wieder auf Schloß Heiligenberg (Gebiet Hessen- Nassau) statt, ebenso der zweite Halbjahres-Lehrgang (Juni bis Dezember). Beide Lehrgänge wurden von jeweils 75 Führerinnen besucht.
Im März 1945 begann dann der 7. Führerinnen-Lehrgang der *Akademie für Jugendführung*, der kriegsbedingt abgebrochen werden mußte.
Aus den Anfangs-Erfahrungen wurde von den Lehrkräften ein *Plan* für eine zwei Jahre umfassende Ausbildung von BDM-Führerinnen entwickelt, der durch das Kriegsgeschehen jedoch nicht verwirklicht werden konnte und leider verlorenging. –

33.2 Die Belegschaft der Akademie

33.21 Leitung und Lehrkräfte

Die *Leitung* und Verantwortung für diese Aufgabe lag von 1941–1945 in der Hand einer Mädelführerin, die durch ein Universitäts-Studium pädagogische Kenntnisse besaß und durch den Einsatz in allen Einheiten des BDM bis hin zur Mädelführerin eines Obergaues über praktische Erfahrungen in der *Jugend*-Arbeit verfügte.
Ihr standen bewährte, auf dem jeweiligen Arbeitsgebiet erfahrene Mädelführerinnen als *Lehrkräfte* zur Seite – manche davon von Beginn der Führerinnen-Lehrgänge an, was der Stetigkeit der Arbeit zugute kam.

33.22 Akademie-Schülerinnen

Die Teilnehmerinnen der Lehrgänge – durchschnittlich im Alter von 19–21 Jahren – wurden von den Mädelführerinnen der Banne mit den Personal-Abteilungsleiterinnen der Gebiete in Sonderlehrgängen *ausgelesen* und dem *Personalamt der Reichsjugendführung* vorgeschlagen.
Die BDM-Amtsreferentin des *Personalamtes der Reichsjugendführung* entschied in Ausleselagern der Reichsjugendführung über die Einberufung zum Besuch der *Akademie für Jugendführung*.
Die Anwärterinnen waren Volks-, Haupt- und Ober-Schülerinnen, die charakterlich zuverlässig und geistig interessiert waren und sich in der praktischen Mädel-Arbeit eines *Ringes* – in Stadt oder Land – bewährt hatten. Der überwiegende Teil waren Abiturientinnen.
Die Teilnehmerinnen kamen aus allen Gebieten des Reiches und im ersten Lehrgang auch aus mehreren volksdeutschen Gruppen im Ausland: Baltikum, Bessara-

bien, Banat, Ungarn; eine Diplomatentochter, die in Reykjavik gelebt hatte, fand nach ihrer Internierung in England ebenfalls in diesem Lehrgang Aufnahme.
Am 4. Lehrgang nahmen zum ersten Mal Führerinnen aus *Norwegen*, den *Niederlanden, Dänemark, Flandern* und *Wallonien* teil, die aus der Jugendarbeit ihrer Heimat kamen; auch *reichsdeutsche* Führerinnen aus dem Ausland gehörten zu dem Teilnehmerkreis.
Diese Vielfalt ermöglichte einen regen geistigen Austausch.
Die ersten 6 Wochen der Ausbildungszeit galten als Probezeit; praktisch fand diese aber keine Anwendung.
Nach Beendigung eines Lehrganges wurde über jede Teilnehmerin eine ausführliche schriftliche Beurteilung abgegeben, die von allen Lehrkräften der *Akademie* gemeinsam erstellt wurde.
Diese Beurteilung wurde an das *Personalamt der Reichsjugendführung* und an die jeweilige Mädelführerin des *Gebietes* eingereicht.
Sie enthielt u. a. auch Vorschläge für die künftige Verwendung dieser jungen Führerinnen in der *Jugend-Arbeit*.
Von der BDM-Führung wurde eine Verpflichtung dieser *Akademie-Schülerinnen* für einen mindestens dreijährigen hauptamtlichen Dienst gewünscht, doch schieden viele von ihnen durch Heirat früher aus.
Diese sehr konzentrierte sechsmonatige Ausbildung gab den jungen *Akademie-Absolventinnen* das Rüstzeug mit, mit dem sie sich in der Arbeit des BDM und auch in späteren Jahren (z. B. bei zusätzlicher Berufsausbildung auf pädagogischem, sozialem Gebiet o. ä.) gut behaupteten.

33.3 Arbeitsgebiete

Der intensive Unterricht erstreckte sich auf die verschiedensten Arbeitsgebiete, wie die *weltanschauliche* und *politische Schulung* und *geistige Bildung* (u. a. Charakterbildung), die *kulturelle Arbeit*, die *Leibeserziehung*, die *Gesundheitsführung*, die *Auslandsarbeit*, die *Sozialarbeit* und auf alle Fragen der praktischen Jugend-Arbeit in den Einheiten sowie zusätzlich den *Kriegs-Einsatz* (= Kriegshilfsdienst siehe Kap. 65). Dieser Unterricht wurde teils als *Vorlesung*, teils als *Unterrichts-Gespräch* gestaltet oder vollzog sich in *Gruppen-Arbeit*. Manche Aufgaben wurden einzelnen Akademie-Schülerinnen zur Ausarbeitung übertragen.
Im Unterricht wurden nicht nur die Arbeitsgebiete behandelt, welche die künftige Mädelführerin eines Bannes beherrschen mußte, sondern er diente auch einer erweiterten Allgemeinbildung – einer Art Studium generale – und damit der Heranbildung einer schon in jungen Jahren reifen und verantwortungsbewußten Persönlichkeit. –
In der *Schulung* standen vor allem folgende Themenkreise im Vordergrund:
Deutsche Geschichte im Zusammenhang mit der Geschichte der europäischen Nachbar-Völker;
»Blick in die Welt« in Beziehung und Auseinandersetzung mit dem Tagesgeschehen;
Vererbungslehre und Rassenkunde;
Fragen der Weltanschauung und Politik.
Für besondere allgemeinbildende Themen standen der Akademie *Gast-Dozenten* zur Verfügung. So hielt Prof. Dr. *Petersen*, Universität Jena, im Frühjahr 1944 mehrere Vorlesungen über »*pädagogische* Fragen« und Prof. Hans Heinrich *Schaeder*, Universität Berlin, über *»Die Weltreligionen«*. Privatdozent (später Professor) Dr. *Tintelnot*, Universität Breslau, referierte in mehreren Vorträgen über *»Kunst und Kunstrichtungen«*.

Für *Sprecherziehung* war Frau Helene *Craney,* Hannover, zuständig. Fragen der *Mode,* des *Modeschaffens,* der modischen *Kleidung* behandelte vor mehreren Akademie-Lehrgängen Frau Lo *Rödel,* Modeinstitut Plauen. *Hinrich Medau,* der Schöpfer der *Medau-Gymnastik,* sprach in drei Lehrgängen über *Leibeserziehung* und arbeitete auch *praktisch* mit den Akademie-Schülerinnen.
Die kulturelle Arbeit umfaßte ein weites Gebiet und diente der musischen Erziehung.
Vorlesungen über Literaturgeschichte mit ihren bedeutendsten Werken leiteten an zu kritischem und richtigem *Lesen,* Verstehen und Werten der Dichtung.
Die Fest- und Feiergestaltung in der Familie und in größeren Gemeinschaften während des Jahresverlaufes war eine weitere umfassende Aufgabe. Die Erarbeitung oder das Einüben von *Spielen* oder auch *Szenen* klassischer Werke spielten eine große Rolle. Hierdurch wurden die schöpferischen und gestalterischen Fähigkeiten der Akademie-Schülerinnen geweckt. Die jungen Führerinnen entwickelten viel Phantasie und Geschick beim eigenen Ersinnen und Ausgestalten. Meistens geschah dies im Wettbewerb zwischen mehreren Gruppen.
Gerade dieser Unterricht erfolgte stets praxisbezogen. *Fest-* und *Feierfolgen* und *Spiele* für die Arbeit in den *Jungmädel-* und *Mädel*-Einheiten sowie in den Arbeitsgemeinschaften des BDM-*Werkes* »Glaube und Schönheit« wurden erörtert und erarbeitet. Feste und Feiern in der Ausbildungszeit gaben genügend Gelegenheit, das gemeinsam Erlernte anzuwenden.
Zu diesem, bei den Akademie-Schülerinnen sehr beliebten Teil der *kulturellen* Arbeit, trat die *Musik-Erziehung,* die mit dem Singen einfacher Lieder begann und zur anspruchsvollen Chor-Arbeit führte. *Instrumental*-Musik wurde gepflegt und gefördert, soweit die Schülerinnen Instrumente beherrschten.
Das Bekanntmachen und die Beschäftigung mit den Werken großer Komponisten, was – kriegsbedingt – leider nur über Schallplatten möglich war, weckte und förderte die Musikalität und das Hören-Lernen.
Die Akademie-Schülerinnen übten sich aber auch in der Weitergabe ein- und mehrstimmiger Lieder, im Zusammenstellen von Liedern zu Festen und Feiern *und* in der Durchführung von *»Offenen Singen«.*
Im Rahmen des *Musik*-Unterrichts erfolgte auch die *Sprech-Erziehung.*
Einen wesentlichen Teil des Unterrichts nahm die *Leibeserziehung* ein, die sich in *Sport* und *Gymnastik* gliederte, wobei Spitzenleistungen nicht verlangt wurden. Die Forderung hieß: »Es kommt nicht darauf an, wie weit oder wie hoch ein Mädel springt oder wirft, sondern auf einen gut durchgebildeten Körper und eine anmutige Bewegung.«
Der Erwerb des BDM-*Leistungsabzeichens* wurde allerdings erwartet, das jedes Mädel mit durchschnittlicher sportlicher Veranlagung erreichen konnte. Fast alle Akademie-Schülerinnen erfüllten die Bedingungen für das *Reichs-Sportabzeichen* und den Grundschein der *Deutschen Lebensrettungsgesellschaft.*
Die Übungen in der Leichtathletik, im Geräte-Turnen, im Schwimmen dienten der Gesunderhaltung, dem Erreichen eines natürlichen Körpergefühls und der Körperbeherrschung.
Die sportlichen Spiele förderten den Gemeinschaftsgedanken.
Die *Gymnastik* war in ihrer Art wesentlich von der *Medau-Schule* bestimmt. Sie erzog – ebenso wie der Mädeltanz – zur Anmut in der Bewegung und diente gleichzeitig der Gesunderhaltung und Vorbeugung von Haltungsschäden.
Sport- und *Gymnastik*-Lehrerinnen gaben ferner Anleitungen für die *sportliche* Arbeit in den Einheiten – obgleich diese Arbeit dort in den Händen von *Sportwartinnen* lag – und unterwiesen theoretisch über die Bedeutung der *Leibeserziehung,* über den Sinn bestimmter Übungen, über den Aufbau von Bewegungs-Abläufen und Sport-Stunden und über Pläne von größeren sportlichen Veranstaltungen.

Der Unterricht in *Gesundheitsführung* wurde durch *Ärztinnen* der Reichsjugendführung in einer Art *»Gesundheitswoche«* innerhalb der Ausbildungszeit gestaltet; er erfolgte als »Blockunterricht«. Hier wurden Fragen der Gesundheits-, Körper- und Schönheitspflege besprochen, Fragen der Gesunderhaltung der 10–21jährigen Mädel in den Einheiten des BDM – z. B. Fragen ihrer Belastung bei Sport und Spiel, auf Fahrt und in Lagern – und der gesunden Ernährung, sowie psychischer Fehlentwicklungen und Schädigungen durch Nikotin und Alkohol behandelt und ebenso eindringlich die notwendigen hygienischen Maßnahmen bei Fahrten, Lagern und größeren Veranstaltungen erörtert.
Die Themen des Gebietes *»Gesundheitsführung«* wurden in Vorlesungen und Unterrichts-Gesprächen behandelt.
Die Ärztinnen standen den Akademie-Schülerinnen darüber hinaus für alle persönlichen Fragen zur Verfügung.
Die Akademie-Schülerinnen hatten überwiegend vor ihrer Ausbildung den »Erste-Hilfe-Kursus« absolviert und ebenfalls ihre Prüfung als *»Gesundheitsdienstmädel«* abgelegt oder legten diese Prüfung am Ende des Akademie-Lehrganges ab. –
In der *Sozialkunde* stand die Zusammenarbeit des BDM mit anderen Partei- und berufsständischen Organisationen sowie Staat und Gemeinde im Mittelpunkt.
Das Arbeitsgebiet umfaßte folgende Themen:
Die Frauenberufe (mit Betonung der Forderung des Bundes Deutscher Mädel zur Berufsausbildung eines jeden Mädels),
Zusammenarbeit mit dem Arbeitsamt,
und der NS-Frauenschaft (betr. Pflichtjahr der Mädel in der Hauswirtschaft),
BDM-Haushaltungsschulen (als Grundlage für hauswirtschaftliche, soziale und pflegerische Berufe),
das Jugendschutzgesetz vom 30. 4. 1938 und die Ausführungsbestimmungen dazu vom 12. 12. 1938, sowie die
Verordnung zur Urlaubsregelung,
das Jugendgerichtsgesetz,
die Polizeiverordnung zum Schutz der Jugend,
die Zusammenarbeit mit der Deutschen Arbeitsfront (Betreuung des berufstätigen Mädels am Arbeitsplatz),
die Jugendwohnheime,
die Aufgabe in den Erziehungsheimen der HJ für Milieugeschädigte einschließlich der Probleme im Sinne echter Jugendführung,
(Ausgesprochen Verwahrloste wurden aus der Hitler-Jugend bzw. dem Bund Deutscher Mädel »ausgeschieden« und der Fürsorge des Staates übergeben);
die Zusammenarbeit mit dem *Reichsnährstand;* ländliche Berufsfragen und Landdienst,
die Erholungsverschickung in Zusammenarbeit mit NSV.
Außerdem wurden kriegsbedingte Aufgaben besprochen wie
Führung und Betreuung der *Kinderlandverschickung* in Zusammenarbeit mit der NSV und den Schulen;
der BDM-*Kriegseinsatz*
z. B.: Bahnhofsdienst, Haushaltsdienst, Geschäfts- und Behördenhilfe;
Lazarett-Einsatz (in Verbindung mit dem DRK);
Ernte-Einsatz (nach Rücksprache mit dem Reichsnährstand)
Hilfsdienst jeder Art, vornehmlich in den zerbombten Städten
(Näheres s. »Der Kriegseinsatz des BDM« Kap. 65)

In diesem Zusammenhang sei auf den tagelangen unermüdlichen Einsatz des 2. Akademie-Lehrganges im Jahre 1944 in Darmstadt nach den verheerenden An-

griffen am 12./13. September hingewiesen, bei denen zwei BDM-Führerinnen des Gebietes Hessen-Nassau im Dienst für die Gemeinschaft ihr Leben verloren.
Um auf die praktischen Führungsaufgaben in den Einheiten vorzubereiten, war eine gründliche Unterrichtung durch Referenten und Referentinnen der *Reichsjugendführung* notwendig, die ihre Sachgebiete in den jeweiligen Ämtern vertraten.
Diese umfaßten die *Organisation,* die *Personalarbeit,* die *Gerichtsbarkeit,* die *Kulturarbeit,* die *Leibeserziehung,* die *Gesundheitsführung,* die *Sozialarbeit, Presse- und Propaganda*-Arbeit, das *Wandern,* das *Jugendherbergswesen,* die *Auslandsarbeit* sowie das *Bauerntum* und den *Landdienst,* nicht zuletzt die *Weltanschauliche Schulung.* –
Die Einführung in die Sachgebiete durch Referentinnen bzw. Referenten der Reichsjugendführung erfolgte vor allem durch *Unterrichtsgespräche* und in *Arbeitsgemeinschaften.* Hier erhielten die Akademie-Schülerinnen auf alle Fragen – auch über Schwierigkeiten in ihren Erfahrungsbereichen der praktischen Arbeit – gründliche Antwort.
Selbstverständlich gehörten die Besuche des Reichsjugendführers und der BDM-Reichsreferentin zu jedem Akademie-Lehrgang. Ihre grundlegenden Ausführungen gaben einen wichtigen Gesamt-Überblick über die nationalsozialistische Jugend, insbesondere über die Mädelerziehung, über die Entwicklung der Mädel in den einzelnen Altersstufen, im Jungmädelbund, Mädelbund und im BDM-Werk »Glaube und Schönheit« und ihre entsprechende Führung und Ausbildung.
Die aufgeführten Arbeitsgebiete waren nach einem Unterrichts-Plan, der jeweils für eine Woche festgelegt und den Akademie-Schülerinnen angesagt wurde, über die Ausbildungszeit verteilt.
Täglich fest lagen die Stunden für *Schulung* und *Kultur-Arbeit, Musik-* und *Leibeserziehung.* Viermal wöchentlich war *Sozialkunde* angesetzt. –
Der Stundenplan wurde elastisch gehandhabt, da einmal Redner zu Vorträgen kamen, besondere Unternehmungen angesetzt wurden, Referentinnen oder Referenten der Reichsjugendführung aus Berlin anreisten, um ihre Arbeitsgebiete zu behandeln, oder in- und ausländische Besucher, die die Akademie kennenlernen wollten.
Gemäß *Plan* war ein Nachmittag in der Woche »dienstfrei«, auch jeder zweite Sonntag stand den Akademie-Schülerinnen persönlich zur Verfügung, und *Urlaub* wurde bei besonderen Anlässen auf Wunsch gewährt.
Die *Abende* waren zum Teil frei, oder sie wurden gestaltet als *Musizier-, Vorlese-* oder *Heimabende,* die von Akademie-Schülerinnen oder von Lehrkräften vorbereitet wurden. Es gab u.a. Abende mit Berichten aus den einzelnen Gebieten – also Landschaften –, unter dem Blickwinkel der Geschichte, der Kunstgeschichte oder des Volkstums. Erzählende behandelten das Thema »Humor meiner Heimat« u.a.m.
Die unterrichtsfreien Stunden wurden zur Vor- und Nachbereitung des Gehörten oder Gelernten benutzt, oder standen privaten Anliegen offen.

33.4 Gemeinschaftsleben

Das Gemeinschaftsleben von Lehrkräften und Schülerinnen der Akademie gestaltete sich eng, war getragen von Vertrauen und Kameradschaft untereinander und gewährte dennoch jeder Schülerin ihr Eigenleben.
Dieses Zusammenleben gestaltete sich im einzelnen in folgender Weise:
Der Tag begann um 6.30 Uhr, und zwar weckten wechselweise Mädel einer bestimmten Gruppe Lehrkräfte und Kameradinnen mit einem Lied.

Um 8 Uhr gab es Frühstück. Die drei Hauptmahlzeiten wurden gemeinsam eingenommen und mit Lied oder Spruch begonnen.
Während der Unterrichts-Zeit wurde meistens die Dienstkleidung des BDM getragen; in den freien Stunden gingen die Schülerinnen in »Zivil«.
Am Anfang und am Schluß des Lehrganges sowie an jedem Wochenbeginn wurde die Hitler-Jugend-Fahne gehißt bzw. eingeholt. An den übrigen Tagen versahen zwei »Führerinnen vom Dienst«, die wöchentlich wechselten, diesen Dienst, wie sie auch für andere Ordnungs-Aufgaben zuständig waren.
In den Schlafräumen der einzelnen Schulen bzw. in den Wohnhäusern der Akademie in Braunschweig sorgte ein von den Akademie-Schülerinnen gewähltes Mädel für die Einhaltung der notwendigen Regeln des Zusammenlebens.
Tisch- und Küchendienst (Tischdecken, Geschirrspülen) wechselten täglich nach Anweisung der »Führerinnen vom Dienst«.
In der Regel war um 22 Uhr der Tagesablauf beendet. Vor dem Schafengehen vereinte ein gemeinsam gesungenes Abendlied Lehrkräfte und Schülerinnen.
Dieses enge Zusammenleben war nur möglich, weil sich alle Lehrkräfte und Schülerinnen, freiwillig unter das Gesetz echter Gemeinschaft stellten, das Gesetz, das dem Einzelnen seine Freiheit zugesteht, das vom Einzelnen aber auch die Achtung der Freiheit des Anderen verlangt!

33.5 Besondere Unternehmungen

Die Arbeit in jedem Akademie-Lehrgang wurde ergänzt und erweitert durch *Studien-* und *Wanderfahrten.* So wurden von *Braunschweig* aus Fahrten in den Harz unternommen, der Brocken bestiegen und u.a. Goslar, Hildesheim und auch die Heide besucht.
Höhepunkt des 1. Lehrganges war eine mehrtägige Reise nach *Berlin* und *Potsdam* (u.a. mit einem Besuch des Schillertheaters – »Kabale und Liebe« mit dem Schauspieler Horst *Caspar*).
Von *Ottendorf/*Sachsen aus erlebten die Akademie-Schülerinnen eine Fahrt in das Elbsandsteingebirge und vor allem eine mehrtägige Studienreise nach Prag.
Von *Schloß Heiligenberg* aus wurden nach gründlicher kunsthistorischer Vorbereitung besichtigt: Schloß Bruchsal, Heidelberg, Torhalle Lorsch, Speyer und Worms, der Odenwald mit Michelstadt und Erbach.
Von der Stadt *Luxemburg* aus war eine Fahrt durch die schöne Landschaft des Großherzogtums möglich.
Eine weitere Ergänzung des Unterrichts boten Besichtigungen von *Betrieben* (z.B. Jute-Spinnerei in Braunschweig) sowie Besuche von *Behörden* und *Ämtern* (z.B. Arbeitsamt, NS Volkswohlfahrt, Dtsch. Arbeitsfront, NS Schwesternheime u.a.m.)
Die jungen Führerinnen erlebten auch *praktischen* Einsatz auf verschiedenen Gebieten, z.B. bei der Betreuung von Front-Urlauberzügen, von Kindern auf dem Weg in die Kinderlandverschickungslager, von Verwundeten in den Lazaretten, von Obdachlosen und Ausgebombten nach der Zerstörung von Darmstadt im September 1944.
Besondere Erlebnisse und Anregungen boten mancherlei Besuche während der Ausbildungszeit. Dazu gehörten *Konzert-Abende* in der *Akademie* mit Nachwuchs-*Sängern* und *-Pianisten* sowie *Dichterlesungen* mit den Niedersachsen Moritz *Jahn* und Dr. Georg *Grabenhorst,* dem plattdeutschen Dichter Rudolf *Kinau,* der Westfälin *Josefa Behrens-Totenohl* und ganz besonders die Lesung von Dr. h.c. *Agnes Miegel,* die sich unserer »Arbeit herzlich verbunden« fühlte und sich auch in Briefen stets darüber berichten ließ.

33.6 Besucher befreundeter Nationen

Interessant für die Akademie-Schülerinnen waren die Besuche *ausländischer* Gäste, die sich sehr aufgeschlossen aus der Arbeit und von dem Ausbildungsplan der Akademie erzählen ließen und Einblick in den Unterricht nahmen.
Zu nennen sind hier z. B. der damalige *slowakische* Gesandte (1941), ein *rumänischer* Generalmusikdirektor, der *italienische* Botschafter Alfieri, eine *norwegische* Sängerin, die Ehefrau eines Mitarbeiters von Quisling.
Mit großem Interesse und kameradschaftlicher Verbundenheit besuchten die höchste *spanische Frauen- und Mädelführerin Pilar Primo de Rivera* mit ihrer Auslandsreferentin Maria *Ontiveros* und die höchste *italienische Mädelführerin Dr. Penelope Testa* mit etwa 30 ihrer Führerinnen die Akademie für Jugendführung. Mit beiden dieser verantwortlichen Führerinnen kam es zu einen engen Gedanken- und Erfahrungs-Austausch.
Die *Leiterin* der Mädel-Lehrgänge an der Akademie für Jugendführung hatte mit 11 Akademie-Schülerinnen und einer BDM-Führerin der *Reichsjugendführung,* die als Dolmetscherin fungierte, eine Einladung der *Delegada Nacional* der *Falange* angenommen und war mit ihnen fast 8 Wochen (April bis Juni 1941) durch *Spanien* gereist. Dabei wurde der Gruppe auch die Möglichkeit geboten, spanische Führerinnenschulen, vor allem jene in *Medina del Campo* kennenzulernen.

33.7 Zusammenfassung

Die vielfältige und umfassende Ausbildung für den *Bund Deutscher Mädel* an der *Akademie für Jugendführung* hatte das Ziel, charakterlich zuverlässige, geistig aufgeschlossene, urteilsfähige junge nationalsozialistische *Mädelführerinnen* zu formen. Es sollten Persönlichkeiten gebildet werden, die vor allem mit Verständnis den ihr anvertrauten Mädeln von 10 bis 21 Jahren begegneten, und die im Einsatz mit Phantasie und Beweglichkeit den mannigfachen Aufgaben einer *Jugendführerin* – von Fahrt und Lager über Verhandlungen mit Partei und Staat bis zur Repräsentation der weiblichen Jugend bei offiziellen Anlässen – gerecht wurden.
Der Grund war gelegt, die Pläne für weitere Arbeit wurden entwickelt, die Mitarbeiterinnen der Akademie für Jugendführung bewiesen viel Engagement – das Kriegsende brachte den jähen Abbruch dieses einmaligen Experimentes zur Bildung des neuartigen Berufes einer *Jugendführerin.*

> *»Unsere Mädel sollen ihre geistigen Anlagen bis zur größten Möglichkeit ausbilden, Hand in Hand mit einer systematischen Ausbildung der körperlichen Anlagen. Das Ideal ist die glückliche Übereinstimmung zwischen höchster Geistesfähigkeit und höchster körperlicher Form. Eine glückliche Synthese zwischen Körper und Geist, das muß unser Ziel sein.«*

Baldur von Schirach

> *»Wer Jugend führen will, muß sich darüber klar sein, daß ihm das kostbarste Gut unseres Volkes anvertraut ist, für das er einmal vor der Nation und der Geschichte Rechenschaft ablegen muß.« . . . –*

Dr. Jutta Rüdiger

34. Der Heimbau

Dieses Kapitel beruht auf einer Ausarbeitung von Prof. F. G. Winter, die in einigen Punkten ergänzt und der Sachform des Buches angepaßt wurde.
Die in Anführungsstrichen gesetzten Text-Teile sind wörtlich übernommen, wobei die Ich-Form abgewandelt wurde.

34.1 Die erzieherische Macht des Raumes

34.11 Das Heim

Jugend braucht neben Elternhaus und Schule ihr eigenes Heim, in dem »Jugend sich an Jugend bildet« und die junge Persönlichkeit durch die Gemeinschaft Gleichaltriger zu sich selbst findet. –
In der Hitler-Jugend kamen Jungen und Mädel in »ihrem Heim« zusammen zu Heimabend und Schulung, zu Werken und Singen, zu Feierstunde oder fröhlichem Spiel.
Die Jugendverbände der Bündischen- oder der Arbeiter-Jugend besaßen auch schon ihre Heime, aber meistens waren sie nicht mehr als Unterkunftsstätten und nicht ihrem Lebensstil entsprechend gebaute Räume. Auch die Heime der Hitler-Jugend waren zunächst Notlösungen. Viele der anfangs vorhandenen Heime stammten noch aus der Kampfzeit: umgebaute Keller, ehemalige Viehställe, Werkstätten, die damals von verständnisvollen Menschen der Jugend zur Verfügung gestellt wurden. Als diese waren sie erste Kampfzentralen, die den Ansprüchen einer Kameradschaft, einer Schar halbwegs entsprachen; sie erinnerten an die erste enge Verbindung des Schülers mit dem Lehrling, des kaufmännischen Angestellten mit dem Gymnasiasten.
Nach der Übernahme der Regierung durch die Nationalsozialisten entstanden in allen Teilen des Reichs durch Initiative von Körperschaften und Wohlmeinenden sogenannte bessere Heime, die vorwiegend in leerstehenden Büroräumen oder Villen untergebracht waren. In ihrer inneren Gestaltung waren diese Räume meist eine Mischung von Bauernstuben, Eßzimmern und Salons, ausgestattet mit alten Tischen, Stühlen und Schränken, die nicht im entferntesten dem Geschmack der Jugend entsprachen.

34.12 Heimbau als pädagogischer Gedanke

»Der Gedanke, Jugendheime neu zu bauen, wäre bis 1933 und zunächst auch noch danach eine phantastische Utopie gewesen.«

Erst als nach 1933 die Jugendlichen in Massen zur Hitler-Jugend strömten – Oktober 1932 kamen 100 000 Jungen und Mädel in Potsdam zusammen, Ende des Jahres 1933 waren es bereits 2 300 000 und 1936 5,4 Millionen (Zahlen aus »Das Junge Deutschland« 1943, Heft 1/2) – wurde zur Anerkennung der geleisteten Arbeit das Gesetz über die Hitler-Jugend am 1. 12. 1936 erlassen. Dieses verpflichtete die Hitler-Jugend, neben Elternhaus und Schule die gesamte deutsche Jugend körperlich, geistig und sittlich zu ertüchtigen.

»Das Gesetz ließ die Möglichkeiten von Neubauten, deren Bedeutung und Umfang erkennen. Daß sie vom Reichsjugendführer von Schirach von vorneherein als eine in jedem Einzelfall aus den Gegebenheiten heraus zu entwickelnde Gestaltungsaufgabe, keine Normbauten, gesehen wurde, geht daraus hervor, daß der *Heimbau* nicht etwa beim Organisationsamt der Reichsjugendführung, sondern zunächst beim Kulturamt, und zwar bei der Hauptabteilung ›Bildende Kunst‹ unter Leitung von Heinrich Hartmann ressortierte.«
Der Reichsjugendführer v. Schirach erkannte die erzieherische Macht des Raumes: *»Wenn ich in bezug auf die charakterliche Erziehung junger Menschen vorbehaltlos glaube und bekenne, daß die Macht des persönlichen Vorbildes mehr vermag als jede schriftliche und mündliche Belehrung, so bin ich ebenso fest überzeugt, daß für die künstlerische Erziehung unserer Jugend der vorbildliche Raum ein wesentlicher Bildungsfaktor ist als alle theoretischen Kunstbetrachtungen. Wenn wir grundsätzlich jedem Bauwerk, das wir errichten in solcher Weise eine kunsterzieherische Aufgabe stellen, bekennen wir uns damit zu einem pädagogischen Gedanken von unerhörter Tragweite. Jede im tieferen Sinne deutsche Erziehung muß eine musische Erziehung sein.« (Schirach: »Revolution der Erziehung«) –*

34.2 Heimbeschaffung – eine Verpflichtung der Gemeinden

»Doch schon bald wurde als entscheidende Voraussetzung der gesamten, durch das kommende Gesetz der HJ zufallenden Erziehungsaufgaben erkannt, daß der Heimbau nicht allein als ein Zweig der Kunst angesehen werden könne, sondern eine großzügige, von Partei, Staat und allen kommunalen Verbänden getragene Aktion sein müsse.«

Im Herbst 1936 bat der *Jugendführer des Deutschen Reichs* von Schirach führende Männer des Staates und der Partei, ihre Mitarbeiter dem am 2. 10. 1936 gegründeten *»Ausschuß für Heimbeschaffung der Hitler-Jugend«* zur Verfügung zu stellen zur Schaffung dieses wahrhaft sozialistischen und zugleich erzieherischen Werkes.
Das Jahr 1937 wurde zum Jahr der »Heimbeschaffung« erklärt. Gemeinsam mit dem Presse- und Propagandaamt der Reichsjugendführung wurden Propaganda-Aktionen ausgearbeitet, die zum Ziel hatten, nicht nur staatlich interessierte Stellen für die Heimbeschaffung der Hitler-Jugend zu interessieren, sondern darüber hinaus das gesamte deutsche Volk von der Notwendigkeit zu überzeugen, der Jugend schöne und brauchbare Heime zu schaffen.
Vielen Tausenden von Jungen und Mädeln ersetzte das Heim die in den ersten Jahren nach der langen Arbeitslosigkeit noch oft unzulängliche elterliche Wohnung.
Dem Reichsjugendführer von Schirach gelang es, den Führer zu folgendem Aufruf zu veranlassen: *»Die Heime der Hitler-Jugend sind Erziehungsstätten einer Generation, die dazu ausersehen ist, die Zukunft des Reichs zu sichern. Staat und Partei sind darum verpflichtet, unsere Jugend beim Bau ihrer Heime tatkräftig zu unterstützen.«*
»In Erlassen rief der Reichsinnenminister die Gemeinden zur Unterstützung des Werkes auf. Der Reichsarbeitsminister verzichtete auf die Erhebung von Baupolizei-Gebühren für die Genehmigung des Bauens von HJ-Heimen. Der Reichsfinanzminister forderte die Länder auf, in ihren Finanz- und Haushaltsplänen die *›Heimbeschaffung‹* gebührend zu berücksichtigen. Eine enge Zusammenarbeit schuf der *Arbeitsausschuß für die HJ-Heimbeschaffung* mit dem Reichsschatzmeister, durch den die finanzielle Unterstützung des Bauprogramms der Jugend durch die NSDAP sichergestellt wurde. Der Reichsorganisationsleiter förderte durch einen Aufruf die freiwillige Gemeinschaftsarbeit zum Bau von HJ-Heimen durch DAF-Angehörige. Insbesondere wurde vom Arbeitsausschuß mit dem Reichsheimstätten-

amt der DAF eine enge Zusammenarbeit hergestellt. Als wichtiger Punkt dieser Vereinbarung galt die Feststellung, daß bei Siedlungsvorhaben von mehr als 100 Siedlern ein HJ-Heim vorgesehen war und bei Siedlungen von weniger als 100 Siedlern der Bau eines HJ-Heimes empfohlen wurde. Das Reichsheimstättenamt bzw. die Gau-Heimstättenämter der DAF sorgten mit ihren Platzprüfern dafür, daß das HJ-Heim seine richtige städtebauliche Einordnung erfuhr und als besonderer Gemeinschaftsbau an übergeordneter und zentraler Stelle einer Siedlung zu liegen hatte. Auch mit dem Amt ›Schönheit der Arbeit‹ der DAF nahm der Arbeitsausschuß eine besondere Zusammenarbeit auf. Mit der Reichskammer der ›Bildenden Künste‹ wurde eine ausführliche Vereinbarung über den Einsatz der Architekten und die künstlerische Seite des Bauprogramms abgeschlossen. Die gesetzliche Verankerung der Förderung dieser Bauaufgabe der HJ erfolgte im Reichsgesetz über die HJ-Heimbeschaffung.« (Kaufmann: »Das kommende Deutschland« 1940)

Die Reichsregierung hat am 30. Januar 1939 das *»Gesetz zur Förderung der Hitler-Jugend-Heimbeschaffung«* (Reichsgesetzblatt vom 17. Februar 1939) beschlossen. Dieses Gesetz bestimmt:

§ 1 Die Errichtung und Unterhaltung der Heime der Hitler-Jugend liegt den Gemeinden ob. Partei und Staat beteiligen sich an den Baukosten nach Maßgabe der ihnen zur Verfügung stehenden Mittel.

§ 2 Soweit die Gemeinden die Mittel für die Heimbeschaffung nicht unmittelbar aus dem ordentlichen Haushalt aufbringen können, sind sie verpflichtet, eine Rücklage nach den Vorschriften der Rücklageverordnung vom 5. Mai 1936 (Reichsgesetzblatt I, S. 435) anzusammeln.

§ 3 Die Landkreise haben zur Förderung der Heimbeschaffung eine jährliche Rücklage anzusammeln und verzinslich anzulegen. Die Mittel zur Ansammlung der Heimbeschaffungsrücklage werden durch Kreisumlage aufgebracht.

§ 4 (1) Der Landkreis gewährt den Gemeinden aus der Heimbeschaffungsrücklage Beihilfen zur Bestreitung der Baukosten.
(2) Der Beihilfebetrag kann ganz oder teilweise als verzinsliches Darlehen gewährt werden.

§ 5 (1) Der Reichsschatzmeister der Nationalsozialistischen Deutschen Arbeiterpartei gewährt im Einvernehmen mit dem Jugendführer des Deutschen Reichs für das einzelne Bauvorhaben mindestens eine Beihilfe in Höhe der Hälfte des Betrages, der der Gemeinde von dem Kreise nach § 4 gewährt wird.
(2) § 4 Abs. 2 gilt entsprechend. –

§ 6 Der Reichsminister des Innern erläßt im Einvernehmen mit dem Stellvertreter des Führers, dem Reichsminister der Finanzen und dem Jugendführer des Deutschen Reichs die zur Durchführung und Ergänzung dieses Gesetzes erforderlichen Rechtsverordnungen und allgemeinen Verwaltungsvorschriften.

Mit diesem Gesetz wurden die Gemeinden zur Errichtung und Erhaltung von HJ-Heimen verpflichtet und hatten eine staatliche Verantwortung für dieselben übernommen, ähnlich dem Volksschulbauwesen.

Auch die Landkreise wurden entsprechend eingeschaltet, wodurch kinderreiche und steuerarme Gemeinden eine Unterstützung erhielten. –

Eine allgemeine Heimordnung sorgte für einen geordneten Betrieb des bereits erstellten Heimes, und durch Muster-Dienstverträge war die wirtschaftliche und rechtliche Stellung des von der Gemeinde besoldeten HJ-Heimwartes gesichert.

Durch die Schaffung von Heimen nicht nur in Industriegebieten, sondern auch auf dem flachen Land begegnete man zugleich der Landflucht. Die Landjugend, die bisher von der Jugendbewegung kaum erfaßt worden war, fand durch das Heim, das man ihr im Dorf errichtete, eine erhöhte Einbeziehung in die Gemeinschaft der gesamten deutschen Jugend.

In kleineren Gemeinden wurde zum Bauen von Heimen zur Gemeinschaftsarbeit aufgerufen. Was das Zusammenwirken aller Kräfte eines Dorfes vermag, zeigte die Gemeinde Penzberg, die mit verhältnismäßig wenig Mitteln aber durch die Mithilfe sowohl der Hitler-Jugend selbst, als auch der Männer von SS, SA, NSKK, des RAD und der Volksgenossen ein sehr schönes und zweckmäßiges HJ-Heim errichtete.

34.3 Jugend baut

34.31 Der Heimbau-Ausschuß und seine Aufgaben

»Nachdem in einigen Gebieten durch die Initiative örtlicher HJ-Führer und Bürgermeister einzelne Heime (750), meist mehr schlecht als recht, schon standen, war eine grundsätzliche Planvorlagepflicht beim Ausschuß für Heimbeschaffung der Reichsjugendführung im Verordnungsblatt der Reichsjugendführung angeordnet worden. Leiter der eigentlichen Arbeit wurde der Stabsleiter der Gebietsführung Sachsen, Oberbannführer Helmut *Möckel,* der spätere *Stabsführer* der Reichsjugendführung.
Unter dem Motto ›Wer genügend schafft, hat die Kompetenz auf seiner Seite!‹ entfaltete er, schon vor der offiziellen Gründung des Heimbau-Ausschusses beginnend, eine höchst lebendige, zugleich systematische und wirkungsvolle Aktivität. Als Dienststelle wurde ein eigenes Gebäude, eine geräumige Villa in Zehlendorf erworben, in wenigen Tagen renoviert und eingerichtet, in ausführlichen Informationsgesprächen mit den Vertretern der genannten Partei- und Staatsstellen, zu denen er seinen Heimbau-Architekten mitnahm, bald unumschränktes Vertrauen gewonnen. So schuf er mit den ihm von der Münchener Parteizentrale zugeteilten Mitarbeitern und einigen HJ-Führern eigener Wahl schnell eine einsatzfähige und schlagkräftige Heimbauorganisation.
In den Hauptreferaten (später Hauptabteilungen) des Heimbau-Ausschusses für die architektonische, finanzielle, bau-, bodenrechtliche und bauwirtschaftliche (4Jahresplan!) Prüfung der über die Gebiete einzureichenden Bauvorhaben für Heime und Führerschulen – die Jugendherbergen wurden erst später koordiniert – für Verwaltung, Gemeindeberatung, Presse und Propaganda mit vielen Einzelreferaten war schon die Gliederung des am 16. 7. 1937 gegründeten *Bauamtes* der Reichsjugendführung vorgezeichnet. Die Anfang 1937 erlassenen *›Arbeitsrichtlinien für HJ-Heimbeschaffung‹* legten die eindeutige Zuständigkeit des Ausschusses fest, regelten Programm- und Gestaltungsforderungen und die Einrichtung von dem Arbeitsausschuß nachgeordneten Dienststellen der Gebietsbeauftragten für ›HJ-Heimbeschaffung‹ in den einzelnen Gebieten mit eigenen Gebiets-Architekten.
Mit der Hauptabteilung ›Bildende Kunst‹ im *Kulturamt,* das die Ausrichtung der Architekten übernommen hatte, erfolgte weiterhin eine enge Zusammenarbeit.
Die Meldung im Jahr der ›Heimbeschaffung‹ 1937: 4000 HJ-Heime seien im Entstehen, zeigt, daß man in den Begriff ›Entstehen‹ aus propagandistischen Gründen auch schon den Planungszustand einbezog. Immerhin konnten am 3. 5. 1937 die Grundsteine für 550 Heime gelegt werden. Und Anfang März 1938 konnte der Arbeitsausschuß dem Reichsjugendführer von Schirach für eine Rede 1400 im Bau befindliche Heime melden. Bei der damaligen Zahl von 52000 deutschen Gemeinden, von denen auch die kleinste mindestens 1 ›Kleinheim‹ erhalten sollte, rechnete man mit einer Gesamtzahl von ca. 60000 Bauwerken, einschließlich aller zu bauenden Führer- und Führerinnen-Schulen, Adolf-Hitler-Schulen, Jugendwohn- und Landdienst-Heime und Jugendgelände mit ihren Sportbauten und Gärten.«

In das Jugendgelände auf dem Land gehörte außer den *Sportanlagen* auch das *Schwimmbad.* Die Errichtung von 3600 waren im Laufe der Zeit in den Landgemeinden geplant.

»Das *Jugendgelände* sollte neben der Körperdisziplin einen Lieblingsgedanken *Schirachs* verwirklichen. Der Gedanke, durch eine verständnisvolle Einführung in Land- und Gartenbau Geist, Leib und Seele zugleich zu erziehen, hat eine lange Ahnenreihe, die von Rousseau über Pestalozzi, Fellenberg zu Goethe's ›Pädagogischer Provinz‹ führt. Hesse's Katalanische Provinz ›Glasperlenspiel‹ erschien erst 1943. *Schirach* sprach mehrfach und begeistert von der erzieherischen Chance der *Heimgärten,* und auf einer Ferienreise – es war der 21. 9. 1937 – ging *Möckel* auf den Terrassen von San Miniato, angesichts der Boboli-Gärten über Florenz schlagartig auf, *welche* integrierende Funktion gut gestaltete Jugendgelände als Zusammenfassung von *Park, Sportanlagen* und *Schulungs-Gärten* haben könnte.

Daß die dem NS-Stil widersprechende Heimbau-Architektur sich durchsetzte, war der Erfolg dieser geradezu genialen Mischung von Dezentralisation und nur der unbedingt erforderlichen Zentralisation. Sie beruhte auf einem hohen Maß von geschenktem Vertrauen und delegierter Entscheidungsfreiheit. Sie begann bei dem geglückten Zusammenspiel so grundverschiedener Naturen wie *Möckel,* der die Organisation im finanziell-politisch kommunalen Bereich vertrat und *Hartmann,* der die Zusammenfassung der gestalterischen jungen Kräfte aus der umfassenden Arbeitsgemeinschaft ›Junges Schaffen‹ wahrnahm.

Sie spiegelte sich in dem durchweg erstaunlich gut funktionierenden Team: Gebietsbeauftragter für HJ-Heimbeschaffung, einem höheren HJ-Führer mit besonderer Durchschlagskraft bei Partei und Verwaltung und dem nach architektonischer Qualität ausgesuchten Architekten des Gebietes. Diese hatten wiederum freie Hand, HJ-Heim bauenden Gemeinden geeignete Architekten vorzuschlagen. Deren Auswahl war, wie gesagt, frei von Partei- und HJ-Zugehörigkeit; letztere wurde jedoch angestrebt. In vielen Fällen – das überzeugte die Gemeinden – wurden unter den Architekten der jeweiligen Gebiete Wettbewerbe veranstaltet. Preisrichter waren die angesehensten Architekten und Hochschullehrer der Gebiete und Architekten der Reichsjugendführung, die jedoch seitens der Gebiete benannt wurden. Vor allem aber durch die gebietsweise jährlich stattfindenden Architekten-Tagungen – bis 1939 wurden 4000 Architekten erfaßt –, die mit dem Gebiets-Architekten von den Architekten des Berliner Arbeits-Ausschusses gestaltet wurden, blieb dieser in persönlicher Fühlung mit dem einzelnen Heimbau-Architekten, der sich mit seinen Plänen öffentlich vorstellte. Diese die Individualität des einzelnen Entwerfers nicht nur tolerierende, sondern herausfordernde Architekten-Schulung – sie wandte sich an viele tausende von Architekten – wurde mit dem gesamten Architekten-Einsatz von H. Hartmann aufgebaut und geleitet. Für seine Arbeitsgemeinschaft ›Junges Schaffen‹, wie auch für das 1938 unter seiner Leitung gegründete ›Ausbildungswerk für Architektur und Technik‹ bedeutete der Heimbau eine zentrale Ansatzstelle aller gestaltenden Kräfte.« (Siehe auch Kap. 26.5 Bildende Kunst).

»So kam es, daß F. G. *Winter,* ein namhafter Architekt des *Bauamtes* der Reichsjugendführung, viele Jahre hindurch, jede Woche mehrere Tage entweder auf Architekten-Wochenendtagungen sprach, oder Gauleiter, Kreisleiter, Regierungspräsidenten, Landräte und Bürgermeister zu informieren hatte oder Pläne und Grundstücke begutachtete. Der alte Gedanke der Werkgerechtigkeit hinsichtlich Stoff, Herstellung, Funktion und Umwelt wurde als die eigentliche formschaffende Kraft allen mit dem Bau zusammenhängenden Gestaltens entwickelt.

Für die Beurteilung der Pläne hatte *Winter* einen von *Möckel* in ein Formblattsystem gebrachten Kriterienkatalog erarbeitet, in welchem *vor* aller Form- und Werkgerechtigkeit die Einfügung in Ort und Landschaft an erster Stelle rangierte. –

»Richtungweisend für die jungen Architekten und aufschlußreich für das Wollen

der Hitler-Jugend waren die von der Reichsjugendführung herausgegebenen Werkhefte
›Architektur‹ 1937 und
›Gestalt des Innenraumes‹ 1938 (H. Hartmann),
beides Musterbeispiele der Gestaltung von Bau und Raum, Entwürfe prominenter Professoren der damaligen Zeit.
Außerdem die von F. G. Winter erschienenen Schriften
›Das Jugendgelände‹ 1938
›Kleinheime der HJ‹ 1939
›Landdienstheime der HJ‹ 1941.
Gemeinsam mit dem Presse- und Propagandaamt der Reichsjugendführung wurden die Filme
›Volk baut in die Zukunft‹ und
›Heime der Hitler-Jugend‹ erstellt.
1942 schlug F. G. Winter, einen Gedanken des französischen Dichters Valéry aufgreifend, *Schirach* vor, ›Musik als höchstes Handwerk zum Orgelpunkt‹, d. h. zur Grundlage einer weitgehend handwerklich orientierten Architekten-Ausbildung, einer Bauschule der Hitler-Jugend zu machen.
Schirach, der, obwohl Reichsstatthalter in Wien, noch immer *Reichsleiter für Jugenderziehung* war, stimmte begeistert zu. Das Projekt gedieh so weit, daß als eine erste Verwirklichung ›Schloß Eichenhain‹ an der Warthe – im heutigen Polen – vorgesehen wurde. Seine eigentliche Erfüllung fand es in der ersten Werkkunstschule der Bundesrepublik, die Professor Winter ab 1949 als ihr Direktor in Krefeld aufbauen konnte: ›wie in der Bauhütte‹ wurden alle Künste in das Baugestalten integriert.«

34.32 Die erzieherische Aufgabe des HJ-Heimes

»HJ-Heime waren Erziehungsstätten. Um Aufgabe und Ziel dieser Erziehung ging der Streit der Geister in den unteren Einheiten, solange es eine Hitler-Jugend gab. Die ›Nur Soldaten‹, denen Führerzehnkampf, Lager und Dienst allein wichtig waren, standen gegen die ›Musensöhne‹, die eine sinnenhaft-musische Ergänzung der schon damals verwissenschaftlichten Schule anstrebten. – *Schirach,* Sohn eines Offiziers, der Intendant wurde, selbst Dichter und Musiker, strebte zu einem musisch-geadelten Soldatentum.
Die Grundrisse zeigten in den knapp 7 Jahren, in denen in größerem Umfange geplant wurde – nennenswert gebaut wurde nur 4 Jahre –, eine bemerkenswerte Entwicklung von einem preußisch-nüchternen, fast schul- und kasernenmäßigen Anfang zu einer immer differenzierteren und dadurch heimmäßigeren Vielfalt. Aus den an Fluren aufgereihten, schulklassenähnlichen Schar-, Kameradschafts- und Führerräumen, am Ende der einer Schulaula entsprechende Feierraum, wurden um dielenartige Hallen gruppierte, differenziert gestaltete, zur Kommunikation, zu Musik, Spiel und gestalterischem Handwerk einladende Räume, in die sich eine Jugend-Bibliothek einfügte. Die der Körperkultur dienenden Räume für Sport, Gymnastik, Fechten und Turnen – auch die für Marine-, Flieger-, Motor- und Nachrichten-HJ – lagen, dem Jugendgelände zugeordnet, in einem besonderen Trakt. –
Die Inneneinrichtung wurde der äußeren Gestalt angepaßt. Es waren große und helle Räume, und die starke Beanspruchung der Räume erforderte stabile Tische, Bänke und Schränke, deren Hölzer nicht mit Lack oder Farbe überzogen waren. Die Einrichtung war keine Serienfabrikation, sondern wurde individuell für Sinn

und Zweck, dem der Raum diente, geschaffen. So wurde allein schon das thüringische Handwerk beauftragt, für 85 000 Reichsmark Einrichtungen für HJ-Heime herzustellen.« –

»In diesem Wandel der Grundrisse spiegelt sich ein zähes Mühen um eine schrittweise vordringende musische Durchdringung einer in den Schulen fehlenden, bzw. auch damals nur rudimentär vorhandenen Erziehungsaufgabe.

Der Reichsjugendführer *von Schirach* strebte eine gleichmäßige *Geist-Leib-Seele*-Erziehung an, deren Ansätze einer musischen Durchdringung der geistigen und körperlichen Erziehung, wie z. B. durch die Einbeziehung der Gymnastik in das BDM-Werk ›Glaube und Schönheit‹, vor allem aber durch das Führerorgan ›Wille und Macht‹ mit seinen stetigen Hinweisen auf die Aufgabe der alten und neuen Dichtung bis in das Kriegsjahr 1943 erkennbar waren.

Diese von der Reichsjugendführung unter dem Einfluß *Schirach's* entwickelten Erziehungsgedanken haben sich in den einzelnen Jungvolk-, Jungmädel-, BDM- und HJ-Gliederungen bis zum Ende des NS-Regimes – schon kriegsbedingt – nur teilweise auswirken können. Das als Gestalter der Zukunft so zum schöpferischen Denken und zur selbständigen Reflexion gelangte, weltweit denkende und an Moralbegriffe gebundene höhere Führerkorps der HJ stand der Politik der Partei zumindest unabhängig und kritisch gegenüber.

Der HJ-Heimbau war ein Spiegel dieser Haltung und stand seit seinem Beginn in Opposition zum offiziellen Partei-Stil.« –

34.33 »HJ-Heim-Architektur« – ein eigener Stil

»Daß die NS-Architektur in einen gigantomanischen Pseudo-Klassizismus ausarten würde, war 1933 keineswegs ausgemacht. Anfänglich erklärte Schirach mehrfach, ›daß es dem Geist der Hitlerjugend nicht widerspreche, ihre Bauten auch in Glas oder Stahl auszuführen‹.«

(Anna Teut: »Architektur im 3. Reich« / 1933–45 / Bauwelt-Fundamente, Ullstein, Frankfurt, Berlin 1967)

»Die daran geknüpfte Bemerkung, die durchweg jungen HJ-Architekten hätten die Gelegenheit nicht benutzt, ist falsch. 1936, als der ›Heimbau‹ begann, waren die Würfel längst gefallen. Ein Stillhalteabkommen zwischen NS-Herrschaft und Moderne war nicht denkbar. Stahl, Glas und Beton galten als ›nihilistischer Unfug‹. Zwar erinnerte Schirach 1937 an das anfängliche Schwanken in der Wahl des Weges. Doch 1936 war schon die Entscheidung für das *landschafts-* und *ortsgebundene Sicheinfügen* der einzelnen Heime und damit der umfangreichsten HJ-Bau-Aufgabe getroffen. Doch auch diese Entscheidung des HJ-Heimbaus war (s. o.) ein durchaus fragwürdiges Wagnis Adolf Hitler gegenüber, der die Architektur als Herrschaftsfaktor ansah.«

»*Schirach* konnte den Hitler-Stil nicht völlig ablehnen. Ihm paßten sich die Entwürfe der ja nicht kleinen Aufgabe – sie wurde vom Reichsarchitekten der Hitler-Jugend *Dustmann* betreut – aller übergeordneten Gebäude, der *Dienststellen,* der *Reichsführer-* und *Reichs-Führerinnen-Schulen,* mancher *Führer-* und *Führerinnen-Schulen* der *Gebiete* und *Obergaue,* der *Akademie für Jugendführung* in Braunschweig und vieler *Fach-Schulen* an. Doch schon der Versuch, die Adolf-Hitler-Schulen – Schirach's Einbruch in die allgemeinbildende Schule im Sinne einer komplexen Leib-, Geist-, Seele-Bildung – dem Heimbaukonzept entsprechend – asymmetrisch dem bewegten Gelände anzuschmiegen, mißlang. *Winter's* erster Entwurf für die sächsische ›Adolf-Hitler-Schule‹ in Plauen wurde von Hitler als zu wenig hoheitsvoll verworfen. Die umfangreichste, bis in's letzte Dorf geplante HJ-

Heim-Aufgabe gelang es jedoch – frei von aller Bevormundung durch die Partei –, im Widerspruch zum offiziellen NS-Stil durchzuführen. *Schirach* gelang es, *Hitler* mit dessen eigenem, noch vor 1933 gemachten Ausspruch ›*Jugend* muß von *Jugend* geführt werden‹, zu überzeugen, was, auf das Bauen übertragen, eine organische, freie, der Jugendbewegung entsprechende Bauweise bedeutete. Daß das 1937 ein gewagtes Unterfangen war, wurde von allen empfunden ...«

»Die Modelle von wesentlichen HJ-Bauten wurden von *Schirach* in der Reichskanzlei *Adolf Hitler* persönlich vorgeführt. Hitler akzeptierte den Gedanken des jugendgerechten, landschaftlich gebundenen Heimbaues mit den Worten: ›Sie haben mich richtig verstanden!‹ und gab damit der Jugend einen gewissen Freiraum. – Am besten gefiel Hitler das erst im letzten Augenblick aufgestellte (Anm. d. Hrsg.: von Professor Winter entworfene) Modell eines deutschen Italienhauses am Havelufer bei Berlin. Aus Zehdenicker Backstein mit großen Fenstern und niedrigen Granitsäulen in einer italienisierenden Bogenhalle nahm es die Tradition der von Potsdam, Gilly und Persius geprägten Havel-Landschaft auf. Der Entwurf, ohne Grundstück und Finanzierung entstanden, wurde daraufhin als *›Auslandshaus‹* der Hitler-Jugend in Gatow gebaut; es wurde das Empfangshaus der Reichsjugendführung.«

»Die genaueste Auskunft über die sich seit dem Gesetz vom 1. 12. 1936, das die Hitler-Jugend neben Elternhaus und Schule zum 3. Erziehungsfaktor erklärte, vollziehende, die Revolution ablösende *Evolution* – und damit über die Erziehungsaufgabe der HJ-Heime – gibt der Lehrplan der Anfang 1939 eröffneten *Akademie für Jugendführung* in Braunschweig.« (siehe Kapitel 32 + 33 »Akademie für Jugendführung«)

»Über allem stand das Ziel, zu geistig-elastischem und selbständigem Denken befähigte Menschen zu erziehen. Es ist jedoch klar, daß sich eine solche welt- und kulturoffene Führer-Erziehung, die erst im Kriegsjahr begann, nicht mehr bis in den inneren Betrieb der einzelnen HJ-Heime auswirken konnte. Doch ihre Planung blieb von dem, was man als ›Wende nach innen‹ (Herbert Taege: Über die Zeiten fort ... – Das Gesicht einer Jugend im Aufgang und Untergang, ASKANIA, 1978) bezeichnete, nicht unbeeinflußt (s. o.).

Das Prinzip der kleinen Gruppe, Voraussetzung aller musischen Betätigung in Kunsthandwerk, Kammermusik, Laienspiel, Dichtung hatte seine obengenannten Auswirkungen in einer vielfältigeren Gliederung und Konzentration der Grundrisse.

Während in der Tradition der Jugendbewegung das ›Heim‹ zunächst als schneller erreichbarer Zelt-Ersatz diente, wurden nun aus Nomaden Seßhafte. Hierbei wirkte sich nicht nur in Gymnastik, Mode und Gesundheitspflege der weibliche Einfluß des Bundes Deutscher Mädel bei der Gestaltung der Heime als Einübung in Wohnkultur, als eine zusätzliche musische Durchdringung des Alltags aus. Der ›Heimbau‹ hatte den Gedanken der ›erzieherischen Macht des Raumes‹ (Schirach) geweckt, der 1937 Bestandteil des Nationalprogramms der Jugenderziehung wurde. Mit dieser Hinwendung zum Musisch-Weiblichen wurden – sonst nirgends im NS-Staat – als das eigentlich Deutsche die Kräfte des Gemüts beschworen, als der notwendige Partner des Soldatischen. Das keineswegs geheime Vorbild dieser Maximen war Goethes ›Pädagogische Provinz‹, ein Erziehungsstaat im Staate, in welchem, wie es heute I. van Illich wieder vorschlägt, das Lernen in der Wirklichkeit des Lebens stattfindet, Kunst und gestaltendes Handwerk zum wesentlichen Erziehungsfaktor werden sollten. Wie in der ›Pädagogischen Provinz‹ die Ehrfurcht oberstes Leitbild war, so proklamierte sie auch Schirach 1938 in Weimar als das ›Geheimnisvolle, das unser Wesen als Deutsche vornehmlich bestimmt‹.« –

»Diese Hinwendung der HJ-Erziehung zum Weimar Goethes wurde unterstrichen durch die jährlich in Weimar stattfindenden *Kulturtage,* die Weimar-Festspiele der

Jugend, mit Kunsthandwerk- und Architektur-Ausstellungen, vornehmlich des ›Heimbaues‹, verbunden. Doch dieser Staat im Staate war im Gegensatz zu der sich abschirmenden Tendenz aller Diktaturen außerordentlich weltoffen. Zahllose Kontakte mit Jugendgruppen aus aller Welt, bis zum Kriegsausbruch 1939, auch mit den späteren Feindländern, führten 1942 auf dem Wiener *Jugendkongreß* zur Gründung des *Europäischen Jugendverbandes* (siehe Kapitel 52 ›Auslandsarbeit‹).
Institute für kulturellen Austausch der *europäischen* Jugend waren in allen Hauptstädten geplant. Zur Klärung ihrer Gebäude, Grundstücke und Entwürfe fuhr F. G. Winter bis 1943 mehrmals nach Paris, Rom, Prag und Oslo, wo er zudem eine Ausstellung über HJ-*Kulturarbeit* gestaltete. –
Dies möge genügen, um dem verbreiteten Vorurteil zu begegnen, die Erziehungsaufgaben der Hitler-Jugend seien streng parteitreu gewesen und hätten sich im ›Soldatenspielen‹, Wehrertüchtigung und der Erziehung ›gebärfreudiger Mütter‹ erschöpft. Die Uniformierung der Hitler-Jugend war ebenfalls ein in den ›Wahlverwandtschaften‹ geäußerter Gedanke Goethes, der weniger aufs Militär als auf eine frühe ›Gewöhnung zusammen zu handeln und ins Ganze zu arbeiten‹ zielte. Die Tatsache, daß bei Kriegsausbruch BDM-Führerinnen *fachliche* Aufgaben der männlichen Jugend – sogar des Sportes – übernehmen konnten, zeigt, daß eine ›vormilitärische‹ Ausbildung keineswegs im Vordergrund der Jugenderziehung stand.«

34.34 »Heim der Hitler-Jugend« – eine Auszeichnung

Der Jugendführer des Deutschen Reiches B. von Schirach erließ eine Verfügung, daß die Bezeichnung *»Heim der Hitler-Jugend«* nur von solchen Heimen geführt werden dürfe, denen vom »Arbeits-Ausschuß der Hitler-Jugend für Heimbeschaffung« der *»Bauschein«* zugesprochen worden sei, d.h. die den finanziellen und künstlerisch-architektonischen Vorstellungen der Hitler-Jugend entsprachen. –
Am 22. 10. 1937 stiftete der Reichsjugendführer v. Schirach eine *Hitlerjugendheim-Plakette* für diejenigen Persönlichkeiten von Staat und Partei, die das Heimbau-Programm der Reichsjugendführung besonders tatkräftig unterstützt hatten.
Seit Beginn der planmäßigen Heimbeschaffung waren bis 1943 insgesamt 10071 »Heime der Hitler-Jugend« fertiggestellt – als solche Erziehungsstätten, die in jeder Weise den vorerwähnten Anforderungen entsprachen. Daneben bestanden etwa 36 bis 40000 Unterkünfte der Hitler-Jugend, die nicht in jeder Weise befriedigten. –
Im Zusammenhang mit der Beschaffung von Heimen für HJ-Einheiten wurde auch der Bau von Landdienstheimen gefördert, und zwar konnten 86 vorbildliche Heime, 334 Baracken und 690 feste Unterkünfte bereitgestellt werden. Auf dem Land waren 325 Schwimmbäder errichtet und 800 weitere zum Bau »freigegeben« worden. –
In mehreren großen Ausstellungen kamen die Modelle junger Architekten der Hitler-Jugend mit ihrem eigenen Stil zur Geltung, unter anderem:

Ausstellung *»Gebt mir 4 Jahre Zeit«* 1937, Berlin, in der die Bautätigkeit der Hitler-Jugend in Wort und Bildern wiedergegeben und ein ganzes Heim aufgestellt war;

»Erste Deutsche Architektur- und Kunsthandwerk-Ausstellung« 1938 im Haus der Deutschen Kunst in München, in der fast ein Viertel aller Planungen und Modelle aus dem Bauprogramm der Hitler-Jugend stammten, u.a. »das Auslandshaus der Hitler-Jugend in Gatow« und die »Reichsführerinnenschule (Hochschule) des Bundes Deutscher Mädel«;

»Architekturausstellung auf dem Reichsparteitag« in Nürnberg 1938, in der außer

Heimen das Modell der »Adolf-Hitler-Schule« in Sachsen und das des »Reichsinstituts für Puppenspiele« in Stuttgart gezeigt wurden;
weiterhin Teilnahme an den Ausstellungen:
»Deutsche Bau- und Siedlungsausstellung« in Frankfurt/Main, 1938
und
»Gesundes Leben – Frohes Schaffen« in Berlin, 1938.
Mit Kriegsbeginn wurde die Bautätigkeit eingestellt. Die jungen Architekten waren an der Front. Nur wenige von ihnen – später meistens Kriegsversehrte – waren mit der Erhaltung der Gebäude betraut.
Viele begonnene Bauten, z. B. die *Hochschule* des *Bundes Deutscher Mädel* in Wolfenbüttel (entsprechend der *Akademie für Jugendführung* in Braunschweig) oder die *Reichssportschule* des BDM in Berchtesgaden, wurden kriegsbedingt nicht mehr vollendet. Jedoch künden die noch vorhandenen *Jugend-Heime* und *-Schulen* noch heute von der schlichten Schönheit, dem eigenen Stil der Hitler-Jugend, von denen Schirach sagte, »daß in ihnen das Negative nicht gedacht werden kann!«
Mit Recht konnte er feststellen: *»Auch die Jugend vor uns hat gesungen, aber wir singen und bauen!« –*
Und in anderem Zusammenhang stellte er fest: *»Wer der Jugend ein neues Heim schafft, trägt damit die Verantwortung für die auf Jahrzehnte hinausreichende unbewußte Erziehung durch die Räume eines solchen Baues.*
Das Heim der Hitler-Jugend ist ein Wahrzeichen kompromißloser Gemeinschaft der neuen Generation.
Es ist zugleich Ausdruck ihres Lebensgefühles und ihres Lebensstils.«

Vierter Teil

Der soziale Auftrag

41. Der Gesundheitsdienst

41.1 Historische Entwicklung

Der Gesundheitsdienst der Hitler-Jugend und des Bundes Deutscher Mädel (nachfolgend HJ und BDM genannt) hat sich aus uneinheitlichen Anfängen zu einem planmäßig allumfassenden Aufgabengebiet entwickelt. So war der Gesundheitsdienst in der Lage, auch in Kriegszeiten eine fachgemäße gesundheitliche Betreuung zu gewährleisten. –

Vor den Jahren der Machtergreifung (1933) war von einem planmäßigen Gesundheitsdienst der HJ und des BDM nichts bekannt. Fanden größere Veranstaltungen, Sportfeste, Lager, Fahrten u. ä. statt, wurden die Teilnehmer von den örtlichen SA-Ärzten mit den vorhandenen Sanitäts-Einheiten ärztlich versorgt. Das war auch beim Reichsjugendtag 1932 in Potsdam der Fall, bei dem überraschenderweise 100000 Jugendliche zusammenkamen, so daß die Berliner SA-Ärzte, die sich zur gesundheitlichen Sicherung dieses Treffens bereit erklärt hatten, vor fast unlösbare Aufgaben gestellt waren. –

Als im Jahre 1933 der Reichsjugendführer Baldur von Schirach Jugendführer des Deutschen Reichs geworden war, verfügte er bereits 1933:

> *». . . Der Dienst in den Jugendverbänden ist so einzuteilen, daß keine Überanstrengung der schwächeren Jungen und Mädel eintritt. Ich mache die zuständigen Führer dafür verantwortlich, daß bei allen größeren Veranstaltungen Ärzte zu Rate gezogen werden. Insbesondere ordne ich an, daß sämtliche Jungen und Mädel im Alter bis einschließlich 14 Jahren im Sommerhalbjahr um 21 Uhr und im Winterhalbjahr um 20 Uhr in's Elternhaus zurückgekehrt sein müssen.*
> *Der Dienst ist so einzuteilen, daß diese Zeiten unbedingt eingehalten werden können . . .!«*
> (Blohm, E. »Hitler-Jugend-Soziale Tatgemeinschaft« S. 180)

Der Reichsjugendführer beauftragte einen Berliner SA-Arzt, der sich bei der gesundheitlichen Sicherung des Potsdamer Reichsjugendtages ausgezeichnet hatte, mit der Führung des 1934 neu eingerichteten Amtes für *Gesundheitsführung* – später Amt für *Gesundheit* – und verpflichtete ihn, Richtlinien für den Gesundheitsdienst der Jugend zu entwickeln. Zwischenzeitlich waren je nach Aktivität und Verständnis der politischen Führung für die anstehenden gesundheitlichen Fragen Gesundheitsdienste der HJ und des BDM in den Gebieten, Obergauen, Bannen und Untergauen aufgebaut worden, die nun einer einheitlichen Ausrichtung und Führung bedurften. Ebenso mußte die Ausbildung der schon vereinzelt tätigen *Feldschere* und Unfalldienstmädel, später *Gesundheitsdienstmädel* (im folgenden GD-Mädel) genannt, geregelt werden. Die Belange des BDM wurden im *Amt für Gesundheit* der Reichsjugendführung anfänglich von einer Krankenschwester wahrgenommen, die bereits seit längerer Zeit als höhere BDM-Führerin tätig war. Aus politischen Gründen war vom Amt für Volksgesundheit der NSDAP die Tätigkeit einer Ärztin in einer Reichsdienststelle abgelehnt worden. Erst im Jahre 1937 kam es zur Berufung einer Ärztin als BDM-Amtsreferentin in das Amt für Gesundheit der RJF, die in Zusammenarbeit mit dem Reichsarzt der HJ die Richtlinien der Gesundheitsdienstarbeit für den Bund Deutscher Mädel entwickelte.

Die Arbeit des Amtes für Gesundheit in der RJF erfolgte in enger Zusammenarbeit mit dem Amt für Volksgesundheit der NSDAP. Das Abkommen, das am 25. 7. 1938 geschlossen worden war, garantierte die Mitwirkung aller Ärzte des Amtes für

Volksgesundheit im Gesundheitsdienst der HJ. Als ab 1. 12. 1936 die *Hitler-Jugend* durch Gesetz sich der Hilfe des Staates bedienen konnte, hatte sie bereits 5½ Mill. Mitglieder und wuchs bis 1940 auf 9 Millionen Jugendliche an, die durch den Gesundheitsdienst der HJ und des BDM zu betreuen waren.
Obwohl in der HJ im Laufe der vorausgegangenen Jahre schon hauptamtliche Kräfte in den Gebieten u. Obergauen, Bannen u. Untergauen eingesetzt worden waren, konnte das Aufgabengebiet auf der Parteiebene allein nicht bewältigt werden. Auf gemeinsames Betreiben von Staat und Partei – um vor allen Dingen Doppelarbeit der staatlichen wie parteilichen Gesundheitsstellen zu vermeiden – wurde durch den Erlaß des Reichsministers des Innern, des Reichsministers für Wissenschaft, Erziehung und Volksbildung und des Jugendführers des Deutschen Reiches vom 6. 3. 1940 die Zusammenarbeit von parteilicher und staatlicher Jugendgesundheits-Arbeit geregelt. Der Begriff *Jugendarzt* wurde geschaffen.
Durch Abkommen mit dem Roten Kreuz (DRK), der NS-Schwesternschaft, der SA, der Reichsstudentenführung (Fachgruppe Medizin), der Apotheker- und Drogistenschaft und der Deutschen Arbeitsfront (DAF), wurde die Zusammenarbeit sowie Abgrenzung der Arbeitsgebiete mit dem Gesundheitsdienst der Hitler-Jugend geregelt.

41.2 Organisation

Analog der politischen Organisation der HJ wurde auch die Gesundheitsdienstarbeit gegliedert. In der RJF bestand das Amt für Gesundheit mit seinen Abteilungen, die selbständig von Fachkräften geleitet wurden. Die Hauptaufgabe des Amtes war es, Dienstvorschriften und Richtlinien für die Arbeit zu erstellen, Abkommen mit anderen Organisationen zu schließen, die auf dem Gesundheitssektor tätig waren, denn nur so konnte die verantwortungsvolle Gesundheitsführungsarbeit an der Deutschen Jugend auf eine breite Basis gestellt werden. Analog den Aufgabengebieten des Gesundheitsdienstes gab es in der RJF folgende Abteilungen:

Gesundheitserziehung	(Erarbeitung von Schulungsmaterial über Fragen der gesunden Lebensführung)
Gesundheitspflege	(Reihenuntersuchungen, Gesundheitsappelle, Erstellung von Tauglichkeitsrichtlinien, seit 1940 in Personalunion mit dem Reichsinnenministerium)
Zahnärztliche Versorgung	(Aufgabengebiete wie unter Gesundheitspflege)
Feldscherhelferkorps	(Erfassung, Schulung, Fortbildung, Einsatz)
GD-Mädel-Helferinnenkorps	(Aufgabengebiete wie Feldscherhelferkorps)
Gesundheitssicherung	(Erarbeitung von Richtlinien für Fahrt, Lager, Aufmärsche, Schulen der HJ und des BDM)
Sanitätsmaterial	(Ankauf, Verwaltung von Sanitätseinrichtungen, Kleidung, Wäsche, Medikamente)
Aufmarschstab	(für Großveranstaltungen, Versorgungseinheiten und Materialversorgung)
Personalstelle	(Erfassung aller Mitarbeiter/-innen, die in den Einrichtungen der RFJ und in den Gebieten im Gesundheitsdienst der HJ tätig waren)

Leiter des Amtes für Gesundheit war der Reichsarzt der HJ, der gleichzeitig Leiter der Hauptstelle für Gesundheit der Deutschen Jugend im Hauptamt für Volksgesundheit der NSDAP war und auch beim Jugendamt der DAF als Jugendwalter des Amtes für Gesundheit für die Betreuung der betriebstätigen Jugend zuständig war.

Für die Betreuung und Erziehung der weiblichen Jugend auf dem gesundheitlichen Sektor war innerhalb des Amtes für Gesundheit eine Ärztin als BDM-Amtsreferentin verantwortlich, die gleichzeitig Referentin für Ärztinnen in der Reichsärztekammer und im Hauptamt für Volksgesundheit der NSDAP war. Die gleiche Arbeitsaufteilung erfolgte in den Gesundheitsabteilungen der Gebiete für HJ und BDM bis hinunter zu den Gesundheitsstellen der Banne, wobei die BDM-Ärztinnen der Ober- und Untergaue (spätere Benennung Gebiete/Banne) selbständige Abteilungsleiterinnen bzw. Stellenleiterinnen waren und nur berufspolitische Fragen mit dem Gebiets- bzw. Bannarzt abzustimmen hatten.

41.3 Trägerschaft des Gesundheitsdienstes

Träger des Gesundheitsdienstes waren von Anbeginn der Arbeit Ärzte und Ärztinnen, Zahnärzte und Zahnärztinnen sowie Apotheker und Apothekerinnen, die von der Jugend gerufen, sich in ihre Gemeinschaft eingliederten und ihr Wissen und Können, aber auch ihre Lebenserfahrung der Jugendführung zur Verfügung stellten. Die Gesundheitsdienstarbeit wurde von ihnen nicht als eine Tätigkeit an sich gesehen, auch nicht als Spezialistentum, sondern wurde in Zusammenarbeit mit der jeweiligen Führung in das Erziehungssystem der HJ und des BDM eingebaut. Die Ärzte und Ärztinnen in der HJ und im BDM wurden zu Kameraden/-innen der Jugend. Nur so konnten sie Vertrauen erwerben und durch das Zusammenleben mit der Jugend nach einer neuen gesunden Erziehungsform suchen. Schon frühzeitig wurde von der HJ-Ärzteschaft erkannt, daß die Gesundheitserziehungsarbeit wichtiger als die anfängliche Aufgabe der ärztlichen Sicherung von Aufmärschen, Fahrten, Lagern u. ä. war.

Der Arzt bzw. die Ärztin der Jugend, die sich dieser Aufgabe stellten, waren sich bewußt, daß sie nur als Vorbild in ihrer eigenen Lebensform von der Jugend mit ihrer Forderung zu einer gesunden Lebensführung angenommen wurden. Die Anzahl der in HJ und BDM tätigen Ärzte und Ärztinnen hat von Jahr zu Jahr zugenommen.

Durch engen Kontakt mit den medizinischen Fachschaften wurde schon frühzeitig das Interesse und Verständnis bei Studenten und Studentinnen für jugendärztliche Arbeit geweckt, so daß die Kontinuität der Arbeit auf Jahre hinaus gewährleistet wurde. Durch Vereinbarungen des Amtes für Gesundheit der RJF mit dem Amt für Wissenschaft und Facherziehung der Reichsstudentenführung wurde diese Zusammenarbeit geregelt.

Alle der HJ angehörenden Medizinstudenten wurden jeweils in der Arbeitsgemeinschaft »Gesundheitsführung der Deutschen Jugend« zusammengefaßt, die der jeweiligen Fachgruppe Medizin angehörte. Innerhalb der HJ bildeten diese Medizinstudenten eine Medizinergefolgschaft. Mitglieder der Arbeitsgemeinschaft arbeiteten einmal in der praktischen Gesundheitsdienstarbeit mit, zum anderen an wissenschaftlichen Problemen, die ihnen vom Gesundheitsamt der RJF gestellt wurden. Die Beurteilung der in dem Arbeitskreis entstandenen Arbeiten wurde jährlich im Reichsberufswettkampf der Studenten vorgenommen.

Auch für Medizinstudentinnen wurden Vereinbarungen der RJF mit der Reichsstudentenführung getroffen. Nach der Reichsbestallungsordnung hatten während des Studiums Studentinnen entweder dem DRK oder dem Gesundheitsdienst der HJ anzugehören. – Alle 1.–3. Semester und die 5.–9. Semester, die BDM-Führerinnen waren, gehörten nach der Vereinbarung pflichtgemäß der Arbeitsgemeinschaft »Gesundheitsführung der Deutschen Jugend« an. Innerhalb des BDM wurden diese Studentinnen in einer Medizinergruppe zusammengefaßt. Die Arbeitsaufga-

ben der Medizinstudentinnen im Gesundheitsdienst des BDM waren die gleichen wie oben für Medizinstudenten aufgeführt.
Durch Erlaß konnten Medizinalpraktikanten und Medizinalpraktikantinnen nach bestandenem Staatsexamen, sofern sie Führer/-innen der HJ und des BDM waren und vorher schon im Gesundheitsdienst gearbeitet hatten, 4 Wochen der vorgeschriebenen Medizinalpraktikantenzeit in der gesundheitlichen Betreuung von Lagern der HJ ärztlich tätig sein. Diese Tätigkeit wurde ihnen auf die vorgeschriebene Medizinalpraktikantenzeit angerechnet.
Feldschere und GD-Mädel, ebenso wie mancher junge HJ-Führer und BDM-Führerin wurden durch die Persönlichkeit der sie begleitenden Ärzte und Ärztinnen – vielfach unbewußt – zum Arztberuf hingeführt.
In gleicher Weise, speziell auf ihren Fachsektoren, wurden Zahnärzte/-innen, Apotheker/-innen, Drogisten/-innen, NS-Schwestern und Mitglieder verschiedenster Heilberufe in den Gesundheitsdienst eingebaut.
Der *Jugendarzt,* der durch die Verordnung vom 6. 3. 1940 neu geschaffen worden war, hatte – wenn er nicht schon HJ-Arzt oder BDM-Ärztin war – sich nach Möglichkeit mit dem Dienst der HJ/BDM und den Erziehungszielen der Jugend vertraut zu machen. Durch Schulungskurse, durch Sportlehrgänge und auch Fortbildungen, die auf wissenschaftlichem Boden die Probleme der Jugendmedizin behandelten, wurden diese neuen Mitarbeiter auf ihre Aufgabe vorbereitet.
Die Vermittlung von Kenntnissen zur Beurteilung der Leistungsfähigkeit der Jugendlichen in körperlicher und geistiger Hinsicht in den verschiedenen Lebensaltern stand hierbei an erster Stelle. –
Da bislang an den Universitäten nur Belange der kranken Jugendlichen (Kinderklinik) erforscht und gelehrt wurden, war die Führung des Gesundheitsdienstes der HJ bemüht, *neue* Wege zu finden, um wissenschaftliche Grundlagen für die körperliche, geistige und seelische Verfassung des Jugendlichen in den verschiedenen Lebensaltern zu erstellen. Es war geplant, ein »Jugendmedizinisches Institut« zu gründen, von dem aus Impulse für die Gesundheitsdienst-Arbeit an der Jugend ausgehen sollten. Schon seit Beginn der Gesundheitsdienstarbeit in der HJ hatten sich namhafte Wissenschaftler als Mitarbeiter in der RJF, sowie in den Gebieten und Bannen zur Verfügung gestellt. Sie haben an der Gestaltung der Dienstvorschriften mitgearbeitet und an Kliniken und Krankenhäusern Ausbildungs- und Fortbildungskurse für Ärzte, Feldschere und GD-Mädel ins Leben gerufen.
Das im Jahre 1939 erschienene Buch »Gesundheitsführung der Jugend« von Hördemann und Joppich (‚späterer Ordinarius für Kinderheilkunde,) mit Kapiteln von namhaften Wissenschaftlern und Fachkennern zusammengestellt, sollte ein Beginn auf diesem Wege sein.
Die vielschichtige Aufgabe des Gesundheitsdienstes in der HJ konnte nicht nur von Ärzten/-innen, Zahnärzten/-innen, Apothekern/-innen getragen werden. Man benötigte Hilfskräfte, die, planmäßig ausgebildet und späterhin teilweise hauptamtlich tätig, in der Lage waren, spezielle Aufgaben im Gesundheitsdienst zu übernehmen. Anfänglich hatte man in Kurzkursen »Helfer« und »Helferinnen« für die gesundheitliche Sicherungsarbeit bei Großveranstaltungen, Fahrten und Ferienlagern ausgebildet und diese Feldschere und GD-Mädel genannt. Seit dem 1. 9. 1939 erfolgte die Ausbildung der Feldschere und GD-Mädel nach den neu erstellten Ausbildungsvorschriften »Der Gesundheitsdienst der Hitler-Jugend« und »Mädel im Gesundheitsdienst« in 12 Doppelstunden und wurde durch eine Abschlußprüfung beendet. In der Ausbildung wurden außer Kenntnissen in Anatomie, Physiologie und in »Erster Hilfe« bei Unfällen und Krankheiten auch die Grundlagen für eine »gesunde Lebensführung« vermittelt. Eine Einführung in die Probleme der Entwicklung der Jugendlichen wurde in den Unterrichtsstoff eingebaut. Die Unterrichtung war einfach und verständlich und wurde in Verbindung mit praxisnahen Übungen abgehalten. –

Die 12 Doppelstunden mußten 2 x monatlich durchgeführt werden. Zur Festigung ihres Wissens und zur Fortbildung wurden Feldschere und GD-Mädel angehalten, einmal im Monat an einem Fortbildungskursus teilzunehmen oder an Vorträgen über gesundheitliche Fragen, die von Interesse für die Jugendarbeit waren. Die Ausbildung zum Feldscher und GD-Mädel konnte auch in Kursen erfolgen, die an Wochenenden oder in den Ferien durchgeführt wurden. In einigen Gebieten standen spezielle Feldscher-Schulen als Ausbildungsstätten zur Verfügung. Es war das Ziel, etwa 10% der männlichen Jugendlichen eine Feldscher-Grundausbildung zukommen zu lassen. Im BDM wurde die Durchführung der Gesundheitsdienst-Grundausbildung für alle 16 bis 17jährigen Mädel gefordert. Auch in den Arbeitsgemeinschaften des BDM-Werkes »Glaube und Schönheit« und in den betriebseigenen Arbeitsgemeinschaften des Jugendamtes der DAF wurden Ausbildungskurse durchgeführt. Nur ein Teil der so im Gesundheitsdienst ausgebildeten Jugendlichen erhielt die Anerkennung als Feldscher bzw. GD-Mädel, wurde aktiv im Gesundheitsdienst eingesetzt, erhielt Ausweis und Gesundheitsdiensttasche und war berechtigt, die Kleidung des Feldschers und des GD-Mädels zu tragen. Es war das Ziel des Gesundheitsdienstes, daß für jede Einheit von HJ und BDM mindestens ein Feldscher bzw. ein GD-Mädel ausgebildet war.
Ältere Feldschere und GD-Mädel, die menschlich und charakterlich als Führer/-innen geeignet erschienen, konnten – vorausgesetzt, daß sie das HJ- oder BDM-Leistungsabzeichen besaßen, an Lagern teilgenommen, eine 8tägige Wanderung absolviert hatten, den »Grundschein der Lebensrettungsgesellschaft« besaßen – Feldscher-Führer bzw. GD-Mädel-Führerin werden. Diese Feldscher-Führer und GD-Mädel-Führerinnen wurden im Amt für Gesundheit der RJF, in den Gesundheits-Abteilungen der Gebiete sowie in den Gesundheitsdienststellen der Banne hauptamtlich eingesetzt und waren für Ausbildung, Fortbildung und Einsatz der Feldschere und GD-Mädel mitverantwortlich.
Als hauptamtliche GD-Mädel-Führerinnen und Feldscher-Führer wurden bevorzugt Mitarbeiter und Mitarbeiterinnen eingesetzt, die schon vorher in Heilberufen tätig gewesen waren, sowie auch Studenten/-innen der Medizin. Besonders Geeignete unter ihnen erhielten eine Ausbildungsberechtigung, die ihnen ermöglichte, selbständige Ausbildungskurse im Gesundheitsdienst abzuhalten. Um den hauptamtlich tätigen GD-Mädeln, sofern sie keine abgeschlossene Berufsausbildung besaßen, nach einigen Jahren Tätigkeit im BDM eine Berufsausbildung mit abschließendem Staatsexamen zu ermöglichen, wurde durch Abkommen mit der NS-Schwesternschaft für diese eine Sonderausbildung zur Krankenschwester eingerichtet. –
Die Kleidung der Feldschere und GD-Mädel bestand aus der Dienstkleidung der HJ und des BDM, versehen mit der Heilsrune, die auf dem linken Unterarm der Jacke und auf der rechten Tasche der Bluse bzw. des HJ-Hemdes angebracht war. Bei praktischen Einsätzen wurden von den GD-Mädeln eine weiße Schürze mit HJ-Raute auf dem Schürzenlatz getragen, sowie ein weißes Kopftuch, mit der Heilsrune in der Mitte versehen. Stellungen von Feldscher-Führern bzw. GD-Mädel-Führerinnen wurden entsprechend der Kennzeichnung von politischen Rängen durch andersfarbige Kordelumrandung der Heilsrune sichtbar gemacht. So trug z. B. eine GD-Mädel-Führerin, die für eine Gruppe zuständig war, eine grün-weiß-umrandete Heilsrune, die GD-Mädel-Führerin des Bannes eine rote und die GD-Mädel-Führerin des Gebietes eine schwarze.
Zahlen aus dem Jahre 1939 veranschaulichen in etwa die Größe der Trägerschaft im Gesundheitsdienst der HJ und des BDM. Es waren tätig: 3700 HJ-Ärzte, 1300 BDM-Ärztinnen, etwa 800 Zahnärzte und Zahnärztinnen, 500 Apotheker und Apothekerinnen, 40000 Feldschere, 35000 GD-Mädel, davon 9000 als Betriebsjugendwalterinnen im Jugendamt der DAF. Darüber hinaus standen noch etwa 30000

Ärzte des Amtes für Volksgesundheit auf Anforderung für die Gesundheitsdienst-Arbeit zur Verfügung (aus: Jahrbuch des BDM 1940, Stand: 1939). Durch das Abkommen des Reichsministers des Inneren, des Reichsministers für Wissenschaft, Erziehung und Volksbildung und des Jugendführers des Deutschen Reiches vom 5. 3. 1940 wurde die Trägerschaft durch die Zahl der Jugendärzte und Jugendzahnärzte (früher Schulärzte und Schulzahnärzte) wesentlich vergrößert.

41.4 Aufgaben

41.41 Gesundheitsführung
Quellen-Angaben im Anhang, Abb. 46

Gesundheitspflege

Das umfassendste und aufwendigste Gebiet des Gesundheitsdienstes der Hitler-Jugend, das sogenannte »Kernstück, die Gesundheitspflege«, bestand in der Überwachung und Betreuung der Jugendlichen durch Reihen-Spezial-Untersuchungen und Gesundheitsappelle, ferner in Untersuchungen für Sondereinheiten und für Sondereinsätze. Alle Untersuchungen sowie die Gesundheitsappelle wurden durch Überprüfung des Zahnstatus durch Zahnärzte/-innen vervollständigt. Durch diese groß angelegten Reihenuntersuchungen und ihre Ergebnisse konnten der politischen Führung fundierte Kenntnisse über den Gesundheits- und Leistungszustand der Jugendlichen vermittelt werden. Diese Erkenntnisse bildeten u.a. die Basis für die Erarbeitung der Dienstpläne für HJ und BDM. Durch eine Dienstplangestaltung mit unterschiedlichen Leistungsanforderungen, dem Geschlecht und Jahrgang entsprechend, konnten so Über- bzw. Unterforderung der Jugendlichen vermieden werden. Darüber hinaus wurden durch die Gesundheitsuntersuchungen und Gesundheitsappelle chronisch Kranke und konstitutionsschwache Jugendliche erfaßt und therapeutischen Maßnahmen sowie den verschiedenen Erholungseinrichtungen zugeführt.
Bis zum Jahre 1938 wurden jährlich durch die Ärzte und Ärztinnen der HJ und des BDM sowie des Amtes für Volksgesundheit ca. 1 Mill. Jugendliche untersucht. Die Untersuchungen wurden nach den Untersuchungsbögen des Amtes für Volksgesundheit, den sog. Gesundheitsstammbüchern, durchgeführt; abschließend wurde den Jugendlichen der Gesundheitspaß ausgehändigt.
Durch den schon genannten Runderlaß vom 6. 3. 1940 des Reichsministers des Inneren, des Jugendführers des Deutschen Reiches, des Reichsministers für Wissenschaft, Erziehung und Volksbildung, wurden, um Doppelarbeit zu vermeiden, die Untersuchungen durch die Jugendärzte, die früheren Schulärzte, die nach Möglichkeit HJ-Ärzte oder BDM-Ärztinnen sein sollten, in den Gesundheitsämtern des Staates oder der Städte durchgeführt. Die alten Untersuchungsbögen wurden durch neue Jugendgesundheitsbögen (graue Farbe für HJ; blaue Farbe für den BDM) ersetzt. Anstelle der Gesundheitspässe wurden Tauglichkeitspässe eingeführt.
Die Untersuchungen der Jugendlichen erfolgten nach Jahrgängen, da ihre Erfassung in den Einheiten jahrgangsweise erfolgt war (siehe Kapitel 12 Organisation). Reihenuntersuchungen wurden beim Eintritt in die Schule im 6. Lebensjahr (reine Schuluntersuchungen), dem 10., 14., 15. und 18. Lebensjahr in der Hitler-Jugend durchgeführt. Außerdem wurden zwischenzeitlich Gesundheitsappelle angesetzt, die insgesamt 5–6mal bis zum 18. Lebensjahr der Jugendlichen stattfanden. Jährliche Zahngesundheits-Appelle durch die Jugendzahnärzte der Gesundheitsämter vervollständigten diese Untersuchungsaktionen.

Die Untersuchungen der 10- sowie der 14jährigen Jugendlichen wurden besonders verantwortungsbewußt durchgeführt, da bei den 10jährigen die Aufnahme in das Jungvolk/Jungmädelbund, und bei den 14jährigen die Schulentlassung bevorstand, sowie die Überweisung in die HJ bzw. in den BDM. Bei den 14jährigen war fernerhin die Beurteilung der Tauglichkeit für Beruf, Pflichtjahr, ggf. für den Einsatz in der Landwirtschaft, für den Landdienst und das Landjahr vordergründig. Bei den Reihenuntersuchungen der 15jährigen hatte eine Beurteilung des Einflusses der Berufstätigkeit auf die Entwicklung des Jugendlichen in körperlicher und seelischer Hinsicht zu erfolgen. Die über 18 Jahre alten HJ-Führer und BDM-Führerinnen wurden zur Überprüfung ihrer Gesundheit und Leistungsfähigkeit gesondert in das Untersuchungsprogramm mit einbezogen. Für diese Untersuchungen galten auch die Bestimmungen des Erlasses vom 6. 3. 1940. Eine Erweiterung erfuhren die Reihenuntersuchungen, um Tuberkulose-Erkrankungen von Jugendlichen auszuschließen, durch die in Abständen durchgeführten Reihen-Röntgen-Schirmbild-Untersuchungen der Lungen. Bestand der Verdacht auf Vorliegen einer Tbc-Erkrankung, erfolgte eine anschließende Abklärung durch Spezial-Untersuchungen. Die Untersuchungen erfolgten nach den neu erstellten Tauglichkeits-Richtlinien. Die Jugendärzteschaft wurde in Einführungslehrgängen mit dem Untersuchungsverfahren vertraut gemacht und auch in Fortbildungskursen immer wieder auf die speziellen psycho-physiologischen Besonderheiten des jugendlichen Organismus hingewiesen.

Grundsätzliche Arbeitsanweisungen mit mehrfachen Ergänzungen bildeten die Grundlage für die *Tauglichkeits*beurteilung bei den Untersuchungen. Eventuell bestehende Krankheitserscheinungen sowie psychisch auffälliges Verhalten hatte sorgsam abgeklärt zu werden, bevor eine Dokumentation in den Jugendgesundheitsbögen erfolgte.

Der Jugendarzt/-ärztin hatte sich zu bemühen, den Dienst der HJ/des BDM sowie seine/ihre Dienstplangestaltungen kennenzulernen und sich mit den Bedingungen der Leistungsanforderungen des Jugendlichen für die verschiedenen Jahrgänge vertraut zu machen.

Für die *Sondereinheiten* der HJ wurden spezielle Anweisungen betreffs Tauglichkeitsbeurteilung erlassen, wie z. B. für die Tauglichkeit zur Mitgliedschaft in der *Flieger-HJ, Marine-HJ, Motor-HJ, Reiter-HJ, Nachrichten-HJ, Streifendienst,* Dienst als *Bläser* oder *Trommler* (Jungvolk).

Die Ergebnisse aller Untersuchungen, die Reihen-, Spezialuntersuchungen, Gesundheitsappelle, wurden, wie schon anfangs erwähnt, in die Tauglichkeitspässe (früher Gesundheitspässe) eingetragen, die der Jugendliche im Dienst, auch bei Fahrt und Lager, stets mitzuführen hatte. Ärztliche Dienststellen des Arbeitsdienstes oder der Wehrmacht hatten später die Möglichkeit, in die Jugendgesundheitsbögen Einblick zu nehmen.

Wurden bislang unbekannte Krankheiten, allgemeine Haltungsfehler sowie Hör- und Sehfehler durch eine der Untersuchungen diagnostiziert, so erfolgten Überweisungen an Haus- oder Fachärzte zur Einleitung gezielter therapeutischer Maßnahmen. Um eventuell aufgrund der Untersuchungsergebnisse getroffene ärztliche Maßnahmen und Anordnungen registrieren zu können, wurden zu den Gesundheitsbögen noch zusätzlich Ergänzungsblätter angelegt, die nach Abschluß der evtl. therapeutischen Maßnahmen oder Erholungsverschickungen die Grundlage für spätere Untersuchungen bilden konnten. –

Die Jugendärzteschaft stand für Einzelgespräche mit den Jugendlichen ebenso wie für Gespräche mit Eltern, den Führern der HJ und Führerinnen des BDM zur Verfügung. –

Erholungsbedürftige Jugendliche, beruflich Überforderte sowie Rekonvaleszenten/innen nach schweren Krankheiten konnten aufgrund der Untersuchungsergeb-

nisse einem gezielten Erholungsaufenthalt zugeführt werden. Für Jugendliche, für die kein ärztlich geleiteter Kuraufenthalt erforderlich war, erfolgte in den ersten Jahren – auch schon vor 1933 – eine Unterbringung in Familien-Pflegestellen. Später fand der größte Teil der Jugendlichen in Sommer- und Winterlagern und im Erholungswerk der HJ Erholung (siehe Kapitel 42.2 »Sozialarbeit« und Kapitel 27 »Fahrten, Wandern, Lager«.) Jugendliche, die einem ärztlich geleiteten Erholungsaufenthalt zugeführt werden sollten, fanden Aufnahme in den Jugenderholungsheimen der NSV oder der Landesversicherungsanstalten, in denen auch Spezial-Heilkuren durchgeführt wurden. Außer den gesundheitlichen Belangen waren die sozialen Gegebenheiten der Jugendlichen als Verschickungsgrundlage vorrangig. – Die *erweiterte Kinderlandverschickung* (KLV) während des Krieges, die vorwiegend der Gesundheitssicherung diente, wurde eine der größten Einsatz-Aufgaben der Hitler-Jugend (siehe Kapitel 64 Kinderlandverschickung).
Da während des Krieges die jahrgangsweise Untersuchung der Jugendlichen nicht immer gewährleistet war, wurde durch verschiedene Erlasse auf die Vorrangigkeit bestimmter Untersuchungen hingewiesen, wie z. B. Einzel-Untersuchungen für die verschiedenen Arten von Schulen der HJ bzw. des BDM; Tauglichkeitsuntersuchungen für Landdienst, Landjahr und Osteinsatz sowie für die Teilnahme an Wehrertüchtigungslagern, schließlich auch Untersuchungen für die Kinderlandverschickung. –
Da auch die Durchführung der jährlichen Zahngesundheits-Appelle nicht mehr möglich war, beschränkte man sich auf die zahnärztliche Durchuntersuchung und Sanierung der Jahrgänge 1923/24, um hinsichtlich des Zahnstatus die Wehrtüchtigkeit dieser Jahrgänge zu garantieren. –

Mitsprache bei der Dienstgestaltung

Durch das Gesetz über die Hitler-Jugend vom 1. 12. 1936 war der HJ die Erziehung der Deutschen Jugend neben Schule und Elternhaus übertragen. Das oberste Ziel dieser Erziehungsaufgabe war es, einen seelisch, geistig und körperlich gesunden Jugendlichen heranzubilden. Dieses Ziel konnte nur durch neu geschaffene Erziehungsformen erreicht werden, die von der Erkenntnis ausgingen, daß der Jugendliche im Alter von 10–18 Jahren sich in der für sein Leben entscheidendsten und empfindsamsten Entwicklungsphase befindet, einer Entwicklungsepoche, in der Erziehungseinflüsse des Elternhauses, der Schule, der HJ sowie der Öffentlichkeit Psyche, Geist und Körper des Jugendlichen gravierend für seine Zukunft beeinflussen. In diesen Jahren werden die Weichen für die Zukunft des Jugendlichen gestellt.
Aufgrund dieser entwicklungsphysiologischen Erkenntnisse war man in der Führung der HJ bemüht, eine Dienstform zu erarbeiten, die im körperlichen und geistigen Bereich diesen Erkenntnissen entsprach und die Gewähr bot, daß Über- aber auch Unterforderungen der Jugendlichen vermieden wurden. Es erfolgte daher eine grundsätzliche Unterteilung in der HJ nach Jahrgängen und nach Geschlecht mit altersentsprechenden Dienstanforderungen und eine Gestaltung des »freiwilligen« Dienstes der 17- bis 21jährigen Mädel in lockerer Form in den Arbeitsgemeinschaften des BDM-Werkes »Glaube und Schönheit«.
Die Erstellung der vielseitigen Dienstpläne in der Reichsjugendführung erfolgte in den verschiedenen Ämtern, wie z. B. im Organisationsamt, dem Amt für weltanschauliche Schulung, dem Amt für Leibesübungen sowie dem Amt für Fahrten und Wandern in enger Zusammenarbeit mit dem Amt für Gesundheit und seinen Mitarbeitern. In den jeweiligen Gebieten und Bannen wurde nach diesen in der Reichsjugendführung erstellten »Dienstvorschriften« gearbeitet. In Zusammenarbeit mit den jeweils zuständigen Gesundheitsabteilungen bzw. -stellen konnten lokal bedingte Änderungen vorgenommen werden.

Es sei an dieser Stelle noch einmal festgestellt, daß die folgenden verschiedenen Dienstleistungen nur von Jugendlichen erbracht werden durften, die nach Unterziehung einer Tauglichkeitsuntersuchung den Tauglichkeitsausweis erhalten hatten. Leistungen im sportlichen Bereich, die von den Jugendlichen in den verschiedenen Altersstufen nach Geschlecht differenziert gefordert wurden (siehe Kap. 11 Erziehungsstufen der Hitler-Jugend und Bund Deutscher Mädel), seien hier angeführt, z. B.

Die *Jungmädelprobe*

Die Jungmädelprobe wurde im ersten halben Jahr nach dem Eintritt in die Jungmädelschaft abgelegt und enthielt Leistungsanforderungen für 10jährige Mädel.
60 m-Lauf in 14 Sekunden,
Weitsprung von 2 m,
Ballweitwurf von 12 m,
Geschicklichkeitsübung: 2 Rollen vorwärts, danach Aufstehen ohne Hilfe der Hände, 2 Rollen rückwärts, durch ein springendes Seil laufen.
Teilnahme an einer eintägigen Fahrt, die aus einer 8 km-Wanderung mit 2stündiger Ruhepause bestand.

Die *Pimpfenprobe*

Ähnliche Bedingungen fanden sich für den Pimpfendienst 6 Monate nach Eintritt für die 10jährigen Jungen
60 m-Lauf in 12 Sekunden,
Weitsprung von 2,75 m,
Schlagballweitwurf von 25 m. –

Die Bedingungen für die *übrigen* Leistungsabzeichen für Jungmädel, Jungvolk, HJ und BDM sind im Kapitel 21 »Leibeserziehung« und im Anhang Abb. 34 aufgeführt. –

Wanderleistungen für Jungmädel (ein- bzw. eineinhalbtägige Fahrt)

Alter	km	Tempo	Gepäck
10–11jährige JM	10 km	3 km i. d. Std.	Brotbeutel
12–14jährige JM	15 km	4 km i. d. Std.	6 Pfd. Gepäck

Mehrtägige Fahrt:

	Tag			
12–14jährige JM	1.	15 km	4 km i. d. Std.	8 Pfd. Gepäck
12–14jährige JM	2.	10 km	4 km i. d. Std.	8 Pfd. Gepäck
12–14jährige JM	3.	10km	4 km i. d. Std.	8 Pfd. Gepäck
12–14jährige JM	4.		Ruhe	

Während der Fahrt waren regelmäßige Pausen einzulegen. Die Führerinnen waren angewiesen, die körperlich kleinsten Jungmädel vorangehen zu lassen, um so das Marschtempo für alle anzugeben. Ebenfalls war für ausreichende Nachtruhe zu sorgen. Spätestens um 21.30 Uhr hatte Ruhe in den Quartieren zu herrschen. Auf Fahrt war das Schlafen in Zelten sowie die Teilnahme an Zeltlagern den 10–11jährigen Jungmädeln nicht gestattet, ebenso wie die Teilnahme an Aufmärschen und Spalierstehen.

Wanderleistungen für Pimpfe

Alter	km	Tempo	Gepäck
10–11jährige Pimpfe	10 km	4 km i.d.Std.	2,5 kg
12–14jährige Pimpfe	15 km	4,5 km i.d.Std.	5,0 kg

Das überzählige Gepäck, wie z. B. Zeltbahnen und Decken, wurde mit Gepäckwagen transportiert. Das Übernachten in Zelten auf Fahrt bzw. die Teilnahme an Zeltlagern war 10- bis 11jährigen Pimpfen nicht gestattet. Mehrtägige Fahrten wurden erlaubt, wenn die Übernachtung in Jugendherbergen gesichert war. Die 12- bis 14jährigen Pimpfe konnten in Zelten auf Fahrt übernachten, wenn ein trockener, geschützter Laperplatz von dem verantwortlichen Führer vorher ausgesucht worden war. Die Teilnahme an planmäßig durchgeführten Zeltlagern war nicht verboten. Nachtwachen waren für 10- bis 11jährige Pimpfe in der Dienstvorschrift nicht vorgesehen. Die 12- bis 14jährigen Pimpfe konnten auf Fahrt und im Lager Nachtwachen übernehmen, wenn die Dauer eine Stunde nicht überschritt. Geländespiele für Pimpfe aller Jahrgänge sollten nicht länger als 3 Stunden dauern, in Ausnahmefällen konnte die Höchstdauer von 5 Stunden gestattet werden. Oberstes Gebot auf Fahrt und im Lager war die Einhaltung einer strengen Nachtruhe, die von 8 bis 9 Stunden Dauer sein mußte. Alle Dienste in der Jungmädel- und Jungvolk-Gemeinschaft, wie Heimnachmittage, Sondereinsätze usw. durften nicht länger als 2 Stunden dauern und hatten spätestens um 19 Uhr beendet zu sein. In der Disziplinarordnung der Hitler-Jugend waren Gebote eingebaut, die aufgrund gesundheitlicher Erkenntnisse erstellt waren.

> Rauchen in Uniform auf der Straße ist verboten; in Lokalen nur über 18jährigen gestattet. Rauchen im Dienst und den Dienststellen der HJ ist verboten.
> (V. O. Bl. 21. 2. 1935, S. 1; R. B. 19. 12. 1936 S. 986, 2. 9. 1938 S. 690). –

Die Formen der körperlichen Ertüchtigung im Jungvolk- und Jungmädel-Dienst sollten, wenn es sich nicht um Vorbereitungs-Übungen für das *Leistungsabzeichen* handelte, dem noch kindlichen Bewegungstrieb entsprechen. So wurden in den Dienstplan von Fahrt und Lager körperliche Übungen spielerischer Form eingebaut, ebenso wie die Ausgestaltung der Heimnachmittage dem kindlichen Spieltrieb dieser Jahrgänge Rechnung trug. In der Gemeinschaft der 14 bis 18jährigen Jungen und Mädel wurden die geforderten Leistungen im Sport und auf der Fahrt der altersgemäßen Entwicklung entsprechend gesteigert. –

Für die *Sondereinheiten* der HJ, wie z. B. Flieger-, Marine-, Motor-, Nachrichten-HJ, Musik- und Fanfarenzüge, Streifendienst-Einheiten wurden besondere Dienstanweisungen aufgestellt, die jeweils den speziellen Anforderungen entsprachen. Die Teilnahme am Dienst dieser Einheiten konnte nur erfolgen, wenn Spezialuntersuchungen die Tauglichkeit für die Sondereinheit ergeben hatten und im Tauglichkeits-Ausweis besonders gekennzeichnet waren.

Anforderungen im Reichssportwettkampf, die in Einzel- und Mannschaftskämpfen an die Jugendlichen gestellt wurden, waren wie bei den Bestimmungen für die verschiedenen Leistungsabzeichen gesondert für Jungvolk, Jungmädel, HJ und BDM erarbeitet worden. Auch hier wurden die entwicklungsphysiologischen Gegebenheiten der Jugendlichen den Leistungsanforderungen zugrunde gelegt. Ebenso verhielt es sich bei den Bedingungen für den Unterführer-Fünfkampf und Unterführerinnen-Dreikampf sowie bei den Anforderungen für den Führer-Zehn- und den Führerinnen-Fünfkampf. –

Gesundheitserziehung

Mit dem Programmpunkt 21 der NSDAP folgenden Inhaltes waren die Aufgaben der HJ in der Gesundheitsführungs-Arbeit vorgezeichnet.

> »Der Staat hat für die Hebung der Volksgesundheit zu sorgen durch den Schutz der Mutter und des Kindes, durch Verbot der Jugendarbeit, durch Herbeiführung der körperlichen Ertüchtigung mittels einer gesetzlichen Festlegung einer Turn- und Sportpflicht, durch größte Unterstützung aller sich mit körperlicher Jugendausbildung beschäftigenden Vereine«.

Im Hinblick auf die Erfüllung dieser Aufgabe nahm die Gesundheitsarbeit in der HJ einen beachtlichen Stellenwert ein. Ihr Ziel war es, den einzelnen Jugendlichen zu der größtmöglichen Gesundheit, der damit verbundenen Leistungsfähigkeit, zur Selbstdisziplin und zu lauterer Gesinnung zu führen, und ihm bewußt zu machen, daß die Erlangung dieser Werte unerläßliche Voraussetzung für das Bestehen des Lebenskampfes bedeutet. Nicht nur allein durch gesundheitspflegerische Maßnahmen, wie Überwachung des Gesundheitszustandes durch Untersuchungen, Gesundheitsappelle, sowie durch die nach biologischen Grundgesetzen gestalteten Dienstpläne konnte der Jugendliche in der HJ zur Gesundheit geführt werden. In jedem einzelnen Jugendlichen mußte durch eine breit angelegte Erziehungsarbeit – nach vorheriger Kenntnisvermittlung der Grundgesetze des Lebens – der Wille geweckt werden, sich bewußt aus der sozialen Verantwortung heraus gegenüber der Volksgemeinschaft gesund zu erhalten. Dem Recht auf Gesundheit des Menschen der früheren Jahre an den Wohlfahrts- und Sozialstaat wurde die Pflicht zur Gesundheit und ihre Erhaltung zum Wohle der Volksgemeinschaft gegenübergestellt. Die Erziehung zur bewußten Gesundheitspflege und zum Gesundheit-Erhaltungswillen erschöpfte sich nicht allein in der Vermittlung von hygienischen Forderungen, wie Körperpflege, richtiger Ernährung, Vermeidung von Genußgiften wie Tabak, Alkohol u.ä. Man versuchte darüber hinaus, in der Schulungsarbeit die ethischen, sittlichen Grundwerte des Lebens aufzuzeigen, durch die eine Lebensform erreicht werden konnte, die den einzelnen Jugendlichen befähigte, seinen Anlagen entsprechend einen Beitrag zum Wohle der Gemeinschaft zu leisten.
Slogans wie: »Ich kann mit meinem Körper machen, was ich will« oder »Mein Bauch gehört mir« waren nicht nur unbekannt, sondern auch nicht denkbar.
Wie wichtig die Erziehung zur Gesundheit in der Gesamtschulungsarbeit der HJ angesehen wurde, beweist die Tatsache, daß der Reichsjugendführer Baldur von Schirach das Jahr 1939 zum »Jahr der Gesundheit« proklamierte und unter das Motto stellte »Du hast die Pflicht gesund zu sein!«
Folgende Gebote wurden im »Jahr der Gesundheit« der Hitler-Jugend gestellt und die Grundlagen dieser Gebote bis in die kleinsten Einheiten durch Schulungsmaterial vermittelt:

1. *Dein Körper gehört Deiner Nation, denn ihr verdankst Du Dein Dasein, Du bist ihr für Deinen Körper verantwortlich.*
2. *Du mußt Dich stets sauber halten und Deinen Körper pflegen und üben. Licht, Luft und Wasser helfen Dir dabei.*
3. *Pflege Deine Zähne. Auf ein kräftiges, gesundes Gebiß kannst Du stolz sein.*
4. *Iß reichlich rohes Obst, rohe Salate und Gemüse, nachdem Du sie gründlich mit sauberem Wasser gereinigt hast. Im Obst sind wertvolle Nährstoffe enthalten, die beim Kochen verlorengehen.*
5. *Trink flüssiges Obst. Laß den Kaffee den Kaffeetanten, Du hast ihn nicht nötig.*
6. *Meide Alkohol und Nikotin, sie sind Gifte und hemmen Dein Wachstum und Deine Arbeitskraft.*
7. *Treibe Leibesübungen! Sie machen Dich gesund und widerstandsfähig.*
8. *Du mußt jede Nacht mindestens 9 Stunden schlafen.*
9. *Übe Dich in der »Ersten Hilfe« bei Unglücksfällen. Du kannst dadurch der Lebensretter Deiner Kameraden werden.*
10. *Über all Deinem Handeln steht das Wort: Du hast die Pflicht gesund zu sein!*

Im Jahr 1939 wurde es darüber hinaus allen Führern und Führerinnen sowie den HJ-Ärzten, BDM-Ärztinnen, HJ-Zahnärzten, BDM-Zahnärztinnen, HJ-Apothekern, BDM-Apothekerinnen und allen weiteren Personen, die im Gesundheitsdienst der HJ tätig waren, zur Pflicht gemacht, das Rauchen aufzugeben.

Die gesundheitliche Schulung mit der Vermittlung der biologischen Grundgesetze des Lebens sowie der Kenntnisse zur Erhaltung und Besserung der Gesundheit durch eine gesunde Lebensführung wurden in einfacher, ansprechender Form, der Aufnahmebereitschaft der einzelnen Jahrgänge entsprechend, getrennt für Jungen und Mädel, in die Dienstplangestaltung der HJ eingebaut. Neben und ergänzend zu dieser Schulungsarbeit wurde durch Körperpflegeappelle, besonders in ländlichen und Notstandsgebieten sowie auf Fahrt, in Lagern und den verschiedenen Schulen die Erziehungsarbeit zur Gesundheit durch praktische Hinweise erweitert.
In den Jungmädel- und Jungvolk-Einheiten waren in dem allgemeinen Dienst in verständlicher Form die Fragen der gesunden Lebensführung eingebaut. Durch die Beobachtung der Tier- und Pflanzenwelt war man bemüht, dem Jugendlichen ein Verständnis für das Wirken der Lebenskräfte zu vermitteln und daraus die Grundfundamente allen menschlichen Lebens den Pimpfen und Jungmädeln nahezubringen. In den älteren Jahrgängen des Mädelbundes und in dem BDM-Werk »Glaube und Schönheit« sowie in der HJ wurde die gesundheitliche Schulungsarbeit ebenfalls planmäßig in den allgemeinen Dienst eingebaut. –
Einen vorrangigen Platz nahm die Unterrichtung der Führer und Führerinnen in den Fragen einer gesunden Lebensführung ein, wie die Kenntnisvermittlung über die Besonderheiten der biologischen Entwicklungsphasen des Jugendlichen. Man beabsichtigte, durch diese gesundheitliche Schulungsarbeit ein verständnis- und verantwortungsvolles Führer- und Führerinnen-Korps heranzubilden.
Durch Verordnung Dv. HJ 7 S. 66ff. wurden Ausbildungslehrgänge der Führerschaft der HJ über Gesundheitsführung und »Erste Hilfe« eingerichtet. Die Ausbildung erfolgte in 3–5 Doppelstunden und umfaßte außer den Grundzügen in der »Ersten Hilfe« die Themen: Einwirkungen der Leibesübungen auf den jugendlichen Körper, Gesundheitspflege, Alkohol- und Nikotin-Fragen. Die Ausbildung erfolgte in 4 Doppelstunden, in denen die allgemeine Gesundheitspflege für Mädel, die gesundheitlichen Forderungen, die an den JM- und Mädel-Dienst gestellt wurden, unter besonderer Berücksichtigung der Fahrt, des Lagers, des Pfingsttreffens und der Leibesübungen behandelt wurden.
Nicht nur die Führerschaft wurde mit den Forderungen der gesunden Lebensführung vertraut gemacht. Laut Anordnung der RJF 6/42 vom 2. 3. 1942 wurden für alle 16- bis 18jährigen männlichen Jugendlichen Kurzkurse in »Erster Hilfe« und Gesundheitsführung von insgesamt 5 Stunden Dauer durchgeführt. Durch Erlaß RB. RJF. 26/IV vom 14. 7. 1939 – Reichsreferentin – fanden in den Monaten Oktober, November, Dezember jeden Jahres Schulungen aller 17jährigen Mädel in 12 Doppelstunden im Gesundheitsdienst des BDM statt. Alle Mädel dieses Jahrgangs waren verpflichtet, an diesen Ausbildungskursen teilzunehmen. Die Ausbildung fand anstelle der Heimabende statt und hatte nach Möglichkeit nach dem Ausbildungsbuch für Gesundheitsdienstmädel zu erfolgen. Später wurde diese Anordnung bereits auf die 16jährigen verlagert.
Im BDM-Werk »Glaube und Schönheit«, in dem auf freiwilliger Basis 17–21jährige Mädel zusammenkamen, wurden Arbeitsgemeinschaften »Gesundheitsdienst« aufgestellt. Diesen Arbeitsgemeinschaften hatten nach Möglichkeit alle GD-Mädel sowie alle GD-Mädel-Führerinnen des BDM, die 17 bis 21 Jahre alt waren, anzugehören. Diese Mädelführerinnen bzw. Mädel hatten ihre Einheiten weiterhin zu betreuen, erfuhren aber in diesen Arbeitsgemeinschaften eine Vertiefung und Erweiterung ihrer bisherigen Kenntnisse. Folgende Dienstpläne waren für diese Ausbildung bindend:

a) Ausbildung im ersten Jahr:
   4 Monate: Grundausbildung zum GD-Mädel (nach den Vorschriften des Amtes für Gesundheit der Reichsjugendführung). Nach bestandener Prüfung erhielten die Mädel den Gesundheitsdienst-Ausweis.

Die Mädel, die schon die Grundausbildung des GD-Mädels erhalten hatten, hatten während dieser 4 Monate an einer Arbeitsgemeinschaft für Sport, Gymnastik und Tanz teilzunehmen.
4 Monate: Gesundheit durch Körperpflege, Schönheitspflege, Kleidung, gesundes Wohnen.
4 Monate: Gesundheit durch neuzeitliche Ernährung, verbunden mit praktischen Kochkursen, auch für Diätküche und Krankenkost.
Nach Ablegen der Prüfung zum GD-Mädel hatten sich alle Mitglieder der Arbeitsgemeinschaft praktisch am gesamten Gesundheitsdienst der Jungmädel und Mädel zu beteiligen. Dazu gehörte Teilnahme am Dienst der Jungmädel und Mädel, Sicherung von Großfahrten und Sportfesten, Teilnahme am Sport.

Ausbildung im zweiten Jahr:
Im zweiten Jahr wurde der Ausbau und die Vertiefung der Ausbildung des ersten Jahres durchgeführt.
4 Monate: Thema: Gesundheit durch Leibesübungen, Gymnastik verbunden mit praktischen Übungen (Ausgleichssport für Stadt- und Landmädel).
4 Monate: Thema: Gesundheits- und Mädelbetriebsarbeit in Stadt und Land, verbunden mit Betriebsbesichtigungen.
4 Monate: Thema: Gesundes Mädel, gesundes Volk.
Der praktische Arbeitseinsatz im zweiten Ausbildungsjahr gestaltet sich wie im ersten.
Besonders fähige GD-Mädel des zweiten Ausbildungsjahres können zu GD-Mädel-Führerinnen befördert werden. Ihre Aufgabe bestand außer dem praktischen Arbeitseinsatz in der Schulung über Erste Hilfe und Gesundheitsführung und in der Leitung von Grundausbildungskursen für GD-Mädel.

In der Arbeitsgemeinschaft »Gesunde Lebensführung« im BDM-Werk »Glaube und Schönheit« wurden Kurse über »gesunde Ernährung« mit praktischen Kochvorführungen (siehe Ausbildungsbuch Arbeitsgemeinschaft »gesunde Lebensführung«, Teil 1 »Gesunde Ernährung«) angeboten. Kurse über Körper- und Schönheitspflege fanden in Zusammenarbeit mit Kosmetikerinnen, die mit Schönheitsmitteln – auf biologischer Grundlage entwickelt – arbeiteten, statt. In Zusammenarbeit mit dem deutschen Frauenwerk wurden in den Mütterschulen Kurse über Säuglings- und Krankenpflege eingerichtet, die in Landgebieten im Rahmen der Arbeitsgemeinschaft »Bäuerliche Lebensgestaltung« abgehalten wurden. Die Schulung in der Säuglings- und Krankenpflege erfolgte in den Räumen der Mütterschulen des Deutschen Frauenwerkes, da hier das geeignete Schulungsmaterial vorhanden war. –

Die Bedeutung, die den Grundlagen einer gesunden Lebensführung beigemessen wurde, kam in den Bedingungen zur Erwerbung der BDM-Leistungsabzeichen zum Ausdruck.
Zur Erlangung des *BDM-Leistungsabzeichens in Bronze* wurde zusätzlich zu den sportlichen Leistungen die Teilnahme an einer gesundheitlichen Schulung von 4 Doppelstunden verlangt, in der eine Kurzschulung über Erste Hilfe, aber auch über die Grundlagen einer gesunden Lebensführung erfolgte. Eine umfassende Ausbildung in den verschiedenen gesundheitlichen Fragen, speziell das Jugendalter betreffend, war auch die Voraussetzung für die Erlangung des BDM-Leistungsabzeichens in *Silber*, das von Mädeln, die das 16. Lebensjahr vollendet hatten, erworben werden konnte. Diese Ausbildung konnte durch Teilnahme an einem Kurs für Gesundheitsdienstmädel in 12 Doppelstunden oder durch Teilnahme an einer Gesundheitsdienstarbeitsgemeinschaft im BDM-Werk »Glaube und Schönheit« stattfinden.
In den verschiedenen Schulen der HJ wurden die Postulate der Erziehung zur Gesundheit in den Unterricht eingebaut. Besonders in den Sportschulen wurde einge-

hend von fachärztlicher Seite auf die biologischen Gegebenheiten des Jugendlichen, auf Körperbauform, auf seine unterschiedlichen Belastbarkeiten hingewiesen.
Auch in den Lehrgängen der Führerschulen von HJ und BDM wie in den Jugendführungs-Akademien wurde eine Unterrichtung über die gesundheitlichen Belange der Jugendlichen für die Dauer von 4½ Stunden zur Pflicht gemacht.
In Zusammenarbeit mit der Deutschen Arbeitsfront wurde besonderer Wert auf eine gesundheitliche Betreuung und Schulung der Jugendlichen in den Jugendwohnheimen gelegt. Hier galt es vor allen Dingen, als Ausgleich für die einseitige Berufsarbeit als gesundheitliche Maßnahme die Durchführung des täglichen Ausgleichssportes durchzusetzen. In Form von täglichen Gesundheitsappellen wurde die Einhaltung dieser gesundheitsfördernden Maßnahmen überwacht. Darüber hinaus wurde in Heimabenden den berufstätigen Jugendlichen die Notwendigkeit der körperlichen Ertüchtigung als Ausgleich für die berufliche Arbeit nahe gebracht. Man versuchte, die ethischen Werte der Gesundheit dem berufstätigen Jugendlichen nahezubringen und bemühte sich, ihn von der Pflicht zur Gesundheit für sein eigenes Ich, aber auch für die Gemeinschaft des Volkes, zu überzeugen.
Einen breiten Raum in der Gesundheitserziehungsarbeit nahmen die Fragen der Zahngesundheitserhaltung ein. Durch RB. RJF. 23/IV vom 23. 6. 1939 – Amt für Gesundheit – wurden in breitester Form Aufklärungsvorschriften zur besonderen Beachtung der Zahngesundheit und zur Pflege der Kauorgane erstellt. Die Empfehlung der Nahrung von Vollkornbrot, Vollkornhartbrot sowie der Nahrungsmittel, die eine ausgiebige Kauarbeit verlangten, wurden allen Jugendlichen nahegebracht. Durch Anordnung des Reichsgesundheitsführers wurde im Jahr 1941 eine Propagandaaktion durchgeführt, die den Wert einer Vollkornbrotnahrung hervorhob. Es wurde gefordert, daß in den Monaten April bis Mai im Anschluß an den jeweiligen HJ- oder BDM-Dienst etwa 5 Minuten über den gesundheitlichen Wert der Vollkornbrotnahrung gesprochen wurde. Ebenso sollte in den Kursen für Feldschere und GD-Mädel und in den Führerschulen der HJ auf die gesundheitliche Bedeutung der Vollkornbrotnahrung eingegangen werden. Entsprechendes Schulungsmaterial über den Wert des Vollkornbrotes wurde an die Gesundheitsabteilungen der Gebiete verteilt.
Die Mitglieder der HJ aller Jahrgänge wurden immer wieder zu einer täglichen sorgfältigen Zahnpflege sowie zu einer frühzeitigen Zahnbehandlung aufgerufen. Die Anschaffung der »Deutschen Jugendzahnbürste«, die von zweckmäßiger Form und preisgünstig war, wurde empfohlen. Die Jugendzahnbürste wurde in Gemeinschaftsarbeit aller deutscher Zahnbürstenfabrikanten hergestellt.
In der Erziehungsarbeit zur Gesundheit wurde für die männliche Jugend die Aufklärungsarbeit zur Bekämpfung von Alkohol und Nikotin als notwendig angesehen. Durch Erlaß zur Bekämpfung von Alkohol und Nikotin wurde im Jahre 1940 eine verstärkte Aktion gegen den Mißbrauch dieser Genußgifte gestartet. Die Führer- und Führerinnenschaft und alle Angehörigen des Gesundheitsdienstes wurden in Spezialschulungen über die Zusammenhänge zwischen Alkohol- und Nikotingenuß und Gesundheit und Volksgesundheit aufgeklärt. –
Durch Verordnung RB.RJF. 14/42 K v. 30. 6. 1942 – 180/42 – Amt für Gesundheit der Hitler-Jugend – wurde die Aktion »Barfußlaufen« ins Leben gerufen. Durch Dienstanweisungen und Verteilung von Merkblättern »Gesunde Füße – durch Barfußlaufen« war man bemüht, für Jungvolk, Jungmädel, HJ, Mädelbund sowie für das BDM-Werk »Glaube und Schönheit« in breiter Form Anweisung zur Vorbeugung von Fußschäden und zum Barfußlaufen für die Sommermonate auf Fahrt und Lager zu geben.
Auf Grund der Anordnung des Reichsgesundheitsführers im Jahre 1939 hatte der Bund Deutscher Mädel eine Aufklärungsarbeit über die Gefahren der Geschlechts-

krankheiten durchzuführen und die weibliche Jugend besonders in Kriegszeiten zu erhöhter Wachsamkeit zu verpflichten. Durch Anordnung vom 21. 12. 1939 vom Amt für Gesundheit wurde diese Schulung vorbereitet und entsprechendes Schulungsmaterial bis in die unteren Einheiten versandt. Darüber hinaus wurde versucht, den Jugendlichen Empfehlungen für ein gesundes Verhalten der Geschlechter zueinander zu vermitteln. Die Grundlage dieser Schulungsarbeit bildete das Heft »Des Volkes Leben liegt bei seinen Frauen« und die Broschüre »Reif werden – rein bleiben!« –

Schulungsmaterial

Die Erarbeitung und Zusammenstellung des Schulungsmaterials über die verschiedenen Aufgabengebiete der Gesundheitsführung erfolgte in der Reichsjugendführung in Zusammenarbeit mit den jeweiligen Ämtern der Partei und den Behörden des Staates sowie namhaften Wissenschaftlern der verschiedenen Gebiete der Jugendmedizin. Darüber hinaus wurde Schulungsmaterial einiger Spezialorganisationen im Gesundheitswesen zusätzlich in die Schulungsarbeit eingebaut.

Ausbildungsvorschriften für Feldschere und GD-Mädel:
1. Der Gesundheitsdienst der Hitler-Jugend vom 1. 9. 1939
2. Mädel im Gesundheitsdienst vom 1. 9. 1939

Unterstützt wurden die Ausbildungsvorschriften durch Bildbände:
1. Bildband »Der Mensch« (Aufbau des Körpers und der Organe)
2. Bildband über Verbandlehre »Bereit sein und helfen«.
3. Bildband über gesundheitführende Fragen für Mädel.
4. Bildband »Du hast die Pflicht gesund zu sein«.
5. Bildband »Gesundes Leben«.

Zahngesundheitspflege:
Aufklärungsfilm »Zähne in Not«
Zur Unterstützung der Aufklärungsarbeit standen 5 Normaltonfilmkopien zur Verfügung. Die Länge der Filme betrug 800 m und die Dauer der Vorführung betrug 1/2 Stunde.

Schriften zur Bekämpfung von Alkohol und Nikotin:
1. Hördemann-Joppich: »Die Gesundheitsführung der Jugend« Kap. »Die Bedeutung der Genußgifte Alkohol und Nikotin für den menschlichen Körper« von Georg Reid.
2. Broschüre »Alkohol und Nikotin« vom Presseamt der RJF herausgegeben.
3. Broschüre »Gesundheitsführung der Hitler-Jugend – Alkohol und Tabak« von Dr. med. Kitzing und Dr. med. Reid.
4. Zeitschrift »Auf der Wacht« (Reichsstelle gegen Alkohol- und Tabakgefahren)
5. Zeitschrift »Alkoholfreie Jugenderziehung«, herausgegeben von der Reichsstelle gegen Alkohol- und Tabakgefahren.

Schulungsmaterial für das BDM-Werk »Glaube und Schönheit«
1. Arbeitsgemeinschaft »Gesunde Lebensführung«, Teil I: Gesunde Ernährung:
2. Broschüre »Des Volkes Leben liegt bei seinen Frauen«

Aufklärungsschriften über den Wert des Vollkornbrotes:
1. Plakation
2. Broschüre »Kampf ums Vollkornbrot«
   Herausgeber von beiden: Reichsvollkornbrotausschuß Berlin

41.42 Gesundheitssicherung

Sicherung des allgemeinen Dienstes

Das Ziel der HJ, den Jugendlichen zu höchstmöglicher Gesundheit zu führen, konnte nur erreicht werden, wenn im *alltäglichen Dienst, auf Fahrt* und *im Lager,* in den *verschiedenen Schulen der HJ, im Landdienst, im Osteinsatz* in den neuen Gebieten, *bei Großveranstaltungen,* die gesundheitlichen *Forderungen,* die die Grundlage der Dienstplangestaltung waren, *eingehalten* wurden.
Die Einrichtungen der HJ und des BDM mußten in Bezug auf die Erfüllung der gesundheitlichen Anforderungen an die Einrichtung ebenso überwacht werden, wie die Dienst-Anforderungen, die an die Jugendlichen gestellt wurden.
Die Seuchengesetze und die Verordnungen zur Bekämpfung übertragbarer Krankheiten hatten allen Mitarbeitern der Gesundheitsabteilungen der Gebiete und der Gesundheitsstellen der Banne bekannt zu sein, und man hatte dafür zu sorgen, daß diese Verordnungen und Vorschriften bei der Durchführung der verschiedenen Dienstarten eingehalten wurden. – Um vorbeugend dem Auftreten von Infektionskrankheiten begegnen zu können, wurden, um Tetanus-, Diphterie- und Scharlachinfektionen zu verhindern, Impfaktionen durchgeführt. Waren die staatlichen Gesundheitsämter dazu finanziell nicht in der Lage, versuchte man, den einzelnen Jugendlichen die Durchführung der Impfung durch den jeweiligen Hausarzt zu veranlassen.
Die gesundheitliche Sicherung bestand im einzelnen in Kontrollen des Einhaltens der jeweiligen Dienstvorschriften, Überwachung des Einhaltens der Dauer der Heimnachmittage bzw. der Heimabende. Durch Stichproben hatte sich der zuständige HJ-Arzt bzw. die BDM-Ärztin zu überzeugen, daß der Jugendliche an der Tauglichkeitsuntersuchung oder einem Gesundheitsappell teilgenommen hatte und im Besitz des Tauglichkeitsausweises war. Auch für den allgemeinen Dienst waren die Verordnungen zur Verhütung übertragbarer Krankheiten von Bedeutung. Jugendliche, in deren Familie Infektionskrankheiten vorhanden waren, wurden für eine bestimmte Zeit vom Dienst beurlaubt. Die Schließung eines Hitler-Jugend-Heimes durch gehäuftes Auftreten von Infektionskrankheiten konnte nach Rücksprache mit den zuständigen Gesundheitsämtern angeordnet werden.
Des weiteren wurde in der Dienstvorschrift DV. HJ 7 S. 42 ff. angeordnet, daß bei jeder Dienstausübung ein Feldscher oder GD-Mädel, ausgerüstet mit dem entsprechenden Sanitätsmaterial, anwesend sein mußte, um ggf. *Erste Hilfe* bei Zwischenfällen leisten zu können. Sollten keine ausgebildeten Feldschere und GD-Mädel zur Verfügung stehen, so war der zuständige Führer oder die Führerin selbst für die Sicherung des Dienstes mit Erster Hilfe verantwortlich.
Die Überwachung auf Sauberkeit und ausreichende Beleuchtung der Räume, in denen Heimnachmittage oder -abende stattfanden, war eine weitere Aufgabe der gesundheitlichen Sicherung, desgleichen in den Wintermonaten auf eine ausreichende Beheizung zu achten. Auf eine vorschriftsmäßige Einrichtung der Toiletten und deren Sauberhaltung wurde, vorrangig zur Vermeidung von Darminfektionen, Wert gelegt und laufende Inspektionen veranlaßt.
Die Gesundheitssicherung der Lager der HJ und des BDM nahm einen breiten Platz in der Gesundheitsdienstarbeit ein. Ausführliche Dienstvorschriften vermittelten den Führern und Führerinnen die grundsätzlichen Maßstäbe, die von der gesundheitlichen Warte her an die Errichtung und Führung der Lager gelegt werden mußten. Nur so konnte der bestmögliche Erholungseffekt für den Jugendlichen gesichert und gesundheitliche Schäden vermieden werden. Schon bei der Auswahl des Lagerplatzes verfuhr man nach gesundheitlichen Aspekten. Der Boden des Lagerplatzes sollte nicht feucht, nicht wasserundurchlässig, nicht staubig und nach

Möglichkeit mit Gras oder Heide bewachsen sein. Für die Auswahl des Lagerplatzes war die Nähe einer einwandfreien Trinkwasserversorgung Voraussetzung. Eine bakteriologische Untersuchung des Trinkwassers hatte vor der Benutzung durch die Lagerinsassen zu erfolgen.

Um ggf. in kurzer Zeit Notfälle einweisen zu können, hatte sich bis in etwa 20 km Entfernung von dem Lagerplatz ein Krankenhaus zu befinden. In den Rundzelten, die schon einige Monate vor Lagerbeginn auf ihre Brauchbarkeit zu überprüfen waren, sollten nach Möglichkeit nicht mehr als 12 Jugendliche untergebracht werden. Der Zeltboden sollte mit trockenem Stroh oder Lattenrosten bedeckt werden. Geschlafen wurde entweder auf Strohsäcken auf der Erde oder auf Strohsäcken in Feldbetten. Eingehende Vorschriften wurden vom Gesundheitsamt der RJF mit dem Organisationsamt für die Einrichtung der Küchenzelte erlassen, detaillierte Bedingungen für die Erstellung der Latrinenanlagen sowie für die Abfallgruben waren vorgeschrieben. Die Zusammensetzung der Verpflegung war für den gesundheitlichen Erfolg der Zeltlager von großer Bedeutung. Für jedes Jahr wurden einheitliche Speisepläne für die Lagerernährung erarbeitet, die den Einheiten der Gebiete als Richtschnur für die Lagerkost dienen sollten. Ausbildungskurse für das Lager-Küchenpersonal wurden von den Gesundheitsabteilungen der Gebiete eingerichtet. Für Großzeltlager (Belegschaft über 1000–1500 Jugendliche) wurde die Aufstellung von festen Gebäuden für die Küchen, Vorratslager, Krankenstationen gefordert, desgleichen die Bereitstellung von Wascheinrichtungen für Wäsche und Kleider sowie von Waschzelten für die Körperpflege. Ausreichende Trockenräume für nasse Kleidungsstücke an Regentagen waren vorzusehen.

An die anfänglich medizinisch umstrittenen Zeltlager des BDM wurden im großen und ganzen die gleichen Anforderungen wie für die HJ-Zeltlager gestellt. Strengere Maßstäbe legte man allerdings bei den hygienischen Anlagen an: Waschzelte oder Waschbaracken mit Möglichkeiten für die Haarpflege, Klosett-Einrichtungen anstelle der Latrinen, Wascheinrichtungen für Wäsche und Kleider, Bügelstuben. – Jungmädel sowie Pimpfe der ersten beiden Jahrgänge von 10–12 Jahren – und ab 1937 auch die Mädel des *gesamten* BDM – durften an Zeltlagern nicht teilnehmen. Für den BDM wurden Lager in schön gelegenen Jugendherbergen oder ländlich gelgenen Heimen der HJ durchgeführt.

Für die ärztliche Versorgung und für »Erste-Hilfe«-Maßnahmen wurden in den Zeltlagern *Feldscher-* bzw. *Gesundheitsdienstzelte* eingerichtet, die durch eine rote Heilsrune gekennzeichnet und mit Untersuchungstisch, Sanitätsmaterial, Telefon, ausgestattet waren. Für größere Lager bis zu 300 Jugendlichen waren die vorgeschriebenen Gesundheitsdienstzelte zu benutzen (das sog. kleine Feldscherzelt) und für Lager über 300 Belegstärke das große Feldscherzelt. In den Großlagern von 1000–1500 Jugendlichen wurden in festen Baracken Krankenstationen mit Betten, Ambulanzräumen und Lagerapotheke errichtet. Für die Großlager waren hauptamtliche ärztliche Kräfte sowie Zahnärzte – die letzteren führten Behandlungen in fahrbaren Zahnstationen durch – eingesetzt, und als deren Hilfskräfte Feldschere, GD-Mädel sowie Feldscher-Führer und GD-Mädel-Führerinnen, auch Krankenschwestern und Medizinstudenten/-innen. Man war bestrebt, Leichtkranke im Lager zu belassen und zu behandeln. Bei Ausbruch von Großepidemien wurden Notkrankenhäuser in beschlagnahmten Hotels oder Heimen eingerichtet, da größtenteils die umliegenden Krankenhäuser nicht in der Lage waren, eine größere Anzahl von Patienten aufzunehmen. War für kleinere Zeltlager der Einsatz eines Arztes oder einer Ärztin nicht möglich, so wurde der nächstwohnende niedergelassene Arzt mit der ärztlichen Betreuung beauftragt, und nur Feldscher, Feldscher-Führer, GD-Mädel, GD-Mädel-Führerin, oder Krankenschwestern und Medizinstudenten/-innen, die im Gesundheitsdienst der HJ tätig waren, eingesetzt. Für 50 Lagerteilnehmer wurde ein Feldscher oder ein GD-Mädel mit der Durchführung der Gesundheitssicherungsarbeit beauftragt.

Alle Zeltlager, Lager in Jugendherbergen und Heimen sowie Sportlager, im Sommer wie im Winter durchgeführt, mußten dem Organisationsamt und dem Amt für Gesundheit in der RJF gemeldet werden, dessen Genehmigung erforderlich war. Inspektionen erfolgten durch die örtlichen Gesundheitsabteilungen sowie durch Angehörige des Amtes für Gesundheit der RJF.
Ein weiteres breites Aufgabengebiet der gesundheitlichen Sicherung war die Betreuung der Fahrten und des Adolf-Hitler-Marsches. Vor Antritt der Fahrt fand ein kurzer Gesundheitsappell statt, bei dem auch die Tauglichkeitsausweise überprüft wurden. Vor Beginn der Fahrt wurde eine Inspektion des Schuhmaterials und der Wanderkleidung vorgenommen. Die gesundheitliche Versorgung auf Groß- und Auslandsfahrten wurde durch HJ-Ärzte und BDM-Ärztinnen, durch Feldschere und GD-Mädel oder deren Führer vorgenommen. Kleinere Fahrten innerhalb der deutschen Reichsgrenzen wurden allein durch Feldschere und GD-Mädel oder ihre Führerschaft gesichert. Im letzteren Falle hatten die ortsansässigen Ärzte, deren Namen und Adresse die Fahrtleitung vor Beginn der Fahrt für die gesamte Fahrtroute ermittelte, die ärztliche Versorgung in Notfällen zu übernehmen. Jeder Fahrtteilnehmer/-in sollte ein Verbandpäckchen und einen Fußpflegepuder mitführen. Ärzte und Ärztinnen sowie Feldschere und GD-Mädel waren auf Fahrt mit der Arzttasche bzw. Feldschertornister oder Feldscher-Koppeltasche, die GD-Mädel mit der GD-Tasche oder GD-Beutel ausgerüstet. Großfahrten bedurften mit Angabe der Fahrtleistungen der Genehmigungen der Gesundheitsabteilungen der Gebiete; ebenso wie kleinere Fahrten von den entsprechenden Gesundheitsdienststellen der Banne auf die geplanten Fahrtleistungen überprüft wurden.
Für die gesundheitliche Sicherung des *Adolf-Hitler-Marsches* waren die gleichen Bestimmungen wie die für Großfahrten gültig. Die verschiedenen Marschkolonnen wurden von den Ärzten ihres Heimat-Gebietes auf dem Marsch begleitet. Standen hauptamtliche HJ-Ärzte nicht zur Verfügung, so wurde die gesundheitliche Sicherung für den jeweiligen Streckenabschnitt von HJ-Ärzten durchgeführt, die in dem Durchmarsch-Gebiet praktizierten. Feldschere sowie Feldscher-Führer begleiteten während der gesamten Marschzeit, ausgerüstet mit Sanitätsmaterial, die Jugendlichen. Für 25 Marschteilnehmer war ein Feldscher und ein Feldscherführer zur gesundheitlichen Sicherung eingesetzt. Jeder Marschteilnehmer hatte 2 Verbandpäckchen und eine Dose Fußpflegepuder bei sich. Das Amt für Gesundheit erarbeitete mit den Gesundheitsdienstabteilungen der Gebiete eine Aufstellung der Streckenabschnitte und der Rastorte mit Benennung der zuständigen Ärzte und Krankenhäuser. Der jeweils zuständige HJ-Arzt, der Feldscherführer oder Feldscher hatte diese Aufstellung ständig bei sich.
Großveranstaltungen, wie *Sportfeste, Aufmärsche, Kundgebungen* (zum 1. Mai) usw., wurden örtlich durch die Gesundheitsabteilungen von ihren Ärzten/-innen und dem Helferkorps der Feldschere und GD-Mädel gesichert. Zur Aufnahme von Kranken oder Unglücksfällen standen Gesundheitszelte, Räume in Häusern oder Baracken, die mit Betten für Notfälle, fahrbaren Zahnstationen usw. eingerichtet waren, zur Verfügung. Einige Gebiete waren auch im Besitz von fahrbaren Toiletteneinrichtungen, die für Großveranstaltungen zum Einsatz kommen konnten.
Großeinsatz auf dem gesundheitlichen Sektor bedeutete die Versorgung der Jugendlichen, die zum Reichsparteitag jährlich nach Nürnberg kamen, und die gesundheitliche Betreuung der Mädel im benachbarten Bamberg. Diese Arbeit wurde von der Abt. Aufmarschstab für Reichsveranstaltungen durchgeführt. Dem Aufmarschstab stand eine ausreichende Anzahl von Ärzten und Ärztinnen sowie genügend Hilfskräfte aus dem Feldscher- und GD-Mädel-Korps zur Verfügung, des weiteren Sanitätsmaterial und Einrichtungsgegenstände für die Einrichtung von Ambulanzen und Gesundheitsstationen zur Betreuung von Leichtkranken und Unfällen, die eine Krankenhausaufnahme nicht unbedingt erforderten.

Vorbereitend wurden für die Auswahl der Jugendlichen, die an dem Parteitag teilnehmen konnten, sowie für ihre gesundheitliche Betreuung während der Bahnfahrten nach Nürnberg bzw. Bamberg eingehende Richtlinien erlassen.
Eine ausreichende Anzahl von Ärzten und Ärztinnen, Zahnärzten/-innen, Apothekern/-innen, waren für die gesundheitliche Versorgung dieser Großveranstaltung tätig. Jedes Gebiet hatte auf 1000 männliche Jugendliche 2 HJ-Ärzte, auf 1000 weibliche Jugendliche 2 BDM-Ärztinnen und 10 Feldschere bzw. 10 GD-Mädel abzustellen. Im HJ-Lager Langwasser bei Nürnberg wurden Leichkrankenhäuser mit ausreichender Bettenzahl sowie Ambulanzen, mit Ärzten und Feldscheren besetzt, eingerichtet. Eingerichtete Gesundheitsstationen in Schulen, ein Leichtkrankenhaus sowie eine ärztliche Zentralstelle zur Koordination aller gesundheitlichen Einrichtungen standen in Bamberg für die Versorgung von 7000 BDM-Führerinnen zur Verfügung.
Die Einrichtung der verschiedenartigen Schulen der Hitler-Jugend, der Landdienstlager und der Unterkünfte für die Jugendlichen, die im Osteinsatz tätig waren, mußten den von der RJF erstellten gesundheitlichen Anforderungen entsprechen. Ordnung und Sauberkeit der Küchen und Hygiene-Einrichtungen wurden durch in Abständen durchgeführte Inspektionen der zuständigen Gesundheitsdienstabteilungen überprüft. In größeren Schulen, wie z. B. den Adolf-Hitler-Schulen, Führerschulen und Sportschulen, waren hauptamtlich tätige Feldschere oder GD-Mädel bzw. -Führer oder -Führerinnen eingesetzt, die die gesundheitliche Versorgung durchführten und die, wenn geeignet, auch die gesundheitliche Schulungsarbeit übernahmen.
Einer besonders sorgfältigen Vorbereitung bedurften die *Lager für den Osteinsatz,* da diese räumlich und einrichtungsmäßig unter zum Teil primitiven Umständen eingerichtet werden mußten. Feldschere und GD-Mädel, die schon praktische Erfahrung in der Betreuung von Lagern aufweisen konnten, wurden in diesen Lagern eingesetzt, da die Versorgung von geeigneten örtlichen ärztlichen Kräften nicht immer gewährleistet war. Voraussetzung für die Teilnahme am Osteinsatz war vor der Einreise in die besetzten Ostgebiete für alle Jugendlichen, Führer und Führerinnen die Erbringung des Nachweises der durchgeführten Impfungen gegen Typhus und Paratyphus.
Durch Rundschreiben im Jahr 1943 wurde auf die Gefahr der Ausbreitung anstekkender Hautkrankheiten in den Lagern der HJ, besonders aber in den Lagern des Osteinsatzes im Kriege hingewiesen. Den Lagerärzten/Lager-Ärztinnen und den eingesetzten GD-Mädeln wurden Verhaltensregeln vermittelt, um Krätze, Läusebefall sowie der durch Eitererreger verursachten Hautkrankheit (impetigo cont.) zu begegnen, und wie man durch Sauberkeitsmaßnahmen in den Lagern diesen Erkrankungen vorbeugen konnte.
Als Schutzmaßnahme zur Verhütung von Infektionskrankheiten in Großlagern der HJ und den verschiedenen Schulen wurden Untersuchungen des Stuhls und des Urins sowie des Sputums aller Personen, die im Bereiche der Verpflegung tätig waren, vor ihrem Einsatz angeordnet. –
Die hautpamtlich tätigen Führer und Führerinnen, die an den Schulen der HJ (Adolf-Hitler-Schulen, Führerschulen, Haushaltungsschulen, Sportschulen, Landdienstlager) eingesetzt waren, hatten sich in Abständen Untersuchungen der Lungen, die mit einer Röntgen-Untersuchung verbunden waren, zu unterziehen. –
Alle Mitglieder der HJ waren gegen *Unfälle,* die bei dem *Dienst* in der HJ auftraten, durch eine Gemeinschaftsversicherung durch die Agrippina Köln *versichert.* Alle Teilnehmer/-innen von *Fahrten, Lagern, Großveranstaltungen, Sportfesten* sowie bzw. an *Kursen* oder *Lehrgängen* der verschiedenen Schulen sowie an dem Einsatz in den Ostgebieten waren außer der Unfall-Versicherung durch die Agrippina generell gegen auftretende *Krankheitsfälle* und deren notwendigen Behandlungen versi-

chert. Die Versicherung erfolgte durch die im Rahmen des vom Reichsschatzmeister für Zwecke der HJ bei dem Deutschen Ring abgeschlossenen kurzfristigen Gemeinschaftsversicherung. Kranken- und Unfallmeldungen hatten von den zuständigen Stellen des Gesundheitsdienstes umgehend an die Verwaltungsstellen der Gebiete oder Banne zu erfolgen.

Materialbeschaffung und Verwaltung

Das gesamte Material des Gesundheitsdienstes war Eigentum der HJ. Das Material wurde nach einschlägigen Bestimmungen der Verwaltungsdienstvorschriften der HJ *verwaltet:*

1. für den Reichsaufmarschstab der HJ im Gesundheits*amt* der RJF,
2. für die Belange der Gebiete in den Gesundheits*abteilungen*, für die Versorgung der Banne und Untergaue und deren nachgeordneten Einheiten in den GD-*Stellen*.

Mit der Verwaltung und Registrierung waren die zuständigen HJ- oder BDM-Apotheker/-innen beauftragt. Ihnen zu Hilfe wurden geeignete Feldscher- und BDM-Führer/-innen (nach Möglichkeit Studenten/-innen der Pharmazie oder Drogisten/-innen) eingesetzt.
Im Bedarfsfalle konnten auch im Bereich von Großbannen mehrere Materialstellen der GD-Stellen eingerichtet werden. Diese Lösung war für große Landbezirke mit weiten Entfernungen vorgesehen. Standen keine Apotheker/-innen zur Verfügung, so konnte die Leitung der Materialstelle auch bewährten Vertretern aus dem Feldscher- und GD-Mädel-Helferkorps übertragen werden.
Eingehende Dienstvorschriften wurden vom Gesundheitsamt der RJF zur Aufbewahrung und Pflege und Ausgabe des GD-Materials erlassen. Feldschere und GD-Mädel waren angewiesen, nach Erhalt ihrer Feldscher- bzw. GD-Mädel-Ausrüstung für deren Pflege und Sicherung sowie für ihre Auffüllung nach erfolgter Inanspruchnahme zu sorgen. Die Be- und Nachbestellung allen Gesundheitsdienstmaterials erfolgte zentral vom Amt für Gesundheit der RJF bei der Firma Omnia pro Medico. Die Anforderungen gelangten von den unteren Einheiten an die Gesundheitsstellen der Banne, die alle Anforderungen gesammelt an die zuständigen Gesundheitsabteilungen der Gebiete weiterleiteten, diese wiederum forderten in bestimmten Abständen Material beim Amt für Gesundheit der RJF an. –
Als Grundausrüstung mit Gesundheitsdienstmaterial war vorgesehen:

Jeder Junge und jedes Mädel	1 Verbandpäckchen
jeder Fähnleinführer	1 Koppeltasche
jeder Feldscher	2 Koppeltaschen
jedes Fähnlein und jede Gefolgschaft	1 Tornister
jeder Bann, Jungbann und Untergau	1 Feldscherzelt 1 Feldscherverbandkasten 4 Tragen
jede Gesundheitsabteilung	1 GD-Autozug mit genügend Material, um Sanitätsstationen zur Sicherung von etwa 5000 Mann aufbauen zu können.
jedes GD-Mädel und jede Jungmädel-Führerin	1 GD-Beutel
jede Führerin der GD-Mädel	1 GD-Tasche
jeder HJ-Arzt und jede BDM-Ärztin	1 Arzttasche
jede Feldscher-Sondereinheit	1 Tornister oder Kasten 2 Tragen auf je 15 Mann

jede Arbeitsgemeinschaft
für den Gesundheitsdienst 4 GD-Taschen
Zusätzlich zu den oben geschilderten Standardausrüstungen wurden von den Gesundheitsabteilungen der Gebiete Ausrüstungsgegenstände zur Versorgung von Lagern und Großveranstaltungen verwaltet. Je nach Größe und Lage der Gebiete standen für die Versorgung von Großeinrichtungen fahrbare Krankenstationen, Zahnarztstationen, Rö.-Einrichtungen und fahrbare Latrinen zur Verfügung. Ausreichend Wäsche für die Einrichtung von Krankenstationen und Gesundheitsdiensträumen sowie Schürzen und Tücher zur Einkleidung der GD-Mädel waren in den Gesundheitsdienst-Materiallagern vorhanden. Medikamente zur Lagerversorgung, die außerhalb der Standardausrüstung benötigt wurden, konnten örtlich beschafft werden.
Die detaillierte Aufstellung des Inhaltes der verschiedenen Feldscher- und GD-Mädel-Ausrüstungsgegenstände kann für die HJ der Ausbildungsvorschrift »Der Gesundheitsdienst der Hitler-Jugend« vom 1. 9. 1939, für den BDM dem Buch »Mädel im Gesundheitsdienst« entnommen werden.

41.5 Kriegseinsatz

(Siehe auch Anhang Abb. 47)

41.51 Kinderlandverschickung

Das große Sozialwerk der Hitler-Jugend im Kriege war die Kinderlandverschikkung, die in einer gesonderten Dokumentation eingehend behandelt wird und daher nur kurz an dieser Stelle gestreift zu werden braucht.
(Siehe Kap. 64 »Die Kinderlandverschickung«)
Durch Anordnung des Führers wurde im Herbst 1940 der Reichsleiter von Schirach mit der Unterbringung und Betreuung der 10 bis 14jährigen Jungen und Mädel, die aus luftgefährdeten Gebieten evakuiert werden und in Heimen, Hotels und Jugendherbergen klassenweise untergebracht werden sollten, beauftragt. Er bediente sich weitgehend der Hitler-Jugend, aber auch der NSV, des Reichserziehungs-, Innen- und des Verkehrsministeriums. Die Mitsprache bei der Auswahl der Unterkünfte, gesundheitliche Inspektionen der Unterkunft, Überwachung der Ernährung, Erstellung von Speiseplänen, Mitarbeit an der Tagesplangestaltung und die gesundheitliche Sicherung der Lager durch »Erste-Hilfe«-Maßnahmen und Betreuung Leichtkranker war die vorrangige Aufgabe des Gesundheitsdienstes der HJ. Die Lager wurden mit hauptamtlichen GD-Mädeln und Feldscheren besetzt. Die ärztliche Versorgung erkrankter Jugendlicher wurden in den Grenzen des Deutschen Reiches von Vertretern der kassenärztlichen Vereinigungen vorgenommen.
Für Großlager wurden hauptamtliche Ärzte/-innen zur Behandlung eingesetzt und Hilfskrankenhäuser für die Behandlung von Leichtkranken sowie Zahnstationen zur zahnärztlichen Versorgung eingerichtet.
Die Aufnahmegebiete errichteten zur Überwachung der KLV-Lager Inspektionsabteilungen, die mit hauptamtlichen Kräften des Gesundheitsdienstes, Ärzten/-innen, Feldscheren und GD-Mädeln besetzt waren. Die KLV-Lager, die in der Slowakei, Sudetenland, Ungarn, auch in Pommern, als Großlager in Badeorten untergebracht waren und eine Belegschaft von mehreren tausend Jugendlichen aufwiesen, wurden ausschließlich von hauptamtlichen Kräften des Gesundheitsdienstes versorgt.
Durch Abkommen mit der Wehrmacht, Notdienstverpflichtungen durch das Innenministerium, Einsatz von Ärztinnen, die aus familiären Gründen bislang ihre ärztli-

che Tätigkeit nicht mehr ausgeübt hatten, konnten trotz der Kriegszeiten genügend ärztliche Kräfte für dieses große Aufgabengebiet gefunden werden. Für rekonvaleszente Jugendliche wurden in jedem Aufnahmegebiet Erholungslager in landschaftlich schönen Gegenden unter gesundheitlicher Führung eingerichtet.
Wie für alle Lager und Heime der HJ waren auch vor der Entsendung Tauglichkeitsuntersuchungen, Impfaktionen und Auslese der Jugendlichen nach Beachtung der gültigen seuchenhygienischen Bestimmungen bindend.
Insgesamt wurden ca. 5 Mill. Jugendliche durch den Gesundheitsdienst der Kinderlandverschickung (KLV) betreut. Es arbeiteten an diesem großen Sozialwerk des Krieges im Gesundheitsdienst mit:
726 Lager-Ärzte und -Ärztinnen, außer den ungezählten örtlich ansässigen mitwirkenden Ärzten und Ärztinnen
125 Feldschere
390 Gesundheitsdienstmädel
278 Schwestern
94 Medizinstudentinnen
175 sonstige Kräfte des Pflegepersonals
(»Das junge Deutschland« 1943)

41.52 Einsatz als Notdienst in kriegsbedingten Situationen

Das Helfer- und Helferinnenkorps der Feldschere und GD-Mädel wurde für Notfälle zu den verschiedensten Kriegsdiensten herangezogen. Diese Einsätze wurden durch Vereinbarungen mit dem DRK, dem *Reichsluftschutzbund* und der NSV geregelt.
In Zusammenarbeit mit der NSV wurden *Flüchtlings-* wie *Evakuierungszüge* begleitet und bei Ankunft an den Zielorten die Notaufnahmelager betreut.
Erste-Hilfe-Maßnahmen wurden vom Helfer- und Helferinnen-Korps des Gesundheitsdienstes der HJ in *Luftschutzbunkern, Sammelluftschutzräumen, Bahnhofsdiensten* und im *Straßeneinsatz* nach Fliegerangriffen durchgeführt.
Der *Haupteinsatz* im Kriege wurde von Feldscheren und GD-Mädeln in *Zusammenarbeit* mit dem *Deutschen Roten Kreuz* erbracht. Das Deutsche Rote Kreuz war aufgrund des Genfer Abkommens vom 27. 7. 1929 als internationale freiwillige Hilfsorganisation anerkannt und ermächtigt, den amtlichen Sanitätsdienst der Wehrmacht und auch des Luftschutzes durchzuführen. Der Umfang dieser Aufgaben war groß und bedurfte einer Verstärkung durch ausgebildete Hilfskräfte, die von der HJ gestellt werden konnten. Durch Anordnungen vom 14. 10. 1939 und Veröffentlichung von Richtlinien für die Zusammenarbeit zwischen der HJ und dem Deutschen Roten Kreuz wurde festgelegt, daß das Deutsche Rote Kreuz die Ausbildung zum GD-Mädel als gleichwertig mit der Grundausbildung des DRK anerkannte (= DRK-*Helferin*). Um den GD-Mädeln und ihren Führerinnen eine Ausbildung als *Schwesternhelferin* zu ermöglichen und dadurch in den verschiedenen Sanitätsdiensten besser helfen zu können, wurde durch weitere Richtlinien festgelegt, daß GD-Mädel über 17 Jahre oder GD-Mädel des BDM-Werks »Glaube und Schönheit« an einer dreimonatigen Ausbildung als Schwesternhelferin teilnehmen konnten und so für spätere Einsätze im Sanitätsdienst zur Verfügung standen.
Diese so ausgebildeten Mädel trugen bei ihrem Einsatz im *Krankenpflegedienst,* im *Luftschutzsanitätsdienst,* die Tracht des »Roten Kreuzes« mit HJ-Abzeichen, in allen übrigen Einsätzen die GD-Kleidung des BDM. Als Ausrüstung sollten die GD-Mädel stets den GD-Beutel oder die GD-Tasche mit sich führen. –
Auch im Einzeleinsatz beteiligten sich im Gesundheitsdienst ausgebildete Hitler-Jun-

gen und BDM-Mädel an »Erste-Hilfe«-Maßnahmen nach *Bombenangriffen,* bei *Großfeuern* u. ä. kriegsbedingten Situationen. Es war angeordnet worden, daß Vertreter des Helfer- und Helferinnen-Korps des Gesundheitsdienstes in bombengefährdeten Gebieten stets die Gesundheitsdienst- oder Feldscher-Koppeltasche bei sich zu führen hatten.

41.53 Sammeln von Kräutern, Pilzen und Beeren

Von den Gliederungen der Hitler-Jugend hatten sich die Jungmädel und Pimpfe in den Kriegsjahren das Sammeln von Pilzen, Beeren, Wildfrüchten, Tee- und Heilkräutern zur Pflicht gemacht. Diese Sammelaktionen wurden vom Amt für Gesundheit der RJF zu einer gesundheitserzieherische Aufgabe erweitert.
Bei der Bergung der Wildfrüchte und Teekräuter wurde nicht der geldliche Wert und die Deviseneinsparung in den Vordergrund gestellt, sondern ihre gesundheitliche Bedeutung. Durch Veröffentlichungen wurde auf die Wichtigkeit der Heil- und Teekräuter für die Heilung von Krankheiten im Rahmen der häuslichen Krankenpflege hingewiesen. In der Anweisung »Kriegseinsatz im persönlichen Leben« machte man auf die Bedeutung einer vitaminreichen Ernährung durch Wildgemüsemahlzeiten aufmerksam. Durch Kochanweisungen für die Lager der HJ, praktisches Erproben von Wildgemüsegerichten in Führerschulen und Haushaltungsschulen versuchte man die Schulungsarbeit zu unterstützen. – Träger dieser mit der Sammelaktion verbundenen Erziehungsarbeit waren Ärzte/-innen des Gesundheitsdienstes sowie geeignete geschulte Vertreter aus dem Feldscher- und GD-Helferinnen-Korps.

Zusammenfassung

Der Gesundheitsdienst der HJ, der von der Grundidee der vorbeugenden Gesundheitspflege getragen wurde, würde in jugendmedizinischen Kreisen auch heute noch Anerkennung finden. Durch die gesundheitliche Sicherungsarbeit im Dienst der HJ gelang es, gesundheitlichen Schaden von der heranwachsenden Jugend abzuwenden. Die bis in die kleinste Einheit gegliederte Gesundheitsdienst-Organisation der HJ machte es möglich, jeden Jugendlichen anzusprechen und ihm die Werte einer gesunden Lebensführung zu vermitteln und ihn von der Pflicht zur Gesundheit an Leib, Seele und Geist für die Gemeinschaft zu überzeugen nach dem Leitsatz Baldur v. Schirachs: *»Du hast die Pflicht gesund zu sein«.*

42. Die Soziale Arbeit

42.1 Was verstand die Hitler-Jugend unter Sozialismus?

Sinn des Sozialismus bedeutete für die Hitler-Jugend, jedem Jugendlichen die Möglichkeit zur Entfaltung seiner Gaben und Fähigkeiten ohne Rücksicht auf seine Herkunft zu geben, ihn aber gleichzeitig die Verpflichtung erkennen zu lassen, die eigenen Kräfte zum Wohl des Volkes einzusetzen, was wiederum dem Einzelnen zugute kam.
Leistungsfähig und leistungsbereit – nicht leistungssüchtig – sollte der Jugendliche werden, um sich im Lebenskampf behaupten zu können. –
Der Klassenkampf war der Hitler-Jugend unbekannt; sie nannte sich 1926 auch »Hitler-Jugend – Deutsche Arbeiter-Jugend«. Denn alle Volksgenossen waren Arbeiter: »Arbeiter der Stirn und Arbeiter der Faust«, wie die Partei sie nannte.
In *Zusammenarbeit* mit den Dienststellen von *Partei* und *Staat* versuchte das *Soziale* Amt der Reichsjugendführung, alle Möglichkeiten zur Förderung der Jugendlichen zu erschließen und jugendgefährdende Elemente auszuschalten.
Bereits in der »Kampfzeit«, d. h. vor 1933, wurden die brennendsten sozialen Jugendfragen, wie Jugendpflege, Jugendfürsorge, Jugendsozialpolitik, aufgegriffen, und ein Nachrichtenblatt *»Soziale Arbeit«* von dem damaligen Sozialreferenten der Reichsjugendführung Fritz Krause – Reichsleitung der Hitler-Jugend – herausgegeben. –
War der Einfluß in der Weimarer Republik auch nicht bedeutend, so gelang es doch schon im Jahr 1932, 9000 Jugendliche zur Erholung zu verschicken.
Damals wurden schon die Fragen der Berufsberatung, der Kindergärten, der Fürsorge-Erziehung und der Lehrlingsheime, die Fahrpreis-Ermäßigung und die Regelung der Freizeit von Lehrlingen und jugendlichen Arbeitern auf dem Gebiet der Jugend-Sozialpolitik aufgegriffen und Lösungen vorbereitet.
Als erstes galt es 1933, die trostlose Lage zu erkennen, in der sich die Jugend nach dem verlorenen 1. Weltkrieg, nach Jahren der Inflation, den Reparations-Zahlungen und der Arbeitslosigkeit in gesundheitlicher und beruflicher Hinsicht befand. –

42.2 Erholungspflege und Freizeitaktion

Zur körperlichen Gesundung wurden Jungen und Mädel – getrennt nach Alter und Geschlecht – auf's Land verschickt.
Schon im 1. Jahr nach dem Regierungsantritt von Adolf Hitler gelang es, ca. 70 000 *erholungsbedürftige* Jugendliche kostenlos auf dem Land unterzubringen, davon 50 000 Jugendliche in Familien und Pflegestellen mit Hilfe der NS-Volkswohlfahrt (NSV), der restliche Teil – 20 000 – fand Aufnahme in Sommerlagern der Hitler-Jugend. (»Das junge Deutschland« 1941, Heft 1)
Um den Jugendlichen die Teilnahme an Veranstaltungen der Hitler-Jugend (z. B. Sommerlager, Fahrten, u.a.m.) überhaupt zeitlich zu ermöglichen, wurden mit den Verantwortlichen von Industrie, Handel und Handwerk entsprechende Vereinbarungen getroffen. –
Während der Schüler damals 72 Ferientage hatte, waren für den 14jährigen Lehrling nur 3 Tage im Jahr vorgesehen. Der Urlaub für die Jungarbeiter war nicht nur völlig unzureichend, sondern auch falsch gestaffelt, weil die in den Entwicklungsjahren befindlichen Jüngsten die geringste Freizeit bekamen. –

Die Forderungen der Hitler-Jugend nach mehr Freizeit für die Jugendlichen wurden in Werbekampagnen und in zähen Verhandlungen mit einzelnen Dienststellen und Betrieben immer wieder vertreten und schließlich 1937 bei Verwaltungen und Betrieben des Reichs durchgesetzt. (Vergl. Erlaß des Reichsfinanzministers, Anhang Abb. 48)
Erst durch das *Jugendschutzgesetz* (Gesetz über Kinderarbeit und über die Arbeitszeit der Jugendlichen v. 30. 4. 1938), das durch Initiative und unter Mitwirkung der Hitler-Jugend verbessert und erweitert wurde, konnten die Grundlagen für die Erholungszeiten aller Jugendlichen geschaffen werden. Der bezahlte Urlaub für Jugendliche unter 16 Jahren betrug danach 15 Werk-Tage und über 16 Jahre 12 Werk-Tage.
Für Jungen und Mädel, die an einem Lager oder einer Fahrt der Hitler-Jugend teilnahmen, wurde der Urlaub auf 18 Arbeitstage erhöht.
Einzelne Betriebe verlängerten diesen freiwillig auf 24 Tage. –
Den 18–21 jährigen Mädeln des BDM-Werkes »Glaube und Schönheit«, die offiziell nicht mehr dem Jugendschutzgesetz unterlagen, wurden aufgrund ihrer Zugehörigkeit zur Hitler-Jugend (BDM) ebenfalls drei Wochen Urlaub gewährt. –
Die Teilnahme an Jugend-Erholungslagern war neuartig und brachte für die Jugendlichen, die sich bisher keinen Urlaub leisten konnten, Erholung und Entspannung. –
Die Mehrzahl der Jugendlichen verbrachte den Urlaub in den Sommerlagern der Hitler-Jugend, die Jungen in Zeltlagern, die Mädel in Jugendherbergen. (Siehe Kapitel 27 »Fahrten, Wandern und Lager«).
Besonders erholungsbedürftige Jugendliche wurden in Zusammenarbeit mit der NS-*Volkswohlfahrt*, den Betrieben und den Jugendämtern der Deutschen Arbeitsfront auch in deren Heimen untergebracht. –
Zur Erreichung einer einheitlichen und zweckmäßigen Gestaltung der Erholungszeit in diesen Heimen anderer Träger übernahmen BDM-Führerinnen und Hitler-Jugend-Führer die Leitung der Freizeit nach einem Tagesplan, der *Sport, Spiel, Singen* und *Werken* – abwechselnd mit Ruhepausen – vorsah. Es wurde darauf geachtet, daß dem Jungarbeiter und der Jungarbeiterin im Sommer, den Jungbauern und Jungbäuerinnen im Winter Gelegenheit zur Erholung gegeben wurde.
Für viele Jugendliche war der Urlaub im Jugend-Lager der erste Urlaub ihres Lebens und wurde für sie zu einem großen Erlebnis.
Im Laufe der Zeit entwickelte sich in der Jugenderholungspflege in Zusammenarbeit mit der NS-*Volkswohlfahrt* und den staatlichen *Gesundheitsämtern* – nach erfolgter ärztlicher Untersuchung – (siehe Kapitel 41 »Der Gesundheitsdienst«) eine Aufteilung der Einweisungen in:

Erholungsheime der Hitler-Jugend für gesunde, jedoch erholungsbedürftige Jugendliche,
Erholungsheime der NS-Volkswohlfahrt (NSV) für Jugendliche, die einer ärztlichen Betreuung bedurften,
Erholungsheime der Gemeinden für spezielle ärztliche Behandlungen.

Zwischen dem *Reichsjugendführer* und dem Leiter der NS-*Volkswohlfahrt* wurde diese Entwicklung durch ein Abkommen vom 1. 1. 1942 geregelt, wonach das *Erholungswerk der Hitler-Jugend* die Verschickung und Betreuung der gesunden Jugendlichen zur Erhaltung und Förderung ihrer Gesundheit und die NSV-Jugenderholungspflege die pflegerische Betreuung der gesundheitgefährdeten Kinder und Jugendlichen übernahmen. –
Nach der Gründung des BDM-Werkes »Glaube und Schönheit« wurden für die 18–21jähringen Mädel – ihrem Alter entsprechend – mehr individuelle Erholungsmaßnahmen entwickelt (Unterbringung in Pensionen unter Leitung besonders ausgebildeter BDM-Führerinnen.) –

An den angesprochenen Erholungsmaßnahmen nahmen teil:
die 10–14jährigen ca. zu 80%
die 14–18jährigen ca. zu 60%
die 18–21jährigen Mädel zu 10%.

42.3 Berufsfördernde Maßnahmen – das Recht auf Ausbildung –

42.31 Berufsausbildung – Berufserziehung

Durch die große Arbeitslosigkeit und die damit einhergehende Unterernährung Anfang der dreißiger Jahre war die Jugend nicht nur gesundheitlich gefährdet, sondern auch in beruflicher Hinsicht mangelhaft ausgebildet. Deshalb versuchte die Hitler-Jugend bzw. der Bund Deutscher Mädel, durch Einwirkung auf die zuständigen Behörden, z. B. *Bevollmächtigter für den Arbeitseinsatz, Dienststelle des Vierjahresplanes, Deutsche Arbeitsfront, Reichsnährstand, Reichsanstalt für Arbeit,* zunächst der Jugend behilflich zu sein.
Vor der Reichspresse 1934 nannte in einem Vortrag der Chef des Sozialen Amtes *Axmann* nachstehende Maßnahmen, für die die Hitler-Jugend eintrete:
Vermehrung der Lehrstellen,
Verbesserung der Berufsausbildung,
Körperliche Ertüchtigung als Grundlage der beruflichen Leistungsfähigkeit,
Verbesserung der in der Volksschule erzielten Ergebnisse,
Zusätzliche Berufsschulung der gesamten Deutschen Jugend.
(»Das junge Deutschland« 1943)
Eine wesentliche Aufgabe nach 1933 war – außer der Erholungspflege – die *Beschaffung von Arbeitsplätzen* für die arbeitslose Jugend. So wurden z. B. städtische Mädel als Arbeitskräfte zu Bauern vermittelt. Um diesen den Übergang von der Stadt zum Land zu erleichtern, wurden sie unter Leitung fachkundiger BDM-Führerinnen in Umschulungslagern zusammengefaßt, die von der Reichsanstalt für Arbeitsvermittlung finanziert wurden. (Siehe Kapitel 44.4 »Die Gewinnung städtischer Jugend für das Land«).
Viele – auch begabte – Jugendliche, besonders Mädel, waren in ungelernter Arbeit tätig. Es wurde darauf eingewirkt, daß möglichst für alle Jugendlichen zur Ausbildung in allen Berufen Lehrplätze beschafft wurden. Die Hitler-Jugend forderte »das Recht auf Ausbildung«.
Besonders für die BDM-Führerinnen ergab sich – nicht nur aufgrund der augenblicklichen Notlage, sondern auch aus der Einstellung der damaligen Gesellschaft zur *berufstätigen* Frau überhaupt – eine besondere Aufgabenstellung mit emanzipatorischer Wirkung, wie man heute sagen würde.
Im 19. Jahrhundert war die Berufstätigkeit der Frau noch keine Selbstverständlichkeit, sondern wurde zum Teil sogar abgelehnt. Der 1. Weltkrieg erforderte jedoch den vollen Einsatz der Frauen im Beruf. Meist unvorbereitet, an schlechten, für Frauen wenig geeigneten Arbeitsplätzen, hat die Frauengeneration des 1. Weltkrieges oft Heldenhaftes geleistet. Obwohl es lebensgesetzlich die eigentliche Berufung der Frau ist, Mutter einer Familie zu sein und das Mädel frühzeitig auf diese Aufgabe vorbereitet werden sollte, kam man im BDM doch zu der Erkenntnis, daß jedes Mädel eine Berufsausbildung haben sollte, nicht nur, um sich selbst ernähren zu können, sondern auch der unverheirateten Frau einen Lebensinhalt und der verheirateten – später, wenn die Kinder erwachsen sind – wieder eine *Aufgabe* zu geben.

Für den BDM ergab sich zusätzlich die Aufgabe, auf die Eltern entsprechend einzuwirken, weil diese oft eine qualifizierte Ausbildung für das Mädel – weil es ja doch heiraten würde – als überflüssig ansahen. Es galt, den Eltern klarzumachen, daß die Frau nicht nur hauswirtschaftlich, sondern, beruflich ausgebildet, in der Volkswirtschaft ebenso gebraucht wird wie der Mann, und daß sie gerade durch ihre weibliche Eigenart die Vielseitigkeit des Berufslebens bereichert.
Die Reformierung der weiblichen Berufe und die Schaffung von geeigneten Arbeitsplätzen – insbesondere von Lehrstellen – war für die *weibliche* Jugend besonders wichtig.
In Zusammenarbeit mit dem *Reichsinstitut für Berufsausbildung* in Handel und Gewerbe wurden die Beschäftigungs- und Ausbildungswege sowie die Berufsbilder für alle Jugendlichen überprüft und ggf. neu entworfen. Bei der Erstellung solcher Pläne wirkte die Reichsjugendführung – Hitler-Jugend und Bund Deutscher Mädel – aktiv mit.
Auf dem Sektor Berufserziehung wurde in Verhandlungen mit dem Reichserziehungsministerium (Berufsschulen) erreicht, daß der Jugend nicht nur den *neuen* Berufsbildern entsprechend eine gute theoretische Ausbildung gegeben, sondern auch eine positive Einstellung zur Arbeit vermittelt wurde: die Erkenntnis, daß nur der Leistungsbereite im Leben Erfolg hat.

42.32 Berufsaufklärung – Berufslenkung

Während es seit Menschengedenken für die *männliche* Jugend selbstverständlich war, irgendeine Berufstätigkeit auszuüben, sei es z. B. als Bauer, Handwerker oder im Handel, hatte die *weibliche* Jugend ihren Wirkungskreis vorwiegend in Heim und Familie gefunden.
Durch die Industrialisierung und durch die soziale Umwandlung der Gesellschaft waren jedoch viele Jugendliche in ihrer Berufswahl verunsichert, was besonders die weibliche Jugend betraf.
Der Staat hatte bisher den Jugendlichen durch die Berufsberatung Hilfe gegeben. Die Hitler-Jugend, die erkannte, wie wertvoll eine Berufsaufklärung und Nachwuchslenkung wäre, übernahm deshalb deren Durchführung in den zur Berufswahl anstehenden Jahrgängen und konnte – vor allem mit ihrer Erziehung zu einem neuen Arbeitsethos – die staatliche Berufsberatung und Lehrstellenvermittlung wesentlich unterstützen.
Nach einer Vereinbarung vom 31. Juli 1934 zwischen dem *Reichsjugendführer* und der *Reichsanstalt für Arbeitsvermittlung und Arbeitslosenversicherung* sollte die Berufsberatung im Einvernehmen mit dem Sozialen Amt der Reichsjugendführung durchgeführt werden. Dieses Amt führte deshalb in gewissen Zeitabständen gemeinsame Lehrgänge für Sozial-Abteilungsleiter-innen und Berufsberater-innen durch.
Durch berufskundliche Heimabende, Betriebsbesichtigungen, berufskundliche Ausstellungen, durch Jugendbeiträge in Film, Funk und Presse bemühte sich die Hitler-Jugend von ihrer Seite aus, die Jugendlichen ihren Begabungen und den wirtschaftlichen Notwendigkeiten entsprechend zu beraten und zu lenken.
Fast neuartig war es, die *weibliche* Jugend in erhöhtem Maß einer echten Berufsausbildung bzw. Lehre zuzuführen. Nur in wenigen Fällen, in denen eine undifferenzierte Arbeit auszuführen war, wurde zumindest ein *Anlernverhältnis* gefordert.
Die Pflicht zur »hauswirtschaftlichen Ertüchtigung« der weiblichen Jugend, die der Reichsjugendführer Baldur von Schirach im Januar 1938 forderte, sollte die Mädel für den in der gesamten Volkswirtschaft vernachlässigten Sektor »Hauswirtschaft«

aufgeschlossen machen, sei es für eine spätere Berufswahl in dieser Richtung oder zumindest zur Aneignung notwendiger Grundkenntnisse.
(Siehe Kapitel 28 »Die hauswirtschaftliche Ertüchtigung«).
Jedem Mädel war nach 1933 die Möglichkeit einer nahezu freien Berufswahl – selbst die des Flugkapitäns! – gegeben.
Im Vordergrund der Berufsaufklärung, gemeinsam mit den zuständigen Behörden und durch Aufklärung und Werbekampagnen des Bundes Deutscher Mädel unterstützt, standen jedoch für die kommende Frauengeneration die Berufe des Helfens, Heilens und Erziehens, was nicht aus Traditionsgründen erfolgte und auch nicht als »erworbenes Rollenspiel« gedacht war. Das ergab sich aus der Erkenntnis, daß die Frau dem Mann nicht gleichartig, wohl aber gleichwertig ist, und daß sie ihre beste Erfüllung und damit auch optimale Auswirkung in den Berufen findet, die ihrer Art, ihren Fähigkeiten und Neigungen am besten entsprechen.
Helfen konnte z. B. die Hausgehilfin, aber auch die Juristin im Jugend- und Familienrecht innerhalb der Frauen- und Jugenddienststellen; heilen konnten die Schwestern und Ärztinnen; erziehen die Kindergärtnerinnen und Lehrerinnen.
Ein Einsatz auf diesem erzieherischen und sozialen Sektor, der am besten der weiblichen Veranlagung entsprach, diente gleichzeitig den völkischen Interessen und der Erhaltung der Familie.
Während es zunächst galt, für die Jugendlichen Lehrstellen zu finden, fehlten – nach dem Aufschwung der Wirtschaft – gute Facharbeiter. Umso wichtiger wurde eine gute Berufsaufklärung und -lenkung.
Die Zusammenarbeit zwischen Hitler-Jugend und Berufsberatung ergab zwangsläufig einen stärkeren Kontakt miteinander. So meldeten sich ältere HJ-Führer und BDM-Führerinnen für die Laufbahn als *Berufsberater/in*, wohingegen manche jüngere Berufsberater aktiv in der Hitler-Jugend (BDM) tätig wurden.

42.33 Betreuung am Arbeitsplatz durch das Jugendamt der DAF

> *»In einen Abkommen zwischen dem Reichsjugendführer v. Schirach und dem Reichsorganisationsleiter der NSDAP Dr. Ley vom 10. Februar 1937 wurde bestätigt, daß die Hitler-Jugend allein für die Ertüchtigung der Jugend auf allen Lebensgebieten verantwortlich sei und vereinbart, daß der Jugendführer des Deutschen Reiches seine besondere Aufmerksamkeit der Berufserziehung widmen und die Jugend aufrufen werde, sich den Maßnahmen der beruflichen Ertüchtigung in der DAF zu unterziehen.«* (DAF = Deutsche Arbeits-Front)
> (»Das junge Deutschland« 1943, Heft 1/2)

In einem weiteren Abkommen vom 1. 11. 1938 wurde festgelegt, daß der Reichsjugendführer, zugleich auch der Jugendführer des deutschen Reiches, allein bevollmächtigt sei, für alle *sozialen* Jugendfragen, und daß das *Jugendamt* der DAF im Rahmen der Deutschen Arbeitsfront für die Steuerung der Durchführung der gesamten *berufs-* und *sozialpolitischen* Arbeit an der werktätigen Jugend verantwortlich ist.

> *»Durch den Chef des Sozialen Amtes der Reichsjugendführung erhält der Leiter des Jugendamtes der DAF Richtlinien, Wünsche und Anregungen des Reichsjugendführers und des Jugendführers des Deutschen Reiches.«*
> (Kaufmann: »Das kommende Deutschland«, 1943)

Wesentlich war die Betreuung der Jugend am Arbeitsplatz, die vom Jugendamt der Deutschen Arbeitsfront (DAF) durchgeführt wurde. Die *Jugendwalterfunktionen*, von der Reichsleitung der Deutschen Arbeitsfront bis in die Betriebe, wurden, um die Einheitlichkeit der Erziehung und Betreuung der Jugend zu garantieren, von

HJ-Führern und BDM-Führerinnen wahrgenommen, die meistens gleichzeitig auf dem sozialen Sektor in der Hitler-Jugend (BDM) tätig waren.
In Betrieben, in denen mehr als 15 Jugendliche beschäftigt waren, wurden Betriebsjugendwalter bzw. -mädelwalterinnen eingesetzt. In kleineren Betrieben war der Ortsjugendwalter bzw. die Ortsmädelwalterin für die Betreuung der Jugendlichen verantwortlich.
Orts- und Betriebswalter und Mädelwalterinnen erhielten eine entsprechende Ausbildung und wurden für die Betreuung und Beratung der jungen Betriebsangehörigen eingesetzt, weil diese durch ihren Eintritt in das Arbeitsleben – im allgemeinen mit 14 Jahren – oft noch gefährdet waren, nicht nur gesundheitlich, sondern auch sozial und sittlich.
Dieses galt besonders für die *Mädel*, von denen 1938 allein 1,5 Millionen in Industrie und Gewerbe arbeiteten.
19707 Betriebsmädelwalterinnen – von denen 8000 im Gesundheitsdienst ausgebildet waren – und 25306 Betriebsjugendwalter sorgten für die Gesunderhaltung, den Rechtsschutz und für eine gute Ausbildung der Jugend.
(Stand 1939: »Das kommende Deutschland«).
Vorbedingung für dieses Ehrenamt war eine abgeschlossene Berufsausbildung und Ableistung der Arbeitsdienst- und für die Jugendwalter der Wehrpflicht.
Die Jugendwalter und Mädelwalterinnen mußten darauf achten, daß folgende Anordnungen bzw. Hinweise, die auf Anregung der Hitler-Jugend von der Deutschen Arbeitsfront an die Betriebe gegeben wurden, eingehalten bzw. durchgeführt wurden:

Schaffung gesunder Arbeitsplätze,
Ausschöpfung von Berufsmöglichkeiten,
Einrichtung von Lehrwerkstätten,
Durchführung hauswirtschaftlicher Kurse für *Mädel*.

Außerdem war es ihre Aufgabe, die Jugendlichen zur Teilnahme an berufsfortbildenden Arbeitsgemeinschaften (Scheinfirmen, Übungsfirmen o.ä.) anzuregen.
Wichtig war auch die Überwachung der Bestimmungen des Jugendschutzgesetzes vom 30. 4. 1938, das auf Initiative der Hitler-Jugend erlassen wurde und eine Verbesserung der bisherigen Schutzbestimmungen darstellte. Darin wurde u.a. die Kinderarbeit verboten, für Jugendliche Akkord- und Nacht-Arbeit untersagt und der Jugend erhöhter Urlaub zugesprochen. (Siehe Kapitel 43 »Rechtsarbeit«)
In gewissen Zeitabständen wurden von den Jugendwaltern und Mädelwalterinnen Jugendbetriebsappelle durchgeführt, in denen Losungen – von Liedern umrahmt – für den Arbeitseinsatz bekanntgegeben, für den Berufswettkampf geworben oder zum Abschluß der Lehrzeit eine Würdigung der jungen Gesellen vorgenommen wurde.
Außerdem mußten die Jugendwalter und Mädelwalterinnen darauf achten, daß nach den von der Reichsjugendführung festgelegten Richtlinien innerhalb der Arbeitszeit sportliche Übungen durchgeführt wurden als Ausgleich für eine oft einseitige Berufstätigkeit der Jugendlichen.
Jugendprobleme, die sich im Betrieb ergaben, wurden mit dem Betriebsobmann oder dem Betriebsleiter besprochen; an den sich dadurch ggf. ergebenden Änderungen der Betriebsordnung wurde mitgearbeitet.
Die Jugendlichen fanden jederzeit Schutz, Rat und Hilfe bei ihren Jugendwaltern bzw. Mädelwalterinnen.

42.4 Der Reichsberufswettkampf

42.41 Der Wettkampf

Der Berufswettkampf, ursprünglich gegründet durch den *Deutschen Handlungsgehilfenverband* (DHV), wurde von der Hitler-Jugend auf *alle* werktätigen Jugendlichen *erweitert.*
1934 wurde der Berufswettkampf der Hitler-Jugend erstmalig gemeinsam mit der Deutschen Arbeitsfront (DAF) veranstaltet. Einmal jährlich traten die Jugendlichen an, um ihr berufliches Können zu zeigen und zu messen. Für die *Landjugend* war dabei der *Reichsnährstand* mitverantwortlich. (Siehe Kapitel 44 »Bauerntum u. Landdienst«)
Studenten beteiligten sich ab 1936 am »Berufswettkampf der Deutschen Studenten«, für den Rahmenthemen erstellt und gruppenweise bearbeitet wurden.

> *»Zur Durchführung des Berufswettkampfes hatte der Leiter der Deutschen Arbeitsfront eine Führungsstelle errichtet, die die Bezeichnung trägt: Führungsstelle für den Berufswettkampf aller schaffenden Deutschen. Auf personellem Gebiet ist durch die Berufung maßgebender HJ-Führer die Zusammenarbeit von HJ und DAF bei Durchführung des Gesamtwettkampfes gesichert worden. Die Führungsstelle für den Berufswettkampf ist dem Reichsorganisationsleiter und dem Reichsjugendführer unmittelbar verantwortlich. Zur Durchführung des Reichsberufswettkampfes besteht eine Anzahl Vereinbarungen mit Partei- und Staatsdienststellen, die sich personell und materiell an ihm beteiligen.*
> *Das Gerippe des RBWK sind die Wettkampfleitungen. Sie werden von den Fachämtern der DAF eingesetzt. Für jeden Wettkampfort wird darüber hinaus ein Gesamtwettkampfleiter, der die einzelnen Wettkampfleitungen der Berufe zusammenfaßt, durch die Gauwaltung der DAF berufen. In der Wettkampfleitung befinden sich u. a. Gefolgschaftsmitglieder, Berufsschullehrer, Betriebsführer und Handwerksmeister. In den Kreisen und Orten des Reiches treten zur Durchführung der Werbearbeit und der Unterstützung aller am Berufswettkampf interessierten Dienststellen die Ausschüsse für den RBWK zusammen. In diesen Ausschüssen sind Vertreter der Partei, der DAF, der HJ, der übrigen Formationen, der Wehrmacht, der Behörden, des Handwerks und der Wirtschaftsorganisationen tätig. Diese Ausschüsse pflegen die praktische Verbindung zu den einzelnen Wettkampfleitungen.*
> *Teilnahmeberechtigt ist jeder Deutsche arischer Abstammung. Durch die Hereinnahme fremdvölkischer Arbeitskräfte ins Reich ergeben sich für die Zeit nach diesem Krieg neue Gesichtspunkte. Zur Teilnahme am RBWK sind auch solche Körperbehinderte berechtigt, die neben ihrer Behinderung eine solche Begabung zeigen, daß ihnen trotz ihrer körperlichen Mängel und in Anerkennung ihres Willens, sich mit den übrigen Volksgenossen im Wettbewerb zu stellen, die Versagung der Teilnahme als eine unbillige Härte erscheinen müßte. Der Wettkampf erfolgt in verschiedenen Leistungsklassen und auf Orts-, Kreis-, Gau- und Reichsebene.«* (Kaufmann »Das kommende Deutschland« 1943; siehe auch Anhang, Abb. 47)

Erstmalig hatte eine Jugendorganisation sozialpolitische, wirtschaftliche und zugleich berufsfördernde Maßnahmen solchen Umfangs ergriffen.
Der erste Reichsberufswettkampf wurde im April 1934 vom Reichsjugendführer Baldur v. Schirach auf der Zeche Friedrich Ernestine in Essen mit einer Großkundgebung eröffnet. Dabei führte der Reichsjugendführer u. a. aus:

> *»Es muß unsere Aufgabe sein, die sozialistische Idee dieses Berufswettkampfes von Jahr zu Jahr klarer herauszuarbeiten und den Berufswettkampf zum Wahrzeichen*

der antikapitalistischen Gesinnung des heranwachsenden Deutschen zu gestalten. . . .«

»Der arbeitende Mensch und nicht der Kapitalist gestaltet das Schicksal der Nation; nicht das Geld, sondern die schöpferischen Leistungen entscheiden. So will ich den Berufswettkampf verstanden wissen als die entschlossene Demonstration einer geeinten Jugend, für den Adel der Arbeit gegen den Geist des Profits! . . .«

Höhepunkt und Abschluß des Reichsberufswettkampfes war die End-Ausscheidung unter den Gausiegern in einem Reichskampf. 1934 fand dieser in Berlin, 1935 in Saarbrücken, 1936 in Königsberg, 1937 in München, 1938 in Hamburg und 1939 in Köln statt.

Als Auszeichnung wurden die Reichssieger am 1. Mai, dem Tag der Arbeit, dem Führer in der Reichskanzlei in Berlin vorgestellt. –

Ausgehend von dem Wettkampf der Handlungsgehilfen vor 1933 konnten die Wettkampfgruppen im schrittweisen Ausbau auf 900 Wettkampfgruppen erweitert werden.

Die nachstehenden Zahlenbeispiele geben einen Überblick über die Entwicklung des RBWK.

Während an den Berufswettkämpfen vor 1933 ca. 30 000 Jugendliche teilnahmen, gab es

1934	ca. 500 000 Teilnehmer
1935	ca. 750 000 Teilnehmer
1936	ca. 1 200 000 Teilnehmer
1937	ca. 1 800 000 Teilnehmer
1938 einschl. der Erwachsenen	ca. 2 800 000* Teilnehmer
1939 einschl. der Erwachsenen	ca. 2 500 000* Teilnehmer.

(Siehe Anhang, Abb. 49)

(* In diesen Zahlen sind 632 967 Erwachsene enthalten.)

»Die Zahl der Wettkampforte erhöhte sich von 2000 im Jahr 1934 auf 4500 im Jahr 1937, dem Jahr des letzten reinen Jugendwettkampfes.

In den Wettkampf-Ausschüssen wirkten 1934 etwa 100 000 Mitarbeiter und Mitarbeiterinnen mit; im Jahr 1937 waren über 300 000 Wettkampfleiter und -prüfer tätig.« (Kaufmann: »Das kommende Deutschland«, 1943)

Die Wettkampfforderungen bestanden in praktischer Berufsleistung und Berufstheorie, Deutsch, Rechnen, allgemeine Staatskunde, Sport und bei den Mädeln außerdem Hauswirtschaft.

Die in jedem Jahr erstellten Leistungs-Statistiken ergaben ein genaues Bild der Arbeits- und Ausbildungs-Situation und deren weitere Entwicklung in der Wirtschaft. So hatte sich z. B. gezeigt, daß die Werkschule die besten theoretischen und die Lehrwerkstätten die besten berufspraktischen Ergebnisse vorweisen konnten. (Siehe Anhang, Abb. 50)

Die Rückgabe der Wettkampf-Arbeiten an die Jugendlichen sollte Schwächen und Stärken ihrer Begabungen aufzeigen, was für die berufliche Weiterentwicklung von großem Nutzen war.

Die positive Einstellung zur Arbeit, die ständige Steigerung der Leistung im Wettkampf mit Gleichaltrigen wirkten sich zugunsten des beruflichen Fortkommens, zugleich aber auch in einer Leistungssteigerung für die Volkswirtschaft aus, die wiederum allen zugute kam. –

Reichseinheitliche Ausbildungsrichtlinien für die einzelnen Berufsgruppen und die gleiche Bewertung der Ausbildung entfachten auch unter Meistern und Ausbildern Eifer und Freude am Wettkampf.

Ferner wurden auch Stärken und Schwächen der Betriebe erkannt. Es bedurfte oft nur noch eines kleinen Anstoßes von seiten der DAF, um nicht nur die Weiterbildung und Förderung der Sieger in den Orts-, Gau- und Reichswettkämpfen – unab-

hängig von ihrer sozialen Herkunft – zu erreichen, sondern in den Betrieben auch Lehrwerkstätten und Berufsschulunterricht einzuführen.
Der Berufswettkampf war ein Zeichen dafür, daß *Jungen* und *Mädel* ihren Beruf nicht hinter Spiel, Sport, Lager und Fahrt zurückstellten, sondern, daß sie bei allen Jugendträumen auf dem Boden der Wirklichkeit standen und die Forderung des Tages erkannten.
Der *weiblichen* Jugend war erstmals in der Geschichte die Möglichkeit gegeben, gleichwertige Ausbildungsmöglichkeiten wie die männliche Jugend wahrzunehmen und sich ihrem Können entsprechend zu entfalten.
Der Berufswettkampf, der 1938 zum Reichsberufswettkampf aller schaffenden Deutschen erklärt wurde – seit diesem Zeitpunkt nahmen auch Erwachsene daran teil – und für den das ganze Jahr hindurch Tausende selbstloser Menschen aus der Hitler-Jugend, dem Bund Deutscher Mädel und der Deutschen Arbeitsfront, aus Betrieben und Berufsschulen mitwirkten, wurde vom Reichsjugendführer v. Schirach als »Olympiade der Arbeit« bezeichnet.
Der spätere Reichsjugendführer Axmann (von 1933–1940 als Chef des Sozialamtes der RJF und Obergebietsführer für die Sozialarbeit der Hitler-Jugend verantwortlich) sagte dazu:

»Es gibt nur einen eisernen Grundsatz, nach dem die Jugendbewegung Adolf Hitlers gewertet und gewichtet wird: Die Leistung für die Gemeinschaft.«

Die *Reichsreferentin* für den *Bund Deutscher Mädel* Dr. Jutta *Rüdiger* führte 1938 aus:

»Seit vier Jahren bekennt sich die Jugend zum Reichsberufswettkampf. Der Reichsberufswettkampf – ein Symbol unserer Jugendarbeit schlechthin – trifft eine Auslese junger Menschen, die vergleichbar ist den Gesetzen des Lebenskampfes und führt den Leistungsfähigen schneller zum Ziel. –
Unserer Weltanschauung entsprechend, fordern wir den Einsatz des ganzen Menschen zu körperlicher und beruflicher Ertüchtigung. Wir wollen den jungen und leistungsfähigen Menschen formen, der verankert ist in seiner Heimat und seinem Volk.
Die Bereitschaft des Einzelnen zum Dienst hat in diesen vier Jahren zu einer Leistungssteigerung der gesamten Jugendarbeit geführt. Der Reichsberufswettkampf 1938 ist zum Berufswettkampf aller Schaffenden erklärt worden. Aber auch in diesem Jahr soll die Jugend vorangehen, tatenfreudig und opferbereit.
Und ihr Mädel sollt zeigen, daß ihr durch Sport froh und gesund, durch berufliche Arbeit leistungsfähig seid und auch die hauswirtschaftlichen Arbeiten beherrscht. Ihr sollt beweisen, daß die deutschen Mädel die Aufgaben, die unserem Volk gestellt werden, ihrer Art entsprechend mit anpacken und lösen.« –

Der Reichsberufswettkampf wurde zu einem Symbol der Hitler-Jugend. Keine Jugendbewegung zuvor hat ihr sozialpolitisches Wollen mit so tiefgreifender Wirkung in die Tat umgesetzt.

42.42 Die Begabtenförderung

Die Begabtenförderung ergab sich zwangsläufig aus dem Reichsberufswettkampf. Aus wirtschaftlichen Gründen hatten 21% der Sieger und Siegerinnen einen Beruf ergreifen müssen, der ihren Wünschen nicht entsprach. Dabei ist nochmals zu bedenken, aus welch schwierigen sozialen Verhältnissen – Vermögensverlust und Arbeitslosigkeit der Väter nach dem 1. Weltkrieg – die meisten Jugendlichen kamen. So konnten sie oft nicht die berufliche Ausbildung erhalten, die ihren Fähigkeiten entsprochen hätte. Z.B. hatten einige Reichssieger des Reichsberufswettkampfes

als Laufburschen angefangen; ein Reichssieger war noch 8 Wochen vor seinem Sieg arbeitslos. Eine Reichssiegerin meinte auf die Frage, was sie nun lernen wolle, daß es für sie diese Frage nicht gäbe, da sie für jüngere Geschwister sorgen müsse und deshalb die sich ihr bietende Arbeit in einer Zigarrenfabrik annehmen müsse.
69% der Reichssieger hatten von Hause aus keinerlei finanzielle Möglichkeiten zur Weiterbildung; ihnen sollte der Weg über alle wirtschaftlichen und sozialen Hindernisse hinweg frei gemacht werden zum beruflichen Aufstieg.
(Siehe Anhang, Abb. 51)
Die Förderung der Kreis-, Gau- und Reichssieger des Reichsberufswettkampfes gab das Beispiel für zahlreiche fördernde Maßnahmen einzelner Betriebe oder Berufsgruppen; Maßnahmen die sich in dem Umfange vermehrten, wie der wachsende Mangel an Facharbeitern eine Ausschöpfung aller im Betrieb verfügbaren Kräfte und Reserven an Ungelernten gebot. Die Bezeichnung »Sieger-Förderung« trat bewußt hinter der Bezeichnung »Begabtenförderung« zurück, um damit herauszustellen, daß nicht nur die Sieger des RBWK, sondern alle begabten Kräfte unseres Volkes gefördert werden sollten.
Gemäß der nationalsozialistischen Weltanschauung wurden nicht nur die schulischen, sondern auch die im Arbeitsprozeß sichtbar werdenden Begabungen erfaßt. Bald war nicht mehr zu übersehen, was auf dem Gebiet der deutschen Begabtenförderung alles geschah. Dieser wachsenden Unordnung setzte die Jugend ihre Forderung nach einer zentralen Planung und Lenkung der Begabtenförderung entgegen. Es sollte nicht mehr nach betriebs- oder berufsegoistischen Interessen, sondern allein nach den Gesichtspunkten der im Reichsberufswettkampf bewährten Auslese gefördert werden. Das Ergebnis dieser Bestrebungen war das im Juli 1939 vom Reichsorganisationsleiter, Reichswirtschaftsminister und Jugendführer des Deutschen Reiches unter der Schirmherrschaft des Beauftragten für den Vierjahresplan ins Leben gerufene *»Begabtenförderungswerk des Deutschen Volkes«*. Durch Zusammenfassung der Mittel von Partei, Staat, Gemeinden und Wirtschaft und deren Lenkung nach einheitlichen Gesichtspunkten sollte der Punkt 20 des Parteiprogrammes verwirklicht werden, der »die Ausbildung besonders veranlagter Kinder armer Eltern ohne Rücksicht auf deren Stand oder Beruf auf Staatskosten« forderte.
Gerade im Krieg war der Mangel an Fachkräften größer denn je. Da zu dieser Zeit der Reichsberufswettkampf ausgesetzt war, wurden ab 1941 Ausleselager durchgeführt. Voraussetzung für eine Teilnahme war neben einer guten Begabung – nachgewiesen z.B. durch gute Facharbeiterprüfung, entsprechende Beurteilung der Berufsschule – Bewährung im Betrieb.
(Siehe Anhang, Abb. 52)
In diesen Lagern konnten auch die Bereitschaft zur Zusammenarbeit mit anderen sowie etwaige Führungsfähigkeiten erkannt werden.
Auch auf die Förderung begabter *Mädel* und *Frauen* – in eigenen Lagern erfaßt – wurde ein besonderes Augenmerk gerichtet.
Die Teilnehmer der Ausleselager wurden von Fachleuten sowie von Ärzten und Psychologen geprüft; den Begabungen entsprechend, wurden dann die notwendigen Maßnahmen zur Förderung (auch in künstlerischen Berufen) ergriffen.
Maßnahmen der Förderung waren z.B.: bei Un- und Angelernten die Überführung in ein Lehrverhältnis, Verkürzung der Lehrzeit, Besuch von Abendlehrgängen und Fachschulen, bezahlte wirtschaftskundliche Fahrten, Buch- und Werkzeug-Stiftungen seitens der Betriebe.
Hochbegabten wurde – im Zusammenwirken mit der *Reichsstudentenführung* – über das *Langemarck-Studium* die *akademische* Laufbahn ermöglicht.
So wurden für alle Zweige der Wirtschaft, der Technik, der Wissenschaft und Kunst junge Talente gefördert und herangebildet.

42.5 Jugendwohnheime

Trotz der Erkenntnis, daß nur die Familie den Jungen und Mädeln Geborgenheit geben kann, sah die *Reichsjugendführung* die Notwendigkeit, Jugendwohnheime – *getrennt* nach Jungen und Mädeln – für Jugendliche einzurichten, die fernab vom Elternhaus einer Berufsausbildung nachgehen mußten.
Lehrlingsheime existierten bereits. Das erste wurde 1864 in Stuttgart vom »Stuttgarter Jugendverein« gegründet. Für die Heime gab es die verschiedensten Träger. Die von den Konfessionen betreuten Heime wurden im allgemeinen gut geführt; die übrigen aber waren – mehr oder weniger – beaufsichtigte Schlafstellen und deshalb einer gewissen Gefährdung ausgesetzt.
Schon die Namensgebung »Jugendwohnheim« sollte aussagen, daß die Jugendführung bestrebt war, den Jugendlichen – soweit möglich – das Elternhaus zu ersetzen, ihnen Geborgenheit zu geben, um sie vor den Gefahren der Großstadt zu bewahren.
Die Hitler-Jugend erreichte, daß vom Reichsministerium des Innern ein Erlaß herausgegeben wurde, der die Gemeinden als Bauträger, den Reichsschatzmeister der NSDAP als Wirtschaftsträger dieser überbetrieblichen Heime und die Hitler-Jugend für die Erziehung und Betreuung der Heimbewohner verantwortlich machte – die erste reichseinheitliche Regelung auf diesem Gebiet.
Mit der Leitung der Heime wurden erfarene Jugendführer und Jugendführerinnen betraut, die für das Zusammenleben im Heim in jugendgemäßer Form verantwortlich waren.
Diese Wohnheim-Führer und -Führerinnen erhielten eine sorgfältige Ausbildung, um ihrer verantwortlichen Arbeit gerecht werden zu können. Zu diesem Zweck wurden Schulen für Heimführer und -führerinnen sowie für Heimerzieher und -erzieherinnen errichtet.
Bevorzugt wurden Heim-Eltern, die eigene Kinder hatten, damit sie die Jugendlichen in ihre Familie integrieren konnten.
Abgesehen davon, daß die jugendlichen Heimbewohner an den Heimabenden und Veranstaltungen ihrer zuständigen Einheiten teilnahmen, wurde aber auch ihre übrige Freizeit jugendgemäß gestaltet. Außer einer musischen Betätigung konnten Jungen und Mädel werken oder die Mädel Hauswirtschaft erlernen. Auch hier hat sich das Prinzip der Selbstführung bewährt.
Die Schlafräume in den Jugendwohnheimen sollten nicht zu groß sein und möglichst nicht mehr als 3 bis 5 Betten enthalten, die Aufenthaltsräume sollten gemütlich sein. Gerade bei den Mädeln, die später einmal ihrer künftigen Familie das Heim gestalten sollten, wurde auf eine – wenn auch einfache – so doch geschmackvolle Einrichtung Wert gelegt, um damit auch erzieherisch einzuwirken.
Im Jahr 1941 betreute das Soziale Amt der Reichsjugendführung 354 Jugendwohnheime, deren Belegschaft im allgemeinen jeweils aus 20 bis 30 Jungen *oder* Mädel, in einigen Fällen aber auch aus 100 bis 120 Jugendlichen – meist Jungen – bestanden.
Wo erforderlich, wurden die Jugendwohnheime noch durch Aufenthaltsräume für Fahrschüler und Lehrlinge erweitert.
In diesem Zusammenhang sind die noch im Frühjahr 1944 vom Bund Deutscher Mädel geplanten und zum Teil eingerichteten »Mittagstische« für Fahrschüler und berufstätige Jugendliche zu erwähnen. –
Im Krieg und während des Einsatzes der berufstätigen Jugendlichen in volksdeutschen Siedlungsgebieten stieg die Zahl der Jugendwohnheime an.
Die grundsätzliche Einstellung der Hitler-Jugend zum »Jugendwohnheim« formulierte G. Kaufmann im »Kommenden Deutschland« 1943, so:

»Eine Kasernierung der berufstätigen Jugend durch den Ausbau eines Jugendwohnheimwesens ist weder beabsichtigt noch als erwünscht zu bezeichnen«. –
In Not-Situationen jedoch gaben die Jugendwohnheime – in besserer Form als bisher – Schutz und Geborgenheit. –

42.6 Die soziale Arbeit im Krieg

Im Krieg mußte die soziale Betreuung der Jugend besonders ernst genommen werden. Deshalb setzte die Hitler-Jugend sich dafür ein, daß die Jugendlichen, weil deren Väter im Krieg standen, erhöhten Beistand erhalten sollten. Durch Erlaß des Reichswirtschaftsministers wurde den Jugendlichen Hilfe zuteil bei der Berufsaufklärung und bei der Fortführung einer ordnungsgemäßen Berufs-Ausbildung, auch unter den Beschränkungen der Kriegswirtschaft.
Wenn die Ausbildung durch Betriebs-Umstellung oder Einschränkung unterbrochen werden mußte, wurde dafür gesorgt, daß die *Lehre* in einem anderen Betrieb *abgeschlossen* werden konnte. –
Die im Krieg vorgenommenen *Dienstverpflichtungen* wurden auf Anregungen der Reichsjugendführung durch einen weiteren Erlaß des Reichsarbeitsministers für *Jugendliche eingeschränkt* d.h. Dienstverpflichtungen durften vor Vollendung des 16. Lebensjahres nicht erfolgen; für Mädel unter 18 Jahren wurde die Dienstverpflichtung an auswärtige Orte untersagt und für Jungen auf Ausnahmefälle begrenzt und mit besonderen Auflagen für Unterbringung und Betreuung verbunden. –
Der Jugendschutz, der bei Kriegsbeginn wegen des Arbeitskräftemangels eine gewisse Auflockerung erfahren hatte, wurde schon 1940 wieder voll zur Geltung gebracht, insbesondere das Urlaubsrecht. Wie bereits an anderer Stelle erwähnt, sorgte die Reichsjugendführung dafür, daß besonders den Jugendlichen der *neuen* Gebiete sämtliche sie schützenden Bestimmungen zugute kamen, die in Friedenszeiten von der Jugend für die Jugend erwirkt worden waren.
Obgleich während des Krieges keine Großfahrten mehr durchgeführt werden konnten und Zeltlager nur in begrenztem Rahmen in vor Fliegerangriffen geschützten Gebieten, wurden »erholungsbedürftige« Jugendliche jetzt zum größten Teil in Jugendherbergen, in Heimen der NS-Volkswohlfahrt und der Deutschen Arbeitsfront (DAF) untergebracht. (Vergl. Kapitel 64)
Für alle 10–14jährigen Jungen und Mädel wurde im September 1940 vom Reichsleiter für Jugenderziehung *von Schirach* das einzigartige und größte Sozialwerk: »Die erweiterte Kinderlandverschickung« gegründet (siehe Kapitel 41.51 Kinderlandverschickung). – Auch die Zusammenarbeit mit den Gemeinden wurde in erhöhtem Maß gepflegt, was durch einen Erlaß des Reichsministers des *Inneren* vom 16. Juni 1940 unterstützt wurde, um die Jugend-Ertüchtigung auch seitens der kommunalen Seite zu fördern. –
Nach einem Erlaß des Jugendführers des Deutschen Reichs vom 20. 8. 1940 wurde in allen Gemeinden über 5000 Einwohnern die Bestellung eines HJ-*Sachbearbeiters* bei den Gemeinden eingeleitet, um das Zusammenwirken der Jugendführung und Jugendpflege zu stärken. (Das junge Deutschland 1943)
So wurden die Jugendpflegemittel nicht mehr an viele Verbände aufgesplittert, sondern kamen der gesamten Jugend zugute. Sie wurden aufgeteilt nach örtlichen Erfordernissen, sei es für die Ertüchtigung im Sport, für Kulturarbeit oder andere Vorhaben, im Kriege aber vorrangig durch Zurverfügungstellung von Heimräumen, Jugendherbergen und Jugendwohnheimen.
Durch den kriegsbedingt häufigen Wechsel der HJ-Führer wurden die HJ-Sachbe-

arbeiter der Gemeinden oft zu Beratern der Hitler-Jugend in Fragen der Jugendpflege.

Die *Hitler-Jugend* hat das, was sie unter Nationalsozialismus verstand, nämlich das bedingungslose Einstehen des einen für den anderen in der Volksgemeinschaft, die »Volkssolidarität« – die HJ nannte es *Kameradschaft* – bis zum letzten Atemzug gelebt nach dem Wort Baldur v. Schirachs:

> *»Nicht idealistische Schwärmer wollen wir erziehen, sondern Menschen, die mit der Kraft ihrer inneren Begeisterung das harte Leben zu meistern verstehen; Menschen, die das Grundgesetz des Sozialismus in ihre Blutbahn geimpft bekommen haben: daß Hilfe für den vom Schicksal geschlagenen Kameraden nie durch Almosen geleistet werden kann, sondern ausschließlich durch die Kameradschaft.«*

43. Die Rechtsarbeit

Die Rechtsarbeit der Hitler-Jugend ging von der Erkenntnis aus, daß der Jugendliche kein kleiner Erwachsener sei, und daß ein eigenes Jugendrecht geschaffen werden müsse, um dem Jugendlichen in seiner körperlichen und seelischen Entwicklung gerecht zu werden.
Der Jugendliche sollte jedoch nicht nur Schutz und Hilfe erfahren, sondern – soweit es seiner Aufnahmefähigkeit entsprach – auch in das Rechtsdenken eingeführt werden.
Die rechtspolitische Arbeit der Hitler-Jugend wurde dadurch wirksam, daß alle Gesetze und Durchführungsbestimmungen der obersten Reichsbehörden, die in irgendeiner Form mit der *Jugend* zu tun hatten, nur nach Anhörung des Jugendführers des Deutschen Reichs erlassen wurden. Beim Jugendführer des Deutschen Reichs als oberste Reichsbehörde war eine *Behördenabteilung* eingerichtet, die alle die Jugend betreffenden staatsrechtlichen Aufgaben zu bearbeiten hatte.
Die Ausarbeitung von Gesetzes-Entwürfen war jedoch nicht Aufgabe dieser Abteilung, sondern die Aufgabe der *Rechtsabteilung* des *Sozialen Amtes*, später des *Rechtsamtes* der Reichsjugendführung. Diese Dienststellen arbeiteten mit der Akademie für Deutsches Recht zusammen.
In dieser Akademie war ein *Jugendrechts-Ausschuß* begründet worden, dessen Leitung der Chef des Sozialen Amtes, später der Chef des Rechtsamtes der Reichsjugendführung, hatte. An vielen Universitäten bestanden Seminare für Jugendrecht, in denen entsprechende Fragen wissenschaftlich erarbeitet wurden. Alle Arbeits-Ergebnisse wurden in der Rechtsdienststelle bzw. im Rechtsamt der Reichsjugendführung gesammelt und als Unterlagen für neue Gesetz-Entwürfe verwertet.
In den vergangenen hundert Jahren gab es bereits die ersten Gesetze, den Schutz von Kindern und Jugendlichen betreffend, doch waren diese unzureichend. Der Arbeitsschutz des Jugendlichen in Deutschland nach dem entsprechenden Gesetz von 1938 wurde von vielen anderen Ländern als vorbildlich bezeichnet und teilweise auch übernommen.
Im Jugend- und Strafrecht unterschied sich die Auffassung der Jugendführung in zahlreichen Punkten von dem bisher auch zum Teil für Jugendliche geltenden Erwachsenen-Strafrecht. Ihr Leitgedanke war in erster Linie die *Erziehung* des *straffällig gewordenen Jugendlichen* durch erzieherische Mittel und nicht durch Sühne. Nur durch Erziehung, nicht durch Strafe, sollte ein straffällig gewordener Jugendlicher zurückgewonnen werden. Deshalb wurden den Richtern Erziehungsmittel in großer Anzahl zur Verfügung gestellt. Der Fürsorge wurde jede Diskriminierung genommen, da man den Jugendlichen bei seiner Ehre packte und ihn von dem Makel der »Fürsorge« befreien wollte.
So wurden z. B. Landesjugendhöfe – *ohne* Umzäunung oder Gitter – errichtet, und man versuchte, die Jugendlichen durch entgegengebrachtes Vertrauen zu gewinnen. (»Das junge Deutschland«, 1944, Heft 4).
Hieraus wird die Forderung des Reichsjugendführers Baldur von Schirach verständlich, daß künftig nur derjenige Jugendrichter sein könne, der Jugend *geführt* habe und erzieherische Fähigkeiten besitze. Dieses Ziel wurde vom Jugendrechts-Ausschuß an der *Akademie für Deutsches Recht*, das eine Neugestaltung des Jugendstrafrechts vorsah, voll unterstützt.
In den Gebieten und Obergauen, Bannen und Untergauen waren junge Juristen und Juristinnen zum größten Teil ehrenamtlich als *Rechtsreferenten* und *Rechtsreferentinnen* eingesetzt, die mit Jugend- und Vormundschaftsrichtern sowie Jugend-

staatsanwälten engen Kontakt hielten, um Erfahrungen auszutauschen und diese erzieherisch nutzbar zu machen.

Das *Gesetz über die Hitler-Jugend* vom 1. Dezember 1936 war das erste von der *Hitler-Jugend erarbeitete* Jugendgesetz. Durch dieses Gesetz wurde erstmalig in der Geschichte die körperliche, geistige, und sittliche Erziehung in einer Jugendbewegung als notwendige Ergänzung neben die Erziehung in Elternhaus und Schule gestellt. (Siehe Kapitel 53 »Die Hitler-Jugend durch Gesetz dritter Erziehungsträger neben Elternhaus und Schule«).

Als nächstes Gesetz folgte das »Jugendschutzgesetz«, richtiger: das *Gesetz über Kinderarbeit und die Arbeitszeit der Jugendlichen* v. 30. 4. 1938. Ein hundertjähriger Kampf um Jugendschutz ging damit zu Ende. Auch die Jugendverbände der Weimarer Zeit hatten sich daran versucht, jedoch ohne Erfolg.

Die Hitler-Jugend trug dagegen nicht neue Forderungen an den Staat heran, sondern sorgte dafür, daß die alten erfüllt wurden! Im Jugendrechtsausschuß der Akademie für Deutsches Recht hatte sie in mehrjähriger Arbeit gemeinsam mit allen berufenen Vertretern von Partei und Staat einen Gesetzentwurf fertiggestellt, der fast ohne Einschränkung vom Gesetzgeber übernommen worden ist.

Das neue Gesetz wurde als Bekenntnis des *Staates* zur *Jugend* und als ein vorbildliches Beispiel für die gute Zusammenarbeit zwischen Staat und Jugend begrüßt. Es hat einen ungenügenden und vor allem auch undurchsichtigen Rechtszustand beseitigt, die Kinderarbeit verboten, das Schutzalter der Jugendlichen auf 18 Jahre erhöht, die Anrechnung der Berufsschulzeit als Arbeitszeit, die Einbeziehung der Vor- und Abschlußarbeiten, das Verbot der Nacht- und Sonntagsarbeit, die Einführung des Sonnabendfrühschlusses und viele andere Fortschritte gebracht.

Vor allem aber verdankt die deutsche Jugend diesem Gesetz ein Urlaubsrecht, das den gesundheitlichen Anforderungen genügte und den Ansprüchen der Jugenderziehung den erforderlichen Spielraum gewährte. Dieser Jugendurlaub ist der *erste* reichsgesetzliche Urlaub, den die deutsche Gesetzgebung kennt. Er wurde über den Geltungsbereich des Jugendschutzgesetzes hinaus auf *alle* Jugendlichen *ausgedehnt* und trat, während das Gesetz selbst am 1. Januar 1939 wirksam wurde, bereits mit seiner Verkündung in Kraft.

Mit dem Jugendschutzgesetz hatte Deutschland auch auf dem Gebiet der internationalen Sozialgesetzgebung einen entscheidenden Vorsprung gewonnen. Das machte sich besonders bemerkbar, als die Abordnung der Hitler-Jugend im Juli 1938 auf dem Weltkongreß »Arbeit und Freude« in Rom – wie 1936 in Hamburg – mit den Vertretern anderer Jugendorganisationen zusammentraf und nunmehr über ihre Freizeiterfolge berichten konnte. In die Beschlüsse von Rom fanden die Freizeit-Bestimmungen des deutschen Jugendschutzes weitgehend Eingang; das Jugendschutzgesetz war als Grundlage zur Entwicklung eines Jugendarbeitsrechts gedacht.

Das *Jugendgerichtsgesetz* regelte das Verhältnis von Erziehung und Strafe *neu* und garantierte eine *jugendgemäße* Gerichtsbarkeit mit *Jugendrichtern* und neuartigen Straf-, Zucht- und Erziehungsmitteln. So wurde der *Jugendarrest* als kurzfristige Maßnahme für straffällig gewordene Jugendliche eingeführt (im allgemeinen 1 bis 3 Tage, Höchstdauer 3 Wochen), ohne Eintragung in das Strafregister. Für Straftaten Jugendlicher, oft aus Abenteuersucht und falscher Romantik verübt, wurde keine Gefängnisstrafe mehr verhängt – die meist nicht durchgeführt, aber in den Strafregistern für lange Zeit vermerkt blieb – sondern ein kurzer Arrest, der zwar streng gehandhabt, in den Personalunterlagen des Betroffenen aber *nicht* vermerkt wurde, so daß der Jugendliche nicht als »vorbestraft« galt, damit nicht diffamiert war, und das Vergehen seiner späteren beruflichen Entwicklung nicht im Weg stand.

Schon durch die allgemeine Verfügung v. 16. 5. 1935 des Reichsjustizministers

wurde geregelt, daß Staatsanwaltschaften bzw. Jugendgerichte den Rechtsdienststellen der Hitler-Jugend Kenntnis geben sollten von Anklageschrift, Einstellungsverfügung, Hauptverhandlungstermin, Urteil mit Begründung.
Eine ähnliche Regelung wurde mit der Polizei vereinbart. Die Hitler-Jugend war dadurch in der Lage, Amtshilfe zu leisten und für die betreffenden Jugendlichen notwendige Maßnahmen zu treffen, sei es die Einleitung eines Disziplinarverfahrens oder einer entsprechenden sozialen Betreuung.
Sie konnte durch ihr Disziplinarrecht gegebenenfalls Jugendliche vor einem staatlichen Gerichtsverfahren bewahren und sie mit Hilfe der Jugendgemeinschaft wieder auf den »rechten Weg« bringen.
So bestimmte eine Allgemeinverfügung des *Reichsjustizministers* vom 20. 1. 1942 ausdrücklich, daß die Staatsanwaltschaft prüfen müsse, ob bei einer disziplinären Erledigung durch die Hitler-Jugend von einer Ahndung der Tat im Jugendstrafrechtsverfahren abgesehen werden könnte.
(Kaufmann »Das kommende Deutschland« 1943)
Das *Berufs-Erziehungsgesetz* kam durch *Einspruch* der *Wirtschaft* nicht über den Entwurf hinaus. Es sollte dem Jugendlichen ein Recht auf Ausbildung garantieren und damit ungelernte Arbeit weitgehend ausschalten. –
Auch an der Verbesserung des seit 1922 bestehenden *»Reichsjugendwohlfahrtsgesetz«* wurde gearbeitet und dringende Fälle bereits durch Novellen-Gesetzgebung geregelt. –
Während des Krieges wurde 1941 die *Reichsarbeitsgemeinschaft für Jugendbetreuung* gegründet, in der unter Vorsitz der Hitler-Jugend alle Dienststellen, die mit Jugendfragen zu tun hatten – Partei- und Staatsdienststellen, Reichsarbeitsdienst, Wehrmacht, Polizei und Justiz – zu Aussprachen zusammenkamen. Hier sollten Gefährdungserscheinungen für Jugendliche, bedingt durch Abwesenheit des Vaters an der Front, der Mutter im Kriegs-Arbeitseinsatz, sowie durch die Verdunkelung, möglichst ausgeschaltet und Maßnahmen zum Schutz der Jugend getroffen werden. So durften z. B. Gastwirtschaften und Kinos ab 21 Uhr nicht ohne Begleitung der Eltern bzw. Erwachsener besucht werden.
Der Erlaß der *»Polizeiverordnung* zum Schutz der Jugend« hat sich hierfür bewährt. –
Wenn auch durch den Krieg die *Rechtsschulung* nur auf die Führer- und Führerinnenschaft beschränkt blieb, konnte diese in den Einheiten jedoch in leicht verständlicher Form z. B. anhand des Jugendschutzgesetzes, des Lehrvertrages und der Polizeiverordnung zum Schutz der Jugend behandelt und die Jugendlichen über ihre Pflichten und Rechte informiert werden.
(Siehe »Handbuch des gesamten Jugendrechts«, Kapitel 51,3)
Der spätere Reichsjugendführer Artur Axmann hat als langjähriger Chef des Sozialen Amtes der RJF das Ziel so definiert:

> *»Die Stellung der Jugend in der völkischen Lebensordnung muß der Stellung der Jugend in der Rechtsordnung entsprechen. Das ist die Zielsetzung des nationalsozialistischen Jugendrechts, das der besonderen Eigenart des Jugendlichen als wachsendem Menschen und werdendem Volksgenossen Rechnung zu tragen hat!«*

44. Bauerntum und Landdienst

Eine wesentliche Aufgabe der gesamten Jugend war es, den Beruf des *Bauern* und der *Bäuerin* wieder als den Urberuf des Menschen herauszustellen, der mit dem Seßhaftwerden des Menschen und der Inbesitznahme des Bodens entstand.
Sitte und Brauchtum entwickelten sich sinnvoll aus den Lebensgesetzen des Bauern, die von der Verbundenheit mit der Natur geprägt waren. Alle handwerklichen und viele schöpferische Berufe haben sich aus der Spezialisierung der bäuerlichen Arbeit entwickelt.
Der Bauer schuf ein zweckmäßiges Haus, die Bäuerin machte es wohnlich. Mit der Freude, Eigenes zu schaffen, wurde die Grundlage zur Kultur gelegt. Der Bauer hatte noch den Instinkt, in schwierigen Situationen zu überleben. Er wußte auch, daß ein Hof, den er sich geschaffen hatte, um weitergeführt zu werden, gesunder Kinder von seiner Art und seinem Blut bedurfte.
In den Städten hatten viele Menschen den Sinn für die Beachtung der Naturgesetze verloren, was auf die Dauer den Volkstod bedeutet. Die Hitlerjugend und der Bund Deutscher Mädel hatten es sich darum zur Aufgabe gemacht, die Jugend zu lehren, daß ein Volk auf die Dauer nur lebensfähig ist durch seine Bauern, die noch mit der Scholle verbunden sind.
Der Bauer, dessen Tätigkeit vom Städter oft als minderwertig angesehen wurde, sollte wieder auf den ihm zukommenden Platz in der Volksgemeinschaft gehören. Nur wenn es gelang, die Jugend, die städtische wie die ländliche, innerlich umzustellen, sie den Wert des Bauerntums erkennen zu lassen und entsprechenden Einsatzwillen zu wecken, konnten die Probleme der Bauernschaft und der Landflucht gelöst werden. So hatte das Amt *Bauerntum* und *Landdienst* in der Reichsjugendführung die Aufgabe, dafür zu sorgen, daß alle Verfügungen, die von der Jugendführung getroffen wurden, gleichzeitig die Landjugend und deren besondere Interessen berücksichtigten und die Voraussetzungen zur Entfaltung ihrer Leistungsfähigkeit sicherstellten. Darüber hinaus sollte die städtische Jugend mit der Lebensweise des Bauerntums vertraut gemacht und einen Teil von ihr auf das Land zurückgeführt werden.

44.1 Organisationsform

Um die bäuerliche Jugend auf ihren Beruf als Lebensaufgabe praktisch und ideell zu verpflichten, wurde zwischen dem Reichsjugendführer Baldur *von Schirach* und dem Reichsbauernführer R. Walter *Darré* am 17. Januar 1934 eine Vereinbarung über die Eingliederung der *bäuerlichen* Jugend in die *Hitler-Jugend* getroffen. (Siehe Anhang Abb. 53)
Eine weitere Vereinbarung vom 20. April 1937 regelte im Einzelnen die Zusammenarbeit zwischen *Hitler-Jugend* und *Reichsnährstand* unter dem Leitgedanken »Die Erziehung der Jugend für die Aufgaben des Bauerntums ist gemeinsame Verpflichtung von Reichsnährstand und Hitler-Jugend«. (Siehe Anhang Abb. 54)
Über die Durchführung der Kulturarbeit wurde eine gesonderte Anordnung erlassen. (Siehe Anhang Abb. 55)
Der *Jugendwart* – Leiter der Abteilung »Landjugend« – des Reichsnährstandes war der Vereinbarung entsprechend gleichzeitig als HJ-Führer in der Reichsjugendführung zuständig für das Hauptreferat »Bauerntum«.

Eine BDM-Führerin vertrat dementsprechend innerhalb des Hauptreferates »Bauerntum« – und in Personalunion in der RN-Abteilung »Landjugend« als Jugendwartin – die Interessen der *weiblichen* Landjugend.
Im Zuge der organisatorischen Veränderungen während des Krieges wurden Ende 1940 in der Reichsjugendführung das selbständige Hauptreferat (der spätere Arbeitsausschuß) »Bauerntum« und die Hauptabteilung Landdienst des Sozialen Amtes als zwei Hauptabteilungen in einem *neu* gegründeten Amt *»Bauerntum und Landdienst«* zusammengefaßt.
Zusätzlich übernahm das Amt noch die Bearbeitung des »Osteinsatzes«, d.h. vornehmlich die Betreuung der Umsiedler – vor allem im Warthegau – durch die Hitler-Jugend und den Bund Deutscher Mädel.
Die Personalunion von Hitler-Jugend-Führer und Jugendwart bzw. BDM-Führerin und Jugendwartin gab die Gewähr dafür, daß einerseits die Erziehung, Schulung und Ausbildung der ländlichen Jugend im Sinne der Hitler-Jugend (Bund Deutscher Mädel) erfolgte, andererseits bei dem Hitler-Jugend-Dienst auf dem Lande die Besonderheiten des bäuerlichen Lebens berücksichtigt wurden. Aus dieser Personalunion ergab sich eine enge Zusammenarbeit zwischen Hitler-Jugend und Reichsnährstand und damit auch die Möglichkeit, städtische Jugend mit Sinn und Aufgabe des Bauerntums vertraut zu machen und diese für ländliche Berufe zu gewinnen. Entsprechend der Reichsebene war die Arbeit in den nachfolgenden Dienststellen geregelt. Der Abteilungsleiter »Bauerntum« im Gebiet und die Abteilungsleiterin »Bauerntum« im Obergau waren gleichzeitig Jugendwart/Jugendwartin bei der Landesbauernschaft, die Stellenleiter/Stellenleiterinnen im Bann bzw. Untergau Jugendwart/Jugendwartin der Kreisbauernschaft. –
In rein bäuerlichen Gebieten waren die Bezirks- und Ortsjugendwarte/Jugendwartinnen gleichzeitig die örtlichen Führer in der Hitler-Jugend bzw. Führerinnen im Bund Deutscher Mädel; sonst vertraten sie in ihrem Bereich die Belange der bäuerlichen Jugend.
Die berufliche Lenkung und Betreuung war Aufgabe der Jugendwarte/Jugendwartinnen im Reichsnährstand, die ja zugleich Führer/Führerinnen in der HJ bzw. im BDM waren. Sie behielten ihren Wohnsitz im elterlichen Betrieb und waren dadurch im bäuerlichen Leben und in der land-/hauswirtschaftlichen Tätigkeit fest verankert. So besaßen sie einerseits die Urteilsfähigkeit, die für die Landjugend-Arbeit erforderlich war, und konnten andererseits frei und unabhängig Entscheidungen treffen. Zur Deckung der durch ihren Einsatz entstehenden Kosten erhielten sie eine kleine Aufwandsentschädigung.
Erst in den letzten Kriegsjahren, als der Einsatz weiblicher Kräfte – angefangen von der Bäuerin, die ihren an der Front stehenden Mann ersetzen mußte, bis zu den Hilfskräften – für die Ernährung des Volkes entscheidend war, wurden hauptamtliche Kreisjugendwartinnen ausgebildet.
Während die Arbeit der HJ nur auf Jugendliche bis zum 18. Lebensjahr – beim BDM bis zum 21. Lebensjahr – begrenzt war, umfaßte die Landjugend-Arbeit die gesamte junge Dorfgemeinschaft bis zur Verheiratung.

44.2 Erziehungsaufgaben und Ausbildung

44.21 Führungsaufgaben, Führer- und Führerinnen-Schulung

Die Grundlage für die gesamte bäuerliche Jugendarbeit war die Heranbildung einer Führer- und Führerinnenschaft, deren Auslese und Schulung, sofern es den bäuerlichen und agrarpolitischen Bereich betraf, vorwiegend in den Bauernschulen des Reichsnährstandes erfolgte, ergänzt durch besondere Ausbildungslehrgänge für »Bäuerliche Lebensgestaltung« und »Volkstumsarbeit auf dem Lande«. Die Vorbereitung auf die Führungsaufgaben von Hitler-Jugend und Bund Deutscher Mädel für die weltanschauliche Schulung, allgemeine Kulturarbeit und Leibeserziehung wurde in den Führer- und Führerinnen-Schulen der Gebiete und Obergaue vorgenommen. Alle Maßnahmen und Erziehungsaufgaben der Hitler-Jugend und des Bundes Deutscher Mädel wurden vom Amt »Bauerntum und Landdienst« in Absprache mit den für das jeweilige Fachgebiet zuständigen Ämtern der Reichsjugendführung abgestimmt, (siehe Kapitel 21 Leibeserziehung, 26 Kulturarbeit, 25 weltanschauliche Schulung und 42 Sozialarbeit) deren Durchführung auf dem Land überwacht, wie auch Anregungen und Wünsche der unteren Einheiten aufgenommen und verarbeitet.

44.22 Betreuung und Erziehung durch die HJ und den BDM

Bei der sozialen Arbeit galt es zunächst, den Gesundheitszustand der bäuerlichen Jugend zu verbessern und darauf hinzuwirken, daß gerade sie den ärztlichen Untersuchungen von Hitler-Jugend und Bund Deutscher Mädel zugeführt wurde. Es wurde darum gekämpft, die Forderungen des Jugendschutzgesetzes auch auf dem Lande zu verwirklichen, was allerdings bei dem Arbeitskräftemangel dort schwieriger war als in der Stadt.
Für die ländliche Jugend wurden erstmalig Winter-Erholungslager eingerichtet.
Die Durchführung der *Leibesübungen* war für die Jugend auf dem Land nicht nur ein Teil des Erziehungsprogramms von Hitler-Jugend und Bund Deutscher Mädel, sondern diente gerade dort der Gesunderhaltung der oft körperlich einseitig belasteten Jugendlichen. Die bäuerliche Jugend nahm mit Begeisterung an allen Sportwettkämpfen teil. So wurde u.a. berichtet, daß eine Jungbäuerin aus Kärnten bei einem erstmaligen Wettkampf einen Rekord im »Weitsprung« erzielte. Die Freude darüber veranlaßte sie, wie viele andere, weiter zu trainieren.
Hitler-Jugend und Reichsnährstand unternahmen gemeinsam alles, um die ländlichen Gemeinden zur Errichtung von Sportstätten, Schwimmbädern und Jugendheimen anzuregen. Außer zahlreichen Sport-Lehrgängen der Hitler-Jugend und des Bundes Deutscher Mädel zur Ausbildung von Sportwarten/Sportwartinnen wurden auch in der *Reichssportschule* »Burg Neuhaus«, die der Reichsbauernführer gegründet hatte, besonders die Angehörigen der Landjugend speziell für die Landjugend-Arbeit ausgebildet. Eindrucksvolle Darbietungen bei Großveranstaltungen des Reichsnährstandes erzielten die notwendige Breitenwirkung.
Der *Reichssportführer,* der gleichzeitig Beauftragter des Reichsjugendführers für die »Leibesübungen« war, sorgte für die sportliche Grundausbildung der gesamten Jugend nach einheitlichen Richtlinien.
Die Gefolgschaften der HJ und die Gruppen des BDM auf dem Land erhielten die Heimabendmappen der Reichsjugendführung für die Gestaltung der Heimabende. Sie sollten dadurch, wie die Jugend in der Stadt, an allen Problemen des Volkes Anteil nehmen.
Für die *Kulturarbeit* im Heimabend, für Feste und Feierstunden (Singen, Musizieren, Laienspiel, Werkarbeit, Fest- und Feiergestaltung) wurden von der Reichsjugendführung Anleitungen herausgegeben. Zusätzlich erhielt die ländliche Jugend vom Reichsnährstand eine Monatszeitschrift »Die junge Dorfgemeinschaft«, die als Mitteilungsblatt für die fachlich-berufliche Arbeit sowie für Brauchtumspflege auf dem Land Anregungen geben sollte.

Zur weiteren Ausrichtung der weiblichen Jugend auf dem Land trug auch das Buch »Lebensziel Bäuerin«, von Luise Essig, das speziell die Aufgaben der Bäuerin behandelte, bei.
Besonderes Augenmerk galt schon bei den Jungmädeln der Pflege des Brauchtums auf dem Land, der bäuerlichen Feste im Lebens- und Jahreslauf, durch die das Bewußtsein der Bindung zwischen Ahnherrn und Enkel, Sippe und Volk verstärkt wurde. –
Auch die ländlichen Einheiten von HJ und BDM unternahmen vielgestaltige Fahrten an die Grenzen des Reichs und in das Ausland. –
In der Presse der Reichsjugendführung und des Reichsnährstandes erschienen laufend Beiträge über Sinn und Zweck der Landjugend-Arbeit. Zahlreiche Broschüren, Merk- und Werbeblätter aus allen Bereichen der Jugendarbeit fanden weite Verbreitung. Alle in diesem Abschnitt kurz aufgeführten Arbeitsgebiete der Hitler-Jugend und des Bundes Deutscher Mädel werden in den übrigen Kapiteln des Buches behandelt.
Ziel der intensiven Erziehungsarbeit war, die Jugend erkennen zu lassen, daß das *Bauerntum* die Lebensgrundlage unseres Volkes war und daß deshalb dessen Wiedergesundung in geistiger und körperlicher Hinsicht besonders gefördert werden mußte.

44.23 Fachlich-berufliche Arbeit des Reichsnährstandes, Abt. Landjugend

Aus der Erkenntnis, daß es für die ländliche Jugend nur ein lohnendes Lebensziel geben konnte, nämlich Bauer und Bäuerin auf eigener Scholle zu werden und diese Tätigkeit als Beruf durch eine sorgfältige Ausbildung den anderen Berufen gleichwertig zu machen, ergab sich die Notwendigkeit, den Beruf der Bäuerin und des Bauern als *Lehrberuf* herauszustellen.
Die berufliche Lenkung und Betreuung der ländlichen Jugend war Aufgabe der Landjugendwarte und Landjugendwartinnen im Reichsnährstand, die zugleich HJ-Führer und BDM-Führerinnen waren. Sie erarbeiteten Ausbildungsbestimmungen, die es jedem Jugendlichen nach der Schulentlassung ermöglichen sollten, in eine Lehre einzutreten. Unter dem Motto *»Pflüg mit Kamerad«* wurde von der Reichsjugendführung eine großangelegte Werbeaktion gestartet mit dem Erfolg, daß in einem Jahr (1938) 60000 Jungen und Mädel in die bäuerliche Lehre eintraten.
Ein Spielfilm »Pflüg mit Kamerad« wurde mit der UFA in einem fränkischen Dorf gedreht, der die Jugend des Dorfes in ihrem Einsatz bei der Arbeit, bei Spiel und Sport und bei Dorffesten zeigte, in der bäuerlichen Ausbildung bis hin zur feierlichen Hof-Übergabe, dem erreichten Lebensziel.
Die jeweils 2jährige *Landarbeitslehre* für Jungen und *ländliche Hausarbeitslehre* für Mädel konnten in jedem gut geführten elterlichen oder fremden bäuerlichen Betrieb abgeleistet werden. Für den elterlichen Betrieb genügte eine Lehranzeige, für den fremden Betrieb ein Lehrvertrag, die beide bei der Kreisbauernschaft registriert und überwacht wurden. Als Entlohnung wurde Tariflohn gezahlt. Damit war auch im elterlichen Betrieb die Eingliederung in die Sozialversicherung geregelt: ein großer Fortschritt auf sozialem Gebiet.
Die berufliche Betreuung der Lehrlinge außerhalb des Betriebes durch zusätzliche Berufsschulung, Lehrfahrten und Lehrlingslager im Winter lag bei den Jugendwarten/Jugendwartinnen. Die nach 2jähriger Lehre abgeleistete Prüfung vor einer Kommission der Kreisbauernschaft wurde feierlich besiegelt durch die »Lehrlings-

Freisprechung«, deren Organisation und Gestaltung wiederum Aufgabe der Jugendwarte/Jugendwartinnen war.
In der »Arbeitslehre« sollten den Jugendlichen Grundkenntnisse in der Landarbeit und in der ländlichen Hausarbeit vermittelt und damit das Interesse am ländlichen Beruf vertieft werden. Zwangsläufig ergab sich, daß auch die darauf *aufbauende* 2jährige *Landwirtschaftslehre* bzw. 2jährige *ländliche Hauswirtschaftslehre* auf eine breite Basis gestellt werden mußten. Bis zu diesem Zeitpunkt war die Lehre fast nur auf Gütern und bäuerlichen Großbetrieben absolviert worden, von denen ein Lehrgeld erhoben wurde. Nun wurden im großen Stil für die Landwirtschaftslehre und die ländliche Hauswirtschaftslehre Bauern-Betriebe als Lehrbetriebe anerkannt, die aufgrund beispielhaften Familienlebens und fortschrittlicher Wirtschaftsweise geeignet erschienen, Bauernsöhne und -töchter für ihren Lebensberuf auszubilden. Die Lehrlinge erhielten ein angemessenes Taschengeld. Auch bei der Landwirtschaftslehre und der ländlichen Hauswirtschaftslehre waren die Jugendwarte/Jugendwartinnen an den lehrbegleitenden Maßnahmen beteiligt. Mit der Prüfung, die nach der Lehre abgelegt wurde, hatten die Jugendlichen zunächst die fachpraktischen und berufsständischen Voraussetzungen für ihren Beruf erworben. Durch diese Ausbildung konnten sie Hofmeister, Melkermeister, Schäfermeister, Geflügelzuchtmeister, Imkermeister oder Brennermeister usw. werden. Auch die gärtnerischen Berufe waren mit einbezogen. Darüberhinaus wurde noch der Besuch einer Fachschule (Landwirtschafts- oder Landfrauenschule, Höhere Landbauschule) angestrebt.
Als Wunschziel für Bauern und Bäuerinnen wurde der *»Meistertitel«* herausgestellt. –
Die Lehrfahrten der Landjugend dienten der Berufsförderung und waren ein wesentlicher Bestandteil sowohl in der Schulung der Jugendwarte/Jugendwartinnen als auch der Breitenarbeit. Sie beschränkten sich nicht nur auf die engere Heimat, sondern führten auch in andere Gaue, oftmals im Austausch mit anderen bäuerlichen Gruppen, wobei Ostpreußen-Fahrten eine wesentliche Rolle spielten. Diese Fahrten sollten den Jugendlichen aus den eng besiedelten Gebieten des Reichs den weiten Ostraum zeigen und auch der Weckung des Siedlungswillens dienen. Viele Jugendliche erhielten dadurch Anregung zum Erwerb des *»Neu-Bauernscheines«*, eine Bestätigung der erbgesundheitlichen und fachlichen Eignung. –
Neben der beruflichen Ausbildung und Förderung dienten Austausch- und Lehrfahrten auch der Erweiterung des Gesichtskreises. – In dieser Hinsicht hatte der *zwischenvölkische Landjugendaustausch* eine besondere Bedeutung. Dieser führte in die skandinavischen Länder, in die deutschsprachigen Gebiete des Baltikums, aber auch in die Schweiz, nach Ungarn und Italien. Für Teilnehmer am zwischenvölkischen Austausch wurden besondere Vorbereitungs-Lager durchgeführt, wie auch die Jugend aus den Austausch-Ländern im Deutschen Reich zu Lehrfahrten und Lagern zusammengefaßt wurde. –
Als weitere wichtige berufsfördernde Maßnahme ist die *zusätzliche Berufsschulung* zu sehen, eine Idee, die sich aus der mangelnden beruflichen Bildung, aber auch aus den im Reichsberufswettkampf zutage getretenen fachlichen Bildungslücken entwickelte.
Die schulentlassene Jugend wurde in den Dörfern in *freiwilligen Arbeitsgemeinschaften* erfaßt, in welchen die im elterlichen und Lehrbetrieb erworbenen Kenntnisse und Fähigkeiten praktisch erweitert und theoretisch untermauert werden sollten. Soweit keine ausgebildeten Lehrkräfte zur Verfügung standen, wurden Praktiker, Bauern, Bäuerinnen und Jugendwarte/Jugendwartinnen in besonderen Ausbildungs-Lehrgängen dafür geschult. Sowohl für die landwirtschaftlichen Berufsschulen als auch für die Arbeitsgemeinschaften »Bäuerliche Berufsertüchtigung« im BDM-Werk »Glaube und Schönheit« wurde durch die zusätzliche Berufsschulung wertvolle Vorarbeit geleistet. –

Die Führer und Führerinnen sollten und wollten mit gutem Beispiel vorangehen, hatten aber aus altersbedingten Gründen oft nicht mehr die Möglichkeit, ein Lehrverhältnis einzugehen. Deshalb wurde für bewährte ältere Jungen und Mädel eine Sonderbestimmung geschaffen, damit sie mit verkürzter oder ganz ohne Fremdlehrzeit die Prüfung ablegen konnten. Durch diese Lehre wurden den nicht erbberechtigten Jungen und Mädeln und den Landarbeiter-Kindern Aufstiegsmöglichkeiten in landwirtschaftlichen Berufen gegeben. Für die Mädel z. B. die Tätigkeit als Wirtschafterin, die Spezialisierung auf Geflügelzucht oder Imkerei, schließlich durch den Besuch weiterführender Schulen die Ausbildung zur landwirtschaftlichen Lehrkraft. Entsprechende Ausführungsbestimmungen für die vielseitigen auf der Landwirtschaftslehre und der ländlichen Hauswirtschaftslehre aufbauenden Berufe wurden herausgegeben. (Siehe: »Die Ausbildungswege in den Nährstandsberufen« im Stadt-Archiv Goslar, worin dieses Kapitel ebenfalls enthalten ist.)
Auch die in anderen landwirtschaftlichen Berufen tätigen Lehrlinge unterstanden der Betreuung durch die Jugendwarte und Jugendwartinnen.
Um die Tätigkeit im Fremdbetrieb ohne Verlust der Arbeitskraft für den elterlichen Betrieb ableisten zu können, wurde der »Landjugendaustausch« ins Leben gerufen. (»Anordnung über den Landjugendaustausch«, siehe ebenda) Gleichaltrige Jungen und Mädel wurden in gleichgeartete Betriebe ausgetauscht, ersetzten dort Sohn oder Tochter in Betrieb und Familie. Dieser Austausch – innerhalb eines Gaues oder von Gau zu Gau – wurde auf die Lehre angerechnet. –

44.24 Der Reichsberufswettkampf der Landjugend

Besondere Bedeutung kam dem Reichsberufswettkampf (RBWK) zu, der mit seinen umfangreichen Vorbereitungsmaßnahmen und Auswertungsarbeiten einen breiten Raum auch innerhalb der Landjugend-Arbeit einnahm.
Reichsjugendführer und Reichsbauernführer appellierten an den Berufsstolz der Jugend und riefen auf zum friedlichen Wettkampf, der sich nicht nur auf die fachlich-berufliche Arbeit erstreckte, sondern auch weltanschauliche, allgemeinbildende und sportliche Aufgaben beinhaltete. Nach den von der Deutschen Arbeitsfront erlassenen Richtlinien wurden die praktischen, fachtheoretischen und berufsständischen Aufgaben von eigenen Aufgaben-Ausschüssen der Gruppe *»Nährstand«* reichseinheitlich erarbeitet.
In der Gruppe Nährstand nahmen am RBWK teil:

1934	66878 Jugendliche	
1935	117237 Jugendliche	
1936	211936 Jugendliche	
1937	359328 Jugendliche	
1938	289390 Jugendliche	(Rückgang auf Maul- u. Klauenseuche zurückzuführen)
1939	400000 Jugendliche	

1939 kamen die Teilnehmer aus 34 landwirtschaftlichen Berufsgruppen mit 45 Fachgebieten und wurden an 9462 Wettkampforten in 12187 Betrieben zusammengezogen. –
79216 Wettkampfrichter, vorwiegend Bauern und Bäuerinnen, Fachkräfte aus anderen Nährstands-Berufen, aber auch zahlreiche Lehrkräfte von landwirtschaftlichen und allgemeinbildenden Schulen wirkten mit. Während des Krieges mußte die Durchführung des RBWK eingestellt werden. Mit zunehmender Dauer des Krieges waren sich aber alle Beteiligten darüber einig, daß die Jugend wieder einen berufli-

chen Ansporn brauche. Daher wurde im Jahre 1944 zum *Kriegsberufswettkampf* aufgerufen, über den leider keine Zahlen vorliegen. Der Reichsentscheid, der im Warthegau durchgeführt wurde, zeigte sich als ein großartiges Bekenntnis der Deutschen Jugend zum Land. –

Der RBWK gliederte sich, zeitlich aufeinander folgend, in Orts-, Kreis-, Gau- und Reichs-Wettkampf. Die gesamte Organisation mit Durchführung des Wettkampfes der Gruppe »Nährstand« war in eigene Verantwortung der Jugendwarte/Jugendwartinnen und ihrer Mitarbeiter/Mitarbeiterinnen gelegt.

Die Ergebnisse aller Wettkämpfe wurden sorgfältig von eigens dafür tätigen Mitarbeitern/Mitarbeiterinnen ausgewertet. Durch das Erkennen des Leistungsstandes auf allgemeinbildendem und fachlichem Gebiet waren wertvolle Ansatzpunkte für eine Verbesserung der praktischen und schulischen Ausbildung gegeben.

Entsprechend der Gliederung des Wettkampfes wurden Orts-, Kreis-, Gau-, und Reichs-Sieger/Siegerinnen ermittelt, die als echte Auslese der Tüchtigsten angesehen werden konnten. Am Ende des Wettkampfes wurden sie in einer Feierstunde besonders geehrt. Die Reichssieger/-innen wurden zu einem Empfang beim Reichsbauernführer eingeladen und vom Reichsjugendführer dem »Führer« gemeinsam mit den Reichssiegern/-innen aus anderen Berufen vorgestellt.

Aus der Erkenntnis, daß die Sieger und Siegerinnen zu weiterer Leistungssteigerung angespornt und bereit waren, setzte nach dem Wettkampf eine systematische Förderung ein.

Buchpreise, Teilnahme an Lehrfahrten, an praktischen, kulturellen sowie Führer- und Führerinnen-Lehrgängen, kostenloser Besuch von Bauern-, Fach- und Hochschulen waren die meist angewandten Förderungsarten.

Unter weitgehender Berücksichtigung persönlicher Wünsche, niedergelegt im Sieger-Fragebogen, wurden alle Möglichkeiten einer Hinführung zu gehobenen landwirtschaftlichen Berufen ausgeschöpft.

Wo die Mittel des Reichsnährstandes nicht ausreichten, wurde die »*Förderungsgemeinschaft* für die Landjugend« in Anspruch genommen. –

44.25 Das BDM-Werk »Glaube und Schönheit« auf dem Land

Während die Jungmädel (10–14 Jahre) auch auf dem Land durch den *Jungmädelbund* und die 14–16jährigen Mädel außer durch den *Mädelbund* durch die Kreisjugendwartinnen betreut wurden, ergab sich durch das BDM-Werk »Glaube und Schönheit« (17–21 Jahre) auf dem Land eine enge Verschmelzung der Arbeit des Bundes Deutscher Mädel mit der Arbeit der *Landjugend* im Reichsnährstand.

Als der Reichsjugendführer Baldur von Schirach zur besonderen individuellen Förderung der 17–21jährigen Mädel das BDM-Werk »Glaube und Schönheit« in's Leben rief, wurden die zusätzliche Berufsschulung und die spezifisch bäuerlich-kulturellen Arbeitsgemeinschaften, die in dem bisherigen Dienstplan des BDM keinen Platz hatten, als Arbeitsgemeinschaft *»Bäuerliche Berufsertüchtigung«* und *»Bäuerliche Lebensgestaltung«* in das BDM-Werk »Glaube und Schönheit« übernommen.

In der Arbeitsgemeinschaft »Bäuerliche Berufsertüchtigung« wurden die Mädel – wie die städtischen Mädel auch – in Kochen und Nähen ausgebildet. Hinzu kamen weitere Aufgabengebiete aus der ländlichen Hauswirtschaft wie: Vorratshaltung, Arbeitswirtschaft, Gartenbau, Tierhaltung u.a.m.

In der Arbeitsgemeinschaft »Bäuerliche Lebensgestaltung« wurden die alten bäuerlichen Handfertigkeiten: Spinnen, Weben, Stricken und Sticken gepflegt.

Die Neugestaltung der alten bäuerlichen Tracht zu einer für die derzeitige Jugend tragbaren Kleidung wurde besonders in den Alpenländern und in Ostpreußen in

Angriff genommen. Daneben spielten bäuerliche Kultur, bäuerliches Wohnen sowie Sitten- und Brauchtumspflege, Fest- und Feiergestaltung eine wichtige Rolle.
Zur Durchführung der Arbeitsgemeinschaften wurden als Arbeitsunterlage und Richtlinie die nachstehenden drei Schriften herausgegeben, die Einzelheiten über die betreffenden Arbeiten behandeln:
Heft »Das BDM-Werk ›Glaube und Schönheit‹ auf dem Land«
Heft »Unsere Tracht«
Heft »Unser Bauerngarten«
Wenn die Arbeitsgemeinschaften den gewünschten Erfolg bringen sollten, war eine gründliche Schulung der Fachleiter/Fachleiterinnen unumgänglich. Das geschah in enger Zusammenarbeit mit Fachkräften der landwirtschaftlichen Fachschulen, Bauern- und Webschulen.
Die praktischen Arbeitsgemeinschaften, insbesondere die Arbeitsgemeinschaft »Unser Bauerngarten«, erhielten besondere Bedeutung im Krieg als die Landjugend ihren Beitrag zur Ernährungssicherung zu leisten hatte.
Diese Arbeitsgemeinschaften wurden unter dem Namen »BDM-Werk ›Glaube und Schönheit‹ auf dem Land« zu einem feststehenden Begriff in der bäuerlichen Bevölkerung. Für die Durchführung der Arbeitsgemeinschaften und für die Schulung der Führungskräfte stellte der Reichsnährstand beträchtliche finanzielle Mittel zur Verfügung.

44.3 Maßnahmen zur Überwindung der Landflucht

Durch die wachsende Industrialisierung machte sich die Landflucht in verstärktem Maße bemerkbar. Hier galt es, durch Erziehungsarbeit und praktische Maßnahmen die Landflucht zu bekämpfen und die bäuerliche Jugend wieder mit dem Land zu verbinden. Alle bisher aufgeführten Schritte dienten in erster Linie dem Ziel, der bäuerlichen Jugend das Leben auf dem Lande wieder lebenswert zu machen. Wichtig war dabei die Einbeziehung der Landarbeiter-Kinder, denen die gleichen Berufsmöglichkeiten wie den Bauernkindern offen stehen sollten. Für die Jungen und Mädel, die nicht auf dem Hof bleiben konnten, stand eine Fülle von ländlichen Berufen zur Auswahl, zu denen sie durch richtige Berufslenkung hingeführt werden konnten.
Höchstes Ziel für Jungen und Mädel war der Erwerb des »Neubauernscheins«, um später mit einem geeigneten Ehepartner einen Hof im Osten Deutschlands aufbauen zu können.
Die 1938 vom Reichsbauernführer in's Leben gerufene »Förderungsgemeinschaft für die Landjugend« hatte die Aufgabe, siedlungswilligen Jungbauern zur Existenzgründung oder auch zur Übernahme vorhandener Höfe Mittel zu sehr günstigen Bedingungen zur Verfügung zu stellen. Darüberhinaus sprang die Förderungsgemeinschaft – wie bereits erwähnt – bei der Weiterbildung der Sieger und Siegerinnen des Reichsberufswettkampfes mit weiteren Mitteln ein.

44.4 Die Gewinnung städtischer Jugend für das Land

44.41 Umschulungslager

Diese achtwöchigen Umschulungen, gleich nach 1933 vom BDM begonnen, nahmen arbeitslose städtische Mädel vom 17. Lebensjahr an auf, die durch die Arbeitsämter eingewiesen wurden, um anschließend in ländliche Arbeitsstellen vermittelt

werden zu können. Diese Mädel sollten wieder in den Arbeitsprozeß eingegliedert werden, indem gleichzeitig der überlasteten Bäuerin Hilfe gegeben wurde. Es hatte sich herausgestellt, daß eine Vermittlung ohne vorherige Schulung erfolglos war, weil der Übergang von der städtischen in die bäuerliche Arbeits- und Lebensweise zu kraß war.
Die *Reichsanstalt für Arbeitsvermittlung* übertrug deshalb der *Reichsjugendführung* im Rahmen des Arbeitsplatz-Austausches die Aufgabe der Betreuung dieser Stadt-Jugend auf dem Land. Dabei wurde damit gerechnet, daß die räumliche Entfernung für eine systematische Betreuung der Einzelstellen ernste Schwierigkeiten mit sich bringen würde. Daher wurde 1934 von der Reichsanstalt für Arbeit die Finanzierung von 8wöchigen Umschulungslagern in Bauernhöfen oder eigenen Lagern des Bundes Deutscher Mädel sichergestellt. Ab März 1935 erhielten die Teilnehmer der Umschulungslager einen Zuschuß für förderungsbedürftige Arbeitslose. Die weltanschauliche Schulung dieser Mädel übernahm einheitlich der BDM. So wurden die arbeitslosen Mädel aus der Großstadt in einer Gemeinschaft an die Arbeit »herangeführt« und unter Leitung und Verantwortung einer Führerin zur positiven Einstellung zu Landleben und Landarbeit gewonnen.
Die Erfahrung bestätigte dann auch, daß die anschließende Vermittlung in freie Arbeitsstellen wesentlich erfolgreicher war als eine direkte Vermittlung aus der Stadt in die Landwirtschaft. Die Mädel wurden nach Möglichkeit im nahen Umkreis der Lager eingesetzt, so daß immer eine Verbindung mit dem Lager aufrecht erhalten blieb. Bis zum Jahre 1937 wurden mehr als 10000 Mädel über diese Umschulung dem Land zugeführt, und ein großer Teil davon entschloß sich, auf dem Lande zu bleiben.

44.42 Maßnahmen zur Entlastung der Landwirtschaft

An dieser Stelle müssen folgende Maßnahmen erwähnt werden, die auf Veranlassung des *Staates* zur Entlastung der Landwirtschaft führten. Das Pflichtjahr, der Reichsarbeitsdienst und das Landjahr.
Um das *Pflichtjahr* – vom Staat verfügt – vor allem in Haushalten mit kinderreichen Müttern und auch in ländlichen Haushalten abzuleisten, hatten der Bund Deutscher Mädel und der Reichsnährstand die Mädel »aufgerufen« (s. Kap. 42 Soziale Arbeit).
Im Jahre 1942 wurden 165000 Pflichtjahrmädel in landwirtschaftliche Betriebe vermittelt, von denen nicht wenige in einen ländlichen Beruf überwechselten oder durch Heirat auf dem Land geblieben sind.
Im *Arbeitsdienst* – seit 1931 Freiwilliger Arbeitsdienst und seit 1935 Reichsarbeitsdienst (Pflicht) – wurde körperliche Arbeit zum Wohl der Allgemeinheit gegen nur geringe Entlohnung geleistet.
Der Sinn war zunächst, arbeitslose Jugendliche zur Arbeit zurückzuführen; später, daß jeder junge Deutsche in einer Gemeinschaft – bestehend aus allen Schichten des Volkes – einmal »Hand-Arbeit« geleistet haben sollte. Während der männliche Arbeitsdienst schwerpunktmäßig Bodenmeliorationen durchführte, halfen die Maiden vorwiegend der Bäuerin bei ihrer Land-, Haus- und Familienarbeit.
Bauerntöchter und in einem landwirtschaftlichen Beruf Tätige waren von dieser Arbeitsdienstpflicht befreit.
Vom Kultusministerium wurde als eine Art verlängerte Schulzeit (9. Klasse) auf freiwilliger Basis das *Landjahr* – eine *staatliche* Einrichtung – eingeführt. Jungen und Mädel aus der Stadt wurden sofort nach der Schulentlassung unter Leitung von jungen Erziehern in Lagern zusammengefaßt, um in ihrer Entwicklung gefördert und für die berufliche Laufbahn getestet und beraten zu werden.

Die Schulung nahm zwar einen breiten Raum ein, jedoch wurde auf den Bauernhöfen in der Umgebung so viel praktische Arbeit geleistet, daß eine Anerkennung des Landjahres als ein halbes Jahr Landarbeits- bzw. ländliche Hausarbeitslehre gerechtfertigt war.
Um eine einheitliche Ausrichtung der Jugend zu erreichen, waren die Erzieher/innen im Landjahr gleichzeitig HJ-Führer bzw. BDM-Führerinnen. –
Bei der Gewinnung städtischer Jugend für das Land hatten die örtlichen HJ-Führer und BDM-Führerinnen bzw. Jugendwarte/Jugendwartinnen eine Schlüsselstellung, war es doch ihre Aufgabe, die Jugendlichen in die Dorfgemeinschaft einzuführen, sie an allen Veranstaltungen der Landjugend zu beteiligen und, wenn nötig, zwischen städtischen Jugendlichen und bäuerlichen Arbeitgebern zu vermitteln.

44.43 Ernte-Einsatz der Hitler-Jugend

Unter den Möglichkeiten, städtische Jugend für das Land zu gewinnen, muß auch der Ernteeinsatz aufgeführt werden. Die Hitler-Jugend sah darin nicht nur eine Hilfe in Notzeiten, sondern einen wesentlichen Ausdruck ihres Erziehungsprinzips,

> *»die Jugend zu einer Verantwortung zu führen, sie nach den Worten des Reichsjugendführers von Schirach, auf dem Land ihre wahre Heimat finden zu lassen, sie von früh auf mit dem Landvolk und der bäuerlichen Arbeit zu verbinden«.*
> (Kaufmann: »Das kommende Deutschland« 1940)

Auch der Bauer mußte erzogen werden, durch seine Haltung und seinen Einsatz die städtische Jugend für sich zu gewinnen. 1937 rief der Reichsjugendführer von Schirach die Hitler-Jugend erstmalig auf, dem Landvolk bei der Ernte zu helfen. Daraus entwickelte sich der ständige *Ernte-Einsatz* der Hitler-Jugend; aber auch bei der Aussaat und den Pflegearbeiten wurde sie vorübergehend eingesetzt.

> *»Die Ergebnisse, die bereits 1937 erzielt wurden, werden mit 1,5 Millionen Tagewerken berechnet und stiegen im Jahre 1938 auf 2 Millionen Tagewerke an. Einzelne Gebiete der HJ taten sich besonders hervor. So war es das Gebiet Brandenburg, das 12 000 Kameraden aus den Dörfern und Kleinstädten, die nicht in der Landarbeit beschäftigt waren, bei der Bergung der Ernte einsetzte. In Westfalen waren es 10 000 und in Kurhessen allein 8000. 3400 Hitlerjungen aus Ruhr-Niederrhein halfen bei der Kartoffelkäfer-Bekämpfung mit. In Sachsen erreichte die Zahl der eingesetzten Jugendlichen 15 500. 5833 sächsische Hitlerjungen vermochten 4 Millionen Falter und Puppen bei der »Nonnen«-Bekämpfung einzusammeln. Der Ernteeinsatz 1939 umfaßte rund eine Million Jugendlicher.«* (Anm. d. Hrsg.: In diesen Zahlen ist der Einsatz der Mädel enthalten.)
>
> *»Die Durchführung des Ernteeinsatzes liegt allein bei den HJ-Dienststellen, an die die Orts- oder Kreisbauernführer auf dem Wege über die Arbeitsämter die Anforderungen für den Ernteeinsatz richten. 1939 hat der Reichserziehungsminister einen Erlaß herausgegeben, der die Befreiung der Jugend vom Schulunterricht und ihren Einsatz durch die Formation der HJ ermöglicht . . . Die Verantwortung für den Ernteeinsatz liegt örtlich bei den Führern der Banne, die sich vor Beginn der Arbeit mit dem zuständigen Ortsbauernführer in Verbindung setzen und mit ihm die Verteilung der einzelnen Jungen und Mädel* (Anm. d. Hrsg.: im Einvernehmen mit der Mädelführerin des Bannes) *auf die Betriebe, Fragen der Verpflegung und Unterbringung, die Anmeldung von Krankenkassen usw. regeln. Für die Arten des Einsatzes gelten verschiedene Richtlinien; einmal ist der Wochenendeinsatz der städtischen Einheiten vorgesehen. Ihre Lösung aus dem Gefüge der Stadt begegnet verschiedenen Schwierigkeiten, sofern es sich um Einsatz in den Ferien handelt. Es ist aber leicht möglich, ihren Einsatz über das Wochenende vorzunehmen, wobei die Jungen*

und Mädel auf dem Bauernhof übernachten. Die zweckmäßigste und leichteste Form für einen wirksamen Einsatz der Jugend sind die gemeinsam vom Kreisbauernführer und Bannführer einzurichtenden Ernteeinsatzlager, in denen größere Kontingente städtischer oder kleinstädtischer Jugend gesammelt und planmäßig eingesetzt werden können. Ihre Errichtung wird meistens in ausgesprochenen Landwirtschaftsgebieten vorgesehen, in denen eine kurzfristige Heranbringung von städtischer Jugend, etwa über das Wochenende, Schwierigkeiten begegnet.« (Kaufmann: »Das kommende Deutschland« 1940)

(Anm. d. Hrsg.: In den Kriegsjahren wurde der Ernteeinsatz zum Pflichtdienst erklärt)

Der Einsatz in der Landwirtschaft erfolgte bei:

1. der Frühjahrsbestellung
2. landwirtschaftlichen Pflegearbeiten
3. Ernte-Arbeiten, z. B. Grünfutter, Heu, Getreide, Hackfrucht
4. der Weinlese

Selbstverständlich wurde von der Reichsjugendführung, die die Gesundheit der Jugend nicht nur erhalten, sondern auch fördern wollte, streng darauf geachtet, daß die Jugendlichen nicht überanstrengt wurden. Entsprechende Richtlinien wurden hierfür erlassen.

»So kann die Jugend z. B. bei der Grünfutterernte, bei dem Verladen, beim Anfahren und beim Einsilieren mithelfen. Kein Problem ist der Einsatz der Jugend bei der Fallobsternte, beim Pflücken von Beeren und Sammeln von Pilzen sowie beim Unkrautjäten, bei dem vor allen Dingen die M ä d e l herangezogen werden. Bei der Heuernte kann die Jugend z. B. beim Zusammenharken und bei der Stapelung im Freien mithelfen. Keine Schwierigkeiten bereitet ihr Einsatz in der Getreideernte. Sie kann bei dem Garbenbinden helfen oder bei der Ährenlese, und schließlich kann sie Zureiche-Arbeiten beim Dreschen, Binden und Stapeln vollbringen. Richtlinien bestehen für ihren Einsatz ferner bei der Hackfruchternte (Kartoffel-Nachlese, Sortieren), bei der Flachsernte, bei der Gemüseernte und beim Einsammeln von Bucheckern, Eicheln und Kastanien. Die Mädel können der Landfrau im Haushalt und in der Küche helfen, die Kinder betreuen oder die Versorgung von Kleinvieh (Hütehilfe) übernehmen, was eine Entlastung der Bauersfrau in der Erntezeit bedeutet. Niemand, weder die HJ-Führer noch die Bauernschaft, erblicken in dieser Jugend vollwertige Arbeitskräfte. Diese Jugend ist erst in ihre Arbeit einzuführen und muß entsprechend ihrem Alter behandelt werden.« . . .

In einem Schreiben aus der Mark Brandenburg an die Reichsjugendführung heißt es daher mit vollem Recht:

»Ohne die Hitler-Jugend wäre die Einbringung der Ernte in diesem Jahr unmöglich; diese Tatsache wird von Arbeitsamt und Bauernschaft voll und ganz anerkannt.« (G. Kaufmann: »Das kommende Deutschland« 1943)

Die Hitler-Jugend betrachtete den Ernte-Einsatz als Ehrendienst, weil er half, die Ernährung des Volkes zu sichern. Sie lernte durch ihn, Sinn und Wert der Bauern-Arbeit zu verstehen. –

44.5 Der Landdienst

Eine der revolutionärsten Taten der Hitler-Jugend war die Gründung des Landdienstes, wodurch städtische Jugend ab 14 Jahren in erhöhtem Maß den Weg auf das Land zurückfand. Das Vorbild des Landdienstes war die Artamanenbewegung. Am 7. Oktober 1934 hatte der *Reichsjugendführer* in Güstrow/Mecklenburg den

Bund Artam in die Hitler-Jugend eingegliedert und dem Landdienst die Aufgabe gestellt, die gesamte Jugend zum Träger gleicher Ideale zu machen.

Die Artamanen waren junge Deutsche, die sich nach dem ersten Weltkrieg zusammenfanden in der Idee, einen neuen Adel zu schaffen, der sich dem Heimatboden verpflichtet fühlte, aus der Erkenntnis heraus, daß das Bauerntum schlechthin die Lebensform des Deutschen ist, mit der radikalen Forderung »Wer Boden bearbeitet, soll ihn auch besitzen«. Die Artamanen setzten ihre Idee in die Tat um, gaben ihre Berufe, ihr Studium auf und gingen in Gruppen auf Güter und Höfe, damit der Heimatboden keine fremdvölkischen Hilfskräfte brauchte. Harte Arbeit, Opferbereitschaft, Selbstdisziplin, freiwillige Einordnung in die Gruppe, stete Bezogenheit des Individuums auf das Ganze im Sinne preußischer Lebens- und Dienstauffassung.

Aus der Bewegung der Artamanen entstand der »freiwillige Arbeitsdienst« und die Bereitschaft zum Siedeln. Beides wurde von der Jugend des Dritten Reiches im *Arbeitsdienst* und im *Landdienst* aufgegriffen. (Siehe Anhang, Abb.: 56)

Durch die Übernahme der Artamanen – 45 Gruppen mit 500 Mitgliedern – in die Hitler-Jugend wurden die Pioniere für den Landdienst aus der Artamanenbewegung gewonnen. Es galt jetzt nicht, arbeitslose städtische Jugend auf das Land zu bringen, sondern die Jugend innerlich und willensmäßig auf den Wert der Arbeit am deutschen Boden einzustellen.

Bis zum Jahre des Kriegsbeginns 1939 zeigt die Entwicklung des *Landdienstes* folgendes Bild:

1934 bestanden	45	Gruppen mit	500	männlichen Teilnehmern
1935 bestanden	240	Gruppen mit	3 500	männlichen Teilnehmern
1936 bestanden	378	Gruppen mit	5 700	männlichen Teilnehmern
1937 bestanden	826	Gruppen mit	11 406	männlichen Teilnehmern
1938 bestanden	1452	Gruppen mit	12 000	männlichen Teilnehmern

Im Jahre 1936 wurden die ersten Mädelgruppen gegründet, die im einzelnen folgende Entwicklung nahmen:

1936 bestanden 84 Gruppen mit 900 weiblichen Teilnehmern
1937 bestanden 311 Gruppen mit 3492 weiblichen Teilnehmern
1938 stieg die Zahl der weiblichen Landdienstangehörigen auf 6500 Mädel.

Bei Kriegsausbruch am 1. September 1939 betrug die Zahl der Landdienstangehörigen 26 016, von denen 11 752 *Jungen* und 14 264 *Mädel* waren.
(Chronik Würschinger, Archivaufzeichnungen)

Mit der Parole »Heim aufs Land« war bereits 1938 eine Werbeaktion für landwirtschaftliche Berufe begonnen worden mit dem Erfolg, daß von den 18 000 Angehörigen des Landdienstes 20% zu bleiben bereit waren, während es lt. Kaufmann »Das kommende Deutschland« 1943 im Jahre 1942 bereits 40–50% waren, die sich zu bleiben entschlossen.

Diese Tatsache wurde mit einem Erlaß der Reichsanstalt für Arbeit anerkannt, wonach durch die Arbeitsämter die finanziellen Kosten für Anreise, ärztliche Betreuung, zum Teil auch für Einkleidung übernommen wurden.

Jungen und Mädel ab 14 Jahren (Durchschnittsalter 15–16 Jahre), die sich *freiwillig* für ein Jahr verpflichteten, wurden im Lager, das aus 10–40 Jungen oder Mädeln bestand, unter der Leitung eines Landdienstführers bzw. einer -führerin zusammengefaßt und auf den Höfen zur Arbeit eingesetzt. Das Landdienstlager sollte den Übergang vom städtischen zum ländlichen Leben erleichtern und auch die Jungen und Mädel vor etwaiger Ausnutzung und Überforderung schützen. –

Die ersten *Landdienstgruppen* wurden in Gutsbetrieben eingesetzt, weil es leichter war, in einem größeren Arbeitsbetrieb durch einen »geschlossenen« Einsatz die jungen Menschen zu einer Gemeinschaft zusammenzuführen, und weil der Bauer erst von dem Nutzen dieser neuen Einrichtung überzeugt werden mußte. 1938 erfolgte jedoch der Einsatz auf dem Dorf und damit bei den einzelnen Bauern bereits zu 78%.

Auch für die Mädel wurden zunächst Betriebsgruppen in Gutsbetrieben eingerichtet, die aber nicht voll befriedigten, weil im Akkord gearbeitet wurde. Der Haupteinsatz der Mädel erfolgte bei der Unterstützung der Bäuerin auf den Höfen im Haushalt und in der Familie. Es wurden schwerpunktmäßig Dorfgruppen eingerichtet; die Mädel wohnten entweder im Lager unter der Leitung einer BDM-Führerin oder waren auch einzeln bei ihren Bauern untergebracht, bei denen sie arbeiteten. Auch die Führerin arbeitete dann mit; ihr stand im Ort ein Raum für Heimabende usw. zur Verfügung. Die lagermäßige Form der Dorfgruppen wurde bevorzugt, weil gerade diese gemeinschaftliche Zusammenfassung der jungen Stadtmenschen die Arbeit auf dem Lande wesentlich erleichterte. Während die Jugendlichen in der Dorfgruppe beim Bauern verpflegt wurden, versorgten sich die Betriebsgruppen auf den Gütern selbst. Die Arbeitszeit betrug arbeitstäglich 10 Stunden oder 54 Stunden wöchentlich; wöchentlich war ein Nachmittag frei für Schulung und Sport.

Die Führer und Führerinnen dieser Landdienstgruppen wurden vor ihrem Einsatz mindestens 3 Wochen in einer Schule für Lagerführer bzw. Lagerführerinnen geschult und erhielten so das Rüstzeug für eine einheitlich ausgerichtete Arbeit.

Erreicht werden sollte mit dieser Maßnahme auch ein dauerndes Verbleiben des jungen Stadtmenschen auf dem Lande, sei es durch Einheirat in einen bäuerlichen Betrieb, durch den Entschluß zu einem bäuerlichen Beruf oder den eines Neubauern durch den Erwerb des Neubauernscheins. Eine solche Entscheidung wurde beeinflußt durch die Qualität der Gruppenführer und Gruppenführerinnen, durch die Einstellung des Bauern zum landdienstwilligen Jugendlichen und insbesondere durch die Wohnverhältnisse. Im Laufe der Zeit verbesserten sich diese Voraussetzungen durch die Sonderaktion zur »Errichtung von Landdienstheimen« der Hitler-Jugend, insbesondere durch die intensive Schulung der Gruppenführer und Gruppenführerinnen.

Ein Teil der Jungen und Mädel, die weniger für das Land geeignet waren, gingen nach einem Jahr in städtische Berufe zurück. Der andere Teil, der sich entschlossen hatte, auf dem Land zu bleiben, kam im 2. Landdienstjahr in ein Lager einer anderen Gegend Deutschlands, in dem nach Vollendung des 2. Jahres die *Landarbeits-* bzw. *Hausarbeits*prüfung abgelegt werden konnte.

Nach zwei weiteren Jahren in offenen Stellen (anerkannte Lehrbetriebe) konnten sie ihr Examen als *Landwirtschaftsgehilfe* bzw. als ländliche *Hauswirtschaftsgehilfin* ablegen.

Da die bewährten Landdienstführer – zum Teil noch aus dem Kreis der Artamanen stammend – während des Krieges an die Front einrückten und sehr junge Kräfte ihre Aufgaben übernehmen mußten, kam es zur Gründung der *Landdienstlehrhöfe*.

Die *»Landdienstfreiwilligen«*, die sich für den Verbleib auf dem Land und damit für einen Lehr-Abschluß entschieden und für eine Führungsaufgabe geeignet erschienen, wurden von ihren vorgesetzten Führern und Führerinnen dem Bann gemeldet.

Jungen, die ihre Landarbeitslehre und Mädel, die ihre ländliche Hausarbeitslehre mit der Note »gut« bestanden und sich auch charakterlich bewährt hatten, wurden in besonders ausgesuchte Landwirtschafts-Lehrstellen vermittelt und in einer Lehrhof-Anwärterschar zusammengefaßt.

Nach einem Jahr weiterer Bewährung wurden sie an einen Landdienst-Lehrhof (Oktober 1942 gab es 18 solcher Lehrhöfe in den Gebieten) berufen, wo sie nach einem Jahr wiederum die Landwirtschaftsprüfung bzw. die ländliche Hauswirtschaftsprüfung ablegen konnten. –

Der Landdienst-Lehrhof entsprach in seiner Größe von 60–125 ha einem normalen bäuerlichen Betrieb, auf dem die Landdienstführer-Anwärter – ca. 60 Jungen und Mädel – gemeinsam, wie es die Arbeit auf einem Hof erfordert, von land- und haus-

wirtschaftlichen Fachkräften unterrichtet und praktisch eingesetzt wurden. Verantwortlich für den gesamten Lehrhof war der Schulführer, dem für die Erziehung der Mädel eine Mädelführerin zur Seite stand, die beide dafür sorgten, daß die ihnen anvertrauten jungen Menschen, die für Führungsaufgaben vorgesehen, auch sportlich, weltanschaulich, kulturell sowie pädagogisch geschult wurden. Nach einem anschließend mehrjährigen Einsatz als Landdienstführer bzw. Landdienstführerin – die Jungen hatten zwischenzeitlich ihren Wehrdienst bei der Waffen-SS abzuleisten – erhielten sie den »Neubauernschein« und damit den Anspruch auf einen eigenen Hof. –
Im Oktober 1942 gab es 797 Landdienstführerinnen und 1155 Anwärterinnen, 483 Landdienstführer und 517 Anwärter. Außer in 100 Betriebsgruppen waren in 1500 Dörfern auf Bauernhöfen Landdienst-Scharen im Einsatz.
(Kaufmann, »Das kommende Deutschland« 1943)
Zur Weiterbildung für höhere Führungs-Aufgaben auf diesem Sektor existierten für Landdienstführer und Landdienstführerinnen je 2 Reichslanddienstführer-Schulen. –
Diese Gewinnung städtischer Jugend für das Land erforderte einen großen Umdenkungsprozeß für Stadt und Land.
Die unter zähem Einsatz und Opfern aufgebaute Arbeit der »Landdienstfreiwilligen« und damit auch der Ansatz zu einer neuen bäuerlichen Bewußtseinsbildung, die zur Erhaltung eines Volkes notwendig war, wurden durch das Kriegsende restlos zerstört.

44.6 Neubildung deutschen Bauerntums

In der Enge der besiedelten Dörfer Westdeutschlands wuchsen zahlreiche »nachgeborene« Bauernkinder heran, die vor 1933 notgedrungen in die Industrie hätten abwandern müssen. An sie, ebenso wie an die Landarbeiter-Kinder der nord- und ostdeutschen Gebiete, an den Landdienst und an die gesamte Jugend, erging nun der dringende Ruf, sich im Rahmen der *»Neubildung deutschen Bauerntums«* in den dünn besiedelten Ostgebieten ein bäuerliches Lebensziel zu suchen und zu verwirklichen. Von 1933 bis 1939 wurde die Neubildung deutschen Bauerntums nach den Weisungen des Reichsbauernführers Darré auf rassischer Grundlage unter Bevorzugung erbbiologisch einwandfreier, blutsmäßig wertvoller und fachlich tüchtiger Landvolk-Familien betrieben. Im Krieg meldeten sich viele von den ca. 40000 Landdienst-Freiwilligen, um später im Osten zu siedeln. Die Besten von ihnen, treu dem Grundsatz der Artamanen: »Auslese und Ostsiedlung« wurden in den »*Siedlungsring* der Hitler-Jugend« aufgenommen. –
Im Rahmen der *germanischen* Jugendarbeit hatten sich 1940 ca. 1200 »Ostfreiwillige« aus Norwegen, Dänemark, Flandern und den Niederlanden nach dem Prinzip der Selbstführung für den Einsatz in den Landdienst-Lagern des Ostens gemeldet, die aus je 26 Jungen oder Mädeln des gleichen Heimatlandes bestanden. Ihr Einsatz erfolgte in Westpreußen, im Wartheland und in Oberschlesien.
Den germanischen Landdienst-Freiwilligen wurde ebenfalls die Möglichkeit zum Siedeln gegeben. (Siehe Anhang Abb. 57)
Als Befähigungsnachweis der unverheirateten Land-Jugendlichen zur späteren Ansiedlung diente die »Vorläufige Bescheinigung zum Neubauernschein«. Bei späterer Heirat wurde aus 2 vorläufigen Bescheinigungen dann der »Neubauernschein«, der zur Übernahme eines lebensfähigen Neubauern-Hofes berechtigte.
Durch intensive Schulung und Aufklärung innerhalb der gesamten Landjugend-Arbeit sowie durch zahlreiche Lehrfahrten in die deutschen Ostgebiete wurde der Siedlungswille geweckt. Eine große Anzahl der Jugendlichen erwarb die »Vorläu-

fige Bescheinigung« und viele junge Paare wurden aufgrund dieses Einsatzes »im Osten angesiedelt«. Besonders stark wurde diese Arbeit im Ost-Oderraum – entlang der polnischen und tschechischen, aber auch der dänischen Grenze – durchgeführt. Rund 22000 neue Höfe und damit eine größere Anzahl neuer Dörfer wurden gegründet. Außerdem wurden in siebenjähriger Arbeit im sogenannten Anlieger-Siedlungsverfahren 68000 kleinere landwirtschaftliche Betriebe erweitert, vielfach auf Erbhofgröße gebracht. Über 40% all dieser Siedlungsverfahren entfielen auf den ostelbischen Raum, wo grenz- und volkstumspolitische Aufgaben zu erfüllen waren.

Alle erforderlichen wirtschaftlichen Voraussetzungen wurden geschaffen, die Ansetzung des Neubauern von der Enge des eigenen Geldbeutels unabhängig zu machen. Durch Zuschüsse des Reichs und günstige Darlehnen wurde die Neubildung deutschen Bauerntums bereits weitgehend entkapitalisiert, die Aufstiegsmöglichkeit zum freien Bauern auf eigener Scholle durch Eignung, Fleiß und Tüchtigkeit verwirklicht.

Aus der Erkenntnis, daß nur der gesunde und freie Bauer fähig ist, sein Land, das er bearbeitet, seinem Volk zu erhalten, erwuchs die Forderung, den ostdeutschen Raum *dicht* zu besiedeln.

Die heimgekehrten Gruppen der *Volksdeutschen* umfaßten insgesamt 30–35000 Familien. Nach Ansetzung dieser Rückwanderer wurden noch rund 200000–240000 bäuerliche Familien aus dem Altreich für den Osten benötigt, wenn dieses Gebiet nicht wieder volkstumsgefährdet sein sollte.

Diese ungeheuere Aufgabe erforderte – sowohl bei der Planung, als auch bei der Durchführung – eine enge Zusammenarbeit aller beteiligten politischen und staatlichen Stellen. Vom Amt Bauerntum und Landdienst der Reichsjugendführung wie auch von der Landjugend-Abteilung des Reichsnährstandes wurde sehr eng und initiativ – insbesondere auch bei den Dienststellen des Reichskommissars für die Festigung deutschen Volkstums und des Reichsernährungsministeriums – mitgearbeitet.

Zur Wahrnehmung aller damit verbundenen Führungsaufgaben sowie zur intensiven Werbung für die Ostaufgabe innerhalb der Jugend wurde durch das Amt Bauerntum und Landdienst in Verbindung mit dem Reichskommissar für die Festigung deutschen Volkstums die *»Siedlernachwuchs-Stelle Ost«* ins Leben gerufen. Eine ihrer wesentlichen Planungen galt der besonderen Vorbereitung der künftigen Ost-Siedler und deren Frauen.

Diese künftigen Wehrbauern sollten auf »Osthöfen« zusammengefaßt und auf ihr neues Leben allseitig vorbereitet werden.

Diese »Osthöfe« sollten gleichzeitig geistige und kulturelle Hochburgen des Deutschtums auf ostdeutschem Boden sein.

Durch das Abkommen mit dem Reichsführer-SS in seiner Eigenschaft als Reichskommissar zur Festigung deutschen Volkstums vom 26. 8. 1938 erhielt der Landdienst als Weg zum Wehr-Bauerntum eine besondere Bedeutung. –

(Siehe auch Abkommen v. 17. 12. 1938)

44.7 Bewährung im Krieg

Alle Maßnahmen des Land-Einsatzes wurden während des Krieges zum Kriegseinsatz. Auf den Höfen ging die Verantwortung für den Außenbetrieb auf die Frauen über, so daß für Haushalt und Betrieb zusätzliche Kräfte gebraucht wurden. Damit leisteten alle in der Landwirtschaft eingesetzten Jugendlichen durch ihre Hilfe einen wertvollen Beitrag zur Ernährungssicherung.

1942 wurde vom Reichsjugendführer die Jahresparole ausgegeben: »Osteinsatz und Landdienst«. (Der »Osteinsatz« wird in dem gesonderten Kapitel 62 behandelt.) Mit dieser Parole wies er darauf hin, daß durch den Einsatz der Jugend »das Kultur- und Sozial-Gefälle vom Westen nach dem Osten« überwunden werden müsse, und der Landdienst an der »Neubildung ostdeutschen Bauerntums« mitwirken sollte. – Die junge Generation wurde aufgerufen, sich im Krieg in erhöhtem Maß auch im Landdienst – vor allem im Osten – einzusetzen. Wie sehr dieser Aufruf verstanden wurde, zeigen die steigenden Zahlen der Landdienst-Freiwilligen:
1941 = 19595 Jugendliche
1942 = 29604 Jugendliche
1943 = 38522 Jugendliche
Davon waren 16630 Jungen und 21892 Mädel.
9000 Jugendliche von ihnen hatten sich zum längerwährenden Dienst in der Landwirtschaft verpflichtet. (Chronik Würschinger, Archiv-Aufzeichnungen)
Für die Unterbringung des im Kriege verstärkten Landdienst-Einsatzes wurde vom *Bauamt* der Reichsjugendführung ein besonderes Holzhaus entwickelt, das überall dort verwendet wurde, wo geeignete feste Häuser nicht vorhanden waren. –
Als Anerkennung für die Bewährung der Jugend im Krieg wurde jeweils einem Landjugendführer und einer Landjugendführerin sowie einem Landdienstführer und einer Landdienstführerin aus jedem Gebiet in einer Feierstunde zum Erntedankfest in Berlin 1944 für besonders tapferen Einsatz das »Kriegsverdienstkreuz« verliehen.
(Schrifttumsnachweis für »Bauerntum und Landdienst« siehe Anhang, Abb. 58)

Zusammenfassung:
So wurde in schwerer Zeit von einer idealistischen jungen Generation in beispielloser Einsatzbereitschaft an der Gesundung deutschen Bauerntums und damit des ganzen Volkes unter Zuführung neuer junger Kräfte – im Krieg außerdem an der Ernährungssicherung – mitgearbeitet und die Vorarbeit für ein Siedlungswerk von einmalig geschichtlichem Ausmaß geleistet, mit dem Ziel, durch fest gegründete deutsche Bauerndörfer – auch ohne Wall und Graben – die Ostgrenze des Deutschtums zu sichern. (Siehe Kap. 62 »Osteinsatz«) Vor dieser volkspolitischen Aufgabe aber stand der kulturerzieherische Auftrag Baldur v. Schirachs:

> *»So wie der Mensch nichts wert ist, der sich seiner Herkunft schämt, so wären wir auch alle zusammen nichts wert, wenn wir uns nicht immer dessen bewußt bleiben würden, daß wir vom Lande stammen und daß unsere Ahnen hinter dem Pflug hergegangen sind und bäuerliche Arbeit getan haben.*
> *Darum muß die ganze deutsche Jugend lernen, ihre Gedanken auszurichten auf die Arbeit des deutschen Bauern.*
> *Die gesamte deutsche Jugend muß sich selbst dazu erziehen, wieder den Blick hinzurichten auf unsere Äcker, auf unsere Wälder und Wiesen, auf unsere heilige Heimat.«*

In ähnlicher Weise äußerte sich der Reichsbauernführer Walter Darré am 1. 1. 1935:

> *»Soll die deutsche Zukunft im Sinne des Führers gesichert sein, so hat sich die deutsche Jugend die Erkenntnis vom Sinn und Wesen des deutschen Bauerntums zu eigen zu machen, nicht dem deutschen Volke zu Liebe, sondern um der Zukunft des deutschen Volkes willen; wie denn auch diese Frage nicht einseitig vom Standpunkte des Bauern oder Städters betrachtet werden kann, sondern ureigenste Sache des gesamten deutschen Volkes ist. An der deutschen Jugend liegt es, dies durchzusetzen.*
> *Weil ich in der deutschen Jugend den zukünftigen Träger dieser Erkenntnis sehe, habe ich mit dem Reichsführer der Deutschen Jugend, Baldur von Schirach, eine Vereinbarung über die gemeinsame Arbeit an der Jugend getroffen. Die Landju-*

gend soll mit der anderen deutschen Jugend zusammenkommen. Beide Teile müssen voneinander lernen und aus dem Erlebnis der Gemeinschaft heraus lernen, sich eins zu fühlen als Deutsche Jugend. Die Landjugend soll sich in der Gemeinschaft mit der anderen deutschen Jugend der Aufgaben für das Volksganze bewußt werden, wie auch den anderen volles Verständnis für das Landvolk nur erwächst, wenn ihnen Wesen und Eigenart unserer Landbevölkerung in kameradschaftlichem Zusammensein zum Erlebnis wird. Die deutsche Jugend soll in dieser Gemeinschaft erkennen, daß der Einzelne nur ein Teil des Volksganzen ist, daß kein Stand auf seinen Sondernutzen bedacht sein darf, sondern daß sich jeder dem Gemeinnutz zum Heile der Volksgemeinschaft zu fügen hat. Die deutsche Jugend soll in ihrer Haltung wieder fest mit der deutschen Erde verwurzelt werden und durch die Bande des reinen deutschen Blutes sich fest miteinander verbinden. Denn in dieser Verwurzelung und Verbindung allein können Entschlüsse reifen, die die sichere Zukunft Deutschlands gewährleisten.«

(Auszug aus einem Aufsatz in »NS.-Monatshefte«)

Fünfter Teil

Die Selbstdarstellung der Hitler-Jugend im Kontakt zur Außenwelt und in ihrem Gesetz

51. Presse und Propaganda

51.1 Entstehung

Entsprechend dem von Reichsjugendführer Baldur von Schirach proklamierten und von der Führung des Reichs anerkannten Grundsatz: »Jugend muß von Jugend geführt werden«, wurde auch die gesamte Öffentlichkeitsarbeit der Hitler-Jugend und des Bundes Deutscher Mädel in allen ihren Bereichen von jungen Menschen gestaltet und geleistet. Hilfestellung hierzu gaben in der Reichsjugendführung das Presse- und Propaganda-Amt sowie das Kultur- und Rundfunk-Amt mit ihren nachgeordneten Stellen in den Gebieten bzw. Obergauen. –
Bereits in der Kampfzeit erschienen die ersten Zeitschriften der Hitler-Jugend, die sich mit den Jugendorganisationen der Weimarer Republik auseinandersetzten und für den Einsatz in der Hitler-Jugend warben.
Schon Adolf Lenk wußte um die Bedeutung einer eigenen Jugendpresse; er setzte eine Beilage als »Stimme der Jugend« im Völkischen Beobachter durch. Kurt Gruber legte ebenfalls großen Wert auf eine wirksame Pressearbeit. In der mit der NSDAP/SA getroffenen Vereinbarung vom 5. 12. 1926 wird die Monatsschrift »HJ« erwähnt, die seinerzeit von der Reichsleitung der Hitler-Jugend herausgegeben wurde.
Später erschienen in einem eigenen NS-Jugendverlag die Zeitschriften:

»Die Deutsche Zukunft«,
»Der junge Nationalsozialist«,
»Der junge Sturmtrupp« und
»Deutsches Jungvolk«
sowie die Zeitschrift des NS-Schüler-Bundes.

(Nach Chronik Würschinger Archivaufzeichnungen)
Von den teilweise schon in der Kampfzeit regional herausgegebenen HJ-Zeitungen, die finanziell oft schwer zu kämpfen hatten, behaupteten sich neben den Reichs-Zeitschriften, die landsmannschaftlich gebundenen Organe bis zum Kriegsende:
»Die Fanfare« in Westdeutschland
»Die Reichssturmfahne« in Württemberg und
»Rote Erde« in Westfalen.
Nachdem es bereits einen Pressechef beim Reichsjugendführer gab, wurde im April 1935 das Presse- und Propaganda-Amt der Reichsjugendführung gegründet. Die nachgeordneten Dienststellen waren die entsprechenden Abteilungen in den Gebieten bzw. Obergauen und die Stellen in den Bannen und Untergauen, wobei erstere hauptamtlich, letztere ehrenamtlich besetzt waren.
Breite Unterrichtung über das Wirken und Leben aller Altersstufen der Jugend wurde wesentlich durch die damals gegebenen Medien *Presse, Funk* und *Film* gefördert. So konnte die männliche wie die weibliche Jugend durch ihre Mitarbeit in der Tagespresse, in Funk und Film selbst über ihr Bestreben und die Sinngebung ihrer Arbeit in der Hitler-Jugend und im Bund Deutscher Mädel berichten, in der Öffentlichkeit aufklärend wirken und zu Elternhaus und Schule einen guten und oft verständnisvollen Kontakt herstellen.

51.2 Propaganda – Arbeit

Zeitschriften, Broschüren, Kalender, Plakate, Schaukästen, Ausstellungen und Rundfunksendungen unter der Parole: »Von der Jugend für die Jugend« – gaben ein lebendiges Zeugnis vom Wollen und Wirken der Jugend, ihrer Freizeitgestaltung und ihrem Elan. –
Der überzeugenden Propaganda ist es zum Teil mit zu verdanken, daß der größte Teil der einzelnen Jahrgänge von Jungen und Mädel sich *freiwillig* zum Dienst in der Hitler-Jugend (BDM) meldeten. Schon zum Reichsjugendtag Oktober 1932 in Potsdam – also *vor* der Übernahme der Regierung durch die Nationalsozialisten – wurde durch ein Plakat und Ansteckplaketten geworben, Flugblätter wurden verteilt. Um jeden Jungen und um jedes Mädel wurde damals gerungen.
Nach 1933 berichteten Tausende von reichseinheitlichen Schaukästen, ferner Funk und Film in Wort und Bild oder Ton aus der Arbeit der jungen Generation. Sie unterstützten die Jahresparolen: »Körperliche Ertüchtigung«, »Schafft Heime«, »Du hast die Pflicht gesund zu sein«.
Die Hitler-Jugend übernahm auch die Gestaltung eigener Ausstellungen – zum Teil Wander-Ausstellungen – oder auf größeren Ausstellungen die Errichtung von *Informationsständen* z. B. in den Ausstellungen *»Gebt mir 4 Jahre Zeit«* in Berlin oder *»Schaffendes Volk«* in Düsseldorf.
Diese Propaganda richtete sich nicht nur an die Öffentlichkeit oder an die Jugend zur Unterstützung ihrer Arbeit, sondern in erster Linie an die Eltern, um deren Vertrauen zu gewinnen und ihnen die Überzeugung zu geben, daß ihre Jungen und Mädel bei der Hitler-Jugend (BDM) gut aufgehoben waren, daß deren Dienst sinnvoll und ihr Einsatz ihnen wieder selbst zugute kam. –
Begabte junge *Redner,* durch *Erzählerwettstreite* ermittelt, wurden einer besonderen Schulung unterworfen, die ihnen politisches Wissen und rhetorisches Können vermittelte. Diese wurden – je nach Eignung – als Bann-Redner, Gebiets-Redner und Reichs-Fachredner zur Aufklärung der jungen Nation in wesentlichen Fragen eingesetzt, aus der Erkenntnis, daß das gesprochene Wort oft mehr vermag als das geschriebene.

51.3 Presse-Arbeit

Die *Presse-Arbeit* diente nicht nur der Ansprache der in der Jugendbewegung erfaßten *Jungen* und *Mädel;* sie wandte sich an alle Personen und Stellen, die mit der Jugend mittelbar oder unmittelbar zu tun hatten; es galt letztlich, die breite Öffentlichkeit vom Wollen und Wirken dieser Jugendgemeinschaft zu unterrichten. Zu diesem Zweck wurden Artikel und Informationsberichte in Wort und Bild über die jeweils aktuellen Probleme und Fragen aus den weitgesteckten Interessengebieten der *Jugend* in einer täglich erscheinenden Korrespondenz, dem *»Reichsjugend-Pressedienst«* an die Tagespresse (auf Abonnementbasis) herausgegeben.
Die vielseitigen Arbeits- und Interessengebiete der Jugend wurden durch ein ebenso vielseitiges – von Jugendlichen gestaltetes – Zeitungswesen unterstützt. –
Die Pressearbeit des *Bundes Deutscher Mädel* – um damit zu beginnen – vermittelte Ziele und Wünsche dieses *Mädelbundes* der Öffentlichkeit. Wesentliche Hilfe leistete dabei die Zeitschrift »Das Deutsche Mädel«, die vom Bund Deutscher Mädel herausgegeben wurde. –
Neben der aktuellen Berichterstattung über die Mädelarbeit auch in anderen Völkern, nahm diese Zeitschrift zu allen die *weibliche* Jugend bewegenden Fragen – wie z. B.: *Kultur, Mode, Wohnkultur, Gesundheitspflege* und *soziale Fragen* und entsprechendem Einsatz – Stellung.

Zudem trug sie durch ihr Aufgreifen aller Mädel-Interessen dazu bei, die weibliche Jugend auf ihre Probleme hinzuweisen und sich als ihr Sprachrohr in der männlichen Umwelt gebührend Gehör zu verschaffen. –
In der sog. guten alten Zeit gab es eine Zeitschrift für die »höheren Töchter« »Das Kränzchen«. – Diese Zeitschrift zeigte Leben und Treiben höherer Töchter in einem wohlumsorgten Heim oder einem exklusiven Pensionat mit Klavierspiel, literatischen Zirkeln usw. In einer Zeit, in der politische und soziale Spannungen und Auseinandersetzungen sich anbahnten, hätte dieses Blatt die weibliche Jugend der 20er und 30er Jahre nicht mehr bewegen können. –
Für die *Jungmädel* im BDM war in jedem Heft des *»Deutschen Mädels«* ein unterhaltender Teil mit Bildern und Erzählungen angeschlossen.
Die geplante Herausgabe einer besonders anspruchsvollen Zeitschrift für die 17–21jährigen Mädel im BDM-Werk »Glaube und Schönheit« scheiterte infolge des Kriegsausbruchs 1939. –
Die *»Junge Welt«* wurde von 14–18jährigen *Jungen* gelesen; sie behandelte alle Themen, die ein Jungenherz begeistern, von politischen Fragen bis zu Berichten über die Spielscharen, Sonderformationen, von Basteln und Fliegen bis zum sozialen Einsatz im Beruf, bei der Ernte und dem Winterhilfswerk.
Der *»Pimpf«* für die 10–13jährigen brachte ähnliche Themen, jedoch mehr den jüngeren Jahrgängen angepaßt, von Geschichten z. B. über die Ordensritter bis zur Pimpfen-Fehde.
Den 230 Tageszeitungen wurden 4seitige *Sonderbeilagen* beigeschlossen, um jedem regionalen Bereich die Möglichkeit zu geben, besonders bewegende Fragen zu erörtern, bzw. zur Diskussion zu stellen. –
An *Fach-Zeitschriften* für die Jugend erschienen:

»Die Landjugend« ein Organ für die ländliche Jugend,
»Sport der Jugend« für die Freunde des Sports,
»Junge Dorfgemeinschaft«.

Anregungen für die *Kulturarbeit* der Jugend brachten die Zeitschriften:

»Musik in Jugend und Volk«
»Die Singstunde«,
»Die Spielschar«
»Musik und Volk«.

Die *volksdeutsche* Jugend im *Ausland* hatte ihren eigenen *Pressedienst.*
Für die *wandernde* Jugend und die Deutschen Jugendherbergen gab es in Bild und Text:

»Jugend und Heimat«

eine monatlich erscheinende Publikation und schließlich für die *gehörlose* Jugend:

»Die Quelle«.

Zwei Zeitschriften von besonderem Anspruch, die sich an das Führerkorps der Hitler-Jugend und an den Führerinnenring des Bundes Deutscher Mädel wandten, aber auch an Außenstehende, die mit der Jugendarbeit zu tun hatten, und an das Ausland, waren die vom Reichsjugendführer von Schirach herausgegebene Zeitschrift *»Wille und Macht«,* und das amtliche Organ des Jugendführers des Deutschen Reiches »Das Junge Deutschland«.
»Wille und Macht« erschien monatlich und war zielgebend für die geistigen und musischen Strömungen der jungen Generation im deutschen Sprachraum. Sie war das literatische Forum auch für manche geistige, kritische Auseinandersetzungen der Jugend mit der älteren Generation. –
»Das Junge Deutschland« behandelte sozialpolitische Belange der werktätigen Jugend, Fragen der Gesundheitsführung und des Jugendrechts.
Außerdem wurden von der Reichsjugendführung *»Jahrbücher«* (Kalendarien) herausgegeben, so z. B. das

Jahrbuch der HJ ...
Jahrbuch des BDM »Wir schaffen«
Jahrbuch der Jungmädel »Wir folgen« und das
Jahrbuch »Der Pimpf«.

In diesen Jahrbüchern fanden sich von der *Bildstelle* der Reichsjugendführung gut ausgewählte Bilder, sowie grundsätzliche Abhandlungen über aktuelle Fragen des deutschen Jugendlebens und vor allem eine große Zahl wissenswerter Angaben und Ratschläge. Außerdem enthielten sie die wichtigsten Daten der deutschen Geschichte aus allen Jahrhunderten und der Bewegung; Aussprüche führender deutscher Männer und Frauen aus der Geschichte bereicherten das Büchlein. Die Bilder zeigten die deutsche Landschaft, die Jugend bei der Arbeit und beim Spiel, im Alltag und bei Feierstunden; der Text-Teil war vielseitig und unterhaltend. – Erwähnenswert auch die großen Jahrbücher *»Jungen Eure Welt«* und *»Mädel Eure Welt«*, die von namhaften Schriftstellern aus den Reihen der Hitler-Jugend und des Bundes Deutscher Mädel herausgegeben wurden. Sie führten in alle Interessengebiete, brachten Schilderungen von der Jugend im Einsatz, von Vorbildern deutscher Männer und Frauen, aus dem Alltags- und Berufsleben, von Fahrten und Wandern durch die Heimat und Europa sowie vom Werken und künstlerischen Schaffen, kurzum: die Jahrbücher waren Wegweiser für Leben, Beruf, Heim und Lager.

Auch bei der Herausgabe anderer Bücher war das Presse- und Propaganda-Amt der Reichsjugendführung indirekt beteiligt, z. B.:

»HJ – Das kommende Deutschland«,
»Hitlerjugend, das Erlebnis einer großen Kameradschaft«,
»So sind wir« – Jungmädel erzählen,
»Mädel in aller Welt«
»Ostmark-Mädel«
Bildband: »Das BDM-Werk Glaube und Schönheit« und der
Bildband: »Die Jugend des Führers«.

Im Auftrag des Jugendführers des Deutschen Reichs wurde ein Handbuch des gesamten Jugendrechts herausgegeben. (Eine Sammlung aller Rechtsvorschriften für junge Menschen, die Auskunft gibt, wie Jugend zu erziehen und zu beraten ist.) – Außerdem gab es eine »Erlebnisbücherei der deutschen Jugend«, die – in kleinen gern gelesenen Heftchen – Abenteuer, Erzählungen und Berichte behandelte sowie eine »Kolonial-Bücherei der deutschen Jugend« mit Berichten aus der Kolonialarbeit.

Diese leicht lesbaren Hefte mit positiver erzieherischer Tendenz sollten Schund- und Kitsch-Literatur von der Jugend fernhalten. –

Nach Ausbruch des Krieges wurde eine »Kriegsbücherei der deutschen Jugend« herausgegeben, die Kriegsabenteuer aller Waffengattungen schilderte und bis Ende 1942 mit 137 Ausgaben eine Millionen-Auflage erreichte.

Der Kriegsbetreuungsdienst in allen Gebieten verschickte »Soldatenbriefe«, die von der Heimat und aus der Jugend-Arbeit berichteten.

Im Rahmen der *Kinderlandverschickung* erschienen die »*Elternbriefe* der KLV« mit über einer halben Million Auflage.

Weitere Broschüren und Schriften warben z. B. für eine »gesunde Lebensführung«, für »Sommerlager« und für »Einsätze« aller Art. –

Die *Bildstelle* der Reichsjugendführung – mit nachgeordneten Dienststellen in den Gebieten – vermittelte der Öffentlichkeit mit Hilfe des Bildes eine anschauliche Vorstellung vom Leben und Wirken der Jungen und Mädel in der Hitler-Jugend und im Bund Deutscher Mädel.

Abschließend kann noch gesagt werden, daß über 20% der Mitarbeiter und Mitarbeiterinnen der Jugendpresse in der *Berufsliste* der zuständigen Landesverbände der *»Deutschen Presse«* im Reichsverband der Deutschen Presse eingetragen waren.

51.4 Die Rundfunkarbeit

Der Rundfunk (Fernsehen gab es zu jener Zeit noch nicht!) war ein Medium von eminenter Bedeutung für die Öffentlichkeitsarbeit.
Seit 1934 wurde dieser Sektor von dem Rundfunk-Amt der Reichsjugendführung betreut, in enger Zusammenarbeit mit dem Kulturamt, dessen Chef eine Zeitlang beide Ämter in Personalunion führte. Nach Kriegsausbruch wurde diese Arbeit vom Presse- und Propaganda-Amt der Reichsjugendführung übernommen.
Bei jedem Reichssender arbeiteten ein HJ-Angehöriger und für die Sendungen der weiblichen Jugend eine BDM-Referentin als Jugendfunkleiter. Diese hatten einmal die Verbindung zu den Ressort-Leitern des Senders zu pflegen, die Kontakte für die Belange der Jugend nutzbar zu machen und schließlich für die Jugend-Sendungen auch die volle Verantwortung zu tragen. –
Die Rundfunk-Arbeit diente vor allem der Unterhaltung und Unterrichtung Jugendlicher in einer der Jugend gemäßen Art. –
Besonderes Augenmerk wurde der Landjugend gewidmet, die damals weniger Anregungen erhielt als die städtische Jugend.
Sendungen über Grenzlandfahrten brachten der Jugend Leben und Lebensweise der benachbarten Völker, aber auch Grenzlandprobleme näher.
Sendungen von vorbildlichen Feierstunden waren richtungweisend für den Kulturwillen der jungen Generation. Hervorzuheben sind in diesem Zusammenhang die »Morgenfeiern« der HJ, die als Ring-Sendungen aller Sender des Deutschen Reichs ausgestrahlt wurden. (Siehe Kapitel 26 »Kulturarbeit«.)

51.5 Der Film als Mittel der Erziehung

Schon in den ersten Zeiten, als der Film entstand, wurde festgestellt, wie beeindrukkend und beeinflussend das anschauliche, bewegliche Bild auf den jungen Menschen wirkt.
(Siehe auch Anhang, Abb. 59)
Deshalb wurden zunächst von der Hitler-Jugend viele Filme, die negativ auf Jugendliche wirken konnten, für Jugendliche gesperrt. Nur gute Filme wurden als »jugendfrei« zugelassen.
Die Reichsjugendführung hatte den erzieherischen Wert des Filmes, junge Menschen durch das Vorbild zu positivem Einsatz zu aktivieren, erkannt. In der Filmprüfstelle des Reichs vertraten zwei HJ-Führer die junge Generation und vergaben das Prädikat »Jugendwert« für erzieherisch wertvolle Filme.
Das Presse- und Propaganda-Amt der RJF hatte mit der Reichsfilmkammer vereinbart, daß die besten deutschen Filme der gesamten Jugend gezeigt werden sollten. Schon im Winterhalbjahr 1934/35 wurden die ersten Film-Aufführungen in geschlossenen Veranstaltungen für rund 300 000 Jungen und Mädel durchgeführt, die unter der Bezeichnung »Jugendfilmstunden«, die in allen Dörfern und Städten stattfanden, zu einem Begriff wurden. (»Das kommende Deutschland« 1943)
Die Teilnahme war freiwillig, und der Kartenpreis von 20 Pfg. machte allen Jugendlichen den Besuch dieser Veranstaltungen möglich.

> *»Schon in der Spielzeit 1935/36 wurden 905 Veranstaltungen mit 425 176 Besuchern durchgeführt. Die Veranstaltungs- und Besucherzahlen steigerten sich derartig, daß in der Spielzeit 1941/42 nicht weniger als 15 800 Jugendfilmstunden mit 5,6 Millionen Jugendlichen zur Durchführung kamen.«*
> (»Das Junge Deutschland« 1943)

Die Eltern begrüßten es, daß ihren Kindern im Rahmen der Jugendgemeinschaft

wertvolle Filme zu einem solch niedrigen Preis geboten wurden, während sonst Kinovorstellungen nach Einbruch der Dunkelheit nur in Begleitung der Eltern besucht werden durften.
In den Jugendfilmstunden, die durch Lied und Wort umrahmt wurden, lernten die Jugendlichen wertvolle von weniger wertvollen Filmen zu unterscheiden. Besonderer Beliebtheit erfreuten sich die Kulturfilme der UFA, die unbestritten an der Spitze der *internationalen* Filmproduktion standen.
Wie intensiv Jugendliche Filme erleben, wie sehr sie an dem Geschehen anteilnehmen, kann nur der beurteilen, der die Aufführungen ein und desselben Filmes in einer der üblichen Kino-Vorführungen oder in »Jugendfilmstunden« erlebt hat. –
Es wäre verwunderlich, wenn nicht auch auf dem Gebiet des Filmschaffens Jugend für Jugend tätig geworden wäre.
Schmalfilme und Bildbänder von filmbeflissenen Jugendlichen hergestellt, wurden im engeren Kreis, so bei Dorf- und Elternabenden vorgeführt.
Diese Werbe- und Aufklärungsmittel brachten jeweils charakteristische Abschnitte von den Heimabenden, aus dem Lager-Leben und offerierten auch kulturelle und zeitgeschichtliche Themen.
In diesem Sinn warben auch die von der Reichsjugendführung erstellten Filme, z.B. für den Heimbau »Volk baut in die Zukunft« und »Heime der Hitler-Jugend«; für den BDM-Osteinsatz der Streifen »Inge«; für den Landdienst »Die Erde ruft«.
Zwei Filme dieser Art müssen besonders hervorgehoben werden: Der Dokumentarfilm über den Adolf-Hitler-Marsch der Hitlerjungen mit ihren Bannfahnen zum Reichsparteitag 1938 nach Nürnberg mit dem Titel »Marsch zum Führer« und der vielbeachtete Film »BDM-Werk Glaube und Schönheit«, der in einer breiten Palette die vielseitigen Möglichkeiten der Bildung der 17–21jährigen Mädel aufzeigte, die ihren Fähigkeiten und Neigungen entsprachen.
Nachdem schon 1933 der Spielfilm: »Hitlerjunge Quex« gedreht worden war, wurden nun auch aus der Hitler-Jugend selbst einige Spielfilme hergestellt.
Als ein besonders geglückter Wurf stellten sich die Filme »Fähnlein Florian Geyer« vor – ein Spielfilm für die Jüngsten der Hitler-Jugend, die Pimpfe – und der Spielfilm »Hände Hoch« – die Erlebnisse eines Lagers der Kinderlandverschickung –, der bei dem Jugendfilmwettbewerb 1942 in Florenz als bester *europäischer* Jugendfilm prämiert wurde. –
Der noch 1944 herausgebrachte Film »Junge Adler«, der in einer Flugzeugfabrik spielt, zeigte, wie ein straffällig gewordener Jugendlicher durch die Gemeinschaft und Kameradschaft der Hitler-Jugend rehabilitiert wird. –
Als repräsentativ für das lebhafte Interesse der Hitler-Jugend und des Bundes Deutscher Mädel am Film schlechthin sind die »Reichsfilmtage der HJ« anzusprechen. Diese fanden erstmals 1937 in Hamburg und 1938 in Wien unter der Schirmherrschaft des Reichsministers für Volksaufklärung und Propaganda statt. –
Auf diesen Tagungen, an denen auch die *ausländische* Presse Interesse bekundete, wurden den filminteressierten Jungen und Mädeln herausragende Filme gezeigt. Wechselgespräche mit Regisseuren und Dramaturgen belebten die lebhafte Diskussion der Filmschaffenden mit einem begeisterungsfähigen und jugendlich kritischen Publikum aus allen Gauen des Reiches.
Den Bereich Film abschließend, wird noch auf eine monatlich gebotene Filmjugendschau »Junges Europa« hingewiesen, die, in den letzten Jahren – der Wochenschau entsprechend – von der Reichsjugendführung zusammengestellt, nicht nur als Vorspann zu den »Jugendfilmstunden«, sondern auch wegen ihrer Qualität in allen Filmtheatern mit großem Erfolg und lebhaftem Echo gezeigt wurde.
Sie gab dem Elternhaus einen Überblick über die Arbeit der Hitler-Jugend (BDM) und über die freundschaftlichen Beziehungen und der Gemeinschaft mit der europäischen Jugend. –

Der junge Schriftleiter, der Jugendfunkleiter, der junge Filmproduzent machten die Jugend nicht nur mit den Medien der Öffentlichkeit vertraut, sondern sie unterstützten die Erziehungs-Arbeit der Hitler-Jugend, vermittelten dem Elternhaus, das Schule und Wehrdienst aus eigener Erfahrung kannte, einen Einblick in den für sie neuartigen Dienst der Hitler-Jugend und des Bundes Deutscher Mädel. Durch sie wurde gleichzeitig der Nachwuchs für Presse, Film und Funk herangebildet. –
Alles in allem vermag die umfangreiche Öffentlichkeitsarbeit der Hitler-Jugend das Wollen und Wirken, das Gesicht der damaligen jungen Generation getreulich zu spiegeln.

52. Die Auslandsarbeit

52.1 Organisation und Aufbau

Nach dem großen Aufbruch der deutschen Jugend 1933 nahm die Reichsjugendführung durch ihr *Grenz- u. Auslandsamt* Kontakt auf zu allen reichsdeutschen Jungen und Mädeln im Ausland, zur deutschen Grenzland-Jugend und zur Jugend volksdeutscher Siedlungs-Gebiete innerhalb fremder Staaten. Gleichzeitig wurde auch die Verbindung zur *fremdvölkischen* Jugend in aller Welt ausgebaut.
In den Stäben der Gebiete und Obergaue bis zum Bann/Untergau waren besonders ausgewählte Abteilungsleiter/Abteilungsleiterinnen bzw. Stellenleiter u. Stellenleiterinnen »Grenz- u. Ausland« eingesetzt, deren Aufgabe es war, die Jugend innerhalb des Reichs über Grenz- und Auslands-Deutschtum und auch über die Lebensgewohnheiten *fremdvölkischer* Jugend zu unterrichten. Grenz- und Auslands-Fahrten wurden sorgfältig vorbereitet, die mitfahrenden Jugendlichen mit der Lebensweise, Geschichte, Kultur und Sprache der zu besuchenden Völker vorab vertraut gemacht. Diese Grenz- und Auslands-Fahrten mußten deshalb von der Reichsjugendführung, die sich von der ordnungsgemäßen Planung und Unterrichtung der Jugend überzeugen wollte, genehmigt werden. –
Das *Grenz- u. Auslandsamt* der Reichsjugendführung hatte Verbindung zum *Auswärtigen Amt* sowie zu den »Beauftragten für Jugendarbeit« der Diplomatischen Vertretungen des Auslandes, damit es über die jeweiligen Beziehungen Deutschlands zu den anderen Staaten, aber auch über Vorgänge in diesen unterrichtet war und die Fahrten-Gruppen der Hitler-Jugend entsprechend *beraten* konnte. Dadurch wurde das Auftreten »wilder« Fahrtengruppen, die dem deutschen Ansehen schadeten, vermieden. Die Jungen- und Mädel-Gruppen, die in ein fremdes Land fuhren, sollten sich ihrer Verantwortung und ihrer Aufgabe bewußt sein, nämlich die Hitler-Jugend und ihr Vaterland in bester Form zu repräsentieren und die Eigenart des fremden Volkes zu respektieren.

52.2 Reichsdeutsche Jugend im Ausland

Während bisher Schüler und Lehrer durch den »Verein für das Deutschtum im Ausland« (VDA) die Auslandsdeutschen betreuten, übernahm nun die Hitler-Jugend die Betreuung der Jugendlichen im Ausland. Eine enge Zusammenarbeit zwischen VDA und Hitler-Jugend wurde schon dadurch garantiert, daß ihr Geschäftsführer Dr. Rolf *Hillebrand* Oberbannführer in der Hitler-Jugend war. Die *reichsdeutschen* Jungen und Mädel im Ausland wollten und sollten teilhaben an der inneren Wandlung, die sich in Deutschland vollzogen hatte und durch ihr Sich-Einsetzen Bekenntnis ablegen für ihr Volk und Reich.
Zunächst besuchten HJ-Führer und BDM-Führerinnen kleinere, besonders ausgelesene Gruppen im Ausland und halfen diesen beim Aufbau ihrer Einheiten.
Die Reichsjugendführung versorgte die Jugend in den reichsdeutschen Kolonien im Ausland monatlich mit 10000 Zeitschriften, Heimabendmappen und Zeitungen sowie jährlich mit ca. 5000 Büchern.
(Kaufmann, »Das Kommende Deutschland« 1940, S. 226).
Mit großem Eifer versuchten diese Jungen und Mädel, es ihren Kameraden und Kameradinnen im Reich gleichzutun. Sie bemühten sich – oft unter schwierigen Be-

dingungen – nicht nur den Heimabend und den Sport durchzuführen und auf Fahrt zu gehen, sondern auch das »Leistungsabzeichen« zu erwerben, die kulturelle Umrahmung von Feiern der deutschen Kolonien zu übernehmen und die Bedingungen des Reichsberufswettkampfes zu erfüllen. Die Arbeit der reichsdeutschen Jugend im Ausland hatte zum Teil ein beachtliches Niveau erreicht. So gab z. B. die *Hitler-Jugend in Japan* eine eigene Zeitschrift heraus: »Die HJ im fernen Osten«.
In ihrer Arbeit wurde sie unterstützt durch den Besuch ausgelesener HJ-Führer und BDM-Führerinnen, bewährter Fahrten-Gruppen sowie von Sing- und Spielscharen. Die soziale Betreuung dieser Jugendlichen wurde vom *Auslandsamt* der Reichsjugendführung überwacht.
Auch das später gegründete BDM-Werk »Glaube und Schönheit« mit seinen vielfältigen Arbeitsgemeinschaften fand unter den älteren Mädeln im Ausland viel Anklang.
Gerade die Ausrichtung der Mädel im Ausland wurde als wesentlich angesehen, da es von ihnen – als den kommenden Müttern – abhing, ob innerhalb der Familien durch Erlernen der deutschen Sprache und Pflege des Brauchtums das Bewußtsein der Zugehörigkeit zum deutschen Volk erhalten blieb.
Die Abteilungen »Gebiet Ausland« bzw. »Obergau Ausland« im Grenz- u. Auslandsamt der Reichsjugendführung hatten 55 Landesjugendführungen im Ausland mit 312 Standorten und etwa 20000 Mitglieder zu betreuen. Jedem Gebiet und Obergau im Reich waren ein bis zwei Länder in *Europa* oder *Übersee* als »Kameradschafts-Land« zugeteilt, die diese durch Bücher, Zeitschriftensendungen, Brieffreundschaften, Austausch von Erfahrungen und gegenseitige Besuche in ihrer Arbeit unterstützten.
Die im Ausland wirkenden *Landesjugendführer* und *Landesjugendführerinnen* wurden von der Reichsjugendführung des öfteren in ihre Heimat eingeladen, um mit ihnen laufend Kontakt zu halten. Ein Höhepunkt der Zusammenarbeit mit der reichsdeutschen Jugend im Ausland war das *Deutschland-Lager* der Hitler-Jugend, das 1935 für 1500 Jungen in der Mark Brandenburg durchgeführt wurde; für die Mädel entsprechend 1936 der Besuch der *Reichsführerinnenschule* in Boyden/Ostpreußen.
Aus allen Teilen der Welt kamen erstmals reichsdeutsche Jugendliche in Deutschland zusammen, um sich ein Bild zu machen über ihre Heimat und deren Jugendbewegung. Anschließend machten sie eine Rundfahrt durch alle Gaue Deutschlands, in denen sie von ihren Kameraden und Kameradinnen herzlich aufgenommen wurden. Als Abschluß ihrer Fahrt nahmen sie am Reichsparteitag in Nürnberg teil.
In jedem Jahr fanden sich auch auslandsdeutsche Jugendliche auf der Reichstagung der Auslandsorganisation der NSDAP in Stuttgart ein.
Im Winter 1938/39 wurde ein Ski-Lager für Führer und Führerinnen der reichsdeutschen Jugend aus dem gesamten *Europa* durchgeführt.
Im Sommer 1939 nahm die auslandsdeutsche Jugend – darunter allein 750 Mädel – an den großen Wilhelm-Gustloff-Lagern im Süden, Westen und Norden des Reiches teil, die unter der Schirmherrschaft des Reichsjugendführers Baldur *von Schirach* und des Gauleiters für »Ausland« *Bohle* standen.
Aus dem fernen Osten, Spanien, Italien und verschiedenen anderen europäischen Staaten kamen sie für einige Wochen ins Reich. (Jahrbuch des BDM »Wir schaffen« 1940)
Mit neuem Unternehmungsgeist, gefeit gegen häßliche Greuelpropaganda über das Reich, innerlich enger verbunden mit ihrer »Nation« kehrten sie in ihre Wahl-Heimat zurück, nicht als Propagandisten des Nationalsozialismus, sondern als »Dolmetscher« ihrer Arbeit und als Repräsentanten Deutschlands.

52.3 Volksdeutsche Jugend und Grenzland-Jugend

Durch den verlorenen 1. Weltkrieg mußten von *Deutschland* und *Österreich* alte deutsche Gebiete an die Nachbarstaaten abgegeben werden, wie Memel, Danzig, Westpreußen, Posen, Teile von Schlesien, Eupen-Malmedy, Elsaß, Lothringen, Sudetenland, Südtirol u.a.m. Damit lebten viele Menschen des deutschen Volkes jenseits der Grenzen mit fremder Staatsangehörigkeit.
Ihr beruflicher Erfolg, ein Aufstieg in führende Ämter, die Schulbildung ihrer Kinder, wurde den meisten von ihnen erschwert, wenn nicht gar unmöglich gemacht. Viele von ihnen bekannten sich – trotz persönlicher Nachteile – weiterhin zum Deutschtum.
Wenn die Verbindung zur Heimat abriß, wurden manche jedoch wankend, versuchten, dem ständigen Druck, der auf sie ausgeübt wurde, zu entgehen und sich dem fremden Volkstum anzupassen.
Die »*Mittelstelle* deutscher Jugend in Europa« hat sich deshalb nach 1918 Verdienste erworben in der Betreuung der Jugendlichen dieser Gebiete.
Nach 1939 wurde diese als Abteilung »Mittelstelle für volksdeutsche Jugendarbeit« in das *Auslandsamt* der Reichsjugendführung eingegliedert. Von da ab konnte diese wichtige Aufgabe in großem Ausmaß bearbeitet werden.
Die gesamte »binnendeutsche Jugend« wurde mit den Grenzproblemen vertraut gemacht und gab durch angeknüpfte Kontakte, Besuche, Versorgung mit deutschem Schriftgut und auch durch soziale Hilfestellung der Jugend diesseits und jenseits der Grenzen die Gewißheit, daß sie nicht auf »verlorenem Posten« stände.
Aber auch die Jugendgruppen der *Volksdeutschen,* deren Vorfahren zum Teil schon vor Jahrhunderten *freiwillig* im Südosten Europas im fremden Land »gesiedelt« und ihre deutsche Sprache und Kultur bewahrt hatten, wurden intensiv unterstützt.
Unter Berücksichtigung der Interessen des Landes, in dem diese Jugend lebte, sollte sie auch mit dem Land ihrer Herkunft verbunden bleiben, an dessen Entwicklung teilnehmen und in ihrer Wahlheimat ihr deutsches Kulturerbe pflegen und weitergeben.
Schon im Jahr 1933 nahmen 54000 und im Jahr 1937 sogar 118000 Angehörige der Hitler-Jugend an Grenzland-Fahrten teil. Diese Fahrten wurden vorwiegend für Einheiten-Führer und -Führerinnen veranstaltet, die im Grenzgebiet besonders wertvolle Hilfe leisten und – in ihre Heimat zurückgekehrt – ihren Jungen und Mädeln von ihren Erlebnissen im Grenzgebiet berichten und sie für eine erhöhte Betreuung und Zusammenarbeit mit den Grenzgebieten gewinnen konnten. –
Das *Grenzland-Bau-Programm,* das 1938 in Schlochau/Grenzmark vom Reichsinnenminister *Frick* und dem Reichsjugendführer *von Schirach* eröffnet wurde, betraf HJ-Heime und Jugendherbergen, die seitdem in größerer Anzahl gebaut und auch in den Dienst der Grenzland-Fahrten der Hitler-Jugend gestellt wurden.
1937 führten bereits 23% solcher Fahrten nach Ostpreußen; dann folgte Schlesien mit 16% aller Grenzland-Fahrten.
(G. Kaufmann, »Das kommende Deutschland« 1940 S. 165)
In den 1939 zurückgewonnenen Gebieten entfiel zum größten Teil die Grenzland-Arbeit; der Reichsjugendführung verblieb jedoch als wesentliche Aufgabe die Betreuung der Volksdeutschen in entfernten Siedlungsräumen.
Die Gebiete und Obergaue, in die die Jungen und Mädel der ehemaligen Grenzgebiete »eingegliedert« wurden, übernahmen deren Führung, die sportliche und kulturelle Ausbildung sowie die soziale Betreuung. –
Für die nur gering besiedelten Räume im *Osten* des Reiches und für die *Umsiedler* aus Wolhynien und Bessarabien setzte sich das Amt »Bauerntum und Landdienst« federführend ein. (Siehe auch Kap. 62 »Osteinsatz«)

Durch den Krieg war die Möglichkeit gegeben, erhöhten Kontakt zu den volksdeutschen Gruppen im weiteren Osten zu bekommen, die Jugendarbeit dort zu intensivieren und die dortigen Jugendlichen innerlich stärker mit dem Land ihrer Vorväter zu verbinden (siehe Kap. 61 und Anh. Abb. 67).

52.4 Deutsche Jugend in den ehemaligen Kolonien

Die Kolonial-Arbeit hatte die Aufgabe, in der Jugend aufklärend zu wirken über kulturelle, wirtschaftliche, wissenschaftliche und militärische Leistungen der Deutschen in den ehemaligen Kolonien, um damit gegen die koloniale Schuldlüge anzugehen, die die Deutschen vor den Farbigen entehren sollte.
Die Jugendgruppen der Kolonialverbände Deutschlands wurden in die Hitler-Jugend eingegliedert und viele neue Mitglieder reihten sich in die Kolonial-Scharen ein; sie trugen auf der HJ-Uniform bzw. BDM-Dienstkleidung weiterhin das Abzeichen der bisherigen Kolonial-Jugend, das »Kreuz des Südens«. –
Auch die Beziehungen zu den Jugendgruppen der einzigen deutschen Siedlungskolonie nach dem 1. Weltkrieg in Südafrika wurden intensiv ausgebaut durch gegenseitige Besuche, Austausch von Schulungsmaterial und durch Vorbereitung – mit Hilfe der Kolonialverbände – der deutschen Jugendlichen, die in Südafrika siedeln wollten.
Diese erfolgreiche Arbeit wurde durch den Ausbruch des 2. Weltkrieges abgebrochen (Aus einem Bericht der ehem. Kolonialreferentin des BDM i. d. Reichsjugendführung, Lotte Wunderlich). –

52.5 Zusammenarbeit mit der ausländischen bzw. fremdvölkischen Jugend

52.51 Entwicklung

Seit dem Jahr der Olympischen Spiele 1936, zu denen viele ausländische Jugendliche (224 000) nach Berlin kamen und Kontakt mit der deutschen Jugend suchten, und nachdem der Aufbau der Hitler-Jugend weitgehend abgeschlossen war, wurde die *Auslands*-Arbeit intensiviert, obgleich für diese schon frühe Wurzeln vorhanden waren. Schon 1931/32 hatte z. B. der Führer des Gebietes Baden, Friedhelm Kemper, Kontakt zu dem Führer des *Solberg*-Kreises Otto *Abetz*. *»Er* (Abetz) *wollte die Verständigung zwischen den beiden* (deutschen und französischen) *Völkern durch die Jugend untermauern«*. (Bericht siehe Anhang Abb. 60)
Kemper und Abetz haben sich gegenseitig besucht, über ihre Arbeit gesprochen und sich gegenseitig unterstützt. Als sich 1933 die Reichsjugendführung nach dem Solberg-Kreis bei Kemper – mit Vorbehalt – erkundigte, bat der Führer des Gebietes Baden, einen Vertreter der Reichsjugendführung zu schicken, um mit Abetz zu verhandeln. Nachdem der Beauftragte der Reichsjugendführung Einblick gewonnen hatte, wurde Abetz nach Berlin zum Reichsjugendführer von Schirach gebeten. Als Oberbannführer setzte Abetz dann im Rahmen der Hitler-Jugend und mit erweiterten Aufgaben seine Verständigungs-Arbeit zwischen der *deutschen* und *französischen Jugend* fort.
Nachdem der Reichsjugendführer von Schirach seine Fähigkeiten und seine ideelle Gesinnung erkannt hatte, empfahl er Abetz dem Büro *Ribbentrop*. Später wurde

Otto Abetz über das *Auswärtige Amt* zum Deutschen Botschafter in Frankreich ernannt. Auch in diesem Amt hat er sich nach wie vor für die Zusammenarbeit der *deutschen* und *französischen* Jugend eingesetzt, in deren Aussöhnung er die Grundlage eines kommenden *Europa* erkannte. –
Die Leitlinien, unter denen die Auslands-Arbeit der Hitler-Jugend stand, brachte der Reichsjugendführer von Schirach schon 1934 folgendermaßen zum Ausdruck:

> *»Jede Nation hat das Interesse, daß ihre Jugend einen möglichst weiten politischen Horizont bekommt. Besonders das nationalsozialistische Deutschland ist daran interessiert, daß seine Jugendlichen möglichst frühzeitig andere Nationen kennen und achten lernen. Je besser sich die Jugend Europas verstehen lernt, umso schöner für die Zukunft!«* – (B. von Schirach: »Hitler-Jugend – Idee und Gestalt« 1934).

Ein Grundgesetz der Jugendaustausch-Arbeit war: *keine* Propaganda!

> *»HJ-Jungen und BDM-Mädel, die in's Ausland fahren, reisen nicht als Propagandisten des Nationalsozialismus. Ihre Aufgabe ist nicht zu lehren, sondern zu lernen.«* (ebenda)

Sie sollten vielmehr die Schönheit und Kultur der fremden Landschaft und die nationale Eigenart des Gastlandes erkunden.

> *»Ich glaube an eine Zusammenarbeit der europäischen Jugend auf der Grundlage eines Abkommens, dessen einzige Programmforderung lauten müßte: Gegenseitiges Kennenlernen.«* (ebenda)

Fahrten in das Ausland wurden von der Hitler-Jugend schon 1935 durchgeführt:

	1935	186 Gruppen-Fahrten mit 2790 Teilnehmern
	1936	226 Fahrten-Gruppen mit 3390 Teilnehmern
	1937	340 Fahrten-Gruppen mit 5500 Teilnehmern
bereits	1938	375 Fahrten-Gruppen m. 12590 Teilnehmern.

Aus dem Ausland kamen wiederum – zählt man die Lager der Hitler-Jugend, die Schüler-Austausche und die Einzel-Besucher zusammen, die sich bei der Hitler-Jugend ansagten –

1935	178 000 Jugendliche
1936	224 000 Jugendliche
1937	235 000 Jugendliche

nach Deutschland. (G. Kaufmann: »Das kommende Deutschland« 1940)

52.52 Zusammenarbeit mit der ausländischen Jugend bis 1939

Im Vordergrund der Verständigung der Hitler-Jugend mit der Jugend anderer Völker stand diejenige mit der *französischen* und der *englischen* Jugend. Durch die Zersplitterung der französischen Jugend in viele Verbände konnten zunächst nur kleinere gemeinsame Lager stattfinden, »an denen auch junge Afrikaner und Kommunisten, wie sie die französische Jugend schickte, teilnahmen und die alle freundlich aufgenommen wurden.« (Würschinger: »Archivaufzeichnungen«)
Dem Sohn des französischen Botschafters in Berlin François *Ponçet* wurde – auf Bitten seines Vaters – von v. Schirach die Genehmigung erteilt, am Dienst der Hitler-Jugend teilzunehmen.
Der Aufruf des französischen Ministerpräsidenten *Chautemps* im Oktober 1937 – in der Zeitschrift »Wille und Macht« veröffentlicht –, mit dem er sich persönlich an die französische und deutsche Jugend wandte mit der Aufforderung, sich einander zu begegnen, weckte gesteigerte Hoffnung in der Jugend beider Völker.
Um die Bedeutung der Zusammenarbeit zu unterstreichen, überbrachte der Reichsjugendführer von Schirach persönlich eine Einladung nach Paris an 1000 französische Frontkämpfer-Söhne des ersten Weltkrieges. Diese wurde aber – obwohl die

Vorbereitungen bereits weitgehend abgeschlossen waren – durch französische Kabinettsmitglieder abgesagt. Grund war der Anschluß *Österreichs.*
Dennoch gab die Hitler-Jugend die Verständigungsbereitschaft mit der französischen Jugend nicht auf.
Nicht nur die Aussöhnung mit der französischen Jugend lag der Hitler-Jugend am Herzen, sondern ebenso die mit der englischen Jugend.
Bereits im Mai 1934 fand das erste deutsch-englische Jugendlager in Hamburg statt. Erschwert wurde die Zusammenarbeit dadurch, daß viele junge Engländer in dem *Boy-Scout*-Verband erfaßt waren, der im Dienst des englischen Empire stand und der sich auch die nationalen Pfadfinder-Verbände im Interesse Großbritanniens unterstellt hatte. Der Verband umfaßte 1938 in allen anderen Staaten – einschließlich der Boy-Scouts – zwei Millionen Mitglieder, während die Hitler-Jugend zur gleichen Zeit sieben Millionen aufwies.
(G. Kaufmann »Das kommende Deutschland« 1940, S. 223)
Dennoch fanden immer wieder Lager mit englischen Jugendlichen statt, die diesem Verband nicht angehörten oder sich nicht an ihn »gebunden« fühlten. –

> *»1937 fand das deutsch-englische Jugendlager (Skilager) auf der Roßfeldhütte statt, das schon das dritte seiner Art und das 11. deutsch-englische überhaupt war. Lagerleiter war der England-Referent der Reichsjugendführung. Jungen und Mädel, Engländer und Deutsche, fanden sich für zwei Wochen zum Sport und zur Lagerkameradschaft zusammen. Aber nicht nur in der Ausübung des Ski-Sports, der von herrlichem Wetter begünstigt war, lag der Sinn dieses Zusammentreffens, sondern in der Förderung der persönlichen Achtung voreinander, aus der das Verstehen beider Völker in ihrer Eigenart geboren wird. Es kann auch dieses elfte Gemeinschafts-Lager als ein weiterer Fortschritt auf dem Gebiete der Verständigung beider Völker betrachtet werden.«*
>
> (Blohm »Hitler-Jugend-Soziale Tatgemeinschaft« S. 222)

Deutsch-englische Jugendlager wurden bis zum Ausbruch des Krieges mehrmals jährlich durchgeführt. Es war Brauch, daß in England der Lagerführer ein Engländer und sein Stellvertreter ein Deutscher war; bei den Lagern in Deutschland war es umgekehrt.
Ebenso gab es gemeinsame Jugend-Lager und Erfahrungs-Austausche mit der irischen Jugend. –
Auch durch die engere Zusammenarbeit der deutschen und italienischen Regierung ergab sich ein erhöhter Austausch und Kontakte von Jugend-Gruppen beider Länder, die bis zur gemeinsamen Gründung des *Europäischen Jugendverbandes* führte.
1937 war eine größere Gruppe italienischer Jugendführer und Jugendführerinnen – letztere von der *Akademie Orvieto* – unter Führung ihres höchsten Jugendführers Renato *Ricci* auf einer Deutschlandreise als Gäste nach Berlin gekommen, wobei sie beachtliche sportliche Vorführungen darboten.
Bald darauf folgte ein Gegenbesuch von Jungvolkführern in *Rom,* die bei ihrem dortigen Aufenthalt am *Duce* vorbeimarschierten und anschließend noch erlebnisreiche Tage in dem Jugend-Lager von Carrara bei Florenz verbrachten.
Italienische Jugendliche besuchten außerdem das Rheinland und lebten in dem Jugend-Lager in Nideggen/Eifel.
Für das Jahr 1939 wurde ein festes Programm für die Zusammenarbeit aufgestellt und abgewickelt:
Noch vor Kriegsausbruch war eine Abordnung von höheren Führern der Hitler-Jugend und Führerinnen des Bundes Deutscher Mädel – angeführt von HJ-Stabsführer bzw. von der BDM-Reichsreferentin – in zwei getrennten Fahrten-Gruppen zu einem ausgedehnten Besuch in *Italien* als Gast der *Juventu Italiana del Littorio.* – In den Sommer-Monaten führte eine Freundschafts-Fahrt – Rom–Berlin–Rom – von 500 Angehörigen der GIL und der HJ durch die Gaue der befreundeten Länder. –

Außerdem wurden mit Rumänien, Ungarn, Polen, Griechenland, Bulgarien, Türkei, Irak, Portugal, Spanien, Bolivien, Skandinavien und den baltischen Staaten Jugendgruppen ausgetauscht.
Auch der Einzel-Austausch – vor allem mit den Ländern Frankreich, Italien, Finnland und Ungarn – wurde gefördert.
Auf den jährlichen Tagungen *»Junger Norden«* in Stralsund trafen sich die Jugendlichen der skandinavischen Länder mit der Hitler-Jugend/BDM, nachdem sie zuvor an gemeinsamen Lagern in Pommern teilgenommen hatten.
Im Südosten Europas wurden die deutschen Fahrten-Gruppen besonders gastfreundlich aufgenommen.
1937 entwickelte sich neben dem Gruppen-Austausch in immer stärkerem Maß der gegenseitige Besuch auf höherer Ebene.
Zahlreiche führende ausländische Staatsmänner und Politiker, z. B. der Unterrichtsminister von Jugoslawien, der Führer der portugiesischen Staatsjugend *Nobre Guedes* mit Frau, der Leiter der rumänischen Staatsjugend *Sidorovici,* folgten der Einladung des Reichsjugendführers Baldur *von Schirach.* (Jahrbuch des BDM »Wir schaffen« 1939 S. 168)
Ferner nahm u. a. der japanische Jugendführer Graf *Fhutara* auf seiner Reise durch Deutschland an einer Großkundgebung der Hitler-Jugend in Bremen teil, und zwei bedeutende chinesische Frauen, Frau *Tschiangkaischeck* und ihre Schwester, Frau *Sun Yat-Sen,* besuchten das Reichsführerinnenlager des Bundes Deutscher Mädel im Reichssportfeld in Berlin.
Bei diesem Treffen wurden gegenseitige Erfahrungen der Jugendarbeit ausgetauscht, die allen zur Bereicherung wurden.
Als Botschafter der deutschen Jugend besuchte der Reichsjugendführer von Schirach 1937 mit einer kleinen Delegation die Länder im Vorderen Orient, die ihrerseits die Jugend ihrer Völker zur Verständigung mit der deutschen Jugend aufriefen.
Unterstützt wurde das gegenseitige Kennenlernen der Jugend durch die Rundfunk-Ringsendungen der Hitler-Jugend, an die viele Sender der Welt angeschlossen waren (siehe Kapitel 26 »Kulturarbeit«), und durch die Zeitschrift »Wille und Macht« besonders des Jahres 1938. –
Zahlreiche ausländische Journalisten – besonders anglo-amerikanische – besuchten die Hitler-Jugend schon im Jahr 1936. So schrieb *Wardprice: »Die deutsche Jugend ist die glücklichste Jugend der Welt.«* (Siehe auch das Buch »Look to Germany« von McClatcho).
Ein aufmerksamer ausländischer Beobachter, der vor der Machtübernahme Deutschland besucht hatte und nachher seinen Besuch wiederholte, rechnet das Erlebnis mit der nationalsozialistischen Jugend zu seinen stärksten Eindrücken.
Er sagte:

> *»Vor der Machtübernahme erschien mir Deutschland wie ein Land ohne Jugend. Ich sah die jungen Menschen bedrückt, scheu und unlustig an den Straßenecken stehen. Nun kenne ich Deutschland nicht mehr wieder. Endlos sind die Kolonnen der Jugend, die da begeistert marschiert, ein Urbild der Freude und Zukunftshoffnung. Ich sah sie in ihren Lagern, gesund und braungebrannt.«*

52.53 Das Jahr der Verständigung

Nachdem die Auslands-Arbeit der Hitler-Jugend sich immer erfolgreicher entwickelte, proklamierte Baldur von Schirach das Jahr 1938 für die gesamte Hitler-Jugend zum »Jahr der Verständigung«. Hitler-Jugend und Bund Deutscher Mädel

sollten sich in diesem Jahr besonders mit dem Wesen anderer Völker befassen und durch gemeinsame Fahrten und Lager im In- und Ausland diese verstehen lernen, bei den anderen Jugendlichen aber auch Verständnis wecken für ihre eigene Art.
Nachdem bereits 1937 – wie vorerwähnt – der französische Ministerpräsident *Chautemps* sich an die Deutsche Jugend gewandt hatte, richtete Neville *Chamberlain,* Ministerpräsident des Königreiches Großbritannien, im März 1938 eine Botschaft an die deutsche Jugend, in der er ihre Verständigungsbereitschaft begrüßt, *»die notwendig ist für eine Beilegung der Differenzen und für die Beruhigung der Welt.«* (»Wille und Macht« März 1938, S. 46).
Im gleichen Heft von »Wille und Macht« schrieb Lord *Halifax,* Lordpräsident und britischer Staatssekretär des Auswärtigen: *»Laßt uns nicht vergessen, daß Deutsche und Engländer Freunde waren, bevor sie Feinde wurden im großen 1. Weltkrieg!«* und Convell *Evans* vermerkt in seinem Artikel »Sehnsucht nach Verständigung« – nachdem er von 1932 bis 1934 und auch noch später mit der deutschen Jugend in Kontakt stand: *»Ich bin gar nicht erstaunt, daß in diesem Jahr die Parole der Hitler-Jugend ›Das Jahr der Verständigung‹ ist. Eine solche Haltung ist dem Charakter des Nationalsozialismus gemäß.«*
Bereits im Jahre 1937 machte das höhere Führerkorps der Hitler-Jugend eine Studienfahrt durch *England,* im Jahre 1938 eine solche durch *Frankreich,* um seinen Blick zu weiten und neue Kontakte aufzunehmen.
Eine Abordnung von 30 HJ-Führern unternahm auf Einladung des japanischen Jugendführers eine sechsmonatige Studienfahrt durch das traditionsreiche und moderne *Japan* und wurde vom *Tenno* persönlich empfangen, während eine japanische Jugendabordnung *Deutschland* besuchte. –
Nach Beendigung des spanischen Bürgerkrieges wurde mit der *Falange* vereinbart, daß ab 1939 jährlich Gruppen von spanischen Jugendführern und Jugendführerinnen Deutschland besuchen sollten. Höhepunkt ihrer Deutschlandreise war für sie – ebenso wie für die größere Abordnung japanischer Jugendführer, die sich auf Einladung des Reichsjugendführers Baldur von Schirach auf Deutschlandfahrt befanden – die Teilnahme am Reichsparteitag in Nürnberg. Sie verließen Deutschland mit der Überzeugung, daß die Hitler-Jugend ehrlich bemüht war, keine politische Propaganda zu betreiben, sondern bei ihren Gästen Verständnis für ihr Volk und für die durch seine Eigenart bedingte Lebensführung zu wecken. Den gleichen Eindruck nahmen die vielen einzelnen Ausländer mit, die in den großen Städten Einrichtungen und Leben der Hitler-Jugend und des Bundes Deutscher Mädel kennenlernten. –
Im Rahmen des »Ausländer-Halbjahres« gingen Führer der Hitler-Jugend und Führerinnen des Bundes Deutscher Mädel ins Ausland; sie finanzierten ihren Auslandsaufenthalt durch beruflichen Einsatz in den betreffenden Ländern. Sie lernten so in persönlichem Erleben das Leben fremder Völker und das der Auslandsdeutschen kennen. –
Nach Fertigstellung der *Akademie für Jugendführung* in Braunschweig sollte dieses Auslandshalbjahr für Jugendführer und Jugendführerinnen als Abschluß der Ausbildung an der *Akademie* zu einer ständigen Einrichtung werden (Siehe Kapitel 32 »Akademie für Jugendführung«).
Ausländische Künstler und Gelehrte waren nicht nur im schönen 1937/38 erbauten *Auslandshaus* – auch Gästehaus der Reichsjugendführung genannt – in Gatow am See zu Gast, sondern trugen auch ihre Werke in den Führer- und Führerinnen-Schulen und in den Auslands-Lagern der Hitler-Jugend vor. So

Knut Hamsun, Norwegen,
Marie Hamsun, Norwegen (besonders vor dem BDM)
B. Mirolla, Finnland,
Sven Hedin, Schweden,

John Knittel, Schweiz,
Edwin Fischer, Schweiz,
Jacob Schaffner, Schweiz.
(Aussage: Heinz Gollmar †, ehem. Presse-Referent des Auslandsamtes der Reichsjugendführung.)

52.54 Kontakte des Bundes Deutscher Mädel zur ausländischen weiblichen Jugend

Auch die weibliche *Jugend* war in diese Aufgaben der Verständigung einbezogen. Die BDM-Reichsreferentin brachte diese Einstellung des *Bundes Deutscher Mädel* zum Ausdruck, als sie in das Gästebuch einer rumänischen Führerinnen-Schule schrieb: »Wir achten jede Jugend, die mit voller Hingabe ihrer Nation dient!« (Zeitschrift: »Das deutsche Mädel« Februar 1940)
Naturgemäß interessierten besonders Aufgaben und Stellung des Mädels und der Frau in den verschiedenen Ländern der Welt, insbesondere von Europa.
Die Arbeitsgemeinschaften des BDM-Werkes »Glaube und Schönheit« gaben den älteren Mädeln Gelegenheit, sich über Geschichte, Kunst und Kultur des sie interessierenden europäischen oder außereuropäischen Landes zu unterrichten und, durch Sprachkurse gesteigert, die Eigenart des betreffenden Volkes zu erfassen. Als »Abschluß« einer Arbeitsgemeinschaft war eine Reise in das betreffende Land geplant. Mitte des Jahres 1939 bestanden im BDM-Werk – ein Jahr nach seiner Gründung – etwa 340 Arbeitsgemeinschaften *»Auslandskunde«*. (Jahrbuch des BDM »Wir schaffen« 1940 S. 172)
Auslandsfahrten ermöglichten es vielen Führerinnen, fremde Länder aus eigener Anschauung kennenzulernen. Fast alle Obergaue unternahmen 1938 Auslands-Fahrten, deren Hauptziele in *Südeuropa* lagen. Aber auch *Polen* und die nordischen Staaten wurden häufig besucht. Im Jahr 1939 wurden insgesamt 87 Fahrten in die Länder *Italien, Dänemark, Griechenland, Slowakei, Holland, Luxemburg, Ungarn, Jugoslawien, Schweiz, Bulgarien, Finnland* und *Schweden* durchgeführt.
Auf Einladung der Reichsfrauenführerin besuchte 1938 die spanische Frauen- und Mädelführerin *Pilar Primo de Rivera* Deutschland. Weil ihr Augenmerk in Spanien vorwiegend der *weiblichen* Jugend galt, interessierte sie sich besonders für die vielseitigen Einrichtungen des Bundes Deutscher Mädel, die sie gemeinsam mit der BDM-Reichsreferentin besuchte. Zum Gegenbesuch wurde die BDM-Reichsreferentin zur weiblichen falangistischen Jugend nach Spanien eingeladen, die sich damals – im Bürgerkrieg – in einem sehr aktiven Kriegseinsatz befand. Ihr Besuch war der erste halboffizielle des damaligen Deutschland im Spanien der Falange. Sie bekam dort einen Einblick in die Schrecken eines Bürgerkrieges und erlebte die Tapferkeit der spanischen Mädel. Nach Beendigung des Bürgerkrieges kamen – auf Einladung der BDM-Reichsreferentin – *spanische* Jugendführerinnen zum Studium der deutschen Mädel-Organisation drei Monate nach Deutschland. Sie besichtigten Führerinnen- und Haushaltungs-Schulen, Heime und Dienststellen und nahmen für längere Zeit an Mädel- und Jungmädel-Lagern teil. –
Im Winter 1938/39 wurde in Hintermoos ein großes deutsch-französisches Skilager für Mädel durchgeführt; ein entsprechendes Ski-Lager fand zu Pfingsten in Frankreich in den Pyrenäen statt.
Viele Mädel-Lager wurden gemeinsam mit Ausländerinnen durchgeführt. So trafen sich z. B. 1938 in Husum deutsche, *dänische* und *schwedische* Mädel; 1939 deutsche, *dänische* und *norwegische* Mädel; 50 Mädel aus *Finnland* nahmen am deutsch-schwedischen Mädel-Lager auf der Insel Rügen teil.

Im Jahr 1938 unternahmen Mädel aus *Finnland* eine Fahrt durch Deutschland; als Austausch-Gruppe reiste eine Mädelgruppe des Obergaues Kurmark nach Finnland.
Rumänien schickte ebenfalls Führerinnen seiner staatlichen Jugendorganisation *Straja Tarij* (Landeswacht) nach Deutschland. Im Oktober 1939 wurde dieser Besuch mit einer Gruppe von HJ-Führern und BDM-Führerinnen erwidert. (Jahrbuch des BDM »Wir schaffen« 1939, S. 167/168)
1939 fuhr die BDM-Reichsreferentin mit einer Abordnung von BDM-Führerinnen auf Einladung der italienischen Jugendorganisation nach *Italien.* Sie wohnten dem großen Aufmarsch der 30000 italienischen Frauen und Mädel vor dem *Duce* bei und besichtigten Einrichtungen der Gioventu Italiana del Littorio in mehreren großen Städten Italiens, vor allem die Akademie für Führerinnen in Orvieto.
Großes Interesse für die Arbeit des Bundes Deutscher Mädel zeigte auch die Leiterin des Weltpfadfinder-Büros, *Dame* Katharine *Furse,* bei ihrem Besuch in Deutschland, währenddessen sie auch als Gast der BDM-Reichsreferentin am Reichsparteitag 1938 in Nürnberg teilnahm.
Bereits 1935 war die Leiterin der französischen Pfadfinderinnen, Madame *Walther,* bei einem Sportfest des BDM im Obergau Ruhr-Niederrhein zu Gast.

52.55 Zusammenarbeit mit der ausländischen Jugend ab 1939

»Es klingt wie eine Ironie des Schicksals, wenn wir uns erinnern, daß Baldur von Schirach noch an der Schwelle des letzten Vorkriegsjahres ein Grußwort richtete an die ›vielen jungen Kameraden und Kameradinnen aus dem Ausland, die als unsere Gäste in deutsch-französischen, deutsch-belgischen, deutsch-englischen Lagern und in vielen anderen Hitler-Jugend-Ski-Lagern zusammengekommen sind. Rund 200000 ausländische Jugendliche haben‹, so fügte er hinzu, ›während des vergangenen Jahres das nationalsozialistische Deutschland und die erzieherischen Einrichtungen der Hitler-Jugend besucht‹. Das Jahr 1938 erhielt den Namen Jahr der Verständigung.
Es hat gehalten, was von ihm erwartet wurde. Während sich in der großen Politik Gewitterwolken zusammenballten, setzte die Jugend Stein auf Stein im Werk ihrer Zusammenarbeit, stellte neue Beziehungen her und knüpfte alte enger und schuf somit in Friedenszeiten die Voraussetzungen für die Einigung der europäischen Jugend im Krieg. Allein der bemerkenswerte Anteil ausländischer Jugend an den Übernachtungsziffern der deutschen Jugendherbergen, die Fahrt deutscher Jugend nach Japan und japanischer Jugend nach Deutschland und die Jugendabordnungen aus nahezu allen Erdteilen am Reichsparteitag 1938, kennzeichnen das Ergebnis der unablässigen Bemühungen um einen Geist friedlicher Zusammenarbeit zwischen der Jugend der Völker.« (Das Junge Deutschland 1943)
Der Kriegsausbruch traf daher die deutsche Jugend – schon aus psychologischer Sicht – völlig unvorbereitet. Die Verbindung zur französischen und englischen Jugend, mit denen eine echte Verständigung gesucht worden war, brach leider ab. Umso enger rückten die anderen Jugendverbände zusammen: der Erfahrungs-Austausch zwischen ihnen wurde verstärkt betrieben.
So besuchte 1940 der italienische Jugendführer Stabschef *Bodini* Deutschland, um sich persönlich über den Kriegs-Hilfs-Einsatz der Hitler-Jugend und des Bundes Deutscher Mädel zu informieren.
Pilar Primo de Rivera weilte 1941 noch einmal für längere Zeit in Deutschland und besuchte für einige Tage einen Lehrgang für BDM-Führerinnen in der *Akademie für Jugendführung,* wo sie sich ausgiebig über die Ausbildung von Nachwuchs-Füh-

rerinnen für höhere Führungsämter informierte; ebenso die höchste Führerin der italienischen weiblichen Jugend, Dr. Penelope *Testa* mit 30 ihrer Führerinnen.

Anschließend an einen Besuch der BDM-*Reichsreferentin* mit einigen BDM-Führerinnen sowie einer Gymnastik-Gruppe des BDM-Werkes »Glaube und Schönheit« bei den Mädeln der *Jente Hirt* in *Norwegen* wurden junge Führerinnen aus Norwegen – aber auch aus Flandern, Wallonien, Niederlande und Dänemark – mit deutschen Nachwuchsführerinnen zusammen an der *Akademie für Jugendführung* in Braunschweig ausgebildet (Siehe Kapitel 33 »Akademie für Jugendführung«).
Jugendliche aus Flandern, den Niederlanden, Dänemark und Norwegen meldeten sich zum germanischen Landdienst im Warthegau (Siehe Kapitel 44 »Bauerntum und Landdienst«).
Persönliche gegenseitige Besuche höherer Jugendführer und Jugendführerinnen schufen ebenfalls enge Kontakte mit der Jugend der Slowakei, Ungarn's, Rumänien's und Bulgarien's.
Um die Verbindung der *deutschen* Jugend im Ausland und zu der Jugend anderer Völker noch enger zu gestalten, wurden bei den *Deutschen Botschaften, Gesandschaften* o. ä. HJ-Führer als *Beauftragte des Jugendführers des Deutschen Reichs* eingesetzt. Diesen waren *»Mädelführerinnen«* des Bundes Deutscher Mädel beigegeben. –

Laut 16. Bericht »Die Hitler-Jugend im Krieg«, Mai 1942 waren dies:

Rumänien
Hauptbannführer *Muths*
Bukarest/Rumänien
Deutsche Gesandtschaft

Bulgarien
Hauptbannführer *Gerhard Breipohl*
Sofia/Bulgarien
Deutsche Gesandtschaft

Belgien/Nordfrankreich
Hauptbannführer *Rudolf Hemesath*
Brüssel
Belliardstraat 6
(Feldpostnummer 12671)
(s. Anh. Abb. 65)

Niederlande
Hauptbannführer *Dr. Lindenburger*
Den Haag/Niederlande
Plein 1813 Nr. 3
(durch deutsche Dienstpost Niederlande)

Frankreich
Oberbannführer *Theilen*
Paris
Deutsche Botschaft
(Feldpost-Nr. 43200)

Norwegen
Gebietsführer *Petter*
Oslo
Reichskommissariat
Einsatzstab Wegener

Dänemark
Oberbannführer *Lutz Hassenpflug*
Kopenhagen
Deutsche Gesandtschaft

Italien
Oberbannführer *Heinz Wilke*
Rom
Deutsche Botschaft am Quirinal

Ungarn
Oberbannführer *Fritz Schumacher*
Budapest
Deutsche Gesandtschaft

Reichskommissariat Ostland
Obergebietsführer *Lüer*
Riga
Reichskommissariat Ostland

Außerdem:

Slowakei
Hauptbannführer *Rudolf Henkel*
Pressburg
Deutsche Gesandtschaft

Aus vorstehender Aufzeichnung ergibt sich, daß die Hitler-Jugend bestrebt war, auch zu der Jugend der im Krieg von Deutschland besiegten Völker einen guten Kontakt herzustellen, was besonders von dem Deutschen Botschafter in Frankreich Otto *Abetz,* einem ehemaligen Jugendführer und HJ-Führer (der mit einer Französin verheiratet war) unterstützt wurde. –
So hielt auch die »Befehlsstelle der Reichsjugendführung« im Protektorat *Böhmen* und *Mähren,* die die deutsche Jugend dieses Gebietes betreute, Kontakt zur tschechischen Jugend. (Siehe Anhang Abb. 61)
Auch diese Jugendlichen sollten für den gemeinsamen Aufbau eines neuen *Europa* gewonnen werden. –
Schon bei den »Winter- und Sommerkampfspielen« der Hitler-Jugend in Garmisch-Partenkirchen und Breslau (Siehe Kapitel 21 »Leibeserziehung«), fanden sich ab 1941 immer mehr europäische Jugend-Delegationen ein, die sich an den sportlichen Wettkämpfen beteiligten. (Siehe Kap. 21.3 und 23.23 bzw. 23.25)
Seine Eindrücke von den Sommerspielen der Hitler-Jugend faßte General *Illescu,* der Führer der rumänischen Jugend, mit folgenden Worten zusammen:

> *»Mit jedem Tag, den ich hier bei diesen einzigartigen Kampfspielen verbringe, gewinne ich immer stärker die Überzeugung, daß Breslau eine Woche lang die Stadt einer Jugend voll sittlicher und körperlicher Gesundheit ist. Und dies ist im letzten Grunde das Erziehungsziel und -ideal, nach dem jedes Volk streben muß!«*
> (Blohm: »Hitler-Jugend – Soziale Tatgemeinschaft« S. 228)

Die Reichskulturtagung der Hitler-Jugend in Weimar war ab Sommer 1942 zu *Kulturtagen* der *Europäischen Jugend* geworden, die in Florenz ihre Fortsetzung fanden.
Auf den Gebieten des Jugendbuches, der Musik, der Bildenden Kunst und Architektur mit entsprechenden Ausstellungen wurden Preise an Jugendliche verschiedenster Nationen verliehen. (Siehe Kapitel 26.93 »Höhepunkte der Kulturellen Arbeit«)

52.6 Der Europäische Jugendverband

Nach 10jähriger Auslands-Arbeit vollzog sich in Wien die Einigung der Europäischen Jugend. –
Am 14. 9. 1942 fand als Höhepunkt der Verständigung der Jugend in Wien die Gründung des *Europäischen Jugendverbandes* statt.
Ein finnischer Jugendführer sagte damals:

> *»Der Blick der Jugend Europa's ist von der strengen Wirklichkeit des Krieges erhellt!«* –

In Wien trafen sich die Führer und Führerinnen der jungen Völker Europa's. Vierzehn Nationen bekundeten ihren Willen zu einer engen und kameradschaftlichen Zusammenarbeit, die organisch gewachsen war durch Austausch-Besuche und durch viele gemeinsame Veranstaltungen, die ihre sichtbare Bewährung im gemeinsamen Kampf der Jugendführer an der Front gefunden hatte und nun durch die Gründung des »Europäischen Jugendverbandes« ihre organisatorische Form erhielt.
Den Sinn und die Aufgabe des neuen Verbandes umriß der Reichsleiter v. Schirach wie folgt:

> *»Die Aufgabe des Europäischen Jugendverbandes ist die Festigung und Stärkung des Bewußtseins der europäischen Zusammengehörigkeit in der jungen Generation unseres Kontinents. Als Ausdruck der neuen Ordnung ist der Europäische Jugendverband eine Arbeitsgemeinschaft von national selbständigen und*

volksbewußten Jugend-Organisationen. Dieser Charakter des Europäischen Jugendverbandes schließt die Einmischung in die inneren Verhältnisse der Jugend-Organisation eines Landes aus. Der Europäische Jugendverband lehnt daher auch alle paneuropäischen Bestrebungen ab.

Als die größte Vereinigung von Jugendführern und Erziehern, die bisher in der Welt gegründet wurde, geht er mit der Erfüllung seiner Aufgabe von dem Gedanken aus, daß die Nation, das heimatliche Elternhaus und die nationale Jugendgemeinschaft die entscheidenden erzieherischen Erlebnisse der Jugend sind.

Wer seiner Nation gegenüber treu, gewissenhaft und tapfer seine Pflicht erfüllt, schafft damit eine Voraussetzung für eine europäische Gemeinschaft, die nur dann einen Wert besitzen kann, wenn ihre einzelnen Mitglieder nationale Repräsentanten ihrer Völker sind.

In diesem Gremium hat jede nationale Jugend, die wir einladen, sich dem Europäischen Jugendverband anzuschließen, ob sie nun einem kleinen oder großen Volke angehört, Sitz und Stimme. In den Arbeitsgemeinschaften präsidiert die Organisation, die auf dem Spezialgebiet besondere Leistungen aufzuweisen hat.

Die Mitglieder des Europäischen Jugendverbandes sind grundsätzlich gleichberechtigt.« (Jahrbuch des BDM »Wir schaffen« 1943)

Im Europäischen Jugendverband wurde das *Präsidium* von allen Staatsjugendführern gebildet; zu *Präsidenten* wurden der italienische und der deutsche Jugendführer *Vidussoni* und *Axmann*, zu *Ehren-Präsidenten* wurden die *Initiatoren* des Europäischen Jugendverbandes der deutsche Reichsleiter für Jugenderziehung Baldur *von Schirach* und der italienische Minister Renato *Ricci gewählt.*

Es wurden *Arbeitsgemeinschaften* gebildet, in denen sich Delegierte aller vierzehn Länder mit speziellen Jugendproblemen befaßten.

An die Spitze jeder Arbeitsgemeinschaft wurde als Präsident der Jugendführer desjenigen europäischen Landes für drei Jahre gewählt, das sich auf dem jeweiligen Gebiet besonders ausgezeichnet hatte. Das Präsidium der Arbeitsgemeinschaft *»Jugendgesundheitspflege«* wurde dem Führer der flämischen Jugendorganisation, Dr. *Lehembre* übertragen; *»Jugendrecht«* dem bulgarischen Staatsjugendführer, Dr. *Kletschkoff; »Freizeitgestaltung«* dem Führer der dänischen nationalsozialistischen Jugend, Kapitänleutnant *Jensen; »Ethische Erziehung«* dem finnischen Jugendführer, *Loohivouri; »Jugendberufserziehung«* dem Führer der kroatischen Ustascha-Jugend, Professor *Orsanic; »Kultur und Kunst«* dem Führer der niederländischen Jugend, *van Geelkerken; »Volks- und Brauchtum«* dem Führer der slowakischen Hlinka-Jugend, *Macek;* die *»vormilitärische Ertüchtigung«* dem Führer der ungarischen Levente-Jugend, Feldmarschall-Leutnant *Beldy; »Schulerziehung«* dem Führer der rumänischen Staatsjugend, General *Illiescu; »Bauerntum und Landdienst«* dem norwegischen Jugendführer, Minister *Stang.*

Das Präsidium der Arbeitsgemeinschaft *»Bauten und Fahrten«* wurde Stabsführer *Möckel* (Deutschland), das der Arbeitsgemeinschaft *»Sport«* dem Reichssportführer, Obergebietsführer von *Tschammer und Osten,* das der Arbeitsgemeinschaft *»Presse, Film und Rundfunk«* dem Generalvizekommandanten *Sellani* (Italien) und das der Arbeitsgemeinschaft *»Führererziehung«* dem Generalkommandanten *Bonamici* (Italien) übertragen. (»Das junge Deutschland« 1942)

Als *Gäste* wohnten der Gründung des Europäischen Jugendverbandes bei, je ein Gesandter von Japan und Portugal.

Der Arbeitsgemeinschaft für *»Weibliche Jugend«,* in der die weiblichen europäischen Jugendorganisationen vertreten waren, standen anfangs drei Präsidentinnen vor: die Führerinnen der spanischen, der italienischen und der deutschen *Mädel*-Organisationen: Pilar *Primo de Rivera,* Dr. Penelope *Testa,* Dr. Jutta *Rüdiger –,* weil diese drei Länder bereits über besondere Erfahrungen in der Führung und Ausbildung der *weiblichen* Jugend gesammelt hatten. –

> *»Im Rahmen der deutschen Delegation traten auch in Erscheinung die estnische, lettische und tschechische Jugend. –*
> *Wenn darüber hinaus flämische und wallonische Vertreter und Norwegen mit ihren Delegationen dem Europäischen Jugendkongreß beiwohnten, so darf die Frage erhoben werden, wo in aller Welt es jemals Siegermächte gegeben hat, die den Besiegten eingeladen hätten, an seinem Tisch Platz zu nehmen und nun mit ihm die künftige Neuordnung der wieder aufzubauenden Welt festzulegen. Welche Kameradschaft erfüllt das »Richtfest Europa's«, welche Bestätigung war es für die kleinen Nationen, daß sie weder ›verpreußt‹ noch verschluckt, sondern zu konstruktiver Arbeit aufgerufen werden! –*
> *Die Jugendführer Europa's, die in Wien versammelt waren, sprachen im Namen von 44 Millionen 10–18jähriger Jugendlicher. – Die Wiener Kundgebung brachte den Völkern Europa's zum Bewußtsein, daß das nationalsozialistische Reich sie keiner rassischen Klassifizierung unterzieht, sondern ihren Wert unter voller Würdigung der völkischen Eigenart nur nach ihrem Einsatz für die Europäische Gemeinschaft mißt.*
> *Die Jugend brachte auf dem ersten Europäischen Kongreß, der bis in die Tiefen des Volkstums der europäischen Nationen hinein seine Auswirkungen zeitigt, ihre Anerkennung für die Freiheit des religiösen Bekenntnisses in Europa zum Ausdruck.«*
> (Kaufmann »Das kommende Deutschland« 1943)

Den ergreifenden Abschluß der Gründungsversammlung des Europäischen Jugendverbandes bildete die Schluß-Kundgebung am 18. 9. 1942 auf dem Heldenplatz in Wien mit dem Gedenken an alle Gefallenen der europäischen Jugend des II. Weltkrieges. –

Die *Jugend* von vierzehn Nationen *Europa's* glaubte, ein *einiges* und, durch Anerkennung und Bewahrung der Eigenart eines jeden Volkes, zugleich ein vielfältiges *Europa* aufbauen zu können, ganz im Sinne des Schirach-Wortes:

> *»Die deutsche Jugend ist kein schlechter Botschafter. Dort, wo sie im Ausland erscheint, hat sie noch immer Freundschaft und Bewunderung gewonnen. Sie soll nicht als Propagandist für eine Weltanschauung auftreten, die uns als Volk allein gehört, das ist nicht ihre Aufgabe.*
> *Die Jugend hat mit der großen Politik nichts zu tun. Sie soll nur der Träger eines Gedankens der Kameradschaft der jungen Menschen untereinander sein!«*

53. Die Hitler-Jugend durch Gesetz dritter Erziehungsträger neben Elternhaus und Schule

53.1 Entwicklung bis zur Gesetzes-Verkündung Dezember 1936

Viele Jahre hatte die deutsche Jugend von einem sich hingebenden Einsetzen, von einem Dienst für Volk und Vaterland geträumt. Anerkennenswerte Dienste, wie z. B. soziale Einsätze der Freideutschen Jugend oder die der Artamanen, blieben – auf die gesamte Jugend bezogen – in der Minderheit.
1933 war die Stunde für alle gekommen. Die Jugend wurde gefordert, vom Traum zur Tat zu schreiten. In der Zeit des nationalen Aufbruchs riß die schon zuvor politisch kämpfende Hitler-Jugend alle mit. Auch die bisher weniger Aktiven kamen, um sich einzureihen in die große Kameradschaft.
Am 17. Juni 1933 wurde durch Verfügung des Führers der *Reichsjugendführer* der Hitler-Jugend vom Reichsminister des Innern zum *Jugendführer des Deutschen Reiches* ernannt. Der entsprechende Erlaß lautete:

> *»Es wird eine Dienststelle des Reiches errichtet, die die amtliche Bezeichnung ›Jugendführer des Deutschen Reichs‹ trägt. Zum Jugendführer des Deutschen Reichs wird der Reichsjugendführer der NSDAP, Baldur von Schirach, ernannt.*
> *Der Jugendführer des Deutschen Reichs steht an der Spitze aller Verbände der männlichen und weiblichen Jugend, auch der Jugendorganisationen von Erwachsenenverbänden. Gründungen von Jugendorganisationen bedürfen seiner Genehmigung. Die von ihm eingesetzten Dienststellen übernehmen die Obliegenheiten der staatlichen und gemeindlichen Ausschüsse, die ihre Aufgaben unter unmittelbarer Mitwirkung der Jugendorganisationen vollziehen.«*

Den Jugendlichen, die schon zuvor in einer anderen Jugendgemeinschaft gebunden waren, fiel es zum Teil schwer, diese zu verlassen. Viele von ihnen kamen »freiwillig«, von der vitalen Kraft der Hitler-Jugend magnetisch angezogen. Bünde lösten sich selbst auf; nur *wenige* wurden vom Jugendführer des Deutschen Reichs aufgelöst.
Unter den Hunderttausenden, dann Millionen, die *freiwillig*, ja mit Begeisterung kamen, waren die Jugendlichen, die abseits blieben, oder die glaubten, unter moralischem Druck mitmachen zu müssen, nur eine kleine Minderheit.

> *»Das Jahr 1936 erklärte Baldur von Schirach zum ›Jahr des Deutschen Jungvolks‹. In dieser Parole, so sagte er in seiner Neujahrsbotschaft, liege für alle Gliederungen der Hitler-Jugend die Verpflichtung, ›unsere Nachwuchsorganisationen so zu unterstützen, daß alle im Jungvolkalter befindlichen Jugendlichen in diesem Jahre noch durch das Deutsche Jungvolk erfaßt werden‹. Und er fügte hinzu, daß die Durchführung dieser Forderung nicht allzu schwer sein könne, da schon in manchen Teilen des Reiches mehr als 80 v. H. der entsprechenden Jahrgänge erfaßt seien. Bereits am 26. Mai 1936 verfügte der Reichsjugendführer die totale Mitgliedersperre für a l l e Gliederungen der Hitler-Jugend. »Die deutsche Jugend hat dem Aufruf der Hitler-Jugend so schnell Folge geleistet, daß meine zu Beginn des Jahres erhobene Forderung heute schon erfüllt ist.*
> *95 Prozent des gesamten Jahrganges 1926 waren erfaßt; das Jahr schloß mit einer Mitgliederstärke von über 6 Millionen ab!«*
> (»Das junge Deutschland« 1943, Heft 1/2 S. 14 u. 27)
> Dieses alles immer noch *ohne* Gesetz. –

53.2 Die Verkündung des Gesetzes

»Das junge Deutschland« von 1943 schrieb dazu (S. 27f.):

»Ihre Krönung fand diese organisatorische Entwicklung durch das Gesetz über die Hitler-Jugend vom 1. Dezember 1936 (Anm. d. Hrsg. siehe Anhang, Abb. 62 u. 62a). *Dieses Gesetz ... besteht aus vier kurzen Paragraphen, die an sich nur eine bereits vollzogene Entwicklung bestätigten. Danach ist die gesamte deutsche Jugend innerhalb des Reichsgebietes in der Hitler-Jugend zusammengefaßt. Außer in Elternhaus und Schule ist sie in der Hitler-Jugend körperlich, geistig und sittlich im Geiste des Nationalsozialismus zum Dienst am Volk und zur Volksgemeinschaft zu erziehen. Schließlich wurde bestimmt, daß die Aufgabe dieser Erziehung in der Hitler-Jugend dem Reichsjugendführer der NSDAP übertragen werde, der damit »Jugendführer des Deutschen Reiches« sei, die Stellung einer Obersten Reichsbehörde habe und damit dem Führer unmittelbar unterstellt sei, der auch die Rechts- und Verwaltungsvorschriften persönlich erlasse. Aus der Feststellung, daß außer Elternhaus und Schule nur die Hitler-Jugend Erziehungsträger sei, ergaben sich in der Folgezeit die wesentlichsten Konsequenzen für die Entwicklung der Jugenderziehung in Deutschland.«*

Noch am Abend der Gesetzesverkündigung sagte Baldur von Schirach: ›Der Kampf um die Einigung der Jugend ist beendet‹. (Einfügung d. Hrsg. als Zeugin).

»Um falschen Vorstellungen vorzubeugen, wies er vor allem darauf hin, daß der Grundsatz der Freiwilligkeit durch Errichtung besonderer Leistungsstufen aufrechterhalten werde, daß er ferner nicht beabsichtige, in der neuen Obersten Reichsbehörde einen riesigen Beamtenapparat aufzubauen, da es in der Jugend vor allem auf die Beweglichkeit der Führung und die direkte Verbindung mit der Gefolgschaft ankomme, und daß auch in Zukunft dem religiösen Bekenntnis eines jeden Angehörigen der Hitler-Jugend größter Respekt bezeigt werde. ›Möge jeder der religiösen Überzeugung dienen, die er vor seinem Gewissen verantworten kann. Die Hitler-Jugend ist keine Kirche und die Kirche keine Hitler-Jugend‹.

Aus dem gleichen Anlaß hielt der Reichsjugendführer eine umfassende Ansprache an die deutschen Eltern, in der er die Erziehungsgrundsätze der Hitler-Jugend darlegte, den Gegensatz der Generationen für überwunden erklärte und den Eltern für ihre bis dahin geleistete Arbeit im Aufbau der nationalsozialistischen Jugendbewegung dankte. Gleichzeitig gab er davon Mitteilung, daß die Ausbildung der Führer und Führerinnen der Hitler-Jugend nunmehr mit noch größerer Sorgfalt als bisher betrieben werde.«

Das Gesetz vom 1. Dezember 1936 – so Baldur von Schirach sinngemäß – sei eine Anerkennung des Staates für die von der Hitler-Jugend geleistete Arbeit und bedeute für diese eine wesentliche Unterstützung der Jugendarbeit durch Staat und Gemeinden.

53.3 Der Staat als Förderer der Jugendarbeit

Alle Ministerien mußten sich ab Dezember 1936 – soweit es sich um *Jugendfragen* außerhalb der Schule handelte – mit dem *Jugendführer* des *Deutschen Reiches* in Verbindung setzen. Es ging also zunächst *nicht* um die *Jugenddienstpflicht,* sondern um den Einfluß der Jugend auf alle Fragen des Staates, welche die *Jugend* betrafen. Während der Weimarer Staat sich nur um Schutz und Fürsorge für die Jugend ge-

kümmert hatte, wurde der nationalsozialistische Staat durch die Initiative der Hitler-Jugend aufgerufen, auf allen Lebensgebieten der Jugend, auch auf denen der körperlichen und seelischen Entwicklung, hilfreich mitzuwirken.
Für nachstehende Förderungs-Aufgaben wurde die Hilfe des Staates gebraucht und von der Hitler-Jugend aktiviert (siehe auch Anhang, Abb. 63), z.B. für

a) körperliche Erziehung
(Lehrgänge, Fahrten, Lager, Erholungspflege, Gesundheitsförderung usw.)
b) geistige Erziehung
(Jugendbüchereien, Lesestätten, Film-Arbeit, Freizeitgestaltung, Führungen und ähnliches)
c) sittliche Erziehung
(Bekämpfung der allgemeinen, besonders sexuellen Gefährdung der Jugendlichen usw.)
d) Beschaffung von Einrichtungen
(Hitler-Jugend-Heime, Landdienstheime, Jugendherbergen, Kampf- und Übungsstätten)
(nach Dr. Randel)

wobei innerhalb der Bereiche der geistigen und sittlichen Erziehung u.a. auch Lehrgänge oder Lager durchgeführt wurden zu *musischer* Bildung, *sozialem* Einsatz, *beruflicher* Ertüchtigung und *hauswirtschaftlicher* Ertüchtigung.
Der Jugendführer des Deutschen Reichs bediente sich für behördliche Aufgaben der nachgeordneten Dienststellen des Reichs, die der Reichsminister des Innern am 11. 11. 1939 bekanntgab. (Reichsgesetzblatt 223, siehe Anhang, Abb. 64)
Es handelte sich um die Regierungspräsidenten der Länder, Stadtpräsidenten, Reichsstatthalter bzw. Reichskommissare.
Diesen wurde ein Sachbearbeiter für Jugendfragen, der aus den Reihen der HJ-Führung kam, beigegeben.
Während der Staat außer finanzieller Unterstützung seine obrigkeitlichen Rechte, wenn im Interesse der Jugend erforderlich, zur Anwendung brachte, erfolgten von den Gemeinden mehr sachliche und geldliche Zuwendungen.
Der Jugendführer des Deutschen Reichs bediente sich also des Staates zur Förderung und Erziehung der Jugend; der Staat wiederum des Reichsjugendführers – und damit der Hitler-Jugend – zur Durchführung dieser Aufgaben; beides den Vorstellungen der Jugendbewegung entsprechend und unter Respektierung des Grundsatzes: »Jugend muß von Jugend geführt werden«.
Die Erlasse des Staates waren nur im großen Rahmen angelegt; ihre Durchführung wurde der Jugendbewegung überlassen.
Die vielseitigen Aufgaben des Staates, die die Jugend betrafen, wurden also nicht von den der Jugend vorgesetzten Beamten durchgeführt, sondern von Jugendführern und -führerinnen, die aus den untersten Einheiten hervorgegangen waren. Demzufolge konnte es letzten Endes zu keiner Verbeamtung oder Verbürokratisierung der Hitler-Jugend kommen.

> *»Der junge Führer wird nicht durch einen Beamten ersetzt, die Jugendbewegung nicht durch die Jugendorganisation.«*
> (Kaufmann: »Das kommende Deutschland« 1940, S. 25)

In der *Reichsjugendführung* hatten außer dem Reichsjugendführer und dem Stabsführer nur noch drei HJ-Führer zugleich den Status von Beamten, welche die »Oberste Reichsbehörde« bildeten.
Erst im Jahr 1938 wurde eine *Behörden-Abteilung* gegründet mit Sitz innerhalb der *Reichsjugendführung,* die – wie die Ämter der Reichsjugendführung für die verschiedenen Aufgabengebiete der Hitler-Jugend dem Reichsjugendführer – dem *Jugendführer des Deutschen Reichs* zur Verfügung stand; sie besaß zwar wenig Mitarbeiter, hatte aber wesentliche Aufgaben wahrzunehmen.

»Sie war die Kontaktstelle zu allen Ministerien, führte die Verhandlungen bei allen Gesetzesinitiativen. Ihr oblag die Bearbeitung des Geschäftsverteilungsplanes und die Schriftleitung des »Amtlichen Nachrichtenblattes des Jugendführers des Deutschen Reichs und Reichsjugendführers der NSDAP«. Bei der Behördenabteilung lag die Federführung in der Erarbeitung aller Gesetze, Erlasse und Verordnungen (Anm. d. Hrsg.: in Zusammenarbeit mit den Ämtern der Reichsjugendführung, insbesondere mit dem Rechtsamt), die als amtliche Bekanntmachungen erscheinen sollten und Jugendangelegenheiten betrafen. Die Kenntnis der Wünsche und Anregungen aus den Reihen der Hitler-Jugend war dazu Voraussetzung.
Der Chef (Anm. d. Hrsg.: recte Leiter) der Behördenabteilung war aber auch verwaltungsrechtlicher Berater des Reichsjugendführers und arbeitete gutachtliche Stellungnahmen aus. Die übrigen Ämter, auch die Gebiete und Obergaue, wußten diese Möglichkeiten bei Einzelvorhaben zu nutzen.
Auf die kommunale Selbstverwaltung hatte die Behördenabteilung nur indirekt Einfluß. Schon im März 1938 wurden mit Runderlaß die ›HJ-Sachbearbeiter bei den Gemeinden und Gemeindeverbänden‹ eingeführt. Sie waren einerseits die Sachwalter der Hitler-Jugend innerhalb der Gemeindeverwaltungen, andererseits auch Verbindungsstelle zur örtlichen HJ-Führung, vor allem zu den Standortführern der Hitler-Jugend.
Mit Kriegsbeginn bedurfte vieles der behördlichen Neuregelung, auch innerhalb des Zuständigkeitsbereichs des Jugendführers des Deutschen Reichs.«
(Würschinger/Griesmayer: »Idee und Gestalt der Hitler-Jugend« S. 251)

53.4 Die Jugenddienstpflicht

Immer wieder betonte der Reichsjugendführer Baldur von Schirach, daß der *freiwillige* Dienst in der Hitler-Jugend an erster Stelle stehe.
Der Jugendführer des Deutschen Reichs ließ sich zunächst viel Zeit mit der Herausgabe der Durchführungsbestimmungen zum Gesetz über die Hitler-Jugend. Als sich die Hitler-Jugend in ihrem Aufbau auf freiwilliger Basis konsolidiert hatte, wurden am 25. März 1939 die ersten beiden Durchführungsbestimmungen erlassen. (s. Anhang, Abb. 63)
Geplant war, in Zukunft in jedem Jahr alle 10jährigen pflichtmäßig zu erfassen, die sich ohnehin bisher zum größten Teil *»freiwillig«* gemeldet hatten, so daß nach 8 Jahren die *Jugenddienstpflicht* für *alle* Jugendlichen vollzogen gewesen wäre. –
Erst im ersten Kriegsjahr wurden – bedingt durch die veränderte Situation – in Ergänzung und im Vollzug des Gesetzes über die Hitler-Jugend von der Obersten Reichsbehörde, dem *Jugendführer des Deutschen Reichs,* mehrere Erlasse herausgegeben, mit denen die *Jugenddienstpflicht* in Kraft gesetzt wurde.

a) Aufgrund der 2. Durchführungsverordnung, der sogenannten Jugenddienstordnung, wurde der Jahrgang 1929/30 – der damals 10jährigen – zum ersten Mal 1940 pflichtmäßig eingezogen.
b) Durch einen anderen Erlaß wurde die Jugenddienstpflicht für alle bisherigen Angehörigen der Hitler-Jugend sämtlicher Jahrgänge erklärt. Ebenso wurde in diesem Erlaß bestimmt, daß es nunmehr keinen freiwilligen Eintritt in die Hitler-Jugend mehr gab, sondern – unbeschadet einer pflichtmäßigen Erfassung der der Hitler-Jugend noch nicht angehörenden Jungen und Mädel – nur noch die freiwillige Ableistung der Jugenddienstpflicht.
c) Durch eine weitere Verordnung wurde kriegsbedingt die pflichtmäßige Erfassung des Jahrganges 1923 – der damals 17jährigen – angeordnet. (Diese Erfassung sollte bis zum 1. Juli 1940 durchgeführt sein.)

Es blieb nach diesem Erlaß den einzelnen Führern der Gebiete bzw. den Führerinnen der Obergaue überlassen, wieviele der Dienstpflichtigen zum Dienst herangezogen werden sollten. Die Zahl richtete sich nach den jeweiligen örtlichen Möglichkeiten und Notwendigkeiten.

Nachdem sich ab 1933 in jedem Jahr die *Zehnjährigen* mit Mehrheit freiwillig gemeldet hatten, und die übrigen Jahrgänge sich durch den ständigen Zustrom ebenfalls immer weiter aufgefüllt hatten, war bis 1940 der größte Teil der Jugendlichen von 10 bis 17 Jahren Mitglied der Hitler-Jugend geworden. Es handelte sich demnach um Erlasse, die fast nur formaler Art waren – nahezu alle waren bereits Mitglieder –, und die deshalb nur einen sehr geringen Teil der Jugend berührten.

Durch die Kriegssituation bedingt, wurde von 1940 ab für bestimmte Einsätze – wie z. B. Ernteeinbringung oder zu Sammelaktionen von Heilkräutern oder Altmaterial und für die Wehrertüchtigung der älteren Jungen – von Fall zu Fall die *Jugenddienstpflicht* angewandt, ganz abgesehen davon, daß mancher freiwillige Dienst zur Dienstpflicht »erklärt« wurde, um vom Staat die dafür notwendigen Mittel zu erhalten.

Die Jugenddienstpflicht wurde – obgleich die Jahrgänge seit 1940 zur Meldung aufgerufen waren – im großen und ganzen großzügig gehandhabt, kam doch der überwiegende Teil der Jugend *freiwillig.* Unter der zunehmenden Härte des Krieges und durch die vermehrten Bombenangriffe wurde 1943 – zwar nur in einigen Gebieten, 3 oder 4 an der Zahl – *probeweise* die Erfassung der gesamten Jahrgänge durchgeführt.

Außer dem notwendigen Kriegseinsatz in sozialen Diensten sollte die Jugend, die kriegsbedingt vielfach ohne elterliche Aufsicht war, in ihrer Freizeit erfaßt werden, um sie den gefährdenden Einflüssen der Straße zu entziehen.

Wäre der Krieg nicht gekommen, hätte die Jugenddienstpflicht in ihrer praktischen Anwendung vielleicht noch länger auf sich warten lassen, denn die Führer der HJ und die Führerinnen des BDM legten den größten Wert auf den *freiwilligen* Dienst, den die Jugend sich selbst gegeben hatte.

Dennoch sollte auf die Dauer die Jugenddienst*pflicht* durchgeführt werden. Man wußte um den Wert einer durch die Leibeserziehung gesunden Jugend, einer durch politische Schulung und kulturelle Bildung einsatzbereiten Jugend und einer durch das Vorbild ihrer Führer und Führerinnen sittlich, d. h. ethisch verpflichteten Jugend als Träger deutscher Kultur und deutschen Volkstums.

Die Führung war sich auch klar darüber, daß labile Jugendliche – die es zu allen Zeiten geben wird – in dieser großen Jugendgemeinschaft »Halt« fanden.

Die Jugenddienstpflicht war als letze eingeführte Dienstpflicht der des Arbeitsdienstes und Wehrdienstes vergleichbar und eine Ergänzung zur – längst von allen Eltern akzeptierten – Schulpflicht.

Wenn man heute vom Zwang zum HJ-Dienst spricht, so trifft das für die Zeit des freiwilligen Aufbaus überhaupt nicht zu und kann von da an nur gelten, wenn man auch die *Schulpflicht* als Zwang bezeichnet.

Die Jugenddienstpflicht wurde von der Jugend – bis auf wenige Ausnahmen – wie auch die Schule nicht als Zwang empfunden, sonst hätte sie – trotz stärkster Belastungen durch die Kriegsereignisse – nicht so lange durchgehalten. Vielmehr empfand sie ihren Dienst für die Volksgemeinschaft und für das Reich als Ehren*pflicht,* wobei der Begriff der Pflicht im Gegensatz zum Zwang ein ethischer ist.

53.5 Die juristische Beurteilung der Stellung der Hitler-Jugend seit 1936

Man konnte die Frage stellen, die auch heute noch diskutiert wird: »War die *Hitler-Jugend* nun *Jugendbewegung, Partei-Jugend* oder *Staats-Jugend?*«
Dazu erklärte 1943 der HJ-Stammführer und Landgerichtsrat Edgar Randel in einer Sonderveröffentlichung des amtlichen Organs des Jugendführers des Deutschen Reiches (»Das junge Deutschland – Die Jugenddienstpflicht –« 1943, S. 48 f.):

> *»Die Hitler-Jugend war als Erlebnis der deutschen Jugend in der Kampfzeit geboren. Sie war eine echte Jugendbewegung, die als Teil der NSDAP ohne eigene Rechtspersönlichkeit anerkannt wurde. Die Partei ist die Trägerin des deutschen Staatsgedankens. Die Hitler-Jugend als Gliederung der Partei und als Jugendbewegung ist damit Trägerin des Gedankens der politischen Jugendbewegung und als solche in die politischen Aufgaben der Partei eingeschaltet. Als das Gesetz über die Hitler-Jugend erlassen wurde, konnte es nur an diese Hitler-Jugend anknüpfen. Diese Jugendbewegung (nicht also Organisation!) wurde nunmehr ausersehen, die deutsche Jugend im Geiste des Nationalsozialismus zum Dienst am Volk und zur Volksgemeinschaft zu erziehen, indem sie ihr das Erlebnis der Jugendbewegung auch künftighin vermittelt. Die Hitler-Jugend (als Gliederung) ist also der gebende, die deutsche Jugend der nehmende Teil.*
>
> *Wenn § 1 der zweiten Durchführungsverordnung (Jugenddienstverordnung) nunmehr bestimmt, daß alle Jugendlichen von 10 bis 18 Jahren verpflichtet sind, in der Hitler-Jugend Dienst zu tun, so kann dies nur heißen, daß sie in dieser Jugendbewegung Dienst tun sollen, d.h. die Gemeinschaft der Jugend erleben sollen. Die Erfüllung der sich hieraus ergebenden Gemeinschaftspflichten ist der Ehrendienst, von dem § 1 Abs. 1 der Jugenddienstordnung spricht und der in der Gliederung der Hitler-Jugend zu erfüllen ist.*
>
> *Die §§ 1, 2 des Hitler-Jugend-Gesetzes, die §§ 1, 8 der Jugenddienstverordnung besagen nichts über eine »Mitgliedschaft« in der Hitler-Jugend, d.h. also sie bestimmen nicht, daß jeder Jugendliche Mitglied der Hitler-Jugend sein muß und soll, sondern nur, daß die Jugendlichen »in« der Hitler-Jugend zusammengefaßt, in ihr zu erziehen und verpflichtet sind, »in« ihr »Dienst zu tun.« –*
>
> *Daraus folgt klar, daß die Hitler-Jugend (Anm. d. Hrsg.: hier die Stamm-HJ) weiterhin eine reine Gliederung der NSDAP und damit eine Jugendbewegung geblieben, aber nicht Staatsorganisation geworden ist.*
>
> *Sie ist deshalb keine Staatsjugend wie z.B. die faschistische G.I.L. Für eine Staatsjugend ist wesentlich, daß sie eine Staatsorganisation ist, d.h. durch den Staat gegründet und vom Staat geleitet wird. Hier ist der Staat der gebende und die Jugend der nehmende Teil. Die Leiter der Staatsjugend sind demzufolge nicht aus der Gemeinschaft hervorgegangene und von ihr anerkannte Führer der Jugend, sondern für die Jugend Obrigkeitsorgane. Wenn § 2 Abs. 5 der 1. Durchführungsverordnung anzudeuten scheint, als gebe es eine Hitler-Jugend als Gliederung der Partei und eine Hitler-Jugend als besondere Staatsorganisation (die sich aus denen zusammensetzt, die nicht der Stamm-Hitler-Jugend angehören), so ergibt eine nähere Untersuchung also, daß dies nicht der Fall ist. Die verschiedenen Bedeutungen des Oberbegriffs »Hitler-Jugend« bezeichnen nur die verschiedenen Stellungen der Hitler-Jugend, nicht aber zwei verschiedene Organisationen. Es gibt nach dem Gesetz eine Bewegung und Organisation der Hitler-Jugend. Die Hitler-Jugend ist die Gemeinschaft der gesamten deutschen Jugend, die sich gegenseitig erzieht und in der die eigentlichen Mitglieder der (Stamm)-Hitler-Jugend dazu berufen sind, den übrigen Jugendlichen das Erlebnis der Jugendbewegung zu vermitteln.*

Gegen den Status der Hitler-Jugend als Staatsjugend spricht auch die Finanzierung des Erziehungsauftrages. § 1 Abs. 3 der 1. Durchführungsverordnung besagt, daß die HJ der Finanzhoheit der NSDAP untersteht. Kosten, die durch Anordnungen der Führungsorgane der Hitler-Jugend entstanden, waren Kosten der Partei, nicht des Staates. Kosten, die durch Anordnungen des Jugendführers des Deutschen Reiches entstanden, waren nicht Kosten der Hitler-Jugend.

Der Begriff Dienst unterliegt erheblichen Wandlungen. In einer Zeit, in der Leistung abgebaut werden soll, hat der Begriff Dienst einen anderen Stellenwert als in einer Zeit, wo Leistung adelt. Der Dienst in der HJ wurde als Ehrendienst am deutschen Volk empfunden. In der Kampfzeit kannte die Jugend nur Pflichten im Einsatz – freiwillig – für Volk und Vaterland. Aus dem Erlebnis der Gemeinschaft der Jugendbewegung entstand der Dienst. In der Kriegszeit übernahm die gesamte deutsche Jugend freiwillig Dienst an der Volksgemeinschaft in so großer Zahl, daß ein Gesetz nicht oder sehr selten nachzuhelfen brauchte. Ihre Opferbereitschaft und Pflichtauffassung empfand die deutsche Jugend als ihren Dienst für Deutschland. Deshalb konnte auch das Gesetz den Begriff Dienst aufnehmen.«

Der Hauptbannführer und Landgerichtsrat Walter *Tetzlaff*, HJ-Richter in der Reichsjugendführung, nimmt 1944 zu derselben Frage Stellung in seinem Buch »Die *Disziplinarordnung* der Hitler-Jugend«; Deutscher Rechtsverlag Berlin, Leipzig, Wien (S. 18 u. 19)

»Die Jugendlichen, die mindestens seit dem 20. April 1938 der Hitler-Jugend angehörten, wurden zu Angehörigen der ›Stamm-Hitler-Jugend‹ erklärt; anderen Jugendlichen, die ebenfalls die Abstammungsvoraussetzungen für die Aufnahme in die NSDAP erfüllen, und entsprechenden Älteren, die in der Führung oder Verwaltung der Hitler-Jugend eingesetzt werden sollen, wurde die Möglichkeit der Aufnahme in die Hitler-Jugend eröffnet. ›Gliederung der NSDAP ist nur die Stamm-Hitler-Jugend‹.

Die Stamm-Hitler-Jugend ist jedoch keine selbständige Organisation, es gibt auch keine Sondereinheiten der Stamm-Hitler-Jugend. In Zukunft werden vielmehr nur die Inhaber bestimmter Dienstränge, also eine Minderheit, die Stamm-Hitler-Jugend bilden. Die übrige Hitler-Jugend bildet mit der Stamm-Hitler-Jugend eine unlösbare Einheit, so daß die Frage nach der rechtlichen Stellung der gesamten Hitler-Jugend auftaucht. M. E. kann die Hitler-Jugend als Ganzes nicht mehr als Gliederung der NSDAP bezeichnet werden. Dies würde nur vermögensrechtlich zutreffen. Darüberhinaus ist man wohl versucht – von dem Gedanken der Zuordnung der Hitler-Jugend zur NSDAP als der Trägerin der Aufgabe der Volkserziehung ausgehend – die Rechtsstellung der Hitler-Jugend als Gliederung zu bestimmen. Das hieße jedoch, die Augen zu verschließen vor der Tatsache der Jugenddienstpflicht, der bei keiner Gliederung etwas Ähnliches entspricht und die auch für die Frage der Tragbarkeit des einzelnen für die Organisation andere Folgen nach sich zieht. Wenn die Hitler-Jugend noch Gliederung wäre, müßten nach wie vor die strengeren Entscheidungsmaßstäbe für die Zugehörigkeit zur Hitler-Jugend gelten.

Die Hitler-Jugend ist durch die Einführung der Jugenddienstpflicht auch keine Staatsjugend im üblichen Sinne geworden. Für diesen Begriff ist es m. E. entscheidend, daß Staatsjugenden das System der bereitgestellten Führung aufweisen (Abkommandierung von Offizieren und Beamten als Jugendführer). Die Hitler-Jugend dagegen ist und bleibt nach dem Prinzip der Selbstführung aufgebaut (eigene Führerauslese von klein auf). ›Jugend muß von Jugend geführt werden‹ – dieses Lebensgesetz hat der Führer seiner Jugend schon vor der Machtübernahme gegeben.

Es beherrscht auch die HJ-Gerichtsbarkeit. Wenn die Hitler-Jugend eine Staatsjugend wäre, dürften als HJ-Richter nur abkommandierte staatliche Richter wirken, während in Wirklichkeit das den HJ-Richtern Gemeinsame ist, daß es frühere Einheitenführer sind. Die Selbstführung der Jugend wiederum ist das Kennzeichen je-

der echten Jugendbewegung. ›Jugendbewegung und Selbstführung der Jugend sind untrennbar‹.
Darum ist m. E. die treffendste, auch rechtliche Kennzeichnung der Hitler-Jugend von ihrer Gründung an die als ›nationalsozialistische Jugendbewegung.‹ Diese Charakterisierung unterscheidet die Hitler-Jugend zur Zeit auch noch von den meisten anderen Jugendorganisationen der Welt. Deutschland ist jedenfalls das Ursprungsland dieser Organisationsform der Jugend. ›Deutschland ist das Land der Jugendbewegung‹ (Baldur von Schirach).«

53.6 Zusammenfassung

Noch einmal ist zu bedenken: Die Hitler-Jugend ist im Vergleich zu vielen anderen Jugendorganisationen der Welt nicht von Partei oder Staat gegründet worden. Sie ist aus der *Jugend* selbst entstanden aus dem Wunsch heraus, mitzuarbeiten am Aufbau der deutschen Volksgemeinschaft.
Nach dem Gesetz über die Hitler-Jugend war sie weder eine reine Partei- noch eine Staatsjugend. Sie hatte sich als nationalsozialistische Jugend*bewegung* ihr eigenes Reich geschaffen.
Baldur von Schirach hatte in wenigen Jahren die Hitler-Jugend geschickt aus der Eingliederung in die SA vor 1933 sowie aus einer Unterstellung unter den Reichsminister des Innern gelöst, und er und sein Nachfolger hatten bis 1945 den immer wieder versuchten Eingriff der Wehrmacht in die Jugendführung erfolgreich verhindert.
Damit entstand eine der größten Jugendbewegungen, die vom Jungbauern, Jungarbeiter und Schüler alle umfaßte, die ihre Probleme in die eigene Hand nahm, von der Erziehung (ohne Elternhaus und Schule auszuschalten) bis zur sozialen Betreuung, von der körperlichen Ertüchtigung bis zur kulturellen Bildung.
Sie fühlte sich der nationalsozialistischen Weltanschauung – Liebe zur Heimat und Einsatz eines jeden ohne Klassenunterschiede für sein Volk – und damit der Partei und dem Staat verpflichtet, solange *diese Träger* dieser Weltanschauung waren; in erster Linie aber der Gemeinschaft des Deutschen Volkes und dem Reich als einigender Mittler *Europas.*
Schirach zum Hitler-Jugend-Gesetz und dem Begriff der Dienstpflicht:
»Die gesamte deutsche Jugend ist zur Hitler-Jugend geworden . . . –
Ich weise alle Führer und Führerinnen schon heute an, die Jugendlichen, die aufgrund des Gesetzes zu uns kommen, von vornherein als gleich wertvolle und gleich willkommene Kameraden zu behandeln.«

Sechster Teil

Die Hitler-Jugend in der aussergewöhnlichen Situation des Krieges und ihre dem Ausnahmezustand entsprechenden Aufgaben

61. Die Arbeit der Hitler-Jugend und des Bundes Deutscher Mädel während des Krieges in den von dem Deutschen Reich verwalteten Gebieten

Genau wie in den übrigen europäischen Ländern wurden in den vom Deutschen Reich verwalteten Gebieten (Reichskommissariate: *Ostland, Ukraine, Niederlande, Norwegen, Dänemark* und Militärverwaltung *Belgien – Nordfrankreich*) »*Beauftragte des Jugendführers* des Deutschen Reichs« eingesetzt, denen eine BDM-Führerin als »Mädelführerin« für die Arbeit der *weiblichen* Jugend zur Seite stand.
Ihre Aufgabe war es, je nach Lage die Jugend der *volksdeutschen* Gruppen zu unterstützen, *reichsdeutsche* Jugendliche zu betreuen und die *fremdvölkische* Jugend beim Aufbau eigener Jugendorganisationen zu beraten und ihr behilflich zu sein. (In den Niederlanden der Jeugt Storm, in Dänemark die Dänische nationalsozialistische Jugend, in Norwegen die Jente Hird.)
Der Beauftragte des Jugendführers des Deutschen Reiches in Belgien und die dort eingesetzte Mädelführerin hielten Kontakt zur *wallonischen* und *flämischen* Jugend. Erst als Anzeichen dafür sprachen, daß die SS eine eigene flämische Jugendorganisation aufzuziehen gedachte, kam die Hitler-Jugend ihr zuvor und gründete die »Flämische Hitler-Jugend«. Die Mitglieder trugen zur Unterscheidung von der *reichsdeutschen* Jugend auf der HJ-Uniform und der BDM-Dienstkleidung am Arm das Abzeichen des »Flämischen Löwen«. (S. Anhang, Abb. 65)

Befehlstelle Osten

Nach der Eroberung weiter Gebiete der Sowjetunion während des 2. Weltkrieges fühlte sich das *Deutsche Reich* erhöht verantwortlich für die Betreuung der vielen *Volksdeutschen,* die dort lebten, so auch die Hitler-Jugend und der Bund Deutscher Mädel für die *volksdeutsche* Jugend.
Eine 1941 *neu* gegründete Dienststelle der Reichsjugendführung »Befehlsstelle *Osten*«, die zugleich die Dienststelle *»Jugend«* im »Reichsministerium für die besetzten Ostgebiete« war, übernahm die Betreuung aller *volksdeutschen* Jugendlichen, die in den Ostgebieten, d.h. ostwärts der Reichsgrenzen von 1914, lebten; außerdem stand sie interessierten fremdvölkischen Jugendlichen mit Rat und Tat zur Seite und half ihnen beim Aufbau eigener Jugendorganisationen (z.B. Weissruthenisches Jugendwerk).
Die Befehlsstelle »Osten« war die Einsatzstelle für HJ-Führer und BDM-Führerinnen, die mit Erlaß vom 16. 5. 1942 als Leiter der Abteilung *»Jugend«* und als Beauftragte für *Mädelfragen* bei den Reichskommissaren für das Ostland und die Ukraine, sowie bei den Generalkommissaren in Kauen, Riga und Reval eingesetzt wurden. In die Zuständigkeit der »Befehlsstelle Osten« der Reichsjugendführung fiel auch die Jugendbetreuung in *Transnistrien,* das unter rumänischer Zivilverwaltung stand. (Siehe Anhang, Abb. 66)
Vom Baltikum über Weißrußland bis zur Ukraine und Transnistrien waren ca. 350 Jugendführer und Jugendführerinnen der Hitler-Jugend, vorwiegend aber – bedingt durch Fronteinsatz ihrer Kameraden – Führerinnen des BDM, eingesetzt.
Bei der Aufbau-Arbeit und der Rückführung der Trecks gegen Ende des Krieges in die alte deutsche Heimat haben HJ-Führer u. BDM-Führerinnen Beispielloses geleistet. (Vergl. Anhang Abb. 67 »Die Arbeit in Transnistrien« und Abb. 68 »Treck der Dreihunderttausend.«)

Der Chefredakteur von »Wille und Macht«, Gebietsführer Günter Kaufmann, hat die Ostarbeit der HJ mit den Worten gekennzeichnet:

»Der Sehnsucht der volksdeutschen Menschen aller Generationen nach dem Reich erwuchs in der Hitler-Jugend ein entsprechendes Gefühl, das Gefühl unsagbarer Liebe für die fernen Volksgenossen, leidenschaftliche Anteilnahme an ihrem Schicksal und tiefes Verstehen ihrer völkischen Not.«

62. Der Osteinsatz der HJ und des BDM

Der Osteinsatz der Hitler-Jugend (s. Anhang, Abb. 69), vornehmlich des Bundes Deutscher Mädel, war ein Einsatz ganz besonderer Art im Krieg: es galt den *Umsiedlern,* den *Volksdeutschen* aus dem Baltikum, aus Beßarabien, Wolynien, Galizien und aus dem Ostpolnischen Raum das Einleben in den Gebieten *Danzig-Westpreußen, Wartheland* und *Oberschlesien* zu erleichtern.
Es stellten sich zwei Aufgaben.

62.1 Die Führung und Betreuung der volksdeutschen Jugend.

Diese sollte in Sprache, Kultur und in sozialer und beruflicher Hinsicht auf das gleiche Niveau mit der Jugend der Altreichs-Gebiete gebracht werden.
Die Älteren von ihnen wurden in halbjährlichen Umsiedlungslagern erfaßt, die entweder der Schulbildung oder Berufsbildung dienten, und in denen – neben dem Unterricht – die Jungen oder Mädel körperlich, weltanschaulich und musisch gebildet wurden.
Bei der Berufsausbildung wurde darauf geachtet, daß die Jugendlichen den bäuerlichen und handwerklichen Berufen auf dem Land erhalten blieben.
Die Mädel wurden außer auf die land- und hauswirtschaftlichen auch auf soziale, pflegerische und erzieherische Berufe hingewiesen. Außerdem wurden Lehrgänge für Feldschere und Gesundheitsdienstmädel durchgeführt, damit diese »Erste Hilfe« leisten konnten; es gab im Osten noch wenig Ärzte.
Aber auch die *Kultur-Arbeit* kam nicht zu kurz. Einhundertdreißig *Spiel-Einheiten* wurden im Sommer 1942 im *Osten* eingesetzt und nach Abschluß der Reichsmusikschulungslager des BDM in Litzmannstadt kamen 152 *Musikreferentinnen* im Wartheland, Danzig-Westpreußen und Oberschlesien zum Einsatz.
Weil der größte Teil bewährter HJ-Führer im Krieg stand, ruhte die Hauptlast des Osteinsatzes seit 1940 auf den BDM-Führerinnen. Um diese für die Betreuung der *Jungen*-Lager und *Jungen*-Einheiten zu entlasten, wurden 1943 Einsatzgruppen der HJ aufgestellt, die aus einem bewährten Gefolgschaftsführer, einem Hauptscharführer und einem Scharführer bestanden, die überall dort, wo es dringend erforderlich war, in Lagern oder Einheiten zum Einsatz kamen. –
Gleichzeitig wurde in den *Umsiedlungs-Lagern* Auslese und Ausbildung von Führungskräften durchgeführt, um den Führungsbedarf für die im *Osten* neu aufgestellten Einheiten der Hitler-Jugend und des Bundes Deutscher Mädel zu sichern.
Führer und Führerinnen sowie Fachkräfte, z. B. Sportwartinnen aus dem Altreich, halfen vorübergehend beim Aufbau solcher Einheiten.
Ein »Berufsausbildungs-Programm *Ost*« wurde vom Reichswirtschaftsminister erlassen, in das sich die Hitler-Jugend intensiv einschaltete.
Es mußte darauf geachtet werden, daß der Jugend- und Arbeitsschutz auch im Osten eingehalten wurde.
Nicht nur Lehrwerkstätten wurden errichtet, sondern auch Jugendwohnheime für die Jugendlichen, die sich aus dem Altreich zur Berufsausbildung im Osten meldeten. Im Jahre 1942 existierten 183 solcher Jugendwohnheime mit 4000 Jugendlichen. (»Das junge Deutschland« 1943)

62.2 Die Betreuung der Umsiedler

Dieses Arbeitsgebiet wurde zu einer Domäne der *weiblichen* Jugend, bekannt unter der Bezeichnung »BDM-*Osteinsatz*«, dessen sich die BDM-Reichsreferentin Dr. Jutta Rüdiger persönlich besonders annahm. –
Dieser wurde zu einer Bewährungsprobe; denn hier zeigte sich, was *Jugend* zu leisten vermag, wenn sie gefordert wird. So opferten die Führerinnen *freiwillig* ihren Urlaub für einen 6wöchigen Einsatz, um den deutschen Umsiedlern das Einleben in ihre *neue* Heimat zu erleichtern, zunächst im Warthegau, dann in Danzig-Westpreußen und Oberschlesien, ab 1943 auch in Ostpreußen und Niederschlesien.
Von Anbeginn des *Osteinsatzes* 1940 erhöhte sich die Zahl der dort eingesetzten BDM-Führerinnen ständig:

1940 waren es	1400
1941	9973
1942	16092
1943 kamen	12901 Führerinnen und
	6326 Führer zum Einsatz. (Quelle: BA/NS 26/358)

Um außer dem sechswöchigen einen längeren Einsatz zu garantieren, erreichte der Bund Deutscher Mädel, daß Führerinnen und Mädel, die sich für ein halbes oder ein ganzes Jahr verpflichteten, diesen Dienst im Osten bis zu einem halben Jahr auf das »Pflichtjahr« angerechnet bekamen.
Allein 809 Mädel leisteten im Jahr 1942 ihr »hauswirtschaftliches Pflichtjahr« in 77 halbjährlichen Pflichtjahr-Lagern im Osten ab. –
Die jungen Führerinnen lebten in Osteinsatz-Lagern des BDM, von denen aus jeweils 3–4 Dörfer betreut wurden – je 10–15 unter Führung einer Ring- oder Bannmädelführerin. Um die Arbeit zu intensivieren, wurden in späteren Jahren hauptamtliche Lagerleiterinnen eingestellt – pro Kreis gab es in Danzig-Westpreußen, Wartheland und Oberschlesien 1943 je 2 Lager, – in denen die zum Einsatz kommenden Führerinnen eingangs geschult und dann in die Arbeit eingewiesen wurden.
Weil die Verantwortung sehr groß war, wurden zunächst nur Führerinnen eingesetzt, denen später – nachdem genügend Erfahrung gesammelt war – je ein Mädel beigegeben wurde. Sie halfen den *Volksdeutschen* bei der schweren Bauernarbeit, bei der Einrichtung der Bauernhäuser, betreuten deren Kinder und feierten mit ihnen die Feste des Jahreslaufs, z.B. *Ostern* oder das *Erntedankfest*. Zur *Vorweihnachts- und Weihnachtszeit* erfolgte ein verstärkter Einsatz von Führerinnen. Sie gestalteten eine Weihnacht nach deutschem Brauch, beschenkten die Kinder mit Spielsachen, die im *Spielzeugwerk* der Hitler-Jugend selbst gebastelt worden waren.

> *»Immer wieder berichteten die Führerinnen, daß es trotz vieler Sorgen und Mühen und trotz Kälte ihr schönstes Weihnachtsfest gewesen sei, weil sie selbst so viel Freude geben durften.«* (»Das junge Deutschland«, März 1944)

Eine wesentliche und bedeutende Aufgabe, die der Bund Deutscher Mädel aufgriff und die unter persönlich schwierigsten Bedingungen ausgeführt wurde, war die zunächst provisorische Einrichtung von *Schulen* und *Kindergärten*. Für die Erhaltung und Stärkung deutschen Volkstums war die Schule von jeher ein entscheidender Faktor. Mädel- und Jungmädel-Führerinnen unterrichteten die Kinder nach bestem Vermögen. Aus diesem Einsatz entwickelte sich der Beruf der BDM-*Schulhelferin* und auch der *Kindergartenhelferin*. Interessierte Führerinnen, die sich in der Praxis bewährt hatten, erhielten eine pädagogische Kurzausbildung und wurden danach wieder im Osten als Schulhelferin eingesetzt. Volksdeutsche Jugendliche wurden zur Hilfe herangezogen und entsprechend angeleitet. –
Die Auslese wurde nicht nach schulischer Vorbildung, sondern nach ihrer erzieheri-

schen Eignung, Weltanschauung und körperlichen Leistungsfähigkeit vorgenommen. *»Der größte Teil von ihnen waren Volksschülerinnen, ca. 25% besaßen die mittlere Reife und ca. 2% waren Abiturientinnen.«* (ebenda) Diese Ausbildung wurde ab 1942 durch Abkommen zwischen Reichsjugendführung und dem Kultusministerium geregelt. In vierteljährlichen Kursen wurden die Führerinnen auf diese ihre Aufgabe vorbereitet. –

Ab Mai 1942 erfolgte die *Ausbildung* zur *Schulhelferin* in Sonderlehrgängen an der ehemaligen Hochschule für Lehrerbildung in Elbing; eine weitere Ausbildungsstätte wurde im gleichen Jahr in Posen gegründet. Mit einem 14tägigen Führerinnen-Lehrgang des BDM schloß diese Ausbildung ab. Für die BDM-Schulhelferinnen bestand außerdem die Möglichkeit, nach ein oder zwei Jahren praktischer Tätigkeit einen neunmonatigen Lehrgang zu absolvieren, der mit der ersten Prüfung für das Lehramt an Volksschulen abschloß. – Fast alle von ihnen hatten anfangs der 30er Jahre den Wunsch gehabt Lehrerin zu werden, was ihnen aber wegen fehlender finanzieller Mittel versagt geblieben war. –

Allein im Wartheland konnten bis 1942 mit ihrer Hilfe fast 200 Schulen eröffnet werden, wodurch 8000 Kinder regelmäßig Schulunterricht erhielten. –

Vom Osteinsatz in die Heimat zurückgekehrt, berichteten die Führerinnen von ihren Erlebnissen und Aufgaben. Die Gebiete im Altreich übernahmen *Patenschaften* von Dörfern in den Ostgebieten. Es wurden Radio-Apparate, Bücher, Sportgeräte, Lehrmittel für die Schulen, fehlendes Gerät für die Bauern etc. beschafft. Immer wieder meldeten sich neue Führerinnen für den Osteinsatz. –

Auch aus allen Landesbauernschaften des Altreichs erfolgte ein großangelegter Einsatz von *Jugendwartinnen,* die zugleich BDM-Führerinnen waren. Sie wohnten in den Familien der umgesiedelten Bauern und standen diesen mit Rat und Tat, insbesondere bei der Landarbeit, bei. –

Sie alle mußten viel Idealismus mitbringen, denn die Arbeit in den neu besiedelten Gebieten erforderte ein großes Maß an körperlichen und seelischen Kräften. In den Dörfern gab es oft weit und breit noch keinen Arzt, keine Gemeindeschwester, keine Hebamme, keinen Pfarrer. So wurden Krankenpflege, Geburtshilfe, Totenbestattung meistenteils von den BDM-Führerinnen übernommen. Sie standen oft vor ganz neuen Situationen, die sie meistern mußten und wuchsen an diesen Aufgaben über sich selbst hinaus.

Dr. Hildegard Friese hat darüber berichtet und geurteilt (»Unsere Siedler im Kreis Welun«, Heimatliebe-Verlag, Wört/Ellwangen):

> *»Der BDM-Osteinsatz ist eine der glücklichsten Formen der vielseitigen Hilfeleistung aus dem Reich – ganz zu schweigen von dem Gewinn, den jedes Mädel für sich selbst in's Leben mitnimmt und im Reich austeilt –, denn er wendet sich an den Siedler und zwar an die ganze Familie, er schickt städtische Jugend zu Jungen und Alten, er verdrängt schließlich später jede »Betreuung« durch sein gegenseitiges Geben und Nehmen auf allen Gebieten des Lebens, er macht sich – wie schon angedeutet – soweit möglich selber überflüssig, wie ein guter Arzt es tut!«*

63. Der Kriegsbetreuungsdienst

63.1 Entstehung

Kurz nach Ausbruch des 2. Weltkrieges 1939 wurde vom Reichsjugendführer *von Schirach* als eine der ersten Maßnahmen der *Kriegsbetreuungsdienst* in's Leben gerufen, den er auch – nachdem er nicht mehr Reichsjugendführer war – als Reichsleiter für die Jugenderziehung für die Dauer des Krieges leitete und dessen Bearbeitung er vorwiegend dem *Bund Deutscher Mädel* übertragen hatte. –
Erfaßt wurden alle hauptamtlichen zur Wehrmacht eingerückten HJ-Führer sowie die in Friedenszeit tätig gewesenen ehrenamtlichen Führer von Stämmen und die Stellenleiter der Banne.
Alle übrigen HJ-Führer wurden vom Kriegsbetreuungsdienst der Gebiete erfaßt und betreut. –

63.2 Organisation

Um eine so große Zahl von mehreren tausend HJ-Führern und deren Angehörige zu betreuen, war eine arbeitsteilige Organisation Voraussetzung.
So wurden in einer Kartei alle vorbenannten HJ-Führer erfaßt und auf den Karteikarten deren Feldpostnummer, Heimatanschrift und die jeweiligen Veränderungen (UK-gestellt, in eine andere Einheit versetzt, verwundet, vermißt, gefallen) eingetragen; die Versanddaten der an sie aufgegebenen Päckchen sowie etwa zurückgekommene wurden ebenfalls darin vermerkt.
Eine Gruppe von Mitarbeitern u. Mitarbeiterinnen im Kriegsbetreuungsdienst war ausschließlich für den Einkauf der Päckchen-Inhalte tätig.

63.3 Aufgaben

63.31 Frontbetreuung

Im Laufe des Krieges wuchs die Zahl der an der Front stehenden HJ-Führer ständig, die regelmäßig mit Briefen und Päckchen-Sendungen versorgt wurden.
Im Dezember 1939 wurden vom *Kriegsbetreuungsdienst* der Reichsjugendführung 2497, im April 1942 bereits 18387, und, rechnet man die von den Gebieten Betreuten hinzu etwa 100000 HJ-Führer versorgt.
(Kaufmann »Das kommende Deutschland«, 1943)
Die Päckchen enthielten: Numerierte Briefe des Reichsjugendführers bzw. Reichsleiters v. Schirach sowie *»Soldatenbriefe«* der Gebiete mit Berichten aus der Heimat und über den Kriegs-Einsatz der Hitler-Jugend u.a.m.; außerdem Bekanntgabe von gefallenen und vermißten Kameraden, wesentliche Zeitschriften, Literatur, darunter eine kleine *Faust*-Ausgabe; eine Broschüre, die Kunstwerke gefallener Kameraden enthielt; ein kleiner Taschen-Atlas mit historischen Einzeichnungen; ein Faksimile-Druck der »Kriegskunst« von Friedrich dem Großen.

63.32 Verwundeten-Betreuung

Ein wesentliches Tätigkeitsfeld war die Verwundeten-Betreuung. Zusätzlich zum allgemeinen Kriegseinsatz des BDM (Siehe Kapitel 65 »Kriegseinsatz des BDM«) machten die Führerinnen Besuche bei verwundeten Soldaten in Lazaretten. Gespräche mit ihnen halfen Probleme der Kameraden, die an der Front standen, zu erkennen, wodurch entsprechende Hilfestellung gegeben werden konnte. –
In den ersten Kriegsjahren fanden HJ-Führer zur Nach-Erholung nach Lazarett-Aufenthalten auch Aufnahme bei deutschen Familien in *Italien*.

63.33 Gefangenen-Betreuung

In Zusammenarbeit mit dem *Deutschen Roten Kreuz* wurden in Feindeshand gefallene HJ-Führer betreut.

63.34 Familien-Betreuung

Eine weitere Aufgabe erwuchs dem Kriegsbetreuungsdienst mit der Betreuung von Familien.
An weitgehend ungefährdeten Orten im ganzen Reichsgebiet wurden Heime des Kriegsbetreuungsdienstes geschaffen, in denen vorrangig Frauen mit Kindern von gefallenen Kameraden sowie ausgebombte oder gefährdete Familien untergebracht wurden; in diesen Heimen unterrichteten Lehrerinnen die schulpflichtigen Kinder. –
Die in den Heimatorten verbliebenen Familien der HJ-Führer wurden in sie bedrängenden Fragen beraten und vertreten. Sie wurden aber auch in geselligem Rahmen zu Theater, Film- und Konzert-Besuchen eingeladen. Zu Höhepunkten der Familien-Betreuung zählten die Weihnachtsfeiern mit Kinderbescherung. Spielzeug hierfür wurde in den Heimabenden des BDM und der HJ gebastelt. –
So konnten die an der Front stehenden HJ-Führer das beruhigende Gefühl haben, daß ihre Frauen und Familien in der Heimat nicht allein gelassen wurden, sondern von der Hitler-Jugend, insbesondere vom Bund Deutscher Mädel, betreut wurden. –

63.35 Betreuung der Hinterbliebenen und das Patenschaftswerk

Die Gefallenen-Quote der HJ-Führer war überdurchschnittlich hoch (siehe Kapitel 66 »Kriegseinsatz der HJ«), und es galt, sich ihrer Hinterbliebenen anzunehmen. Meistens übernahmen BDM-Führerinnen die Besuche bei Angehörigen von gefallenen Kameraden, die größtes Einfühlungsvermögen für diese schwere Aufgabe verlangten. Wesentlich war aber auch die Bearbeitung der lebenswichtigen Fragen (z. B. Wohnungswechsel, Rentenangelegenheiten u.a.m.). Hierfür standen dem Kriegsbetreuungsdienst HJ-Führer, die zugleich Juristen waren, zur Verfügung, die z. B. Versorgungsansprüche gegenüber staatlichen oder Wehrmachts-Dienststellen oder Versicherungen, darüber hinaus Vormundschafts-Angelegenheiten, Patenschaften und Waisen-Betreuung regelten.
Ein *Patenschaftswerk* der Hitler-Jugend übernahm die Versorgung der Kinder von gefallenen HJ-Führern. –
Diese Betreuung von Angehörigen gefallener Kameraden gab den Angehörigen das Gefühl, daß sie in der Gemeinschaft der Hitler-Jugend Geborgenheit fanden. –

Aus der Vielzahl der Briefe die an der Front stehende HJ-Führer an Baldur v. Schirach richteten, sei einer nachstehend zitiert. Der Beauftragte für Schulfragen aus dem Gebiet Hessen-Nassau schrieb:

»Dein Brief vom 28. 9. 1939 hat bei mir – und das gewiß bei allen Kameraden – große Freude ausgelöst. Bei mir vielleicht umso mehr, da ich nur ehrenamtlich an Deinem Werk mitarbeite; daß trotzdem meine Familie (5, in Kürze 6 Kinder) von Deinem Kriegsbetreuungsdienst erfaßt werden soll, sehe ich als Anerkennung dafür, daß ich neben meiner hauptamtlichen Tätigkeit als Dozent für Leibeserziehung an der Hochschule für Lehrerbildung in Darmstadt ehrenamtlich die Abteilung »Leibeserziehung« in Wiesbaden während fast 3 Jahren geleitet habe.

Meine Frau schreibt mir, daß sie Deinen Kriegsbetreuungsdienst in den nun 10 Wochen meines Fortseins als erstes spürbares Zeichen einer Gemeinschaft empfunden hat.

Bei aller Tapferkeit meiner Frau und bei geordneten wirtschaftlichen Verhältnissen hat sie doch bisher die deutlichen Zeichen der wahrhaften Zusammengehörigkeit, die über den Familienkreis hinausgehen, vermißt.

Drum freut es mich, daß sie nun das erlebt, wovon ich ihr in schweren Stunden so oft erzählt habe: die echte Kameradschaft in der Hitler-Jugend und ganz besonders im Führerkorps der Hitler-Jugend.« –

(Kaufmann »Das kommende Deutschland« 1943)

Der *Kriegsbetreuungsdienst* war ein Beweis der großen Kameradschaft der deutschen Jugendbewegung. –

64. Die Kinderlandverschickung

64.1 Entstehung

Als im Kriegsjahr 1940 Frankreich besiegt, Großbritannien aber nicht zum Einlenken bereit war, wurde klar, daß der Krieg in ein härteres Stadium übergehen würde. Eine Gefährdung der Großstädte durch feindliche Fliegerangriffe war voraussehbar.
Am 27. September 1940 ernannte deshalb der Führer und Reichskanzler des Deutschen Reichs den Reichsleiter für Jugenderziehung und ehemaligen Reichsjugendführer Baldur *von Schirach* zum *Beauftragten* für die *»Erweiterte Kinderlandverschickung«* (KLV) und bevollmächtigte ihn, mit allen Dienststellen von Partei und Staat die »Kinderlandverschickung« einzuleiten. –
Während der zivile Luftschutz von einer Reichsorganisation seit 1934 von der Spitze bis zum Luftschutzwart für jedes Haus gut durchorganisiert, das Deutsche *Rote Kreuz* und die NS-*Volkswohlfahrt* für alle Notsituationen und soziale Hilfe jederzeit einsatzbereit waren, war auf dem Sektor einer umfassenden Evakuierung von Jugendlichen, Müttern und Kleinkindern aus von Luftangriffen bedrohten Gebieten nichts geplant oder gar vorbereitet worden (abgesehen von der Evakuierung im Vorfeld des Westwalls 1939).
Demzufolge mußte zunächst einmal improvisiert werden. (Die entsprechenden Maßnahmen Großbritanniens, die aus den Erfahrungen des 1. Weltkrieges stammten und bereits am 3. 9. 1939 wirksam geworden waren, waren in Deutschland nicht bekannt oder wurden nicht beachtet.) Zwar gab es schon im Kaiserreich, in der Weimarer Republik und im Dritten Reich – im letzteren von der NS-Volkswohlfahrt getragen – eine Kinderlandverschickung, welche Kinder aus den Städten zur Erholung zu Bauern auf das Land brachte. Im Rahmen von »Mutter und Kind« (NSV) wurden bereits Mütter mit Kleinkindern verschickt. Auch lagen Erfahrungen mit Landschulheimen vor, in die ganze Schulklassen für die Dauer einer Woche geschickt wurden, um Kontakt mit Land und Natur zu bekommen.
Bei Beginn der großen Aktion der »Kinderlandverschickung« aber waren nur eine straff organisierte und einsatzbereite *Jugendbewegung* – die Hitler-Jugend und der Bund Deutscher Mädel – sowie eine verläßliche *Lehrerschaft* – organisiert im NSLB – vorhanden. Weiterhin standen die staatlichen Behörden für Unterkunft, Transport und Verpflegung zur Verfügung.
Zunächst erließ das Reichsministerium des *Innern* Bestimmungen über die Beschlagnahme von Gebäuden, Gaststätten, Hotels u.a.m. sowie über die Heranziehung von Personal aufgrund der Notdienstverordnung. Die *Reichsbahn* gab Anweisungen, alle Transporte der KLV vorrangig zu behandeln. Das Reichsministerium für *Ernährung und Landwirtschaft* sogte für die Zuweisung erhöhter Lebensmittelrationen.
Der Reichsschatzmeister der NSDAP hatte die finanzielle Betreuung übernommen, denn die Verschickung erfolgte völlig kostenlos.
Aufgabe der in Berlin errichteten »*Reichsdienststelle des Beauftragten des Führers für die Erweiterte Kinderlandverschickung*«, die mit erfahrenen HJ-Führern, BDM-Führerinnen und Fachkräften besetzt wurde, war es, die Aufgabengebiete der verschiedenen Dienststellen zu koordinieren: NS-*Volkswohlfahrt, Hitler-Jugend* (BDM), NS-*Lehrerbund* sowie die zuständigen staatlichen Behörden, um in kürzester Zeit Tausende von Müttern mit ihren Kleinkindern und Kinder von 6–10 Jah-

ren in die Familien-Obhut durch die NSV und Millionen von 10–14jährigen Jungen und Mädeln, später auch ältere, in Lagern der *Kinderlandverschickung* (Volks-, Mittel- u. Oberschulen) unterzubringen. –

64.2 Verschickung, Transport, Unterbringung und Verpflegung

Die Verschickung der 10–14jährigen Jugendlichen erfolgte gemeinsam durch die Hitler-Jugend und den NS-Lehrerbund; ab 1941 durch die Dienststellen der *Reichsjugendführung* und des *Kultusministeriums.*
Die Teilnahme der Jugendlichen an der Kinderlandverschickung war *freiwillig:* Die Eltern oder der Jugendliche selbst konnten entscheiden, ob er an der Kinderlandverschickung mit seiner Schulklasse teilnehmen wollte oder nicht. Die Dauer der Verschickung betrug mindestens 6 Monate. –
Die Unterbringung erfolgte in Jugendherbergen, in Jugendheimen der Gemeinden, in Kur- u. Erholungsheimen und anderen für diesen Zweck hergerichteten Häusern in nicht fliegergefährdeten Gebieten. Die Besitzer der Häuser wurden nach dem Reichsleistungsgesetz entschädigt und hatten demzufolge keinerlei Schaden, zumal es zur Kriegszeit weder Fremden- noch Urlauber-Verkehr gab. –
Trotz der Kriegs-Situation hat die Dienststelle »Kinderlandverschickung« in guter Zusammenarbeit mit der Deutschen Reichsbahn, mit Bus und Lkw's den Transport dieser Millionen zu Verschickenden gemeistert. –
Bis Mitte November 1940 – 1½ Monate nach Gründung der Dienststelle »Kinderlandverschickung« – wurden allein aus Berlin und Hamburg rund hunderttausend Jungen und Mädel im Alter von 10–14 Jahren *verschickt* und fast ebensoviel Kinder unter 10 Jahren in aufnahmebereite Pflege-Familien *vermittelt.* Darüber hinaus wurde denjenigen, die in nicht luftgefährdeten Gebieten bei Verwandten oder Bekannten »leben« konnten ein kostenfreier Transport dorthin ermöglicht. –
Während der stärksten Verschickungs-Zeiten verließen täglich im Durchschnitt 2 Sonderzüge die hauptsächlich beteiligten Städte. Die hier von der Reichsbahn übernommene Verpflichtung spricht für sich selbst.
Seit dem Frühjahr 1942 benutzte die *Kinderlandverschickung* auch Fahrgast-*Schiffe.* Allein auf der Donau wurden bis zum Jahr 1943 = 35817 Jugendliche in 78 Transporten befördert. –
Auch auf dem Rhein, der Weser, der Elbe und Oder wurden sonst still liegende Fahrgast-Schiffe reaktiviert.
Die Verpflegung der Jugendlichen in der Kinderlandverschickung ging über das übliche Maß hinaus und war zum Teil schon als friedensmäßige Ernährung zu bezeichnen. –
(Siehe ergänzend Anhang, Abb. 70)

64.3 Aufbau der KLV und die personelle Besetzung

Um die Betreuung dieser Millionen Jugendlicher zu garantieren, bedurfte es vor allen Dingen zuverlässiger Führungskräfte. Dem Leiter der Dienststelle *»Kinderlandverschickung«* in der Reichsjugendführung war eine *Mädel-Beauftragte* für die Betreuung der *weiblichen* Jugend beigegeben.
Der *Leitung* unterstanden die *Haupt-Abteilungen:*
Führung und Ausrichtung; Eltern-Betreuung.
Unterbringung und Transport.

KLV-Schul-Erziehung.
KLV-Gesundheitsdienst.
Verwaltung, Personalkosten, Buchhaltung.
Geschäftsführung.
Reichs-Inspektion.

Die Lager sollten – nach Möglichkeit – den Jugendlichen die Familie, die gewohnte Umgebung und die Schule weitgehend ersetzen. Die Verantwortung für das gesamte Lager und den Schulbetrieb lag in den Händen des Lagerleiters, der Lagerleiterin, die Lehrkräfte waren. Zuständig für die Selbstführung der Jugend war der *Lagermannschaftsführer* (HJ) und die *Lagermädelführerin* (BDM); für die Gesundheitsführung innerhalb des Lagers waren Gesundheitsdienst-Verantwortliche eingesetzt (Feldschere der HJ bzw. Gesundheitsdienstmädel des BDM oder DRK-Helfer/Helferinnen). Für die wirtschaftliche Betreuung waren zuständig: ein Wirtschaftsleiter bzw. Wirtschaftsleiterin (Fachpersonal aus der Gastronomie, aus verwandten Berufen, geeignete Mütter o.ä.). Weiterhin waren – besonders in größeren Lagern – Lager-Lehrer bzw. -Lehrerinnen, Lager-Jungzugführer, Lager-Jungmädelführerinnen tätig sowie Kräfte zur mütterlichen Betreuung. In Zusammenarbeit mit dem DRK wurden außerdem ein Lager-Arzt bzw. eine Lager-Ärztin bestimmt. – Woher aber waren in einem »totalen Krieg«, in dem jeder Deutsche aktiv eingesetzt war, diese Kräfte zu gewinnen? Dazu sagt der *Leiter* der Dienststelle »Kinderlandverschickung« i.d. Reichsjugendführung Gerhard *Dabel* in seiner Ausarbeitung über die »Kinderlandverschickung«:

»Ende 1940 standen 20 Millionen wehrfähiger Männer zwischen 18 und 40 Jahren freiwillig oder als Wehrpflichtige in drei Wehrmachtsteilen, bei der Waffen-SS, im Arbeitsdienst oder bei der Polizei.

Die übrigen männlichen Erwachsenen hatten Tätigkeiten zu verrichten, die innerhalb der Kriegsführung besonderen und wichtigen Rang hatten. Bei dieser Feststellung bleiben die korrupten, nepotistischen und persönlichen Ausnahmen mit einer Höchst-Quote von unter 1 % außer acht.

Die Verantwortlichen der Kinderlandverschickung konnten also nur zurückgreifen auf Mädel und Frauen, auf ältere Männer und auf noch nicht wehrfähige Jungen.

In Würdigung dieser Sachlage erhielt die Dienststelle »Kinderlandverschickung« direkt von der obersten Staatsführung die Möglichkeit, wenigstens einige Jugendführer und Lehrer, die bereits an der Front gewesen waren, für einen kurzfristigen Einsatz für die Kinderlandverschickung zu bekommen. Die Zahl dieser »Freistellungen« von Soldaten hat in den fast 5 Jahren der Kinderlandverschickung nie mehr als 200 betragen, wobei die größte Zahl dieser »Abgestellten« als Verwundete ihren Genesungs-Urlaub und die Wiederherstellungs-Zeit in diese Arbeit miteinbrachten. Dabei muß man berücksichtigen, daß im Zeitpunkt der größten Ausdehnung der Kinderlandverschickung zu gleicher Zeit 1943 rund eine Million Jugendlicher zwischen 10 und 16 Jahren in KLV-Lagern betreut wurden. Die Höchst-Zahl aller KLV-Lager betrug zum gleichen Zeitpunkt über 5000; die Belegung der einzelnen KLV-Lager schwankte zwischen 10 und 1200 Jugendlichen.«

Im einzelnen wurden die vier entscheidenden Posten für jedes Lager wie folgt besetzt:

Lagerleiter waren die den Jugendlichen in den Heimatgebieten zugeteilten Klassenlehrer oder Schulleiter, bzw. Lehrerinnen und Schulleiterinnen.

Lagermannschaftsführer kamen fast ausschließlich aus den Reihen der jüngsten Führerschaft des Deutschen Jungvolks i.d. HJ; sie waren meist nicht älter als 16 Jahre.

Lagermädelschaftsführerinnen konnten durch die gut ausgebildeten Führungskräfte des BDM – meist waren es Jungmädel-Führerinnen – in reichlicher Auswahl gestellt werden.

Die *gesundheitliche Betreuung* am Lagerort übernahm meist ein örtlich praktizierender Arzt/Ärztin oder ärztliche Fachkräfte eines in der Nähe gelegenen Lazarett's, einer Klinik bzw. eines Krankenhauses.
Im *Lager* selbst übernahmen entsprechend ausgebildete Lehrer/Lehrerinnen oder Jugendliche aus dem Gesundheitsdienst von DRK, HJ, BDM die Aufgabe der vorärztlichen Betreuung wahr; Ehefrauen von Lager-Lehrern haben hier wesentlich mitgewirkt.

»Zur Entlastung der Krankenhäuser sind eigene Not-Krankenhäuser und erweiterte Reviere eingerichtet, in denen 1941 für insgesamt 5000 Betten 500 Pflege-Personen vorgesehen waren. Zur gesundheitlichen Betreuung in den KLV-Lagern standen an Hilfskräften insgesamt zur Verfügung:
726 Lagerärzte, davon waren 39 hauptamtlich,
125 Feldschere,
390 Gesundheitsdienstmädel,
278 Schwestern,
94 Medizin-Studenten und
175 Kräfte als sonstiges Pflege-Personal. Nicht zu vergessen sind hierbei: tschechische, slowakische, ungarische und polnische Ärzte.
Die gesundheitlichen Ergebnisse der Kinderlandverschickung, die sich in Gewichtszunahme und Längenwachstum niederschlugen, überstiegen nach allgemeiner Auffassung jede Erwartung.« (»Das junge Deutschland« 1943.)

Die *Wirtschaftsleitung* (Verpflegung, unterkunftsmäßige Versorgung) war entweder bei in Anspruch genommenen Hotels, Pensionen, Jugendherbergen u.ä. durch deren Kräfte gesichert;
oder in *neu* geschaffenen Lagern (vor allem Groß-Objekten) durch besonders geschulte Fachkräfte oder freiwillige örtliche Hilfen gewährleistet. –

64.4 Podiebrad, größtes Lager und Sitz der Schulungsstätten

Das nach dem 1. Weltkrieg ausgebaute Staatsbad Podiebrad in *Böhmen* stand der *Kinderlandverschickung* zur Verfügung und bot – als einer der größten KLV-Lagerorte (*Lager* in viele einzelne Hotels und Pensionen unterteilt) – nicht nur gute Möglichkeiten zur Unterbringung von fast 10000 Jugendlichen, sondern auch zur Einrichtung einer KLV-*Reichsschule* für Lagermannschaftsführer und zwei entsprechende auch für *Lager-Mädelführerinnen* sowie eine KLV-*Schule für Wirtschaftsleiterinnen,* die hier mit Fragen »gesunder Ernährung« vertraut gemacht wurden. Bis zum Kriegsende 1945 wurden in der Schule für Wirtschaftsleiterinnen über 1000 junge und ältere Frauen für diese Aufgabe ausgebildet. – Außerdem bestand ein Spezial-Lager für Betreuung und Behandlung von Jugendlichen mit besonderen Schwächen (vor allem Bettnässer). – In *Prag* entstand bereits 1941 eine KLV-*Werkschule,* die von Führern und Führerinnen, aber ungefähr auch in gleicher Anzahl von Lehrern und Lehrerinnen, besucht wurde.

64.5 Aufnahmeräume

Die Aufnahmeräume lassen sich im großen wie folgt dokumentieren:
a) Die von Industrie kaum berührten Gebiete Ostpreußen, Danzig-Westpreußen, Pommern, Niederschlesien mit Riesengebirge, das sächsiche Elbsandstein-Erzgebirge, das landwirtschaftliche Gebiet der Mark Brandenburg, Mecklenburg, Schleswig-Holstein, der Harz, Thüringer Wald, die hessischen und rheinischen

Urlaubsgebiete, Schwarzwald sowie alle bayerischen und österreichischen Ferien- und Kur-Distrikte.

b) Entsprechende Gebiete im Generalgouvernement, Polen, Böhmen und Mähren und Elsaß-Lothringen.

c) Spätere Aufnahmeräume in Dänemark, Slowakei, Ungarn, Südtirol, Bulgarien, Niederlande, Luxemburg, Belgien, Baltikum. –

64.6 Betreuung der Jugendlichen und Zusammenarbeit von Lehrern und Jugendführern – ein pädagogisches Modell

Beim Anlaufen der *Kinderlandverschickung* befand sich das Dritte Reich nach dem Sieg in Frankreich in einer mehrere Monate dauernden Ruhepause, sofern diese Bezeichnung innerhalb eines Kriegs-Zeitraums überhaupt zutreffend ist.
Die Bevölkerung, die am 1. 9. 1939 mehr sorgenvoll als euphorisch in den Krieg gegangen war, zeigte nach den kaum erhofften Erfolgen des ersten Kriegsjahres eine historisch belegbare Einsatzfreudigkeit und Hilfsbereitschaft füreinander. Dieses muß objektiv festgestellt werden, um die Tatsache zu verstehen, daß ein Improvisorium, wie es die Kinderlandverschickung war, überhaupt so zur Wirkung kommen konnte.
Binnen weniger Monate entstanden in den Aufnahme-Gebieten Tausende von Lagern, die immer neue Sonderzüge mit Jugendlichen aus den vom Bombentod bedrohten Großstädten und Industrieräumen brachten.
In Dörfern, Kurorten und Kleinstädten gehörten die Jungen und Mädel der KLV-Lager bald zu der dortigen Bevölkerung. –
Die Kinderlandverschickung war in ihrer Art und in ihrem Ausmaß auch eine nicht vorausgesehene, d. h. nicht geplante Gelegenheit zur Erprobung einer Heim-Erziehung auf breitester Basis, die bis dahin nur elitären Schichten in Internaten vorbehalten war und die eine Zusammenarbeit von *Schule* und *Jugendbewegung* erstmalig realisieren konnte. Ein gutes Elternhaus ist unter normalen Lebensbedingungen durch nichts zu ersetzen. Damals aber herrschte Krieg. Die *Väter* standen als Soldaten an der Front, die *Mütter* waren meistenteils im Beruf an der Heimatfront tätig.
Abgesehen von Fliegerangriffen, die Leib und Leben der Kinder bedrohten, waren sie hier bis auf den Schulunterricht und den Jungvolk- bzw. Jungmädel-Dienst (sofern diese noch durchgeführt werden konnten) weitgehend sich selbst überlassen.
Durch die Kinderlandverschickung war ihnen aber die unter den obwaltenden Umständen bestmögliche Geborgenheit gegeben. Ihre Lehrer von »daheim« und ihre Jugendführer lebten mit ihnen in einer Gemeinschaft. Diese gab ihnen Schutz und Sicherheit und das Gefühl der Geborgenheit bei guter Ernährung. –
Gerade die Großstadt-Kinder erlebten durch die Verbundenheit mit der Natur den Schulunterricht anschaulicher und lebendiger als zu Hause. Die Selbstführung, die die Jugendlichen in ihrer Freizeit gemeinsam mit ihren Jugendführern/Jugendführerinnen sowie mit engagierten Lehrern und Lehrerinnen übernahmen, machte sie frühzeitig verantwortungsbewußt.
Viele sportliche Spiele dienten der Gesundheit und Selbstzucht, die Werk-Arbeit übte Auge und Hand, und durch Basteln von Spielzeug für Kleinkinder oder von praktischen Haushaltgegenständen wurde zugleich anderen geholfen (siehe Kap. 26.95 Spielzeugwerk der HJ). Singen, Musizieren, Lesen und Laienspiele schufen Fröhlichkeit und pflegten das Brauchtum.
Die weltanschauliche Schulung vermittelte den Jungen und Mädeln in lebendiger Form den Sinn des Lebens und des Einsatzes für ihr Volk.
Bereits in den Winter-Monaten 1940/41 standen für die Freizeit-Beschäftigung der

KLV erst 200000, im Jahr 1944 bereit 10 Millionen Bücher in zahlreichen Wander-Büchereien zur Verfügung, die entsprechende Menge an Gesellschafts-Spielen, Liederbüchern, Karten-Material, Bildbänden und Bildbändern mit Projektoren und ebenso Werkzeug-Sätzen für Papier-, Holz- und Linolschnitte u.a.m. Zusätzlich wurden in kürzester Zeit 20000 Musikinstrumente für die KLV-Lager zusammengebracht – ganz abgesehen von der großen Anzahl an Geräten für *neu* einzurichtende Lager.
So waren die Jugendlichen voll beschäftigt in jugendgemäßer Form, die jegliches Abrutschen in eine etwaige kriminielle oder anormale Sphäre verhinderte, sondern Entwicklung und Reifung förderte. Die Zentrale der Kinderlandverschickung unterstützte die Führungskräfte bei diesen Tätigkeiten durch erarbeitete »Richtblätter« für die Dienstgestaltung in den Lagern der KLV, betitelt: *»Unser Lager«,* die auf den in der *Reichsjugendführung* vorhandenen großen Erfahrungen des jugendlichen Lagerlebens fußten und ständig aus der neuen KLV-Praxis ergänzt werden konnten.
Zusätzlich wurde für die Lager eine illustrierte Monatszeitschrift *»Unsere Heimat«* herausgegeben.
In den Richtblättern und der Zeitschrift wurde die *Mädel-Arbeit* besonders berücksichtigt. Für die KLV-Schriftleitung war ab 1943 im wesentlichen eine BDM-Führerin mit zwei Mitarbeiterinnen verantwortlich.
Aus den vorbezeichneten Dokumenten ist die saubere Haltung, anständige Gesinnung und die Einsatzbereitschaft der damaligen Jugend sowie der *Sinn* der gesamten *Kinderlandverschickung* zu erkennen. –
Besonders wurde Wert darauf gelegt, daß zwischen den *Eltern* und ihren *Kindern* ein enger Kontakt erhalten blieb, sei es durch ständigen Briefwechsel, durch die *»Eltern-Briefe«* der KLV an die Eltern in den Heimat-Gebieten. So wie es nicht nur vollkommene Eltern gibt, so kam es in einzelnen Fälle auch zu Übergriffen durch die Erzieher. Nach kurzer Erfahrungszeit, erließ die Dienststelle der Kinderlandverschickung bereits eine – für alle verbindliche – *Lager-Ordnung,* die es Erziehern verbot:
a) schwere Arbeiten,
b) körperliche Züchtigung,
c) Herabwürdigung in den Augen anderer Jugendlicher oder Verletzung des Ehrgefühls,
d) Straf-Exerzieren und
e) Nahrungsentziehung
in ihre Erziehungs- und Betreuungsarbeit aufzunehmen.
Man muß diese Grundsatz-Anweisungen im Rahmen dessen betrachten, was in außergewöhnlicher Zeit und andererorts praktiziert wurde. In der Mehrzahl war die Erzieherschaft über 40 Jahre alt, denn die jüngeren Jahrgänge waren inzwischen »eingezogen« worden. Viele bereits vor der Pensionierung stehende Lehrer und Lehrerinnen stellten sich *freiwillig* in den Dienst der Kinderlandverschickung. –
Als Dank für den vorbildlichen Einsatz der *Lehrer- und Lehrereinnenschaft* lud der Beauftragte für die *erweiterte Kinderlandverschickung* Baldur von Schirach über 100 Lehrer und Lehrerinnen, die sich in zweijähriger Arbeit besonders bewährt hatten, 1943 nach Sonthofen ein, um sich aus erster Hand über deren Erfahrungen und Anregungen zu informieren. –
Die sehr jungen Lagermannschaftsführer, die sich zwar als Jungvolkführer bereits bewährt hatten, sowie die Lagermädelführerinnen, die zum Teil älter waren, wurden in den KLV-Reichsschulen auf ihre verantwortungsvolle Tätigkeit vorbereitet. Sie hatten nicht nur im Lager bei den Jungen und Mädeln für Ordnung und Disziplin zu sorgen, die sehr viel ältere Lehrerschaft zu respektieren, sondern übernahmen auch weitgehend die Freizeitgestaltung oder setzten dafür entsprechende Fachkräfte ein.

Nur eine gut ausgebildete Führungspersönlichkeit mit Idealismus konnte über einen längeren Zeitraum im tagtäglichen Einsatz den Jungen und Mädeln Vorbild sein.
Gegen fast alle Erwartungen entwickelte sich in der Kinderlandverschickung eine gute *Zusammenarbeit* zwischen den älteren Lehrern/Lehrerinnen und den Jungen und Mädeln der HJ, bzw. des BDM, die als Lagermannschaftsführer/Lagermädelführerinnen dem Lagerleiter (Lehrer) unterstanden.
Durch eine klare Gliederung der Aufgaben und Kompetenzen wurde die Grundlage für eine Zusammenarbeit gelegt, die sich – wie die Selbstführung der Jugend – hervorragend bewährte. –
Der Versuch einiger Parteiführer, den Einfluß der *Kirche* in den Kinderlandverschickungslagern ganz auszuschalten – unter dem sonst richtigen Gesichtspunkt, daß der gemeinsame Jugend-Dienst nicht durch das Trennende der verschiedenen Konfessionen beeinträchtigt werden sollte – konnte durch die Verantwortlichen mit Hilfe des Beauftragten für die erweiterte Kinderlandverschickung, Baldur von Schirach, abgewehrt werden. –
Jeder Jugendliche erhielt in den KLV-Lagern seinem Bekenntnis gemäß und im Rahmen des KLV-Internats Zeit für den Kirchenbesuch und den Kontakt mit Geistlichen.
Auch der Versuch von kleinen Gruppen der Wehrmacht und Waffen-SS, die Jugendlichen in den KLV-Lagern frühzeitig paramilitärisch auszubilden, konnte aufgefangen und unterbunden werden. Eine Rede des damaligen Generaloberst *Guderian* (1941) zum Thema »Jugend und Soldaten« kam der KLV-Führung zu Hilfe, da G. sinngemäß ausführte, daß ihm Jungen lieber seien, die Karl May lesen und ihr Jungenleben im Zelt bei Lagerfeuer und auf Fahrt verbringen als paramilitärisch Ausgebildete mit voller Kenntnis von MG und Haftladung, denen dann die Normal-Ausbildung als Soldat keinerlei Erlebnis mehr vermitteln könnte . . .!« –
Die Jungen und Mädel, die während der KLV-Zeit das Schulziel erreichten, traten zumeist ins Berufsleben ein oder blieben auf weiterführenden Schulen. Die Mädel wurden in der Industrie, im Kriegshilfe-Einsatz, in pflegerischen und anderen Berufen tätig. Wenige konnten noch ein Studium beginnen, ehe auch sie im Zeichen des »totalen Krieges« für die fehlenden Fachkräfte »dienstverpflichtet« wurden, während die älteren Schüler als Luftwaffenhelfer und die Lagermannschaftsführer zum RAD eingezogen wurden.

64.7 Die Rückführung

Mit der Schlacht von *Stalingrad* begann auch für die Kinderlandverschickung die Rückführung.
Bereits Anfang 1944 mußten die am weitesten ostwärts gelegenen KLV-Lager in Bulgarien und Rumänien (Siebenbürgen) zurückgeführt d. h. geräumt werden.
Die *Zentrale* der Kinderlandverschickung, die nur noch aus wenigen Mitarbeitern bestand, die durch Front-Einsatz oft wechselten, aber allesamt von dem eisernen Willen erfüllt waren, ihr Äußerstes an Kräften für die ihnen anvertrauten Jugendlichen herzugeben, war in den letzten Kriegsmonaten in dem bombenerschütterten Berlin in ihrer Arbeit so behindert, daß rechtzeitig eine KLV-*Ersatz-Zentrale* in Podiebrad (Böhmen) errichtet wurde. –
Rückführungen durften – bei Androhung kriegsgerichtlicher Strafen – nur auf ausdrücklichen Befehl des Führers erfolgen. Dieser aber war seit Jahreswechsel 1944/45 für den Beauftragten der Kinderlandverschickung, Baldur von Schirach, nicht mehr erreichbar. Schirach selbst war durch seine Aufgaben als Reichsverteidi-

gungskommissar für Wien und Nieder-Österreich so überlastet, daß er – trotz seiner obersten Verantwortlichkeit – gar nicht mehr in der Lage war, sich um die *Kinderlandverschickung* aktiv zu kümmern. –

Wenige Tage vor der Eroberung Wien's war der letzte verantwortliche *Leiter der Reichsdienststelle* KLV, der diese Aufgabe – nach schwerster Verletzung seines Vorgängers – am 8. 1. 1945 übernommen hatte, mit einem Motorrad von Berlin nach Wien gefahren, um sich Vollmachten für die dringend notwendigen Entscheidungen und Befehle zur rechtzeitigen Rückführung *aller* in nicht deutsch sprechenden Aufnahme-Räumen befindlichen Lager geben zu lassen. Er, Gerhard *Dabel*, berichtet über diese Zusammenkunft:

»Baldur von Schirach hatte vier Jahre lang seine ›schützende Hand‹ über die Kinderlandverschickung gehalten – vor allem in den schwierigen Situationen, z. B. ›Kirchenbesuch‹, ›Religions-Unterricht‹ und ›militärische Ausbildung‹ – und seine Mitarbeiter verantwortungsvoll mit freiem Spielraum handeln lassen. In dieser Stunde teilte er mir mit, daß er keinen »Draht« mehr zur Parteikanzlei habe und auch rein technisch nicht in der Lage sei, mir den erwünschten »Freibrief« für die Rückführung von KLV-Lagern zu geben. Er persönlich würde jede Maßnahme zur rechtzeitigen Rückführung gutheißen, er könne jedoch nicht garantieren, daß seine »Deckung« die Ausführenden vor eventueller Belangung als Defaitisten schütze. Die Erlangung einer schriftlichen Weisung war nicht möglich. Deutlich hatte er zum Ausdruck gebracht, daß ich jetzt ohne Rückendeckung – nach bestem Wissen und Gewissen – zu entscheiden hätte.

In einer Nacht- und Morgen-Fahrt auf unserer 350 ccm Victoria erreichten Lt. Kühn und ich Berlin und konnten allen überhaupt noch erreichbaren KLV-Verantwortlichen in den östlichen Aufnahmeräumen die Weisung geben, planmäßig und entsprechend der Front-Lage alle KLV-Lager in das sogenannte Altreichs-Gebiet zurückzuführen . . .

Schlag auf Schlag folgten dann die Räumungen in Ungarn, in der Slowakei und im Baltikum.« –

Dazu die Aussage des ehem. Beauftragten für die KLV in der Slowakei, Hauptbannführer Rudolf Henkel:

»Bei der Rückführung der KLV-Lager war in der Slowakei ein Lager vom Feind eingeschlossen, das Baldur von Schirach persönlich mit einem Militärkommando befreit hat.«

Die Westalliierten drückten schließlich vom Westen her die Gebiete zusammen, in denen die Jugendlichen bis dahin in der Kinderlandverschickung Schutz vor Kriegsbedrohung gefunden hatten.

Im Herbst 1944 galt es nur noch, die Lager geordnet und ohne Verluste *zurückzuführen* und die Jugendlichen ihren Familien wieder zurückzugeben, soweit diese selbst noch bestanden.

Diese *Rückführung* wurde, nachdem auch die innerdeutschen Kommunikationsverbindungen empfindlich ausfielen, durch Schaffung von zwei *Sonder-Inspektionen der Kinderlandverschickung (Ost und West)* ermöglicht.

Da es sich bei den in dieser Zeit tätigen KLV-Verantwortlichen ausnahmslos um Soldaten handelte, die – zum Teil schwer verwundet – Dienst in der Kinderlandverschickung versahen, gab es keine Zweifel, daß man nun auf eigene Verantwortung alles tun müsse, um die *Rückführung* der anvertrauten Jugendlichen ohne Gefahr für deren Leib und Leben durchzuführen. Dieses gelang! Anfang 1945 befanden sich fast noch eine halbe Million Jugendliche in KLV-Lagern, die zumeist aus Gebieten stammten, die bereits in Feindeshand waren oder in das Frontgeschehen einbezogen waren.

Solche Lager bestanden bis zur Kapitulation – teils bis Mitte 1945 – vor allem im süd- und *mitteldeutschen* Raum und in *Österreich*. Eine besondere Lage ergab sich

in *Böhmen,* wo sich im April 1945 noch über 30000 Jugendliche in KLV-Lagern befanden. Auch diese Jugendlichen sind noch vor den russischen Armeen bis zum 13. 5. 1945 nach Bayern rückgeführt worden.
Hierbei fand die bisher einzige dokumentierte *Tötung* von KLV-*Jugendlichen* statt: Mitte März 1945 flog die US-Luftwaffe einen Angriff auf den Bahnknotenpunkt *Schwandorf* in Bayern. Hier hatten sich – neben normalen Personen- und Güterzügen – mehrere Lazarettzüge der Wehrmacht und ein Sonderzug der KLV (letzterer mit dem Zeichen des *Roten Kreuzes* auf den Dächern!) gestaut, weil die Abfahrtsgleise zerbombt waren. In dem KLV-*Sonderzug* befanden sich mehrere Hundert *Jugendliche* aus KLV-Lagern im Raum *Prag* sowie die jugendlichen Patienten des KLV-Krankenhauses Prag. Die Bomben der US-Luftwaffe haben außer Hunderten von Soldaten in den Wehrmachts-Lazarettzügen mindestens 23 *Jugendlichen der Kinderlandverschickung* das Leben gekostet.
Es ist dieses der einzige bekannte Fall, in dem Jugendliche, die zum Schutz vor Luftangriffen in der Kinderlandverschickung waren, vom Bombenterror erreicht wurden.
Im Durcheinander der Fronten zwischen Elbe, Spree, Havel und Moldau-Gebiet haben sich zahlreiche KLV-Lager unter Leitung ihrer Lagerleiter und Mannschaftsführer zwischen April und Mai 1945 in jene Gebiete in Sicherheit gebracht, die durch Geheim-Mitteilungen als Gebiete betrachtet wurden, in die die Russen *nicht* einmarschieren würden.
Im Raum *Thüringen* und der südlichen Provinz *Sachsen* erwies sich dieses wenige Monate später als Irrtum.
Erst mit Beginn der letzten russischen Groß-Offensive über die Oder sind nach den Unterlagen zwei KLV-Lager im Raum *Ost-Brandenburg* »überrollt« worden. Es sind jedoch bis heute keine Fälle bekannt, in denen die Russen KLV-Lager, die in ihre Hände fielen, gefangen nahmen oder ihrerseits »verschickten«.
Am 13. 5. 1945 hatten alle KLV-Lager die alten Reichsgrenzen erreicht, sie wurden in den folgenden Monaten im Bereich der damaligen Besatzungs-Zonen zum Teil im Fuß-Marsch, zum Teil per LKW und Bahn in ihre Heimatgebiete *zurückgeführt.*
Trotz der nicht gerade guten Zusammenarbeit zwischen NS-*Staat* und den *Kirchen* (die katholische Kirche war der *Schutz*-Aktion KLV noch 1942 mit z.T. unqualifizierten Argumenten entgegengetreten) gebührt letzteren hohe Anerkennung dafür, daß sie in den letzten Tagen des Krieges großen Anteil daran nahmen, die *Jugendlichen* aus den evakuierten Aufnahme-Gebieten zu unterstützen und zu betreuen. Dieses gilt ganz besonders für die Kirchengemeinden in *Österreich und Bayern.*

Fazit:

Die *erweiterte Kinderlandverschickung* ist in ihrer Art als einmalige Leistung zu bezeichnen.
Weit über vier Millionen *Jugendliche, Mütter* mit *Kleinkindern und* 6 bis 10*jährige* sind in den Lagern der KLV oder in Familien-Pflegestellen erfaßt worden.
Sie wurden während des Krieges nicht nur in landschaftlich schönen und bombenfreien Gebieten »untergebracht« und gut ernährt, sie hatten ihren geregelten Schul-Unterricht, sie wurden auch durch die junge, sich selbst führende Gemeinschaft vor manchen seelischen Schäden bewahrt und durch den praktischen Einsatz, den sie während ihres *Jugenddienstes* leisteten, – in schwerster Zeit – lebensfroh und lebenstüchtig gemacht.
Besonderer Dank gebührt hierbei den *Lehrern und Lehrerinnen* sowie den vielen anderen Menschen – vor allen Dingen in den *Aufnahme-Gebieten –,* die sich *freiwillig*

und hilfsbereit zur Verfügung gestellt haben. Besondere Anerkennung sollten auch die Führerinnen des *Bundes Deutscher Mädel* und die sehr jungen *Jungvolk*-Führer – die älteren Führer kämpften an der Front – erhalten, die unter Einsatz ihrer ganzen Kräfte oft unmöglich Erscheinendes möglich machten.

Wenn bereits am Ende des 1. Kriegsjahres berichtet werden konnte, daß 3500 *Jungen-* und *Mädel-Lager* in 12 Monaten *eingerichtet* und *bezogen* wurden, für die *Verpflegung, Bettwäsche, Büchereien, Spiele, Musikinstrumente* bereitgestellt werden konnten, d. h. mußten, so ist damit der Beweis erbracht, daß es sich bei dieser Aktion um das größte *Sozialwerk* für die *Jugend* in unserer Geschichte handelt.

Bei allen Schwächen und Fehlern, die eine während des Krieges improvisierte Aufgabe gehabt haben mag, die *Kinderlandverschickung* hat in fast fünf Jahren die ihr gestellten Aufgaben gemeistert.

Sie hat – statistisch hochgerechnet – einer Million junger Menschen das Leben gerettet! – Dazu ein Zitat aus Großbritannien:

> *»Die erweiterte Kinderlandverschickung ist der größte soziologische Versuch aller Zeiten.«*

Anm. d. Hrsg.: Die vorstehenden Abschnitte wurden teils sinngemäß, teils wörtlich aus Unterlagen der Dokumentations-Arbeitsgemeinschaft »Kinderlandverschickung« entnommen. –

Hingewiesen sei außerdem auf das inzwischen erschienene Buch »Die erweiterte Kinder-Land-Verschickung 1940–1945« von Gerhard Dabel, Verlag Schillinger, Freiburg. –

65. Der Kriegseinsatz des Bundes Deutscher Mädel

65.1 Jeder Jugenddienst ein Hilfsdienst für die Gemeinschaft.

Die stufenweise Erziehungsarbeit des Bundes Deutscher Mädel in den Friedensjahren zur Einordnung des eigenen Ichs in die Gemeinschaft, zur Leistungsbereitschaft und zur Entfaltung aller Fähigkeiten der jungen Persönlichkeit fand im Krieg ihre Auswirkung in einem unvergleichlichen Einsatz der *weiblichen* Jugend für Volk und Vaterland. –
Als die Väter und Brüder zu den Waffen gerufen wurden, meldete sich in Deutschland eine geschlossene junge Mädelgeneration, bereit, jeden erforderlichen Dienst zu verrichten, der in diesen ernsten Jahren nutzen und helfen konnte.
In den Dienststellen des Bundes Deutscher Mädel standen die Telefone nicht still; Stunde um Stunde meldeten sich Hunderte von Mädeln, um sofort zur Verfügung zu stehen.
Schon bei Kriegsbeginn zeigten die Meldungen aus dem Reichsgebiet, wie reibungslos und vielfältig sich der Einsatz des Bundes Deutscher Mädel vollzog.
In diesen Wochen waren Tausende von Müttern auf sich gestellt. Während der Mann, der erwachsene Sohn an der Front kämpften, standen sie am Arbeitsplatz in der Fabrik, im Postdienst oder in Behörden, um die waffenfähigen Männer zu ersetzen. Deshalb konnten Haushalt und Kinder erst abends versorgt werden.
Überall, wo erforderlich, sprang hier nun der Bund Deutscher Mädel in die Bresche; still und selbstverständlich übernahmen die Mädel diese Arbeiten.
Diese Einsätze waren so vielseitig und spontan und je nach örtlichen Gegebenheiten sehr verschieden, daß es unmöglich ist, diese annähernd erschöpfend darzustellen oder gar zahlenmäßig zu erfassen. –
Während der Berufs-Einsatz der Mädel – gleich an welcher Stelle – ob in der Rüstungsindustrie oder als Wehrmachtshelferin von den zuständigen Dienststellen vorgenommen wurde, war es die Aufgabe des Bundes Deutscher Mädel, die Erziehung, Betreuung und Einsatz dieser Mädel während der Freizeit zu übernehmen.
Der Kriegseinsatz des Bundes Deutscher Mädel wurde in den wenigen freien Stunden neben Beruf, Schule und auch neben Sport- und Heimabend durchgeführt. –
Für Jungbäuerinnen und Jungarbeiterinnen stiegen während der Kriegszeit die Anforderungen des Berufslebens erheblich. Die *Mädelführung* betrachtete es deshalb als wesentliche Aufgabe, die Sport- und Heimabende nach Möglichkeit aufrechtzuerhalten, um gerade diesen Mädeln bei ihrer oft schweren körperlichen Arbeit durch Sport und Gymnastik, Singen und Musizieren Ausgleich und Erholung zu bieten, durch Werken und Feierstunden Entspannung und durch weltanschauliche Schulung Durchhaltekraft zu geben. –
Gleichzeitig versuchte die Mädelführung, auf Dienststellen und Betriebe, in denen Mädel arbeiteten, einzuwirken, damit die soziale Betreuung und der Schutz der Mädel besonders beachtet wurden.
Jungbäuerinnen und Jungarbeiterinnen wurden zur Erholung in Sommer- bzw. Winter-Lager verschickt, während die Schülerinnen den größten, oft den ganzen Teil ihrer Ferien für den Kriegseinsatz opferten.

65.2 Wesentliche Einsatz-Arten

Aus der Initiative der Mädel selbst entwickelten sich – außer den Sonderdiensten auf Zeit wie: Erntehilfe, Arbeitsplatzablösung, Luftschutzdienst und Nachrichtenwesen u.a.m. – vier ständige Arbeitsgebiete des Kriegseinsatzes:

Haushaltdienst
Geschäfts- und Behördenhilfe
Gesundheitsdienst
Soldaten-Betreuung

Die Mädel kamen erst nach vorheriger Unterweisung in einen solchen Einsatz. Innerhalb der vorbezeichneten Arbeitsgebiete wurden wiederum verschiedene Aufgaben von *Jungmädeln,* von *Mädeln* des Mädelbundes und des BDM-Werkes übernommen. (Siehe auch Anhang, Abb. 71)

65.21 Haushaltdienst

Der Haushaltdienst wurde in allen Einheiten eingerichtet. Jungmädel und Mädel, die Schülerinnen waren, wurden meistens nachmittags in Familien, die besonderer Hilfe bedurften, eingesetzt. Sie versorgten die Haushalte, betreuten die Kinder und erledigten Einkäufe für die im Beruf stehenden Mütter; die Jungmädel betreuten vorwiegend die Kleinkinder; sie fuhren die Babies spazieren und veranstalteten für Kinder im vorschulpflichtigen Alter »Kinder-Nachmittage«. Die Reichsjugendführung hatte für Jungmädelführerinnen und deren Jungmädel zur Gestaltung solcher »Kindernachmittage« einen Leitfaden herausgegeben, der Lieder, Spiele, Lesestücke u.a.m. sowie Anweisungen für den Umgang mit Kindern enthielt. –
In den *neu* errichteten Kindertagesstätten und Kinderheimen der NSV, in denen berufstätige Mütter ihre Kinder abgeben konnten, arbeiteten vorwiegend Jungmädelführerinnen, die sich so hervorragend bewährten, daß ihnen zum Teil die selbständige Leitung von Heimen übertragen wurde. Sie brachten Erfahrungen aus ihrer Jungmädel-Arbeit mit und wurden in Schulungen des Bundes Deutscher Mädel zusätzlich praktisch auf diese Aufgabe vorbereitet. –
Auf dem Land arbeiteten die Mädel vor allem in den BDM-Gärten, ernteten und kochten ein (u.a. auch für Lazarette) oder leisteten Hilfe für die überlasteten Bäuerinnen. –
In den im Krieg errichteten Kochstuben des BDM versorgten ältere Mädel die Bevölkerung nach Fliegerangriffen und bei Flüchtlings-Transporten mit Kalt- und Warm-Verpflegung.
Ein anderes Arbeitsfeld boten die Nähstuben des BDM. Hier wurden die Mädel angeleitet, meistens für sich selbst aber auch für überlastete Mütter, alte Kleider geschmackvoll zu ändern (Aus 2 mach' 1!), neue zu nähen und für Soldaten in Lazaretten oder für die Nachbarschaft Wäsche zu flicken, zu stopfen oder zu stricken. Bis zum Jahr 1944 (danach wegen Papiermangels eingestellt) wurde vom BDM-Werk ein Modeblatt für die Nähstuben des BDM herausgegeben unter dem Motto »Aus alt mach' neu!«
Die älteren im Beruf stehenden Mädel arbeiteten in Abendstunden in der »Heimhilfe«. Sie fertigten Haushaltgeräte (Kochlöffel, Kleiderbügel u.a.m.) nebst kleineren Einrichtungsgegenständen aus Holz an. –

65.22 Hilfeleistungen

In Geschäften

In den Geschäften halfen die Mädel beim Verkauf, um den Ladenbesitzer zu entlasten; die Jungmädel klebten eingenommene Lebensmittel-Marken auf (für die im Krieg bewirtschafteten Lebensmittel und Textilien wurden jedem Volksgenossen »Marken« zugeteilt). –

In Behörden

In den ersten Kriegstagen staunte die Bevölkerung, als ihr die »Post« (Briefe und Päckchen) von BDM-Mädeln, Pakete von Hitler-Jungen zugestellt wurden, während ältere Mädel den Schalterdienst (u.a. Briefmarken-Verkauf) übernahmen. Auch in den Zuteilungs-Stellen für Lebensmittel und Textilien sowie in den Ausgabe-Stellen für Bezugsscheine waren die Mädel unermüdlich im Einsatz.
Man hatte sich bald an den Anblick gewöhnt, allüberall BDM-Mädel und Hitler-Jungen im Einsatz zu sehen. –

65.23 Gesundheitsdienst

Unentbehrlich waren die Mädel im Gesundheitsdienst. Die Gesundheitsdienst-Mädel (= DRK-Helferinnen), die in Friedenszeiten für die Gesundheitssicherung bei Fahrten, in Lagern, bei Sportveranstaltungen etc. eingesetzt worden waren, haben sich im Krieg besonders bewährt.
Sie halfen im Bahnhofsdienst, bei Flüchtlingstransporten, nach Fliegerangriffen, auf Sanitäts-Stationen, in Krankenhäusern und Lazaretten und errichteten eigene Stationen für Säuglinge, wo diese befristet abgegeben werden konnten und gewartet und betreut wurden. Sie kochten auf den Stationen Säuglingsnahrung, nähten und sammelten Wäsche und Kleidung für Klein-Kinder.
Die Jungmädel sammelten Heil- und Teekräuter für medizinische Zwecke (Apotheken, Krankenhäuser, Lazarette). –
Allein im Haushalt- und Gesundheitsdienst halfen 1940 in Haushalten 318783 Mädel, in Flüchtlings- und Rückwanderungslagern 134801 Mädel, in Kindergärten 67208 Mädel, im Deutschen Roten Kreuz 64106 Mädel, in der NSV 55358 Mädel, in Lazaretten 60263 und im Bahnhofsdienst 107185 Mädel. –
(»Das junge Deutschland« 1943)
Über eine Million Mädel befanden sich ständig im Kriegseinsatz (Hilfsdienste des BDM), den sie neben Beruf oder Schule zusätzlich zum Heim- und Sport-Abend leisteten. –

65.24 Soldaten-Betreuung

Als ihre vornehmste Aufgabe sah die *weibliche* Jugend die Betreuung der Soldaten an.
Sie schickte Briefe, Feldpostpäckchen, Zeitungen u.a.m. und berichtete den Soldaten von den Vorgängen in der Heimat und nahm teil an ihren Front-Erlebnissen. So entstand eine enge Verbundenheit zwischen Front und Heimat.
Um die Verwundeten ihre Sorgen vergessen zu lassen, sangen die Mädel mit ihnen und für sie, führten Laienspiele auf, versorgten die Soldaten mit selbstgebackenem Gebäck, schrieben Briefe für sie und erledigten Besorgungen jeglicher Art für die Verwundeten.

Auch in Wehrmachts-Lagern an der Front und in Flüchtlingsheimen musizierten die Spielscharen, um Freude und Ablenkung zu bereiten.
Im Rahmen der Fronturlauber-Betreuung luden die Mädel des BDM-Werkes die Soldaten zu geselligem Spiel und Tanz ein. – Diese Stunden blieben den Soldaten – was unendlich viele Dankes-Briefe bezeugten – noch lange eine schöne Erinnerung an die Heimat.
Doch auch die Toten wurden nicht vergessen; vom jüngsten Jungmädel bis zum ältesten Mädel sahen es alle als Ehrenpflicht an, die Gräber der Gefallenen, soweit diese für sie erreichbar waren, und auch die Ehrenfriedhöfe der Soldaten des 1. Weltkrieges zu betreuen und mit Blumen zu schmücken. –

65.3 Zusätzliche Dienste

65.31 Arbeitsplatz-Ablösung

Zusätzlich zur Haushalt-, Geschäft- und Behörden-Hilfe, zum Gesundheitsdienst und zur Soldaten-Betreuung darf die Arbeitsplatz-*Ablösung,* die vorwiegend von Schülerinnen im Bund Deutscher Mädel geleistet wurde, nicht vergessen werden. *Freiwillig* meldeten sich viele Mädel zur Arbeitsplatzablösung für werktätige Frauen oder berufstätige Mütter, um diesen einen verlängerten Urlaub zu ermöglichen, sei es durch Einsatz in der Fabrik, als Briefträgerin, Straßenbahnschaffnerin, Schalterbeamtin (Post, Bahn, städt. Dienst).
So hatten sich z. B. sämtliche BDM-Haushaltungsschulen für den Einsatz zur Bedienung von Maschinen in Konserven-Fabriken geschlossen zur Verfügung gestellt. Im Gebiet Berlin hat der Hilfs-Einsatz des Bundes Deutscher Mädel das Personal der Berliner Verkehrsgesellschaft (BVG) von November 1941 bis August 1943 mit 6601 Arbeits-Stunden entlastet, wodurch ca. 30 Arbeitskräfte eingespart wurden. –

65.32 Erntehilfe

Ging schon in Friedens-Zeiten die Arbeitsbelastung der Bäuerin bis an die Grenze des Tragbaren, steigerte sich diese im Krieg durch Einziehung der Männer und Söhne an die Front erheblich.
Hier leisteten die Mädel des BDM und ihre Kameraden der HJ in ihren Ferien beim Ernte-Einsatz (Ernte, Weinlese, Hopfenernte) sowie in Haus und Hof unschätzbare Hilfe und sicherten damit zugleich die Volksernährung. –

65.33 Sammelaktionen

Von Fall zu Fall wurden in den Gebieten und Obergauen Sammelaktionen durchgeführt z. B. Altmaterial zur Wiederverwendung in der Produktion. (Siehe Kapitel 66 »Kriegseinsatz der HJ«)

65.34 Einsatz bei Fliegerangriffen

Ziviler Luftschutz

Während der Luftangriffe leisteten die Mädel *erste Hilfe,* beruhigten Mütter und Kleinkinder und bekämpften, oft unter Einsatz ihres Lebens, entstandene Brände.

Einige Mädel, die sich hier besonders ausgezeichnet hatten, erhielten das *Kriegsverdienstkreuz mit Schwertern.*
Die Beherrschung der Luftschutz-Maßnahmen, die Erziehung zu Mut, Disziplin und Einsatzbereitschaft haben während des Bomben-Krieges nicht nur vielen Menschen das Leben gerettet, sondern auch zum Standhalten der Heimatfront wesentlich beigetragen.
(Siehe Kapitel 24 und Anhang, Abb. 72)

Flugmeldedienst

Auch im Flugmeldedienst waren Mädel des BDM tätig, deren Aufgabe es war, von den Luftschutz-Befehlsstellen aus entsprechende Nachrichten telefonisch weiterzugeben. 1940 waren bereits 3500 BDM-Angehörige ehrenamtlich als Flugmeldehelferinnen im Reichsflugmeldedienst der Luftwaffe tätig.

Dienst in den Gau-Befehlsstellen

Ab 1943/44 kamen in einigen Gau-Befehlsstellen z.B. in Wien und Hannover Mädel des BDM zum Einsatz.
Aufgabe dieser Mädel war es, Meldungen von Feind-Einflügen von Luftwaffen-Dienststellen in Empfang zu nehmen, auf der Großraum-Karte die Einflüge und Bombenabwürfe einzutragen, die Hilfs-Stellen in den einzelnen Stadt-Gebieten anzurufen, um sofort Feuerwehr, Sanitätswagen und andere Hilfsmaßnahmen für die betreffenden Unfall-Stellen zum Einsatz zu bringen. –

Neben all' diesen vorerwähnten Leistungen beanspruchte der »Osteinsatz« und die »Kinderlandverschickung«, (in besonderen Kapiteln vorstehend behandelt) nicht nur einen großen Aufwand an verantwortungsbewußten Führerinnen, sondern auch an Leistungsintensität.

65.4 Einsatz während des totalen Krieges

65.41 Der BDM-Dienst und seine Belastungen

Während ein großer Teil des Kriegseinsatzes vom Bund Deutscher Mädel bisher neben Schule, Beruf und BDM-Dienst durchgeführt wurde, wurde im letzten Kriegsjahr der Heimabend immer mehr genutzt, um entsprechende Vorbereitungen zu treffen, z.B. für das Winterhilfswerk zu werken und Musik und Laienspiele einzuüben für die Lazarett- und Soldaten-Betreuung u.a.m.
Der Einsatz der Mädel des BDM-Werkes »Glaube und Schönheit« deckte sich oft mit deren Arbeitsgemeinschaften z.B. Gartenhilfe, Nähen, Kochen usw.
Demzufolge verschmolzen im Lauf der Zeit die Erziehungs-Aufgabe des Bundes Deutscher Mädel und sein Kriegseinsatz immer mehr miteinander, wobei aber der Sportbetrieb nach Möglichkeit aufrechterhalten bleiben sollte. (Vergl. Reichsbefehl 36/44 K im Anhang, Abb. 73)
Erwähnt sei außerdem, daß in den letzten Kriegsjahren der Bund Deutscher Mädel erhebliche Schwierigkeiten zu überwinden hatte. So standen, durch feindliche Fliegerangriffe bedingt, nicht mehr genügend Heimräume und Sportplätze zur Verfügung; auch die Anzahl der Führerinnen, die für Betreuung, Erziehung und Einsatz der Mädel verantwortlich waren, ging stark zurück, weil die meisten von ihnen durch hohe Anforderungen in Beruf, (Kriegsindustrie, Landwirtschaft o.ä.) oder Familie (Vater an der Front, Mutter im Arbeitsprozeß) so überfordert waren, daß

sie deshalb gezwungen waren, ihr Amt als Führerin niederzulegen. Viele von ihnen übernahmen die Stabs-Arbeit für Jungvolk und HJ ihrer zur Front eingerückten Kameraden und ein großer Teil schied durch Heirat (Kriegstrauung) früher als sonst aus der Arbeit aus. –
Nur durch die ständige Schulung der nachwachsenden jungen Führerinnen und mit jugendlichem Elan konnten die vielseitigen Aufgaben dennoch gemeistert werden. –
Wenn für Ernte-Einsätze und Sammel-Aktionen in den letzten Kriegsjahren teilweise die »Jugenddienstpflicht« angewandt wurde, damit der Staat die Befreiung vom Schuldienst durchsetzen und die Kosten von Transport, Unterbringung und Verpflegung übernehmen konnte, so muß der Kriegseinsatz des Bundes Deutscher Mädel – im ganzen gesehen – doch als ein *freiwilliger* Einsatz bezeichnet werden.
Die von der gesamten Jugend während der Kriegsjahre in der Heimat erbrachten großen Leistungen sind – im Gegensatz zu den heutigen Behauptungen – nicht durch »Zwang« zu erklären. –

65.42 Die Einsatzscharen des BDM

Als im letzten Kriegsjahr durch feindliche Fliegerangriffe die Heimat immer mehr in das Frontgeschehen einbezogen wurde, bildete der Bund Deutscher Mädel in den Großstädten »Einsatzscharen«, in denen die Mädel, die sich im Gesundheits- und Nachrichtendienst (Fernsprechen, Fernschreiben, Funken) und Haushaltdienst besonders bewährt hatten, erfaßt wurden. (Ca. 100 Mädel pro Bann).
Diese »Einsatzscharen« wurden nur in Not-Situationen z.B. bei Fliegerangriffen eingesetzt und ihre Mädel für befristete Zeit vom Schuldienst oder vom Beruf »freigestellt«. –

65.43 Der Schanz-Einsatz (B.D.M.)

Im Herbst 1944 wurden aufgrund der »Jugenddienstpflicht« alle Jungen vom vollendeten 16. Lebensjahr ab zum Stellungsbau, dem sog. »Schanz-Einsatz« eingezogen. Auf je 100 Jungen war eine BDM-Führerin zu deren Versorgung eingesetzt. Ihre Aufgabe war es, für die Jungen zu kochen, zu waschen, zu nähen und den Sanitätsdienst zu übernehmen. Einige Führerinnen waren im Telefondienst oder Schreibdienst oder als Funkerinnen tätig.
Zu diesem Einsatz hatten sich sämtliche BDM-Führerinnen *freiwillig* gemeldet.
Nur im Gau Pommern wurden vom Gauleiter als Reichsverteidigungskommissar Mädel vom 16. Lebensjahr ab – *gegen* den Willen der Reichsjugendführung – »eingezogen«. Diese 16jährigen übernahmen den Versorgungsdienst, während die Mädel vom 17. Lebensjahr ab zum Ausheben von Gräben – allerdings nur dort, wo der Boden aus See-Sand bestand – eingesetzt wurden.
Der Reichsjugendführung ist kein Fall bekannt geworden, daß bei diesem Einsatz ein Unfall oder eine ernste Erkrankung aufgetreten ist. –

65.44 Spezial-Ausbildungen

In Hochfrequenztechnik

Erst nach Ausrufung des »totalen Krieges« ergab sich 1944 eine engere Zusammenarbeit zwischen dem Bund Deutscher Mädel und der Luftwaffe und Marine.

Im letzten Kriegsjahr wurden in Physik besonders begabte Oberprimanerinnen, die sich *freiwillig* gemeldet hatten, in einem Lager des Bundes Deutscher Mädel zusammengefaßt, wo sie neben dem allgemeinen Unterricht (Vorbereitung auf das Abitur) einen speziellen Unterricht in Hochfrequenztechnik vom Fachpersonal der Wehrmacht erhielten.
Geplant war, diese Mädel später der Wehrmacht zu überstellen und bei der Marine oder der Luftwaffe einzusetzen. (Siehe Kapitel 24)

In Fremdsprachen

Sprachbegabte Mädel wurden in Arbeitsgemeinschaften erfaßt, die Sprach-Kenntnisse vermittelten, die über solche der normalen Sprachkurse hinausgingen und mit dem »HJ-Sprachmittlerschein« abgeschlossen wurden.
Diese Mädel konnten später als Nachrichtenhelferinnen der Marine überstellt werden. – (Siehe Anhang, Abb. 74)

65.45 Vorauslese für Flakwaffenhelferinnen

Erst Herbst 1944 ergab sich zwischen der NS-Frauenschaft und dem Bund Deutscher Mädel ein engerer Kontakt durch einen gemeinsamen Aufruf der Reichsfrauenführerin und der BDM-Reichsreferentin zur Freiwilligen-Meldung von Frauen und Mädel als Wehrmachtshelferinnen. Zur Vorauslese für die Ausbildung zur Flakwaffenhelferin wurden erstmalig gemeinsame Lager durchgeführt, die entweder von einer Frauenschaftsleiterin oder einer BDM-Führerin geleitet wurden. Gegen Kriegsende wurden diese Mädel als Flakwaffenhelferinnen der Luftwaffe nicht direkt am Geschütz, sondern an elektronischen Meßgeräten eingesetzt. Hiervon kamen allerdings nur wenige Einheiten unter Leitung bewährter BDM-Führerinnen, die zur Marine oder Luftwaffe im Offiziersrang überstellt wurden, zum Einsatz.
Eine Flakwaffenhelferinnen-Einheit der Luftwaffe, die sich aufgrund der Freiwilligen-Meldung aus ehemaligen BDM-Führerinnen zusammensetzte, wurde zur Waffen-SS nach Prag abkommandiert, auch hier nur zur Bedienung elektronischer Meßgeräte. Diese Einheit erhielt – als Unikum – die Genehmigung zum Tragen der HJ-Raute auf dem linken Unterarm der Flakwaffen-Uniform. –

65.5 BDM-Kriegseinsatz – kein Einsatz mit der Waffe

Die von Reichsleiter *Bormann* – März 1945 – an die Reichsjugendführung herangetragene Forderung zur Bildung von »Frauen-Bataillonen« wurde von der BDM-Reichsreferentin dem Reichsjugendführer *Axmann* gegenüber abgelehnt mit der Begründung, daß es dem *weiblichen* Wesen – allein schon aus biologischer Sicht – widersprechen würde, einen militärischen, offensiven Einsatz mit der Waffe zu führen.
Eine Verteidigung bzw. Feindabwehr – wenngleich nicht ungefährlich – könne im Einsatz z. B. an Meßgeräten bei der Luftwaffe verantwortet werden. Die Mädel seien auch bereit, für ihre Kameraden bis in die vorderste Front Sanitätsdienst, Verpflegung und Versorgung jeglicher Art zu übernehmen.
Abgesehen davon, vertrat die BDM-Reichsreferentin die Ansicht, wenn die deutsche Wehrmacht der Übermacht des Feindes erliegen sollte, daß dieses durch einen kriegerischen Einsatz der *weiblichen* Jugend mit der Waffe nicht verhindert werden

könne. Daraufhin wies Axmann sie auf *ihre* Verantwortung hin, die sie aufgrund dieser *eigenen* Entscheidung zu übernehmen habe. –
Als am Kriegsende aus dem Osten Nachrichten über die grausame Behandlung von Frauen durch den Feind durchgesickert waren, wurde den BDM-Führerinnen anheimgestellt, sich im Pistolenschießen ausbilden zu lassen, allerdings nur zum Zweck der *Selbstverteidigung* in äußerster Bedrängnis.
Wenn in den letzten schrecklichen Kämpfen um Berlin oder an anderen Orten das eine oder andere Mädel aus Verzweiflung eine »Panzerfaust« ergriffen hat, war das ihre eigene persönliche Entscheidung, aber niemals ein von der BDM-Führung geplanter Einsatz. –

65.6 Zusammenfassung

Diese Jugend hat es verstanden, Eigeninitiative zu entwickeln und zu improvisieren. Besonders die *weibliche* Jugend, von der ein Teil noch eine Generation zuvor im Elternhaus »behütet« war, ersetzte am Arbeitsplatz manchen Mann, der an der Front stand.
Die *Jungmädel* übernahmen mit Ernst und Freude die Betreuung von Kleinkindern berufstätiger Mütter und viele *Mädel* setzten im Feuersturm der feindlichen Fliegerangriffe ihr Leben auf's Spiel – nicht mit der Waffe in der Hand, sondern mit Wasserstrahl und Feuerpatschen, um das Leben anderer zu retten.
Die *Führerinnen* des Bundes Deutscher Mädel haben das Letzte aus sich herausgeholt, um ihren Mädeln Vorbild zu sein. Mit Hacke und Spaten, an Maschinen oder in anderen Einsätzen, allüberall, wo sie gebraucht wurden, setzten Mädel sich ein im Glauben, das Beste für ihr Volk zu tun.
Angetreten war der *Bund Deutscher Mädel* im Kampf für den Nationalen Sozialismus, der jedem – gleich welcher sozialen Herkunft – den Weg zum Aufstieg »frei« machen und ihm Eigentum und Ehre geben sollte, wenn er zur Leistung für sein Volk bereit war.
Die Mädel formten ihren Bund in eigener Verantwortung innerhalb der Kameradschaft der gesamten Hitler-Jugend.
Das Jahrbuch 1943 des BDM »Wir schaffen« bekundet diese Haltung des BDM im Kriege mit den Worten:

> *»Wir haben gelernt, nicht an uns zu denken, sondern Verantwortung zu tragen für die gesamte Jugend. Darum soll unser Glaube den Kameraden draußen die Kraft geben durchzuhalten.*
> *Wir müssen für sie die Treue sein der Heimat zur Front.«*

66. Der Kriegseinsatz der Hitler-Jugend (HJ)

66.1 Erziehung der Hitler-Jugend zur Wehrbereitschaft – nicht für den Krieg –

»*Soldatisch* und *musisch*« sollte der junge Deutsche sein, seinem Volk verpflichtet, das war das Erziehungsziel der Hitler-Jugend.
Nicht militärisch sollte der Junge erzogen werden, sondern zur körperlichen und geistigen Leistungs- und Wehrbereitschaft mit allen Tugenden eines Soldaten, verbunden mit musischer Bildung. – Mutig, tapfer und ritterlich. –
Nach Versuchen der Reichswehr und späteren Wehrmacht – insbesondere durch den Verbindungsoffizier zur Reichsjugendführung, Oberst Rommel – auf die Erziehung der Hitler-Jugend maßgeblich Einfluß zu nehmen, erklärte der Reichsjugendführer von Schirach: »Ich erziehe die deutsche Jugend für den Frieden, nicht für den Krieg!« (Diwald: »Geschichte der Deutschen«, Berlin 1977, S. 160)
Seinen Mitarbeitern gegenüber äußerte v. Schirach einmal, »daß er die Ausbildung der Jungen nicht in die Hände der Reichswehr legen wolle, um die Freiheit und Fröhlichkeit einer Jugendbewegung nicht opfern zu müssen.«
Als ein für die Wehrertüchtigung zuständiger Amts-Chef die »vormilitärische« Ausbildung an der Waffe und deren Finanzierung aus dem Etat der Wehrmacht betrieb, trennte sich der Reichsjugendführer von Schirach von ihm. –
Wenn der Hitler-Jugend auch *Langemarck* als einmaliges Vorbild hingestellt wurde, einer Jugend, die sich für ihr Vaterland opferte, die das Deutschlandlied singend, in den Tod ging, so ist doch der Krieg nie verherrlicht worden. Dafür spricht folgendes Gedicht eines HJ-Führers, Eberhard Wolfgang *Möller*, das 1934 bei der Ur-Aufführung der *Langemarck*-Kantate vorgetragen wurde – aus Anlaß der Übergabe der »*Langemarck*-Spende« der deutschen Studentenschaft an die Hitler-Jugend. –
Es war den »Kriegsbriefen gefallener Studenten« des 1. Weltkrieges nachempfunden:

»Ich habe das Lachen vergessen
im ewigen Feuerguß.
Ihr könnt das nicht ermessen,
was ich ermessen muß.
Oh, unsere Mütter und Väter,
mein Herz ist schwer und voll
von Schwermut, wie ich später
es wieder lernen soll,
wenn wir nach Hause kommen,
ohne an Krücken zu gehen,
dann werden wir mit frommen
Augen auf Euch sehen
und werden wieder suchen,
wie man von Herzen lacht,
ohne dem Gott zu fluchen,
der über uns das gebracht!«

Noch 1938 verkündete der Reichsjugendführer von Schirach die verpflichtende Jahresparole »Das Jahr der Verständigung«, *Verständigung* mit der Jugend anderer Völker, um so dem Frieden zu dienen. –
Als 1939 der Krieg ausbrach, traf es die Hitler-Jugend wie ein Blitz aus heiterem

Himmel; als sie erkannte, daß es für ihr Volk um Sein oder Nichtsein ging, war sie zu jedem Einsatz bereit.
Alle wollten es den Soldaten gleichtun und jeder auf seinem Posten Einsatz und Opfer für Volk und Vaterland bringen.
Es galt die Parole »Keiner ist zu klein, um zu helfen!«
Überall wurde die Jugend gebraucht, um die Lücken zu schließen, die durch die in den Krieg eingerückten Soldaten entstanden waren, und wo sie nicht gefordert wurde, war sie findig genug, um neue Aufgaben, die sich durch den Krieg ergaben, zu übernehmen.
Die Vielgestaltigkeit ihrer Mitarbeit entzieht sich jeder erschöpfenden Aufzählung. Eine zusammenfassende Darstellung muß von vornherein auf die Erwähnung zahlloser ungemessener Dienste lokalen Charakters verzichten und sich auf die wesentlichen Einsätze beschränken, die generell an fast allen Orten des Reichs zur Durchführung gelangten.

66.2 Arten des Kriegseinsatzes

»Das Junge Deutschland« zählte 1943 die Arten des Kriegseinsatzes auf:

»Die praktische Leistung der Jugend für den Krieg hat sich auf den nachstehenden Arbeitsgebieten vollzogen:

1. *Partei-Einsatz: Kurier- und Wachdienst bei den Dienststellen der Partei, Verteilung von Propagandamaterial; Einsatz gegen die Flüsterpropaganda.*
2. *Einsatz für Staat und Gemeinden: Meldedienst bei Reichsluftschutzbund und Feuerwehr; Mithilfe beim Aufbau von Luftschutzräumen; Hilfsdienst als Melder und Ordner bei Feuerwehr, Luftschutz und Technischer Nothilfe; Hilfsdienst bei der Reichspost im Telephondienst oder der Brief- und Paketverteilung; Hilfsdienst bei der Polizei (Flugmeldedienst, Einsatzdienst, Sicherheitsdienst); Hilfsdienst bei Behörden, z.B. Verteilung von Lebensmittelkarten; Lotsendienst bei Verdunkelung; Bahnhofsdienst.*
3. *Einsatz bei der Wehrmacht: Boten- und Kurierdienst, z.B. bei den Wehrbezirkskommandos durch Austragen von Gestellungsbefehlen; Verladediensthilfe und Verpflegungsausgabe bei Wehrmachtstransporten; Telephondienst.*
4. *Wirtschafts- und Betriebseinsatz: Einsatz bei der Warenverteilung; Entladearbeiten; Verkaufshilfe in Lebensmittelgeschäften; Arbeitskommandos für öffentliche Arbeiten; Viehbetreuung in besetzten geräumten Gebieten.*
5. *Einsatz für das Winterhilfswerk: Reichsstraßensammlung der Hitler-Jugend; Herstellung von Werkarbeiten; Einsatz bei weiteren Sammlungen (Kleidersammlung).*
6. *Altmaterialsammlung.*
7. *Sammlung von Fallholz und Laub.*
8. *Sammlung von Büchern.*
9. *Sammlung von Heilpflanzen, Teekräutern und Wildfrüchten; Pilze, Beerenfrüchte, Eicheln, Bucheckern, Kastanien, Hagebutten.*
10. *Land- und Ernteeinsatz: Frühjahrsbestellung, Grünfutterernte, Heuernte, Gemüseernte, Beeren- und Obsternte, Getreideernte, Mais- und Flachsernte, Weinernte, Hackfruchternte, Herbstbestellung.*
11. *Hauswirtschaftlicher und Sozialer Hilfsdienst (NSV-Einsatz).*
12. *Einsatz im Gesundheitsdienst.*
13. *Kultureller Einsatz.«*

Während der Gesundheits-Dienst, der hauswirtschaftliche und soziale Dienst vorwiegend eine Domäne des Bundes Deutscher Mädel war, halfen aber auch die Jun-

gen auf diesen Gebieten, indem sie Kohle nicht nur aus Waggons entluden, sondern sogar die Pimpfe z. B. einzelnen Haushalten mit Handwagen Kohle zustellten und alten Mütterchen die Kohleneimer trugen.
Die Feldschere kamen in allen Jugendlagern, bei der Ernte, bei Flüchtlingstransporten aber auch bei Fliegerangriffen zum Einsatz.

66.3 Die praktische Durchführung

»Das junge Deutschland« von 1943 berichtete auch über die praktische Durchführung des Kriegseinsatzes:

»Da sich der Einsatz oft in kürzester Frist vollziehen muß, ist ein besonderes Benachrichtigungssystem innerhalb der Einheiten der Hitler-Jugend und des Bundes Deutscher Mädel entwickelt, das eine rasche und pünktliche Abwicklung der übernommenen Aufträge gewährleistet. Der Kriegseinsatz erfolgt in der Regel außerhalb der Schulzeit. Die Anfertigung von Schularbeiten wird nicht behindert. Nach beendigtem Einsatz haben alle Jugendlichen bis zum 14. Lebensjahr die elterliche Wohnung noch vor Einbruch der Dunkelheit erreicht. Eine Übernachtung der Jugendlichen außerhalb des Elternhauses kommt nicht in Betracht. Der Einsatz erfolgt in Gruppen oder einzeln, immer örtlich auf den Standort oder dessen nähere Umgebung begrenzt.«

Erstmalig wurde im Krieg die »Jugenddienstpflicht« angewandt zur Erfüllung von Kriegspflichten durch Jugendliche, die nicht der Hitler-Jugend angehörten; dieses erfolgte von Fall zu Fall für Sondereinsätze wie Erntehilfen oder Sammlung von Altmaterial u.a.m. –

»Alter und Leistungsfähigkeit sind bei der Zuweisung von Arbeiten berücksichtigt. Ein einzelner Vorfall während der Hackfruchternte gibt dem Reichsjugendführer im Herbst 1939 Veranlassung, alle Führer und Führerinnen für die Rücksichtnahme auf die jugendliche Leistungsfähigkeit verantwortlich zu machen.

Die Einheitsführer wirken an maßgeblicher Stelle darauf ein, daß Jugendliche unter 16 Jahren immer nur mit leichter Arbeit (Kartoffellesen, Sammlungen) beschäftigt werden. –

Nach einem Erlaß des Jugendführers des deutschen Reichs werden in Luftschutzorten I. Ordnung Angehörige der Hitler-Jugend und des Bundes Deutscher Mädel für Zwecke der Sicherheit und des Hilfsdienstes verwendet. Für Jungvolk und Jungmädel kommt dieser Einsatz nicht in Betracht. Die Angehörigen der Hitler-Jugend werden als Melder der Luftschutzbefehlsstellen und für die Verwendung im Alarm- und Warndienst ausgebildet. Die Ausbildung übernehmen im zeitlichen Einvernehmen mit den Dienststellen der Hitler-Jugend die örtlichen Luftschutzleiter bzw. die Dienststellen der Polizei.

Der Einsatz der Jugend bei der Reichspost gelangte während des gesteigerten Weihnachts- und Neujahrsdienstes auf den Höhepunkt. Die durch Handschlag auf die Wahrung des Postgeheimnisses verpflichteten Hitler-Jungen arbeiteten in Hitler-Jugend-Uniform als Hilfskräfte im praktischen Postdienst. Eine Überbeanspruchung wurde durch die Anwendung des Jugendschutzgesetzes vermieden. Die von der Reichspost gezahlte Vergütung verbleibt jedem einzelnen Jungen. Es war für die Hitler-Jugend selbstverständlich, daß sie einen Teil davon dem KWHW zur Verfügung stellte. Im Februar 1940 übermittelte der Reichspostminister der Hitler-Jugend eine besondere Anerkennung.

Beim Einsatz für das »Winterhilfswerk« füllt die Hitler-Jugend eine Lücke aus, die im Krieg durch den Ausfall älterer Helfer entstanden ist. –

Für Jugendliche unter 14 Jahren war der Einsatz um 16 Uhr, für die gesamte Hitler-Jugend um 19 Uhr sowohl auf der Straße wie in den Lokalen beendet.
Die Reichsstraßen-Sammlung stand unter dem Stichwort ›Blockadekrieg der Hitler-Jugend‹ (›Niemand kommt durch unsere Minensperre‹).
An verkehrsreichen Plätzen wurden Fanfaren und Sprechchöre in den Dienst der Sammlung gestellt. Spielscharen und Musikzüge veranstalteten Platzkonzerte, Werbeaufmärsche, Volksliedersingen, Kurzszenen und Stegreifspiele, u.a.m. –
Die Sondereinheiten Marine-, Motor-, Reiter- und Nachrichten-HJ unterstützten den Einsatz.
Der Bund Deutscher Mädel leistete durch Bereitstellung von Helferinnen und Gestaltung von »WHW-Nachmittagen« zusätzlichen Einsatz.
Die Sammlung der Hitler-Jugend für das »Winterhilfswerk« erbrachte 1940 einen Betrag von 9 Millionen Reichsmark, 8mal soviel wie die erste Sammlung. Erstmalig wurde von den Einheiten Werk-Arbeit zum Zwecke der Erstellung von Spielwaren aufgenommen. –
Der Mangel an Arbeitskräften machte die Einheiten der Jugend im Ernteeinsatz auf den ländlichen Ackerfluren zu allseits begrüßten Helfern.
Auch bei der Frühjahrsbestellung in Schrebergärten und Kleinsiedlungen, wo vielfach die Frau mit der schweren Arbeit des Umgrabens und Düngens allein stand, legte die Jugend Hand an.
Bei den Land- und Erntearbeiten finden sich Hitler-Jugend und Jungvolk in einer ihrem Alter und Leistungsvermögen angepaßten Arbeitsteilung.« –

Die Zeitschrift gibt als Beispiel der Arbeitsteilung die folgende Übersicht:

Kartoffelernte:

Jungvolk	Hitler-Jugend	Jungmädel	Mädel u. BDM-Werk
Kartoffellesen, Nachlesen, Sortieren	Aufladen m. Körben, Krautaufladen, Sortieren, Körbe bedienen	Kartoffellesen, Nachlesen	Auflesen in Körbe, Sortieren

Zuckerrüben- und Feldgemüseernte:

Jungvolk	Hitler-Jugend	Jungmädel	Mädel u. BDM-Werk
Kraut zusammenräumen	Rüben und Kohlrüben aufladen und abladen	–	Köpfen bzw. Ablatten, Miete packen

Allgemeine Land- und Erntehilfe:

Jungvolk	Hitler-Jugend	Jungmädel	Mädel u. BDM-Werk
Nachrichten- u. Verpflegungsdienst, Hütedienst	Einfacher Gespanndienst, Rindviehfüttern, Ernteeinbringung von Silofutter, Schreibarbeiten, Aufräumungsarbeiten	Gartenernte	Haus- und Gartenarbeit, Schweine- u. Kleinviehfütterung, Einkochhilfe, Kinderbetreuung

Wie ernst die Jugendführung ihre Verantwortung nahm, zeigt folgender Brief des Führers des Gebietes Nordsee an die Bauern:

»Bauern, Euch sind die Kinder anderer Eltern in gewisser Hinsicht anvertraut, wenn sie auch unter der Obhut ihrer Führer und Führerinnen stehen. Vergeßt nicht, daß die Jungen und Mädel die Landarbeit nicht so beherrschen wie Ihr und Eure Kinder. Geht ihnen mit Geduld an die Hand, sie bringen den besten Willen mit. Sie sind auch nicht empfindlich und können schon ein kräftiges Wort vertragen. Auch sollen sie sehen, wie die Arbeit auf dem Lande ist, unter welchen Mühen der Bauer sein tägliches Brot und das Brot des ganzen deutschen Volkes erarbeiten muß. Laßt sie den Ernst des Landlebens sehen, aber zeigt ihnen auch die Freuden und Schönheiten des Landlebens. Diese Jugend bringt nicht nur ihre helfenden Arme, sie bringt auch den ganzen Frohsinn und die ganze sonnige Unbeschwertheit, die nun einmal das Vorrecht der Jugend ist, in Eure schönen Dörfer, in Eure Bauernhöfe. Vergeßt das nicht, und dann wird die Harmonie entstehen, die Eure gemeinsame Arbeit beglücken wird. Sie kommen freiwillig, in der Erkenntnis, daß sie mithelfen müssen, daß heute keine Hand feiern darf, wenn es darum geht, dem ganzen deutschen Volk sein Brot sicherzustellen.
Sie kommen aus allen Familien, aus reichen und armen. Die einen kennen keinen Überfluß, Vater und oft auch Mutter gehen täglich zur Arbeit. Sie kommen aus allen Berufsschichten. Die Jungen und Mädel sind verschieden in Veranlagung, Neigung, Können, auch in körperlicher Leistungsfähigkeit. Aber alle, wo sie auch sein mögen und was auch ihre Eltern in Rang und Beruf sein mögen, sind sie das Glück und die Hoffnung ihrer Eltern. Denkt daran.«
(Blohm »Hitler-Jugend-Soziale Tatgemeinschaft«. S. 232)

66.4 Die soziale Betreuung im Krieg

Von der Reichsjugendführung wurde darauf hingewirkt, daß auch im Krieg der Jugendschutz und die sozialen Errungenschaften (Einhaltung der Arbeitszeit, Urlaubsverschickung) gewahrt und besonders beachtet wurden, vor allem auch in den neuen Gebieten wie im Wartheland oder Elsaß und Lothringen.
Besonderer Wert wurde darauf gelegt, daß alleinstehende Mütter und berufsuchende Jugendliche von der Hitler-Jugend beraten wurden in der Wahl krisenfester Berufe, verbunden mit einer *Lehre,* und daß dieses Lehrverhältnis auch im Krieg von den Betrieben eingehalten wurde. Wenn erforderlich, wollte sie auch bei der Unterbringung von Jugendlichen in Wohnheimen behilflich sein. –
Auf Anregung der Hitler-Jugend wurde im Krieg die Polizeiverordnung zum Schutz der deutschen Jugend erlassen, um sie vor allen Gefährdungen, die sich durch Kriegsfolgen ergaben (Verdunkelung, Abwesenheit der Erziehungsberechtigten), zu schützen.
Dazu muß vermerkt werden, daß die Jugendkriminalität der 14- bis 18jährigen bei erhöhter Gefährdung im Krieg im Vergleich zum 1. Weltkrieg und zu anderen Völkern gering war. Anfällige Jugendliche versuchte man innerhalb der Gemeinschaft der Jugend wieder auf den »richtigen Weg« zu bringen. – (Siehe auch Kap. 42.6 »Die Soziale Arbeit im Krieg« und 43 »Die Rechtsarbeit«.) Alle diese Maßnahmen wirkten sich im gesamten Erscheinungsbild der Jugend positiv aus; so waren z. B. selbst bei absoluter Verdunkelung in den Großstädten kaum Überfälle zu befürchten.

66.5 Der Dienst im Krieg

66.51 HJ-Dienst

Wenn auch der Kriegseinsatz im Ernstfall Vorrang hatte, so wurde doch Wert darauf gelegt, daß der normale Dienst für die gesamte Jugend eingehalten wurde.
Für das Jungvolk und die 14–15jährigen Hitler-Jungen war die Durchführung des wöchentlichen 2stündigen Sport-Nachmittags- bzw. -Abends, d. h. die Grundschule der Leibesübungen, für die körperliche Ertüchtigung wichtiger denn je.
An 2 Sonntagen im Monat wurde *freiwillig* Leistungssport betrieben. –
Für die 16–18jährigen Hitler-Jungen fand eine Spezial-Ausbildung im Geländedienst und im Kleinkaliberschießen statt. Die Ausbildung erstreckte sich über 12 Monate und wurde alle 14 Tage an Sonntagen oder Wochenenden durchgeführt. Abschließend konnte von jedem Jungen der K.-Schein (Kriegs-Schein s. Anh. Abb. 31) der Hitler-Jugend erworben werden, in dem die bestandene Schieß-Ausbildung und die Geländeausbildung bescheinigt wurde.
Die 3wöchigen »Wehrertüchtigungs-Lager« der Hitler-Jugend zur Erfassung der 17jährigen Jungen, die die vorgenannte Ausbildung in Lagerform zum Ziel hatten, wurden erst ab 1942 errichtet, um dem Vorhaben der Wehrmacht, diese Jungen in Kasernen-Lehrgängen zu erfassen, zuvorzukommen und die jugendgemäße waffenlose Ausbildung ohne Drill beizubehalten. (Siehe: Kapitel 22 »Wehrertüchtigung«)
Die Ausbildung der Sondereinheiten wie: Marine-, Flieger-, Nachrichten-, Motor- und Reiter-HJ wurde selbstverständlich auch intensiviert.
Im Mittelpunkt des Dienstes stand nach wie vor der Heimabend, auf dem gesungen, gewerkt und weltanschaulich geschult wurde über Kameradschaft, Anstand, Ehre und Sitte, über das Verhalten in Elternhaus, Schule und Betrieb, in der Öffentlichkeit und im HJ-Dienst, und auf dem auch Fronturlauber von ihren Einsätzen erzählten.
Im Heimabend wurde der Grund gelegt für eine geistige und seelische Einstimmung zum sozialen Einsatz und zur Wehrbereitschaft.
Außer Anweisungen für den nächsten Dienst oder Einsatz wurden auch kriegswirtschaftliche Themen behandelt wie Pflege und Erhaltung des Schuhwerks, was gerade in Kriegszeiten wichtig war. –
Aus Personal- und Material-Ersparnisgründen wurde im Krieg – anstelle der 4 Heimabendmappen für Jungvolk und Hitler-Jugend, Jungmädel und Mädelbund – nur noch eine herausgegeben, die ein wesentliches Thema in verständlicher Form, unterstützt durch das HJ-Bildgerät, behandelte. Das Thema mußte von den jeweiligen Führern und Führerinnen dem Alter und Auffassungsvermögen ihrer Einheiten angepaßt werden.
Weil Wert darauf gelegt wurde, daß trotz »Kriegseinsatz« der Erziehungsauftrag weiter wahrgenommen werden sollte, gab die Reichsjugendführung 1942 einen »Sommer-Dienstplan« heraus, welcher der neben Schule und Beruf tätigen Führerschaft ihre Aufgabe erleichtern sollte.
Danach war monatlich achtmal Dienst geplant. Zwei Wochen- und zwei Sonntagsdienste waren für Erziehungsaufgaben vorgesehen. Über die restlichen 4 Dienste konnte die örtliche Führung entscheiden und diese dem jeweils erforderlichen »Kriegseinsatz« entsprechend einteilen. (Reichsbefehl RJF 58K v. 2. 9. 40)
Während im Sommer der Sport im Vordergrund stand, wurde im Winter besonders intensiv für die Weihnachtsmärkte der Hitler-Jugend gewerkt, ohne dabei den Sport zu vernachlässigen.

66.52 Die Führungsfrage im Krieg

Alle anfallenden Kriegseinsätze, aber auch Sport- und Heimabend, wurden von dem größten Teil der Jugend aufgeschlossen wahrgenommen. Große Sorge aber bereitete der Hitler-Jugend das Problem der Führerschaft, denn fast alle wehrdienstfähigen Führer standen an der Front, was sich besonders im höheren Führerkorps und in der mittleren Führerschaft auswirkte. Viele von ihnen kamen aus dem Krieg nie mehr zurück. Allein in der Zeit vom 15. 4. 1942 bis Anfang 1943 stieg die Zahl der gefallenen HJ-Führer von 8614 auf 15519. (Kaufmann: »Das Kommende Deutschland« 1943)
Darunter befanden sich 195 dem Höheren Führerkorps angehörend, davon allein 10 Führer von Gebieten. (Stand 1942 ebenda) Über die weitaus größeren Verluste bis 1945 liegen keine genauen Unterlagen vor.
Daß die HJ-Führer mit zu den tapfersten Soldaten gehörten, beweisen die aus ihren Reihen hervorgegangenen rund 500 Ritterkreuzträger, von denen
17 das Eichenlaub zum Ritterkreuz
5 die Schwerter zum Eichenlaub
2 das Eichenlaub mit Schwertern und Brillanten
erhielten.
Zu ihnen gehörten Hauptmann Marseille, Hauptmann Baumbach, Hauptmann Phillip, Oberleutnant Ostermann, Oberleutnant Hein u.a. (Stand 1942 ebenda)
Relativ problemlos verlief die Arbeit dort, wo kriegsversehrte HJ-Führer die Führung der Einheiten wieder übernehmen konnten. Für manche höhere, verwaiste Führungsstelle stellten sich Männer, die bereits mit der Jugend im engeren Kontakt standen – ob Parteiführer, Lehrer oder Persönlichkeiten aus anderen Berufen – gern der Hitler-Jugend zur Verfügung.
So übernahm z.B. der Generaldirektor der Firma »Hoch-Tief«, Dr. Eugen Vögler, vorübergehend zusätzlich zu seiner verantwortungsvollen Tätigkeit noch die K-Führung des Gebietes Ruhr-Niederrhein. –
Das Durchhalten der Hitler-Jugend in 6 Kriegsjahren – trotz starker Belastung durch feindliche Fliegerangriffe – mit außergewöhnlichen Einsätzen ist einmal diesen aufopferungsbereiten Männern, zum anderen der Selbstführung der Jugend und der echten Kameradschaft der *männlichen* und *weiblichen* Jugend, die sich besonders im Krieg bewährte, zu verdanken.
In jede neu entstandene Bresche an der Führungsfront sprangen junge Nachwuchsführer ein, und durch eine kriegsbedingte Zusammenlegung der Stäbe von HJ und BDM in den Gebieten und Bannen wurden viele Aufgaben für die männliche Jugend – außer von kriegsversehrten HJ-Führern – von BDM-Führerinnen übernommen.
Selbstverständlich war eine ständige und intensive Schulung der Nachwuchskräfte erforderlich und vordringlich. So wurden fähige und aktive Jungen, die sich durch Verantwortungsbewußtsein ausgezeichnet hatten – im Alter von 15–17 Jahren – als Führer-Anwärter vom Bann einer halbjährigen Sonder-Ausbildung mit abschließendem Besuch einer Gebiets-Führerschule unterzogen.
Als 1943 nun auch noch die 16–17jährigen Jungen – zunächst nur die Schüler – als »Luftwaffenhelfer« (»Luftwaffenhelfer«, siehe Kap. 66.63) eingezogen wurden, fiel der größte Teil der HJ-Führerschaft aus.
Der Jugendführer des Deutschen Reichs setzte in Verhandlungen durch, daß auf Antrag die Jungen der betreffenden Jahrgänge als »Kriegseinsatzführer« für den »notwendigen« HJ-Dienst und als »Lagermannschaftsführer« für die Kinderlandverschickung freigestellt wurden.
Die Bildung von jungen Führungspersönlichkeiten, die nach einigen Jahren aus der Jugend-Arbeit herauswuchsen, machte sich bald in Staat, Wehrmacht und Wirtschaft positiv bemerkbar. (Siehe auch Kap. 13.8 »Führungsfrage im Krieg«)

66.53 Die Heimfrage

Auch in der Heimfrage ergaben sich durch den vielseitigen Dienst, die Beschlagnahme für kriegswichtige Zwecke und vor allem durch feindliche Fliegerbomben zerstörte Heime, Schwierigkeiten. Schon im 1. Kriegsjahr stellte das Reichspropagandaministerium der Hitler-Jugend alle Filmtheater des Reichs für ihren Dienst zur Verfügung. Es wurden nicht nur die »Jugendfilmstunden« dort durchgeführt, sondern auch Dienste verschiedener Art wie: Vorträge über alle Themen, die die Jugend interessierten und erzieherisch wertvoll waren, Dichterlesungen oder Übungsstunden der Orchester, Musikzüge, Sing- und Laienspiele, Feierstunden, aber auch Appelle zur Ausgabe von Dienstanweisungen.

66.54 1942 Höhepunkte der HJ-Arbeit – trotz Krieg

Gerade im Krieg, trotz des Führermangels und schwerster Belastung auf sämtlichen Arbeitsgebieten, konnte bis 1942/43 eine über das Friedenswerk hinausgehende aufsteigende Entwicklung in der Arbeit verzeichnet werden, ob in der Leibeserziehung bei den Sommer- und Winterspielen in Breslau oder Garmisch-Partenkirchen, bei den Kulturtagen in Weimar – beide bereits im *europäischen* Rahmen – beim Spielzeugwerk und den Weihnachtsmärkten der Hitler-Jugend oder bei der Gründung des Europäischen Jugendverbandes, ganz abgesehen von ihrem Osteinsatz, dem Landdienst, dem Erholungswerk der Hitler-Jugend und dem größten Sozialwerk, der Kinderlandverschickung. Leider sind die »Kriegstagebücher«, die von den Einheiten geführt wurden, vernichtet.

66.6 Krieg und Einsatz wurden härter

66.61 Die erweiterte Kinderlandverschickung

Mit zunehmender Härte des Krieges unterlag auch der Einsatz der Hitler-Jugend härteren Bedingungen. Die 10–14jährigen Pimpfe und Jungmädel wurden weitgehend, um sie aus den bombengefährdeten Gebieten herauszubringen, von der »Kinderlandverschickung« erfaßt. Hier konnten sie neben dem Schulunterricht ihren Jugend-Dienst und »Kriegseinsatz«, z. B. Spielzeugwerk oder Erntehilfe durchführen. Die daheim gebliebenen Pimpfe wurden vorwiegend für Sammelaktionen eingesetzt. –

66.62 Schnellkommandos – Feuerwehrscharen

Von der Hitler-Jugend aus den älteren Jahrgängen aufgestellte Schnellkommandos und Feuerwehrscharen ersetzten Tausende von Männern, die an die Front eingerückt waren.
Bis 1942 wurden 23000 Jungen in Schnellkommandos zur Unterstützung der Polizei für die Ermittlung und Meldung von Brandstellen eingesetzt.
700000 Hitler-Jungen wurden von Führern der Freiwilligen Feuerwehr in eigenen Feuerwehrscharen ausgebildet. Nach bestandener Prüfung erhielten sie das Hitler-Jugend-Feuerwehr-Abzeichen, das Mut und schnelle Entschlußkraft voraussetzte. Nicht nur in Städten waren sie tätig, sondern auch auf dem Lande besonders für den Ernte- und Waldschutz.

Für diese Jungen stand zunehmend der Einsatz bei der Brandbekämpfung während und nach feindlichen Fliegerangriffen im Vordergrund.

»Bis Anfang 1943 wurden dabei 102 Jungen verwundet, von den 32 ihren Verletzungen erlagen, 607 für ihren mutigen Einsatz ausgezeichnet, darunter 134 mit dem »Kriegsverdienstkreuz«, 147 mit dem »Kriegsverdienstkreuz mit Schwertern« und 6 Jungen mit dem EK II«

(»Das junge Deutschland« 1943, Heft 4, S. 110 und Heft 9, Seite 209)

66.63 Luftwaffen- bzw. Marinehelfer

Aufgrund einer Initiative des Reichsmarschalls Göring wurde im September 1942 durch Führererlaß eine Miliz für den Kriegshilfseinsatz der deutschen Jugend in der Heimatluftverteidigung aufgestellt.

Gegen die ersten Entwürfe protestierte u.a. der Jugendführer des Deutschen Reichs, weil es sich um einen Einsatz der Jahrgänge der Hitler-Jugend, also um Hitler-Jungen handelte, der kein den Vorstellungen der Hitler-Jugend gemäßer waffenloser Einsatz war.

Der Kriegssituation zufolge, kam es später zu einem Kompromiß, wonach diese Jungen zwar keine Soldaten, sondern Wehrmachtsgefolge und zugleich Hitler-Jungen waren.

Die Hauptsorge des Reichsjugendführers Axmann galt der Anerkennung der Luftwaffen- bzw. Marinehelfer (HJ) als Kombattanten, um sie vor der Gefahr, bei einer etwaigen Gefangenschaft als Freischärler behandelt zu werden, zu bewahren, was durch einen Briefwechsel mit Göring belegt ist.

Ab 26. 1. 1943 wurden die 16–17jährigen Jungen, die Schüler der 6. und 7. Klassen der höheren Schulen waren, als *Luftwaffen-* bzw. *Marinehelfer* für die örtliche und nachbarschaftliche Verteidigung – mit Hilfe der Notdienstverordnung – eingezogen.

Als Helfer der Luftwaffe bzw. der Marine unterstanden diese Jungen deren Oberkommandos, als Schüler und Hitler-Jungen waren für sie das Reichserziehungsministerium und die Reichsjugendführung verantwortlich.

Während des Einsatzes wurden Schulunterricht und HJ-Dienst fortgeführt.

Dieser Kriegseinsatz galt als Erfüllung der Jugenddienstpflicht. Auf Verlangen der Reichsjugendführung wurde die Bezeichnung

Luftwaffenhelfer (HJ) und

Marinehelfer (HJ)

eingeführt.

In der Feuerstellung trugen die Luftwaffenhelfer Drillichzeug, die Marinehelfer auch den feldgrauen Waffenrock der Marineartillerie, als Ausgeh-Anzug den Dienstanzug der Flieger- bzw. Marine-HJ. –

»Die Betreuung der Luftwaffenhelfer erfolgt in Unterkünften durch einen Betreuungslehrer und den Mannschaftsführer der Hitler-Jugend. Diese in zwei Jahren in der K i n d e r l a n d v e r s c h i c k u n g erprobte und bewährte Form der Gemeinschaftserziehung wurde damit auf den jüngsten Kriegseinsatz der Hitler-Jugend übertragen.

Auch hier galten für das Gemeinschaftsleben der Luftwaffenhelfer die von der Hitler-Jugend entwickelten Grundsätze der Selbstführung der Jugend.«

(Aus: »Kriegstagebuch der Jugend 1943«) –

Brigadegeneral Dr. Jürgen Schreiber vermerkt in der Europäischen Wehrkunde Nr. 6/1982:

»Alle Berichte aus der damaligen Zeit und aus der Rückschau der Nachkriegszeit

heben den hohen Kampfwert und die durchweg gute Moral der Luftwaffen- und Marinehelfer hervor. Ihr Einsatzwert war vor allem durch den hohen Intelligenzgrad der Schüler gekennzeichnet, aber auch weitgehend durch eine idealistische Einsatzbereitschaft . . .
Erwähnenswert ist auch, daß viele Flakhelfer Kriegsauszeichnungen erworben haben . . . viele Flakhelfer verwundet worden oder im Einsatz gefallen (sind)«
Genaue Zahlen liegen nicht vor. Man schätzt bis zu 200 000 sich im Einsatz befindliche Luftwaffen- und Marinehelfer.
Literaturhinweise:
Dr. H. D. Nicolaisen, Büsum: »Der Einsatz der Luftwaffen- und Marinehelfer im 2. Weltkrieg.«
Horst Voigt, Major d. R. (Bw), Hannover: »Studie zum Kriegshilfseinsatz der deutschen Jugend in der Heimatluftverteidigung – wehrgeschichtliche Bearbeitung« –

66.64 Dennoch weiterhin kulturelle Betreuung der Bevölkerung und Soldaten

Trotz weiterer Belastung verlor die *Jugend* nie ihren frohen Mut; sie munterte die Bevölkerung auf durch Liedersingen an Sonntagen auf öffentlichen Plätzen, führte »Konzerte der Jugend« durch, und ihre Spielscharen besuchten die Verwundeten in den Lazaretten und die Soldaten an der Front. (Siehe auch Kap. 26.95 »Die Kulturarbeit im Krieg«)

66.65 Die Kriegsfreiwilligen – 12. SS-Panzer-Division »Hitlerjugend«

1944 wurde vom Reichsjugendführer *Axmann* die Parole ausgegeben: »Jahr der Kriegsfreiwilligen«.
Die Jungen des zum Wehrdienst anstehenden Jahrgangs wurden aufgerufen, sich *freiwillig* zu melden; diesem Aufruf kamen sie in großer Zahl nach. –
Die neu aufgestellte 12. SS-Panzer-Division »Hitlerjugend« bestand vorwiegend aus Freiwilligen, die sich alle aus den Wehrertüchtigungslagern der Hitler-Jugend rekrutierten. Sie wurden von bewährten Offizieren, die aus der Waffen-SS oder aus der Hitler-Jugend kamen, ausgebildet und geführt.
Ihr *Einsatz* ist in die *Geschichte* eingegangen.
Literaturhinweise:
Panzermeyer: »Grenadiere«, München 1965, Schild-Verlag, München
Hubert Meyer: »Kriegsgeschichte der 12. SS-Panzerdivision Hitlerjugend«, Munin-Verlag, Osnabrück
Herbert Taege: »Über die Zeiten fort« – Division Hitlerjugend, S. 89f., Askania-Verlag, Lindhorst.

66.66 Der Schanzeinsatz (Stellungsbau)

Als die feindlichen Truppen sich immer mehr den Reichsgrenzen näherten, wurden die Hitler-Jungen ab vollendetem 16. Lebensjahr aufgrund der Jugenddienstpflicht eingezogen und zusammen mit Männern des Reichsarbeitsdienstes und auch älteren, wehruntauglichen Männern im Herbst 1944 zum Schanzeinsatz eingesetzt.
Für den Schanzeinsatz waren die Reichsverteidigungskommissare, militärischerseits die zuständigen Führungsstäbe der Wehrmacht verantwortlich.

Der Einsatz der Hitler-Jugend erfolgte in geschlossenen Einheiten (meist stammweise) unter der Führung uk-gestellter Führer bzw. Kriegseinsatzführer der HJ (siehe Kap. 66.52 »Die Führungsfrage im Kriege«), denen zum Teil Pionieroffiziere beigegeben waren.
Im Osten und Westen des Reichs hoben die Jungen hunderte von Kilometern lange und tiefe, oft hintereinander gestaffelte Gräben aus, um das Vordringen des Feindes, vor allen Dingen der feindlichen Panzer und anderer Fahrzeuge, aufzuhalten.(siehe auch Kap. 65.43 »Der Schanz-Einsatz« BDM)

66.67 Volkssturm III. Aufgebot und Panzervernichtungsbrigade der Hitler-Jugend

Als Ende des Jahres 1944 der *»Volkssturm«* aufgerufen wurde – betroffen war der Jahrgang 1928, im Jahr 1945 der Jahrgang 1929 – gelang es der Reichsjugendführung, die Wehrertüchtigungslager der Hitler-Jugend zum »III. Aufgebot« erklären zu lassen, mit dem Auftrag, diese nicht einzusetzen, sondern bei Vordringen des Feindes zurückzunehmen, um sie als noch auszubildende Rekruten der Wehrmacht zu erhalten.
Die *»Panzervernichtungs*-Einheiten« der Hitler-Jugend bestanden aus »Freiwilligen« der Wehrertüchtigungslager, standen jedoch nicht mehr in Verbindung mit diesen. Diese Einheiten hatten den Auftrag, die in ihrer Heimat in das Hinterland eingesickerten feindlichen Panzer mit der Panzerfaust zu vernichten.
Erst im Februar 1945, als der Feind immer tiefer in das Reichsgebiet eindrang, erfolgte seitens der Reichsjugendführung die überörtliche Aufstellung der 1. Panzervernichtungsbrigade der Hitler-Jugend, die im Kampf um Berlin zum Einsatz kam.

> *»Grundsätzlich war der Einsatz in der Hauptkampflinie und die infanteristische Verwendung untersagt; bei schneller Entwicklung der Lage war diese Einhaltung nicht immer möglich.«* (Studie »Zum kombattanten Kriegseinsatz der Hitler-Jugend – wehrgeschichtliche Bearbeitung« – Horst Voigt, Major d.R. (Bw.), Hannover)

Durch den Zusammenbruch der Fronten sind die Panzervernichtungsbrigade und einige Einheiten des Volkssturms III. Aufgebot in das Kampfgeschehen einbezogen worden. Oft haben sich Jüngere heimlich eingereiht. Wenn sie aber von HJ-Führern entdeckt wurden, schickten diese sie nach Hause, mit dem Auftrag, ihre Mutter zu schützen. (Aussage Otto Würschinger nach H. Taege aaO. S. 119)
Die sie anführenden HJ-Führer, die alle Offiziere waren, glaubten, daß der Einsatz – so schwer ihnen die Entscheidung fiel – gerechtfertigt sei durch den angekündigten Einsatz *neuartiger* Waffen, der die vollkommene Änderung der militärischen Lage *zugunsten* Deutschlands bewirken würde, was ihnen mehrfach versichert und *»Ende April 1945 noch in einem Befehl der 9. Armee oder des 50. Korps mit 3 Tagen beziffert wurde«*. (Aussage: Dr. E. Schlünder, Hauptamtschef der Reichsjugendführung und Kampfkommandant an der Pichelsdorfer Brücke in Berlin)
Dabei muß festgehalten werden, daß der größte Teil der sich in den Wehrertüchtigungslagern als »Volkssturm III. Aufgebot« befindenden Jungen – aus den 42 Gebieten – von ihren Führern lt. Mob-Befehl vor dem anrückenden Feind »zurückgeführt« werden konnte.
Die Hitler-Jungen der am Kriegsende gebildeten Panzervernichtungsbrigade und Volkssturm-Einheiten, die durch den Zusammenbruch der Fronten zum Einsatz kamen – ob an der »Pichelsdorfer Brücke« zu Berlin, in der Festung zu Breslau, im Kessel von Halbe oder wo sonst immer – haben im wahrsten Sinne des Wortes heldenhaft gekämpft, nicht mehr »singend« wie die Soldaten des 1. Weltkrieges in

Langemarck, sondern *»durch die Schreie der vom Feind vergewaltigten Frauen in den Ohren, zutiefst erschüttert«,* (Dr. E. Schlünder) *zäh* und *verbissen,* bis sie von ihren Führern nach Erledigung des militärischen Auftrags als Volkssturm aus ihren Stellungen herausgelöst und durch den feindlichen Einschließungsring herausgeführt wurden.

Dies' waren die letzten Lebensäußerungen der Hitler-Jugend, die angetreten war für einen Sozialstaat höchster Kultur und für eine Verständigung mit anderen Völkern.

> *»Der Geist der jungen Führerschaft an der Front des Krieges 1939–1945 war der Gesinnung der jungen Kämpfer von L a n g e m a r c k würdig!«* (Günter Kaufmann)

Nachwort der Herausgeberin

Das Aufbauwerk der Hitler-Jugend, der einmalige Versuch, die Jugend eines Volkes durch die Leibeserziehung, die Verpflichtung zu gesunder Lebensführung und beruflicher Leistung durch den Reichsberufswettkampf und zahlreiche Förderungsmaßnahmen zu einigen und zu ertüchtigen, sowie sie an deutschem Geist, Kultur und Technik teilhaben zu lassen und zu eigenem schöpferischen Tun anzuregen, wurde durch den verlorenen Krieg vernichtet. Das in der Jugenderziehung Gewollte und Erreichte wurde nach 1945 in Bausch und Bogen verurteilt. Die Generation der Hitler-Jugend aber hat bei aller heutigen kritischen Betrachtung eine einseitig negative Darstellung nicht verdient, vollbrachte sie doch guten Glaubens in einem einmaligen Einsatz unter großen Opfern beachtliche Leistungen.
Diese Niederschriften sollen dazu dienen, verzerrte und falsche Vorstellungen über die Hitler-Jugend zu berichtigen und für ihr Wollen und Handeln im damals gegebenen zeitgeschichtlichen Rahmen zumindest Verständnis zu wecken.

Zu einigen heutigen Behauptungen über die Hitler-Jugend wird nachstehend Stellung genommen aus der Sicht der HJ, wie sie sich damals selbst verstanden hat.

Die Hitler-Jugend war keine Zwangsjugend

Nach dem Gesetz über die Hitler-Jugend vom 1. 12. 1936 war sie juristisch weder eine Partei- noch eine Staatsjugend. Sie war nationalsozialistische Jugendbewegung, die sich zur Förderung der Jugendarbeit des Staates bediente und sich selbst weitgehend als Mitträger dieses Staates empfand. Kein Jugendbelange betreffendes Gesetz wurde ohne die Mitwirkung der Reichsjugendführung erlassen, einige durch ihre Initiative bewirkt. Das Gesetz vom 1. 12. 1936 wurde erst im Krieg in sehr begrenztem Rahmen angewandt, nachdem fast alle Jugendlichen freiwillig Mitglied geworden waren. Zur restlosen Durchführung ist die Jugenddienstpflicht nie gekommen. Wer nicht zum Dienst kommen wollte, wurde – bis auf wenige Ausnahmen – auch nicht geholt, wenn auch nicht verschwiegen werden soll, daß mancherorts vielleicht ein gewisser Druck ausgeübt worden sein mag. Die Jugenddienstpflicht sollte bei der Erziehung des jungen Menschen zu einer der Gemeinschaft verpflichteten Persönlichkeit die Schulpflicht mit Vermittlung von Wissen ergänzen, wobei letztere auch nicht als Zwang bezeichnet wird. –
Pflicht und Zwang sollten nicht identisch werden.

Es gab keine fremdbestimmte Führungsschicht

Die Führer und Führerinnen der Hitler-Jugend wurden nicht vom Staat eingesetzt, ebenso wenig von der Partei.
Sie wuchsen aus den unteren Einheiten durch ihre Leistungen, ihre Führungsqualitäten und die Anerkennung durch die Gemeinschaft herauf. Ihre Beauftragung und Bestätigung durch die Reichsjugendführung bzw. die Gebiets- und Obergauführungen konnte nicht ohne diese vorgegebenen Bedingungen erfolgen.

Die Hitler-Jugend wurde nicht durch Vorschriften reglementiert

Wie in den vorstehenden Kapiteln ausgeführt wurde, gab es selbstverständlich Dienstanweisungen und Anregungen für die Führerschaft, so wie sie es heute auch in Jugend- und Sportverbänden etc. gibt. Ohne gewisse Spielregeln ist eine größere Gemeinschaft nicht möglich, selbst Tusk hat in seinen Schriften seiner Jungenschaft Themen gestellt. Innerhalb der gegebenen Richtlinien hatte jedoch jeder

Führer und jede Führerin die Möglichkeit, den Dienst nach eigenem Ermessen zu gestalten. Die Arbeitsgebiete der Hitler-Jugend waren weitgehend Neuland. Die in die Reichsjugendführung berufenen Führer und Führerinnen hatten alle Möglichkeiten, die von ihnen gewählten Arbeitsgebiete auf- und auszubauen, zum Beispiel die Schaffung eines Berufsbildes des Jugendführers mit der Ausbildung an der Akademie für Jugendführung, die Verwirklichung der Erziehungsideale der Jugend an den Adolf Hitler-Schulen, die Gründung der BDM-Haushaltungsschulen anstelle überholter Mädchen-Pensionate, der Entwurf einer neuen Baugesinnung und Bauweise u.a.m. Dafür gab es keine Weisungen von Partei, Staat oder anderen Stellen. Diese Möglichkeiten zu eigenständiger Arbeit, zur Durchsetzung neuer Ideen zogen begabte, begeisterte junge Führungskräfte an. »Die Jugend hatte ihren Staat für sich«.

Die Einheit der Hitler-Jugend wurde nicht zur Einförmigkeit

Die Gefahr einer Kollektiverziehung wurde durch die Führung der Hitler-Jugend durchaus erkannt und durch die Forderung, die älteren Jahrgänge zur »gemeinschaftsgebundenen Persönlichkeit« zu bilden, überwunden. Nach der Konsolidierung der Arbeit in den ersten Jahren entwickelte sich die Vielfalt in der Einheit. Hierbei wird auf die Darstellung der einzelnen Arbeitsgebiete verwiesen.
Kurz wiederholt sei, daß die Jungen, ihren Interessen entsprechend, sich der Flieger- (mit entsprechenden Modellbaugruppen), Marine-, Motor-, Nachrichten- und Reiter-Hitler-Jugend sowie dem Ausbildungswerk für Architektur und Technik anschließen konnten.
Die Mädel fanden in den vielseitigen Arbeitsgemeinschaften des BDM-Werkes »Glaube und Schönheit« alle Möglichkeiten der Entfaltung (von den Grundkenntnissen der Hauswirtschaft über Wohngestaltung, Mode, Kunst- und Literaturgeschichte, Auslandskunde u.a.m.).
Jungen und Mädel gleichermaßen konnten sich die verschiedenen Sportgruppen (Leichtathletik, Gymnastik, Leistungssportarten vom Boxen – nur Jungen – bis zum Fechten u.a.m.) sowie die Spielscharen (Chor, Orchester, Laienspiel) und die Werkarbeitsgruppen aussuchen.
Dabei handelte es sich nicht um »nur funktionalen, sinnentleerten Aktivismus«, wurde doch das BDM-Werk »Glaube und Schönheit«, dem die HJ in ihrem Ausbildungswerk »Architektur und Technik« bald nacheiferte, bewußt aus den psychologischen Erfahrungen der BDM-Reichsreferentin für die älteren Mädel gegründet. Diese und die gesamten Sondereinheiten entsprachen dem psychischen Entwicklungsbedürfnis der verschiedenartigen jugendlichen Gruppen.
Ein Teil der ehemaligen Bündischen Jugend vor 1933, die sich entweder freiwillig auflöste und zum weitaus größten Teil in die Hitler-Jugend überging, oder aber Druck zur Auflösung gezwungen wurde, gebraucht auch heute gerne noch den Vorwurf der »Uniformität«, der »Massenbewegung« gegen die Hitler-Jugend. Dem ist nach wie vor entgegen zu halten, daß die Bündische Jugend aus unzähligen kleinen und kleinsten Gruppierungen bestehend, ohnehin an einem Punkt ihrer Entwicklung angekommen war, der zu neuen Entscheidungen führen mußte. Die großen Leistungen der deutschen Jugendbewegung vor der Zeit der Hitler-Jugend sind unbestritten; sie hat der Hitler-Jugend auch viele in der Jugendarbeit erfahrene gute Führer und Führerinnen gestellt. Die Jugendbewegung vor 1933 bestand weitgehend aus einer Elite von Individualisten. Das Verdienst der Hitler-Jugend war aber, wie schon an anderer Stelle ausgeführt, daß sie die zerstrittene deutsche Jugend einte, Arbeiter-, Bauern- und Bürgerkinder zusammenführte, und gerade auch den sozial Benachteiligten die Wege zu einem besseren Leben ebnete und auf dem Weg war, eine der Gemeinschaft verpflichtete Elite zu bilden. Damit hat die Hitler-Ju-

gend genau das erfüllt, was die Bündische Jugend versäumt hatte, wie im Vorwort durch Prof. Dr. Wilhelm nachgewiesen: das Erkennen der Notwendigkeiten des industriellen Massenzeitalters.

»Verfolgte« Jugendliche

Verfahren, auch mit dem Ziel des Ausschlusses aus der Hitler-Jugend, wurden, wie dem Kapitel »Gerichtsbarkeit« entnommen werden kann, in wenigen Fällen notwendig. Nach den damaligen Wertvorstellungen handelte es sich neben Kriminellen um abseitige, bindungslose, arbeitsscheue, auch homosexuelle Jugendliche, die, um die Jugend vor Schaden zu bewahren, ausgeschlossen wurden.
Die Minderheit der Jugendlichen, die sich abseits hielt und zum Teil Horden oder Cliquen bildete, hatte nach Brandenburg »keine positiven Zielvorstellungen«. Ihre Triebkräfte waren Abenteuerlust und der Mangel an Bereitschaft zur Bindung, die bei einigen in aggressive, teils sogar kriminelle Aktivitäten umschlugen. Diese oppositionellen Gruppen entstanden meist erst im Krieg, als durch die Abwesenheit der besten HJ-Führer – sie standen an der Front – da und dort keine friedensmäßige Arbeit mehr geboten werden konnte.
Ihre Handlungen wurden damals als ein Angriff auf den Staat und die Einheit der Jugend empfunden.
Sie hatten sich selbst aus der Gemeinschaft ausgeschlossen und waren atypisch für ihre Zeit.
Die Anzahl echter Gegner, die aus ihrem Gewissen heraus Widerstand leisteten, war gering. Ihnen gebührt Respekt; manches Schicksal derer war tragisch.
Es sollte verstanden werden, daß im Krieg – auch in jedem anderen Volk – Opposition oder gar Sabotage nicht geduldet werden können und entsprechende Handlungen als Hochverrat ausgelegt werden. Auch heute wird Opposition gegen die Verfassung des Staates nicht geduldet.

Die Hitler-Jugend hat ihre Eltern weder bespitzelt noch angezeigt.

Hier handelt es sich um eine verleumderische Behauptung der Feindpropaganda mit dem Ziel, das Vertrauen der Elternschaft zur Hitler-Jugend zu zerstören. – Im Dezember 1936 wandte sich der Reichsjugendführer Baldur von Schirach an die »Deutschen Eltern«. (»Revolution der Erziehung« 1938, München)
Schon im Vorwort dieser Rede heißt es: *»Das Vertrauen der Elternschaft ist die Grundlage für eine erfolgreiche, harmonische Arbeit der nationalsozialistischen Jugendbewegung.«*
Aus der Rede sei noch folgendes zitiert: *»Die Organisation der Hitler-Jugend ... ist ein Werk, das Eltern und Jugend gemeinsam erbaut haben«.* –
Kann eine Jugendführung, die öffentlich um das Vertrauen der Eltern wirbt, die sich der Notwendigkeit deren Unterstützung bewußt war und die Jugend zur Bildung gesunder Familien erzog, einen Befehl zur Bespitzelung der Eltern gegeben haben?
Selbst im Krieg wurden in der Kinderlandverschickung die Jugendlichen zu regelmäßigem Schreiben an ihre Eltern angehalten und »Elternbriefe« herausgegeben.
Sicherlich werden Jugendliche – wie in jeder Generation – auch einmal gegen ihre Eltern rebelliert haben. Das hat aber nichts mit der Erziehung der Hitler-Jugend zu tun, welche die Jugendlichen zu anständiger Gesinnung und zu ausgeprägtem Ehrgefühl erzog und niemals zu einer solch' unwürdigen Handlungsweise.

Die Hitler-Jugend wurde nicht für den Krieg erzogen

Diese heute immer wieder vorgebrachte Beschuldigung der Erziehung der Hitler-Jugend für den Krieg wurde vom Internationalen Gerichtshof der Siegermächte in Nürnberg fallen gelassen.
Leibesübungen und Leistungssport sind keine Kriegsvorbereitungen. Die Flieger-, Nachrichten-, Marine-, Motor-, Reiter-HJ und andere Spezialgruppen förderten die Sportarten, die es in allen Ländern gibt. Geländespiele mit Waffen, selbst mit Ersatzwaffen, wurden von der Hitler-Jugend abgelehnt. Der von ihr durchgeführte Geländesport wurde in seiner Art bereits 1932 der Jugend des Weimarer Staates vom Völkerbund genehmigt. Der Schieß-Sport, wie ihn die Hitler-Jugend in den Schieß-Ständen der Schützenvereine pflegte, – dem der Jungschützen vergleichbar, wie er auch in anderen Völkern üblich – gehört zu den olympischen Disziplinen.
Der Reichsjugendführer von Schirach würde nicht 1938 das »Jahr der Verständigung« mit der Jugend anderer Völker und 1939 das »Jahr der Gesundheit« proklamiert sowie für den Bund Deutscher Mädel das BDM-Werk »Glaube und Schönheit« (stark musisch und gymnastisch betont) gegründet haben, wenn er die Jugend innerlich auf den Krieg hätte einstellen wollen. Die Jugend war in keiner Weise auf den Krieg vorbereitet! –
Zwangsläufig mußten nach Ausbruch des Krieges einzelne Arbeitsgebiete den Erfordernissen der Heimatfront und des Krieges angepaßt werden. Der Einsatz in Friedenszeiten ist von dem außergewöhnlichen Einsatz im Krieg unbedingt zu trennen. Daß auch die Jugend von der Notwendigkeit des Kampfes um Lebensraum und gegen den Bolschewismus – wie fast das ganze deutsche Volk – überzeugt war, muß zugestanden werden. Wie aber sollte und konnte die Jugend sich dem Zeitgeist entziehen?
Erst 1942 wurden für die Jungen Wehrertüchtigungslager eingerichtet, von Hitler-Jugendführern geleitet, um die Jungen vor frühzeitigem, nicht jugendgemäßem Kasernenhofdrill durch die Wehrmacht zu bewahren.
Der übliche Geländedienst der Jungen wurde *selbst im Krieg* weiterhin ohne Waffen durchgeführt, nicht anders als der Dienst der Boy-Scouts im Frieden. Erst ab Dezember 1944, als die WE-Lager zum »Volkssturm« wurden und Kombattanten-Status erhielten, erfolgte Ausbildung an leichten Infanterie-Waffen.

Die Hitler-Jugend wurde nicht zu blindem Gehorsam erzogen

»Macht ist Pflicht, Freiheit ist Verantwortung« (Marie von Ebner-Eschenbach) war die Parole für die Jugendführung (BDM-Jahrbuch 1940). Führer und Führerin sein, bedeutete Verantwortung tragen von kleinauf.
Die vielfältigen Einsätze und Leistungen der Jugend, gerade im Krieg, widersprachen jedem »Kadavergehorsam«. Zahllose Beispiele von unerschrockenem, tatkräftigem Einsatz von Jungen und Mädeln der Hitler-Jugend bei den großen Fliegerangriffen der Alliierten (Hamburg, Berlin, Darmstadt, Dresden u.a.), im Osteinsatz und bei anderen Gelegenheiten sind bekannt.
Der britische Militärhistoriker Liddel *Hart* schreibt über die jungen Soldaten der Hitler-Jugend:

> *»An Tapferkeit kamen die jungen Soldaten den Vätern gleich, aber dazu trat als neue Erscheinung ein verblüffendes Ausmaß an eigener Initiative bis hinab zur kleinsten Kampfgruppe, ja bis zum Einzelkämpfer . . . – Der deutsche Soldat des I. Weltkrieges war bei aller Tapferkeit oft ratlos, wenn die Offiziere ausfielen, der junge Soldat des II. Weltkrieges wurde gerade dann unberechenbar gefährlich . . . Die junge Generation, von der es hieß, sie sei zur Herde gedrillt, zeigte in der*

Schlacht nicht weniger, sondern mehr Selbstvertrauen, Eigenwillen, Einfallsreichtum und Selbständigkeit«.
(Aus »Geschichte des zweiten Weltkrieges«, Econ Verlag 1972, Düsseldorf – Wien). –

Die Mädel wurden weder zu »unterdrückten« Hausmütterchen, noch zu »leichten Mädchen« oder gar »schießenden Amazonen« erzogen.

Diese in sich völlig widersprüchlichen, von den heutigen Medien aufgestellten Behauptungen sind völlig aus der Luft gegriffen.
Das Erziehungsziel des Bundes Deutscher Mädel war die »gemeinschaftsgebundene Persönlichkeit«.
Die weibliche Jugend bekam durch den Bund Deutscher Mädel erstmalig in der Geschichte die Möglichkeit, ihre Erziehung selbst zu bestimmen und zu verantworten. Bei Gleichrangigkeit des Unterschiedlichen galt: *gleichwertig und artgemäß sollte erzogen werden, nicht gegen die Natur, die nun einmal den Mann stärker schöpferisch und ausgreifend, die Frau dagegen im engeren Kreis Kultur bildend und Sitte bestimmend geprägt hat, bis auf Ausnahmen, die es natürlich immer geben wird.* (Die Verfasserin in früheren Verlautbarungen). Die großen Leistungen der Führerinnen der deutschen Frauenbewegung wurden anerkannt und für eine wesentlich breitere Schicht, eigentlich erstmals für alle weiblichen Jugendlichen nutzbar gemacht, d. h. – sinngemäß nach Helene Lange – nicht so werden und handeln zu wollen wie der Mann, sondern die Freiheit zu haben, sich eigenen, weiblichen Vorstellungen gemäß als Persönlichkeit entfalten zu können.
Die BDM-Führung erstrebte für *jedes* Mädel sowohl eine Berufsausbildung, als auch hauswirtschaftliche Grundkenntnisse. Dennoch war das Grundthema der BDM-Erziehung nicht – wie heute behauptet wird – die »Synthese von körperlicher und hauswirtschaftlicher Ertüchtigung« sondern der »gymnastischen und musischen Bildung« im Rahmen der nationalsozialistischen Weltanschauung.
Die ideale »Selbstverwirklichung«, wie man heute sagen würde, wurde in der Ehe als Schicksalsgefährtin des Mannes und als Mutter gesunder Kinder gesehen, die als eigenständige Persönlichkeit und Trägerin von Kultur und Sitte die häusliche Atmosphäre und die ihrer Umwelt harmonisch prägen und bestimmen sollte.
Eine Forderung der Herausgeberin als damalige BDM-Reichsreferentin an das deutsche Mädel lautete: *»Das Richtmaß Deines sittlichen Handelns sei alles, was der Erhaltung der Familie dient«.*
Die unverheiratete, berufstätige Frau wurde genauso respektiert.
Durch die im Bund Deutscher Mädel erworbene Fähigkeit zu selbständigem Denken und Handeln, verbunden mit den vielfältigen Berufsausbildungen, wurde eine Mädel- und Frauengeneration herangebildet, die im Krieg und Nachkrieg ihre außerordentliche Leistungsfähigkeit bewiesen hat. –
Auch die waffentragende und schießende Amazone ist eine Erfindung der Nachkriegszeit. Das als scheinbarer Beweis in der Illustrierten »Quick« vom 31. 7. 1980 gebrachte Bild stellt keine Mädel des BDM dar (die auf ihrem Sporthemd jedenfalls eine HJ-Raute getragen hätten), sondern Sportstudentinnen. So wie dort gezeigt, gab es sie bereits in der Weimarer Republik.
Ein Punkt, der in den vorbezeichneten Aufgabengebieten nicht behandelt worden ist, aber im Krieg die Führerinnen des Bundes Deutscher Mädel beschäftigte, sei noch kurz angeführt:

Die Frage des unehelichen Kindes
In den Jahren bis zum Kriegsausbruch spielte diese Frage kaum eine Rolle; man kam bei der geringen Zahl der unverheirateten Mütter im beiderseitigen Einvernehmen zum freiwilligen Austritt aus der Mädelgemeinschaft.

Das Problem mußte die Führung des Bundes Deutscher Mädel aber zunehmend beschäftigen, nachdem Rudolf Hess, der Stellvertreter des Führers, nach Kriegsausbruch dazu aufrief, die Mütter außerehelich geborener Kinder nicht, wie bisher sehr oft, zu benachteiligen und zu verfemen. Ihre Zahl nahm durch die zur Front einrückenden Soldaten zu. Die dann eingeführte Fern-Trauung verringerte jedoch das Problem wieder.
Die BDM-Führung bejahte die Forderung von Rudolf Hess, lehnte aber eine allzu weitgehende Auslegung und vor allem eine Propagierung des außerehelich geborenen Kindes ab.
Nach wie vor wurde den 10- bis 21jährigen, für die der Bund Deutscher Mädel verantwortlich war, die gesunde, intakte Familie als Vorbild hingestellt.
In den späteren Kriegsjahren haben sich auch einige wenige BDM-Führerinnen, denen die Ehe versagt blieb, zur Geburt eines unehelichen Kindes entschlossen. Ihre ganz persönliche, ehrenhafte Entscheidung wurde anerkannt; sie schieden in beiderseitigem Einvernehmen aus dem Bund Deutscher Mädel aus. –
Die Einrichtung des »Lebensborn« als Entbindungsheim für unverheiratete Mütter war der BDM-Führung bekannt, nicht aber als sogenannte »Zuchtanstalten der SS«. Der »Lebensborn« unterhielt Heime, wie sie bis heute von Wohlfahrtsverbänden (Caritas, Innere Mission) für uneheliche Mütter auch geführt werden.
Das sogenannte »Führerkind« war – damals wie heute – Feindpropaganda, um das Vertrauen der Elternschaft zur Führung des Bundes Deutscher Mädel zu zerstören. –
(Siehe Anhang, Abb. 75, 76, 77)

Die Kinderlandverschickung wurde nicht gegründet zur erhöhten Einflußnahme der Hitler-Jugend auf die Jugendlichen

Wer dieses behauptet, verwechselt Ursache und Wirkung und kennt nicht Not und Schrecken eines Krieges. Der einzige Grund, bei dem durch den Krieg bedingten Führermangel eine noch zusätzlich belastende Aufgabe auf sich zu nehmen, war: Kinder und Jugendliche vor dem Bombentod zu bewahren. Ein erhöhter weltanschaulicher Einfluß auf diese war vielleicht eine Folgeerscheinung, die aber nicht über das Maß dessen hinausging, sondern eher unter dem blieb, was in den Heimateinheiten am weltanschaulichen Einfluß üblich war.
Wenn in der Kinderlandverschickung das Zusammenwirken von Lehrer- und Jugendführerschaft eine glückliche Synthese für die Jugenderziehung insgesamt und einen gewissen Modellcharakter ergab, so war von der HJ-Führung doch nie an eine Ausschaltung des Elternhauses und an eine grundsätzliche Kasernierung der gesamten Jugend gedacht. (Vergl. Kapitel 42.5 »Jugendwohnheime«.)

Die Hitler-Jugend bot genug Freiraum zur Entfaltung der jungen Persönlichkeit
Der Psychologe Ausubel sagt in seinem Werk »Das Jugendalter« (Juventa Verlag, München, 1968) Seiten 318 u. 191:

> *»Während die Jugend auf dem Land frühzeitig durch die Teilnahme an der Arbeit der Erwachsenen (ähnlich primitiver Völkerstämme) Verantwortung übernimmt und dadurch einen Status erhält, haben Jugendliche in modernen städtischen Kulturen wenig Gelegenheit, Selbständigkeit, Verantwortung und Identifikationen mit der Welt der Erwachsenen zu üben. Darum entwickeln Letztere ein eigenes System Prestige verleihender Werte. Sie entwickeln Aktivitäten, die von der Welt der Erwachsenen weit entfernt sind und finden eine Befriedigung einerseits durch eine Identifikation mit prominenten Gestalten des öffentlichen Lebens, andererseits in jeder Art heimlicher Guerillatätigkeit gegen Erwachsene und deren Maßstäbe.«* –

Selbständigkeit, Verantwortung und Identifikation mit der Welt der Erwachsenen

wurden den Jugendlichen frühzeitig in der Hitler-Jugend gegeben. Sie entwickelte ihren eigenen Lebensstil und fand selbst die Möglichkeiten der Einfügung und der Arbeit für das Ganze. Das Besondere war, daß dadurch Konfliktsituationen mit der älteren Generation weitgehend vermieden wurden, ja die Jugend sich der größten Zustimmung der Elterngeneration erfreuen durfte.
Das heißt nicht, daß die Jugend nicht Ideen und Pläne hatte, die über das Vorhaben der älteren Generation hinausgingen, z. B. das Bemühen um eine gesellschaftliche Gesinnung und Ordnung moderner Art. –
Befragt man heute ehemalige Angehörige der Hitler-Jugend und des Bundes Deutscher Mädel, erklären sie fast durchweg, daß sie in dieser Jugendgemeinschaft froh und glücklich waren. Ausgenommen immer vorhandene Außenseiter, u. a. Neurotiker, und einige der letzten Jahrgänge, welche die Hitler-Jugend nur noch im Ausnahmezustand des Krieges erlebt haben, fühlten sie sich *nicht* unfrei und eingeengt. Ihr jugendliches Dasein war erfüllt; sie trugen von kleinauf Verantwortung und wurden, so jung sie waren, als Persönlichkeit gewertet.
Anschaulich spiegelt sich ihr Selbstverständnis in dem Bildteil »Das Gesicht einer Jugend« in dem Buch von Herbert Taege »Über die Zeiten fort«, Askania Verlag, Lindhorst.

Zusammenfassung

Die sportlichen, sozialen und kulturellen Leistungen der Hitler-Jugend dürften bei objektiven Betrachtern unumstritten sein. Nicht alle Vorhaben konnten in der Kürze der zur Verfügung stehenden Zeit verwirklicht werden. In den unteren Einheiten hat es sicher auch oft an einer geeigneten Führung gemangelt, besonders während des Krieges. Irrtümer, Fehler sind vorgekommen und gemacht worden, wie sie immer zu beobachten sein werden, auch heute! Hitler-Jugend und Bund Deutscher Mädel waren aber auf dem Wege, über die Akademie für Jugendführung und die Adolf Hitler-Schulen den Nachwuchs für ein qualifiziertes, verantwortungsbewußtes Führerkorps heranzubilden.
Die weltanschauliche Schulung wurde von der allgemeinen Zustimmung, ja, Begeisterung für den nationalsozialistischen Gedanken der Volksgemeinschaft, der Beseitigung wirtschaftlicher Not, sozialer Spannungen und der Wiederherstellung des deutschen Ansehens in der Welt getragen. Hohe Politiker des Auslandes brachten Adolf Hitler Respekt, sogar Bewunderung entgegen. Die an der Akademie für Jugendführung und an den Reichsführerschulen zu Vorträgen und Arbeitsgemeinschaften herangezogenen namhaften Wissenschaftler waren oder schienen in vollem Einklang mit dem Zeitgeist. Wie sollte sich da eine Jugend ausschließen? Wie sollte sie erkennen, was sie heute weiß? Glaubt nicht jede gesunde Jugend, die Welt verbessern zu können?
Jungen und Mädel, Führer und Führerinnen unserer Generation waren Idealisten, Gläubige und nicht Wissende. In den letzten beiden Kriegsjahren kam vor allem im höheren Führerkorps der Hitler-Jugend zunehmend eine kritische Einstellung auf, getragen von den jungen Männern, die von der Front kamen. Sie richtete sich nicht gegen den Nationalsozialismus und was sie darunter verstanden, aber gegen den Mißbrauch der Idee und gegen den Mißbrauch der Macht. In der Reichsjugendführung und an der Akademie für Jugendführung (HJ) wurde offen darüber diskutiert, was nach dem Kriege zu ändern sei, um die Ideale der Jugend zu bewahren und zu verwirklichen, zum Beispiel eine stärker konstitutionell verankerte demokratische Führungsordnung und die Anerkennung der Gleichrangigkeit der anderen Vaterländer Europas mit dem deutschen Vaterland.
Der Zusammenbruch des Dritten Reiches und das erschütternde Ergebnis von 1945 widerspricht dem allen nicht. Übrig blieb 1945 eine Generation, die größte Blutop-

fer hatte bringen müssen, die in den Lagern der Sieger, in den Zuchthäusern der sowjetischen Besatzungszone (jetzt DDR) im Ertragen ungerechten Urteils für ihre Arbeit in der Gemeinschaft büßen mußte, deren eigenes Fragen nach Irrtum oder Schuld nicht zu Ende kommen wird – eine Generation, die zu selbständigem Denken und Handeln erzogen, in selbstverständlichem Verantwortungsbewußtsein aus den Trümmern das Wirtschaftswunder und ein geordnetes demokratisches Staatswesen aufbaute.

Die Hitler-Jugend soll und kann als Erziehungsauftrag nicht wiederholt werden, sonst wäre sie keine Jugendbewegung ihrer Zeit gewesen.

Diese Niederschrift kann jedoch durch eine offene Darlegung, wie die Hitler-Jugend sich selbst verstand, der heutigen Generation durch eine kritische, jedoch nicht polemische Betrachtung einer echten Bewältigung der Vergangenheit dienen und Denkanstöße für die Zukunft geben.

Anhang

Übersichten, Dokumente, graphische Darstellungen Literaturverzeichnis

Der Anhang umfaßt 93 Seiten mit eigener, kursiv gesetzter Numerierung. Die Seitennummer befindet sich oberhalb der Kopfleiste an der Schnittkante, während die Nummer der Abbildung zum Falz hin angeordnet ist. Unterhalb der Kopfleiste befindet sich stichwortartig der Abbildungsgegenstand.

„Glaube und Schönheit"

Am 19. Januar 1938 verkündete der Reichsjugendführer die Schaffung des BDM -Werkes „Glaube und Schönheit", das seitdem die 17- bis 21jährigen Mädel in Arbeitsgemeinschaften für Gymnastik, Hauswirtschaft und andere Interessengebiete zusammenfaßt. Schon frühzeitig war Schirach allen Anzeichen der Vermännlichung der weiblichen Jugend entgegengetreten. Das Ideal des anmutigen, schönen, stolzen Mädels stehe, wie er sagte, dem Ideal des tapferen, ritterlichen Jungen um nichts nach. Aber es sei eben etwas anderes, ob man Jungmädel erziehe oder Mädel im Alter zwischen 17 und 21 Jahren. Weder mit Gepäckmärschen und Zeltlagern noch mit einem straffen Dienst in den Einheiten könne man sie auf die Lebensaufgaben vorbereiten, die in Beruf und Familie auf sie warten. Zwischen dem politischen Dienst und dem wirklichen Leben dieser Mädel sollte keine Kluft entstehen. Als Ziel wurde die „gemeinschaftsgebundene Persönlichkeit" herausgestellt.

Insgesamt bestehen heute 30.082 Arbeitsgemeinschaften, davon 11 000 häusliche Erziehung (Kochen, Nähen, geschmackvolle Kleidung, Wohnkultur, Kultur in Heim und Familie), 1726 Gesundheitsdienst-Arbeitsgemeinschaften, 5526 Arbeitsgemeinschaften für Leibesübungen (Gymnastik, Leichtathletik, Schwimmen, Tennis, Fechten, Rollschuhlauf, Eislauf, Hockey, Schi, Wassersport), und 11 830 sonstige Arbeitsgemeinschaften (Völkisches Leben, Geschichte, Kunst, Dichtung Auslandskunde, Sprachen, Luftschutz, Chor, Orchester, Schnitzen, Modellieren, Zeichnen).

+Das junge Deutschland" 1943 (Stand: 1942)
Heft 1/2

1 Die DIENSTRÄNGE der HITLER-JUGEND und des DEUTSCHEN JUNGVOLKS.

Die einzelnen Dienstränge, zu denen jeder HJ-bzw. DJ-Angehörige auf Grund seiner Leistung und seiner Dienststellung befördert werden konnte, wurden in vier Gruppen zusammengefaßt:

HITLER-JUGEND	DEUTSCHES JUNGVOLK
GEMEINSCHAFTSRÄNGE	
Rottenführer	Hordenführer
Oberrottenführer	Oberhordenführer
FÜHRERSCHAFT	
Kameradschaftsführer	Jungenschaftsführer
Oberkameradschaftsführer	Oberjungenschaftsführer
Scharführer	Jungzugführer
Oberscharführer	Oberjungzugführer
	Fähnleinführer
HÖHERE FÜHRERSCHAFT +)	
Gefolgschaftsführer	
Obergefolgschaftsführer	Oberfähnleinführer
Hauptgefolgschaftsführer	Hauptfähnleinführer
FÜHRERKORPS	
Stammführer	Jungstammführer
Oberstammführer	Oberjungstammführer
Bannführer	Jungbannführer (bis 1941)
HÖHERES FÜHRERKORPS	
Oberbannführer	Oberjungbannführer (bis 1941)
Hauptbannführer	Hauptjungbannführer (bis 1941)
Gebietsführer	- - -
Obergebietsführer	- - -

Als Dienstrang-Abzeichen wurden bei den HJ-Gemeinschaftsrängen und der HJ-Führerschaft Streifen und Sterne auf den Schulterklappen, ab Führerkorps Sterne und Eichenblätter auf schwarzen Schulterstücken getragen. Beim JUNGVOLK waren die Rangabzeichen (Winkel und Sterne) der Gemeinschaftsränge und der Führerschaft auf runden, schwarzen Armscheiben angebracht. - (Abb.2a)

+) Nach 194o(genaues Datum nicht bekannt)gehörten die Führer vom Hauptgefolgschaftsführer und Hauptfähnleinführer bis zum Bannführer dem Führerkorps an. Die Bezeichnung"höhere Führerschaft"entfiel.-

Übersicht Dienstränge, Dienstkleidung

Die KENNZEICHEN der DIENSTSTELLUNG (Abb. 2b)

Zusätzlich zu den Rangabzeichen wurden - bei der Hitler-Jugend - Dienststellungs-Schnüre getragen, welche die Dienststellung d.h. die Tätigkeit, die der einzelne Führer ausübte, kennzeichnete. -

So trug der Führer

einer Kameradschaft einer Jungenschaft	: eine rot-weiße Dienststellungsschnur
einer Schar eines Jungzugs	: eine grüne Dienststellungsschnur
einer Gefolgschaft eines Fähnleins	: eine grün-weiße Dienststellungsschnur
eines Stammes eines Jungstammes	: eine weiße Dienststellungsschnur
eines Bannes eines Jungbannes	: eine rote Dienststellungsschnur
eines Standortes mit mindestens 2 Bannen	: eine schwarz-rote Dienststellungsschnur
eines Gebietes	: eine schwarze Dienststellungsschnur
und der Hauptscharführer Hauptjungzugführer	: eine grün-schwarze Dienststellungsschnur

2 Die DIENSTANZÜGE der HITLER-JUGEND und des JUNGVOLKS (Abb.2c)

Vom Pimpfen bis zum Reichsjugendführer wurde als gemeinsames Uniformstück das Braunhemd getragen als Ausdruck der Zugehörigkeit zu e i n e r großen Gemeinschaft. Es wurde ergänzt durch weitere, für den Dienst notwendige und geeignete Uniform- und Ausrüstungsstücke.

Der DIENST-ANZUG des Hitlerjungen, der Gemeinschaftsränge und der HJ-Führerschaft bestand aus:

Sommermütze,
Diensthemd (braun) mit rot paspolierten Schulterklappen,
Gebiets-Armdreieck und HJ-Armbinde,
Halstuch und Lederknoten,
schwarzes Lederzeug, Fahrtenmesser,
Kniehose, Kniestrümpfe,
Schnür-Halbschuhe,
Regenumhang (bei schlechtem Wetter).

Im Winter wurde eine dunkelblaue Winterbluse, Handschuhe, eine dunkelblaue Skimütze und eine Überfallhose mit Umschlagsocken oder Abschlußbändern getragen. -

Der Dienstanzug der höheren HJ-Führerschaft unterschied sich zu dem der Jungen und der Führerschaft nur durch die Dienstmütze, Stiefelhose und Schaftstiefel.

Der große FÜHRER-DIENSTANZUG für das Führerkorps und das höhere Führerkorps setzte sich zusammen aus:

Brauner Schirmmütze mit schwarzem Mützenband,
HJ-Abzeichen und Hoheitsadler,
Braunhemd, schwarzer Binder,
Brauner Dienstrock mit Armdreieck und Armbinde,
Schwarzes Lederzeug, Führerdolch,
Schwarze Stiefelhose und Schaftstiefel. -
Im Winter wurde zusätzlich ein olivfarbener Mantel mit schwarzem Kragen - beim höheren Führerkorps außerdem mit schwarzen Aufschlägen getragen. -

Auf dem Dienstrock und dem Mantel waren die Rangabzeichen auf schwarzen Schulterstücken - silberfarben gestickt bis Hauptbannführer, goldfarben ab Gebietsführer - angebracht. Zum großen Führerdienstanzug war im Krieg anstelle des Führerdolches das Tragen einer Pistole vorgeschrieben.

Der Dienstanzug des JUNGVOLKS
entsprach im wesentlichen dem der HJ; statt der braunen wurde eine schwarze Kniehose getragen und am Diensthemd bzw. an der Winterbluse keine Schulterklappen und keine Armbinde, sondern nur ein Schulterstreifen und die DJ-Armscheibe mit der Sigrune. Der Fähnleinführer trug den DJ-Dienstanzug mit Schulterklappen, Dienstmütze mit Hoheitsadler und HJ-Abzeichen, Stiefelhose und Schaftstiefel, im Winter zusätzlich Mantel und Handschuhe.

Außerdem gab es noch für alle HJ- und DJ-Führer den kleinen Dienstanzug, den Ausgehanzug und den Gesellschafts-Anzug, zu denen eine lange schwarze Hose und ein braunes bzw. weißes Hemd getragen wurde.

Der SPORTANZUG war für HJ- und DJ-Angehörige - ebenso für die Führer - gleich. Er bestand aus einem weißen Sporthemd mit rot-weiß-rotem Brustring und Hakenkreuz, schwarzer Sporthose und Turnschuhen. Bei kaltem Wetter wurde dazu ein blauer Übungsanzug mit HJ-Abzeichen auf dem linken Oberarm getragen. - Zum Schwimmen war eine schwarze, weiß eingefaßte Badehose vorgeschrieben.

Der SKISPORTANZUG für alle Mitglieder und Führer der HJ bestand aus Skimütze, Skibluse mit Gebiets-Armdreieck und HJ-Stoff-Abzeichen, Überfallhose, Umschlagsocken oder Abschlußbändern, Skistiefeln und Handschuhen. - Das JUNGVOLK trug vom Pimpfen bis zum Oberjungzugführer den DJ-Winter-Dienstanzug mit Skistiefeln, Inhaber höherer DJ-Führerränge trugen den Skisport-Anzug der HJ.

Die AUSRÜSTUNG für Fahrten und Lager war ebenfalls für alle Mitglieder und Führer von HJ und DJ gleich. Sie bestand aus Brotbeutel mit Feldflasche und Trinkbecher, Spaten, Tornister mit Decke und Zeltbahn, Zelt-Zubehörbeutel, Kochgeschirr. Mitglieder des JUNGVOLKS durften vor Erreichung des 12. Lebensjahres Decke, Zeltbahn und Spaten nicht tragen; Gepäckstücke, die über 2 1/2 kg wogen, wurden im Gepäckwagen mitgeführt.

Der Dienstanzug der SONDEREINHEITEN

Entsprechend ihren besonderen Aufgaben unterschieden sich die Dienst-Anzüge der Sondereinheiten vom Dienstanzug der allgemeinen HJ.
Die Marine-HJ trug einen dunkelblauen Marine-Dienstanzug, die Flieger-HJ einen blaugrauen HJ-Dienstanzug; die Schulterklappen hatten bei der Marine-HJ eine goldgelbe und bei der Flieger-HJ eine hellblaue Paspelierung.
Die Nachrichten-HJ war durch gelbe und die Motor-HJ durch rosa Paspelierung der Schulterklappen gekennzeichnet. Diese beiden Sondereinheiten leisteten ihren Dienst im HJ-Dienstanzug.

3. Die Dienstränge des BUNDES DEUTSCHER MÄDEL

Die Führerinnen des BUNDES DEUTSCHER MÄDEL wurden in folgende Gruppen eingeteilt:

MÄDELBUND	JUNGMÄDELBUND
FÜHRERINNENSCHAFT	
Mädelschaftsführerin	Jungmädelschaftsführerin
Mädelscharführerin	Jungmädelscharführerin
HÖHERE FÜHRERINNENSCHAFT +)	
Mädelgruppenführerin	Jungmädelgruppenführerin
Mädelhauptgruppenführerin	Jungmädelhauptgruppenführerin
FÜHRERINNENRING	
Mädelringführerin	Jungmädelringführerin
Untergauführerin (ab 1942 -kriegsbedingt- Bannmädelführerin)	Jungmädeluntergauführerin (bis 1941)
HÖHERER FÜHRERINNENRING	
Gauführerin (ab 1942 -kriegsbedingt- Hauptmädelführerin)	Jungmädelgauführerin (bis 1941)
Obergauführerin (ab 1942 -kriegsbedingt- Gebietsmädelführerin)	

+) Nach 194o (genaues Datum unbekannt) gehörten die Mädelhauptgruppenführerinnen bzw. Jungmädelhauptgruppenführerinnen bis zur Bannmädelführerin dem " Führerinnenring " an. Die Bezeichnung "Höhere Führerinnenschaft" entfiel.-

Übersicht Dienstränge, Dienstkleidung

Von den Mädelführerinnen wurden an der Dienstkleidung als Rangabzeichen Führerinnenschnüre und an der Führerinnendienstkleidung des Führerinnenringes und des höheren Führerinnenringes in Silber gestickte Adler mit unterschiedlicher Umrandung, von der Obergauführerin (Gebietsmädelführerin), den BDM-Amtsreferentinnen der REICHSJUGENDFÜHRUNG und der BDM-Reichsreferentin mit goldgesticktem Adler getragen. (Abb.2 d)
Diese Rangabzeichen durften nur von den in ihrem Rang und ihrer Dienststellung bestätigten Führerinnen getragen werden.

Die FÜHRERINNENSCHNÜRE

Mädelschaftsführerin Jungmädelschaftsführerin	: rot-weiße	Führerinnenschnur,
Mädelscharführerin Jungmädelscharführerin	: grüne	Führerinnenschnur,
Mädelgruppenführerin Jungmädelgruppenführerin	: grün-weiße	Führerinnenschnur,
Mädelhauptgruppenführerin JM-Hauptgruppenführerin	: blaue	Führerinnenschnur,
Mädelringführerin JM-Ringführerin	: weiße	Führerinnenschnur,
Untergauführerin JM-Untergauführerin (ab 1942: Bannmädelführerin)	: rote	Führerinnenschnur,
Gauführerin JM-Gauführerin (ab 1942: Hauptmädelführerin)	: rot-schwarze	Führerinnenschnur,
Obergauführerin (ab 1942: Gebietsmädelführerin)	: schwarze	Führerinnenschnur.

4 Die DIENSTKLEIDUNG des BUNDES DEUTSCHER MÄDEL (Abb. 2e)

Die Dienstkleidung - in den ersten Jahren Bundestracht genannt - sollte auch äußerlich die Gemeinsamkeit in der Haltung der Mädel zum Ausdruck bringen. Beim Sport, im Lager, auf Fahrt, beim Heimabend interessierte niemand die Herkunft und der Geldbeutel des Vaters, sondern die Kameradschaft und der Einsatz eines jeden Mädel für die Gemeinschaft. Nur der Adel der Leistung entschied und kam im BDM-Leistungsabzeichen und in der Beförderung zur Führerin und in deren Dienstkleidung zum Ausdruck. Nicht militärisch uniformiert sollten die Mädel sein, sondern mit blauem Rock, weißer Bluse, Fahrtentuch (schwarz) und Lederknoten sportlich angezogen.

Die Dienstkleidung setzte sich wie folgt zusammen:

Weiße kurzarmige Bluse, versehen mit dem Armdreieck,
blauer Rock,
blauer Ledergürtel,
weiße Söckchen (im Sommer),
braune Schnür-Halbschuhe,
bei kühler Witterung und im Winter:
lange beigefarbene Strümpfe,
braune BDM-Weste (sogen.Kletterweste) mit Armdreieck des betreffenden Obergaues ggf. mit Traditions-Armdreieck - Silberlitze an Armdreieck -HJ-Raute (Stoff-Abzeichen).

Die Dienstkleidung des Jungmädelbundes entsprach der des Mädelbundes mit dem Unterschied, daß der Rock an die Bluse angeknöpft (weiße Knöpfe) und kein Gürtel getragen wurde. Im Winter wurde die BDM-Skikappe als Kopfbedeckung getragen.

Angehörige des Führerinnenringes waren berechtigt, die Führerinnen-Dienstkleidung zu tragen. Sie bestand aus einem dunkelblauen Jackenkleid, weißer Bluse (Pikée)
dunkelblauem Mantel, blauem Hut,
dunkelblauen Schuhen, Handschuhen, Handtasche, weißem Halstuch (Schal); am linken Unterarm einen Armstreifen anstelle Armdreiecks.

Zu festlichen Anlässen in dienstlichen Rahmen wurde die Festtagsjacke in blau (mit leicht angedeutetem Stehkragen) und einem blauen Cape - im Sommer: eine weiße Jacke - getragen. -

Der Sportanzug des JUNGMÄDELBUNDES und des MÄDELBUNDES

Der Sportanzug für die JUNGMÄDEL und MÄDEL war derselbe, Unterschiede zwischen dem Sportanzug für Führerinnen und Mädel gab es nicht. Der Sportanzug bestand aus:

weißem Sporthemd mit HJ-Raute,
kurzer schwarzer Turnhose, Turnschuhen.
Bei kalter Witterung wurde ein blauer Übungsanzug mit HJ-Raute auf dem linken Oberarm getra gen. -

Zum Schwimmen wurde ein schwarzer Badeanzug, eine weiße Badekappe, darüber ein schwarzes Dreiecktuch mit HJ-Raute getragen.

Der SKI-Sportanzug für Jungmädel, Mädel und Führerinnen bestand aus

blauer Skikappe oder gestricktem blauen Stirnband,
olivgrüner Skibluse mit Obergau-Armdreieck und HJ-Raute,
dunkelblauer Skihose,
grauem Wollschal, Wollstrümpfen, grauen Umschlagsocken oder grauen Abschlußbändern, grauen Handschuhen und Skistiefeln. -

Die Ausrüstung für Fahrten und Wandern.

Diese war für Jungmädel, Mädel und Führerinnen dieselbe und bestand aus: der üblichen Dienstkleidung mit grauer Fahrten-Bluse, Brotbeutel mit Feldflasche, Trinkbecher, Rucksack mit Decke, Kochgeschirr.

Vor Vollendung des 11.Lebensjahres war das Mitnehmen von Rucksäcken verboten; die 10 - bis 11 -jährigen JUNGMÄDEL durften nur den Brotbeutel tragen. MÄDEL ab 14 Jahren durften einen Rucksack mit 3 kg tragen.

Die Mädel des BDM-WERKES "Glaube und Schönheit" konnten-je nach Vereinbarung- in der Dienstkleidung des BDM o d e r in Zivilkleidung an den ARBEITSGEMEINSCHAFTEN teilnehmen.
Sie besaßen außerdem eine Gymnastikkleidung (weißer Gymnastik-Kittel mit HJ-Raute auf der Brust) sowie ein Tanzkleid: ein weißes Kleid mit rotem, gelbem, blauem oder grünem - kurzen - Bolero-Jäckchen. Der nach "unten" weit ausschwingende Rock, in dessen Innenseite ein breiter, bunter Streifen in der Farbe des Jäckchens verarbeitet war, wirbelte beim Tanzen hoch und zeigte ein schönes Farbbild.

Ein Gemeinschafts-Abendkleid (wie beim Reichsarbeitsdienst W.J.) wurde abgelehnt.
Bei festlichen Veranstaltungen mit Tanz wurde von jedem Mädel ein individuelles Abendkleid getragen. -

Das GESUNDHEITSDIENSTMÄDEL

trug zur üblichen BDM-Dienstkleidung zusätzlich eine weiße Schürze mit HJ-Raute auf dem Schürzenlatz, ein weißes Kopftuch, versehen mit der Heilsrune.

5 ABZEICHEN (Abb. 2f)

Das HJ-EHRENZEICHEN wurde vom REICHSJUGENDFÜHRER auf Antrag an diejenigen Mitglieder der Hitler-Jugend, der Partei und ihrer Gliederungen verliehen, die schon vor dem 1. Reichsjugendtag am 1. und 2. Oktober 1932 der Hitler-Jugend (BDM) angehörten. Es unterschied sich vom HJ-Abzeichen durch einen breiten goldenen Rand (wurde in einer Nummern-Kartei erfaßt).
Das goldene HJ-Abzeichen mit einem Rand aus Eichenblättern wurde vom REICHSJUGENDFÜHRER an besonders verdiente Hitler-Jugend-Angehörige sowie an Persönlichkeiten verliehen, die sich um die Hitler-Jugend (bzw. den BDM) verdient gemacht hatten.

Übersicht Abzeichen, Fahnen

Das TRADITIONS-ARMDREIECK trugen alle Angehörige der Hitler-Jugend (BDM), die vor dem 30. Januar 1933, dem Tag der Machtübernahme im Reich (bzw. vor den entsprechenden Daten der später zum Reich gekommenen Gebiete) der Hitler-Jugend (BDM), der Partei oder einer ihrer Gliederungen angehört hatten. Dieses Abzeichen bestand aus einer goldenen (für den BUND DEUTSCHER MÄDEL silbernen) Litze, die am unteren Rand des Gebiets- bzw. Obergau-Armdreiecks angebracht war. -

Die PLAKETTE des 1. REICHSJUGENDTAGES in Potsdam durfte von den Teilnehmern zur Erinnerung an diesen großen Jugend-Aufmarsch getragen werden.

Das HJ-LEISTUNGSABZEICHEN gab es in drei Klassen (Eisen, Bronze und Silber), in denen jeweils eine Leistungsprüfung auf sportlichem und weltanschaulichem Gebiet abgelegt werden mußte. -

Jungvolk-, Jungmädel- und Mädel-LEISTUNGSABZEICHEN (BDM)

Für das JUNGVOLK und für den JUNGMÄDEL- und den MÄDELBUND gab es ebenfalls Leistungsabzeichen, die sich in den Prüfungsbedingungen und in der Ausführung - entsprechend dem Alter oder der Mädelart - vom HJ-Leistungsabzeichen unterschieden (siehe Kapitel "Leibeserziehung").

Das FÜHRERSPORTABZEICHEN konnte von allen HJ- und DJ-Führern vom Gefolgschaftsführer und Fähnleinführer ab aufwärts beim jährlichen Führerzehnkampf erworben werden. Voraussetzung war der Besitz des silbernen HJ-Leistungsabzeichens. Das Führersportabzeichen ähnelte diesem im Aussehen, war jedoch in Gold und mit einem Eichenlaubkranz ausgeführt.

Das HJ-Schießabzeichen wurde zur Förderung des Schießsports in der Jugend in zwei Klassen verliehen.

Das Seesportabzeichen der Marine-HJ,
das Segelflug-Leistungsabzeichen der Flieger-HJ
und das Motor-HJ-Ausbildungsabzeichen
konnten die Angehörigen dieser Sondereinheiten nach Ablegung einer Prüfung erwerben.

6 FAHNEN und WIMPEL (Abb. 2g)

Es wurden folgende Fahnen geführt:

Bannfahne: Rotweißrot mit HJ-Adler in Schwarz, Formationsnummer auf dem Band über dem Kopf des Adlers.

Jungbannfahne: Schwarz mit HJ-Adler in Weiß, Formationsnummer auf dem Band über dem Kopf des Adlers.

Gefolgschaftsfahne: Rotweißrot, in der Mitte auf Eck gestelltes schwarzes Hakenkreuz auf weißem Quadrat, auf dem Spiegel in der inneren oberen Ecke die Nummer der Gefolgschaft und des Bannes.

Fähnleinfahne: Schwarzer Grund, darauf weiße Sigrune, auf Spiegel in der inneren oberen Ecke die Nummer des Fähnleins und des Jungbannes.

Wimpel des BUNDES DEUTSCHER MÄDEL

Es wurden folgende Wimpel geführt:

Untergau-Wimpel: Rotweißrot mit Adler in Schwarz, Formationsnummer Schwarz über dem Kopf des Adlers,

Jungmädeluntergau-Wimpel: Schwarz mit weißem Adler, Formationsnummer in Weiß über dem Kopf des Adlers.

Mädelgruppen-Wimpel: Rotweißrot gestreift, in der Mitte auf die Spitze gestelltes weißes Quadrat mit schwarzem Hakenkreuz, Formationsnummer in der inneren oberen Ecke, weiß gestickt.

Jungmädelgruppen-Wimpel: Schwarzer Grund, darauf HJ-Abzeichen, Formationsnummer in der inneren oberen Ecke, weiß gestickt.
Fahnen und Wimpel waren beiderseits gleich. Die Bann- und Jungbann-Fahnen sowie die Untergau- und Jungmädeluntergau-Wimpel wurden durch den REICHSJUGENDFÜHRER geweiht, die Fahnen der Gefolgschaften und Fähnlein durch den Führer des Gebietes und die Wimpel der Mädel-und Jungmädelgruppen durch die BDM-REICHSREFERENTIN bzw.durch die Führerin des Obergaues.

2. Die Rang- und Dienststellungsabzeichen

a) Hitler-Jugend

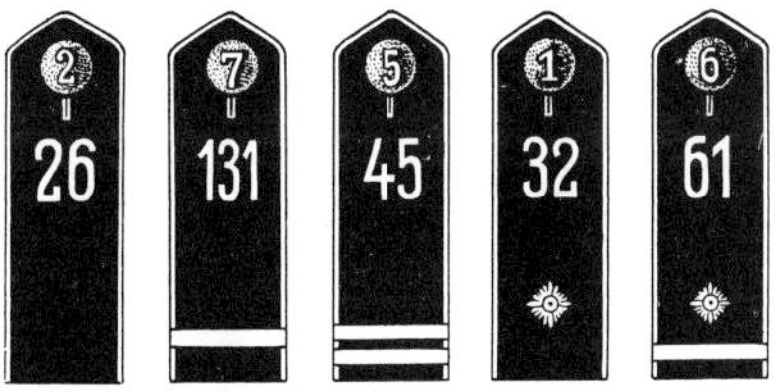

Hitler-junge (Gef. 2 Bann 26) — Rotten-führer (Gef. 7 Bann 131) — Ober-rottenführer (Gef. 5 Bann 45) — Kamerad-schaftsführer (Gef. 1 Bann 32) — Ober-kamerad-schaftsführer (Gef. 6 Bann 61)

Haupt-gefolgschafts-führer (Gef. 6 Bann 15) — Stammführer (Bann 94) — Ober-stammführer (Bann 76) — Bann-führer — Ober-bannführer

Schar-führer (Gef. 4 Bann 9) — Ober-scharführer (Gef. 12 Bann 57) — Gefolgschafts-führer (Gef. 5 Bann 118) — Verw.-Ge-folgschafts-führer — Ober-gefolgschafts-führer (Gef. 2 Bann 83)

Haupt-bannführer — Gebiets-führer — Ober-gebietsführer — Stabsführer der Reichs-jugend-führung

Dienststellungsschnüre. Ihre Trageweise und ihr **Aussehen:**

Führer einer Kameradschaft: } Rot-weiße Dienststellungsschnur.
Führer einer Jungenschaft: }

Sie wird vom Knopf der linken Brusttasche zu dem auf gleicher Höhe liegenden Knopf der mittleren Knopfleiste getragen.

b) Deutsches Jungvolk

Hordenführer — Oberhordenführer — Jungenschaftsführer

Oberjungenschaftsführer — Jungzugführer — Oberjungzugführer

Zusätzlich zu den Erkennungszeichen der einzelnen Dienst-ränge werden Dienststellungsschnüre getragen.

Führer einer Schar ……. / Führer eines Jungzuges ….	Grüne Dienststellungsschnur
Führer einer Gefolgschaft … / Führer eines Fähnleins ….	Grün-weiße "
Führer eines Stammes …. / Führer eines Jungstammes ..	Weiße "
Führer eines Bannes ….. / Führer eines Jungbannes …	Rote Dienststellungsschnur
Führer von Standorten mit mindestens 2 Bannen …….	Rot-schwarze "
Führer des Gebietes ……..	Schwarze "
Hauptscharführer …….. / Hauptjungzugführer ……	Grün-schwarze "

Diese Dienststellungsschnüre werden von der linken Schulterklappe bzw. vom Knopf der linken Schulter (nur bei DJ) bis zum Knopf der linken Brusttasche getragen.

Stellenleiter der Banne ……… } Rote Dienststellungsschnur
Stellenleiter der Jungbanne ….. }

Sie wird genau so wie die Dienststellungsschnur der Kameradschafts- und Jungenschaftsführer getragen.

Der Dienstanzug der Hitler-Jugend

Führerkorps und höheres Führerkorps

Der große Sommerdienstanzug

Der kleine Winterdienstanzug (Beim höheren Führerkorps hat der Mantel schwarze Aufschläge)

Der Winterdienstanzug mit Regenumhang (Jungen, Gemeinschaftsränge und Führerschaft)

Der Winterdienstanzug

Der Dienstanzug der Hitler-Jugend

(Jungen, Gemeinschaftsränge und Führerschaft)

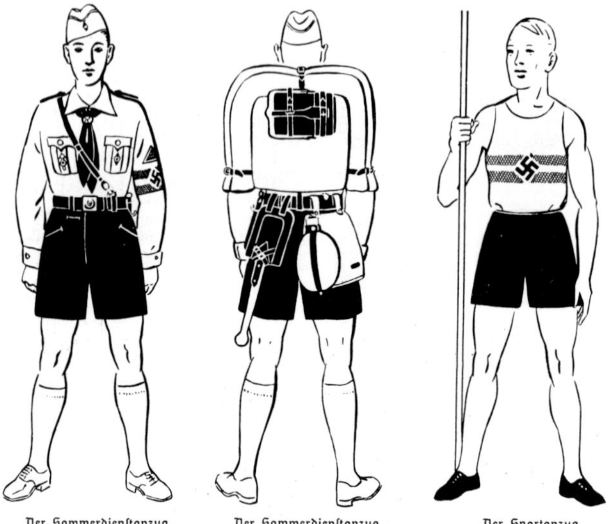

Der Sommerdienstanzug

Der Sommerdienstanzug mit Ausrüstung

Der Sportanzug

DIENSTRANGABZEICHEN des BDM

für den FÜHRERINNEN-und
höheren FÜHRERINNENRING.

Gruppenführerin | Hauptgruppenführerin (JM+M) | Ringführerin (JM+M)

Bannmädelführerin | Hauptmädelführerin | Gebietsmädelführerin

BDM-Reichsreferentin

Dienstkleidung des BDM

Die Führerinnen-Festkleidung: Hochgeschlossenes dunkelblaues Jackenkleid mit gleichfarbigem Cape und passendem Hut

Die Führerinnen-Dienstkleidung: Dunkelblaues Jackenkleid mit weißer Bluse sowie mit gleichfarbigem Hut und Mantel

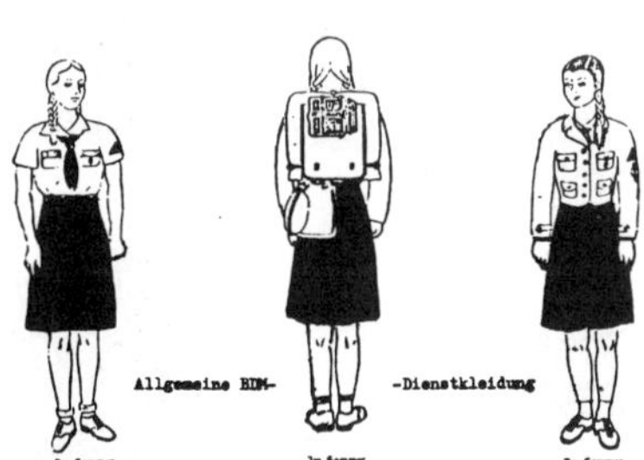

Abzeichen · Fahnen

EHREN-UND LEISTUNGSZEICHEN DER HITLER-JUGEND

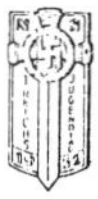

Plakette des 1.NS-Reichsjugendtages

H J - Ehrenzeichen (HJ-Abzeichen m.Goldrand)

Reichs-führerschulabzeichen

HJ-Leistungs-abzeichen

DJ-Leistungs-abzeichen

HJ-Führersport-abzeichen

Mädel-Leistungs-abzeichen

Jungmädel-Leistungs-abzeichen

Abzeichen der Erweiterten Kinderlandverschickung

Bannfahne der HJ
(145 × 200 cm)

Jungbannfahne des DJ
(120 × 165 cm)

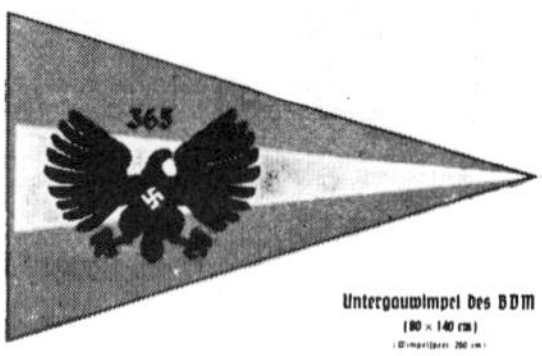

Untergauwimpel des BDM
(80 × 140 cm)
(Wimpelspeer 260 cm)

Jungmädeluntergauwimpel
(80 × 140 cm)
(Wimpelspeer 260 cm)

Vom ORGANISATIONSAMT der REICHSJUGENDFÜHRUNG herausgegeben.

Vorschriftenreihe der Hitler-Jugend

Arbeitsrichtlinien

Verteilungsbestimmungen siehe Reichsbefehl 16/IV vom 28. April 1939

Ar.	TITEL *) a = bereits erschienen, b = in Vorbereitung	Verteiler DJ	HJ	JM	BDM	*)
2/39	Das BDM.-Werk „Glaube und Schönheit" . .	—	—	3	5	a
5/40	Die Hitler-Jugend und der Nationalsozialistische Reichsbund für Leibesübungen	5	5	5	5	a
9/40	Die Ausbildung der Jungmädelführerin-Anwärterinnen	—	—	5	3	a
12/40	Die Ausbildung der Mädelführerin-Anwärterinnen	—	—	3	5	a
14/41	Gesunde Lebensführung	—	—	—	5	a
18/42	WE 3 Luftschutz in der Hitler-Jugend . . .	5	5	5	5	a
19/42	AV 1 Auslands- und Volkstumsarbeit der Hitler-Jugend	—	2	—	2	a
21/42	Der Sommerdienstplan 1942	5	5	5	5	a
22/42	Der Kriegseinsatz der Hitler-Jugend 1942 . .	5	5	5	5	a
25/42	KBD 1 Kriegsebetreuungsdienst der Hitler-Jugend	—	3	—	3	a
26/42	L 3 Der Reichssportwettkampf der Hitler-Jugend	5	5	5	5	a
28/42	L 17 Pflichtprogramm 1942 für Bann- und Gebietssportfeste	—	3	—	3	a
31/42	P 2 Die Personalarbeit des BDM.	—	3	—	3	b
32/42	Der Winterdienstplan 1942/43	5	5	5	5	a
33/42	Die Werkarbeit im Kriegseinsatz der Hitler-Jugend	—	5	—	5	a
34/42	F 2 Weg und Aufbau der Führerinnenausbildung	—	—	5	5	a
35/42	BDM.-Werk 2 Arbeitsgemeinschaft „Hauswirtschaft"				6	a

Diese Arbeitsrichtlinie ist Eigentum der Hitler-Jugend

....

Genaue Bezeichnung der Einheit

Organisationspläne

ORGANISATIONSPLAN DER HITLER-JUGEND+) ENDE 1935

REICHSJUGENDFÜHRUNG

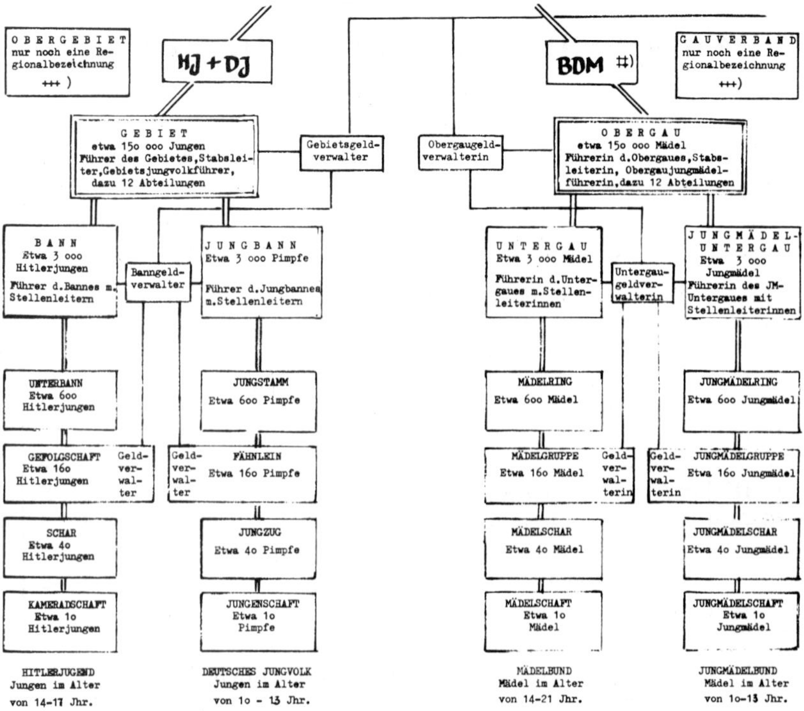

1942

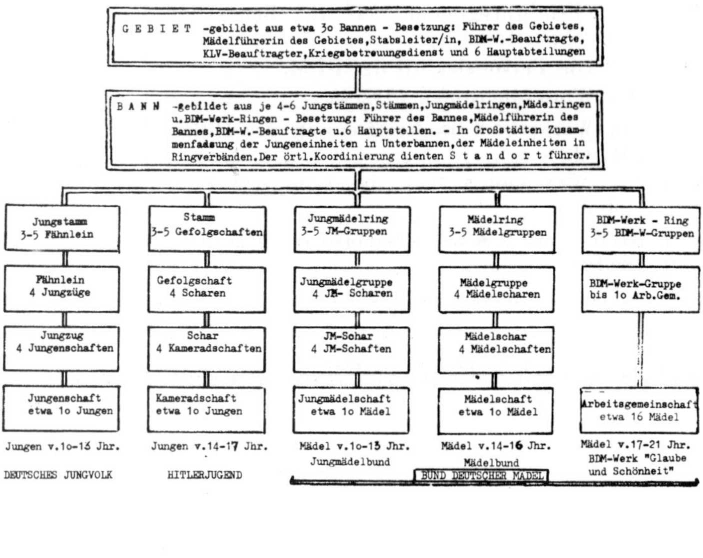

DIE ORGANISATION DES JAHRGANGSWEISEN AUFBAUES IN DER HITLERJUGEND

Aufnahme der Jungen und Mädel am 2o.April

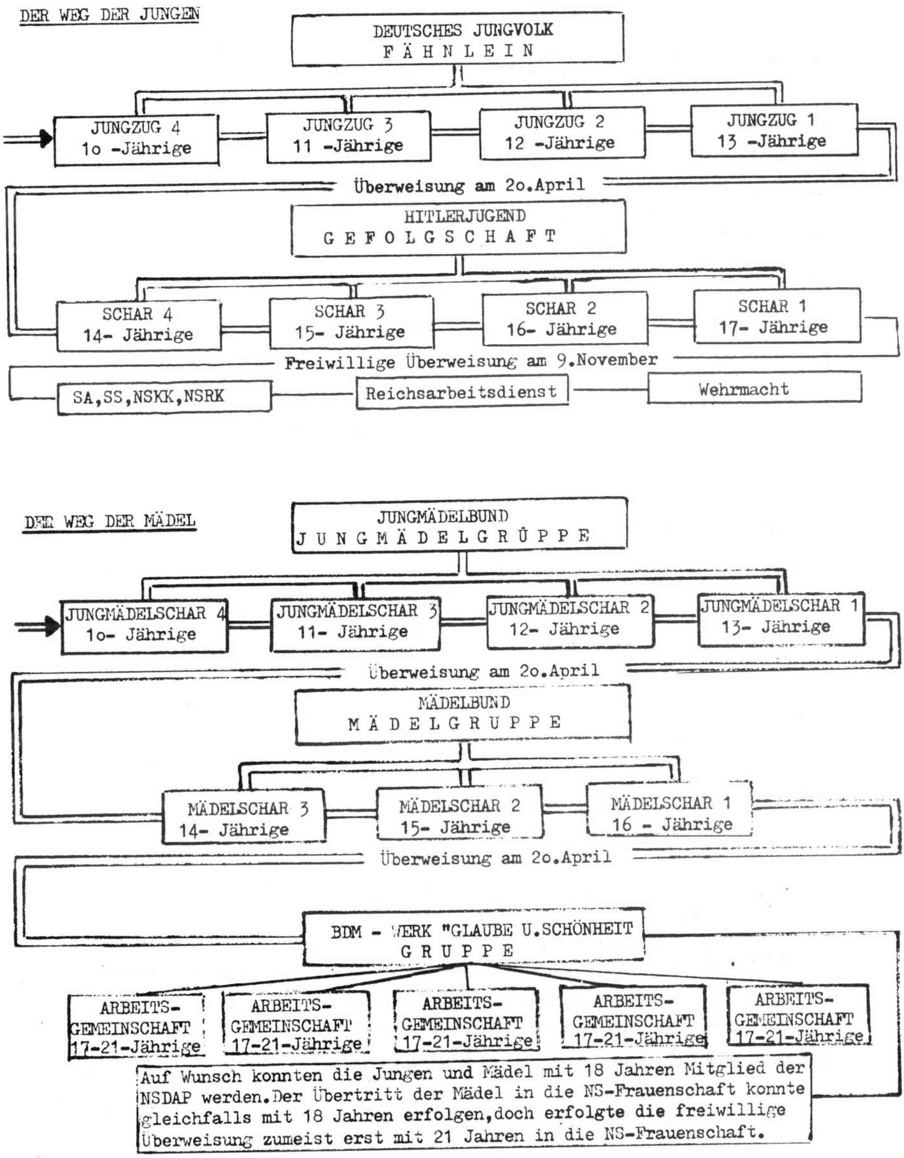

Die Halbjahresdienstpläne f. JUNGMÄDEL

für das Sommerhalbjahr vom 15. April bis 15. Oktober

	(Altmaterialsammlung)	1. Woche	2. Woche	3. Woche	4. Woche	(5. Woche)*)
Montag						
Dienstag						
Mittwoch 2 Std. ab 15–20 Uhr		Heimnachmittag weltansch. Schulung	Heimnachmittag Singen	Heimnachmittag weltansch. Schulung	Heimnachmittag Werkarbeit	Heimnachmittag weltansch. Schulung
Donnerstag						
Freitag						
Sonnabend 2 Std. ab 15–20 Uhr		1½tägige Fahrt**)	Sport	Sport	Sport	Sport
Sonntag						Gruppenappell

bzw. Heim-Nachmittag

Der Sportdienst konnte an jedem anderen Wochentag je nach den örtlichen Verhältnissen durchgeführt werden.

*) Jeden zweiten Monat.

**) Für die 10- und 11jährigen Jungmädel kommt nur eine eintägige Fahrt in Frage.

für das Winterhalbjahr vom 15. Oktober bis 15. April

	(Altmaterialsammlung)	1. Woche	2. Woche	3. Woche	4. Woche	(5. Woche)
Montag						
Dienstag						
Mittwoch 2 Std. ab 15–19 Uhr		Heimnachmittag weltansch. Schulung	Heimnachmittag Singen	Heimnachmittag weltansch. Schulung	Heimnachmittag Werkarbeit	Heimnachmittag Werkarbeit
Donnerstag						
Freitag						
Sonnabend 2 Std. ab 15–19 Uhr		Sport*)	Sport	Sport	Sport	Sport JM.-Scharappell
Sonntag		Fahrt				

Es richtet sich nach den örtlichen Verhältnissen, ob der Sport sonnabends oder an einem anderen Tag durchgeführt wird.

*) Sportdienst in ungeheizten Räumen ist untersagt.

: JUNGVOLK entsprechend.

GEBIETS- U. OBERGAU-EINTEILUNG
DER HITLERJUGEND WÄHREND DER FRIEDENSJAHRE
1 Ostland
6 Nordmark
24 Mecklenburg
5 Pommern
26 Hamburg
7 Nordsee
3 Berlin
8 Niedersachsen
2 Kurmark
23 Mittelelbe
15 Mittelland
9 Westfalen
10 Ruhr-Niederrhein
34 Düsseldorf
4 Schlesien
14 Kurhessen
16 Sachsen
11 Mittelrhein
17 Thüringen
12 Westmark
13 Hessen-Nassau
35 Sudetenland
35
25 Saarpfalz
18 Franken
22 Bayerische Ostmark
20 Württemberg
36 Schwaben
29 Oberdonau
27 Wien
21 Baden
19 Hochland
28 Niederdonau
32 Salzburg
30 Steiermark
33 Tirol
31 Kärnten

REGIONALPLAN DER HITLER-JUGEND IM KRIEGSJAHR 1942
Ostpreußen (1)
Nordmark (6)
Mecklenburg (24)
Pommern (5)
Danzig-Westpreußen (37)
Hamburg (26)
Nordsee (7)
Befehlsstelle Niederlande
Wartheland (38)
Ost-Hannover (41)
Berlin (3)
Mittelelbe (23)
Niedersachsen (8)
Mark Brandenburg (2)
Befehlsstelle Generalgouvernement
Westfalen (9)
Ruhr-Niederrhein (10)
Niederschlesien (4)
Mittelland (15)
Westfalen-Süd (42)
Düsseldorf (34)
Kurhessen (14)
Sachsen (16)
Köln-Aachen (11)
Thüringen (17)
Oberschlesien (40)
Hessen-Nassau (13)
Moselland (12)
Sudetenland (35)
Sudetenland
Mainfranken (39)
Bayreuth (22)
Befehlsstelle Böhmen u. Mähren
Westmark (25)
Franken (18)
Württemberg (20)
Schwaben (36)
Oberdonau (29)
Wien (27)
Hochland (19)
Niederdonau (28)
Baden (21)
Tirol-Vorarlberg (33)
Salzburg (32)
Steiermark (30)
Kärnten (31)

Gliederung der Reichsjugendführung der NSDAP und der Jugendführung des Deutschen Reichs

AUS DEM JAHR 1938 - GÜLTIG BIS KRIEGSBEGINN

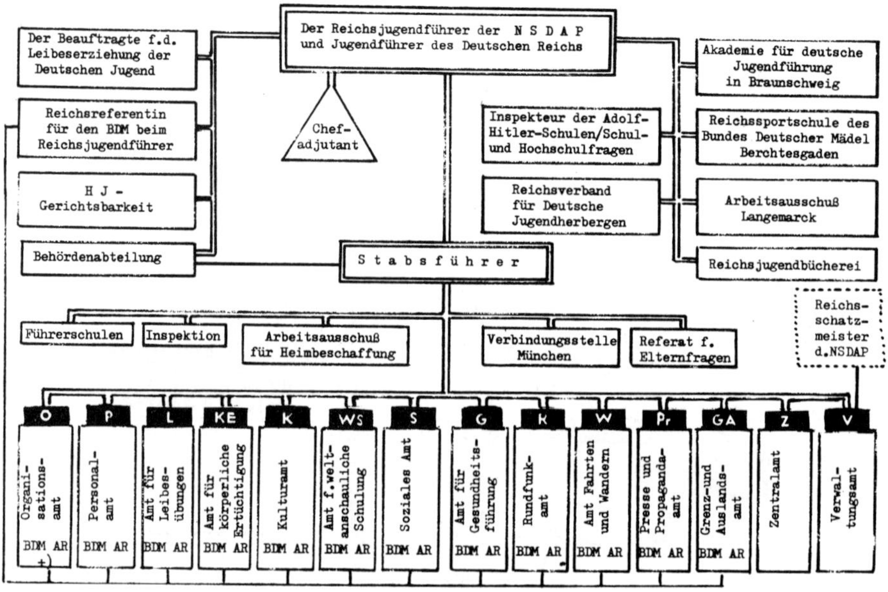

+) BDM-Amtsreferentin - fachlich und führungsmässig weisungsgebunden an die BDM-Reichsreferentin

ORGANISATION DER HITLER-JUGEND 1942

NACH AUFHEBUNG DER BEFEHLSSTELLEN UND BILDUNG DER HAUPTÄMTER IN DER REICHSJUGENDFÜHRUNG

In den nachgeordneten Gebieten und Bannen erfolgte die Zusammenlegung der bisherigen Abteilungen bzw.Stellen der Gebiete und Obergaue bzw.der Banne und Untergaue zu Hauptabteilungen bzw.Hauptstellen.

- KRIEGSBEDINGTE ORDNUNG -

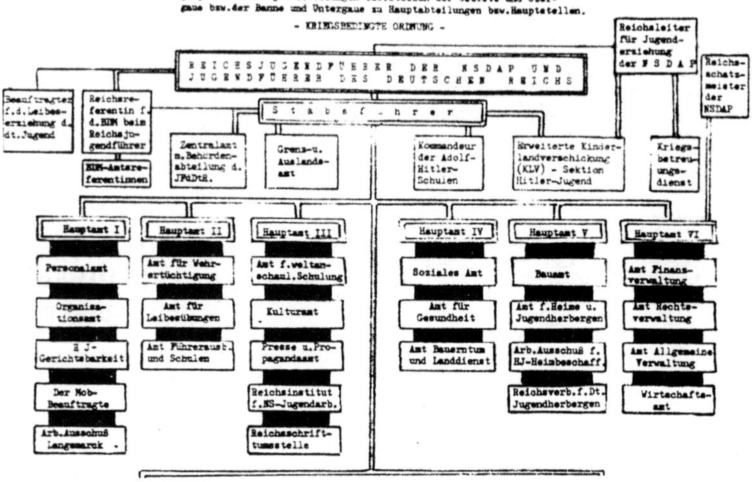

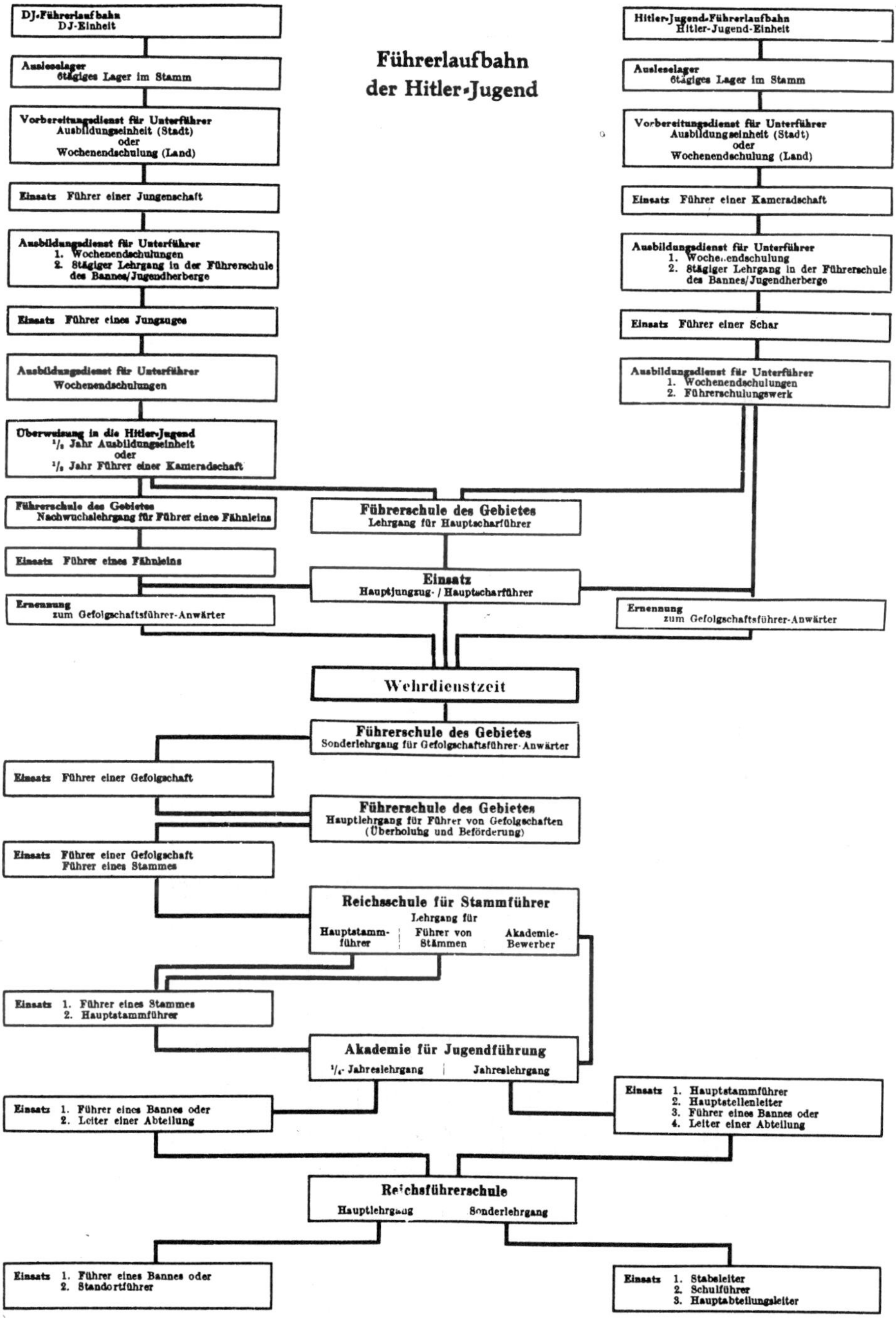
Führerlaufbahn der Hitler-Jugend
DJ-Führerlaufbahn
DJ-Einheit
Ausleselager
6tägiges Lager im Stamm
Vorbereitungsdienst für Unterführer
Ausbildungseinheit (Stadt)
oder
Wochenendschulung (Land)
Einsatz Führer einer Jungenschaft
Ausbildungsdienst für Unterführer
1. Wochenendschulungen
2. 8tägiger Lehrgang in der Führerschule des Bannes/Jugendherberge
Einsatz Führer eines Jungzuges
Ausbildungsdienst für Unterführer
Wochenendschulungen
Überweisung in die Hitler-Jugend
1/2 Jahr Ausbildungseinheit
oder
1/2 Jahr Führer einer Kameradschaft
Führerschule des Gebietes
Nachwuchslehrgang für Führer eines Fähnleins
Einsatz Führer eines Fähnleins
Ernennung
zum Gefolgschaftsführer-Anwärter
Hitler-Jugend-Führerlaufbahn
Hitler-Jugend-Einheit
Ausleselager
6tägiges Lager im Stamm
Vorbereitungsdienst für Unterführer
Ausbildungseinheit (Stadt)
oder
Wochenendschulung (Land)
Einsatz Führer einer Kameradschaft
Ausbildungsdienst für Unterführer
1. Wochenendschulung
2. 8tägiger Lehrgang in der Führerschule des Bannes/Jugendherberge
Einsatz Führer einer Schar
Ausbildungsdienst für Unterführer
1. Wochenendschulungen
2. Führerschulungswerk
Ernennung
zum Gefolgschaftsführer-Anwärter
Führerschule des Gebietes
Lehrgang für Hauptscharführer
Einsatz
Hauptjungzug- / Hauptscharführer
Wehrdienstzeit
Führerschule des Gebietes
Sonderlehrgang für Gefolgschaftsführer-Anwärter
Einsatz Führer einer Gefolgschaft
Führerschule des Gebietes
Hauptlehrgang für Führer von Gefolgschaften
(Überholung und Beförderung)
Einsatz Führer einer Gefolgschaft
Führer eines Stammes
Reichsschule für Stammführer
Lehrgang für
Hauptstammführer
Führer von Stämmen
Akademie-Bewerber
Einsatz 1. Führer eines Stammes
2. Hauptstammführer
Akademie für Jugendführung
1/4-Jahreslehrgang
Jahreslehrgang
Einsatz 1. Führer eines Bannes oder
2. Leiter einer Abteilung
Einsatz 1. Hauptstammführer
2. Hauptstellenleiter
3. Führer eines Bannes oder
4. Leiter einer Abteilung
Reichsführerschule
Hauptlehrgang
Sonderlehrgang
Einsatz 1. Führer eines Bannes oder
2. Standortführer
Einsatz 1. Stabsleiter
2. Schulführer
3. Hauptabteilungsleiter

Ausbildungsweg BDM

Der Ausbildungsweg der BDM-Führerin

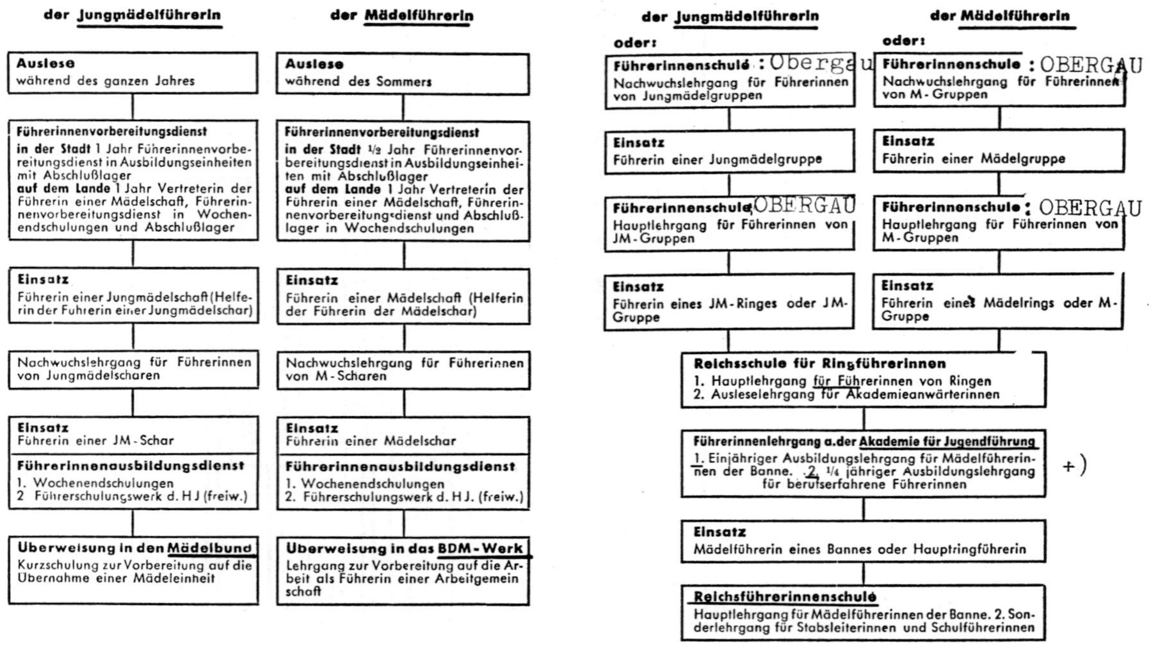

+) Kriegsbedingt nur Halbjahres-Ausbildungslehrgänge.

Merkblatt

über die Laufbahn des Hitler-Jugend-Führers

Ausbildung auf der Akademie für Jugendführung

I. Voraussetzungen.

a) Bewährung als aktiver Führer in der Hitler-Jugend,
b) abgeschlossene Berufsausbildung oder Abitur,
c) Abstammungsnachweis nach den Richtlinien zur Aufnahme in die NSDAP. (vor 1800),
d) Parteimitgliedschaft,
e) einwandfreien gesundheitlichen und erbgesundheitlichen Untersuchungsbefund. (Im Kriege verwundete Bewerber werden angenommen.)

II. Bewerbung und Auslese.

Führer, die vor dem Abschluß ihrer Berufs- oder Schulausbildung stehen und Interesse am Beruf des Jugendführers haben, melden sich bei ihrem zuständigen Bannführer, der alle für diesen Beruf geeignet erscheinenden Hitler-Jugend-Führer für die Auslese der Gebietsführung namhaft macht. Durch den Bannführer sind der Personalabteilung des Gebietes folgende Unterlagen einzureichen:

a) handgeschriebener Lebenslauf,
b) Stammblatt, drei Lichtbilder (Paßbild ohne Kopfbedeckung),
c) beglaubigte Zeugnisabschriften und Dienstleistungszeugnis der Hitler-Jugend,
d) Ahnentafel und die zum Nachweis der arischen Abstammung erforderlichen Urkunden,
e) Erbgesundheitsbogen,
f) ärztliches Gesundheitszeugnis.

Die geeignet erscheinenden Akademie-Bewerber werden durch die Reichsjugendführung zu einem mindestens zehntägigen Ausleselehrgang einberufen. Nach erfolgreicher Teilnahme erfolgt die Annahme für die Akademie und Verpflichtung für zwölfjährige Dienstzeit in der Hitler-Jugend.
Die Bewerber führen nach der Verpflichtung die Bezeichnung „Akademie-Anwärter". Mit dem Beginn der Akademie-Ausbildung die Bezeichnung „Führer-Anwärter".

III. Arbeitsdienst- und Wehrpflicht.

Nach abgeschlossener Berufsausbildung bzw. Abitur soll der Akademie-Anwärter möglichst bald seiner Arbeitsdienst- und Wehrpflicht genügen.

Wenn ein direkter Übergang von der Berufs- bzw. Schulausbildung zum Arbeitsdienst nicht möglich ist, erfolgt vorübergehende Einstellung als Mitarbeiter in einem Bann oder Gebiet.

IV. Ausbildung.

Nach abgeleistetem Wehrdienst erfolgt die Einberufung zur Akademie für Jugendführung in Braunschweig. Die Ausbildung dauert ein Jahr. Ein Auslandsaufenthalt schließt sich entweder unmittelbar an oder wird während der aktiven Tätigkeit nachgeholt.

Mit der Abschlußprüfung erfolgt die Verleihung des Jugendführerpatentes und Beförderung zum Stammführer.

V. Einsatz in der Hitler-Jugend.

Verwendung in der Hitler-Jugend kann als Führer eines Bannes oder als Abteilungsleiter erfolgen. Während der Dauer des Einsatzes verschiedene Kommandierungen.

VI. Übernahme in den Partei- oder Staatsdienst.

Die letzten zwei Jahre der zwölfjährigen Dienstzeit dienen der Vorbereitung für die Übernahme in den Partei- oder Staatsdienst bzw. in die Wirtschaft. Während dieser Vorbereitungen bleibt der Führer Angehöriger der Hitler-Jugend mit allen Pflichten und Rechten.

VII. Besoldung.

Die Ausbildung auf der Akademie ist für den Führer-Anwärter kostenlos. Wird er vor seiner Wehrpflicht als Mitarbeiter einer Bann- oder Gebietsführung verwandt, so erhält er für diese Zeit Vergütung nach Gruppe A 9 der Besoldungsordnung der Hitler-Jugend.

Während der Ausbildung auf der Akademie erhält der Führer-Anwärter ein monatliches Taschengeld in Höhe von RM 50,—.

Dienstkleidung wird auf der Akademie gestellt.

Die Besoldung erfolgt nach Beendigung der Ausbildung nach der Besoldungsordnung der Hitler-Jugend, beginnend in der Gruppe A 6.

VIII. Sonderregelung für z. Z. im Wehrdienst stehende Akademie-Bewerber und -Anwärter.

Für Akademie-Bewerber, die durch die Kriegsverhältnisse keinen Ausleselehrgang besuchen können, werden sofort nach der Entlassung aus der Wehrmacht Lehrgänge von mindestens zehntägiger Dauer durchgeführt.

Für Akademie-Anwärter, die durch den Krieg nicht zum vorgesehenen Jahrgang einberufen werden können, ist die Ausbildung in dreimonatigen Kurzlehrgängen der Akademie geplant. Diese Regelung trifft aber nur für diejenigen Akademie-Anwärter zu, die bei ihrer Entlassung aus der Wehrmacht nach Kriegsende das 22. Lebensjahr vollendet haben und ihrer 2½jährigen Arbeitsdienst- und Wehrpflicht genügten.

Dienstverpflichtung HJ

VERPFLICHTUNG

HIERMIT VERPFLICHTE ICH

Hff. Herbert Taege

GEBOREN AM 27.9.21 IN Magdeburg

FÜR DEN HAUPTAMTLICHEN DIENST

IN DER HITLER-JUGEND

DER REICHSJUGENDFÜHRER DER NSDAP. UND

JUGENDFÜHRER DES DEUTSCHEN REICHS

I.A.

(Budäus)

Gebietsführer u. Chef des Personalamtes

BERLIN, AM 4.11.43

BESTIMMUNGEN ZUR VERPFLICHTUNG FÜR DEN HAUPTAMTLICHEN DIENST IN DER NSDAP. - HITLER-JUGEND

1

a) Die Verpflichtung tritt am Tage der Unterzeichnung in Kraft. Sie behält ihre Gültigkeit bis zum Tage
   der Überführung in eine von dem Verpflichteten zu erwählende Laufbahn der Partei, des Staates, der Wirtschaft und der freien Berufe,
   der Ausstellung einer schriftlichen Freigabeerklärung durch den Reichsjugendführer der NSDAP. und Jugendführer des Deutschen Reichs,
   oder dem Tage der Entlassung aus der Hitler-Jugend.

b) Die Lösung der Verpflichtung ohne Einverständnis der Reichsjugendführung ist nicht möglich.
   Der Verpflichtete kann auf begründeten Antrag von seiner Verpflichtung durch den Reichsjugendführer der NSDAP. und Jugendführer des Deutschen Reichs entbunden werden.

c) Bei Bewerbern, die das 21. Lebensjahr noch nicht vollendet haben, erfolgt die Verpflichtung nach Abgabe der Einverständniserklärung des Vaters oder gesetzlichen Vertreters.

2

Begeht der Verpflichtete ehrenrührige Handlungen, so kann die Verpflichtung durch Beschluß des HJ.-Obergerichts gelöst werden. Der Verpflichtete verliert damit alle Rechte, die er durch die Verpflichtung erworben hat.

3

a) Die von dem Verpflichteten abgeleistete RAD.- und Wehrdienstzeit wird als Dienstzeit auf das Besoldungsdienstalter, gemäß den Bestimmungen der „Allgemeinen Besoldungsrichtlinien der NSDAP.", angerechnet,

b) bei Versehrten, Wehrdienst- und Einsatzbeschädigten wird die Verpflichtung nicht gelöst. Die Hitler-Jugend tritt auch weiterhin für die Förderung und den Einsatz des Verpflichteten ein, soweit nicht ehrenrührige Handlungen gemäß Ziffer 2 eine Auflösung der Verpflichtung notwendig machen.

4

a) Die Überführung in Laufbahnen der Partei, des Staates, der Wirtschaft und der freien Berufe durch die Reichsjugendführung wird im Einvernehmen mit dem Verpflichteten vorgenommen.

b) Nach Ausscheiden aus dem hauptamtlichen Dienst der Hitler-Jugend wird der Verpflichtete entweder z.V. seiner vorgesetzten Dienststelle gestellt oder nach rangentsprechender Überführung in die Partei bzw. eine ihrer Gliederungen ehrenvoll aus der Hitler-Jugend entlassen.

Verordnung über Mädellehrgänge an der Akademie für Jugendführung vom 2. September 1942

I. Voraussetzungen

a) Bewährung als aktive BDM-Führerin (mindestens eineinhalb Jahre als Führerin einer JM-, M-Gruppe oder als Führerin eines JM-, M-Ringes).

b) Teilnahme an einem Lehrgang der Führerinnenschule des Gebietes.

c) BDM-Leistungsabzeichen.

d) Ahnennachweis bis 1800.

e) Ärztliches Tauglichkeitszeugnis der Gebietsärztin.

f) Abgeschlossene Schul- oder Berufsausbildung.

g) Abgeleistetes Pflichtjahr und abgeleisteter Arbeitsdienst.

h) Mindestalter: 19 Jahre.

II. Bewerbung und Auslese

Die Mädelführerinnen der Banne melden laufend an die Mädelpersonalabteilungen die Mädel, die den Beruf der BDM-Führerin ergreifen wollen, und die nach den durchgeführten Führerinnenbestandsaufnahmen für die Teilnahme an einem Mädel-Lehrgang an der Akademie für Jugendführung in Frage kommen. Von der Mädelführung des Gebiets ist für diese Akademie-Bewerberinnen ein Sonderlehrgang durchzuführen. Die besten Teilnehmerinnen dieses Sonderlehrgangs werden dem Personalamt der Reichsjugendführung gemeldet (Stammblatt, Lichtbild, Ahnennachweis bis 1800, Dienstleistungszeugnis der Mädelführerin des Gebietes).

Die Akademie-Bewerberinnen werden sodann in sechstägigen Ausleselehrgängen der Reichsjugendführung zusammengefaßt.

Nach erfolgreicher Teilnahme an einem Ausleselehrgang wird die Akademie-Bewerberin zu einem Mädellehrgang an der Akademie für Jugendführung einberufen. Sie muß sich verpflichten, nach dem Besuch des Lehrgangs drei Jahre in der hauptamtlichen Arbeit zu bleiben.

III. Einsatz

Nach erfolgreichem Abschluß des Mädel-Lehrgangs an der Akademie für Jugendführung erfolgt ein dreimonatiger Einsatz im Osten. Anschließend erfolgt zunächst (ein halbes Jahr) die Einsetzung z. B. als Hauptringführerin, BDM-Werk-Beauftragte, Stellenleiterin für Leibesübungen, Führerin eines Ringverbandes, Ringführerin z. b. V., sofern diese Führerinnen nicht bereits vorher in vorstehenden Dienststellungen (mindestens ein halbes Jahr) tätig waren.

Nach Bewährung in dieser Arbeit wird die Führerin mit der Mädelführung eines Bannes beauftragt.

IV. Besoldung

Die Teilnahme an den Lehrgängen an der Akademie ist kostenlos. Die Führerinnen-Anwärterinnen erhalten während der Ausbildung monatlich ein Taschengeld.

(Quelle: RB. RJF 18/42 K vom 2. September 1942, S. 223)

Übersicht Disziplinarbefugnisse, Jugendsparen

	Gruppe I	Gruppe II	Gruppe III
	1. Verwarnung 2. Verweis	3. Beförd.-Sperre bis zu 3 J. 4. Aberkennung der Dienststellung. 5. Herabsetzung des Dienstranges	6. Aberkenn.d.Fähigkeit Jgd.-Führer zu sein. 7. Jugenddienstarrest bis zu 1o Tagen. 8. Ausscheiden bis zu 3 Jahren. 9. Ausscheiden auf Dauer. 1o.Ausschluß
Führer einer Gefolgschaft bzw.Fähnlein	Gemeinschaftsränge seiner Gefolgsch./ Fähnlein		
Führer eines Stammes bzw. Jungstammes	Gemeinschaftsränge seines Stammes/ Jungstammes		
Führer eines Bannes	Gemeinschaftsränge und Führerschaft		
	Führerkorps des Bannes bis Hauptgefolgsch.-Führer Hauptfähnl-Führer		
Führer eines Gebietes	Gemeinschaftsränge, Führerschaft, Führerkorps bis einschl. Hauptgefolgschaftsführer/Hauptfähnleinführer		
	übrige Führerkorps seines Gebietes		
Reichsjugendführer	Entscheidungen über alle Gruppen für sämtliche Angehörige der Hitler-Jugend und des Bundes Deutscher Mädel		
HJ-Richter in der Reichsjugendführung	Gemeinschaftsränge, Führerschaft und Führerkorps, sowie zuständig für Einsprüche gegen Entscheidungen der Führer der Gebiete		

Gemeinschaftsränge:
Führerschaft: } Siehe Kapitel "ORGANISATION"
Führerkorps:

: Für den BUND DEUTSCHER MÄDEL entsprechend.

Ergebnisse des Jugendsparens

Mit Erlaß vom 25. September 1940 gibt der Jugendführer des Deutschen Reichs eine Maßnahme des Reichsschatzmeisters der NSDAP. bekannt, wonach künftig von den Angehörigen der Hitler-Jugend ein monatlicher Beitrag nicht mehr erhoben wird. An die Jugend ergeht die Aufforderung, die freiwerdenden Beträge als Vorsorge für Fahrten und Lagerausgaben oder für die berufliche Fortbildung zu sparen. Der Gedanke des Jugendsparens wird damit in die Erziehungsarbeit der Hitler-Jugend eingebaut. Mit der Durchführung des Sparens in der Hitler-Jugend werden der Deutsche Sparkassen- und Giroverband, der Reichsverband der landwirtschaftlichen Genossenschaften und in den neuen Gebieten die Postsparkassen betraut. Für das Sparen der Hitler-Jugend werden Sparmarken ausgegeben. Mit dem Eintritt ins Jungvolk wird künftig bereits für den Jugendlichen ein Sparbuch angelegt. Durch den Deutschen Sparkassen- und Giroverband wurden im ersten Vierteljahr 1942 Sparmarken im Werte von 1 545 106,40 RM. verkauft. Durch den Reichsverband der Landwirtschaftlichen Genossenschaften werden bis zum 1. April 1942 370 000 Sparmarkenhefte im Gesamtwert von 7 700 000,— RM. ausgegeben. Das Sparen in den neuen Gebieten bei den Postsparkassen steht hinter der Sparfreudigkeit im Altreich nicht zurück.

Das junge Deutschland,1943

CHRONOLOGIE der Entwicklung der Leibeserziehung

Die angegebenen Zahlen sind unvollständig, da bei der Zusammenstellung lückenlose Unterlagen nicht mehr zur Verfügung standen. Da die Zahlen aber symptomatische Aussagekraft haben, wurden die Quantifizierungen den Werken von Kaufmann "Das kommende Deutschland" und "Das junge Deutschland", beide 1943, entnommen.

1933

Grundschule:- Beteiligung der Hitler-Jugend-Einheiten aller Organisationsteile, vor allem auch der nicht mehr schulpflichtigen Jugend, am "Deutschen Jugendfest", einem 1932 erstmals ausgeschriebenen leichtathletischen Dreikampf (Lauf, Wurf, Weitsprung) mit Einzel- und Mannschaftswertung. = 1,5 Millionen Teilnehmer.

1943

Grundschule:- 2,3 Millionen weibliche und männliche Teilnehmer am "Deutschen Jugendfest";

- Einführung der wöchentlichen Pflicht-Doppelstunde Sport für alle Mitgleider; Anordnung des Reichsjugendführers: Führer- und Führerinnen-Ausbildung an den Führer- und Führerinnen-Schulen:
  - Zunächst 2/3 körperliche Ausbildung
    1/3 geistige;
- Stiftung der Leistungsabzeichen für HJ, DJ, JM, MB in mehreren Stufen (s. Abb. 2o);
- Ausschreibung des "1.Hitler-Jugend-Wettkampfes" „Leichtathletik" mit Mannschafts-und Einzelwertung;
- erste Untergau-, Gau- bzw. Obergau-Sportfeste des BUNDES DEUTSCHER MÄDEL.

Leistungssport:

- 1. Vertrag zwischen RJF und DRL: jugendliche Vereinsmitglieder müssen der HJ/BDM angehören; für die 10 - 14-Jährigen ist allein die HITLER-JUGEND zuständig;
- erste Bann- und Gebiets-Meisterschaften (der HJ) in Leichtathletik

1935

Grundschule:- "Jahr des Deutschen Jugendfestes": 3,4 Millionen Dreikampf-Teilnehmer/innen;

- 1."Reichssporttag des BDM": an 341 Untergau-Sportfesten nahmen ca. 500.000 Mädel/Jungmädel teil (Leichtathletik-Mannschaftskämpfe, Gymnastik- und Tanz-Vorführungen);
- bis 31.12. wurden 136.000 Führerinnen sowie Mädel zu SPORTWARTINNEN ausgebildet
  davon:
  8.200 in 2-Wochen-Kursen
  85.000 in Kurzschulungen (3-5 Tage)
  42.000 in Sport- und Freizeitlagern
  850 in Skilagern.
  JUNGEN und HJ-FÜHRER entsprechend.

Leistungssport:

- 1.Reichsskiwettkampf (in Nesselwang/Allg.);
- 1.Leichtathletik-Meisterschaften (Frankfurt/M.)

Bis Ende 1935 wurden insgesamt ausgegeben:

HJ-Leistungsabzeichen in Bronce:	103.061
HJ-Leistungsabzeichen in Silber:	217.093
DJ-Leistungsabzeichen:	152.600
BDM-Leistungsabzeichen in Bronce:	115.521
JM-Leistungsabzeichen:	58.734
Führer-Sportabzeichen:	11.063

1936:

Grundschule:- Mehr als 5 Millionen Teilnehmer am "Deutschen Jugendfest"; erste Ausgabe von "Siegernadeln";

- Gründung der ersten Reichssportschulen
  - für Mädel in Gladbeck und Stuttgart-Degerloch,
  - für Jungen in Braunau/Schles.und Freiburg/Br.
- - Stiftung des BDM-Führerinnen-Sportabzeichens.

Leistungssport:

- 2.Vertrag RJF/DRL: Übernahme noch bestehender Jugendgruppen der 10-14-Jährigen von Vereinen in die HJ/DJ;
- Übernahme der leistungssportlichen Wettkampftätigkeit der Jugendlichen durch die HITLER-JUGEND;
- Übernahme der Jugendgruppen des Deutschen Alpenvereins als"Bergsteigergruppen der Hitler-Jugend" (als einzige leistungssportliche Einheiten mit gemeinsamer Ausbildung von Mädel und Jungen);

Übersicht Entwicklung der Leibeserziehung

1937 Grundschule:
- Das "Deutsche Jugendfest" wird "Reichssportwettkampf der Hitler-Jugend": 6,2 Millionen Teilnehmer;
- Verfügung des Reichsjugendführers von SCHIRACH zur Förderung des Schwimmsportes: Stiftung des "Reichs-Schwimmscheines";
- Einführung des JUNGMÄDEL-Leistungsabzeichens;
- Erlass des "Führer-10-Kampfes"für HJ-Führer;
- Stiftung des HJ-Führer-Sportabzeichens. -

Leistungssport:
- Einführung der "Freiwilligen Sportdienstgruppen"von DJ/JM bei den Vereinen (für leistungssportlich besonders begabte 12 - 14-Jährige);
- Reichs-Jugendmeisterschaften in ca. 20 Sportarten. -

1938 Grundschule:
- Reichssportwettkampf mit 6,3 Millionen Teilnehmern;
- 1."Frühjahrs-Waldläufe";
- "Ausschuss zurFörderung des Schwimmsportes" meldete Ende 1938 den Neubau von 353 Schwimmbädern;
- Reichsparteitag der NSDAP in Nürnberg mit -"Kampfspielen der Hitler-Jugend" um den Reichssieg der besten Mannschaften und Einzelsieger im Reichssportwettkampf; -

  getrennte Vorführungen von je 5.000 MÄDELN "MÄDELTANZ" und von JUNGEN "KAMPFSPIELE" auf der Zeppelinwiese in Nürnberg;
- Einführung des"FÜHRERINNEN-FÜnfkampfes"und des "UNTERFÜHRERINNEN-Dreikampfes" für JUNGMÄDEL und MÄDEL.

Leistungssport:
- "Reichswintersport-Wettkämpfe"(erstmals in Garmisch-Partenkirchen (jährlich bis 1943);
- erste "Hallenmeisterschaften"in Stuttgart (jährlich bis 1943);
- "Deutsche Jugendmeisterschaften" in Leichtathletik,Schwimmen,Handball,Fußball und Wasserball in Frankfurt/M.mit ca.2000 Aktiven
- erste "Reichssegel-Regatta" in Kiel;
- erste "Kanu-Meisterschaften" im Rahmen des "Deutschen Turn- und Sportfestes"in Breslau;
- erste "Reichsruder-Regatta" in Berlin-Grünau mit 231 Mannschaften und 1370 Teilnehmern (jährlich bis 1943);
- "Reichssporttag des BDM" in Bamberg.

Bis Ende 1938 waren für HJ-Gefolgschaften und DJ-Fähnlein 5.000 SPORTWARTE und ÜBUNGSLEITER ausgebildet worden.-
Für den BUND DEUTSCHER MÄDEL entsprechend. -
Im Führungsbereich arbeiteten zum gleichen Zeitpunkt je 608 hauptamtliche Bann-Sportwarte und Untergau-Sportwartinnen - überwiegend ausgebildete Fachkräfte. -
Ab 1941 waren es an die 1000 hauptamtliche m ä n n l i c h e und 1000 w e i b l i c h e Fachkräfte.

1939 Grundschule:
- 7 Millionen Teilnehmer am Reichssportwettkampf;
- Vergabe von 237 036 HJ-und DJ-Leistungsabzeichen;

  18500 HJ-Führer-Leistungsabzeichen im Rahmen der Ausbildung zum Prüfer für die LA-Abnahme.

Leistungssport: Umbenennung der "Jugendmeisterschaften" in
- "Winterkampfspiele"(Garmisch-Partenkirchen)
- "Hallenkampfspiele"(Stuttgart)
- "Sommerkampfspiele"(1939:Chemnitz, 1940 -43 Breslau),-Chemnitz erstmals mit Rollschuhlaufen und KK-Schießen -

Übersicht Entwicklung der Leibeserziehung/Leistungsanforderungen

1940 Grundschule: -Vergabe von 15 445 HJ-Leistungsabzeichen allein an Angehörige der Flieger-HJ;

-Sportwarte-Ausbildung und Sportarbeit laufen in allen Einheiten weiter.

Leistungssport: Bann/Untergau, Gebiets/Obergau-Sportfeste wie in den Vorjahren.

1941 Grundschule: -Besondere Betonung der Sportarbeit bei der deutschen Jugend in den neugewonnenen Gebieten. (Beispiel: Erstmalig Einführung des Sports für Mädel in Luxemburg); Vergabe von 1492 DJ - und 1493 "HJ-Leistungsabzeichen" in Danzig-Westpr.

Leistungssport: Durchführung der "Sommerkampfspiele" in Breslau; erstmals mit Jugendmannschaften aus Italien, Niederlande, Norwegen, Finnland u.d. Slowakei.

1942 Grundschule: -Vergabe von 55 117 HJ-Leistungsabzeichen -allein in den WE-Lagern-
-Reisen von HJ-Sportvorführungs-und BDM-Gymnastik-Gruppen ins Ausland und zur Truppen-Betreuung in den "besetzten" Gebieten (Beispiel: Italien, Spanien, Norwegen)
-Reichssportwettkampf, Frühjahrswaldläufe, Reichsschwimmtag werden, wo kriegsbedingt möglich, durchgeführt.

Leistungssport: Soweit möglich, werden alle leistungssportlichen Veranstaltungen von den Bannen bis zur Reichs-Jugendmeisterschaft durchgeführt.

1943 Grundschule: -Weiterführung von Pflichtsport der Einheiten mit allen Leistungsprüfungen.

Leistungssport: Bann- und Gebietsmeisterschaften in allen Sport-Arten, soweit noch möglich;
-letzte "Kampfspiele" und Reichsjugendmeisterschaften der Hitler-Jugend.

1944 Grundschule: -Beendigung der planmäßigen Leibeserziehung durch die Kriegsereignisse; trotzdem noch zahllose Veranstaltungen der unteren Einheiten bis zu Bann-und Gebiets-Ebenen. (Beispiel: Herbstlauf der Berliner-Jugend auf der Ost-West - Achse).

LEISTUNGSANFORDERUNGEN IN DER HITLER-JUGEND.

Hitler-Jugend.

I. Die Pimpfenprobe.

6 Monate nach dem Eintritt in das Deutsche Jungvolk müssen die 10- oder 11-jährigen Jungen die Pimpfenprobe bestanden haben.

Geforderte Leistungen:

1. 60-m-Lauf in 12 Sekunden
2. Weitsprung 2.75 m
3. Schlagballweitwurf 25 m
4. Kenntnis der Schwertworte des Jungvolkjungen
5. Kenntnis des Horst Wessel-Liedes und des Hitler-Jugend-Fahnenliedes (Nur Text).

II. Das DJ-Leistungsabzeichen.

Das DJ-Leistungsabzeichen wird von 12-jährigen Jungen erworben und kann mit 13 Jahren wiederholt werden, wenn im Vorjahr die Prüfung nicht abgeschlossen wurde.

Leistungsanforderungen:

1. Leibesübungen:
   a) 60-m-Lauf in 11 Sekunden
   b) Weitsprung 3 m,
   c) Schlagballweitwurf 30 m
   d) Bodenrollen 2 mal vorwärts, 2 mal rückwärts,
   e) 100 m Schwimmen in 3,5 Min. oder 5 Min. Dauerschwimmen oder 1000-m-Lauf, nicht unter 4,30 Min., nicht über 5,30 Min. (Nur wenn keine Schwimmgelegenheit vorhanden oder der Anmarschweg länger als 1 Std.ist).
2. Wehrertüchtigung:
   a) Eine Tagesfahrt von 15 km ohne Gepäck
   b) Teilnahme an einem Geländespiel
   c) Luftgewehrschiessen, 8 m Entfernung sitzend am Anschusstisch, 12-er Ringscheibe, Ringabstand ½ cm, 5 Schuss = 20 Ringe
   d) Wenn Luftgewehrschiessen nicht möglich, Schlagballzielwerfen, Entfernung 8 m, Ziel 60 x 60 cm. Bedingung: 5 Bälle = 3 Treffer
3. Weltanschauliche Schulung:
   Schildere den Lebensweg des Führers (schriftlich zu beantworten).

Leistungsanforderungen

III. Das Hitler-Jugend-Leistungsabzeichen.

Das Hitler-Jugend-Leistungsabzeichen wird in 2 Stufen verliehen:
Stufe II Bronze — für die 14 — 15-jährigen.
Stufe I Silber — für die 16 — 18-jährigen.
Leistungsanforderungen:

1. Leibesübungen:

	Stufe II Bronze	Stufe I Silber
a) 100 m-Lauf	15 Sek.	14,5 Sek.
b) 3000 m-Lauf	15 Min.	14,5 Min.
c) Weitsprung	3.75 m	4,00 m
d) Keulenweitwerfen (500 g)	25 m	30 m
e) Kugelstossen 5 kg	6,00 m	7,00 m
f) Klimmziehen	2 mal	3 mal
g) Schwimmen	200 m in 7 Min.	300 m in 12 Min.
oder Dauerschwimmen	10 Min.	15 Min
oder (wo keine Schwimmgelegenheit vorhanden ist oder der Anmarschweg länger als 1 Std. dauert) Radfahren	10 km beliebige Zeit.	20 km 60 Min.

2. Wehrertüchtigung:

	Stufe II	Stufe I
a) Keulenzielwerfen (aus dem Stand (500 g) im HJ-Dienstanzug ohne Gepäck)		20 m (bis Kreismitte).

Ziel: Kreis mit 4 m Durchmesser, 5 Würfe = 3 Treffer.

	Stufe II	Stufe I
b) Schiessen Kleinkaliberschiessen, Entfernung 50 m, 12er Ringscheibe der Hitler-Jugend. Es wird nach jedem Schuss angezeigt.	5 Schuss lieg. aufgelegt kein Schuss unter 5, oder 5 Treffer = 30 Ringe.	5 Schuss lieg. freihändig, kein Schuss unter 5, oder 5 Treffer = 30 Ringe.
c) Marschübung im Hitler-Jugend-Dienstanzug	15 km nicht unter 3 Stunden, nicht über 3½ Std. ohne Gepäck.	20 km nicht unter 4 Stunden nicht über 4½ Std. ohne Gepäck
d) Kartenkunde	a) Kenntnis der Kartenzeichen 1 : 100 000 b) Einrichten der Karte (Kompass, Gestirne, Uhr usw.)	Bezeichnen von 2 im Gelände gut sichtbaren Punkten auf der Karte 1 : 100 000 (unter Angabe des eigenen Standpunktes auf der Karte durch den Prüfer).
e) Zielansprache		Je 2 leicht und 2 mittelschwer erkennbare Ziele bis zu 300 m erkennen und richtig ansprechen.

Die Übung ist bestanden, wenn jeweils die Hälfte der Ziele richtig erkannt und angesprochen ist.

	Stufe II	Stufe I
f) Entfernungsschätzen	2 Entfernungen zwischen 50 und 250 m	3 Entfernungen zwischen 50 und 500 m

Die Entfernungen sind möglichst vielseitig anzusetzen. Der gesamte Spielraum ist auszunutzen.
Die Übung ist bestanden, wenn die Fehlergrenze bei jeder einzelnen Übung nicht über 30 % liegt. (Die genauen Ergebnisse sind einzutragen).

	Stufe II	Stufe I
g) Meldewesen	Sinngemässes Überbringen einer mündlichen Meldung enthaltend eine Zeit- u. eine Ortsangabe.	Überbringen einer mündlichen Meldung auf 200—300 m Entfernung enthaltend 1 Zeit- 1 Orts- und 1 Stärkeangabe.
h) Tarnung	Ausnutzung vorhandener Tarnungsmöglichkeiten.	Herstellung eigener Tarnung in günstigem Gelände.
i) Geländeausnutzung	Heranarbeiten an einen Gegner aus 100 m Entfernung in günstigem Gelände.	Heranarbeiten an einen Punkt im Gelände von mindestens 200 m Entfernung unter Berücksichtigung, dass der Weg von einem Gegner eingesehen wird.

Übung in Stufe II bestanden bei richtiger Ausnutzung des Geländes vom Gegner aus betrachtet; in Stufe I bei richtigem Verhalten unter Berücksichtigung des Auftrages.

3. Weltanschauliche Schulung:

Stufe II.

1. Schildere die wichtigsten Ereignisse aus der Kampfzeit der Bewegung.
2. Nenne die Gliederungen der Partei und einige angeschlossene Verbände und ihre besonderen Aufgaben.
3. Was weisst Du über das Parteiprogramm der NSDAP.
4. Schildere den Kampf und Tod Horst Wessels.
5. Nenne die nationalen Feiertage des deutschen Volkes und erkläre ihre Bedeutung.
6. Nenne die Feldzüge des jetzigen Krieges in der zeitlichen Reihenfolge.

Von den Fragen des Hitler-Jugend-Leistungsabzeichens in Bronze ist eine Frage schriftlich zu beantworten, die dem Hitler-Jungen von dem Prüfenden gestellt wird.

Stufe I.

1. Nenne eine rassenpolitische Massnahme des Staates und erkläre ihre Bedeutung.
2. Was weisst Du von der Bedeutung und Aufgabe des deutschen Bauerntums.
3. Was musst Du im täglichen Leben beachten, um gesund und leistungsfähig zu bleiben.
4. Nimm Stellung zu einigen wichtigen politischen Ereignissen der letzten Zeit.
5. Warum kann das Vaterland von uns fordern, dass wir, wenn nötig bis zum Einsatz unseres Lebens, für unser Volk zu kämpfen bereit sind.
6. Erkläre durch Beispiele aus dem jetzigen Kriege folgenden Satz aus dem Wehrgesetz: „Im Kriege ist über die Wehrpflicht hinaus jeder deutsche Mann und jede deutsche Frau zur Dienstleistung für das Vaterland verpflichtet."
7. Das Wehrgesetz bestimmt: „Die Erfüllung der Arbeitsdienstpflicht ist eine Voraussetzung für den aktiven Wehrdienst." Warum?

Von den Fragen des Hitler-Jugend-Leistungsabzeichens in Silber ist eine Frage schriftlich zu beantworten, die dem Hitler-Jungen von dem Prüfenden gestellt wird.
Die Ausarbeitung soll in der Regel zwei Seiten einer normalen Kladde oder einer DIN-Schreibmaschinenseite nicht überschreiten.

Das Führersportabzeichen der Hitler-Jugend.

Der Reichsjugendführer verleiht das Führer-Sportabzeichen der Hitler-Jugend für hervorragende Leistungen im Führer-Zehnkampf. Voraussetzung für die Verleihung ist der Besitz des silbernen Hitler-Jugend-Leistungsabzeichens.
Das Führer-Sportabzeichen der Hitler-Jugend wird verliehen, wenn im Führer-Zehnkampf 7500 Punkte in der Stufe II und 6500 Punkte in der Stufe I erreicht werden. Das Führer-Sportabzeichen wird jeweils für die Dauer von 5 Jahren verliehen. Wird in dieser Zeit die Bedingung zur Verleihung nicht 2 mal wieder erfüllt, erlischt die Berechtigung zum Tragen des Führer-Sportabzeichens. Sind die Wiederholungsbedingungen erfüllt, verlängert sich die Berechtigung zum Tragen auf weitere 5 Jahre. Erfüllt ein Hitler-Jugend-Führer der Stufe I die Bedingungen nach vollendetem 35. Lebensjahr noch einmal, so geht das Abzeichen endgültig in seinen Besitz über.

Unterführer-5-Kampf

Unterführer-5-Kampf:

Teilnahme:
Führer einer Gefolgschaft, eines Fähnleins, eines Stammes oder eines Jungzuges, der am Wettkampftage noch nicht 18 Jahre alt ist und daher noch nicht die Berechtigung hat, am Führer-Zehnkampf teilzunehmen. Ferner nehmen die Führer aller kleineren Einheiten der HJ am Unterführer-5-Kampf teil, die am Wettkampftage noch nicht 18 Jahre alt sind.
Geforderte Leistungen:
a) 100-m-Lauf,
b) Weitsprung,
c) Keulenweitwerfen,
d) Hochsprung,
e) Kugelstossen.

Führer-10-Kampf

Zur Teilnahme am Führer-10-Kampf sind verpflichtet:
Alle Hitler-Jugend- und DJ-Führer vom Fähnlein- und Gefolgschaftsführer aufwärts, die Mitglieder der Stäbe der Bänne, Jungbanne und der Reichsjugendführung sowie der Gebiete, soweit sie am Wettkampftage mindestens 18 Jahre alt sind.
Geforderte Leistungen:
a) 100-m-Lauf,
b) 1000-m-Lauf,
c) Hochsprung,
d) Weitsprung,
e) Keulenzielwerfen,
f) Keulenweitwerfen,
g) 300-m-Brustschwimmen,
h) KK-Schiessen liegend, aufgelegt,
i) KK-Schiessen liegend, freihändig,
j) Orientierungs-Gepäckmarsch.

Die Wertung erfolgt in 2 Altersstufen, Stufe A 18—32 Jahre, Stufe B 33 Jahre und älter.
Der Wettkampf wird an 2 Tagen durchgeführt.

In die Zuständigkeit der Hauptabteilung "Grundschule" fielen:

Ausarbeitung und Erlaß der Dienstpläne für die wöchentlichen Doppelstunden Pflichtsport - Durchführung des jährlichen Reichssportwettkampfes der Hitler-Jugend (bis einschl. 1938) "Deutsches Jugendfest"). -

Erarbeitung der verschiedenen Sport-/Leistungsabzeichen und Ausbildung von Abnahmeberechtigten - Ausschreibung und Durchführung der jährlichen Führer-/Führerinnen-Wettkämpfe (HJ-Führer-Zehnkampf, Unterführer-Fünfkampf; BDM-Führerinnen-Fünfkampf, Unterführerinnen-Dreikampf) mit dem Ziel des "Goldenen Führer-Sportabzeichens" - Ausschreibung und Durchführung der jährlichen Frühjahrs- und Herbst-Waldläufe, des Reichsschwimmtages - Ausarbeitung der Grundvorschläge für die Bann-/Untergau - bzw. Gebiets-/Obergau-Sportfeste (Massenvorführungen) - Vorbereitung und Durchführung der "Kampfspiele der Jugend" und des "Reichssporttages des BDM" anläßlich der Reichsparteitage der NSDAP, die ab 1939 zusammengelegt und als "SOMMERKAMPFSPIELE" der Hitler-Jugend durchgeführt wurden, um den Reichssieg der Spitzenmannschaften des Reichssportwettkampfes und des "Wehrsport-Fünfkampfes"- Ausarbeitung für die Sportlehrgänge Führer- und Führerinnen-Schulen der Gebiete und Obergaue mit dem Ziel der Ausbildung von ehrenamtlichen Sportwarten für DJ/HJ; JM/MB.
Gründung und Führung von Reichssportschulen für die Ausbildung, bzw. Weiterbildung von hauptamtlichen Sportwarten u.Sportwartinnen. -
Bereitstellung von Übungsplätzen und Übungsgeräten für den Pflichtsport, für die Abnahme von Leistungs-Abzeichen-Prüfungen und Wettkämpfen.
Aufbau und Durchführung der Sportausbildung an den Führer- und Führerinnen-Schulen der Gebiete/Obergaue, der 1937 gegründeten "Adolf-Hitler-Schulen" - Erarbeitung der Lehrpläne und Durchführung des Sportunterrichtes an den Reichsführer- und Führerinnen-Schulen für die hauptamtliche Führer-und Führerinnenschaft - Durchführung des sportlichen Teils des "Reichsberufswettkampfes". -

---

In die Zuständigkeit der Hauptabteilung "Leistungssport" fielen:

Ausschreibung , Vorbereitung und Durchführung der Meisterschaften in den 20 jugendgemäßen Wettkampfarten von den Wettkämpfen auf Gefolgschafts/Gruppenebene an;
Betreuung des freiwilligen Leistungssports der Jugendlichen in den (freiwilligen) "Sportleistungs-Gruppen"des Jungvolks und des Jungmädelbundes;
Betreuung und Förderung (durch Auslese- und Trainingslehrgänge) von sportlich besonders begabten Jugendlichen. -
Ausbildung von Übungsleitern und Übungsleiterinnen, Kampfrichtern und Kampfrichterinnen in Zusammenarbeit mit dem DRL und dessen "Reichsakademie" (Reichssportfeld Berlin) sowie mit Sonderformationen und Gliederungen der Partei und der Behörden; -
Ausschreibung, Vorbereitung und Durchführung der jährlichen "Winterkampfspiele" (Eiskunstlauf, Eishockey, Eisschnelllauf, Skilauf)
"Hallenkampfspiele" (Geräteturnen, Boxen, Ringen, Judo, Fechten)
"Sommerkampfspiele" (Leichtathletik, Schwimmen, Wasserball, Handball, Fußball, Tennis, Rollschuhlauf, KK-Schießen)

"Deutsche Jugendmeisterschaften" in Kanu,
jeweils Rudern, Segeln, Motorsport.
- Schulung und Betreuung jugendlicher"Spitzen-Sportler" durch spezielle Trainingslager, Entscheidung über ihre Freigabe für Erwachsenenwettkämpfe, Auslands-Einsätze usw. - Einbeziehung ausländischer Jugendorganisationen in die "Reichsjugendmeisterschaften".

Inhalte, Zuständigkeiten, Begabungen, Wettkämpfe im Rahmen der Leibesübungen

Abb.23:

Inhalte der GRUNDSCHULE

Zu dieser gehörten: Gymnastische Übungen mit und ohne Gerät, Bodenturnen, Spiele und Turnen, Spiele ohne Gerät und mit dem Medizinball, Kurzstreckenlauf, Hoch- und Weitsprung, Kugelstoßen;
für die JUNGEN insbesondere Freiringen, Boxen, Kampfspiele, Keulenwerfen. - Auch eine Schwimmausbildung wurde gefordert.-

Die GRUNDSCHULE war so einfach gehalten, daß sie von jedem erlernt werden konnte. Die notwendige Unterstützung erfolgte durch die von der Reichsjugendführung herausgegebenen Bücher: "PIMPF im Dienst,"MÄDEL im Dienst","HJ im Dienst", in denen einfache Übungen und Spiele mit leicht verständlichem Text und Zeichnungen dargestellt waren. -

Durch die „GRUNDSCHULE" sollte im Rahmen von Mannschaftswettkämpfen das Gefühl der Verantwortung des Einzelnen für die Gemeinschaft gestärkt und jeder Star-Kult vermieden werden.

Abb. 24:

Zuständigkeiten beim LEISTUNGSSPORT

Durch das"GESETZ über die Hitler-Jugend" vom 1. Dezmber 1936 fiel dem JUGENDFÜHRER des DEUTSCHEN REICHS die Verantwortung für die "gesamte körperliche, geistige und sittliche Erziehung außerhalb von Schule und Elternhaus" zu, somit auch für den gesamten Leistungssport.
Mit Zustimmung des Führers berief der JUGENDFÜHRER des DEUTSCHEN REICHS von SCHIRACH als seinen Beauftragten für die "Leibeserziehung der deutschen Jugend" den Reichssportführer von TSCHAMMER und OSTEN.
Die einheitliche Führung des SPORT'S in Jugendbewegung und Sportverbänden wurde durch diesen Akt gesichert.
Das Jugendreferat des NSRL ging als Hauptreferat "Leistungssport" auf die REICHSJUGENDFÜHRUNG über. In dieses Hauptreferat (später Hauptabteilung) wurden auch die Reichsjugend-Fachwarte berufen.

Abb. 25:

Gemeinschaftsbezogenheit der Begabungen für LEISTUNGSSPORT

Nachdem jeder JUGENDLICHE durch die"GRUNDSCHULE" gegangen war, wurde erst 1937 für Begabte mit Hilfe der Fachkräfte des deutschen REICHSBUNDES für LEIBESÜBUNGEN der "LEISTUNGSSPORT" aufgegriffen. Auch wurde darauf geachtet, daß die Jugendlichen, die von ihrer Gemeinschaft getragen und unterstützt wurden, den Sieg als den für ihre Gemeinschaft erworbenen ansahen.

Abb. 26:

Der REICHSSPORTWETTKAMPF DER HITLER-JUGEND

Jährlich findet der Reichssportwettkampf der Hitler-Jugend statt. Er wird als Einzelkampf und als Mannschaftskampf in folgenden Übungen durchgeführt:

1. Hitler-Jugend
   a) 1oo-m Lauf,
   b) 1ox1/2 Rundenstaffel der Scharen,
   c) 4x1oo-m-Staffel der Scharen,
   d) Hochsprung,
   e) Weitsprung,
   f) Kugelstoßen,
   g) Keulenwettwerfen,
   h) Speerwerfen (8oog)
2. Deutsches Jungvolk
   a) 6o m-Lauf
   b) 1o x 6o m Pendelstaffel
   c) Weitsprung
   d) Hochsprung
   e) Schlagballweitwerfen (8og)

CHRONOLOGIE der Entwicklung der WEHRERTÜCHTIGUNG

Die Zahlenangaben zur Grundausbildung und für die Sondereinheiten sind unvollständig. Die angeführten Zahlenangaben beruhen auf Kaufmann "Das kommende Deutschland", 1943. Sie sind symptomatisch.

1933

Sondereinheiten:

- **Durch Übernahme der Jugendgruppen spezialisierter Vereine in die HJ entstehen die ersten Sondereinheiten**
  - **Marine-HJ,**
  - **Nachrichten-HJ** — **400 Mitglieder**
  - **Motor-HJ** — **3 000 Mitglieder**

1934

Grundausbildung:

- **"Jahr der Ertüchtigung": Ausbildung von HJ-Führern**
- **Erlass des Reichsjugendführers über Ausbildung, Prüfung und Ernennung von HJ-Schiesswarten**

Sondereinheiten:

- **Marine-HJ** — **21.500 Mitglieder**
- **Motor-HJ** — **10.000 Mitglieder; Vergabe von 1200 Führerscheinen IV**
- **Flieger-HJ** — **Gründung von DJ-Modellfluggruppen: (10.000 Pimpfe);** **Erlass des RJF zur Fliegertüchtigung (siehe Anlage).**

1935

Grundausbildung:

- **Stiftung des HJ-Schiessabzeichens.**

Sondereinheiten:

- **Motor-HJ** — **18.000 Mitglieder; erste Ausbildungsfahrten und -Lager;** **"1.Harzfahrt der Motor-HJ" (jährlich bis 1942)** **Gründung der 1.Seesportschule in Prieros/Mark.**

1936

Grundausbildung:

- bis 1936 waren (z.T. in eigenen Führerschulen, z.T. in Schulen der Parteigliederungen) 3o 700 HJ-Führer und Unterführer zu KK- und Luftgewehr-Schiesswarten für die Grundausbildung ernannt.

Sondereinheiten:

- Motor-HJ — 60.000 Mitglieder mit insgesamt 8.000 Führerscheinen IV.
- Flieger-HJ — erste Reichssegel- und Modellfliegerwettbewerbe auf der Wasserkuppe (1500 Teilnehmer).

1937

Grundausbildung:

- Gründung der ersten HJ-Schiess-Schule: Ausbildung von 2.480 HJ-Führern zu Schiesswarten für die Grundausbildung in den Einheiten;
- Vergabe von 12.480 Schiessabzeichen;
- Ausbildung von HJ-Geländesportwarten für die Grundausbildung an den Führerschulen der Gebiete.

Sondereinheiten:

- Motor-HJ — 10.000 Führerscheine IV; Eröffnung der ersten HJ-Motorsportschule in Gandersheim;
  Hitlerjungen erwerben
  - 248 Goldmedaillen,
  - 291 Silbermedaillen,
  - 186 Eiseren Medaillen;
- Marine-HJ — Eröffnung der 2.Seesportschule Seemoos/Bodensee;
  Einführung des "Seesportabzeichens" für 16-Jährige,
  - der "Seesportprüfung" für 17-Jährige
  - der Marine-HJ-Führerprüfungen A, B und C (in Lagern und auf See).

Übersicht Chronologie der Wehrertüchtigung

1938

Grundausbildung:

- Auf 31 Gebietsführerschulen Ausbildung von 15.000 Geländesportwarten;
- KK-Schiessausbildung in den Gefolgschaften für 1,5 Millionen Jungen durch 15.000 ausgebildete HJ-Schiesswarte;
- Vergabe von ca 35.000 HJ-Schiessabzeichen;
- erstmals Bann- und Gebietsmeisterschaften im KK-Schiessen (Mannschafts- und Einzelwettbewerbe);
- Reichsschiess-Wettkampf anlässlich des Reichsparteitages der NSDAP um den Titel "Deutscher Jugendmeister";
- 3 HJ-eigene Schieß-Schulen stehen für die Ausbildung von Schießwarten zur Verfügung

Sondereinheiten:

- MOtor-HJ
  - 90.000 Mitglieder, Vergabe von 28.000 Führerscheinen IV;
  - 690 HJ-eigene Heime, 330 HJ-eigene Werkstätten, 300 HJ-eigene Krafträder, 2.500 Mitglieds-eigene Krafträder; Hitlerjungen gewannen 350 Goldmedaillen;
  - Stiftung des MOtor-HJ-Prüfabzeichens (ab 16);
  - Abkommen RJF/NSKK über weitere theoretische und praktische Ausbildung der Jugend (Gelände-, Werkstatt-, Fahrzeugfrage);
- Nachrichten-HJ
  - 29.600 Mitglieder; pro Bann 1 Nachrichten-Gefolgschaft (60 - 100 Jungen);
  - Stiftung des "Nachrichten-Scheines"A, B,C(als Prüfungs- und Ausbildungsbescheinigung);
- Marine-HJ
  - 50.000 Mitglieder;
  - an beiden Reichsseesportschulen bis 1938 jährlich 1600 Marine-HJ-Führer ausgebildet: 3.959 Führerprüfung A, 1034 Führerprüfung B
- Flieger-HJ
  - 74.000 Mitglieder mit 90.000 Starts;
  - 73.500 Mitglieder der DJ-Modellflug-Gruppen; abgelegt wurden 10.000 Gleitflugprüfungen A, 5.000 Gleitflugprüfungen B, 1.000 Segelfliegerprüfungen C und 32 "Silberne C" "Luftfahrerschein"
  - weitgestreute Ausbildung der Flieger-HJ im Werkstattbau und Modellflugzeugbau (in Zusammenarbeit mit dem NSFK);
- Reiter-HJ
  - Gründung dieser Sondereinheit vor allem auf dem Land; vom NS-Reiterkorps ausgebildet: 23.000 Jungen, davon 2.500 10 - 14-Jährige;
  - Vergabe von 9.480 "Amtlichen Reiterscheinen";
  - 1. Reichsreiterwettkämpfe.

1939	Grundausbildung:-	11.8. Vertrag RJF/OKW über die Wehrertüchtigung der HJ-Führerschaft, der aber nicht zur Anwendung kam (Siehe Text-Teil)-	
		- Vergabe von ca.30.000 Schieß-Abzeichen (Ende 1939 waren es insgesamt 51.500);	
		- Ausbildung weiterer 5.000 HJ-Führer zu Schießwarten;	
		- 1.Reichswettbewerb der Pimpfe im Luftgewehr-Schießen;	
		- 1.Reichsmeisterschaften im Kleinkaliberschießen (Innsbruck);	
		- Ausbildung von 2.896 Sport- und Geländesportwarten.	
	Sondereinheiten:-	Motor-HJ	102.000 Mitglieder in 70 Motor-Stämmen und 500 Motor-Gefolgschaften;
			Hitlerjungen erwarben 350 Goldmedaillen bei Wettbewerben;
		- Flieger-HJ	101.000 Mitglieder der HJ, 80.000 Mitglieder der DJ-Modellbau-Gruppen;
		- Marine-HJ	62.000 Mitglieder mit 686 HJ-eigenen Booten;
		- Reiter-HJ	Vergabe von 11.009 "Amtlichen Reiterscheinen" an HJ und 2.351 Jugend-Reiterscheine an Pimpfe
	Ziviler Luftschutz:	- Beginn der "Selbstschutz-Ausbildung" der letzten Jahrgänge von DJ und JM-Bund (13 - 14-Jährige) durch den Reichsluftschutzbund	
		- Einführung eines "Jugend-Luftschutztages" in Form einer Leistungsschau.	
1940	Grundausbildung:-	bis 31.12.1940 waren in Speziallehrgängen ausgebildet und in der Grundausbildung eingesetzt: -30.700 HJ-Schießwarte, -30.000 HJ-Geländesportwarte, (sie waren "Lehrschein-Inhaber");	
		- Ausbildung von 31.500 Gefolgschafts-und Fähnleinführern zu "Hilfsausbildern" ("Grundschein-Inhaber")	
		- Führer-Ausbildung in 2 HJ-eigenen Geländesport-Schulen (Obermassfeld und Middelburg)	
	Sondereinheiten:-	Nachrichten-HJ	47.000 Mitglieder,
			Ausbildungsziel: HJ-Nachrichten Abzeichen
		- Motor-HJ	140.000 Mitglieder in 100 Motorstämmen und 1000 Motor-Gefolgschaften;
			Theoretische und fachlich-techn Ausbildung in 700 Werkstätten, davon 200 HJ-eigene;
			Vergabe von 28.000 Führerscheinen IV, davon 9000 in Sommerlagern der Gebiete;
		-Flieger-HJ	115.000 Mitglieder legten ab: -22.064 Gleitflugprüfungen A, -10.152 Gleitflugprüfungen B, - 5.450 Segelflugprüfungen C, - 533 "Amtliche-Silberne-C" ("Luftfahrerschein")

Übersicht Chronologie der Wehrertüchtigung/Der Schießdienst

Ziviler Luftschutz:
- Ausbildung im Selbstschutz für 70.000 Pimpfe und 260.000 Jungmädel (13 - 14-Jährige)
- 3.500 BDM-Angehörige arbeiten ehrenamtlich als Flugmeldehelferinnen im Reichsflugmeldedienst der Luftwaffe

1941

Grundausbildung:
- Besondere Beachtung der Geländesport-und Schießausbildung in den neuen Gebieten (Beispiel: 180.000 KK-Schießabzeichen im Gebiet Danzig-Westpreußen)

Sondereinheiten:
- Marine-HJ — weitere Gebietsseesportschulen in Ziegenart/Pommern, Neusiedl a.See, Lauenhain/Mittweida, Heisternest/Westpr., Eltville.

1942

Grundausbildung:
- Erlaß des RJF über die Übereinkunft RJF/OKW/NSDAP-Reichskanzlei betreffend die Durchführung von 3 - wöchigen WE-Lagern als Abschluß der WE-Grundausbildung; 2.Erlaß hierzu regelt Abkommandierung verwundeter oder vorübergehend dienstuntauglicher ehem.HJ-Führer als Ausbilder v.d.WEHRMACHT zu den W.E.-Lagern der Hitler-Jugend.
- vom Mai - Dezember Erfassung von 98.265 Jungen durch die WE-Lager; Ausbildungsabschluß: "Kriegsausbildungsschein";
- Ausbildung von 15.000 "Kriegsausbildungs-Leitern" für den Einsatz in den Einheiten durch die WE-Lager

Sondereinheiten:
- Reichsleistungs-Wettbewerbe der Sondereinheiten.

1943/1944
- Fortsetzung der Ausbildung in den WE-Lagern

1945
- Aufstellung von Panzernahkampf-bzw.Panzervernichtungs-Einheiten.-

Der SCHIEßDIENST +)

Der Schießdienst und der Geländedienst gelten als Grundausbildung der Wehrertüchtigung.Ziel der Schießausbildung ist den Hitlerjungen zum sicheren Schützen werden zu lassen. Erreicht wird dieses Ziel, wenn jeder Hitler-Junge im Kleinkaliberschießen die Schießbedingungen der Ausbildungsklasse (5 Schuß = 30 Ringe liegend freihändig) erfüllt, um sicherer Schütze zu werden,ist eine langjährige Übung nötig; daher wird die Schießausbildung schon im Jungvolk mit dem Luftgewehrschießen begonnen. In der HJ. selbst hat jeder erst die Anfängerklasse mit der Schießgrundschule zu durchlaufen. Hierher gehören vorbereitende Ziel-und Anschlagsübungen sowie das Allerwichtigste der Schießlehre. Dann erst werden die Hitlerjungen in die Ausbildungsklasse eingereiht, von der sie nach dem Erfüllen bestimmter Schießbedingungen in die Sonderklasse übernommen werden. Der Deutsche Schützenverband stellt seine Schießstände zur Verfügung. 90% aller Schießwarte kommen heute (1939) bereits schon aus der Hitler-Jugend.
Wer die drei Klassen der Schießausbildung erfolgreich durchlaufen hat, kann und soll die Schießauszeichnung sich erwerben. Bei einer Zwölferringscheibe müßen bei 5 Schuß mindestens 45 Ringe, also eine Durchschnittsleistung von 9 erreicht werden.-

+) G.Kaufmann, "Das kommende Deutschland", 194o, S. 1o2

Die GELÄNDEAUSBILDUNG. +)

Sinn und Ziel des Geländedienstes ist den Jungen geländegängig zu machen. Er muß es also verstehen, sich anzuschleichen, zu tarnen, zu beobachten, sich zurechtzufinden, Mut und Entschlossenheit zu zeigen. Hierher gehören die Ausbildung an Karte und Kompaß, die Meldungen , das Entfernungsschätzen, Ziel-erkennen und -ansprache, Geländebschreibung und -beurteilung usw. Die Anwendung dieser Kenntnisse erfolgt im Geländespiel. Die Grundausbildung im Geländedienst kommt in den drei Stufen des Leistungsabzeichen zum Ausdruck. Das Abzeichen in Eisen für 15jährige, in Bronze für 16jährige, in Silber für 17jährige und ältere.

\+ G. Kaufmann, „DAS KOMMENDE DEUTSCHLAND", 1940 S. 104

ZIVILER LUFTSCHUTZ

Ab 1934 nahmen viele Jugendliche der Hitler-Jugend und des Bundes Deutscher Mädel f r e i w i l l i g an den Lehrgängen des REICHSLUFTSCHUTZBUNDES teil.- Es war kein HJ- Dienst.- Sie lernten, wie man sich in einem Ernstfall luftschutzmäßig zu verhalten hat. (Selbstschutz)

Besonders die Land-Jugend erhielt eine entsprechende Ausbildung, damit auch sie in einem Katastrophen-Fall nicht unvorbereitet war.

Die Jugend auf dem Land hatte schon in Friedens-Zeiten - wenn Feuerwehr oder Arzt wegen der großen Entfernungen auf dem Land nicht gleich zur Stelle waren - bei Bränden und Brandwunden "ERSTE HILFE" leisten können.

Nach Ausbruch des Krieges wurde die Luftschutz-Ausbildung offiziell zum Dienst in der Hitler-Jugend und im Bund Deutscher Mädel erklärt und mit Hilfe des Reichsluftschutzbundes alle 13-14jährigen JUNGEN und MÄDEL a u s g e b i l d e t .

Die älteren, auf diesem Gebiet befähigten JUNGEN und MÄDEL mit entsprechendem Verantwortungsbewußtsein bekamen in Aufbau-Lehrgängen eine Spezial-Ausbildung als Laienhelfer, Hausfeuerwehr, im gegebenen Fall auch als Luftschutz-Hauswart bzw. Lehrkraft, um im Kriegseinsatz der HJ entsprechend eingesetzt werden zu können.

Einmal jährlich wurde ein LUFTSCHUTZ-JUGENDTAG als Leistungsschau durchgeführt. -

Viele Menschenleben konnten in den Kriegsjahren 1939-1945 gerettet werden, weil die im LUFTSCHUTZ ausgebildeten JUGENDLICHEN sich und anderen zu "helfen" wußten - oft unter Einsatz des eigenen Lebens. -

Viele dieser im Luftschutz besonders bewährten Jugendlichen erhielten das "Kriegsverdienstkreuz mit Schwertern". -

"Schon in Friedenszeiten wurden vom Reichsluftschutzbund 1,5 Millionen Jugendliche ausgebildet im Selbstschutz. +

Im Jahr 1940 allein 70.000 Pimpfe u n d 260.000 Mädel und Jungmädel und Mädel."

\+ Kaufmann " Das kommende Deutschland" 1943

Motor-HJ

MOTOR-HJ

Die zunehmende Motorisierung Deutschlands und die natürliche Auto-Begeisterung der Jugend hat der MOTOR-HJ ein rasches Anwachsen gebracht.

In den vier Jahren seiner Zugehörigkeit zur Motor-HJ soll jeder Motor-Hitlerjunge so viel fahr- und motortechnische Kenntnisse erwerben, daß er in der Lage ist, alle Störungen, die an einem Kraftfahrzeug auftreten können, zu erkennen und sie nach Möglichkeit auch zu beseitigen.

Zur Durchführung der technischen Ausbildung hat die Reichsjugendführung in Zusammenarbeit mit dem NSKK einen Ausbildungsplan aufgestellt:

" Jährlich 8o Fahrschul-Stunden, 1o5 Stunden praktischen Werkstatt-Dienst, der für vierzehn- bis fünfzehnjährige Motor-Hitlerjungen Verkehrserziehung, theoretischen Unterricht über das Kraftfahrzeug und praktische Werkstattschulung vorsieht. Die Ausbildung dieser Gruppe findet nur am Kraftrad unter 25o ccm und ohne praktische Fahrschulung statt. Die Ausbildung der sechzehn-bis achtzehnjährigen Jungen sieht außerdem theoretische Ausbildung und Fahrschule vor. Die Ausbildung erstreckt sich überwiegend auf Kleinkrafträder. Der Führerschein Klasse 4 soll nach Möglichkeit erworben werden, sobald der Motor-Hitlerjunge das gesetzliche Mindestalter von 16 Jahren erreicht hat. Das Ziel der technischen Ausbildung ist die Kenntnis eines Kraftfahrzeuges, insbesondere des Kraftrades und die Beseitigung von Störungen sowie die Ausführung von kleineren Reparaturen. Die Verkehrserziehung dagegen soll die Beherrschung und Beachtung der Verkehrsvorschriften, die Fahrausbildung, der Erwerb des Führerscheins der Klasse 4 sowie des Motor-Prüfungsabzeichens bringen. In den Sommerlagern der Motor-HJ wird besonders die Fahrschulung betrieben.
Der Schwerpunkt der Prüfung liegt aber in der einwandfreien Geländefahrt, die sich über 7,5 km erstreckte und folgende schwierige Stellen aufweist:

1.eine "Ohne-Halt-Strecke" vom 2oo m Länge, bestehend aus Sand oder Lehm oder Geröll- ohne Höhenunterschiede - ;

2.eine "Hang-Auffahrt" vom 75 - 15o m Länge, nur im Gelände außerhalb angelegter Wege und Straßen, Steigung nicht über 3o vH (27 Grad) und unter 25 vH (22,5 Grad);

3.eine "Schlamm- oder Wasser-Durchfahrt" bei einer Tiefe von 25-3o cm und einer Oberflächenbreite von 4-5 m.
Die restliche Strecke teilt sich gleichmäßig in Wald-Feld- und Wiesen-WEGE, schlechte Verkehrsstraßen und Querfeldein-Geländestrecken." +)

Höhepunkt für die Arbeit der MOTOR-HJ war der Reichswettkampf bei der jährlich stattfindenden Harz- Fahrt. -

---

+) Memminger-Sautter "Hitler-Jugend - Das Erlebnis einer großen Kameradschaft", 1942, S.148-151

FLIEGER-HJ

Die Auswahl und ~~fliegerische Ausbildung~~ des Nachwuchses beginnt bereits im Deutschen Jungvolk, in dem die fliegerisch interessierten Pimpfe zu *Modellfluggruppen* zusammengefaßt werden. Das für sie bestimmte Ausbildungsprogramm erstreckt sich über zwei Jahre und umfaßt die Grundbegriffe der Fluglehre, des Aufbaues der Flugzeuge und den Bau von einfachen Flugmodellen verschiedener Art. Sobald die notwendige Handfertigkeit erreicht ist, wird zur Herstellung von Leistungsflugmodellen geschritten oder mitunter sogar eine Eigenkonstruktion in Angriff genommen. Neben der Bautätigkeit steht das Modellfliegen, wo der Pimpf durch praktische Versuche mit den Fluggesetzen vertraut gemacht wird. Die Ausbildung im Flugmodellbau und im Modellfliegen erfolgt, wie bereits früher erwähnt, *zusätzlich* zum allgemeinen DJ-Dienst.

So wird eine Auswahl handwerklich und fliegerisch vorgeschulter und begeisterter Jungen als Nachwuchs für die Einheiten der Flieger-HJ getroffen und deren Bestand dadurch gewährleistet, daß die Pimpfe der Modellfluggruppen mit 14 Jahren zur Flieger-HJ überwiesen werden. Hier erhalten sie wie jeder andere Hitlerjunge ihre weltanschauliche und politische Schulung, ihre Grundausbildung in den Leibesübungen, im Kleinkaliberschießen und im Geländedienst. Daneben läuft der fliegerische Dienst, der sich aus flugtheoretischem Unterricht, Funkausbildung, Segelflugzeugbau und Gleit- und Segelfliegen zusammensetzt. Das NS-Fliegerkorps stellt hierfür seine Fachkräfte, sein Gerät und seine Schulungsstätten in umfassendem Maße zur Verfügung.

Bei der fliegerischen Schulung steht zunächst der *Baudienst* im Vordergrund, weil ohne den Selbstbau von Gleit- und Segelflugzeugen und ohne die selbständige Ausbesserung von Brüchen das motorlose Fliegen auf breitester Grundlage fast unmöglich wäre. Zahlreiche Werkstätten dienen dieser handwerklichen Ausbildung. Sie sind vom NS-Fliegerkorps, der Deutschen Reichsbahn, der Reichspost, von den Berufsschulen und Industriewerken (und hier vor allem von der Luftfahrtindustrie) eingerichtet und bereitgestellt worden.

Im *flugtheoretischen Unterricht* werden Geschichte, Gliederung und Aufbau der Luftfahrt, Baustoff- und Werkzeugkunde, Flugzeugkunde und Flugzeugerkennungsdienst, Luftgeographie, Motoren- und Wetterkunde, Navigation und Luftrecht sowie Meßgerätekunde behandelt. Die Funkausbildung soll die Jungen für die Bordfunkerlaufbahn der Luftwaffe heranbilden. Das eigentliche Ziel jedes Angehörigen der Flieger-HJ, dem er mit aller Macht zustrebt, ist jedoch das Fliegen selbst. Hier hat er Gelegenheit, Mut und Einsatzbereitschaft, Entschlossenheit und Selbstbeherrschung, Kameradschaft und Disziplin zu beweisen.

Die *Fliegerlaufbahn* der Jungen beginnt mit kleinen Rutschern und Sprüngen. Nach einiger Übung wird die Gleitfliegerprüfung A abgelegt. Saubere Geradeausflüge mit einwandfreier Landung in einer abgesteckten Landegasse sind dazu erforderlich. Dann kommen Kurven und Ziellandungen an die Reihe (B-Prüfung). Der Fortgeschrittene erfüllt die Bedingungen der Segelfliegerprüfung C und erhält die Nadel mit den drei Silbermöwen auf blauem Grund. Er kann sie mit berechtigtem Stolz tragen, denn Voraussetzung für die C-Prüfung ist, daß mindestens fünf Minuten über Starthöhe gesegelt wurde. In der weiteren Ausbildung wird der Luftfahrerschein für Segelflugzeugführer erworben. –
Die jährlichen REICHSWETTKÄMPFE fanden auf der Wasserkuppe in der Rhön statt.

Memminger-Sautter, „HITLER-JUGEND -Das Erlebnis einer großen Kameradschaft-1942, S.142/143

Marine-HJ

Die MARINE-HJ

Die Marine-HJ. legt das Hauptgewicht ihrer Winterausbildung auf die theoretische Schulung der seemännischen Kenntnisse. Es werden Standortbestimmungen, Kartenlesen geübt und die Vorkenntnisse für Navigationsmessungen vermittelt. Die Leistungen des Marine-Hitlerjungen kann man am besten an dem Seesportabzeichen der HJ. ablesen, das jeder Marine-Hitlerjunge spätestens im zweiten Jahr seiner Zugehörigkeit zur Marine-HJ., also im 16. Lebensjahr, erwerben muß. Hier soll er zeigen, ob er das Gelernte auch zu verwerten versteht. Das Seesportabzeichen ist eine fachliche Leistungsprüfung und über sie hinaus sollen die Marine-Hitlerjungen die Bedingungen für das HJ.-Leistungsabzeichen erfüllen. Eine Aufnahme in die Reichsseesportschulen der HJ. in Prieros (Mark) und in Seemoos (Bodensee) wird vom Besitz des Seesportabzeichens abhängig gemacht. Es kann also nur einer Marine-Hitlerjugendführer werden, der dieses Seesportabzeichen erhalten hat. Die Prüfung dafür besteht aus drei Gruppen, der Seemannschaft, der Schiffahrtskunde und dem Signaldienst. Daraus entnimmt man auch das Ausbildungsprogramm der Marine-HJ. Zur Seemannschaft gehören Knoten, Spleißen und das fachmännische Belegen an Klampe oder Pfahl. Dann muß schließlich eine 25 bis 30 Meter lange Wurfleine in einer fünf Meter breiten Bahn 15 Meter weit geworfen werden. Beim schulmäßigen Rudern im Kutter werden Sitzen, Klarlegen der Riemen, Verhalten beim An- und Ablegen sowie Kommandos und seemännisches Verhalten beurteilt. Ausführung und Kenntnis sämtlicher Bootskommandos werden verlangt. In der Schiffahrtskunde sind Erklärungen am Kompaß, über Ausweichregeln und Lichterführung für alle Arten von selbstfahrenden, geschleppten, manövrierunfähigen und ankernden Fahrzeugen sowie die Kenntnis der Bauart der Boote, besonders der Beiboote der Kriegsmarine, erforderlich. Die Prüfungen werden mit dem Signaldienst abgeschlossen, wobei beispielsweise in fünf Minuten 90 Buchstaben einwandfrei gewinkt und im Morsen in zehn Minuten ebenfalls 90 Buchstaben gegeben werden müssen. Für die Führerschaft der Marine-Hitlerjugend gibt es eine sogenannte A-, B- und C-Führerprüfung im Seesport. In Lagern, auf zwei Reichsseesportschulen und in fünf Gebietsseesportschulen werden schon die kleinsten Einheitsführer der Marine-HJ. auf diese Führerprüfungen vorbereitet. Wer die Führerprüfung A abgelegt hat, der versteht schon mit dem Tauwerk umzugehen, verhält sich im Boot richtig, kennt genau die Lichterführung, beherrscht vollständig den Signaldienst und vermag Tiefen- und Geschwindigkeitsmessungen vorzunehmen. Bis Ende 1938 legten diese Prüfung 3959 Jungen ab. Diese Zahl hat sich bis 1942 vervierfacht. Wer sogar den B-Schein erworben hat (2040), der weiß mit Kompaß und Seekarte umzugehen und kann über die Anfangsgründe der Navigation Bescheid geben. Als Abschluß der seemännischen Ausbildung kann dann noch die C-Führerprüfung abgelegt werden. Mit dem Lehrgang für diese Prüfung ist gleichzeitig eine Ausbildungsreise mit einem Segelschiff in der Ostsee verbunden.+

Diese und die REICHSSPORTWETTKÄMPFE in Kiel-Laboe gehörten zu den schönsten Erlebnissen jedes Marine-Hitler-Jungen.

+ Kaufmann:" Das kommende Deutschland"194o

N A C H R I C H T E N - H J

Die Nachrichten-HJ wurde zunächst nur aufgestellt, um für Zeltlager und sonstige Veranstaltungen die technischen Arbeiten, besonders den Fernsprech-Dienst einzurichten und zu versehen. Bei den großen Zeltlagern, die sich oft über weit von Dörfern und Städten entfernte Plätze erstreckten, kam diesen NACHRICHTEN-EINHEITEN der HJ eine wichtige Bedeutung zu.
Außer einigen Gliederungen der Partei stand besonders die Deutsche Reichspost der Nachrichten-HJ mit ihren Kräften und Ausbildungsgeräten zur Verfügung.

" Diese Sonderausbildung umfaßt drei Ausbildungsstufen.
Als Vorausbildung eine allgemeine Einführung in das Gebiet des Nachrichtenverbindungswesens und die Bedienung einfacher Nachrichtengeräte. Nach Abschluß der Vorausbildung (etwa nach sechs Monaten) muß der Junge eine Prüfung bestehen, die seine Eignung zum Nachrichtenverbindungsdienst erweisen soll. Hat er diese Prüfung bestanden, erhält er den Hitler-Jugend-Nachrichtenschein A und darf die dazugehörige Armscheibe A zum Dienstrang tragen.

An die Vorausbildung schließt sich die Grundausbildung an, die etwa 2 1/2 Jahre dauert. Nach ihrem Abschluß muß der Teilnehmer sich einer weiteren Prüfung unterziehen, bei deren Bestehen er den Hitler-Jugend-Nachrichtenschein B erhält und die Armscheibe B der Nachrichten-HJ tragen darf.-

Für die JUNGEN im Alter von 17-18 Jahren schließt sich eine End- Ausbildung an, die mit Hilfe der Deutschen Reichspost durchgeführt wird.
Der erfolgreiche Abschluß dieser Ausbildung wird durch Ausgabe des Hitler-Jugend-Nachrichtenscheines C bestätigt.

Der Lehr- und Ausbildungsstoff der Nachrichten-HJ ist sehr vielseitig. Im theoretischen Unterricht wird all' das aus den Grundlagen der Physik gelehrt, was zum Verständnis der Vorgänge im Nachrichtengerät wichtig ist. In der Gerätelehre und im Unterricht über feste Drahtnachrichtenanlagen lernen die Jungen die wichtigsten feldmäßigen und festen Nachrichtenmittel kennen. Im schulmäßigen und feldmäßigen Feldkabelbau und im Einrichten von Fernsprech- und Funkstellen wird im Laufe der Ausbildung eine sichere Beherrschung der Geräte und die Einsatzmöglichkeit zu größeren Übungen erreicht. Das Hören und Geben von Morsezeichen, der Fernsprech- und Funkbetriebsdienst erziehen zu soldatischer Fernsprech- und Funkdisziplin. Neben diesen grundsätzlichen Ausbildungsstoffen können einzelne Einheiten, soweit die Notwendigkeit und Ausbildungsmöglichkeit besteht, noch auf Sondergebieten der Nachrichtentechnik arbeiten (z.B.Errichten und Betreiben von Lautsprecheranlagen, Ausbildung im Meldehunddienst usw.). Grundsätzlich ist der Lehr-und Ausbildungsstoff und die Art der Ausbildung auf Alter und Auffassungsgabe der Jungen abgestellt."+

+)Memminger-Sautter: "HITLER-JUGEND -Das Erlebnis einer großen Kameradschaft", 1942, S.152-153

Die REITER-HJ

Die REITER-HJ wurde 1938 gegründet und erfaßte entsprechend interessierte Jungen - vornehmlich auf dem Land -,weil dort Pferde vorhanden waren.
Die Jungen in der Stadt konnten sich - bis auf Ausnahmen - keine Pferde halten und ein "Exklusiv-Klub" widersprach dem Wesen der Hitler-Jugend. -

Auch auf dem Land wurde durch die Geschlossenheit der Formationen verhindert, daß die Reiter-Ausbildung zu einer Spaltung zwischen Söhnen von Bauern und Knechten führte. -

Das NS-REITERKORPS unterstützte die Hitler-Jungen bei ihrer Ausbildung, die - wie bei allen Sonderformationen - zusätzlich zum allgemeinen HJ-Dienst erfolgte.
Sie bekamen Reit-Unterricht und wurden im Umgang mit Pferden unterwiesen.
Ziel war es, den amtlichen Reiterschein zu erwerben.
Die Jungen im Alter bis zu 14 Jahren erhielten - bei entsprechendem Können - den JUGEND-Reiterschein.
Jährlich konnten sie ihre Kräfte bei dem Reichs-Reiterwettkampf messen. -

Leistungsabzeichen der Sonderformationen / Wehrertüchtigung

LEISTUNGSABZEICHEN DER SONDERFORMATIONEN.

Das Motor-Hitler-Jugend-Prüfungsabzeichen.

Das Abzeichen kann nur von Jugendlichen erworben werden, die das 16. Lebensjahr vollendet haben und den Führerschein IV. Klasse besitzen.

Es sind Aufgaben zu erledigen aus folgenden Gebieten:

1. Motorkunde,
2. Verkehrskunde,
3. Gesetzeskunde,
4. Fahrkunde.
   a) Schriftliche Prüfung:
   Verhalten bei Unfällen. Wie pflege ich mein Kraftrad? Wann ist mein Kraftrad verkehrssicher?
   b) Praktische Übungen:
   Reifenwechsel, nur am Hinterrade eines Kraftwagens innerhalb von 15 Minuten vorgenommen.
   3 einfache Störungen am Kraftrad müssen innerhalb von 15 Minuten erkannt werden.
   Beim Beseitigen von Störungen am Kraftrad wird auf ordnungsgemässe Verpackung und gebrauchsfertigen Zustand des Werkzeuges geachtet.
   c) Fahrschulung:
   Achterfahren in einem Rechteck von 10 m Länge und 6.50 m Breite.

   Geschicklichkeitsfahren: Schlangenfahren um 6 in einer Reihe aufgestellte Fähnchen ununterbrochen 3 mal hin und zurück. (Bei Krafträdern 3 m, bei Krafträdern mit Beiwagen 4 m).
   Geländefahrten: Die gesamte Strecke beträgt 7,5 km. In diese Strecke sind einzulegen eine Ohne-Halt-Strecke von 200 m Länge, bestehend aus Sand oder Lehm ohne Höhenunterschiede, eine Hang-Auffahrt von 75 bis 150 m Länge, die im Gelände ausserhalb angelegter Wege und Strassen liegt, Steigung nicht über 30 %, und nicht unter 25 %. Eine Schlamm- oder Wasserdurchfahrt bei einer Tiefe von 25 bis 30 cm und einer Oberflächenbreite von 4 bis 5 m.
5. Ferner ist die persönliche Haltung des zu prüfenden Motor-Hitler-Jungen bei der Gesamtprüfung zu beurteilen.

Das See-Sportabzeichen.

Die Prüfungsbedingungen für das See-Sportabzeichen der Hitler-Jugend müssen von allen Angehörigen der Marine-Hitler-Jugend erfüllt werden. Die Leistungsprüfung wird spätestens im 2. Jahr der Zugehörigkeit der Jugendgenossen zur Marine-Hitler-Jugend und zwar nur einmal abgelegt.

Geforderte Leistungen:

1. Seemannschaft:
   a) Knoten und Spleissen,
   b) Wurfleinenwerfen,
   c) Bootsdienst,
   d) Seemännische Aufgaben.
2. Schiffahrtskunde:
   a) Kompasseinteilung nach Strichen und Graden,
   b) Einfache Ausweichregeln und Lichterführung,
   c) Bauarten der Boote,
   d) Handlog und Handlot.
3. Signaldienst:
   a) Winken
   b) Morsen (nicht für Angehörige der F. T. Kameradschaft).
   c) Funken (nur für Angehörige der F. T. Kameradschaft).
4. Persönliche Haltung während der gesamten Prüfung.

VI. Das Segelflugabzeichen.

Die Bedingungen für die Segelflug-Prüfungen (Prüfung A, B, C) folgen den allgemein gültigen Bestimmungen des Segelsportes.

Wehrertüchtigung

Nachstehend geben wir einen Auszug aus dem Rundschreiben Nr. 9/42 des Reichsjugendführers, der die Neuordnung der Wehrertüchtigungsarbeit der Hitler-Jugend behandelt:

„Der Führer hat entschieden, daß die Wehrertüchtigung des ältesten Jahrganges der Hitler-Jugend, die bisher ausschließlich innerhalb des Hitler-Jugend-Dienstes der Einheiten durchgeführt wurde, in 3 wöchigen Lehrgängen in den neu zu errichtenden Wehrertüchtigungslagern der Hitler-Jugend ihren Abschluß findet.

Mit dieser Erweiterung der Wehrertüchtigung hat der Führer der Hitler-Jugend ihre kriegswichtige Aufgabe gestellt.

Die Führer der Gebiete haben die Maßnahmen für die Durchführung dieser Aufgaben allen anderen voranzustellen.

Alle Angehörigen des Jahrganges 1924, gleichgültig, ob sie der Hitler-Jugend angehören, haben an den Lehrgängen der Wehrertüchtigungslager der Hitler-Jugend teilzunehmen. Eine entsprechende Anordnung über die Ausdehnung der Jugenddienstpflicht auf die Lehrgänge der Wehrertüchtigung werde ich im Einvernehmen mit den zuständigen Reichsministerien demnächst erlassen.

Das Ziel der Lehrgänge für die Wehrertüchtigung ist der Erwerb des Kriegsausbildungs-Scheines bzw. des Hitler-Jugend-Leistungsabzeichens in Silber.

Für die Wehrertüchtigungslager der Hitler-Jugend stellt der Reichsarbeitsdienst vorläufig seine freistehenden Arbeitslager zur Verfügung. Die Leitung der Wehrertüchtigungslager liegt in den Händen der Hitler-Jugend. Die Ausbilder stellt die Wehrmacht."

Wertung und Beurteilung

für den Erwerb des K-Scheins der Hitler-Jugend im K-Lehrgang 19

1. KK-Schieß-Ausbildung

a) Schießlehre	+ ja	0 nein	b) Waffenlehre	+ ja	0 nein
1. Prüfungsfrage			1. Prüfungsfrage		
"			2. "		
"			3. "		
4. "			4. "		
5. "			5. "		
5 Fragen richtig	Note 1 a		5 Fragen richtig	Note 1 b	
4 " "			4 " "		
3 " "			3 " "		

c) Schulschieß-Bedingungen: 5 Schuß 50 m liegend
freihändig Ringe = Note aufgelegt Ringe = Note
Gesamtnote für 2 Schießbedingungen Note 1 c

2. Gelände-Ausbildung

a) theoretische Kenntnisse	+ ja	0 nein	b) praktische Ausbildung	+ ja	0 nein
1. Geländebeschreibung			1. Kartenkunde		
2. "			2. "		
3. Kartenkunde			3. Zielerkennen und -ansprechen		
4. "			4. Entfernungsschätzen		
5. "			5. Tarnung		
6. Meldung			6. Geländebenutzung		
7. "			7. Meldung		
8. Tarnung			8. "		
9. "			9. Spähtruppaufgabe		
10. Sicherung			10. Sicherungsaufgabe		
11. "			richtig erfüllt		
12. Geländebenutzung					
13. "			Note 2 b		
14. Spähtruppaufgabe					
15. "					
richtig beantwortet:					
Note 2 a					

	Noten			
1. KK-Schießen				
a) Schießlehre	1	2	3	4
b) Waffenlehre	1	2	3	4
c) Schießbedingungen	1	2	3	4
2. Geländeausbildung				
a) theoretische Kenntnisse	1	2	3	4
b) praktische Ausbildung	1	2	3	4
3. Allgemeine Haltung				
Diensteinsatz, kameradschaftliches Verhalten	1	2	3	4

Zusammen: ____________

Gesamtbeurteilung: ____________

Der ....
hat die Bedingungen zum Erwerb des „K-Scheins der Hitler-Jugend" mit .... erfüllt.

...................., den .... 19....

.... Einheitenführer der HJ. .... Ausbildungsleiter

Übersicht Grundschule der Leibesübungen (BDM)

Die GRUNDSCHULE der LEIBESÜBUNGEN

Die "GRUNDSCHULE der LEIBESÜBUNGEN" im BUND DEUTSCHER MÄDEL umfaßte alle die Übungsgebiete, die mit einer Vielzahl von Mädeln bei primitivsten technischen Voraussetzungen unter der Leitung von Nicht-Fachkräften durchgeführt werden konnten.
Die "GRUNDSCHULE" enthielt:

SPIEL
GRUND-GYMNASTIK
MÄDEL-TANZ
LEICHTATHLETIK
TURNEN AM GERÄT
BODENTURNEN
SCHWIMMEN
(SKILAUF und EISLAUF)

1. Die Grundlage, das SPIEL.

Grundlage der gesamten sportlichen Ausbildung sowohl bei den JUNGMÄDELN als auch bei MÄDELN ist das SPIEL in all' seinen Formen:

TUMMELSPIELE LAUFSPIELE BALLSPIELE PARTEISPIELE

Die "KAMPFSPIELE" (Handball und Hockey) stellen so viele Voraussetzungen an den Lehrenden, daß Nicht-Fachkräfte damit nicht beauftragt werden konnten. Vor-Übungen zum Handballspiel zur Schulung der Balltechnik und des Zusammenspiels sollten jedoch weitgehend innerhalb des Pflicht-Sportes durchgeführt werden. Daraus erwuchs die Aufgabe - vor allem in den Sportwartinnen-Schulungen aller Art - die Führerinnen zu fähigen "Spiel"-Führerinnen zu erziehen. Im Spiel galt es, die Jugend bewußt zu lenken und zu erziehen. Dazu mußte die SPORTWARTIN fähig sein "über dem Spiel" zu stehen, den Spielgedanken zu beherrschen und richtig weitergeben zu können; sie hatte als Schiedsrichter unvoreingenommen zu sein und mußte von allen Teilnehmern in allen Lagen letzte Einsatzbereitschaft und Fairness fordern können. Gerade während des Krieges mußte das Spiel noch mehr in den Mittelpunkt der Leibeserziehung der MÄDEL treten. Die Spiel-Schulung von Sportwartinnen- und Führerinnenschaft wurde besonders wichtig; in jeder Sportstunde wurde gespielt.

2. Die Grundgymnastik.

Die MÄDELGYMNASTIK war eines der Haupt-Arbeitsgebiete der Leibeserziehung. Das Ziel, die Mädel nicht nur zum höchsten körperlichen Einsatz zu erziehen, sondern auch zur harmonischen natürlichen, ausgeglichenen, schönen Bewegung, verlangte, diesem Aufgabengebiet einen großen Raum innerhalb des Pflicht-Sportes zu geben. In jeder Übungsstunde - gleichgültig, ob Sommer oder Winter, ob auf dem Sportplatz oder in der Halle - waren 10 - 20 Minuten Gymnastik durchzuführen. (Über die Gymnastik-Arbeit der Grundschule auch Abb.35) Wichtig für die verantwortlichen hauptamtlichen Sportwartinnen war, ehrenamtliche Sportwartinnen und Führerinnen in den Einheiten in regelmäßigen Schulungen und durch Unterrichts-Anweisungen so auszubilden, daß sie mehr konnten, als sie von ihren Mädeln verlangen mußten. Wesentlich war, daß die Mädel-Gymnastik eines der Aufgabengebiete innerhalb der Grundschule blieb, wenn sie auch an bevorzugter Stelle stand. Eine Aufgaben-Abgrenzung für die BDM-Grundgymnastik war nicht einfach gewesen. Besonders trat hier in Erscheinung, daß die körperliche Veranlagung und die Höhe des Ausbildungsstandes örtlich sehr verschieden waren. Es mußten daher weite Abgrenzungen geschaffen werden, um allen Voraussetzungen entsprechen zu können.

3. Der Mädeltanz.

Der MÄDEL-TANZ war ein vollkommen selbständiges und vollwertig neben der Mädel-Gmynastik stehendes Aufgabengebiet der Grundschule. Der Tanz "als Vollendung der Gymnastik" kam ebensowenig in Frage wie ein Hinarbeiten beim Tanz auf die Gymnastik. Letzteres stimmt nur insoweit, als durch das Freudebetonte des Tanzens die Mädel aufgeschlossen für die Bewegung an sich gemacht und ihnen das Gefühl für Rhythmus bis zu einem gewissen Grad gegeben werden konnte. Die Zahl vorhandener Mädeltänze war gering, die Versuche des BUNDES DEUTSCHER MÄDEL zu einer neuen Entwicklung in dieser Form waren bedeutsam. Es galt, den Tanz als Einheit von Bewegungsform und Musik zu erhalten, damit die Mädeltänze nicht zum Lauf- oder Bewegungsspiel abglitten. Volkstanzformen und Gemeinschaftstänze waren innerhalb des Pflichtsportes zu erlernen, vor allem dort, wo sie noch wesentlich zum Brauchtum gehörten.

4. Die Leichtathletik.

Die leichtathletischen Aufgaben nahmen nicht zuletzt deshalb einen breiten Raum schon innerhalb der Grundschulung ein, weil Lauf, Sprung und Wurf überall durchgeführt werden konnten.
In die Grundschule wurden 100 m und 200 m-Lauf, 80 m-Hürdenlauf, Diskus- und Speerwurf einbezogen. Die leichtathletische Arbeit war vor allem auf die Ablegung der Leistungsprüfungen ausgerichtet. In den Sportstunden galt es deshalb am Laufen, Springen, Werfen zu arbeiten, schnelles Starten und Antreten zu üben (Staffeln!). Die reine leichtathletische Schulung begann frühestens mit den 12-Jährigen.
Die ersten Jahrgänge dieser Jungmädel sollten vor allem das Erlebnis der Bewegung und des eigenen Könnens vermittelt bekommen. Dementsprechend kam besonders der WEITSPRUNG für die Arbeit innerhalb der "Grundschule" infrage; die für den HOCHSPRUNG notwendigen Geräte und Anlagen fehlten weitgehend, so daß er nur unterstützend in die "Grundschule" einbezogen werden konnte.
Die WURFSCHULUNG der Grundschularbeit bestand in erster Linie im Schlagballweitwerfen. -

5. Turnen am Gerät.

TURNEN AM GERÄT wurde zur Erlernung der Körperbeherrschung, zur Willens- und Mut-Schulung in die "Grundschule" in der Form übernommen, daß das Gerät als Hindernis aufgefaßt wurde. Während die Jungmädel Hindernisturnen ohne die Beachtung bestimmter Formen durchführten, wurden von den Mädeln "geformte" Übungen bei der Überwindung des Gerätes verlangt. Wesentlich beim Turnen am Gerät, und hier vor allem bei dem Versuch einer Übungseingrenzung, war - wie bei der Mädel-Gymnastik - der Leistungsstand der anvertrauten Einheit. Grundsätzlich wurde an und mit allen zur Verfügung stehenden Geräten geturnt: ggf. wurden auch Tische, Stühle, Bänke usw. verwendet.

6. Bodenturnen.

BODENTURNEN war möglichst viel in allen Pflicht-Turnstunden durchzuführen. Wesentlich dabei war eine gründliche Schulung der Sportwartinnenschaft im Hinblick auf die Hilfestellung.

7. Schwimmen.

Das SCHWIMMEN sollte sowohl als "Brauchkunst" wie im Hinblick auf seine gesundheitlichen Werte eigentlich am Beginn der "Grundschule" der Leibesübungen stehen. Leider fehlte es hierzu an den notwendigsten technischen Voraussetzungen. Wo aber die Möglichkeiten gegeben waren, mußten sie genutzt werden. Grund-Voraussetzung für einen Schwimmunterricht der Einheit war absolute Disziplin. Die Sportwartin oder Führerin mußte außerdem über den Gesundheitszustand jedes Mädels genau unterrichtet sein.

Eigentlich war es nach den allgemeinen Vorschriften und sonstigen Instruktionen Aufgabe der Schule, SCHWIMMEN zu lehren. Der Schwimm-Unterricht der Schule war aber nicht erst während des Krieges, sondern schon in den Vorjahren unzureichend. (In einem Berliner Mädelring konnten von etwa 580 Mädeln nur 85 schwimmen.) Die Ausbildung der Gruppen-Sportwartinnen hatte daher so zu erfolgen, daß sie Anfänger-Unterricht erteilen konnten. Erlernt wurde in erster Linie Brustschwimmen mit dem Ziel des SCHWIMMSCHEINES I. Nach dem Freischwimmen wurden der Startsprung sowie einfache Sprünge vom 1- und 3 m-Brett dazu genommen. Rückenschwimmen lernten die Mädel im Hinblick auf das "Rettungsschwimmen" nur im "Rückengleichschlag".

DER LEISTUNGSSTAND

Zur Überprüfung des Leistungsstandes der Einheiten und der Einzelnen wurden für die "Grundschule der Leibesübungen" verschiedene LEISTUNGSPRÜFUNGEN ausgeschrieben:

1. Die Leistungsprüfungen der Einheit:

FRÜHJAHRS-GELÄNDELAUF
REICHS-SPORTWETTKAMPF
REICHS-SCHWIMMTAG
HERBST-LEISTUNGSPRÜFUNG

Beim FRÜHJAHRS-GELÄNDELAUF, verbunden mit Fahrtenspielen, ging es im wesentlichen nicht um die Bewältigung vorgeschriebener Strecken in vorgeschriebenen Zeiten, sondern um den Auftakt zur Sommer-Arbeit der Einheiten.
Die Bedingungen für den REICHS-SPORTWETTKAMPF waren so gefaßt, daß die Grundübungen der Leichtathletik (Lauf, Sprung, Wurf) eine Mannschafts- und eine Einzelwertung erfuhren.
Der REICHS-SCHWIMMTAG der HITLER-JUGEND (BDM) wurde 1943 zum ersten Mal durchgeführt. Zur Überprüfung des Leistungsstandes der Einheiten wurden Bestimmungen für die Ausschreibung und die Sicherung der Durchführung erlassen.
Die HERBST-LEISTUNGSPRÜFUNG wurde 1943-trotz aller kriegsbedingten technischen und organisatorischen Schwierigkeiten-zum ersten Mal durchgeführt, und war als Einzelprüfung zu den Bedingungen des REICHS-SPORTWETTKAMPFES (Silberne Siegernadel) gedacht.
Da diese Leistungsprüfungen die größten Sportprüfungen der JUGEND waren, mußten für ihre reibungslose Durchführung gute Vorbereitungen und eine saubere Organisation gewährleistet sein; diesem Ziel galten im wesentlichen die Schulungen der Führerinnen und Sportwartinnen der unteren Einheiten in Lehrgängen an den Gebiets- und Reichs-Sportschulen.

2. Die Leistungsprüfungen für die Mädel:

JUNGMÄDEL-LEISTUNGSABZEICHEN
MÄDEL-LEISTUNGSABZEICHEN I (Bronze)
MÄDEL-LEISTUNGSABZEICHEN II (Silber)

Führerinnen-Wettkämpfe und
FÜHRERINNEN-SPORTABZEICHEN

REICHS-SCHWIMMSCHEIN I
REICHS-SCHWIMMSCHEIN II

Für diese Leistungsprüfungen wurden wie für die Leistungsprüfungen der Einheiten die Bedingungen so festgesetzt, daß jedes gesunde Mädel sie bei gutem Willen und Einsatzbereitschaft erfüllen konnte.

1942 erhielten die Leistungsabzeichen eine n e u e, das Führerinnen-Sportabzeichen seine erste Fassung.
Die Bedingungen wurden dahingehend vereinfacht, dass das Jungmädel-LEISTUNGSABZEICHEN und das Mädel-LEISTUNGSABZEICHEN in Bronce von einer noch grösseren Zahl Mädel erworben werden konnte. Aus diesem Grund wurde auch der Gesundheitsdienst-Kursus in die Bedingungen des Silbernen Leistungsabzeichens übernommen.
Die pflichtmässige Teilnahme am REICHS-SPORTWETTKAMPF entband die Führerinnen der Scharen und Gruppen nicht von der Teilnahme am Führerinnen-Drei-bzw.Fünfkampf. Die Führerinnen- Wettkämpfe wurden untergau-bzw. ringweise durchgeführt. Die Bedingungen für das Führerinnen-Sportabzeichen unterschieden sich durch die Punktzahl, die beim Fünfkampf wesentlich höher lag; ausserdem wurde eine andere altersmässige Einstufung festgesetzt: 17-21-Jährige (mittelhohe Punktzahl); 22-26-Jährige (Höchstpunktzahl); 27-Jährige und älter (niedrigste Punktzahl).-
Die Reichs- Schwimmscheine wurden seit 1943 kostenlos verliehen; um ihren Erwerb anzuregen, wurde der REICHS-SCHWIMMTAG ausgeschrieben.-

3. Reichsentscheidungen beim Reichssportwettkampf.

Für die Mannschafts-Prüfungen der "GRUNDSCHULE" (Jungmädel, Mädel, BDM-Werk) und für den Führerinnen-Drei bzw. Fünfkampf gab es Reichsentscheidungen beim Reichssportwettkampf.
Beide sollten in Friedenszeiten anlässlich des Sportfestes des BUNDES DEUTSCHER MADEL in Bamberg-im Rahmen der jährlichen Reichsparteitage-" ausgetragen" werden. -
Für die Durchführung der " GRUNDSCHULE der LEIBESÜBUNGEN" war das Buch "MÄDEL im DIENST" "BDM-SPORT bzw. JUNGMÄDEL-SPORT" maßgebend, dessen Neu- Bearbeitung 1943- vor allem im Hinblick auf die Entwicklung der Gymnastik- Arbeit- in Angriff genommen wurde.
Da die GRUNDSCHUL-Ausbildung Mittelpunkt der gesamten Leibeserziehung der MÄDEL als Grundlage für eine leistungssportliche Spezialisierung sein und bleiben sollte, war eine Befreiung vom Pflicht-Sport nur in Ausnahmefällen, und auch dann nur zeitlich begrenzt, möglich.

Leistungsanforderungen (BDM)

BUND DEUTSCHER MÄDEL.

I. Die Jungmädelprobe.

Die Jungmädelprobe muss im ersten halben Jahr nach dem Eintritt in die Jungmädelschaft abgelegt werden und bis zum 1. Oktober abgeschlossen sein. Sie enthält also die Leistungsanforderungen für das 10-jährige Mädel.
Die Teilnahme an der Jungmädelprobe ist von dem Tauglichkeitsbefund des Arztes abhängig.
Durch die Jungmädelprobe erlangt die Jungmädel-Anwärterin das Recht, Halstuch, Knoten und Abzeichen zu tragen. Die Jungmädelprobe verlangt folgende Leistungen:

1. Sportliche Leistungen:
   60-m-Lauf,
   Weitsprung 2 m,
   Ballweitwurf (Schlagball 80 g) 12 m.
2. Geschicklichkeit:
   2 Rollen vorwärts, danach Aufstehen ohne Hilfe der Hände,
   2 Rollen rückwärts,
   durch ein schwingendes Seil laufen, das von 2 Mädeln geschwungen wird.
3. Fahrt:
   Teilnahme an einer 1-tägigen Fahrt, die aus einer 8-km-Wanderung mit 2-stündiger Ruhepause besteht.

II. Das Jungmädel-Leistungsabzeichen.

Das Jungmädelleistungsabzeichen wird von allen Jungmädeln vom 12. Lebensjahr an erworben. Es verlangt den Beweis für Sicherheit in der weltanschaulichen Schulung, sportliche Leistung und Bewährung auf Fahrt.
Der Erwerb des Jungmädel-Leistungsabzeichens ist Voraussetzung für die Berufung in die Jungmädelführerinnen-Anwärterschaften (FA-Schaften).
Vorgeschriebene Leistungen:

1. Heimabend:
   a) Der Führer und seine Bewegung.
   (Geburtsort und Geburtstag des Führers, Lebenslauf des Führers, Geschichte der Bewegung und Kampf der SA und Hitler-Jugend. Die wesentlichsten Mitarbeiter des Führers. Das Jungmädel muss sämtliche Verse des Deutschland- und Horst Wessel-Liedes singen und den Sinn des nationalen Feiertages erklären können).
   b) Hitler-Jugend:
   (Warum der Name Hitler-Jugend. Die ihm bekannten Toten der Hitler-Jugend. Der Sinn des Wimpels und der Wimpelrune. 3 Hitler-Jugend-Lieder müssen textlich und melodiemässig ordentlich gesungen werden).
   c) Deutschtum in aller Welt.
   (Aus dem Gedächtnis die Umrisse des deutschen Reiches aufzeichnen. Wo wohnen ausserhalb des deutschen Reiches Angehörige des deutschen Volkes. Kenntnis des eigenen Grenzgebietes).
   d) Heimat.
   (Das eigene Gebiet muss nach Landschaften und grösseren Städten gekannt werden. Märchen, Sagen, Lieder und Bräuche der engeren Heimat und das Leben bedeutender Persönlichkeiten der Heimat müssen dem Jungmädel bekannt sein).
2. Leibesübungen:
   a) 60-m-Lauf in 12 Sekunden,
   b) Weitsprung 2,50 m,
   c) Ballweitwurf 20 m,
   d) Zielwerfen mit dem Schlagball aus 6 m Entfernung auf eine 60 × 60 cm grosse Scheibe in Höhe von 2 m,
   e) 100-m-Schwimmen in beliebiger Zeit
   oder, wo im Umkreis von 6 km keine Schwimmgelegenheit vorhanden ist und keine Ausbildungsmöglichkeit besteht, 8 km-Wandern in 2 Stunden ohne Gepäck.

   f) Hechtrolle über 2 Mädel,
   g) 25 m Sprungseillaufen,
   anschliessend am Ort je 10 Seilschwünge rückwärts und vorwärts mit Zwischenhupf.
3. Fahrt:
   a) Antreten in ordnungsgemässer Fahrtenausrüstung zu 1½ tägiger Fahrt mit Übernachten.
   b) Übernachten in einer Jugendherberge oder im Stroh.
   c) Bettenbauen bezw. ordentliches Hinterlassen des Lagerplatzes.
   d) Ausbilden eines Ordnungsdienstes.
   e) Fahrtengepäckpacken.
   f) Kenntnisse der wichtigsten Baum- und Getreidearten.
   g) Kenntnisse der wichtigsten Kartenzeichen.

III. Das BDM-Leistungsabzeichen (in Bronze)

Das BDM-Leistungsabzeichen in Bronze muss von jedem BDM-Mädel pflichtmässig erworben werden. Im Leistungsbuch muss bescheinigt werden, dass bei der ärztlichen Untersuchung das Urteil „tauglich" gegeben wurde.
Vorgeschriebene Leistungen:

1. Leibesübungen:
   a) 75-m-Lauf in 13 Sekunden,
   b) Hochsprung 1 m,
   c) Weitsprung 3,25 m,
   d) Schlagballweitwurf (80 g) 25 m,
   e) Kugelstossen (4 kg) 5,80 m,
   f) 25 km-Wandern ohne Gepäck in 6 Stunden,
   g) 200-m-Schwimmen in beliebiger Zeit in stehendem Gewässer; hat das Gewässer zum Stromaufwärts-Schwimmen zu starke Strömung, so kann eine Zeit von 15 Minuten ununterbrochen geschwommen werden,
   h) Ein beliebiger Sprung vom 3-m-Brett oder — falls keine Schwimmgelegenheit besteht — 15 km Radfahren in 60 Minuten.

2. **Wanderkunde.**

   Zielwandern nach der Karte mindestens 3 km (Massstab 1 : 25 000).

3. Kurze Schulung in 4-doppelstündigem Kursus über Erste Hilfe und Gesundheitsführung.

4. Weltanschauliche Schulung.

   a) Nenne die nationalen Feiertage des deutschen Volkes und sprich über ihre Bedeutung.
   b) Was weisst Du über die Bedeutung der Ahnentafel und der Sippentafel.
   c) Welche Massnahmen hat der nationalsozialistische Staat zur Gesund- und Reinerhaltung des deutschen Blutes getroffen.
   d) Wie zeigt sich das Aufbauwerk des Führers in Deinem Heimatgau.
   e) Was weisst Du über das politische Verhältnis des deutschen Reiches zu anderen Staaten.
   In welchen Staaten leben Volksdeutsche.

IV. BDM-Leistungsabzeichen (in Silber).

Als Ansporn zu noch grösserem Einsatz wurde das BDM-Leistungsabzeichen in Silber geschaffen. Mädel, die das 16. Lebensjahr vollendet haben und im Besitz des BDM-Leistungsabzeichens in Bronze sind, können das BDM-Leistungsabzeichen in Silber erwerben. Voraussetzung ist, dass die ärztliche Untersuchung Tauglichkeit ergab und dass das im Leistungsbuch eingetragen ist.
Vorgeschriebene Leistungen:

1. Leibesübungen:
   a) 75-m-Lauf, 12,5 Sekunden,
   b) Weitsprung 3,50 m,
   c) Schleuderballwurf 25 m, oder Kugelstossen (4 kg) 6,50 m,
   d) Erwerb des Reichsschwimmscheines I (Der Bewerber muss ¼ Stunde ununterbrochen schwimmen in stehendem oder fliessendem Wasser. Schwimmart ist beliebig. Der Start muss im Startsprung erfolgen).

2. Fahrt und Lager:

   Teilnahme an einem Freizeitlager oder Sportlager oder einer Grossfahrt oder einem Lehrgang an einer Führerinnenschule.

3. Praktischer Einsatz:

   Die Ausbildung im Gesundheitsdienst, Luftschutz oder Einsatz beim Sicherheits- und Hilfsdienst muss nachgewiesen werden. Möglichkeiten des Einsatzes:
   a) Gesundheitsdienst-Grundausbildung zum Gesundheitsdienstmädel oder Arbeitsgemeinschaft Gesundheitsdienst im BDM-Werk „Glaube und Schönheit".
   b) Luftschutz-Grundausbildung im Selbstschutz mit anschliessender Fachausbildung als Laienhelferin, Hausfeuerwehr, Melder oder Luftschutzhauswart oder Teilnahme an einer Arbeitsgemeinschaft Luftschutz im BDM-Werk „Glaube und Schönheit".

IV. FÜHRERINNEN-WETTKAMPF

1. **Unterführerinnen-3-Kampf.**

Teilnahme:
Am Unterführerinnen-3-Kampf müssen teilnehmen:
Führerinnen einer Mädelschaft, die älter als 21 Jahre sind und daher nicht mehr am Reichssportwettkampf teilnehmen können, ebenso die Führerinnen einer Jungmädelschaft, die älter als 14 Jahre sind.
Ferner alle Führerinnen grösserer Einheiten, die am Wettkampftage noch nicht 17 Jahre alt sind und daher nicht am Führerinnen-5-Kampf teilnehmen können.
Geforderte Leistungen:
a) 75-m-Lauf,
b) Hochsprung,
c) Schleuderballwerfen.
Die Wertung erfolgt nach einer 1000 Punkt-Wertung.

FÜHRERINNEN-5-KAMPF.

Alle Führerinnen von einer Jungmädel- oder Mädelgruppe an aufwärts und Führerinnen in der Dienststellung als Stellenleiterin im Bann, Referentin im Gebiet und in der Reichsjugendführung sind zur Teilnahme am Führerinnen-5-Kampf verpflichtet, wenn sie bis zum Tage des Wettkampfes 17 Jahre alt sind.
Geforderte Leistungen:
b) Hochsprung,
c) Weitsprung,
d) Schleuderballweitwurf,
e) 100-m-Brustschwimmen.
Die Wertung wird in 2 Altersstufen durchgeführt, Stufe A 17—21 Jahre, Stufe B 22 Jahre und älter.

V. Der REICHSSPORTWETTKAMPF der HITLER-JUGEND

Jährlich findet der REICHSSPORTWETTKAMPF für alle JUNGEN und MÄDEL statt.
Er wird als Einzelkampf und als Mannschaftskampf in folgenden Übungen durchgeführt:

3. **Bund Deutscher Mädel.**
a) 100-m-Lauf,
b) 4×100-m-Staffel der Scharen,
c) Hochsprung,
d) Weitsprung,
e) Schleuderballweitwurf,
f) Speerwurf.

4. **Jungmädel.**
a) 60-m-Lauf,
b) Weitsprung,
c) Schlagballweitwurf.

Die MÄDELGYMNASTIK

Das Aufgabengebiet der MÄDEL-GYMNASTIK wird unterteilt in:
"GRUNDGYMNASTIK" u n d
"BEWEGUNGSGESTALTUNG"
wobei Klarheit darüber bestand, daß der Begriff "BEWEGUNGSGESTALTUNG" zu hoch gegriffen war. Dieses Ziel war bestenfalls den ARBEITSGEMEINSCHAFTEN des BDM-WERKES unter der Leitung von Fachkräften, die einheitlich ausgerichtet, in ihrer Lehr- und Arbeitsweise aber freie Hand behalten sollten, zu erreichen.
Die GRUNDGYMNASTIK der 12-18 Jährigen ging auf die sogenannte deutsche Gymnastik zurück, deren 5 Grundformen der Bewegungsschulung auch für die Mädelgymnastik galten: Laufen, Hüpfen, Gehen, Federn, Springen.
Mehr noch als bei anderen Sportarten mußte man den Leistungsstand der einzelnen Einheiten berücksichtigen.
Stadt-Einheiten mit vielen höheren Schulen boten andere Voraussetzungen als Land- oder Kleinstadt-Einheiten.

Ferner galt es zu beachten, daß den biologischen Unterschieden der einzelnen Jahrgänge, wie vor allem auch den psychologischen Vorgängen dieser Altersstufen Rechnung getragen werden mußte. Die GRUNDGYMNASTIK mußte zu allererst den Anforderungen der LEIBESERZIEHUNG der breiten Masse gerecht werden.
Im Mittelpunkt stand die Schulung der BEWEGUNG. Die alte KÖRPERSCHULE wie auch die ZWECK-GYMNASTIK als eigene Aufgabenstellungen innerhalb der GRUND-GYMNASTIK wurden abgeschafft. (ZWECK-GYMNASTIK als Training für sportliche Aufgaben blieb ein Arbeitsgebiet des Leistungssportes.)

Da alle Übungsgebiete der GRUNDSCHULE durch Nicht-Fachkräfte vermittelt werden mußten, auf gymnastischem Gebiet Führerinnen und Sportwartinnen in den seltensten Fällen dem Leistungsstand ihrer Einheiten überlegen waren, setzte eine intensive Schulung von SPORTWARTINNEN und FÜHRERINNEN ein.
Das GERÄT - Ball, Keule, Reifen und Seil - nahm innerhalb der GRUND-GYMNASTIK einen breiten Raum ein. Es half, die Mädel unbewußt an Bewegungs-Aufgaben aller Art heranzuführen, unterstützte die Erziehung zum Bewegungs-Gefühl und schließlich die Bewegungs-Schulung.
Das Bewußtsein der Körperbeherrschung und die Erziehung zur Wendigkeit vermittelten Geschicklichkeitsübungen mit und ohne Gerät; Die MÄDEL sollten lernen, große "Bewegungen" auszuführen, um damit die Scheu vor dem Raum zu überwinden. Jede Aufgabenstellung war rhythmisch einwandfrei auszuführen, wobei das Zählen aus dem Unterricht ausgeschaltet wurde; an seine Stelle sollte die Musik (Klavier, Flöte, Ziehharmonika) treten.
Das "Schwingen" fiel in der Grundgymnastik, - soweit es nicht bei der Arbeit mit dem Gerät oder auch in einigen Partner-Übungen in Erscheinung trat - fort.

Über die gymnastische Arbeit mit JUNGMÄDELN gingen die Erfahrungen weit auseinander. Mittelpunkt der gesamten JUNGMÄDEL-ARBEIT war und blieb das SPIEL; gymnastische Übungen sollten daher nur in Spielform in den Unterricht eingeschaltet werden.
Geschicklichkeits-Aufgaben mit allen gymnastischen Geräten und in Form vonPartner-Übungen waren daher in den Unterricht einzuflechten.

Zu Vorführungen wurden die JUNGMÄDEL überhaupt nicht und auch die 15-17 Jährigen nicht herangezogen.
Für die Gestaltung der Sportfeste wurde jährlich eine GRUNDGYMNASTIK ("1935" "1936" usw.) mit dazu passender Musik zentral erarbeitet und herausgegeben.-

Die eigentliche Mädelgymnastik blieb den älteren Jahrgängen vorbehalten.

Vom musischen Menschen/Gliederung Hauptreferat Musik

Vom musischen Menschen

Bei aller nüchternen Tagesarbeit und allen Maßnahmen der praktischen Ertüchtigung, sei es auf beruflichem, sozialem, sportlichem oder vormilitärischem Gebiet, verlor die Jugend doch niemals den Blick für die kulturelle Aufgabe und Sendung, die nur sie allein erfüllen konnte. In Bochum waren erstmalig mit großem Erfolg die Reichstheatertage der Hitler-Jugend veranstaltet worden, 1938 fanden sie in Hamburg statt. Jahr um Jahr ging die Jugend nach Weimar, um dem Geiste großer Deutscher zu huldigen. Zur Eröffnung der Weimar-Festspiele 1938 hielt der Reichsjugendführer seine berühmte Rede vom „musischen Menschen", die für die Jugend fortan Programm bedeutete. Vor allem wandte er sich gegen die gelegentlich auch im Ausland vertretene Auffassung, daß die Hitler-Jugend ein vom Staat errichteter Zweckverband für die militärische und politische Schulung jugendlicher Jahrgänge darstelle. Ihr gesetzlicher Auftrag der körperlichen, geistigen und sittlichen Erziehung der Jugend Deutschlands umfasse auch die Einführung in die hohen Kulturwerte der Nation. Ob sich die Jugend politisch betätige oder kulturell bekenne, immer bewege sie sich in der vom Nationalsozialismus geschaffenen Einheit des deutschen Lebens —

Das junge Deutschland 1938

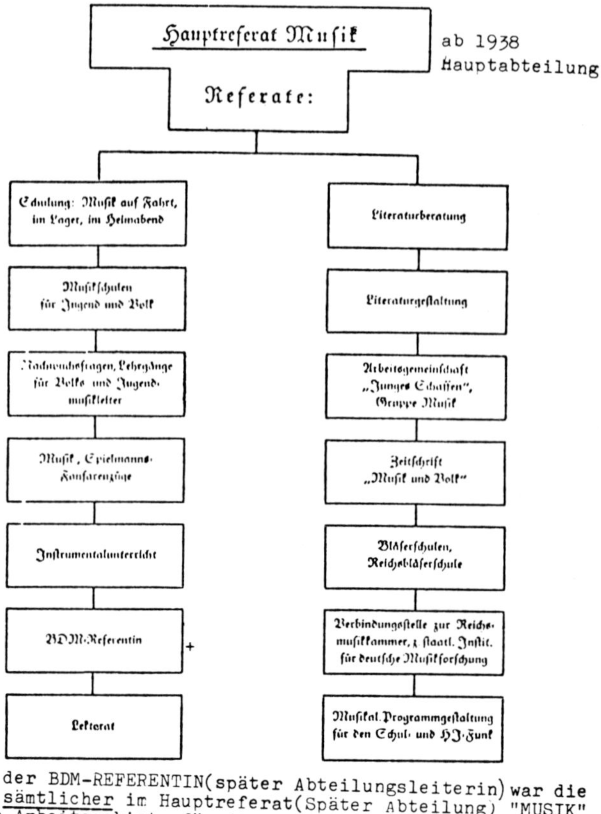

\+ Die Aufgabe der BDM-REFERENTIN(später Abteilungsleiterin) war die Bearbeitung sämtlicher im Hauptreferat(Später Abteilung) "MUSIK" aufgeführten Arbeitsgebiete für die w e i b l i c h e JUGEND (BDM)

Liederbücher, Musikblätter etc.

"Wir Mädel singen"
1938 zweite erweiterte Auflage (331.-350.Tausend)

"Wir Mädel musizieren"
1938 Kallmeyer Verlag

"Blut und Ehre" HJ-Liederbuch
1933 Berlin

„Unser Liederbuch"
nach 1936

"Liederblätter der Hitler-Jugend"
"Musikblätter der Hitler-Jugend" (Liedsätze, Spielmusiken)
Herausgegeben von Wolfgang Stumme
Kallmeyer,Wolfenbüttel

"Hohe Nacht der klaren Sterne"
ein Weihnachts-und Wiegenliederbuch
Herausgegeben von der Reichsjugendführung
Kallmeyer,Wolfenbüttel

"Lieder zur Weihnachtszeit"
Ilse Lang
Kallmeyer,Wolfenbüttel

"Das Kindlwiegen"
Georg Blumensaat
Ludwig Voggenreiter,Potsdam

"Nun brennen alle Kerzen"
Ernst Moritz Henning

"Liebliche Weihnacht, Wunder des Leuchtens"
Herbert Napiersky
P.J.Tonger,Köln

"Wir singen und spielen"
Literaturverzeichnis
Kallmeyer,Wolfenbüttel

"Klingender Feierabend"
Herausgegeben: Amt Feierabend der NS-Gemeinschaft "Kraft durch Freude
mit dem Kulturamt der Reichsjugendführung
Hanseatische Verlagsanstalt,Hamburg

"Tänze unserer Gemeinschaft"
Herausgegeben: NS-Gemeinschaft "Kraft durch Freude", Reichsjugend-
führung,Reichsnährstand, Arbeitsgemeinschaft für deutsche Volkskunde
Kallmeyer,Wolfenbüttel

"Unser das Land"
Liederbuch des deutschen Dorfes
1937 Kallmeyer,Wolfenbüttel

"Lieder für die Landjugend"
1938, herausgegeb.Abteilung Landjugend im Reichsnährstand und Kultur-
amt der Reichsjugendführung
Kallmeyer,Wolfenbüttel

Musikalische Schulungsformen (BDM)

Musikalische Schulungsformen in der Hitlerjugend (BDM)

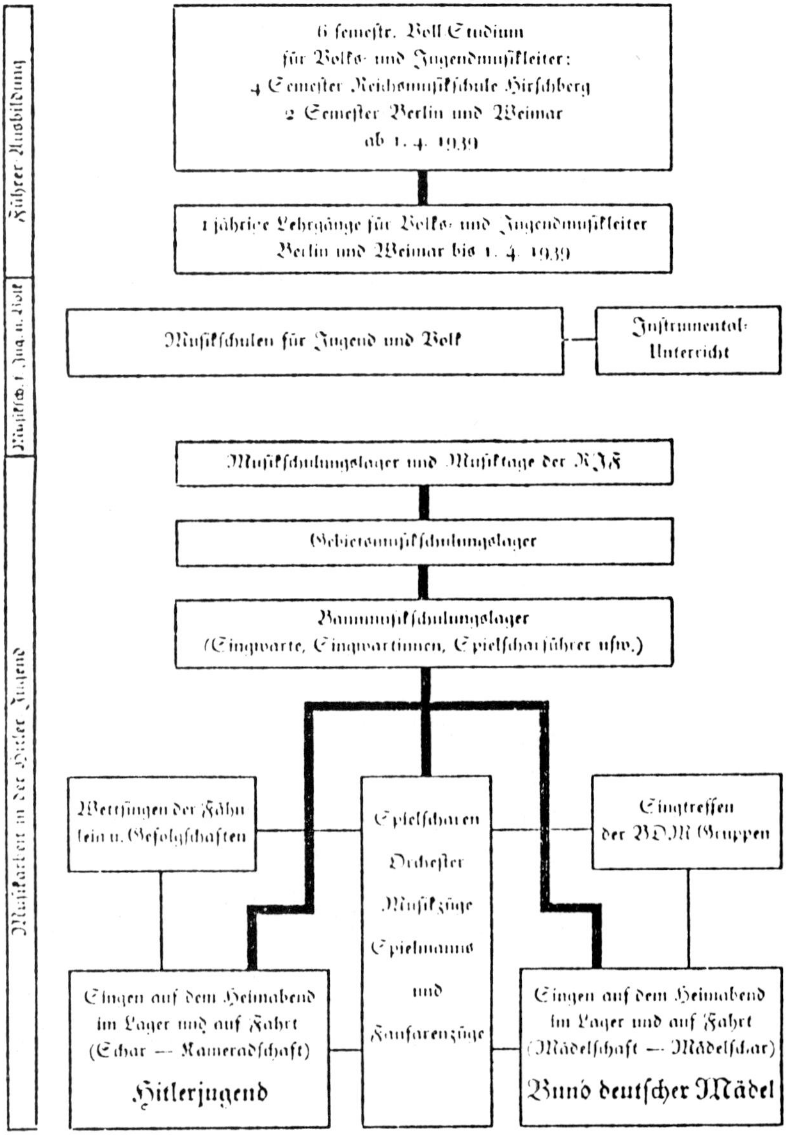

(aus: Musik und Volk, 4. Jg. Wolfenbüttel 1936/37, Heft 5, S. 213).

Reichsmusiktage der Hitlerjugend

Stuttgart, 11.–14. November 1937

Donnerstag, den 11. November 1937, 20 Uhr, Liederhalle

Abendmusik

Orgel: Präludium und Fuge E-Dur .... Vincent Lübeck

Sechs Gesänge alter Meister für gemischten Chor:

Im kühlen Maien .... Hans Leo Haßler (1546–1612)

Sehnsucht .... Ludwig Senfl (1492–1555)

Die Macht der Phyllis .... Joh. Herm. Schein (1586–1630)

Jelängerjelieber und Vergißmeinnicht .... Joh. Herm. Schein

Unter all'n auf dieser Erden .... Hans Leo Haßler

Das Geläut zu Speyer .... Ludwig Senfl

Orgel: Fantasia G-Dur .... Joh. Seb. Bach

Sechs Gesänge für gemischten Chor:

Mailied .... Moritz Hauptmann (1792–1868)

Wandrers Nachtlied .... Gustav Schreck (1849–1918)

Vineta .... Johannes Brahms (1833–1897)

In stiller Nacht .... Johannes Brahms (1833–1897)

Die Wollust in den Mayen, Volkslied, Tonsatz von Johannes Brahms

Das Lieben macht groß' Freud, Volkslied

Orgel: Toccata F-Dur .... Joh. Seb. Bach

Es singt der Thomanerchor Leipzig unter Leitung von Prof. D. Dr. Karl Straube

An der Orgel: Dr. Herbert Haag, Heidelberg

Reichs-Führer- und -Führerinnenlager der HJ.
Braunschweig 1939

HJ. singt und spielt

am Sonnabend, 20. Mai, und Montag, 22. Mai 1939,
20 Uhr, im Konzerthaus

Frisch auf! Singet all, ihr Musici! Lied von Chr. Demantius, 1567—1643
Im Märzen der Bauer . . . . Variationen von Walter Rein
Steig ma aufi aufs Bergle
Springt der Hirsch übern Bach . . . . Alpenländische Volkslieder
Darmstädter und Eberstädter Marsch . . . . um 1689
Alleweil ein wenig lustig . . . . Volkslied
Wir lieben sehr im Herzen . . . . Chorlied von Hans Leo Haßler
Spitzing-Musik . . . . von Cesar Bresgen
Auf, auf zum fröhlichen Jagen . . . . . . Jagdkantate von Cesar Bresgen
Firlefei-Variationen . . . . von Hermann Grabner
Deutsche Tänze . . . . von W. A. Mozart
Felsen stehen gegründet . . . . von J. Fr. Reichardt
Konzert für Geige und Orchester D-Dur . . . . von W. A. Mozart
So fröhlich wie der Morgenwind
Land unter diesen Sternen
Wenn die Stürme Leben wecken } Chorische Liedfolge von Bräutigam

Das Schlußlied „Wenn die Stürme Leben wecken“ wird gemeinsam gesungen

Ausführende: Rundfunkspielschar München, Obergaumusikschar Köln, Bannorchester Freiburg, MZ. Kölleda. Solist: Otto Schärnack (Violine)

„Kulturpolitische Arbeitsblätter" Deckblatt

KULTURPOLITISCHE ARBEITSBLÄTTER

UND

MITTEILUNGSDIENST
DER ARBEITSGEMEINSCHAFT „JUNGES SCHAFFEN"

NUR FÜR DEN DIENSTGEBRAUCH!

HERAUSGEGEBEN VON DER REICHSJUGENDFÜHRUNG

HAUPTAMT III / KULTURAMT

Verantwortlich: Hauptbannführer Otto Zander

FOLGE 7 / 1943

ABTEILUNG BILDENDE KUNST

BK 18

Es wird um Meldung von Malern und Graphikern gebeten, die der Hitler-Jugend angehören und gegenwärtig bei den Pionierformationen des Heeres sind.
Die Meldung ist zu geben an:
Kulturamt der Reichsjugendführung, Hauptabteilung Bildende Kunst.

BK 19 *6 000 Weihnachtsmärkte der Hitler-Jugend.*

Der Lustgarten, auf dem Berliner Hitler-Jugend ihre Buden mit Spielzeugen hatte aufmarschieren lassen, war am 19. Dezember 1942 in ein Meer von Fahnen getaucht. Musik- und Fanfarenzüge übertönten das Klappern der Sammelbüchsen, die bereits am frühen Sonnabendvormittag ein ganz beachtliches Gewicht hatten. Im offenen Viereck waren etwa 2 000 Mädel und Jungen angetreten. Vertreter der Partei und ihrer Gliederungen, der Wehrmacht, der Polizei und der Stadt Berlin sind erschienen, um an dem feierlichen Eröffnungsakt des Spielzeugmarktes der Berliner Hitler-Jugend teilzunehmen. Nach einem Musikstück betrat der Reichsjugendführer A x m a n n das Podium an der Frontseite des Weihnachtsmarktes und hielt die Eröffnungsansprache.
Der Reichsjugendführer ging in seiner Ansprache davon aus, daß alle Arbeit der Hitlerjugend auf die Notwendigkeit des Krieges ausgerichtet sei.| Jede Aufgabe, die sie übernehme und erfülle, habe dem Siege zu dienen. „Auch mit ihrer Werkarbeit hat sich die Hitlerjugend", führte er weiter aus, „in den Dienst des Krieges gestellt. In den vergangenen Monaten haben unsere Jungen und Mädel in allen Teilen des Reiches fröhlich gebastelt. In ihren Heimen, in den Lagern der KLV., im Landdienst haben sie mit wahrer Begeisterung gearbeitet. Auch unsere Lehrlinge haben sich vorbildlich nach ihrer Arbeitszeit in den Dienst der guten Sache gestellt. Mit Freude haben wir erlebt, daß auch in der Werkarbeit der Jugend dieselbe gemeinschaftsbildende Kraft lebt wie in unseren herrlichen Liedern. Es war wunderbar, zu sehen, welch ein großer Reichtum an handwerklicher Begabung in unserer Jugend liegt. Man muß diesen Reichtum nur finden und heben und pflegen. So wurde durch die Werkarbeit ein entscheidender Beitrag für die kulturelle Erziehung der deutschen Jugend geleistet. Darin liegt der ideelle Wert unseres Wettrüstens.
Und heute stehen wir vor den materiellen Ergebnissen unserer Werkarbeit. Heute können wir unserem Führer melden, daß die Hitlerjugend 8 500 000 Stück Spielzeug hergestellt und damit einen wesentlichen Teil der im Kriege ausgefallenen Spielzeugproduktion ersetzt hat. Diese Spielzeuge werden heute und morgen auf 6 000 Weihnachtsmärkten der Hitler-Jugend zugunsten des Kriegs-Winterhilfswerks zum Verkauf gebracht. Kameraden und Kameradinnen! Auch diese Aktion des Wettrüstens hat wieder einmal bewiesen, daß wir durch den einheitlichen und geschlossenen Willen unserer Gemeinschaft alles vermögen. Unsere Weihnachtsmärkte wollen gewertet werden als Ausdruck unseres Dankes an die kämpfende Front, als Ausdruck unseres Dankes an die Eltern, die trotz aller Belastungen in diesem Jahre unsere Arbeit mit ihrem großzügigen Vertrauen begleitet haben. Der schönste Dank aber für die von unseren Mädeln und Jungen geleistete Arbeit ist die helle Freude, die aus den blanken Augen unserer Soldatenkinder leuchtet. Möge der Weihnachtsmarkt der Hitlerjugend in dieser ernsten Kriegszeit dennoch durch seine Fröhlichkeit beweisen, daß die Kraft unseres deutschen Gemütes unüberwindlich ist.| Damit eröffne ich die unter der Schirmherrschaft unseres Reichsministers Dr. Goebbels stehenden Weihnachtsmärkte der Hitlerjugend!"

BK 20 *Drittes Reichsausleselager für bildende Kunst.*

Im Auftrage des Begabtenförderungswerkes des Deutschen Volkes führte die Hauptabteilung Bildende Kunst im Kulturamt der Reichsjugendführung vom 15. 1. bis 1. 2. 1943 in der Jugendherberge Markelfingen am Bodensee das dritte Reichsausleselager für bildende Kunst durch. Einberufen wurden 52 Teilnehmer und Teilnehmerinnen, die sich über die Banne der Hitler-Jugend beim Kulturamt der Reichsjugendführung um eine Förderung beworben haben bzw. von den Kreiswaltungen der DAF dem Begabtenförderungswerk des Deutschen Volkes zur Förderung vorgeschlagen wurden. Das Ausleselager dient neben der ärztlichen und psychologischen Untersuchung der Überprüfung des Leistungsstandes in der Leibeserziehung und dem allgemeinen Wissen. Der größte Teil des Tagungsplanes sieht jedoch die praktische künstlerische Arbeit in den verschiedensten von Teilnehmern bisher geläufigen Techniken vor der Natur, nach Modellen und in freier Aufgabenstellung vor. Die Form des Gemeinschaftslagers sichert ein unverkrampftes frohes Schaffen fern von jeder Prüfungsangst. Die Bewältigung der künstlerischen Aufgaben, unabhängig von bisherigen Vorbildern und Lehrern gibt wesentlich zuverlässigere Unterlagen für die Beurteilung der künstlerischen Fähigkeiten als die zunächst eingesandten Arbeiten. Die abschließende Auslese erfolgt durch von der Reichsjugendführung berufene hervorragende Fachkräfte der einzelnen künstlerischen Disziplinen.

BK 21 *Das Handwerksheft von „Wille und Macht"*

Das Novemberheft der Zeitschrift „Wille und Macht" ist unter das Thema „Kriegsjugend und Handwerk" gestellt. Es bringt einen Artikel von K. W. Heinrich Hartmann, der aus der Erkenntnis des inneren Sinnes dieses Krieges die Verpflichtung der Jugend aufzeigt, um die kommende Beherrschung und Ordnung der Ergebnisse des Sieges zu ringen durch die Bildung eines inneren Kraftzentrums, das alle Lebensvorgänge durchdringt. Es wird von den Wegen berichtet, die von der Hitler-Jugend beschritten wurden, um die Jugend wieder zur natürlichen Entwicklung aller ihrer gestalterischen und schöpferischen Kräfte zu erziehen; ihnen durch vorbildliche Heime, Räume und Hausrat Beispiel und Erlebnisfähigkeit für den harmonisch gestalteten eigenen Lebensbezirk zu geben, aus der heraus dann auch die künftigen Wohnräume des Volkes klar und gut geführt sein können. Es wird von der Werkarbeit der Hitler-Jugend berichtet in der die Jugend die Grundlagen handwerklichen und gestalterischen Schaffens erfährt und den Umgang mit Werkstoffen und Werkzeugen. Eigenschaften und Wirkung des Materials am eigenen Tun erfaßt. Der Artikel berührt damit die Grundlagen künftiger Lebensgestaltung überhaupt.

In einem Artikel „Die schauende Vernunft" — Der Weg eines neuen Handwerks — geht Hugo Kükelhaus eingehend ein auf die Fragen der Nachwuchsgewinnung für die handwerklichen Berufe und die Notwendigkeit einer inneren Sinnerneuerung des Handwerks als Schlüssel dazu.

Die „Kleinen Beiträge" — von Hermann Gretsch „Das Handwerk als Formgeber der Industrie", Ernst Wagenfeld „Warum grundsätzlich?", Adolf Reichwein „Schrifttum zum Handwerk", ein Auszug „Handwerk in der Krise" aus Heinrich Tessenows Buch „Handwerk und Kleinstaat" — fügen diesem Handwerksheft wesentliche Betrachtungen ein zu einer klaren Gesamtschau dieser Dinge.

BK 22 *Reichswerkschule der Hitler-Jugend*

Um die Werkarbeit der Hitler-Jugend immer mehr planmäßig auszubauen und um dafür fachlich ausgebildete Kräfte in ausreichendem Maße sicherzustellen, hat der Stabsführer der Hitler-Jugend die Errichtung der Reichswerkschule angeordnet, an der die berufliche Ausbildung der Werkreferenten und Werkreferentinnen für die Gebiete und die Schulen der Gebiete erfolgen soll. Die Leitung der Reichswerkschule liegt in den Händen des Leiters der Abteilung Werkarbeit und Kunsterziehung in der Hauptabteilung Bildende Kunst des Kulturamtes der Reichsjugendführung, Stammführer Kluge. Damit ist zugleich sichergestellt, daß die Führung der Werkarbeit in der Hitler-Jugend und die Ausbildung der dafür notwendigen Berufskräfte in einer Linie erfolgt. Für die Kriegsdauer werden nur Werkreferentinnen ausgebildet. Die Ausbildung der Werkreferenten wird nach dem Krieg angeschlossen. Für die Reichswerkschule wird dann ein neues Gebäude errichtet, sie soll ins Erzgebirge verlegt werden. Provisorisch ist sie z. Zt. in Ostrau-Bad Schandau untergebracht. Der erste Lehrgang an der Reichswerkschule der Hitler-Jugend begann am 1. April 1942. Die Ausbildung dauert eineinhalb Jahre. Die Lehrgänge beginnen jeweils am 1. April und 1. Oktober, soweit genügend entsprechend begabte Bewerberinnen vorhanden sind. Die Aufnahme in die Reichswerkschule wird abhängig gemacht von der Teilnahme an einem Auswahllehrgang. Weitere Voraussetzungen sind: abgeschlossene Schulbildung, Bewährung in der BDM-Arbeit, ausgesprochene Begabung für das Gebiet der Kunsterziehung und Werkarbeit, Ableistung des Arbeitsdienstes und des Pflichtjahres. Die Ausbildung der Werkreferentinnen ist kostenlos. Nach Abschluß dieser Ausbildung verpflichten sich die Werkreferentinnen zu einer mindestens dreijährigen Tätigkeit in der Hitler-Jugend. Sie erhalten die Berechtigung zur Arbeit als Werkreferentin an den Gebietsführerinnenschulen, nach Bewährung in den Gebieten, Gebietswerkschulen oder an der Reichswerkschule selbst.

Die Ausbildung erfolgt auf praktischem und theoretischem Gebiet: Textilarbeit, Holzarbeit, Papparbeit, Arbeiten aus Naturmaterial, Zeichnen, Werkzeichnen einschließlich Scherenschnitt und graphischen Techniken, Kunsbetrachtung, Kunstgeschichte, Volkskunst, Psychologie, Pädagogik, Kinderzeichnen, Spielzeug.

Kulturpolitische Arbeitsblätter – Texte

BK 23 *Kriegseinsatz der Werkarbeit der Hitler-Jugend.*

Im Winterhalbjahr 1941/42 wurde der verstärkte Einsatz der Werkarbeit nach dem Beispiel des Gebietes Sachsen in der Form eines „Wettrüstens zum Kriegs-WHW" reichseinheitlich durchgeführt. Die abschließenden Berichte der Gebiete beweisen, daß der Aktion ein voller Erfolg beschieden war. Jeder Junge und jedes Mädel der Hitler-Jugend hat durch eigene Arbeitsleistung dazu beigetragen, Not zu lindern, dringende Bedürfnisse der Heimat und der Front zu erfüllen und Freude zu bereiten. Das Gesamtergebnis beträgt rund zwei Millionen Gegenstände, die wesentlich besser und sorgfältiger ausgeführt waren als in früheren Jahren, obwohl erstmalig kaum neues Rohmaterial zur Verfügung stand, sondern alle Arbeiten aus unbrauchbarem Abfallmaterial geschaffen werden mußten.

Der Reichsjugendführer hat auf Grund dieses Erfolges die Werkarbeit der Hitler-Jugend zu einem ganzjährigen Kriegseinsatz aufgerufen und ihr drei Aufgaben gestellt:

1. Die Hitler-Jugend wird den Mangel an gutem Spielzeug, der infolge der Umstellung der Spielzeugfirmen auf Rüstungsbedarf entstanden ist, vollständig ausgleichen und soviel Spielzeug herstellen, daß zum Weihnachtsfest 1942 alle Soldatenkinder beschenkt werden können und darüber hinaus noch ein freier Verkauf auf Weihnachtsmärkten der Hitler-Jugend zugunsten des Kriegs-WHW möglich ist. Die Jugend des Führers wird mit diesem Einsatz überall und allen Freude bringen, Freude am Weihnachtseinkauf, Freude am Beschenken, Freude am Spielen und sich selbst aber das ganze Jahr hindurch die Freude an ihrer eigenen Hände Werk.

2. Die Mädel werden die im Rahmen der Wollsammlung durchgeführten Näh- und Strickarbeiten für die laufenden Bedürfnisse der kämpfenden Front und den gesteigerten Ansprüchen des kommenden Winters fortsetzen. Auch die Anfertigung von Kinderkleidungsstücken für kinderreiche Familien und für die Soldatenkinder gehört zu diesem Teil der Werkarbeit.

3. Wo es sich als notwendig erweist, werden Einheiten der Hitler-Jugend auf Grund eines Erlasses des Reichsministers für Bewaffnung und Munition in ihren Werkstunden die Durchführung einfacher Heim- und Hilfsarbeiten für die Rüstungsindustrie übernehmen.

Der Sonderdruck der Reichsjugendführung enthält die organisatorischen Anweisungen und eine Fülle vorbildlicher Arbeitsunterlagen, nach denen im ganzen Reich erstmalig ferienmäßig gearbeitet werden soll, um eine möglichst große Anzahl bester Arbeiten sicherzustellen. Aus den einzelnen Anweisungen und Erlassen ist zu ersehen, daß die vorbildlichen Leistungen im „Wettrüsten zum Kriegs-WHW 1941/42" der Hitler-Jugend für diesen neuen Einsatz eine weit größere Unterstützung aller Stellen gewonnen haben.

Die Werkarbeit wurde als Pflichtdienst in den Sommerdienstplan eingebaut. Ihr Anteil am Winterdienstplan wird noch wesentlich größer sein, sodaß der Kriegseinsatz der Werkarbeit in den Monaten vor Weihnachten in einem zweiten Wettrüsten seinen Höhepunkt erreicht. Trotzdem werden diese Dienststunden nicht ausreichen, um die gestellten Aufgaben zu erfüllen. Sie können nur dazu dienen, die Arbeiten zu verteilen, zu beginnen und zu überwachen. Es kann für jeden Jungen und jedes Mädel keine schönere Freizeitbeschäftigung geben als diesen Einsatz. Hier erleben sie alle immer wieder das Glück, ein kleines vollkommenes Werk unter ihren Händen entstehen zu sehen und damit zugleich eine Aufgabe im großen Daseinskampf unsers Volkes zu erfüllen.

BK 24 *Arbeitsrichtlinie „Die Werkarbeit im Kriegseinsatz der Hitler-Jugend"*

Für den Kriegseinsatz der Werkarbeit der Hitler-Jugend hat das Kulturamt der Reichsjugendführung, Hauptabteilung Bildende Kunst, am 1. 8. 1942 eine ausführliche Arbeitsrichtlinie (Vorschriftenreihe der Hitler-Jugend Nr. 33/42) herausgegeben, die insbesondere zur Ausrichtung des Wettrüstens der Hitler-Jugend zum Kriegs-WHW 1942/43 und der Textilarbeiten für Soldaten und Soldatenkinder dienen soll. Die umfangreiche Broschüre enthält neben einem einleitenden Überblick über die Aufgaben des Kriegseinsatzes die organisatorischen Anweisungen, die für den Kriegseinsatz erlassenen Anordnungen der beteiligten Dienststellen und, durch eine Fülle von Werkzeichnungen und Fotos ergänzt, Arbeitsanweisungen zum Spielzeugbau und für die Textilarbeiten. Hervorzuheben ist, daß sich sämtliche Einheiten der Hitler-Jugend einschließlich Jugendwohnheimen und Schulen, die Jungen und Mädel in den KLV-Lagern, die Jugend in den Betrieben, die Landdienstlager, Jugenderholungsheime, Jugendheimstätten und die Horte der NSV an diesem Einsatz beteiligen. Aus den Anordnungen sind besonders wichtig die Erlasse des Herrn Reichsministers für Wissenschaft, Erziehung und Volksbildung und des Herrn Reichsinnenministers, die die Benutzung der Schulwerkräume durch Einheiten der Hitler-Jugend regeln und die Mitarbeit der Kunsterzieher der Schulen an der fachlichen Leitung der Werkstunden sicherzustellen. Der Geschäftsführer der Deutschen Arbeitsfront hat in einem Rundschreiben alle Dienststellen der DAF angewiesen, diese Aktion durch Bereitstellung bzw. Vermittlung von Material und Werkzeugen, Fachkräften und Werkräumen zu unterstützen. Den Einsatz der Jugend in den Betrieben regelt ein Rundschreiben des Jugendamtes der DAF. Auf Grund der hervorragenden Leistungen des letztjährigen Wettrüstens haben der Reichshandwerksmeister, die Reichsinnungsverbände und Wirtschaftsgruppen der Organisation der gewerblichen Wirtschaft wiederum ihre nachgeordneten Dienststellen und ihre Mitgliedsbetriebe gebeten, laufend Abfallmaterial, Werkräume, Werkzeuge und Fachkräfte zur Verfügung zu stellen.

Das Ziel der Aktion ist, in diesem Jahr nicht nur die Kinder der von der NSV betreuten Familien, sondern alle Soldatenkinder mit Spielzeug zu beschenken und darüber hinaus auf Weihnachtsmärkten Spielzeug öffentlich zum Verkauf zugunsten des Kriegs-WHW zu bringen. Die dafür notwendige außerordentlich hohe Anzahl von Spielsachen wird ausschließlich unter Verwendung von Abfallmaterial hergestellt, wobei jedoch die ausführliche Arbeitsrichtlinie garantiert, daß in jedem Fall ein sowohl handwerklich als auch kulturell vorbildliches Spielzeug entsteht, das allen Anforderungen entspricht, die an ein solches wesentliches Erziehungsmittel gestellt werden müssen.

Die Arbeitsrichtlinie wird ergänzt durch einen Kupfertiefdruckteil, der Fotos vorbildlicher fertiggestellter Spielzeuge zeigt und durch eine Sammlung von 48 Werkbogen mit Werkzeichnungen im Maßstab 1 : 1.

Die Arbeitsrichtlinie wird von der Reichsjugendführung an die Gauleiter, die Gaupropagandaleiter, die Kreise und die Dienststellen der NSV zur Kenntnisnahme versandt. Sie wird den Kulturstellenleitern der Kreise zur besonderen Beachtung empfohlen.

BK 25

Reichsminister Dr. Goebbels ernannte den Leiter der Hauptabteilung Bildende Kunst im Kulturamt der Reichsjugendführung, Oberbannführer K. W. Heinrich Hartmann, zum Präsidialrat der Reichskammer der bildenden Künste.

A 24

Der Reichsverband des deutschen gemeinnützigen Wohnungswesens e. V. wurde als Mitglied in die Arbeitsgemeinschaft „Architektenschulung" der Fachgruppe Bauwesen im NSBDT aufgenommen.

Als ständiger Vertreter wurde Herr Baurat Dr. Wolf für die Arbeitsgemeinschaft „Architektenschulung" benannt.

A 25 *Aus der Arbeit der Arbeitsgemeinschaft „Architektenschulung"*

Die Arbeitsgemeinschaft „Architektenschulung" in der Fachgruppe Bauwesen des NS-Bundes Deutscher Techniker führte im Jahre 1942 die weitere Erfassung von Architekten zum Einsatz im Osten durch. Dies geschah durch Auswertung der durchgeführten Schulungstagungen in Posen und Königsberg und der geplanten in Danzig. Auf Grund ihrer /Arbeitsunterlagen und persönlicher Wünsche wurden die gemeldeten Architekten für eine spätere friedensmäßige Berufstätigkeit im Osten vorgesehen und in einigen Fällen zunächst im Rahmen des Kriegseinsatzes der Architekten für einen kriegsmäßigen Einsatz vermittelt.

Die Arbeitsgemeinschaft wirkte zugleich an der Bearbeitung der Meldungen auf Grund des Aufrufes von Herrn Reichsminister Prof. Speer zum freiwilligen Einsatz der Architekten in der Rüstungsindustrie mit.

Durch ständige Verbindung zu den Technischen Hochschulen wurden die dort abgehenden Fachkräfte laufend für die Arbeitsgemeinschaft überprüft.

Durch Bearbeitung des Fachzeitschriftenmaterials wurden weitere Kräfte herangezogen, sowie Redner für die spätere Schulungsarbeit gewonnen.

Eine „Schriftenreihe zur Architektenschulung" ist vorbereitet.

Für die „Leistungsschau Deutscher Technik" in München wurde die bisherige Schulungsarbeit ausstellungsmäßig dargestellt.

Der Reichsverband des deutschen gemeinnützigen Wohnungswesens e. V. wurde als M glied in die Arbeitsgemeinschaft **aufgenommen.**

Kulturpolitische Arbeitsblätter/Schrifttum

A 26 *Schriftenreihe der Fachstelle „Heim und Handwerk" des Westfälischen Heimatbundes.*

Heft „Vom guten Bauen"
Heft „Vom guten Hausrat"

Das Heft „Vom guten Bauen" mit Lichtbildern und einem ausgezeichneten Vo trag von Prof. Gustav Wolf, der Fragen materialgerechter Baugestaltung an Beispiel und Gegenbeispielen aus Westfalen behandelt, wird besonders empfohlen.
Auch auf das Heft „Vom guten Hausrat", das an einigen gutgewählten Bildbe spielen formschönes und gebrauchsgerechtes Hausgerät zeigt, zugleich seine Entstehun dem Material gemäß erklärt und von Auswahl und harmonischer Gestaltung des täg lichen Lebens mit diesen Dingen erzählt, wird empfehlend verwiesen.

Für die Kulturarbeit wichtiges Schrifttum (soweit erinnerlich)

Erna Bohlmann:
"Jugend im Jahresring"
Ein Brauchtumsweiser für die deutsche Jugend
Ludwig Voggenreiter,Potsdam

dies.
"Das deutsche Märchenjahr;

Claus Dörner:
"Freude,Zucht,Glaube"
Handbuch für die kulturelle Arbeit im Lager
Ludwig Voggenreiter,Potsdam

ders.
"Das deutsche Jahr"
Feiern der jungen Nation
Franz Eher Nachf.München

Wolfgang Stumme:
"Musik in Jugend und Volk"
Grundfragen der Musikerziehung
Verlag Vieweg,Braunschweig

ders.
"Was der Führer der Einheit vom Singen wissen muß"
Kallmeyer,Wolfenbüttel

Zeitschriften:

"Die Spielschar"
Zeitschrift für Feier-und Freizeitgestaltung
Herausgegeben von der Reichsjugendführung
Arwed Strauch,Leipzig (die u.a.Anregung gab zur Pflege der Volkskunst).

"Wille und Macht"
Führerorgan der nationalsozialistischen Jugend
Herausgeber:Baldur von Schirach
Franz Eher Verlag,Berlin

"Kulturpolitische Arbeitsblätter"
Herausgegeben vom Kulturamt der Reichsjugendführung

Werkhefte:

"Architektur 1937"
"Gestaltung des Innenraumes 1938"
von Hauptbannführer Heinrich Hartmann

"Blätter für die Werkarbeit"
Herausgegeben von der Reichsjugendführung

"Werkarbeit für das WHW" - Anleitungen -
Herausgeber: Kulturamt der Reichsjugendführung

Abiturprüfung AH-Schüler 1942

Eidesstattliche Erklärung des Gymnasialprofessors a.D. HERMANN RUMPF, Karlsruhe, vom 26.1o.1982:

Zur Person: Im April 1938 wurde ich als Stud.Assessor zur "AHS" einberufen. Da ich im Juni 39 - Juli 39 mit einem Kollegen eine AHS-Gruppe nach England führte, erst am 3o./31.7.39 zurückkam, wurde meine Freiwilligenmeldung zur WH nicht akzeptiert, ich wurde UK zum Dienst zurück an die "AHS" beordert.- 194o war ich im Westfeldzug, anschließend wieder UK bis Juli 1943. In dieser Zeit leitete ich u.a. die AG's der Deutsch- und der Englischlehrer und war Stellvertreter des Schulführers 8. Von April 1942 bis Juli/August 1943 war ich kommissarischer Schulführer 8 (Chiemsee)

Zur Vorgeschichte: Rede von Dr. Ley über die Erziehung zum Herrenmenschen Mai 38 in Sonthofen. Dabei fielen Bemerkungen wie: die Zeit verlange, daß bereits AH-Schüler sich auf die Rolle als Führer und Herrenmenschen vorzubereiten hätten, anstatt ihre Zeit zu vertrödeln "mit Bettenbau und Schuhappellen". Reaktion eines Erziehers v. Dienst: er ordnete am gleichen Tage einen Stuben- und Schuhappell an seiner Schule (8) an. Anschließend stellte er sich einer klärenden Auseinandersetzung gegenüber Schülern und Erziehern. Ergebnis: Zustimmung.-

Das entscheidende Vorkommnis ereignete sich bei und nach der 1. Abitur-Abschlußprüfung 1942 in Sonthofen. Wie bei den späteren Schlußprüfungen war der Abschluß eine persönliche Vorstellung der Abiturienten vor der Prüfungskommission (1942 Dr.Ley und B.v.Schirach), und zwar in Form von Kurzreferat mit Kolloquium. Für das menschliche und sachliche Niveau möge an Stelle von Details das Beispiel des Schülers S.v.Licka stehen, das Klüver nach m.Angaben zitiert (Klüver, Die AHS, Seite 74, Fußnote).-

Die Prüfung verlief erfolgreich und zur Zufriedenheit der Kommission. Anschließend wurden die Abiturienten von Dr. Ley in die NSDAP aufgenommen und zu einem Bierabend eingeladen. Dieser Abend verlief zuerst harmonisch, aber langweilig. Dr.Ley unterbrach die Unterhaltung mit der Aufforderung: wenn man in Bayern beim Bier zusammensitze, "rede man Fraktur", und das erwarte er von den JG.PGs.

Die Bayern fühlten sich herausgefordert. Der Scharführer der betr. Klasse fragte Dr. Ley, ob er wisse, daß er im Volk als Trinker gelte; ein anderer: ob es richtig sei, daß er seine treue Gattin verlassen und eine jüngere Frau geheiratet habe; ein weiterer: ob Dr.Ley der Meinung sei, daß Macht vor Recht gehe, oder ob man nicht etwa umgekehrt verfahren müsse.....?-

Nach entsetztem Schweigen beteiligten sich auch andere Schüler an dieser Diskussion. Dr.Ley beantwortete alle Fragen geduldig, offen und durchaus überzeugend. Zuletzt wandte er sich an alle Gäste mit der Erklärung: er habe als Hausherr eingeladen und den Ton der Unterhaltung bestimmt; er verbitte sich daher jede Maßnahme gegen AHS-Schüler und deren Erzieher; Zuwiderhandelnde werde er vor das Parteigericht bringen.-

Nicht geplant war ein am nächsten Morgen angesetzter Appell aller Schüler vor Dr. Ley. In seiner kurzen Rede erklärte er, die gestrige Unterhaltung mit den Abiturienten habe ihn erkennen lassen, "daß ich nicht mehr die charakterliche Integrität besitze, euer Vorbild zu sein". Er trete daher von der Leitung der AHS hiermit zurück und überlasse die Führung B.v.Schirach...

Für die Richtigkeit an Eides statt
gez. Hermann Rumpf

Original bei den Akten Herbert Taege, Lindhorst.

Der geistige Großraum

Bemerkungen nach einem Führerlager

Die Frage ist längst entschieden, ob der Jugendführer mehr sein soll als ein zünftiger Rabauke oder nicht. Lange schon weiß man, daß ein Formationsführer der politischen Bewegung, wenn es darauf ankommt, sich nicht allein körperlich, sondern auch geistig vorbildlich schlagen muß. Es ist keine Streitfrage mehr, daß ein Führerkorps auch Stil und Form vorleben muß, und daß Formlosigkeit alles andere als ein Zeichen wahrer Führereigenschaften ist. Wenn wir an eine solche Aristokratie leistungsbester, gesündester Menschen innere und äußere Ansprüche besonderer Art richten, so wissen wir, daß die einzige Gefahr, die jedem Führerkorps drohen kann, die ist, in der Sorge um die Entwicklung des einzelnen Führers und um die gesellschaftliche Rolle des Korps die innere Bindung, den Gleichklang der Herzen mit den Geführten zu verlieren. So geht es darum, das eine zu gewinnen, ohne des anderen verlustig zu gehen, d. h. jede Vervollkommnung der Führerpersönlichkeit nicht als persönliche Bereicherung hinzunehmen, vielmehr den Sinn und Nutzen der Stärkung des einzelnen Führers im Geistigen wie im rein Formalen und Repräsentativen für die Gemeinschaft wirksam zu machen. Das Führerkorps der HJ., das vor kurzem erst die Zelte an der Ilm im Goethepark von Weimar verlassen hat, wird ganz bewußt zu einem strengen, kameradschaftlichen Korpsgeist erzogen, die geistige Ausbildung und Anregung wird nicht vernachlässigt, es muß in den Zelten sich ebenso wohlfühlen wie im Theater oder auf einem Gesellschaftsabend, es muß ein Handballspiel auf schlammigem Boden mit allen Begleiterscheinungen von Dreckspritzern und Schornsteinfegergesichtern gerade so natürlich abwickeln wie einen Tanzabend in langen Hosen, weißem Hemd und ritterlichen, auffallend guten Manieren. Wir Deutschen haben bisher immer nur entweder das eine oder das andere gekonnt. Versteht unser werdendes, immer geschlossener hervortretendes Führerkorps diese Elastizität auszuprägen, dann wird es nie die Stimme der Gemeinschaft, die es führt, überhören, immer ihr grenzenloses Vertrauen besitzen und in der politisch-diplomatischen Sphäre mitentscheiden und mitwirken können. Weder mit Tangoschritten, noch mit aufgekrempelten Hemdsärmeln läßt sich allein Politik machen, aber wenn einer beides einzusetzen vermag, so wird, auf welchem Kontinent er sich auch immer befindet, nie die Sorge auftreten, es könnte „eine Panne passieren". Einem Salonlöwen, der nie auf dem Sportplatz, aber immer in einer Bar sich herumdrückt, pflegen wir unsere ganze Verachtung zuzuwenden. Sehen wir aber einen Kameraden von uns, der seine Pimpfe oder Unterführer auf Fahrt begeistert und mitreißt, der sich um die Not eines einzelnen seiner Gefolgschaft kümmert, dem alle in Treue und Kameradschaft selbstverständlich verbunden sind — dann auch in einer Gesellschaftsuniform oder gar einem Smoking sich ebenso zwanglos wie unter seinen Jungen, aber auch in aller Form, bewegen, so werden wir wissen, daß unser Schicksal in seiner Hand gut aufgehoben ist, da er jedes Mittel meistert, das so schließlich allen dient. Es ist darin also kein Widerspruch zu finden, daß man sich im Führerlager von Weimar in Zelten aufhält, Goethe huldigt, die Schönheiten der Bauten dieser kleinen Residenz frohen Herzens genießt und auf einem Gesellschaftsabend tanzt. Wir haben ein wundervolles Mittel, das darüber wacht, daß unsere Erziehung zur vollendeten Beherrschung aller Lebensformen nicht in einer Überschätzung e i n e r v o n i h n e n ausartet, sondern immer nur im harten Gemeinschaftsdienst seinen wahren Sinn erhält: Jahr um Jahr hat das Führerkorps der Jugend auf Befehl Baldur v. Schirachs der Jugend des Führers den neuen Jahrgang von Pimpfen zu gewinnen, die Werbetrommeln zu rühren und von neuem das Vertrauen aller Volkskreise sich bestätigen zu lassen. Sollte es irgendwo einem versagt werden und die Pimpfe und Jungmädel ausbleiben, dann können wir im allgemeinen annehmen, daß einer zu leicht befunden war und ihm nur der Kasernenhofschliff, nicht aber der politische und darum auch gesellschaftliche Schliff gut tut. Wer die Umgangsformen einer Gesellschaft beherrschen lernt und dabei die Fähigkeit verliert, mit seiner Gefolgschaft umzugehen, der taugt nicht für ein Führerkorps.

*

So wie die äußere Form nicht den Jugendführer seiner Aufgabe entfremdet, sondern ihn erst als berufen erscheinen läßt, so auch der innere Reichtum des einzelnen. Eine wahre Bildung des Herzens allen Erziehern mitzugeben, ist eine der leidenschaftlichsten Bemühungen Baldur v. Schirachs. Und es stimmt glücklich, wahrzunehmen, wie von Jahr zu Jahr mehr die innere Freude und Teilnahme am seelischen und geistigen Erbe der Deutschen wächst. Da mag es uns früher noch merkwürdig erschienen sein, daß ein Bannführer sich für Hölderlins Lieder begeisterte. Heute gehört auch diese musische Erziehung und Anregung zur politischen Ausbildung eines Führerkorps, schon um einen Ausgleich zu jenen Verwaltungsjuristen zu schaffen, die in der Vergangenheit die politische Führerschicht bildeten. Denn es ist doch sicher, daß die bestimmende Führeraufgabe im neuen Großdeutschen Reich jenen musischen Menschen zufällt, die der Sprache des Herzens zu lauschen vermögen und die Bewegungen im Gemüt eines Volkes spüren, nicht aber jenen, gewiß notwendigen, nüchternen Hütern von Paragraphen. Mit der zunehmenden Aufgeschlossenheit dieser Elite der jungen Generation für das künstlerische Wirken im Leben unseres Volkes bildet sich auch das Maß für Vergängliches und Unvergängliches. Nicht zufällig wandte sich von diesem Lager in Weimar aus der Reichsjugendführer gegen die Blechschmiede der Dichterlinge, gegen die konjunkturbeflissenen Gelegenheitspoeten, die dieses Führerkorps nicht mehr bestechen, weil es einen schon recht sicheren Instinkt für Substanz, eigene schöpferische Kraft und für Schein und Sein einer Persönlichkeit besitzt. Auch darin ist es anders geworden. Früher waren die amusischen Elemente der Politik mit dem billigsten nach Kultur riechenden Kraut zufrieden. Indem das heranwachsende Führerkorps wieder eine wirkliche Bildung besitzt, die alle echte Kunst vom Talmi unerbittlich scheidet, wird auch **die wahre Überlegenheit**, die auch auf diesem Gebiet allein die Berufung zur Führung gibt, anerkannt.

Da dieses Korps, das hier vorhanden ist und dann einmal in Braunschweig erzogen wird, wieder das Echte in der Kunst begreift, allein von der Substanz angesprochen wird und die Macht der geistigen Kraft im Dasein des Volkes schätzt, vermag es auch endlich wieder **im geistigen Großraum** der Deutschen zu denken. Es spürt instinktsicher, ob die eine oder andere Erscheinung unseres geistigen Lebens gefährlich ist oder nicht. Wir laufen gar keine Gefahr, etwa einer von der großen Bühne längst abgetretenen Zeitansicht hörig zu werden. Wir kommen ja nicht von den intellektuellen Klüngeln her. Wir kennen ja die Kampfzeit, haben in den braunen Kolonnen gestanden und damals schon um unsere politischen Ideale gerungen. Niemand wäre darum so spinös, etwa die Verdienste Moeller van den Brucks als Verfasser des Buches „Das Dritte Reich“ zu übersteigern und ihn gar zum Schöpfer oder Seher dieses allein von Adolf Hitler geschaffenen Reiches zu erklären. Hier ist auch für jene Verkleinerungssucht geistiger Ideologen kein Boden, die nun alle großen Dichter, Denker oder Herrscher der G[illegible]ichte irgendeines Verbrechens beschuldigen, etwa nach Anleitung von Mathilde Ludendorff eine ganze Kultur in der Gestalt Goethes untergraben, indem sie ihn als gefährlichen Freimaurer verdächtigen. Hier wirken jene lächerlich, die Beethoven etwa als ausgemachten Individualisten beschuldigen und sich nicht damit abfinden wollen, daß er in keinem Sturm zweimal wöchentlich Dienst tat. Wer wollte eine große Erscheinung unseres so reichen und darum mit eigenwilligen Kräften gesegneten Volkes nur deshalb nicht verehren und lieben, weil sie in anderer Zeit und unter anderen Lebensbedingungen von Erkenntnissen nichts erfuhr, die wir ja schließlich auch nicht dank unserer besonderen Schläue, sondern nur durch die Gnade eines unserer Zeit geborenen Genies und nach einem Opfer von zwei Millionen Volksgenossen erhielten. Welcher Unfug, nach den Maßstäben unserer Weltanschauung die großen Gestalten der Vergangenheit verurteilen zu wollen, da sie doch alle durch ihre politische oder kulturelle Leistung zu ihrer Zeit daran mitschufen, daß wir heute d a s sind, was wir wirklich in der Welt bedeuten. So hat es Baldur v. Schirach zum Richtfest der Jugendführer-Akademie in Braunschweig gleichsam als Richtspruch für das gesamte geistige Bauen unserer Zeit formuliert: „Ich möchte als einer, der für die geistige Erziehung der ihm anvertrauten deutschen Jugend eine große Verantwortung trägt, alle meine Mitarbeiter ermahnen, nicht nur im geographischen Raum unseres Volkes, sondern auch im geistigen Raum dieser Nation immer eingedenk zu sein, daß es das ganze Deutschland sein soll, dem wir dienen müssen, und daß wir nicht selbst dieses Deutschland verkleinern dürfen, indem wir aus seinem geistigen Besitz den einen oder anderen ausschließen, in der Annahme, wir bedürfen seiner nicht.“ Und Alfred Rosenberg hat sich im selben Sinne in Weimar vor dem Führerkorps der HJ. ausgesprochen, als er der Partei die Aufgabe zuwies, sich redlich zu bemühen, „den einen oder den anderen der vielleicht noch unter uns Wirkenden, oder die aus einer anderen Epoche zu uns herüberblicken, nicht aus dem deutschen Leben auszuschließen“.

Da wir uns wieder zu dem riesigen Raum des deutschen Geistes bekennen und uns bemühen, ihn in seiner Weite zu begreifen, bekennen wir uns zu einer geistigen Freiheit und Hoheit, die nicht etwa — wie es die böswillige Auslandspresse gern der jungen Generation Deutschlands in ihrer bekannten Selbsttäuschung andichten möchte — Rückfall in den bindungslosen Liberalismus bedeutet! Nein, wir finden damit nur den Weg zu neuer Würde und Kraft politischer Weisheit und leidenschaftlichen Nationalismus, die uns jede schöpferische Erscheinung deutschen Lebens verehren läßt — in jener Herrenfreiheit, die wohl dem Entwurzelten abgeht, niemals aber dem weltanschaulich gefestigten Führer einer Gemeinschaft fehlen darf.

Großzügigkeit ist auch ein Zeichen von Sicherheit. Ganz gewiß ist sie in Dingen unseres politischen Lebenskampfes, wenn sie sich als Bereitschaft zum Kompromiß geltend macht, eine Gefahr! Aber der Kompromiß ist im Daseinskampf nicht weniger verderblich als Dogmatik im Geistigen. Hier möchten wir uns die Beweglichkeit und Spannkraft, die Elastizität und Großzügigkeit bewahren, d i e d a s s c h ö p f e r i s c h e E l e m e n t i n d e r J u g e n d z u m e i g e n e n S c h a f f e n a u f r ü t t e l t , a n r e g t , g e i s t i g e s L e b e n i n B e w e g u n g h ä l t u n d n i c h t i n d e r N o r m u n g a l l e r E r s c h e i n u n g e n a b t ö t e t. Es ist für das Volk absolut nicht wichtig, ob eine Führungsschicht sich mit irgendeiner Erscheinung unseres geistigen Lebens so oder so rauft und auseinandersetzt. Hauptsache ist nur, daß sie es überhaupt tut, daß junge Menschen zu einer eigenen Überzeugung gelangen. Zum Führerkorps gehört es auch, nachzudenken, geistig zu fechten und die Waffen des Verstandes zu schärfen. Gewiß nicht um sich untereinander totzuschlagen, sondern jenen internationalen Geistesmächten standhalten und gewappnet begegnen zu können, von denen wir ja nicht gerade wenige oder leicht zu nehmende als Gegner besitzen!

Wir leben heute gleichsam auch in einem Zeitalter der Wiederentdeckung. Alte verschüttete Werte des völkischen Lebens haben wir wieder ans Licht gebracht. Mit kindlicher Freude entdecken wir von neuem die Schätze unserer Dichtung und Musik. Da wollen wir nicht an den Ecken und Kanten anstoßen und mit dem Seziermesser unserer Erkenntnis dort das Kleine beanstanden, wo der schöpferische Genius Ehrfurcht gebietet. Wir wollen uns auch nicht durch einen übereifrigen oder krankhaften Schülerkreis das Bild eines Meisters trüben lassen. Schwärmer werden allzuleicht Ideologen!

Möge vor allem der Reichtum unseres kulturellen Lebens die Brücke zum Verständnis mit anderen Völkern und ihren Lebensanschauungen, ja auch einen Weg zu unserer Weltgeltung bilden. Um so größer dieser Raum ist, den sich jede Generation in ihrer Jugend von neuem erobern muß, um so kräftiger auch das Echo, das wir von allen Völkern der Erde in ihm vernehmen. Und gerade heute ist der Großraum unseres Geistes ein Gewicht auf der großen Waage der Geschichte, das über unserer aller Zukunft wesentlich mitbestimmt.

Da wo ein reges geistiges Leben herrscht, wo eine junge Führerschaft strebend bemüht ist, es zu führen und zu leiten, werden vielleicht einmal Späne fallen. Und wenn schon. Alfred Rosenberg hat das in Weimar am Beispiel von zwei großen schöpferischen Persönlichkeiten erläutert, als er dazu aufforderte, den geistigen Großraum der Deutschen zum Bundesgenossen unserer Generation werden zu lassen: „Wir haben immer wieder zu versuchen, jede reife Persönlichkeit in dieses deutsche Leben einzufügen. Es ist nun einmal so in der Geschichte, wenn sich einige Menschen, seien es Künstler oder Denker, auch gegenseitig scheinbar ausschließen, daß sie dann der Rhythmus der Geschichte doch in diese deutsche Geschichte einfügt. Nietzsche hat einmal geglaubt, gegen Wagner einen großen Kampf entfesseln zu müssen. Offenbar war das für sein Lebenswerk und für ihn innerlich notwendig, und doch sind alle beide für immer in die deutsche Geschichte eingegangen, und die Enkel werden sich heute wegen des Streites ihrer Großväter sicherlich nicht die Schädel einschlagen."

So verstärkte sich im Lager an der Ilm der Eindruck, daß sich das junge Führerkorps eines Volkes bildet, das Baldur von Schirach als Volk der Dichter und Soldaten bezeichnete. Mit diesem neuen Begriff, der unseren Ruf als Dichter und Denker mit der preußischen Soldatentradition verknüpft, wird auch das Führerkorps der Jugend in seiner Entwicklung verstanden werden können: Menschen in Zucht, Ordnung und Härte; gläubig einer Fahne verschworen, Lieder auf den Lippen, allem Schönen und Frohen unserer Zeit zugewandt, bei aller militärischen Haltung geistig elastisch, beweglich und munter. So muß es auch sein, wenn wir erstmals einen Typ der politischen Führung bilden wollen, der diesem Großdeutschland ein freies Dasein auf dieser Erde verschafft. Und um das allein geht es!

Kif.

Aus: „Wille und Macht" 1938

Quellenangaben zu „Gesundheitsdienst"

Buch: "GRUNDSÄTZE über die JUGENDGESUNDHEITSPFLEGE"

Zeitschrift: "DIE ÄRZTIN" Sonderdruck 1941 Nr. 5
"Gesundheitsdienst im BUND DEUTSCHER MÄDEL"
von Dr. med. Ulla Kuhlo

Amtsblatt der Reichsärztekammer: Deutsches Ärzteblatt 1.8.1944
"Grundfragen der körperlichen Erziehung der männlichen JUGEND"
von Prof. Dr. Joppich

Vorschriftenhandbuch der Hitler-Jugend (VH B HJ)
1. Ausgabe von Januar 1942 mit Nachtrag bis zum 1.9.1943
herausgegeben von der Reichsjugendführung

Liegt vor im BUNDESARCHIV, Koblenz
unter: NS O 43/231

Gruppe 30
Jugendgesundheitsführung

Inhaltsverzeichnis

Gesundheitsführung im Kriegseinsatz/Urlaubsregelung

Das Gesundheitsbild der Jugend

Gesundheit auch im Kriegseinsatz

Der Krieg stellt an die Leistungskraft und den Leistungswillen der Jugend erhöhte Anforderungen. Sie gibt sich für den Dienst an der großen Sache freudig her. Vor allem die Lehrlinge in den Betrieben leisten ein Maß an Arbeit, das die früher übliche Beanspruchung weit überflügelt. Häufig erwartet den Jungarbeiter nach der täglichen Berufsarbeit noch die Pflicht zur Hilfeleistung im elterlichen Haushalt oder im bäuerlichen Betrieb. Dieser Teil der Jugend, unter ihm wieder die Gruppe der Akzelerierten, ist am meisten der Gefahr der Überbürdung ausgesetzt. Die Anforderungen, die dagegen die Schule an die Jugend stellt, werden durch die Kriegsverhältnisse noch wenig berührt. Dennoch hört man dann und wann über eine Überbürdung in der Schule klagen. Auch in unsere jugendärztlichen Sprechstunden gelangt diese Sorge. Doch darf man sich dagegen auf den Begründer der deutschen Kinderheilkunde, Prof. Adalbert Czerny, beziehen, der gelegentlich die Ansicht vertrat, daß es eigentlich keine Schulüberbürdung gibt, sondern die Kinder dann Schulen besuchen, deren Anforderungen sie nicht gewachsen sind. Und daran hat sich auch heute wohl nichts geändert. Jedenfalls ist bisher kein Fall bekanntgeworden, in dem ein gesundes Kind durch die Schule krank geworden wäre. Auch bei der vormilitärischen Ausbildung und in den Wehrertüchtigungslagern verhindert planmäßige Führung und jugendärztliche Überwachung, daß körperliche Leistungen gefordert werden, denen der Jugendliche nicht gewachsen ist.

Auf keinem Gebiet des Volkslebens hat der Krieg bisher wohl so wenig Veränderungen hervorgerufen wie an der Gesundheit der Jugend. Weder die Infektionskrankheiten haben einen größeren Umfang erreicht, noch hat der Ernährungszustand eine wesentliche Verschlechterung erfahren. Dieses Ergebnis zeigt, daß alle Verantwortlichen bisher ihre Pflicht voll getan haben. Auch die Ärzteschaft ist sowohl in ihrer Betreuungsarbeit wie in der jugendärztlichen Forschung auf dem Posten. Sogar ein ganz neues Forschungsgebiet hat sich im Kriege aufgetan: die Entwicklungsbeschleunigung der jungen Generation. Erkenntnisse und Forderungen von weittragender Bedeutung werden hier gewonnen. Bedeutet doch die Tatsache der Akzeleration geradezu einen Umbruch in dem biologischen Entwicklungsgeschehen mit allen seinen medizinischen, erzieherischen, sozialen und staatspolitischen Folgerungen. Darum ist es dringend notwendig, daß diese Tatsache von allen Stellen berücksichtigt wird, denen die Führung, Erziehung und Betreuung unserer Jugend obliegt. Die Erfüllung dieser Forderungen verhilft dazu, den im vierten Kriegsjahr durchaus befriedigenden Stand der Jugendgesundheit weiterhin zu erhalten und ständig zu verbessern. *Dr. Jörgen Schmidt-Voigt.*

Quelle: Wahrscheinlich "Das junge Deutschland" 1943

DER REICHSMINISTER DER FINANZEN gibt bekannt:

Ich bin damit einverstanden, daß in den Verwaltungen und Betrieben des Reichs der Lohn der Arbeiter unter 24 Jahren mit Wirkung vom 1.Juli 1937 ab mit nachstehenden Hundertsätzen des 24-jährigen Arbeiters errechnet wird:

Nach Vollendung	des	17.	Lebensjahres	mit	7o v.H.
"	"	" 19.	"	"	8o v.H.
"	"	" 2o.	"	"	9o v.H.
"	"	" 21.	"	"	1oo v.H.

Ferner ist der Urlaub für Lehrlinge und jugendliche Arbeiter künftig wie folgt zu bemessen:

Vor vollendetem	16.	Lebensjahr	mit	18	Arbeitstagen
"	" 17.	"	"	15	"
"	" 18.	"	"	12	"
"	" 19.	"	"	9	"
"	" 21.	"	"	7	"

Wenn der Jugendliche mindestens 1o Tage an Lagern oder Urlaubsfahrten teilnimmt, die von der Hitler-Jugend geführt werden, erhöht sich der Urlaub unter 18 Jahren auf 18 Arbeitstage.-

Im Einvernehmen mit dem Herrn Reichs- und Preussischen Minister des Innern bin ich damit einverstanden, daß die vorstehende Regelung auch in die Dienstordnungen anderer öffentlicher Verwaltungen und Betriebe übernommen wird.

gez. Graf Schwerin v.Krosigk.

"Das junge Deutschland" 1937, S. 426, Heft 9

Für Angehörige gelernter Berufe gelten folgende Leistungsklassen:

Leistungsklasse	I	Jugendliche im 1. Lehrjahr
"	II	" " 2. "
"	III	" " 3. "
"	IV	" " 4. "
"	V	Facharbeiter und Gesellen mit nicht mehr als drei Berufsjahren, Arbeitsdienst eingerechnet.
"	VI	Facharbeiter und Gesellen nach Erfüllung der Wehrpflicht bis einschließlich 6. Berufsjahr, zweijähriger Wehrdienst eingerechnet.
"	VII	Facharbeiter und Gesellen nach beendeter Wehrpflicht ab 7. Berufsjahr.
"	VIII	Erwachsene mit Führungsaufgaben, z. B.: Betriebsführer — Prokuristen — Handlungsbevollmächtigte — Werkmeister — Schachtmeistergehilfen, die als Berufsbeste bereits aus der Leistungsklasse VI des Wettkampfes 1938 hervorgegangen sind.

und für An- und Ungelernte:

Leistungsklasse	IX	Jugendliche — an- und ungelernt — mit einem Mindestalter von 14 Jahren und mindestens vierteljähriger Arbeitspraxis. Angelernte Jugendliche im ersten Anlernjahr.
"	X	Jugendliche — an- und ungelernt — nach vollendetem 15. bis 18. Lebensjahr und mindestens einjähriger Arbeitspraxis. Angelernte Jugendliche im zweiten Anlernjahr.
"	XI	Angelernte Facharbeiter nach vollendetem 18. Lebensjahr.
"	XII	Ungelernte Arbeiter nach vollendetem 18. Lebensjahr.

Reichsberufswettkampf

Teilnehmerzahlen in den Jahren 1934—1939

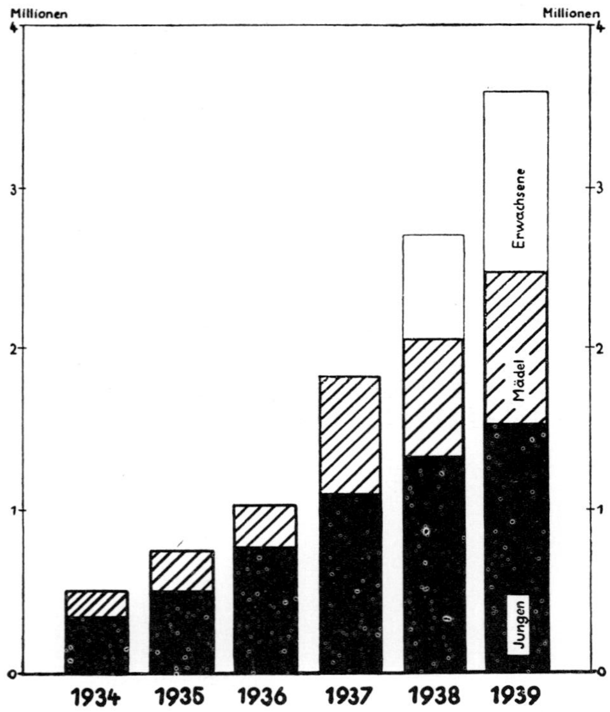

Soziale Auswertung der Personalfragebogen der Reichssieger 1938

Jugend

(Altersjahrgänge ab 1914 einschließlich, Verheiratete ausgeschlossen)
Gesamtzahl der ausgewerteten Bogen: 307.

1.	**Beruf des Vaters:**	
	Gelernte Arbeiter	24 %
	Ungelernte Arbeiter	12 %
	Selbständige Handwerker und Kaufleute im Einzelhandel	22 %
	Beamte	12 %
	Angestellte	21 %
	Sonstige Berufe	9 %
2.	**Arbeitslosigkeit der Väter** während der entscheidenden Entwicklungsjahre der Sieger	12 %
3.	Väter sind **Kriegsbeschädigte** oder **Arbeitsopfer**	6 %
4.	**Anwärter für Ausbildungsbeihilfe**	38 %
	3 und mehr Geschwister	29 %
	Mutter alleinstehend	11 %
5.	**Besuch höherer Schule** aus wirtschaftlichen Gründen unterlassen oder abgebrochen	13 %
6.	**Berufswahl** aus **wirtschaftlichen Gründen** entgegen dem eigentlichen Berufsideal	21 %
7.	**Vor dem Sieg weder eigene noch fremde Mittel** zur beruflichen Fortbildung zur Verfügung	69 %
8.	Nach dem Sieg **Förderung aus fremden Mitteln** sichergestellt (ohne Mitwirkung der DAF.)	13 %
9.	**Führer in NS.-Formationen:**	
	HJ.-Führer	64 %
	Führer in anderen Gliederungen	4 %
10.	**Sieg im Reichsberufswettkampf:**	
	Mehrfacher Reichssieger	10 %
	Mehrfacher Sieger überhaupt	43 %
11.	**Beteiligung** an zusätzlichen beruflichen **Ausbildungskursen**	43 %

Quelle für Abb. 49, 50 und 51:
"Das kommende Deutschland" von G.Kaufmann.

Begabtenförderung/Ausleselager

Kriegswichtige Begabtenförderung

Für die Stellung der Begabtenförderung im totalen Kriegseinsatz war die Entscheidung bedeutungsvoll, daß die Ausbildung an den deutschen Hoch- und Fachschulen auch in Zukunft aufrechterhalten bleiben soll. In den entsprechenden Erlassen, an denen der Reichsminister für Wissenschaft, Erziehung und Volksbildung, der Reichsleiter und Chef der Parteikanzlei und der Generalbevollmächtigte für den Arbeitseinsatz beteiligt sind, wird zum Ausdruck gebracht, daß mit dem unverzüglichen Einsatz aller zur Verfügung stehenden Arbeitskräfte die Sicherstellung der gehobenen Ausbildung und des Nachwuchsbedarfs für qualifizierte Berufe vereinbart werden muß. Hervorzuheben ist grundsätzlich die straffe Überwachung des Studienbetriebes. Dem Arbeitseinsatz sind alle Studierenden zu melden, die nach Leistung und Haltung für ein Studium unter den Anforderungen des Krieges nicht geeignet erscheinen. In erster Linie trifft das für Studierende zu, die bereits ein Studium abgeschlossen haben und ohne zwingenden Grund ein weiteres betreiben, ebenso dann, wenn begründeter Anlaß zur Annahme besteht, daß der Abschluß des Studiums und die anschließende Berufsausbildung nicht ernsthaft angestrebt werden.

Zeitgemäße Auslese

Für die Fach- und Berufsfachschulen wurde vom Standpunkt des Arbeitseinsatzes eine besondere Überprüfung in die Wege geleitet. Die gemeinsame Grundlage für den Besuch der Fachschulen ist durchweg eine praktische Berufsausbildung. Die durch das Fachschulstudium angestrebte Entwicklung wird nach dem Erlaß nur dann anerkannt, wenn die Ausbildung kriegswichtigen Berufsfunktionen dient. In einer Weisung an die Arbeitseinsatzbehörden fordert der Gesetzgeber gerade für die Fach- und Berufsfachschulen strengste Maßstäbe[1]. Wie für die Hochschule, so wird dadurch auch für die Fachschule die Rolle der Auslese unterstrichen, die heute entgegen allen Formen früherer Berechtigungen die Leistung in den Vordergrund stellt. Wissenschaft, Schule und das praktische Arbeitsleben begrüßen diesen Schritt, häufig mit dem weiteren Wunsch, daß der Weg einer längeren Ausbildung auch für die spätere Zukunft von einer gewissenhaften Überprüfung der Leistung, Begabung und Eignung abhängig gemacht wird.

In der Begabtenförderung hat der Gedanke der Auslese im Langemarck-Studium für den zusätzlichen Nachwuchs der Hochschulen, im Reichsstudentenwerk für die finanzielle Sicherstellung des Studiums an den Hoch- und Fachschulen, endlich im Begabtenförderungswerk der DAF. und der Hitler-Jugend im Mittelpunkt aller Maßnahmen und am Anfang jeder höherführenden Ausbildung gestanden. Für alle genannten Bestrebungen der Begabtenförderung gilt einheitlich zu sagen, daß sie im Rahmen der Nachwuchslenkung zusätzliche Kräfte zu ermitteln suchen. Soweit die Förderung einen sozialen Aufstieg bewirkt, werden zu den fachlichen Bedingungen noch besondere politische und biologische Anforderungen gestellt. Es ist indessen durch die Bewährung so Geförderter der Erfahrungsbeweis dafür angetreten, daß die beschriebene Leistungsauslese auf greifbare Erfolge Anspruch erheben kann. In Krieg und Frieden bleibt es eine nicht mehr zu missende Aufgabe, das Talent ausfindig zu machen, zum Nutzen der Gemeinschaft auszubilden und für den praktischen Einsatz Sorge zu tragen.

Resultate der Ausleselager

Die von der DAF. und der Hitler-Jugend zu diesem Zweck gemeinsam mit der Wirtschaft geschaffenen Ausleselager[2]) sind eine Kriegsmaßnahme. Sie beruhen auf Einsichten, die in erster Linie der Berufswettkampf der deutschen Jugend erbracht hat. Die Einrichtung des Ausleselagers nimmt heute nach dem Umfang und Erfahrungsgut auf dem Gebiet der beruflichen Bewertung eine Schlüsselstellung ein, die es zu einem entscheidenden Instrument für die Sicherstellung hochqualifizierter Nachwuchskräfte werden läßt.

In 91 Lagern für männliche Teilnehmer wurden bis April 1943 insgesamt 4624 Teilnehmer erfaßt. Davon entfallen auf das Jahr 1941 1816 Teilnehmer, 2103 auf 1942 und 705 Teilnehmer auf das erste Vierteljahr des laufenden Jahres. Der Weg der beruflichen Entwicklung wurde im einzelnen wie folgt festgelegt:

Hochschule	148	Werk- und Lehrmeister	605
Fachschule	1 659	Ausbildungsleiter	6
Gewerbelehrer	40	Betriebliche Entwicklung	1 328
Marine-Ingenieur	73	Erneute Auslese	309
Techniker	456		

Eine kritische Betrachtung dieser Ergebnisse muß in Betracht ziehen, daß das Lager bereits eine Berufsauslese darstellt. Spitzenkräfte der Betriebe und gut veranlagte Bewerber aus den Facharbeiterprüfungen bildeten den Teilnehmerkreis. Die enge Zusammenarbeit mit den nachgeordneten Stellen der Reichswirtschaftskammer[3]) hat einen wertvollen Erfahrungsaustausch zwischen den Mitarbeitern des Prüfungswesens und den Fachkräften in den Vorauslesen bzw. den Reichsausleselagern entstehen lassen. +

+ „Das junge Deutschland" 1943

:Quellenhinweis für die Sozial-Arbeit der Hitler-Jugend:
„Das junge Deutschland" (Amtliches Organ des Jugendführers des Deutschen Reichs).
(Sozialpolitische Zeitschrift der deutschen Jugend, Berlin, Jahrgänge 1933 ff)

Vereinbarung Reichsbauernführer u. Reichsjugendführer

Berlin, den 17. Januar 1934

Zwischen dem Reichsbauernführer und Reichsernährungsminister R.Walther D a r r é und dem Reichsjugendführer Baldur von S c h i r a c h ist heute folgende Vereinbarung getroffen worden.

Die Hitler-Jugend, als die einzige Jugendbewegung Deutschlands soll künftig auch die jugendlichen Söhne und Töchter aller Angehörigen des Reichsnährstandes umfassen. Aus diesem Grunde löst der Reichsbauernführer mit Wirkung vom heutigen Tage alle noch vorhandenen selbständigen oder beim Reichsnährstand befindlichen Jugendorganisationen hiermit auf. Zwecks enger Verzahnung zwischen Reichsnährstand und Hitler-Jugend arbeiten die Abteilungen ID ("Landjugend") des Reichsnährstandes in engster Fühlung mit der Reichsjugendführung und deren örtlichen Einheiten als deren Referenten.

Zu diesem Zwecke tritt der Leiter der ID ("Landjugend") im Verwaltungsamt des Reichsnährstandes als Sachbearbeiter zum Stabe der Reichsjugendführung, während die Abteilungsleiter ID der Landes- bzw. Kreisbauernschaften im Reichsnährstand zu den Stäben der entsprechenden Einheiten der Hitler-Jugend treten, ohne dadurch ihr Beamtenverhältnis zum Reichsnährstand aufzu-geben.

Dem Reichsnährstand, Abteilung ID ("Landjugend") obliegt die Betreuung der Jugend des Reichsnährstandes hinsichtlich der zusätzlichen ständischen Erziehung und Schulung. Für die Durchführung dieser Aufgaben erläßt der Reichsbauernführer im Einvernehmen mit dem Reichsjugendführer für die Abteilung ID ("Landjugend") des Reichsnährstandes noch besondere Anordnungen; dasselbe gilt für die organisatorische Eingliederung der Abteilungsleiter ID des Reichsnährstandes in die Hitler-Jugend.

gez. Baldur von Schirach gez. R. Walther Darré

Berlin. den 21. Februar 1934

Zur Durchführung der zwischen dem Reichsbauernführer, Reichsernährungsminister R. Walther D a r r é , und dem Reichsjugendführer Baldur von S c h i r a c h am 17.Januar 1934 getroffenen Vereinbarung über die Zusammenarbeit mit der Hitler-Jugend werden folgende Anordnungen erlassen:

I.

Die jugendlichen Söhne und Töchter aller Angehörigen des Reichsnährstandes treten der Hitler-Jugend bei, und zwar:
Die Jungen im Alter von 10 bis 14 Jahren dem Deutschen Jungvolk, im Alter von 14 bis 18 Jahren der Hitler-Jugend.
Die Mädchen im Alter von 10 bis 15 Jahren den Jungmädelschaften, im Alter von 15 bis 21 Jahren dem Bund Deutscher Mädel.

II.

Zwecks Herbeiführung der Einheit von Hitler-Jugend und Landjugend zur Durchführung der gemeinsamen wie der zusätzlichen eigenständischen bäuerlichen Arbeit treten die Abteilungsleiter ID ("Landjugend") und die Unterabteilungsleiterinnen der Abteilung ID (Weibliche Landjugend) des Reichsnährstandes als Sachbearbeiter zu den Stäben der Hitler-Jugend und des BDM. Sie übernehmen die Leitung der bei den Dienststellen der Hitler-Jugend einzurichtenden Referate "Bauerntum".
In der Reichsjugendführung wird das selbständige H a u p t - r e f e r a t " B a u e r n t u m " dem Stabsführer unmittelbar unterstellt.

gez. Baldur von Schirach gez. R. Walther Darré

Jugendwarte/Erziehung zum Bauerntum

Anordnung betr. Jugendwarte des Reichsnährstandes

Die Abteilungsleiter bzw. Sachbearbeiter ID ("Landjugend") führen im Sprachgebrauch in Zukunft die Dienstbezeichnung:

Jugendwart der Landesbauernschaft
Jugendwart der Kreisbauernschaft
Jugendwart der Ortsbauernschaft

Die Unterabteilungsleiterinnen der ID 2 (Weibliche Landjugend) führdn im Sprachgebarauch in Zukunft die Dienstbezeichnung:

Jugendwartin der Landesbauernschaft
Jugendwartin der Kreisbauernschaft
Jugendwartin der Ortsbauernschaft

Die bisherigen Dienstbezeichnungen im Schriftverkehr der Dienststellen des Reichsnährstandes werden dadurch nicht berührt. Die Jugendwartin untersteht in ihrem Dienstbereich dem Jugendwart.

Berlin, den 11. Juli 1935

gez. R. Walther Darré

Die Erziehung der Jugend für die Aufgaben des Bauerntums ist die gemeinsame Verpflichtung von Reichsnährstand und Hitler-Jugend.

Mit Wirkung vom 2o. April , dem Geburtstag des Führers, ist vom Reichsbauernführer und Ernährungsminister R. Walther D a r r é und von dem Jugendführer des Deutschen Reiches, Baldur von S c h i r a c h , folgende Regelung für die Landjugendarbeit in Kraft gesetzt:
Durch das Gesetz über die Hitler-Jugend vom 1. Dezember 1936 ist der Hitler-Jugend die körperliche, geistige und sittliche Erziehung der gesamten deutschen Jugend übertragen worden. Verantwortlich für die berufliche und agrarpolitische Erziehung ist der Reichsbauernführer.
Um zu einer einheitlichen Arbeit zu kommen, wird zwischen dem Jugendführer des Deutschen Reiches und dem Reichsbauernführer und Reichsminister für Ernährung und Landwirtschaft folgende Anordnung über die Landjugend getroffen:

1. Alle grundsätzlichen Maßnahmen zur Betreuung der Landjugend erfolgen im Einvernehmen mit dem Jugendführer des Deutschen Reiches. Die Verständigung darüber erfolgt unmittelbar zwischen Reichsbauernführer und Reichsjugendführer.
2. Die Erziehung der Jugend, insbesondere der Landjugend, für die Aufgaben des Bauerntums ist gemeinsame Pflicht von Hitler-Jugend und Reichsnährstand. Mit der Wahrnehmung dieser gemeinsamen Aufgabe ist allein die Abteilung "Landjugend" in der Reichshauptabteilung I des Reichsnährstandes betraut. Die Landjugendarbeit wendet sich nicht nur an die Hitler-Jugend auf dem Lande, sondern an die gesamte deutsche Landjugend.

3. Die Abteilung "Landjugend" ist an allen die Jugend berührenden Fragen des Reichs-Nährstandes zu beteiligen. Dies gilt insbesondere für den Arbeitseinsatz Jugendlicher in der Landwirtschaft, für das Jugendarbeitsrecht in der Landwirtschaft, für die Berufserziehung und für die Auslese eines geeigneten Führernachwuchses.
4. Die besonderen Arbeitsgebiete der Abteilung "Landjugend" sind:
   a) die agrarpolitische Schulung der Landjugend,
   b) die Förderung der körperlichen Ertüchtigung der Landjugend ,
   c) der innerdeutsche Landjugendaustausch,
   d) die Durc-hführung des zwischenvölkischen Landjugendaustausches,
   e) Berufsförderung der Landjugend und zusätzliche Berufsschulung,
   f) der Reichsberufswettkampf der Gruppe "Nährstand",
   g) die Feier- und Freizeitgestaltung,
   h) Werbung der Jugend für besondere Aufgaben des Bauerntums.
5. Die Leiter der Abteilung "Landjugend" im Verwaltungsamt des Reichsbauernführers und in den Landesbauernschaften werden im Einvernehmen mit dem Reichsjugendführer vom Reichsbauernführer berufen und abberufen.
6. Der Jugendwart der Kreisbauernschaft wird im Einvernehmen mit dem Gebietsführer durch den Landesbauernführer berufen und abberufen.
7. Zur Wahrnehmung der gemeinsamen Aufgaben ist der Leiter der Abteilung "Landjugend" im Verwaltungsamt des Reichsbauernführers und in den Landesbauernschaften gleichzeitig"Hauptreferent für Bauerntum" in der Reichsjugendführung bzw. "Hauptreferent für Bauerntum" in dem für seinen Dienstsitz zuständigen Gebiet. In dieser Eigenschaft ist er dem Reichsjugendführer bzw. dem Gebietsführer unmittelbar unterstellt.
8. Der Jugendwart der Kreisbauernschaft wird als Bauerntumsreferent dem für den Sitz der Kreisbauernschaft zuständigen Bannführer der Hitler-Jugend unmittelbar zugeteilt.
9. Für die Betreuung der weiblichen Landjugend gelten die getroffenen Bestimmungen sinngemäß.
10. Alle entgegenstehenden Anordnungen werden aufgehoben.
11. Das Abkommen tritt mit Wirkung vom 20. April 1937 in Kraft.

Berlin, den 21. Mai 1937

Der Reichsbauernführer und Reichsminister
für Ernährung und Landwirtschaft
gez. R. Walther D a r r é

Der Jugendführer des Deutschen Reiches
gez. von S c h i r a c h

Aus: Richtlinien für „Landjugendarbeit"

Anordnung über die Kultur-Arbeit (1937)

1. Die dörfliche Feier- und Freizeitgestaltung wird gemeinsam von Hitler-Jugend und Reichsnährstand durchgeführt. Zwischen den für diese Aufgabe verantwortlichen Jugendwarten des Reichsnährstandes undden mit der Kulturarbeit betrauten Stellen der nationalsozialistischen Jugend werden alle kulturellen Fragen in engster Zusammenarbeit gelöst.
2. Die Durchführung der kulturellen Veranstaltungen, der Dorfabende und der Feste und Feiern im Jahreslauf erfolgt gemeinsam.
3. Der Reichsnährstand wird eigene Spielscharen, Tanzkreise, Laienspielgruppen usw. nicht aufstellen. Auch die Zusammenarbeit mit solchen Gruppen geschieht nur im Einvernehmen mit der Hitler-Jugend.
4. Die Hitler-Jugend übernimmt die Verpflichtung, in ihren Gliederungen und besonders in ihren Spielscharen auf dem Lande die heimatlichen Sitten und Bräuche und das kulturelle Leben des Dorfes überhaupt zu pflegen.
5. Durch gemeinsame Lager und Muster-Veranstaltungen werden Reichsnährstand und Hitler-Jugend für die Ausrichtung und Förderung der Gemeinschaftsgestaltung im Dorf Sorge tragen.
6. Die vom Kulturamt der Reichsjugendführung unter Mitarbeit der ID des Reichsnährstandes herausgegebene Zeitschrift "Die Spielschar" ist auch für die bäuerliche Kulturarbeit der Jugend richtunggebendes Organ.
7. Für die Mädelarbeit gilt diese Vereinbarung sinngemäß.
8. Diese gemeinsame Kulturarbeit im Dorf geschieht im Einvernehmen mit den Dienststellen der NSDAP .

gez. R. Walther D a r r é Reichsbauernführer

gez. Baldur von S c h i r a c h Jugendführer des Deutschen Reiches

2. Oktober 1937

7. Oktober 1934

Die Eingliederung der Artamanen in die HJ.

Durch die Straßen der mecklenburgischen Stadt Güstrow ziehen Kolonnen junger Menschen Schwarz ist ihre Tracht, und die Fahnen, die diesen marschierenden Reihen voranflattern sind ebenfalls schwarz. Und rot und weiß leuchten auf diesen Fahnen Pflug und Schwert.

Es sind Artamanen.

Artamanen des nationalsozialistischen Bundes der Artamanen, der, geführt von Albert Wojirsch, an diesem Tage seinem Eigenleben entsagte, um sich einzugliedern in die große Front der nationalsozialistischen Jugend, die unter der Fahne der HJ. ihren Weg für Deutschland geht. An diesem Tage wurde der Wunsch und die Sehnsucht der besten Kräfte innerhalb der Artamanenbewegung erfüllt.

Um was einst Friedrich Schmidt und Hans Holfelder in der alten, von vielen inneren Gegensätzen zerrissenen Artamanenbewegung gerungen hatten — es gelang Albert Wojirsch.

Als im Jahre 1931 die Artamanenbewegung zerfiel, war es Wojirsch, der mit wenigen Getreuen in Mecklenburg den neuen, nur Nationalsozialisten umfassenden „Bund der Artamanen" gründete und die Idee des Artamanentums aus dem Zerfall rettete.

Am 7 Oktober 1934 wurde diese Bewegung eingefügt in die große Gemeinschaft der Jugend des Führers.

Artamanentum und Hitlerjugend verschmelzen an diesem Tage zu einer für die Zukunft glücklichen, inneren Einheit.

Der Reichsjugendführer war auch an diesem Tage persönlich anwesend. Von der Rednertribüne aus sprach Wojirsch das Treuegelöbnis: „Wir Artamanen haben uns zur Aufgabe gestellt, die Jugend aus der Stadt auf das Land zurückzuführen, um dem deutschen Volk seine Zukunft bauen zu helfen. Als Pioniere dieses Kampfes treten wir heute in die Front Baldur von Schirachs ein. Artamanen: Stillgestanden! Ich gelobe Treue dem Reichsjugendführer!"

Einen Augenblick lagen die Hände der beiden Männer ineinander, dann sprach der Reichsjugendführer:

„Artamanen! Kameraden! In der Geschichte der nationalsozialistischen Jugendbewegung haben wir viele Eingliederungen erlebt. Es ist nicht das erstemal, daß ein großer Jugendbund in die Millionenbewegung der Hitlerjugend eingeführt wird. Aber es ist bestimmt das erstemal, daß eine Eingliederung in solchem Geiste vor sich geht, denn innerlich seid Ihr Artamanen ein Bestandteil der nationalsozialistischen Bewegung, wie die Ideen der Artamanen ein Bestandteil des Nationalsozialismus sind...

Es konnte gar nicht anders kommen, daß Ihr heute an diesem Platze steht; das ist die glänzendste Rechtfertigung Eurer Arbeit.

Ihr habt an diesem Tage auch den tieferen Sinn der Arbeit der vergangenen Jahre erfüllt. Ihr habt die Möglichkeit, die Ideen, die Ihr im kleinen gestaltet habt, nun auch im großen zu formen.

Wir nehmen Euch nicht auf, daß an diesem Tage Eure Arbeit aufhöre, sondern daß sie Allgemeingut der ganzen Jugend werde.

Das bedeutet für Euch eine Ausbürdung neuer ungeheurer Aufgaben auf Eure Schultern, Verpflichtung für Euch uns gegenüber, und von uns Euch gegenüber, daß wir Euch die Arbeitsmöglichkeit im großen schaffen und Ihr auch im großen diese Arbeitsmöglichkeit erfüllt . . .

Möchtet Ihr Artamanen immer mit derselben Bereitschaft zu unserer Sache stehen, mit der Ihr in den vergangenen Jahren zu Eurer einsamen Fahne gestanden habt. Kommt in unsere Reihen, die sich durch mich feierlich verpflichten, Eurem Ziel zu dienen. In diesem Sinne grüßen wir Euch und mit Euch dem Führer Adolf Hitler! Sieg-Heil!" —

Ein Vorbeimarsch der Artamanen und der HJ. beschloß diesen Tag.

Die ersten jungen Freiwilligen aus den germanischen Ländern sind in unsere Landdienstlager eingerückt. Sie — Mädel und Jungen — kommen aus Holland, Flandern, Norwegen und Dänemark. Germanische Jugend! Wir begrüßen und bewillkommnen Dich in Deutschland auf das herzlichste als unseren treuen Freund.
Ihr seid der Stoßtrupp Eurer jungen, aufsteigenden Bewegung. Durch Euch spricht schon die neue Zeit. In diesem Jahrhundert geht ein Erwachen durch die germanischen Völker. Die Geschichte hat diesen Völkern des Nordens durch die Jahrhunderte hindurch besondere nationale Eigenarten eingeprägt. Es ist nun das Glück unserer Zeit, daß wir uns unserer gemeinsamen Herkunft und unseres gemeinsamen Blutes so klar und tief bewußt werden.

Artur Axmann

Aus der Rede des Reichsjugendführers auf dem ersten Landdienstappell der Freiwilligen der Germanischen Jugend am 12. Juli 1942 in Posen

Aus: Wir Mädel schaffen (Jahrbuch des BDM) 1943

Schrifttum zu Bauerntum/Filmschaffen

SCHRIFTTUM für den Komplex BAUERNTUM UND LANDDIENST

1. Anleitungsheft "BDM-Werk Glaube und Schönheit auf dem Lande",1939
2. Anleitungsheft "Unsere Tracht"
3. Anleitungsheft "unser Bauerngarten", 1943
4. DIE SPIELSCHAR, Hefte aus dem Jahrgang 1939:
   a) Dörfliche Feier zur Lehrlingsaufnahme
   b) Bräuche wieder beleben
   c) Gestalten des 1. Mai auf dem Dorf
   d) Tracht und Kleidung
   e) Sommersonnenwende
   f) Dorfgemeinschaft
5. DIE JUNGENSCHAFT: "Das Erntedankfest des Deutschen Volkes".
6. DIE KAMERADSCHAFT: "Odal".
7. DIE KAMERADSCHAFT: "Das Jahr des Bauern".
8. Mappe für Jungmädel: "Schwarz ist die Fahne der Bauernnot".
9. "Volkstum und Heimat", Zeitschr.f.ns.Kulturarbeit, Sonderheft Jul./Aug.1939
10. "Unsere Siedler im Kreis Welun" v. Hildegard Friese.
11. "Reichslager Lorch" - Schulungslager der Jugendwartinnen des Reichsnährstandes und der Referentinnen für Bauerntum des BDM
12. "Lebensziel Bäuerin" von Obergauführerin L.Essig, (BDM-Amtsreferentin des Amtes Bauerntum und Landdienst der RJF).

SCHRIFTTUM über gemeinsame Arbeit von Reichsnährstand und HJ:

1. "Die junge Dorfgemeinschaft", Herausgeber: Reichsnährstand und Hitler-Jugend. Berlin 1939, Verlag Landbuchhandlung.
2. "Landvolk im Werden" von Konrad Meyer, 1941
3. "Das Deutsche Landfrauenbuch" von A.Koeppen, Reichsnährstandsverlag, 1937.

Hauptamt III Presse- und Propaganda-Amt

451/44. Film „Junge Adler"

Der Film „Junge Adler", der mit großem Erfolg in den deutschen Filmtheatern läuft, ist bisher nur selten im Rahmen des regulären Spielprogramms in Jugendfilmstunden der Hitler-Jugend eingesetzt worden.

Es wird angeordnet, daß dieser in seiner erzieherischen Wirkung hervorragende Jugendfilm, dem Befehl des Reichsjugendführers entsprechend, der Jugend auf breitester Basis zu zeigen ist. Auf den Reichsbefehl Nr. 24/44 vom 7. 7. 1944 wird verwiesen.

452/44. Film Affäre Roedern

Der Berlin-Film „Affäre Roedern", der das Prädikat „staatspolitisch wertvoll" erhalten hat und jugendfrei ab 14 Jahre ist, erhielt außerdem noch das Prädikat „jugendwert". Der Film ist auf Grund seiner erzieherischen Bedeutung in stärkstem Maße in Jugendfilmstunden der Hitler-Jugend einzusetzen.

Filmschaffen der Hitler-Jugend

Es ist besonders erfreulich, daß gerade im Kriege, in dem die Produktion der Filmindustrie aufs äußerste angestrengt ist und sie ihre eigenen Herstellungsvorhaben auf ein Mindestmaß beschränkt, ja, bei ihrer ursprünglichen Planung Abstriche gemacht hat, dennoch die Filmarbeit der Hitler-Jugend Fortschritte machen durfte.

Dies ist besonders offensichtlich auf dem filmschöpferischen Sektor. Unter eigener Verantwortlichkeit und unter eigener Regie stellte die Reichsjugendführung im Verlaufe des letzten Jahres ihre beiden Kurzfilme „Soldaten von morgen" und „Außer Gefahr" fertig, die bereits, mit Spielfilmen der Industrie gekoppelt in Theatern des Reiches und des Auslandes laufen. Der erste Film hat dabei die vormilitärische Erziehung unserer Jugend zum Inhalt, wobei in karikierender Form die englische Jugend zum Vergleich herangezogen wird. Der zweite Film gibt ein Bild vom ausgedehnten Wirkungsbereich der Kinderlandverschickung.

Parallel mit diesen Kurzfilmen wurde die Arbeit an einem Spielfilm „Hände hoch" aufgenommen, der stofflich wohl in einem slovakischen Lager der Kinderlandverschickung spielt, in der Hauptsache jedoch nichts anderes bezwecken will als dem Beschauer Freude und Stolz über die wechselvollen, frischen Bilder der deutschen Jugend zu vermitteln.

Dieser Film ist im Laufe des März fertiggestellt worden, wie auch die erste Folge der neugeschaffenen Filmschau der Hitler-Jugend „Junges Europa", die nun etwa jeden zweiten Monat erscheinen soll und nach der Art der Wochenschau Bericht gibt über die Arbeit der Hitler-Jugend und darüber hinaus auch der übrigen Jugendorganisationen Europas. Eine der Filmschau ständig angehängte Szene, „Pauke der Moral", versucht in humoristischer Form laufend auf unsere Jungen und Mädel erzieherisch in jenen Punkten einzuwirken, in denen es im Augenblick besonders zu mangeln scheint. Die erste „Belehrung", die jedoch in ihrer filmischen Lösung nicht mehr als eine solche empfunden wird, hat als Grundton das Motto „Seid höflich".

Neben diesen Filmen, die von der Reichsjugendführung selbst hergestellt worden sind, hat sich die Industrie, teilweise von der Hitler-Jugend unterstützt oder auch aus freiem Antrieb, selbst das Thema „Jugend" angenommen und im Verlauf des vergangenen Herstellungsjahres Spielfilme, wie „Jakko", „Himmelhunde" und Kurzfilme, wie „Bergsommer" (Bergsteiger-HJ), „Bärbel" (Eislauf der Jungmädel) hergestellt, wobei noch ergänzend festzustellen bleibt, daß auch für das neue Jahr bereits wieder verschiedene Vorhaben zur Diskussion stehen. . . . . .

Aus: R.B.36/44 K

Kemper über Abetz/Prof.Hans zu Tschechische Jugenderziehung

Meine Begegnungen mit Otto Abetz.

In Karlsruhe im Jahre 1931/32 lernte ich im damaligen Jugendring für Sport-Jugendbewegung auch Otto Abetz kennen.
Otto Abetz unterhielt zu mir gute Beziehungen.
Er stand bei vielen Auseinandersetzungen auf meiner Seite.
Selber leitete er einen Jugendring in dem einige interessante junge Menschen zusammen geschlossen waren.
Der Jugendring hieß nach einem Berg im Schwarzwald, „Solbergkreis."
Er hatte es sich zur Aufgabe gestellt eine freundschaftliche Verständigung zwischen französischer und deutscher Jugend herzustellen. (Abetz hatte mich über die Ziele unterrichtet.) Er wollte die Verständigung zwischen den beiden Völkern durch die Jugend untermauern.
Ich bin dann auch mit ihm auf den „Solberg" gefahren und mit nach Sasbachwalden und habe mir das alles angesehen.
1933 wandte sich die • Kreisjugendführung an mich wegen Abetz, und ich habe damals gebeten einen Vertreter zu schicken, um mit Abetz zu verhandeln. – Der Vertreter war der damalige Bannführer Hammer. Nachdem er Einblick genommen hatte, wie sich die Dinge verhielten, hatte er die Unterlagen nach Berlin mitgenommen und Abetz wurde einige Zeit darauf in die Reichsjugendführung nach Berlin gerufen.
Von dort kam er zum Büro Ribbentrop und sein Weg ging weiter zur deutschen Botschaft nach Paris. usw.

• (Reichsjugendführung)

Januar 1978

Friedhelm Kemper
(Ehem. Führer des Gebietes Baden)

"Das KURATORIUM FÜR TSCHECHISCHE JUGENDERZIEHUNG war ein Selbstverwaltungskörper im Rahmen des Protektorates Böhmen-Mähren. Die deutschen Berater in dem Kuratorium waren auf Zusammenarbeit mit der HJ angewiesen, waren aber praktisch unabhängig und dem Deutschen Staatsministerium direkt unterstellt. Daß auch Zusammenarbeit mit der Kulturverwaltung und dem "Ministerium für Aufklärung" gegeben war, ist selbstverständlich . ...
.... Das Kuratorium für Jugenderziehung verstand sich keineswegs als Germanisierungseinrichtung. Zur Mitarbeit von tschechischer Seite waren im Grunde tschechisch-nationale Kräfte aufgerufen, natürlich nicht die "Beneschleute". Die jungen Tschechen verstanden sich als aufgerufen, die tschechische Säule eines deutschen Reiches zu sein und beriefen sich auf die St.Wenzelstradition. Die deutschen Berater - durchwegs auch HJ-Führer - sahen ihre Aufgabe darin, die tschechische Jugend in die Teilhabe am Reich zu führen, nicht sie ihres Volkstums zu berauben. ......

Die deutschen Berater am KURATORIUM waren durchaus Sudetendeutsche, die die Lasten und Schmerzen eines Volkstumskampfes kannten und wußten, daß etwa eine nationale Unterdrückung der Tschechen lediglich zu hartem Widerstand führen konnte. Sie betrieben daher eine Politik der Anerkennung des tschechischen Nationalgefühls, bemühten sich jedoch, es geistig in die Partnerschaft mit dem deutschen Volk zu lenken. Das war auch weithin gelungen, wie sich bei den großen Veranstaltungen im ganzen Protektorat und schließlich in Prag im Jahre 1944 (Mai bis August) zeigte."

gez. Professor Erich Hans

Freyung, 12.11.1980

DAS GESETZ ÜBER DIE HITLER-JUGEND.

Vom 1. Dezember 1936
(Reichsgesetzbl. I, Nr. 113, vom 3. Dezember 1936, S. 993)

Von der Jugend hängt die Zukunft des deutschen Volkes ab. Die gesamte deutsche Jugend muß deshalb auf ihre künftigen Pflichten vorbereitet werden.

Die Reichsregierung hat daher das folgende Gesetz beschlossen, das hiermit verkündet wird.

§ 1

Die gesamte deutsche Jugend innerhalb des Reichsgebietes ist in der Hitler-Jugend zusammengefaßt.

§ 2

Die gesamte deutsche Jugend ist außer in Elternhaus und Schule in der Hitler-Jugend körperlich, geistig und sittlich im Geiste des Nationalsozialismus zum Dienst am Volk und zur Volksgemeinschaft zu erziehen.

§ 3

Die Aufgabe der Erziehung der gesamten deutschen Jugend in der Hitler-Jugend wird dem Reichsjugendführer der NSDAP. übertragen. Er ist damit „Jugendführer des Deutschen Reichs". Er hat die Stellung einer Obersten Reichsbehörde mit dem Sitz in Berlin und ist dem Führer und Reichskanzler unmittelbar unterstellt.

§ 4

Die zur Durchführung und Ergänzung dieses Gesetzes erforderlichen Rechtsverordnungen und allgemeinen Verwaltungsvorschriften erläßt der Führer und Reichskanzler.

Berlin, den 1. Dezember 1936.

Der Führer und Reichskanzler

ERSTE DURCHFÜHRUNGSVERORDNUNG ZUM GESETZ ÜBER DIE HITLER-JUGEND.

(ALLGEMEINE BESTIMMUNGEN)
Vom 25. März 1939

Auf Grund des § 4 des Gesetzes über die Hitler-Jugend vom 1. Dezember 1936 (Reichsgesetzblatt I S. 993) bestimme ich:

§ 1

(1) Der Jugendführer des Deutschen Reichs ist ausschließlich zuständig für alle Aufgaben der körperlichen, geistigen und sittlichen Erziehung der gesamten deutschen Jugend des Reichsgebiets außerhalb von Elternhaus und Schule. Die Zuständigkeit des Reichsministers für Wissenschaft, Erziehung und Volksbildung auf den Gebieten des Privatunterrichts und des sozialen Bildungswesens bleibt unberührt.

(2) Auf den Geschäftsbereich des Jugendführers des Deutschen Reichs gehen aus dem Geschäftsbereich des Reichs- und Preußischen Ministeriums für Wissenschaft, Erziehung und Volksbildung über:

alle Angelegenheiten der Jugendpflege, des Jugendherbergswesens sowie der Unfall- und Haftpflichtversicherung im Interesse der Jugendpflege.

Die Frage der Zuständigkeit für das Landjahr bleibt einer besonderen Regelung vorbehalten.

(3) Der Jugendführer des Deutschen Reichs untersteht mit der Hitler-Jugend der Finanzhoheit der Nationalsozialistischen Deutschen Arbeiterpartei.

§ 2

(1) In der Hitler-Jugend besteht die Stamm-Hitler-Jugend.

(2) Wer seit dem 20. April 1938 der Hitler-Jugend angehört, ist Angehöriger der Stamm-Hitler-Jugend.

(3) Jugendliche, die sich mindestens ein Jahr in der Hitler-Jugend gut geführt haben und ihrer Abstammung nach die Voraussetzungen für die Aufnahme in die Nationalsozialistische Deutsche Arbeiterpartei erfüllen, können in die Stamm-Hitler-Jugend aufgenommen werden. Die näheren Anordnungen erläßt der Reichsjugendführer der Nationalsozialistischen Deutschen Arbeiterpartei mit Zustimmung des Stellvertreters des Führers.

(4) Die Aufnahme in die Stamm-Hitler-Jugend kann bei Personen über 18 Jahre, die in der Führung oder der Verwaltung der Hitler-Jugend eingesetzt werden sollen, sofort erfolgen.

(5) Gliederung der Nationalsozialistischen Deutschen Arbeiterpartei ist nur die Stamm-Hitler-Jugend.

(6) Die Zugehörigkeit zur Stamm-Hitler-Jugend ist freiwillig.

§ 3

Der Reichsminister des Innern bestimmt im Einvernehmen mit dem Jugendführer des Deutschen Reichs, dem Stellvertreter des Führers und dem Reichsminister der Finanzen die dem Jugendführer des Deutschen Reichs nachgeordneten staatlichen Dienststellen.

§ 4

Die Mitglieder der Hitler-Jugend sind berechtigt und — soweit es angeordnet ist — verpflichtet, die vorgeschriebene Uniform zu tragen.

Berlin, den 25. März 1939.

Der Führer und Reichskanzler

ZWEITE DURCHFÜHRUNGSVERORDNUNG ZUM GESETZ ÜBER DIE HITLER-JUGEND.

(JUGENDDIENSTVERORDNUNG)

Vom 25. März 1939

Auf Grund des § 4 des Gesetzes über die Hitler-Jugend vom 1. Dezember 1936 (Reichsgesetzblatt I S. 993) bestimme ich:

§ 1

Dauer der Dienstpflicht

(1) Der Dienst in der Hitler-Jugend ist Ehrendienst am Deutschen Volke.

(2) Alle Jugendlichen vom 10. bis zum vollendeten 18. Lebensjahr sind verpflichtet, in der Hitler-Jugend Dienst zu tun, und zwar:

1. die Jungen im Alter von 10 bis 14 Jahren im „Deutschen Jungvolk" (DJ.),
2. die Jungen im Alter von 14 bis 18 Jahren in der „Hitler-Jugend" (HJ.),
3. die Mädchen im Alter von 10 bis 14 Jahren im „Jungmädelbund" (JM.),
4. die Mädchen im Alter von 14 bis 18 Jahren im „Bund Deutscher Mädel (BDM.).

(3) Schüler und Schülerinnen der Grundschule, die das 10. Lebensjahr bereits vollendet haben, werden bis zum Verlassen der Grundschulklassen vom Dienst in der Hitler-Jugend zurückgestellt.

(4) Schüler und Schülerinnen der Volksschule, die das 14. Lebensjahr bereits vollendet haben, bleiben bis zu ihrer Schulentlassung Angehörige des Deutschen Jungvolks oder des Jungmädelbundes.

§ 2

Erziehungsgewalt

Alle Jungen und Mädchen der Hitler-Jugend unterstehen einer öffentlich-rechtlichen Erziehungsgewalt nach Maßgabe der Bestimmungen, die der Führer und Reichskanzler erläßt.

§ 3.

Unwürdigkeit

(1) Der Zugehörigkeit zur Hitler-Jugend unwürdig und damit von der Gemeinschaft der Hitler-Jugend ausgeschlossen sind Jugendliche, die

1. ehrenrührige Handlungen begehen,
2. wegen ehrenrühriger Handlungen vor Inkrafttreten dieser Verordnung aus der Hitler-Jugend ausgeschlossen worden sind,
3. durch ihr sittliches Verhalten in der Hitler-Jugend oder in der Allgemeinheit Anstoß erregen und dadurch die Hitler-Jugend schädigen.

(2) Von der Zugehörigkeit zur Hitler-Jugend sind ferner Jugendliche ausgeschlossen, solange sie behördlich verwahrt werden.

(3) Der Jugendführer des Deutschen Reichs kann Ausnahmen zulassen.

§ 4

Untauglichkeit

(1) Jugendliche, die nach dem Gutachten einer HJ.-Gesundheitsstelle oder eines von der Hitler-Jugend beauftragten Arztes für den Dienst in der Hitler-Jugend untauglich oder bedingt tauglich befunden worden sind, müssen entsprechend dem ärztlichen Gutachten ganz oder teilweise von dem Dienst in der Hitler-Jugend befreit werden.

(2) Die Zusammenarbeit mit den Gesundheitsämtern und die Durchführung sonstiger gesundheitlicher Maßnahmen regelt der Jugendführer des Deutschen Reichs im Einvernehmen mit dem Stellvertreter des Führers und dem Reichsminister des Innern.

§ 5

Zurückstellung und Befreiung

(1) Auf Antrag des gesetzlichen Vertreters oder des zuständigen HJ.-Führers können Jugendliche jeweils bis zur Dauer eines Jahres vom Dienst in der Hitler-Jugend befreit oder zurückgestellt werden, wenn sie

1. in ihrer körperlichen Entwicklung erheblich zurückgeblieben sind oder
2. nach dem Urteil des Schulleiters ohne die Befreiung die Anforderung der Schule nicht erfüllen können.

(2) In Einzelfällen kann auch dann einem Antrag auf Zurückstellung oder Befreiung vom Dienst in der Hitler-Jugend stattgegeben werden, wenn die Voraussetzungen des Abs. 1 nicht gegeben sind, aber andere dringende Gründe vorliegen, die das einstweilige oder dauernde Fernbleiben eines Jugendlichen vom Dienst in der Hitler-Jugend rechtfertigen.

(3) Die weiteren Anordnungen erläßt der Jugendführer des Deutschen Reichs.

§ 6

Deutsche Staatsangehörige nichtdeutschen Volkstums

(1) Jugendliche deutscher Staatsangehörigkeit, bei denen beide Elternteile oder der Vater nach ihrem Volkstumsbekenntnis zur dänischen oder polnischen Volksgruppe gehören, sind auf Antrag derjenigen, denen die Sorge für ihre Person zusteht, von der Zugehörigkeit zur Hitler-Jugend zu befreien; steht das Recht und die Pflicht für die Person des Jugendlichen zu sorgen, mehreren zu, und stellt nicht jeder von ihnen den Antrag, so kann der Jugendliche befreit werden. Uneheliche Jugendliche können auf Antrag derjenigen, denen die Sorge für ihre Person zusteht, von der Zugehörigkeit zur Hitler-Jugend befreit werden, wenn die Mutter nach ihrem Volkstumsbekenntnis zur dänischen oder polnischen Volksgruppe gehört; sie sind zu befreien, wenn der Vormund dem Antrag zustimmt.

(2) Der Antrag ist an die untere Verwaltungsbehörde zu richten. Die höhere Verwaltungsbehörde stellt fest, ob das Bekenntnis zur dänischen oder polnischen Volksgruppe vorliegt. Die näheren Verwaltungsvorschriften erläßt der Reichsminister des Innern im Einvernehmen mit dem Jugendführer des Deutschen Reichs.

(3) Der Reichsminister des Innern übt die Aufsicht über die Jugendorganisationen der dänischen und polnischen Volksgruppen aus. Neugründungen bedürfen seiner Genehmigung.

(4) Ein Zwang zum Beitritt zu irgendeiner Jugendorganisation der dänischen oder polnischen Volksgruppe darf von keiner Seite ausgeübt werden.

§ 7

Blutmäßige Anforderungen

Juden (§ 5 der Ersten Verordnung zum Reichsbürgergesetz vom 14. November 1935, Reichsgesetzbl. I S. 1333) sind von der Zugehörigkeit zur Hitler-Jugend ausgeschlossen.

§ 8

Deutsche Staatsangehörige mit Wohnsitz im Ausland

Jugendliche deutscher Staatsangehörigkeit, die ihren Wohnsitz im Ausland haben und sich nur vorübergehend im Deutschen Reich aufhalten, sind zum Dienst in der Hitler-Jugend nicht verpflichtet.

§ 9

Anmeldung und Aufnahme

(1) Alle Jugendlichen sind bis zum 15. März des Kalenderjahres, in dem sie das 10. Lebensjahr vollenden, bei dem zuständigen HJ.-Führer zur Aufnahme in die Hitler-Jugend anzumelden. Treten bei einem Jugendlichen die Voraussetzungen für die Aufnahme in die Hitler-Jugend nach diesem Zeitpunkt ein (z. B. Entlassung aus der behördlichen Verwahrung, Erwerb der Reichsangehörigkeit, dauernde Niederlassung im Deutschen Reich), so ist der Jugendliche innerhalb eines Monats nach Eintritt der genannten Voraussetzungen anzumelden.

(2) Zu der Anmeldung ist der gesetzliche Vertreter des Jugendlichen verpflichtet.

(3) Die Aufnahme in die Hitler-Jugend erfolgt zum 20. April eines jeden Jahres.

(4) Der Jugendführer des Deutschen Reichs erläßt die näheren Anordnungen über die Anmeldung und Aufnahme in die Hitler-Jugend.

§ 10

Entlassung

(1) Aus der Hitler-Jugend werden entlassen:

1. Jugendliche nach Ablauf der im § 1 festgesetzten Zeit und Mädchen, die in den Ehestand treten,
2. Jugendliche, bei denen festgestellt wird, daß sie nach den Bestimmungen dieser Verordnung von der Zugehörigkeit zur Gemeinschaft der Hitler-Jugend ausgeschlossen sind,
3. Jugendliche, gegen die nach der Disziplinarordnung der Hitler-Jugend auf Ausscheiden erkannt wird.

(2) Auf Ziffer 2 und 3 findet § 3 Abs. 3 entsprechende Anwendung.

(3) Führer und Führerinnen bleiben nach Ablauf der im § 1 festgesetzten Zeit Angehörige der Hitler-Jugend. Ihre Entlassung erfolgt durch besondere Anordnung. Auf ihren Antrag sind sie zu entlassen.

§ 11

Ruhen der Zugehörigkeit zur Hitler-Jugend

(1) Für die Dauer des aktiven Wehrdienstes ruht die Zugehörigkeit zur Hitler-Jugend.

(2) Angehörige des Reichsarbeitsdienstes dürfen sich im Dienst der Hitler-Jugend nicht betätigen.

§ 12

Strafbestimmungen

(1) Ein gesetzlicher Vertreter wird mit Geldstrafe bis zu 150 Reichsmark oder mit Haft bestraft, wenn er den Bestimmungen des § 9 dieser Verordnung vorsätzlich zuwiderhandelt.

(2) Mit Gefängnis und Geldstrafe oder mit einer dieser Strafen wird bestraft, wer böswillig einen Jugendlichen vom Dienst in der Hitler-Jugend abhält oder abzuhalten versucht.

(3) Die Strafverfolgung tritt nur auf Antrag des Jugendführers des Deutschen Reichs ein. Der Antrag kann zurückgenommen werden.

(4) Jugendliche können durch die zuständige Ortspolizeibehörde angehalten werden, den Pflichten nachzukommen, die ihnen auf Grund dieser Verordnung und den zu ihr ergangenen Ausführungsbestimmungen auferlegt worden sind.

§ 13

Schlußvorschriften

Für die Jugendlichen der Jahrgänge 1921 bis 1929, die bisher der Hitler-Jugend noch nicht angehören, bestimmt der Jugendführer des Deutschen Reichs den Zeitpunkt der Anmeldung und Einberufung zur Hitler-Jugend.

Berlin, den 25. März 1939.

Der Führer und Reichskanzler

VERORDNUNG ÜBER DIE NACHGEORDNETEN DIENSTSTELLEN DES JUGENDFÜHRERS DES DEUTSCHEN REICHS. VOM 11. NOVEMBER 1939

(Reichsgesetzblatt Nr. 223)

Auf Grund des § 3 der Ersten Durchführungsverordnung zum Gesetz über die Hitler-Jugend (Allgemeine Bestimmungen) vom 25. März 1939 (Reichsgesetzblatt I S. 709) bestimme ich im Einvernehmen mit dem Stellvertreter des Führers, dem Jugendführer des Deutschen Reichs, dem Reichsminister der Finanzen und dem Preußischen Finanzminister zu nachgeordneten Dienststellen des Jugendführers des Deutschen Reichs:

in den Ländern Preußen, Bayern, Sachsen und im Reichsgau Sudetenland die Regierungspräsidenten, in Berlin den Stadtpräsidenten;

in den Reichsgauen der Ostmark und in Hamburg die Reichsstatthalter;

im Saarland den Reichskommissar für das Saarland;

im übrigen die Landesregierungen.

Berlin, den 11. November 1939.

Der Reichsminister des Innern

B E R I C H T

der damaligen von der Reichsjugendführung beauftragten Mädelführerin in Belgien, H.W. vom 9.März 1978 (Orig.imBes.d.Herausg.)

".....
So, nun zu der damaligen Situation in Belgien:
Zunächst hatte das Land einen anderen Status als alle übrigen besetzten Gebiete. Daher gab es auch keine "Befehlsstelle", sondern einen "Beauftragten des Jugendführers des Deutschen Reiches beim Militärverwaltungschef in Belgien und Nordfrankreich". Das Büro befand sich zunächst in der Militärverwaltung in Brüssel, später ... in einem gesonderten Haus in Brüssel.
Für den weiblichen Teil war sozusagen eine Referentin eingesetzt. Wir waren angewiesen, mit den entsprechenden Abteilungen der Militärverwaltung Kontakt zu halten und auch in gewisser Weise im Sinne der Politik, die der Militärverwaltungschef sehr vorsichtig in Belgien einschlug, zu arbeiten. Unsere Arbeit sollte darin bestehen, mit flämischen und wallonischen Jugendorganisationen, die uns gegenüber eine loyale Haltung zeigten, zusammenzuarbeiten, sie zu fördern, und auch geldlich zu unterstützen. Dies wurde erst anders, als die SS versuchte, auch in dem Gebiet einen immer größeren Einfluß zu nehmen, und zwar mit dem Ziel, dieses Gebiet, besonders das flämische, einzugliedern. Die Flamen sollten sozusagen, um es grob auszudrücken, als Deutsche angesehen werden. Dies wurde von der Militärverwaltung und auch von uns nicht gerne gesehen, weil wir die andere Methode für besser und wirkungsvoller hielten. Auch die RJF stimmte uns zunächst zu.

Als das Europäische Jugendparlament in Wien gegründet wurde, reisten wir auch mit Vertretern der selbständigen flämischen und wallonischen Jugendorganisationen an, und sie wurden auch in das Parlament aufgenommen.

Natürlich gab es in Belgien, besonders im flämischen Teil, Menschen, die gerne voll und ganz integriert worden wären. Das waren zum größten Teil wirklich überzeugte und liebe Menschen (auch Jugendliche). Als wir aber immer noch den vorsichtigen, diplomatischen Weg einschlagen wollten, erfuhren wir, daß die SS eine eigene Jugendorganisation aufzuziehen beabsichtigte. Erst da entschloß man sich auch in der Reichsjugendführung - Ende 1943 oder sogar Anfang 1944 - eine sogenannte f l ä m i s c h e Hitler-Jugend aufzuziehen. (Diese trug HJ-Uniform mit dem flämischen Löwen). "

Der Jugendaustausch mit dem Osten

Mit der Aufnahme der Jugendarbeit in den besetzten Ostgebieten begann auch der Austausch zwischen der Jugend dieser Gebiete und der Jugend des Reiches.

Der Austauscheinsatz von West nach Ost, **aus dem Reich in die besetzten Ostgebiete** wurde erstmalig im Juli 1942 praktisch verwirklicht. Auf Grund eingehender Verhandlungen und nach Durchführung umfangreicher Vorbereitungen wurden zuerst drei Gruppen von Adolf-Hitler-Schülern und Erziehern in Berlin zusammengezogen und von hier **aus in** Marsch gesetzt. Eine Gruppe von 85 Teilnehmern kam in den Generalkommissariaten Estland, Lettland und Litauen zum Einsatz, während zwei kleinere Gruppen von je 20 Jungen in die Generalbezirke Shitomir, Kiew bzw. nach Transnistrien fuhren.

Die Aufgabe dieser Einsatzgruppen bestand zunächst darin, als deutsche Jugend zu den Menschen in den besetzten Ostgebieten zu kommen und ihnen in Lied, Wort und Klang den Gruß der Heimat zu bringen. Im Ostland waren es neben den Angehörigen der Zivilverwaltung und der Wehrmacht vor allem die verwundeten Soldaten, die besucht und betreut werden sollten, während in der Ukraine und in Transnistrien die dortigen volksdeutschen Gruppen aufzusuchen waren. Den so lange vom

Reich getrennten und durch ein schweres Leid gegangenen Menschen sollte ein Eindruck vom Wirken und Wollen der heutigen Jugend vermittelt und ihnen durch diese Jugend wieder deutsches Wesen nahegebracht werden. Den Erziehern dieser Gruppen waren außerdem verschiedene Forschungsaufträge erteilt; für die deutschvölkischen Gruppen der Ukraine und in Transnistrien übertrug man ihnen die Aufgabe einer ersten Führerauslese aus der volksdeutschen Jugend. Im Reichskommissariat Ostland sollte die Einsatzgruppe auch der fremdvölkischen Bevölkerung ein Bild der deutschen Jugend und ihrer

Organisation vermitteln. Die für rund vier Wochen vorgesehenen Fahrten dieser drei Gruppen konnten reibungslos durchgeführt werden. Die umseitige Darstellung der Einsatzgruppe Transnistrien veranschaulicht beispielhaft den hier beschriebenen Einsatz.

Im Anschluß an diese ersten Ostfahrten erfolgte im August der Einsatz einer weiteren Fahrtengruppe, die aus rund 110 Angehörigen der **Lehrerbildungsanstalt** Mehlsack i. Ostpr. bestand, in den Generalbezirk Nikolajew. Die Fahrt war auf sechswöchige Dauer berechnet und hatte für den ersten Teil dieser Zeit dieselbe Aufgabenstellung wie die bereits abgeschlossenen Einsätze. In den letzten Wochen wurden die Fahrtteilnehmer auf **zehn Lager volksdeutscher Jungen** im Generalbezirk Nikolajew verteilt, in denen sie als Lager- und Mannschaftsführer Dienst machten. Die Arbeit der Einsatzgruppe Nikolajew geht im einzelnen aus der graphischen Darstellung hervor.

Von den vier Einsatzgruppen wurden insgesamt 486 Veranstaltungen durchgeführt. Davon im einzelnen: 19 Truppenbetreuungen, 18 Lazarettbetreuungen, 29 Veranstaltungen für Reichsdeutsche der Zivilverwaltung, 169 Veranstaltungen für Volksdeutsche, 10 Heldenehrungen, 12 Morgenfeiern, 65 Sportvorführungen, 66 Dorfabende, 65 musikalische Darbietungen, 20 Vorführungen von Laienspielen, 8 Propagandamärsche, 5 Vorführungen von Kasperletheater. Die Zahl der anwesenden Besucher betrug rund 196 900.

Jugendaustausch mit dem Osten

Als eine besonders günstige Lösung erwies sich der Einsatz in den Lagern, der zugleich die in der ersten Zeit schwierige Führerfrage fast vollendet klärte und sich auch in der Durchführung sehr gut bewährte. Nach Abschluß der zehn volksdeutschen Jungenlager wurde aus jedem dieser Lager der **beste Teilnehmer** ausgewählt, und diese zehn Jungen kamen mit der **Fahrtengruppe ins Reich**. Dort waren sie für einige Wochen als Gäste in den Familien von Fahrtteilnehmern untergebracht, wurden dann wieder in Mehlsack zusammengezogen und reisten von dort unter der Führung des Jugendbeauftragten beim Generalkommissar in Nikolajew nach Berlin. Sie lernten die Reichshauptstadt kennen, wurden dem Stabsführer der Hitler-Jugend vorgestellt und kehrten dann als geschlossene Gruppe in ihre Heimat zurück.

Ein weiterer Versuch, volksdeutsche Jugendliche aus dem Osten in das Reich zu holen, wurde gleichzeitig mit einer Gruppe von 30 volksdeutschen Jungen aus Weißruthenien unternommen, und zwar dieses Mal mit einer besonderen Schulungsaufgabe und Absicht. Die 14- bis 17jährigen Jungen dieser Gruppe waren nach einer besonderen Überprüfung ausgewählt und sollten einer vierwöchigen Kurzschulung im Volkswagenwerk in Braunschweig unterzogen werden, die eine beruflich-fachliche, körperlich-sportliche und weltanschaulich-politische Ausrichtung zum Ziel hatte. Diese 30 Jungen stammten überwiegend aus den Familien früherer Wolgadeutscher, die in den letzten Jahren nach Weißruthenien zurückgewandert und schon vor mehreren Generationen aus dem Reich nach dem Osten gegangen waren. Die für vier Wochen vorgesehene Schulung konnte noch um einige Wochen verlängert werden, die Teilnehmer kamen dann für mehrere Tage nach Berlin und reisten von hier wieder geschlossen nach Weißruthenien zurück.

Für **fremdvölkische Jugendliche** kam im August/September 1942 eine Fahrt in das Reich zur Durchführung, an der zehn Mädel und zwanzig Jungen aus **Estland** im Alter von 12 bis 17 Jahren beteiligt waren. Diese Fahrt diente in erster Linie der **Erholung** und hatte daneben den Zweck, den Teilnehmern einen Teil Deutschlands zu zeigen. Nach kurzem Aufenthalt in Berlin wurde diese Gruppe für drei Wochen in KLV.-Lagern im Allgäu und im nördlichen Teil des Gaues Schwaben untergebracht und kehrte dann über München und Berlin nach Estland zurück.

Im August bzw. Oktober 1942 kamen endlich zwei Studien- und Schulungsfahrten für **estnische und lettische Jugendführer** zur Durchführung. Die Teilnehmer der beiden Führergruppen setzten sich vorwiegend aus Offizieren, Lehrern und früheren Führern der landeseigenen Jugendorganisationen, die sich im Kampf gegen den Bolschewismus bewährt hatten, zusammen. Die Fahrten führten von Berlin durch mehrere landschaftlich besonders schöne Gaue an historische, kulturelle und soziale Brennpunkte des deutschen Lebens. Daneben wurden Veranstaltungen der Hitler-Jugend besucht. Abschließend fand eine einwöchige Schulung über die verschiedenen Betätigungsgebiete der Jugendarbeit statt, in der die Jugendführer aus Estland und Lettland für ihren Einsatz und ihre praktische Arbeit wichtige Anregungen erhielten.

Für das Jahr 1943 sind auf dem Gebiet des Jugendaustausches verstärkte Maßnahmen vorgesehen. Aus den besetzten Ostgebieten werden noch mehr volksdeutsche und fremdvölkische Jugendgruppen ins Reich kommen. Für volksdeutsche Jugendliche gilt der Grundsatz, daß nur Spitzenkräfte, die sich bereits in Schulung und Führung bewährt haben, durch Aufenthalt im Reich ausgezeichnet werden. Im Zuge der Begabtenförderung ist in Aussicht genommen, volksdeutsche Jungen und Mädel nach sorgfältiger individueller Überprüfung für längere Dauer zu Ausbildungszwecken nach Deutschland zu bringen. Der zunächst durch den Einsatz größerer fremdvölkischer Gruppen begonnene Austausch mit fremdvölkischen Jugendlichen der besetzten Ostgebiete wird in diesem Jahr durch individuelle Einsätze kleinerer Gruppen ergänzt und weiter fortgeführt werden. Für Estland und Lettland ist die Teilnahme kleiner Führergruppen an den Großveranstaltungen der Hitler-Jugend und in deutschen Sommerlagern vorgesehen. Einzelne Führer werden zur Schulung auf mehrere Wochen in die Dienststellen deutscher Gebiete einberufen werden. Dazu kommen verschiedene noch näher festzulegende Fahrten zu Zwecken der Berufsausbildung sowie im begrenzten Umfange zur Erholungsunterbringung. Der Einsatz **deutscher Jugend** in den besetzten Ostgebieten wird ebenfalls erhöht und stärker noch als bisher neben den Schülern der Adolf-Hitler-Schulen und Lehrerbildungsanstalten auf Jungen- und Mädelgruppen, Spielscharen und Fanfarenzüge verlagert. Neben dem kulturell-propagandistischen Einsatz steht die Aufnahme von Führungsaufgaben in den volksdeutschen Sonderlagern für Estland und Lettland im Vordergrund. Außerdem ist die Errichtung von Lagern der Kinderlandverschickung geplant.

Eduard Krüger.

Quelle: wahrscheinlich „Das junge Deutschland" 1943

DIE ARBEIT DER HITLERJUGEND UND DES BUNDES DEUTSCHER MÄDEL IN TRANSNISTRIEN

Nach einem Bericht der damaligen BDM-Beauftragten in Transnistrien, Landesmädelführerin Elly Böttcher (verst.).

Der Bericht TRANSNISTRIEN ist beispielhaft auch für die in den übrigen Gebieten (jenseits der Grenzen von 1914) geleistetenArbeit.

TRANSNISTRIEN ist das Gebiet zwischen DNJESTR und BUG im damals westlichsten Teil der Sowjetunion. ODESSA - die Hafenstadt am Schwarzen Meer - , die einzige Großstadt in diesem ländlichen Gebiet, gibt den geographischen Anhaltspunkt. Und eben in dieser 75o.ooo Einwohner zählenden Stadt lebten bis zum Jahre 1944 außer UKRAINER, RUSSEN und JUDEN noch 12.ooo DEUTSCHE.

Es war nicht unmaßgeblich, w a s diese DEUTSCHEN dort geschaffen haben.
18o3 wurde dort eine deutsche Handwerker-Kolonie gegründet. Es gab einen eigenen Stadtteil. Der lutherische Hof war die geistige Mitte. Es wurden gebaut: je eine deutsche evangelische und katholische Kirche mit 1.2oo Plätzen, Schulen, ein Altersheim, ein Waisenhaus und ein evangelisches Krankenhaus. Bis in die Bolschewisten-Zeit bestanden 2oo deutsche Geschäfte.

Geprägt aber war das Gesicht dieser Landschaft von den sehr vielen deutschen Dörfern, entstanden in den Jahren 1789 bis 1862.

Aus den MUTTERKOLONIEN deutscher Auswanderer aus der Pfalz, dem Elsass, aus Schwaben, Baden und Hessen mit den Namen Speyer, Worms, Landau, Selz, Kandel, Baden, Straßburg u.a.m. entwickelten sich - dank der großen Kinderzahl und dem Landhunger der Kolonisten - die Tochter-KOLONIEN wie Neu-Berlin, Neu-Glückstal u.a.m.

Durch Mühe und Fleiß entstanden diese blühenden Dörfer mit großen Höfen, Gütern und gesundem Handwerk.

Die Kollektivierung zerstörte die Wirtschaft auf den eigenen Höfen, veränderte das Bild der Dörfer und machte aus Bauern Kolchose-Arbeiter. Durch Entkulakisierung (KULAK = Großbauer mit mehr als 25 ha Land), Verbannung und Hungertod, die besonders Ärzte, Pfarrer und die Führungsschicht trafen, wurde die Volksgruppe in den Jahren 1921 bis Kriegsbeginn dezimiert; 1944 zählte sie noch 135.ooo Deutsche.

In diesem Raum - wie in anderen Gebieten - wurde nach der Befreiung vom Bolschewismus und dem Vormarsch der deutschen Wehrmacht eine

deutsche JUGENDARBEIT

aufgebaut.

Bewährte HJ-Führer und BDM-Führerinnen - zum Teil aus der Landjugend-Arbeit kommend - wurden für diese Arbeit eingesetzt und waren örtlich in die deutsche Zivilverwaltung oder in fremdbesetzten Gebieten - z.B. Rumänien - in die Dienststellen der volksdeutschen Mittelstellen eingegliedert.

Ihre erste Aufgabe war es, Führungskräfte aus den Reihen der volksdeutschen Jugend zu gewinnen, diese heranzubilden und sie den Einheiten - den sehr großen Dörfern entsprechend - als Ortsjugendführer und und Ortsmädelführerinnen einzusetzen.

Durch diese Auslese war es z.B. in TRANSNISTRIEN möglich, im Herbst 193 hauptamtliche BEREICHSJUGENDFÜHRER und -MÄDELFÜHRERINNEN einzusetzen.

Die reichsdeutschen Führerinnen wirkten b e r a t e n d , sie mußten, da HJ-Führer - auf Grund des Kriegsdienstes - kaum zur Verfügung standen, auch den volksdeutschen Jugendführern zur Seite stehen.

Weil viele Veranstaltungen, Schulungen, Dorfnachmittage u.a.m., immer gemeinsam von Jungen und Mädel durchgeführt wurden - das Dorf aber als Ganzes betrachtet wurde - kamen keinerlei Schwierigkeiten auf.

Über dem Bereichsjugendführer/-jugendführerin stand der LANDESJUGENDFÜHRER und die LANDESMÄDELFÜHRERIN.

HJ und BDM in Transnistrien

Zur Schulung der Führungskräfte wurden Führer- und Führerinnen-SCHULEN eingerichtet. In TRANSNISTRIEN befand sich diese in Groß-Liebental, die unter schwierigen Bedingungen mit viel Einsatzbereitschaft und Mühe vorbildlich aufgebaut worden ist.

In den HEIMABENDEN nahm das deutsche Lied einen großen Raum ein. Durch die ältere Generation waren noch einige Lieder überliefert worden, vieles war jedoch durch Verlust der Selbstverwaltung, Schließung deutscher Schulen usw. verdrängt worden.

So erklärt sich auch die große Beteiligung der Bevölkerung an öffentlichen Veranstaltungen.

SPIEL und SPORT dienten nicht nur der körperlichen Ertüchtigung, sondern schafften Vertrauen und Entspannung. Nur mit den allereinfachsten Mitteln konnte hier gearbeitet werden, weil Sportgeräte nur im geringen Umfang zur Verfügung standen.

Das gleiche gilt für die WERKARBEIT. Hier mußte man sich beschränken auf das, was das Feld bot; z.B. auf MAIS-STROH. Und doch wurden erstaunlich hübsche und praktische Dinge angefertigt. Beim Mais-Strohflechten brachten die Gespräche viel Einblick in das, was die Menschen innerlich bewegte.

Eine Besonderheit der deutschen Jugend in TRANSNISTRIEN war es, daß der (Leder)Knoten zum Halstuch aus Stroh gearbeitet wurde. –

Die SCHULUNGSARBEIT beschränkte sich zunächst auf die Feste im Jahreslauf. So wurden Erntedankfest und Weihnachtsfest – besonders die Vorweihnachtszeit – nach altem deutschen Brauch begangen. (Siehe: Dienstanweisung für den Mädeldienst in der DJT/1/42 Landau 15.11.1942.)

SPIELSCHAREN aus dem Reich besuchten die volksdeutschen Jugendlichen, zeigten Ausschnitte aus ihrer Arbeit und schlossen Freundschaften.

Zu einem besonderen Erlebnis gestaltete sich die DEUTSCHLAND-FAHRT 1943, die mit 48 ausgewählten Jugendführern und Mädelführerinnen durchgeführt wurde. Sie führte in die Gebiete DEUTSCHLANDS, aus denen die Vorfahren einmal ausgewandert waren, und endete nach einem Besuch im Elternhaus einer BDM-Führerin in Malchin (Mecklenburg) und anschließend mit der Teilnahme an einer Kundgebung in BERLIN beim Reichsminister ROSENBERG.

SCHULUNGSMATERIAL war zunächst nicht vorhanden. Es wurde darauf vertraut, daß die HJ-Führer und BDM-Führerinnen, die sich in der Jugendarbeit bereits bewährt hatten, es verstanden, mit den verschiedenartigsten Situationen, in denen sich die volksdeutschen Jugendlichen befanden, fertig zu werden, und diese auf Grund ihrer Erfahrungen in Leibeserziehung und in deutscher Kultur-Arbeit zu s c h u l e n.

Als die deutsche Front zurückwich, mußten die Volksdeutschen – vorwiegend Frauen, Kinder und alte Menschen – ihre seit mehr als 15o Jahre angestammte Heimat verlassen.

Hier begleiteten die BDM-Führerinnen die von ihnen betreuten "Bereiche" und halfen, wo immer es erforderlich war.

LANDESJUGENDFÜHRER und LANDESMÄDELFÜHRERIN von TRANSNISTRIEN wurden mit der Leitung von zwei TRECK-Stationen betraut (zwei Tagesmärsche weit); sie waren für die VERPFLEGUNG und für die sanitäre Betreuund und alle Hilfsleistungen verantwortlich.

Nach erfolgter Ansiedlung 1944 im WARTHEGAU und Übernahme der deutschen Jugend TRANSNISTRIENS in die Hitler-Jugend mußte erneut die Flucht in den Westen erfolgen. –

Die VOLKSDEUTSCHEN und ihre Jugend aus allen Gebieten EUROPA'S, die sich damals nicht in die Altreichgebiete retten konnten, waren nach dem Zusammenbruch der Fronten und dem Kriegsende einem sehr harten, oft grausamen Schicksal ausgesetzt und viele von ihnen – auch Jugendführer und Jugendführerinnen–mußten ihren Einsatz (und ihren Glauben an das DEUTSCHE REICH) bitter büßen. –

Die RUSSLANDDEUTSCHEN haben sich – wie auch alle anderen DEUTSCHSTÄMMIGEN – im härtesten Lebenskampf nach dem verlorenen Krieg bewährt und ihr Schicksal gemeistert durch den Aufbau neuer Existenzen, z.B. in der Bundesrepublik Deutschland, in der Schweiz, in Schweden, Oesterreich, in den USA, in Kanada und in der UDSSR.

HJ und BDM in Transnistrien

Treck der Dreihundertfünfzigtausend

Volksdeutsche vor dem Bolschewismus gerettet

Die Umsiedlung der Volksdeutschen aus Rußland im Frühjahr 1944 ist nicht zu vergleichen mit den früheren Aussiedlungen aus den Baltenländern, Wolhynien, Galizien, der Dobrudscha usw., da sie erst mit der Verkürzung der Frontlinien erfolgte und zwar in sieben Aktionen. Die Schwierigkeiten, die Bedrohung durch die nachrückenden Russen, die überbeanspruchten Verkehrswege, Brücken und Fähren, die Ungunst des Wetters, die Verpflegung usw. machten diese großen Trecks zu dramatischen und abenteuerlichen Zügen.

Der letzte Treck war der größte

Die erste Aktion erfaßte das Deutschtum von Leningrad und Ingermanland und erfolgte in den ersten drei Monaten des Jahres 1942. Damals wurden 3800 Deutsche erfaßt. Anfang des Jahres 1943 begann die Rückführung der rund 10 500 Deutschen aus dem Gebiet der Heeresgruppe Mitte. Die Deutschen aus dem Nordkaukasus, der Kalmückensteppe usw., insgesamt 11 500 Menschen, wurden im Rahmen der dritten Aktion, bis zum Februar 1943 zurückgeführt. Die sogenannte Rußland-Aktion erfaßte als vierte 72 000 Deutsche aus den Städten Cherson, Nikolajew, Nikopol, Kiew, Charkow, Kriwoi-Rog, Dnjepropetrowsk, Kirowograd und war Mitte März d. J. beendet. Ausschließlich ländliches Deutschtum wurde in der sogenannten Schwarzmeer-Aktion erfaßt. Diese fünfte Rückführung galt 73 000 Deutschen und dauerte vom August 1943 bis Mai 1944. Ebenfalls ländliches Deutschtum erfaßte die sechste Aktion aus dem Gebiet Shitomir mit 44 600 Deutschen. Auch diese Aktion war im Mai 1944 beendet. Der größte Treck war jedoch die Rückführung der Transnistriendeutschen, die im Februar 1944 begann und Anfang Juli dieses Jahres beendet war. 135 000 Deutsche kehrten bei dieser großen Aktion in die Heimat zurück.

Täglich 40 bis 60 Kilometer

Die Vorbereitungen zu diesem Zuge wurden in aller Stille getroffen. Eine ungeheure Kleinarbeit mußte geleistet werden. Da der Treck nur mit landesüblichen Fahrzeugen vor sich gehen konnte, mußten Wagen, Geschirre und Pferde beschafft werden. Ein Dorf, das wieder in Gruppen zu je zehn Fuhren unterteilt war, bildete einen Treck. Etwa 20 Trecks waren zu einer Marschsäule, die ein Bereichskommando bildete, zusammengefaßt. Der ganze transnistrische Raum mit 132 000 Menschen war in 12 solcher Bereichskomandos aufgeteilt.

Am 14. März wurde der Befehl zum Abmarsch für das erste deustche Dorf gegeben. Es war in wenigen Stunden bereit. Ohne Aufenthalt zogen die Züge durch Regen und Schneetreiben, durch aufgeweichte Wege und über gefrorene Felder. Täglich wurden 40 bis 60 Kilometer zurückgelegt. Eine Leistung, die geradezu erstaunlich ist. Es fehlte nicht an kritischen Augenblicken. So entstand z. B. am 9 km breiten, hochgeschwollenen Liman eine bedrohliche Stockung. Aber alle Hindernisse wurden dank der Umsicht der ᛋᛋ-Führer und dank der Energie und ungebrochenen Zuversicht der Volksdeutschen überwunden.

Am 28. März hatten die letzten Volksdeutschen ihre Heimat verlassen. Am 1. April war der letzte Treck über die Dnjestrbrücken gerückt. Weiter gings durch Bessarabien in drei Auffangsgebiete. Dann wurde zum ersten Male Rast gemacht.

Mit Panjewagen durchs Gebirge

Etwa 22 000 Volksdeutsche wurden von hier mit Zügen in den Warthegau befördert, der Rest wurde auf zwei Trecks aufgeteilt. Unter Führung von ᛋᛋ-Hauptsturmführer Pachschwöll zog der Nordtreck in Stärke von über 72 000 Menschen mit 39 000 Pferden und einer großen Menge von Vieh nordwärts nach Falciu zur Pruthbrücke, wo übergesetzt wurde. Dann ging der Zug quer durch Rumänien zur ungarischen Grenze bei Harja, über den Oitoz-Paß nach Des, wo am 4. Mai die Verladung von Mensch und Tier in die Eisenbahnwagen zur Fahrt in das Reich begann. Der Treck stellte ungeheure Anforderungen an die Teilnehmer wie an die Führer. Menschen, die in den Heimatdörfern der flachen russischen Ebene nie einen Berg gesehen hatten, mußten mit bremsenlosen Wagen plötzlich Gebirge überqueren. 450 km lang war der Treck. Das entspricht etwa der Strecke von Berlin nach Danzig. Der ganze Treck mußte täglich vom Treckführer abgefahren werden, der dafür zu sorgen hatte, daß niemand zurückblieb und daß Verunglückten oder Hilfsbedürftigen geholfen wurde. Die ungarische Wehrmacht verpflegte den Treck in großzügiger Weise.

Engländer bombardierten den Südtreck

Der Südtreck unter Führung des ᛋᛋ-Hauptsturmführers Weingärtner begann am 23. April. Er setzt über die Donau und zog durch die Dobrutscha. Bei Silistra gelangte der Trupp auf bulgarisches Gebiet. Von hier aus zog er längs der Donau westlich über Russe, Nikopol und Lom, wo abermals die Donau von 40 000 Menschen mit 12 000 Pferden und 5000 Kühen überquert wurde. Der 200 km lange Treck rollte dann durch rumänisches Gebiet. Einmal wurde er von britischen Fliegern angegriffen. Glücklicherweise waren die Verluste gering. Bei Sokol erreichte er die rumänisch-serbische Grenze, in Jaßenow konnte er verladen werden. Vom 10. Juni bis zum 2. Juli rollten von hier aus die Züge mit den Menschen des Südtrecks ins Reich.

Die gesamte Rückführung vom Tage des Abmarschbefehls bis zum Abgang des letzten Zuges nahm 112 Tage in Anspruch. Es war eine strapazenreiche und abenteuerliche Reise, die die Volksdeutschen aus Rußland hinter sich hatten, als sie wieder in der alten Heimat eintrafen.

Vorbereitung und Leitung einiger Rast-Stellen wurden von kriegsversehrten HJ-Führern, meist von BDM-Führerinnen in eigener Verantwortung übernommen.

:Datum dieses Berichtes wahrscheinlich August 1944

Jugendführer nach dem Osten

Unter den Helfern, denen im Rahmen der Umsiedlerbetreuung ein selbstloser, meist ehrenamtlicher Einsatz zu danken ist, ragen Führer und Führerinnen hervor, die sich dem freiwilligen Osteinsatz zur Verfügung gestellt haben. Aus einer zunächst ungeordneten freiwilligen Initiative, die in den Sommermonaten 1942 mit Hitler-Jugend-Führereinsatzgruppen in den eingegliederten Ostgebieten und bei den Mädeln 1940 mit einem Führerinneneinsatz von 1400 Kräften im Warthegau begann, haben sich indessen als Erfüllung der vorjährigen Jahresparole „Osteinsatz und Landdienst" die Einrichtungen des **Hitler-Jugend-Führer-Osteinsatzes** und des BDM.-Osteinsatzes entwickelt.

Der Gruppeneinsatz der Führer, der nach den Richtlinien den Führer einer Gefolgschaft, einen Hauptscharführer und zwei Führer einer Schar umfaßt, erfolgte bei der Umsiedlung in Gemeinschaftslagern der Hitler-Jugend, in Tages- und Sammellagern der Volksdeutschen Mittelstelle, in Lagern der deutschen Volksliste 3, in einheimischen Gefolgschafts- und Fähnleinbereichen, die unter Führermangel leiden. Die Mitwirkung an der Betreuung der Umsiedlerjugend steht unter allen anderen Aufgaben voran. Die Einsatzführer haben nicht selten erreicht, daß innerhalb der Umsiedlerlager Hitler-Jugend-heime eingerichtet oder Sportanlagen angelegt wurden. Wo in den Umsiedlerlagern dem Lehrermangel nicht abzuhelfen war, wurde behelfsmäßiger Schulunterricht durchgeführt. Zum deutschen Sprachunterricht entstanden bald Arbeitsgemeinschaften für Basteln, Leistungsgruppen in Sport, Singen und Spiel. Der regelmäßige Dienst, der auch durch die Aufstellung von Ausbildungseinheiten gefördert wurde, bewirkte in den Lagern bald ein straffes, einheitliches Bild. Nicht in Lagern verwandte Einsatzführer widmeten sich dem Dorf- und Stadteinsatz. Besonders in Oberschlesien und in den neueingegliederten Kreisen Südostpreußens und im Memelgebiet leistete der **Dorfeinsatz** eine spürbare Erziehungshilfe. In Danzig-Westpreußen diente der Dorfeinsatz in erster Linie dem Aufbau des Jugenddienstes der Volksliste 3. Der durch Feldarbeit weniger behinderte **Stadteinsatz** galt dem Aufbau des Einheitendienstes, der äußerst erfolgreichen Durchführung von Sprachkursen und der Einleitung von Behelfsschulunterricht. Im Hinblick auf die Förderung der Schulkenntnisse und die geistige Aufgeschlossenheit wird dem Hitler-Jugend-Führereinsatz das beste Zeugnis ausgestellt. Auch die Körper- und Kleiderpflege der Jugend hat sich gebessert. Mit besonderer Begeisterung wurde Sport und Geländedienst und der Erwerb der Leistungsabzeichen betrieben. Die Antrittsstärke der Einheiten stieg während der Einsatzzeit erheblich. Besonders erfolgreich gestaltete sich der Sondereinsatz von Adolf Hitler-Schülern, die den Kreisansiedlungsstäben zur Unterstützung beigegeben wurden.

Der Erfolg des Osteinsatzes, der im vergangenen Jahr neben dem BDM. tausend Hitler-Jugendführer in den östlichen Grenzraum brachte, hat den Reichsjugendführer bewogen, die Maßnahmen im Jahr 1943 weiter zu verstärken. Der Grundsatz der Freiwilligkeit bleibt gewahrt. Die besten Führungskräfte werden für würdig gehalten, in den deutschen Osten zu gehen. Nach der **neuen Planung** werden von über 1300 Hitler-Jugend-Führern 440 dem Aufbau der Hitler-Jugend-Einheiten im Rahmen der Patenschaftsarbeit zur Verfügung gestellt werden, 520 den Umsiedlerlagern, 280 dem volkspolitischen Einsatz und 130 einer Sonderaktion im Generalgouvernement+. Ab August 1943 wird in den Ansiedlungsgebieten ein Gruppeneinsatz von berufstätigen Führern geplant. Er erhält neben dem Führungsauftrag die besondere Aufgabe, die Siedler tagsüber durch handwerkliche Hilfe zu unterstützen. Die Gruppen sind beruflich mit einem Bauhandwerker (Maurer, Zimmermann), mit einem Holzhandwerker (Schreiner, Stellmacher), einem Handwerker für Eisenbearbeitung (Schmied, Schlosser) und einem Angehörigen des kaufmännischen Berufs besetzt. Im Ansiedlungsgebiet Lublin wird nach einer Vereinbarung mit dem Reichserziehungsministerium für die schulische Betreuung der Jugendlichen bereits jetzt eine Ausbildungseinheit der Lehrerbildungsanstalten abgestellt.

BDM.-Osteinsatz — eine Auszeichnung!

Hinter dem Einsatz der Jungen steht die Bewährung der im Osten tätigen BDM.-Führerinnen um nichts zurück. Beim **BDM.-Osteinsatz** wird kurzfristiger und langfristiger Einsatz unterschieden, wobei sich der langfristige auf ein halbes Jahr bemißt und den Mädeln auf das Pflichtjahr angerechnet wird. Die Führerinnen der Einsatzlager werden im Hinblick auf die Pflichtjahranrechnung hauswirtschaftlich geschult, damit es an den Voraussetzungen für eine erfolgreiche hauswirtschaftliche Ertüchtigung nicht fehlt. Der Aufenthalt im Osten nimmt auf die Berufswünsche der im Einsatzlager lebenden Mädel unwillkürlich Einfluß, so daß sich oft die besten zum Verbleiben in ländlichen Berufen im Ostraum entschließen. Die Begeisterung der zurückkehrenden BDM.-Führerinnen ließ es unschwer zu, den BDM.-Osteinsatz ständig zu erweitern. Bei der Auswahl der Bewerberinnen wird neben dem Mindestalter von 16 Jahren daran festgehalten, daß die bisherige Haltung und Dienstbereitschaft die Würdigkeit zum Einsatz im Osten bezeugt. In verschiedenen Gebieten wurde den im Dienst bewährtesten Gruppen der Osteinsatz als Anerkennung möglich gemacht. Die Unterbringung der Mädel erfolgt in eigens dafür eingerichteten Lagern. An der Ausgestaltung von bisher insgesamt 300 festen Lagern haben sich die Entsendegebiete mit Werkarbeiten beteiligt, die die Mädel in der Freizeit für ihre Kameradinnen im Osten fertigen. Die Reichsjugendführung stellte den Lagern Büchereien, gesundheitsdienstliches Material und Schulungsunterlagen zur Verfügung.

In Siedlerfamilien, wo die Männer bei der Wehrmacht stehen, und die dadurch, kaum in das Deutsche Reich zurückgekehrt, auf fremdvölkische Arbeitskräfte angewiesen sind, schaffen die Mädel in der Feld- und Hausarbeit. Die volkspolitische Betreuungsarbeit kommt darüber nicht zu kurz. Von den Lagern werden behelfsmäßige Kindergärten eingerichtet, wo Spielzeug und Kinderspiele dazu mithelfen, deutsches Volkstum in die Jugend zu tragen. Die Pflege der deutschen Sprache wird gerade bei den Kindern aufs beste gelohnt. Auch für die Erwachsenen werden gelegentlich Sprachkurse durchgeführt. Neben der Hilfe beim Schulunterricht übernehmen die Mädel bei der Umstellung in der Ernährung und der Aufklärung über neue Bodenerzeugnisse wichtige Aufgaben. Durch geeignete Feiergestaltung wird zwischen Lager und Dorfgemeinschaft ein enger Zusammenhalt hergestellt. Die politische Führung bestätigt, daß in Orten, in denen der Einsatz schon längere Zeit dauert, eine nachhaltige Festigung deutschen Volkstums bemerkt werden konnte.

Von 6125 kurzfristig im Warthegau eingesetzten Mädeln waren 4112 in der Familien- und Siedlerhilfe tätig, 1003 als Leiterinnen in Kindergärten, 501 als Helferinnen in Kindergärten, 123 als BDM.-Helferinnen in Schulen und 386 auf Dienststellen. Die berufliche Unterstützung der so eingesetzten Mädel stellt sich wie folgt dar:

Soziale und pflegerische Berufe	263	Mädel
Hauswirtschaftliche Berufe	295	"
Bäuerliche Berufe	131	"
Handwerkliche Berufe	210	"
Kaufmännische Berufe	1894	"
Lehrerinnen und Studentinnen	118	"
Schülerinnen	2112	"
Hauptamtliche BDM.-Führerinnen	412	"
Ohne Beruf	690	"
Insgesamt	**6125**	**Mädel**

Im gleichen Gebiet wurden von 981 langfristig eingesetzten Mädeln folgende kulturelle Einsätze geleistet: 202 Morgenfeiern, 827 Offene Singen, 287 Dorfnachmittage und 302 Gestaltungen von Feiern.

Mit den Führern und Führerinnen, die sich im Osten bewähren, leben der Ostgedanke und der Siedlungsraum in der deutschen Jugend. Es mögen noch Tausende sein, die sich persönlich dem volkspolitischen und beruflichen Einsatz im Osten zur Verfügung stellen. Sie bedürfen keines Lehrbuches mehr, ihr Lehrbuch ist die dort geschaute Welt. Ihre Einsatzbereitschaft, ihre Erfahrung und Einsicht teilt sich Hunderttausenden mit, die von ihren Führern und Führerinnen ein lebensvolles Bild von der Aufgabe im Osten erhalten.

G. E.

+in den dortigen von Volksdeutschen besiedelten Gebieten.

Quelle: wahrscheinlich " Das junge Deutschland" 1943

Die Leistungen der KLV.-Lager

Eine Großtat der Partei, die „Erweiterte Kinderlandverschickung", hat sich bis heute als das größte Jugenderholungswerk erwiesen. Eine besondere, aber zeitbedingte Aufgabe erhält die KLV. gegenwärtig durch die Verschickung von Kindern aus luftgefährdeten Gebieten in solche Aufnahmegebiete des Reiches und befreundeter Länder, die nicht oder nur wenig luftbedroht sind. Die eigentliche Bedeutung der KLV.-Lager beruht aber darin, daß hier Erziehungsstätten geschaffen wurden, die dank des harmonischen Zusammenklangs aller Bildungs- und Erziehungsfaktoren zu einem hervorragenden Ergebnis in der Gesamtentwicklung der zehn- bis vierzehnjährigen Jungen und Mädel führen[1]). Frühzeitig wird der Sinn für Disziplin, Pflichterfüllung und Gemeinschaftsgefühl geweckt und gefördert. Das Prinzip der jungen Führung erfüllt sich im Lager auf glücklichste Weise. Die Verschickung in andere Landschaften, die Fühlungnahme mit deren Menschen bewirken eine Erweiterung des Gesichtskreises und die Vertiefung vielfältiger Kenntnisse. Wie sehr die Persönlichkeitserziehung in den KLV.-Lagern auf die positive Entwicklung der Jugendlichen Einfluß nimmt, hat sich auch in den Lagern herausgestellt, in denen Hilfsschüler erfaßt wurden. Der Erfolg bei diesen schwierig zu behandelnden Schülern zeigt sich in der Bewährung des Hilfsschülers in der KLV., in den Vorteilen für die Gesundung an Leib und Seele in der Einordnung des Hilfsschülers als Glied in die Schaffensgemeinschaft deutscher Menschen[2]).

Auch volkserzieherische Forderungen werden in der KLV. auf natürliche Weise erfüllt. So vollzieht in den ländlichen Bezirken das Patenelternsystem einen Brückenschlag zwischen Stadt und Land. Aus gelegentlicher Hilfe beim Bauern entwickelt sich oft eine bleibende Freude an der Landwirtschaft, die später zum Landdienst und zum ländlichen Beruf führt. Die Leistungen der KLV., die positiven Einwirkungen, die die Entwicklung der Jungen und Mädel bestimmen, die Festigung und Förderung guter Charaktereigenschaften, die geistige und die körperliche Entfaltung können, wie man also bald sieht, schwerlich nach Zahlen gemessen werden. Soweit hier dennoch davon Gebrauch gemacht wird, wollen sie nicht mehr als das Bild ergänzen, das jedermann gewinnt, der sich vorurteilsfrei mit der zeitgemäßen Jugenderholung beschäftigt.

Schulung der Führerschaft

Eine unentbehrliche Voraussetzung für die Durchführung der KLV.-Lager ist der Bedarf an einer ausreichenden Zahl geeigneter Jungen und Mädel, die als Lagermannschaftsführer oder Lagermädelführerinnen verwandt werden können. Infolge der allgemeinen starken Beanspruchung der jugendlichen Führer ergeben sich bei der Auslese empfindliche Schwierigkeiten. In der KLV.-Reichsschule für Lagermannschaftsführer wurden trotzdem in zweiwöchigen Lehrgängen 6393 Jungen und in den zwei KLV.-Reichsschulen für Lagermädelführerinnen 3767 Mädel für ihre Aufgaben geschult und ausgebildet. Die KLV.-Werkschule vermittelte dazu 248 Jungen und 274 Mädeln besondere Fertigkeiten in der Werkarbeit.

Transport und Unterbringung

Seit Herbst 1940 wurden allein durch die Hitler-Jugend 382 616 Jungen und Mädel in 1621 Sonderzügen und 58 Schiffstransporten verschickt. Die Transporte galten in erster Linie den luftgefährdeten Gebieten West- und Norddeutschlands. Die Unterbringung erfolgt in den schönsten und vor Luftangriffen sicheren Gegenden Deutschlands und der befreundeten Länder, z. B. in Ungarn, der Slowakei, Dänemark und Bulgarien. Allein seit dem Frühjahr 1942 wurden 10 000 Hitlerjungen und BDM.-Mädel in Ungarn untergebracht. 8000 Jugendliche fanden bei den Volksdeutschen, der Rest in Gaststätten und Kurorten Unterkunft. Die Kinder kamen in 13 Transporten, meist zu Schiff in Budapest an, um von hier an die einzelnen Gebiete bzw. Ortsgruppen weitergeleitet zu werden. Die Batschka hatte im Hochsommer in 30 Orten 80 Lager mit einer Belegstärke von 2747 Kindern, die Schwäbische Türkei in 61 Orten 82 Lager mit 2592 Kindern, das Gebiet Mitte in 14 Orten 26 Lager mit 1015 Gästen, Siebenbürgen in 21 Orten 30 Lager mit 924 Kindern, Westungarn in 9 Orten 13 Lager mit 601 Kindern. Später nahm die Volksgruppe zusätzlich noch rund 1000 Kinder auf. Als Lager dienen feste Häuser, Hotels, Pensionen, Fremdenheime, Jugendherbergen, Betriebserholungsheime, Kameradschaftshäuser u. a. Im Monatsdurchschnitt wurden 100 000 Jugendliche von 3200 Lehrkräften und 3500 Lagermannschaftsführern und Lagermädelführerinnen betreut.

Dienst und Freizeit

Die Einrichtung der KLV.-Lager bietet die Möglichkeit, Jugendliche in großem Rahmen und für längere Zeit total zu erfassen. Die schulische Arbeit, der Hitler-Jugend-Dienst und die Freizeit lassen sich erzieherisch gleichmäßig beeinflussen. In den Schreibstunden, da die Jugendlichen an ihre Angehörigen schreiben, bietet sich Gelegenheit, gleichzeitig Orthographie und Satzbau zu erörtern. Morgenfeier, Heimnachmittag und politische Schulungsstunde vertiefen in lebendiger Form den Unterricht in Geschichte. Biologie und Naturkunde haben in der freien Natur die beste Anschauung. Wie sinnvoll die Freizeit der Jugendlichen ausgefüllt wird, beweist auch die aktive Mitarbeit, die die KLV.-Lager im Rahmen des Spielzeugwerkes der Hitler-Jugend leisteten. In den KLV.-Lagern wurden allein 140 000 Spielzeuggegenstände hergestellt.

Zur Unterstützung der Lagerführung gibt die Dienststelle KLV. monatlich für die Lagerleiter (-innen) und Lagermannschaftsführer (-mädelführerinnen) eine 64 Seiten starke Zeitschrift „Unser Lager" heraus, die in einer Gesamtauflage von 253 390 Stück erscheint. Den Jungen und Mädeln steht monatlich die für die Lesestunde abgestimmte Zeitschrift „Junge Heimat" zur Verfügung, in der in bunter Folge schulisches und unterhaltendes Material geboten wird. Zur Gestaltung des Dienstes erhielten die KLV.-Lager des weiteren 3500 Wanderbüchereien mit je 60 Büchern und 5400 Handbüchereien mit je 20 Büchern, die laufend durch Monatsbücher ergänzt werden. Um das Bild der vielfältigen und umfangreichen Betreuung zu vervollständigen, werden hier noch folgende Angaben gemacht:

Musikinstrumente:		
Akkordeons	2 000	Stück
Gitarren	1 900	„
Flöten	1 000	Satz
Fanfaren	2 000	Stück
Landsknechtstrommeln	500	„
Marschtrommeln	500	„
Trommelpfeifen	2 000	„
Spiele	25 000	„
Globen	8 000	„
Werkzeugsätze	6 000	„
Postmappen	400 000	„
Bildgeräte	2 700	„
Bildbänder in Ordnungskästen zu je 21 Stück	3 500	„

Verwaltung

Das Aufgabengebiet der Verwaltung innerhalb der KLV. ist groß. Unterkünfte, die als KLV.-Lager dienen sollen, müssen beschafft und dann bewirtschaftet werden. Mit Hilfe des Reichsleistungsgesetzes werden geeignete Häuser zur Benutzung herangezogen. Gegenwärtig stehen der KLV. 2500 Gebäude mit 100 000 Belegungsplätzen zur Verfügung. Diese Zahlen steigern sich ständig. Bei dem augenblicklichen Stand würden innerhalb eines Jahres (zwei Lagerperioden) 200 000 Jugendliche in KLV.-Lagern erfaßt werden. Die Bewirtschaftung dieser Gebäude bedingt den Einsatz zahlreicher Arbeitskräfte, die entweder durch Notdienstverpflichtung oder frei herangezogen werden.

[1]) Vgl. „DJgDtschld." 1942, Heft 2 und 9.

[2]) Vgl. „Die Deutsche Sonderschule" 1942, Heft 12.

Quelle: wahrscheinlich "Das junge Deutschland"
1943

Übersicht Kriegseinsätze BDM

Der Bund Deutscher Mädel führt folgende Kriegseinsätze durch:

Gesundheitsdienst
Nachrichtendienst
Haushaltdienst
Soldatenbetreuung.

A. Jungmädel

Haushaltdienst

Haushalthilfe
Einkaufsdienst
Kinderbetreuung (in der Familie)
Kindernachmittage

Soldatenbetreuung

Briefwechsel mit Feldkameradschaften
Verwundetenbetreuung
 Singen,
 Spielen,
 kleine Besorgungen

Sonstiger Einsatzdienst

Kriegsheimarbeit
Luftschutzunterweisung

B. Mädelbund

Gesundheitsdienst

in Lazaretten
in Hilfskrankenhäusern
in Arztpraxen
im Bahnhofsdienst
bei der Soforthilfe +

Nachrichtendienst ++

bei der Soforthilfe im Nachrichtenwesen +
(Partei bzw. Hitler-Jugend)
Ausbildung für Wehrmachtsbedarf

Haushaltdienst (Kochstuben. Nähstuben)

Haushaltshilfe
Einkaufsdienst
Kinderbetreuung
Kindergartenhilfe
Näh-, Stopf- und Flickarbeiten
Gartenhilfe
Soforthilfe +

Soldatenbetreuung

Briefwechsel mit Feldkameradschaften
Verwundetenbetreuung: Briefeschreiben, Besorgungen usw.

Sonstiger Einsatzdienst

Kriegsheimarbeit
Spieleinheitendienst
 zur kulturellen Betreuung der Soldaten, Umquartierten, Rüstungsarbeiter usw.
Hilfseinsatz bei Partei, Wehrmacht, Verkehr und Behörden. +++

C. BDM-Werk

Es werden nur noch Arbeitsgemeinschaften durchgeführt, die dem unmittelbaren Kriegseinsatz sowie der Gesunderhaltung der Mädel dienen.

Gesundheitsdienst

Gesundheitspflege (Krankenpflege)
Säuglingspflege

Haushaltdienst

a) Kochen
b) Nähen
 Kleidung (Aus Altem Neues)
c) Heimhilfe (u. a. Arbeiten von Hausgeräten, insbesondere für Behelfsheime und Bauernhäuser)
d) Gartenhilfe.

Soldatenbetreuung

Briefwechsel mit Feldkameradschaften
Verwundetenbetreuung
Fronturlauberbetreuung

Sport
Gymnastik

Die Arbeitsgemeinschaften „Laienspiel" und „Musik", die in Lazaretten und Rüstungsfabriken einsatzfähig sind, bleiben bestehen.

Die „Betreuung der Soldatengräber" sowie im Rahmen des Haushaltdienstes die „Betreuung der Hinterbliebenen" sind weiterhin von den Mädeln zu übernehmen.

Alle Mädel werden bei Soforthilfemaßnahmen und zur Erntehilfe eingesetzt.

\+ SOFORTHILFE: Einsatz bei Flüchtlingstransporten, während und nach Flieger- Angriffen.

++ Funken, Morsen, Fernsprechvermittlung

+++ auch in GESCHÄFTEN(JM=Markenkleben; M= Verkauf) und Arbeitsplatzablösung;

(Anmerkungen der Herausgeberin)

:Reichsbefehl 36/44 K

Eine Zuschrift an die "Welt am Sonntag" vom 17.3.1963 besagt:

"Diese Jugend war im Einsatz während des Krieges unermüdlich.
Auch ich habe mein Leben und das meiner jüngsten Tochter einem 17-jährigen BDM-Mädel zu verdanken, das uns aus einem von Phosphor getränkten, in Flammen gehüllten Keller unter eigener Lebensgefahr erlöste."

Die BDM-Reichsreferentin

440/44. Sprachbegabte Mädel als Marinehelferinnen

Unter den Nachrichtenhelferinnen, insbesondere der Marine, werden sprachbegabte und gewandte Mädel dringend benötigt. Es sind daher sofort Arbeitsgemeinschaften für besonders sprachbegabte Mädel zu errichten.

Die Kenntnisse, die ein normaler Sprachkursus vermittelt, genügen nicht den Anforderungen, die an diese Nachrichtenhelferinnen gestellt werden. Die Mädel müssen als Abschluß den Hitler-Jugend-Sprachmittlerschein erwerben, der in Zusammenarbeit mit der Gaufachschaft für das Dolmetscherwesen verliehen wird.

T Bis 25. 11. 1944 melden die Gebiete, wieviel Mädel den Sprachmittlerschein erwerben können und zu welchem Zeitpunkt.

Die in den größeren Standorten laufenden fremdsprachlichen Kurse der Hitler-Jugend, insbesondere die der englischen Sprache, sind noch umfangreicher aufzuziehen.

441/44. Dienstplan des Bundes Deutscher Mädel

Der Bund Deutscher Mädel führt mit sofortiger Wirkung nur noch Kriegseinsatz und die dazugehörige Ausbildung durch.

Für die 10- bis 21-jährigen Mädel bleibt zusätzlich im Monat eine weltanschauliche Schulung (Heimnachmittag, Heimabend, Gemeinschaftsabend). Die Sportausbildung findet für den Jungmädelbund viermal im Monat und den Mädelbund an zwei Sonntag-Vormittagen statt.

Die Jungmädel und Mädel sind nach örtlichen Notwendigkeiten und nach ihrer Begabung in Kriegs-Einsatzeinheiten (Scharen) einzuteilen, die während der übrigen Pflichtdienste und des freiwilligen Kriegseinsatzes nur einen bestimmten Kriegseinsatzdienst übernehmen.

Die Kriegseinsatzaufgaben können für die Scharen vierteljährlich ausgewechselt werden.

R.B. 36/44 K (6.11.1944)

Zur Frage des unehelichen Kindes

Trude Wilde
Frankfurt a.Main

Frankfurt, den 11.5.47

Liebe Jutta!

Im Radio wurde gestern durchgegeben, daß Du bald vor die Spruchkammer kommst, und daß man Dir hauptsächlich das "Führerkind" zur Last legte. Es drängt mich nun Dir zu bestätigen, daß Du uns gegenüber nie etwas derartiges propagiert hast, sondern eine gegenteilige Meinung vertratest.
Ich erinnere mich an eine Rede von Dir anläßlich einer Bannmädelführerinnentagung in Frankfurt/M, an der ich als Bannmädelführerin von Frankfurt teilnahm. Das Gerücht über das Führerkind war uns aus der Bevölkerung zugetragen worden, und wir erwarteten mit Spannung Deine Stellungnahme zum unehelichen Kind.
Du sagtest ganz eindeutig, daß das uneheliche Kind abzulehnen sei, obwohl das Kind selbst, wenn es einmal da ist, keine Nachteile im Leben haben sollte. Du sagtest die einzig gesunde Umgebung, in der Kinder glücklich aufwachsen können, sei die Familie. Du batest uns, unsere Mädel und Führerinnen in diesem Sinn zu belehren und diese Meinung als die amtliche Einstellung der RJF zu vertreten.
Allerdings erzähltest Du uns anschließend, daß ein enger Kreis von BDM-Führerinnen aus der Reichsjugendführung gelegentlich die Frage erörtert habe, ob die im Berufsleben stehende, ältere Frau, die keine Aussicht hätte, sich zu verheiraten, sich später einmal ein Kind wünschen dürfte.
Diese Frage sei jedoch lediglich Gegenstand einer Diskussion gewesen und berühre die Erziehungsziele des BDM als einer Organisation junger Mädel überhaupt nicht.
Das ist es, was ich über Deine Einstellung zum "Führerkind" bzw. unehelichen Kind weiß. Sollte Dir dieses von Wert sein, so will ich Dir das gern in einer formgerechten Erklärung zugehen lassen. Auch glaube ich sicher, daß noch andere Bmf. aus Hessen-Nassau sich Deiner Rede erinnern, wenn es notwendig wäre.
Ich weiß nicht, ob Du mich kennst, es ist in diesem Falle ja auch gleichgültig, ich wollte Dir dieses nur schreiben, um mitzuhelfen, das unsinnige Gerücht über Führerkind und BDM aus der Welt zu schaffen.
Mit vielen guten Wünschen grüße ich Dich herzlich

gez. Trude Wilde

Das Original befindet sich im Besitz der Herausgeberin.

Die Folgen einer falschen eidesstattlichen Erklärung sind mir bekannt.

Ich bestätige hiermit, dass Dr. Jutta R ü d i g e r auf einer Aerztetagung im Mai 1944 vor einem grossen Kreis von Aerzten über die sittliche Erziehung des deutschen Mädels sprach. Sie führte u.a. aus, dass es das Hauptziel des BDM sei, das deutsche Mädel zur Mutter einer gesunden Familie zu erziehen. Sie nahm Stellung zum Problem des unehelichen Kindes und führte weiterhin aus, dass es zu allen Zeiten uneheliche Kinder geben würde, dass aber für das uneheliche Kind in einem Volk nie Propaganda gemacht werden dürfte, dass dies die Familie zerrütten würde.

Das deutsche Mädel müsse ausschliesslich zur Ehe erzogen werden; die uneheliche Mutter wird aus dem BDM entlassen (nicht bestraft), da sie als Mutter nicht mehr zur Jugend gehört.

Sie stellte als Forderung für das Mädel folgenden Satz heraus:

" Das Richtmass Deines sittlichen Handelns sei alles, was der Erhaltung der Familie dient. "

Solingen, den 9. Dezember 1946.
Schul-Strasse 17.

U.R.Nr.

Ich beglaubige hiermit die vorstehende Unterschrift der Ehefrau Facharzt Dr.med. Erich D e i c k e , Margarete geborene Busch, Dr.med., Ärztin in Solingen - Gräfrath, Schulstrasse 17.

Düsseldorf, den 9. Dezember 1946

Der Notar:

Prof.Dr.med. Wolfgang Kohlrausch
Friedrichstr.29

Marburg/L.,12.12.46.

E i d e s s t a t t l i c h e   E r k l ä r u n g

Auf einer jugendärztlichen Tagung im Sommer 1944, an der ich als Gast teilnahm, da Fragen behandelt wurden, die zu meinen eigenen mahnenden Forschungsergebnissen über körperliche Belastung Jugendlicher in Beziehung standen, hörte ich einen Vortrag von Dr.Jutta R ü d i g e r über ihre persönlichen Ansichten zur BDM-Führung. Darin nahm ihre Stellung zur sittlich-moralischen Erziehung des jungen Mädchens einen hervorragenden Raum ein. Sie wandte sich scharf gegen die Begünstigung ausserehelicher sexueller Beziehungen und des "Kindes um jeden Preis". Damit trat sie gegen die Auffassung gewisser Parteikreise ausserhalb der HJ in Kampf-u. Verteidigungsstellung. Im gesunden und ernsten Ehe-und Muttertum und dem Familienglück sei die Grundlage für ein gesundes Volkstum gegeben. In dessen Erreichung sähe sie eines der wesentlichsten Ziele ihrer BDM-Erziehung. Aus diesen Gründen könne sie auch Führerinnen mit unehelichem Kind nicht dulden und würde sie unnachsichtlich aus ihrer Stellung entfernen.
Ihre von sittlichem Ernst getragenen Ausführungen wirkten auf mich äusserst wohltuend und wurden lebhaft und zustimmend besprochen.

Dr med. Wolfgang Kohlrausch

Ich gehörte der NSDAP seit 1937 an.

Marburg a. d. Lahn 14. Dez. 1946

Vorstehende Unterschrift beglaubigt:
Der Oberbürgermeister als Ortspolizeibehörde
Im Auftrage:

Stadt Marburg a. d. Lahn

Keil

: Original liegt bei Herausgeberin vor.

Literatur-Verzeichnis

»Die Hitler-Jugend Idee und Gestalt« von Baldur von Schirach; Berlin 1934
»Revolution der Erziehung« von Baldur von Schirach, München 1938
»Wille und Macht« (Führerorgan der nat.-soz. Jugend) von Schirach, Berlin 1933 ff
(Besonderer Hinweis auf Ausgabe März 1938)
»Das junge Deutschland« (Amtliches Organ des Jugendführers des Deutschen Reichs) 1933 ff
(Besonderer Hinweis auf Heft 1,2 Januar 1943)
»Das kommende Deutschland« von Günter Kaufmann, Berlin 1943
»Das Deutsche Mädel«, Herausgeber: Bund Deutscher Mädel, Verlag Hannover 1933 ff
»Hitler-Jugend, das Erlebnis einer großen Kameradschaft« von C. Sautter, München 1942
»Die Disziplinarordnung der Hitler-Jugend« von Landgerichtsrat Walter Tetzlaff, Berlin, Leipzig, Wien 1944
»Mädel-Eure Welt« von Obergauführerin Hilde Munske, 1939 ff
»Mädel im Dienst«-BDM-Sport, Voggenreiter-Verlag, Potsdam 1940
Jahrbuch des BDM »Wir schaffen«, München 1935–1943
»Aufbau und Abzeichen der Hitler-Jugend«, Herausgeber: Reichsjugendführung, Berlin
Die übrige Literatur ist zum Teil im Textteil, zum anderen Teil im Anhang aufgeführt.

*

An dieser Stelle dankt die Herausgeberin all' denen, die sie bei ihrer Arbeit unterstützt haben, besonders den Mitarbeiterinnen und Mitarbeitern der ehemaligen Reichsjugendführung, die ihre Arbeit schriftlich niederlegten oder ergänzende Informationen gaben, insbesondere Hedy Böhmer, die bei der Herausgabe assistierte, sodann Gerhard Dabel, Gerd Kalinke, Dr. Max Klüver, Dr. Ulla Kuhlo, Dr. Karl Lapper, Ruth Lichtwardt, Luise Michel, Leni Nölle, Ilse Pfleumer, Luise Essig, Gertrud Lange, Dr. Ernst Schlünder (†), Rechtsanwalt Walter Tetzlaff, Ruth Windisch, Prof. Fritz Winter und anderen. Ihr Dank gilt nicht zuletzt den ehemaligen Mitarbeiterinnen, die sich für die Schreib-Arbeiten zur Verfügung gestellt haben, sowie dem Lektorat des Verlages.

Die Herausgeberin

Jutta Rüdiger geb. 14. 6. 1910 zu Berlin, aufgewachsen in Düsseldorf, promovierte in Würzburg mit einer psychologischen Arbeit über Kinder (magna cum laude).
Durch ihre Erlebnisse mit der französischen Besatzung nach dem 1. Weltkrieg und durch die wirtschaftliche Not des deutschen Volkes, die in jede Familie hineinwirkte (6 Mio Arbeitslose) trat sie 1931 in den NSDSTB (Nationalsozialistischer Deutscher Studenten-Bund) ein.
Nach Beendigung ihres Studiums war sie neben ihrem Beruf als Psychologin am Rheinischen Provinzialinstitut für Arbeits- und Berufsforschung in Düsseldorf ehrenamtlich im Bund Deutscher Mädel tätig.
Ab 1935 wandte sie sich ganz der Jugendarbeit zu und durchlief die wesentlichsten Dienststellungen innerhalb des Bundes Deutscher Mädel von der untersten bis zur höchsten Dienststellung.
Von 1937 bis 1945 (Kriegsende) war sie Reichsreferentin für den Bund Deutscher Mädel beim Reichsjugendführer (Kürzel: BDM-Reichsreferentin), wo sie an sämtlichen Besprechungen des Reichsjugendführers mit den Chefs aller Ämter der RJF teilnahm.
Hierauf beruhen auch ihre Kenntnisse der vorbezeichneten – auch männlichen – Arbeitsgebiete.
Nach 1948 praktizierte die Herausgeberin freiberuflich als Psychologin.